六庵
文库

排序按作者姓氏笔画：

马重奇《汉语音韵与方言史论稿》

朱 玲《中国古代小说修辞诗学论稿》

张善文《学约斋文录》

李小荣《晋宋宗教文学辨思录》

陈庆元《晚明闽海文献梳理》

陈泽平《福州方言的结构与演变》

林志强《字学缀言》

欧明俊《古代文体学思辨录》

祝敏青《文学言语的修辞审美建构》

涂秀虹《叙事艺术研究论稿》

郭 丹《经典透视与批评》

谭学纯《问题驱动的广义修辞论》

晚明闽海文献梳理

陈庆元　著

人民出版社

本书是国家社科基金后期资助项目《曹学佺年谱长编》（2015）、教授育部人文社会科学研究项目《徐兴公年谱长编》（2015）和福建省社会科学研究基地重大项目《曹学佺与〈十二代诗选〉整理与研究》（2016）的前期成果

序

陆游诗曰:"呜呼大厦倾,孰可任梁栋? 愿公力起之,千载传正统。"(《喜杨廷秀秘监再入馆》)这四句吟论,反映了诗人对传统学术正脉的孜孜追求,也俨然是中国古代正直知识分子学术情操的典型写照。清儒方东树所谓"表人物,正学脉,综名实,究终始"(《刘悌堂诗集序》),方宗成云:"标名家以为的,所以正文统也"(《桐城文录序》),皆合斯旨。因此,我常想,对先辈优秀学者的最好纪念,莫过于承传其学术,弘扬其文绪。

一所百年高校,必有深厚的学术蕴蓄。福建师范大学创校于清光绪三十三年(1907),百余载间,英贤辈出,晖光日新。若如国学宗师六庵先生者,其宏敷艺文的纯风休范,允属我校文学院在特定时期中国古代文学学科建设的学术标帜。记得他在二十世纪五十年代所撰诗有"及门子弟追洙泗,开国文章迈汉唐"之句,多年来为学界识者所激赏,盖缘诗句抒发了一位敦厚学者对所从事的教学和著述事业的豪迈情怀。

先师六庵教授,姓黄氏,讳寿祺,字之六,自号六庵,学者称六庵先生。民国元年(1912)生于福建霞浦,公元1990年卒于福州。早岁游学北平中国大学国学系,师事曾国藩的再传弟子尚节之(秉和)及章太炎的高足吴检斋(承仕)等著名学者。曾执教于北平中国大学、华北国医大学、国立海疆学校、福建省立师范专科学校等高校,1949年以后,长期担任福建师范大学(初名福建师范学院)中文系教授、系主任、副校长等职,兼任福建省政协常委、福建文学学会会长、福建诗词学会会长、中国周易学会顾问等。先生毕生以教书育人为己任,敦于培才,勤于著述;精研群经子史,尤深于《易》;通贯诗律,博赡文词。有《群经要略》《易学群书平议》《汉易举要》《周易译注》《楚辞全译》《六庵诗选》等行世。

学科建设，固需旗帜，更需队伍，尤其是组建能承前启后的优质学术团队。我校文学院各学科的建设多年来卓有成效，蜚声海内外，端赖于有这样的体认和措施。如现代文学学科以桂堂先生为旗帜，形成了坚壮的学术群体；古代文学学科以六庵先生为旗帜，聚合着谨实的科研力量。今文学院以六庵、桂堂的名义编为文库，分别掯采古代与现代文学两大学科群中诸多学者的学术成果，汇集出版，其用意宜颇深厚：既可缵绍前修，又堪率勉后学，于我院将来学科建设的进一步发展，及与学术界的多方交流共谋进步，应当均有重要意义。

《六庵文库》初辑，汇合了我院古代文学学科文学专业与语言专业十二位教授的学术著作，人各一集。其中治古文学专业者六，有陈庆元《晚明闽海文献梳理》，述八闽文学之史迹；郭丹《经典透视与批评》，探索先秦两汉文学经典之源头与精华；李小荣《晋宋宗教文学辨思录》，寓佛道文学之潭思；欧明俊《古代文体学思辨录》，作各类文体之谛辨；涂秀虹《叙事艺术研究论稿》，论古代小说戏剧叙事之精义；拙稿《学约斋文录》乃滥厕其间，略抒关乎旧学的些微浅见，未足道也。治语言专业者亦六，有马重奇《汉语音韵与方言史论稿》，判析音韵而兼及方言；谭学纯《问题驱动的广义修辞论》，宏拓修辞而绎寻新义；朱玲《中国古代小说修辞诗学论稿》，推扬修辞而衍及诗学；陈泽平《福州方言的结构与演变》，专注一域而精研其语；祝敏青《文学言语的修辞审美建构》，立足文学而考鉴修辞；林志强《字学缀言》，辨字考文而泛涉金石。凡诸家所论撰，皆不离本学科范畴，其学术造诣之浅深若何，固有待于学界确评，但其中所呈现的克承前辈学风，商兑旧学、推求新知的精神，则是颇为鲜明的。

我曾忝列六庵先生门墙，1982 年研究生毕业后即留校任先生的学术助手，直至先生辞归道山。回思数十年的为学历程，每前行一步，都凝聚着先师培育的心血。今承命为《六庵文库》制序，不胜厚幸之至，因就文库的编纂始末，略书数语，以赞明其意义。同时，也藉此企望与学界同道共勉互励，取长补短，为踵继先辈学者的优良学风，"传正统"、"正学脉"，而共同奉献绵薄之力。

张善文谨述于福州

公元 2014 年 7 月岁在甲午大暑后三日

目 录
CONTENTS

第一编 著述考

谢肇淛著述考

在晚明重要和比较重要的诗人中,谢肇淛是其中一位。肇淛(1567—1624),字在杭,号武林,福建长乐人。万历十六年(1588)戊子,以《诗经》举于乡。万历十七年(1589)己丑,上春官不第。万历二十年(1592)壬辰,成进士①,除湖州推官。官至广西左布政使。天启四年(1614)甲子,提调省试。冬,入觐,行至江西萍乡,卒于官舍。

明代闽诗的发展约可分为三个阶段②。第一阶段,即洪永之世以林鸿、高棅为代表的"十子派";第二阶段是弘治朝,以郑善夫为代表,重要诗人有傅汝舟、高瀔等;第三阶段即万历中后期至明亡,重要诗人有邓原岳、徐𤏳、谢肇淛、徐𤊹、曹学佺等。谢肇淛在这一阶段闽中诗派"风雅复振焉"(《明史·文苑传》)中起了重要的作用。谢肇淛认为作诗,"当以风韵婉逸,使人感发兴起为第一义"③,他的诗也以"风韵婉逸"为特色。

谢肇淛的著述很多,本文重点考证其诗集。

---

① 《明史·文苑传二》谢肇淛万历三十(1602)年进士,误。说详笔者:《福建文学发展史》,福建教育出版社1996年版,第323页。

② 详笔者:《福建文学发展史》第五章第一节,福建教育出版社1996年版。

③ 《重与李本宁论诗书》,《小草斋文集》卷二十一,天启刻本。

一、《墓志铭》《行状》记载的著作

谢肇淛喜博览,自六经子史,以至象胥、稗虞、方言、地志、农圃、医卜之书无不蓄。肇淛一生著述甚富,据曹学佺《明通奉大夫广西方伯武林谢公墓志铭》、徐𤊻《中奉大夫广西布政使武林谢公行状》载,有以下二十余种:

(一)《小草斋诗集》二十卷

黄虞稷《千顷堂书目》卷二十五"别集类":三十卷。

《四库全书总目》卷一七九:三十卷。

今传明末刻本《小草斋集》三十卷,《小草斋续集》三卷,分藏福建省图书馆和福建师范大学图书馆。说详下。

(二)《小草斋文集》三十卷

黄虞稷《千顷堂书目》卷二十五"别集类":二十八卷。

《四库全书总目》卷一七九:二十八卷。

天启刻本二十八卷,藏江西省图书馆。

(三)《西吴支乘》二卷

徐𤊻《徐氏红雨楼书目》卷二:二卷。

黄虞稷《千顷堂书目》卷七"地理类":二卷。

一作《吴兴支乘》。作于吴兴,采问吴兴民风民俗。《说郛续》卷二十六:《西吴枝乘》一卷。

(四)《居东杂纂》四卷

作于东昌,搜括东昌异闻。

徐𤊻《徐氏红雨楼书目》卷二:二卷。

（五）《北河纪》十卷

作于治北河时,相度黄河水势。

徐燉《徐氏红雨楼书目》卷二:十二卷。

黄虞稷《千顷堂书目》卷八"地理类":八卷。

《明史·艺文志二》:八卷。

《四库全书总目》卷六九:八卷。

按:《明史·文苑传二》作《北河纪略》,误。

（六）《滇略》

官云南时作,滇省方志。见曹学佺《墓志铭》,然未载卷数;徐燉《行状》缺载。

《徐氏红雨楼书目》卷二:八卷。

黄虞稷《千顷堂书目》卷七"地理类":八卷。

《四库全书总目》卷六八:十卷。

（七）《风土记》二卷

即《百粤风土记》。作于广西,记粤西掌故。

徐燉《徐氏红雨楼书目》卷二:一卷。

黄虞稷《千顷堂书目》卷七"地理类":《百粤风土记》一卷。

《明史·艺文志二》:《百粤风土记》一卷。

（八）《粤藩末议》二卷

作于广西,记调剂粤西事务。存佚不详。

（九）《鼓山志》八卷

鼓山为福建福州名山。

徐燉《徐氏红雨楼书目》卷二:十二卷。

黄虞稷《千顷堂书目》卷八"地理类":十二卷。

《明史·艺文志二》:十二卷。

明万历刊本十二卷,藏福建省图书馆。

(十)《支提山志》四卷

支提山为福建宁德名山。

黄虞稷《千顷堂书目》卷八"地理类":七卷。

《明史·艺文志二》:《支提山志》七卷。

按:福建师范大学图书馆藏有同治本《支提寺志》六卷,不知是否同一书。

(十一)《太姥山志》二卷

太姥山为福建福鼎名山。

康熙二十三年(1684)刊本三卷,藏福建省图书馆;嘉庆五年(1800)刊本三卷;光绪十五年(1889)刊本三卷。

(十二)《方广岩志》二卷

方广岩为福建永泰名山。

徐𤊹《徐氏红雨楼书目》卷二:五卷。

黄虞稷《千顷堂书目》卷八"地理类":五卷。

《四库全书总目》卷七七:四卷。

《四库存目丛书》本:清雍正刻光绪增补本四卷。清光绪十年(1884)刊本四卷,藏福建省图书馆、福建师范大学图书馆、厦门大学图书馆等;光绪三年(1911)铅印本四卷。

(十三)《长溪琐语》二卷

长溪为福建福安别名。

徐𤊹《徐氏红雨楼书目》卷二:一卷。

黄虞稷《千顷堂书目》卷八"地理类":一卷。

《四库全书总目》卷七七:一卷。

《四库存目丛书》本:钞本一卷。1933年福州龚氏大通楼钞本一册,藏福建师范大学图书馆。

（十四）《史测》二卷

徐㶿《徐氏红雨楼书目》卷二：一卷。

黄虞稷《千顷堂书目》卷五"史学类"：二卷。

（十五）《史考》七卷

徐㶿《徐氏红雨楼书目》卷二：十卷。

（十六）《史觿》十七卷

徐㶿《徐氏红雨楼书目》卷二：八卷。

夏充彝（崇祯）《长乐县志》卷十"著述"：二十一卷。

黄虞稷《千顷堂书目》卷五"史学类"：二十一卷。

《史觿》，明崇祯刊本，十七卷。藏上海图书馆、浙江省图书馆等。《四库全书》本亦十七卷。

按：以上三种为古今诸史。

（十七）《麈余》四卷、《续麈余》二卷。

记街头巷谈。

《徐氏红雨楼书目》卷三：《麈余》四卷。

黄虞稷《千顷堂书目》卷十二"小说类"：《麈余》四卷。

《说郛续》卷二十：《续麈余》一卷。

（十八）《小草斋诗话》六卷

论诗著作。

黄虞稷《千顷堂书目》卷三十二"文史类"：四卷。

《明史·艺文志四》四卷。有日本天保二年（1821）据明林氏旧藏读耕斋本摹刻本，六卷。

（十九）《五杂组》二十卷

《徐氏红雨楼书目》卷三：《五杂组》十六卷。

按："俎"应作"组"。下条同。谢肇淛《下菰集》卷一有《五杂组》诗。

黄虞稷《千顷堂书目》卷十二"小说类"：《五杂组》十六卷。

《明史·艺文志三》：《五杂组》十六卷。

上海图书馆藏明本十六卷。

（二十）《文海披沙》八卷

《徐氏红雨楼书目》卷三；八卷。

黄虞稷《千顷堂书目》卷十二"小说类"：八卷。

《四库全书总目》卷一二八：八卷。

明万历刊本，藏北京国家图书馆。

（二十一）《笔觿》十卷

以上三种为学术和读书笔记。

（二十二）《今用礼考》十卷

古礼研究。

曹、徐二文未及载者四种：

（一）《北河纪余》

《小草斋文集》卷六《〈北河纪余〉序》："北河，纪矣，曷为及其余也？纪者，纪河以内者也；而余者，纪河以外者也。"

黄虞稷《千顷堂书目》卷八"地理类"：四卷。

《明史·艺文志二》：四卷。

《四库全书总目》卷六九：四卷。

（二）《八闽馐政志》十六卷

黄虞稷《千顷堂书目》卷九"食货类"：谢肇淛、王宇《八闽馐政志》十六卷。

按：（乾隆）《福州府志》："王宇，字永启，闽县人。万历庚戌进士，官南刑部主事。擢武选司员外郎，奏免南都武弁，赴北袭职，弁咸德焉，为建生祠于雨花台侧。擢山东提学参议，课士执法，为请谒不遂者中伤，归，行李萧然。著有《原斋集》及《经书说》。后起户部员外郎，未任，卒。"（卷六十《人物》"文苑"）

《明史·艺文志二》：十六卷。

（三）《永福县志》五卷

徐㸿《徐氏红雨楼书目》卷二：五卷。

按：藏日本上野图书馆。

（四）《晋安艺文志》三卷

黄虞稷《千顷堂书目》卷六"地理类"。

（五）校刻《二曹诗》

肇淛在广西还刻有唐代广西诗代人曹尧章、曹邺合集。详《小草斋文集》卷六《重刻〈二曹诗〉序》。

二、诗集及版本考述

谢肇淛的诗集（包括赋、词），可考的有以下数种：

（一）《游燕集》

结集于万历十七年（1589）下第时，收万历十六至十七年诗。陈宏已为之序。《〈游燕集〉序》云："己丑夏陈子结鞒将入燕，马首几北矣。会友人谢在杭氏自燕下第,落落策一驷,挟一苍头奴,手一囊过陈子江塘投之。"(《小草斋集》卷首)按:《四库全书总目》卷一七九《别集类存目》六:《游燕集》二卷。

(二)《小草斋稿》

结集于万历十九年(1591)居家时。《〈小草斋稿〉序》:"己丑之夏,余放还山矣。家居无诸城南九仙山下,四壁立,久之,不自得,卜罗山卒业焉。一切谢人间事,杜门却扫……无何,探锦囊中,渐累累满也。凡为日七百六十有奇,文一帙,诗赋如干首,皆以'小草'名,从其名斋者也。"(《小草斋文集》卷四)按:《四库全书总目》卷一七九:《小草斋稿》一卷。

(三)《游燕二集》

结集于成进士之时,即万历二十年(1592),收万历十九至二十年诗。《〈游燕二集〉自序》:"岁在戊子,余一游燕矣,越三载而复游也……是游以九月望离家,归于次载九月望之二日……为诗如干首。"(《小草斋文集》卷四)王稚登《〈游燕二集〉序》:"北上策公车不雠,又三年再上乃雠,于是有《燕游二集》也。……《二集》者,即君前后上公车往来经历所著诗也。"(《小草斋集》卷首)《四库全书总目》卷一七九《别集类存目》六:《游燕集》二卷。

(四)《下菰集》

吴兴时作。屠隆等选。喻政《〈小草斋集〉序》:"《下菰集》,元美之在爽鸠乎?"(《小草斋集》卷首)《列朝诗集小传》丁集下引林若抚曰:"《下菰集》,司理吴兴作也。"《中国古籍善本书目》卷十六《明别集类》:《下菰集》六卷。万历刻本,今藏北京国家图书馆。

(五)《銮江集》

真州时作。陆无从《〈銮江集〉序》:"戊戌吴兴司理闽中谢在杭坐论当徙治,需次真州,时故吴县令袁中郎、长洲令江进之,皆楚人,皆先后以论徙,客真州。在杭与之游甚欢。其于登览曲宴所得诗若干首,汇而帙之,题曰

《銮江集》。"(《小草斋集》卷首)《列朝诗集小传》丁集下引林若抚曰："坐
论需次真州,有《銮江集》。"

(六)《居东集》

东昌时作。邢侗《〈居东集〉序》："爰自吴兴,量移东郡,依类托寓,一意
著书……集署'居东',记地也,亦有风人之托也夫。"(《小草斋集》卷首)《列
朝诗集小传》丁集下引林若抚曰："移东昌,有《居东集》。"《中国古籍善本书
目》卷十六《明别集类》:《居东集》六卷。万历刻本,今藏南京图书馆。

(七)《乌衣集》一卷

见《中国古籍善本书目》卷十六《明别集类》。钞本,今藏上海图书馆。

(八)《东方三大赋》一卷

见《中国古籍善本书目》卷十六《明别集类》。据赋《序》作于为水部
郎治张秋时。万历刻本,今藏北京国家图书馆。后收入《小草斋集》卷一。

(九)《谢在杭诗》

《小草斋集》卷首有屠隆、齐敕所作《〈谢在杭诗〉序》。齐敕《序》:
"今新拜南都司寇尚书郎。"《谢在杭诗》结集当在万历三十三年(1605)。

(十)《谢工部诗集》

《小草斋集》卷首有《〈谢工部诗集〉序》。万历三十七年(1609)间,
谢肇淛为工部屯田主事,故称"谢工部"。

(十一)《近游草》

结集于万历三十九年(1611),以屯田郎归里时作。《〈近游草〉自序》:
"辛亥季夏以屯田郎持节归里,定省之暇,阑及胜情。一二同志,诸子壶觞,
相命并驾同舟,近以竟日,远必涉旬,随其所之,必纪岁月……遂以付之厥。"
(《小草斋文集》卷五)《小草斋文集》卷八、卷九有闽地游记十三篇,疑为

《近游草》文;《近游草》当亦兼收诗。

（十二）《小草斋集》三十卷

结集于入滇之后,专收入滇前之作。喻政《〈小草斋集〉序》:"在杭弱冠而成进士,今固甫及疆仕……"此一。《小草斋集》,分体、按时间顺序编排,《小草斋续集》不分体,按时间顺序编排。《小草斋续集》首篇《之滇作别长安诸子》(长安,京城,指北京)、第二首《戊午初度》(戊午,万历四十六年,1618),则《小草斋集》不收入滇后作品,此二。其中,卷一至卷十八、卷二十四至卷三十藏福建省图书馆;卷十九至卷二十三藏福建师范大学图书馆。福建师范大学图书馆所藏《小草斋集》除明刻五卷,余皆配钞本。

（十三）《小草斋续集》三卷（以下简称《续集》）

结集于谢肇淛身后。收入滇后至谢世之作。明刻本。藏福建省图书馆。

《谢工部诗集》《谢在杭诗》《近游草》未见诸家著录,疑未刊行。《谢工部诗集》《谢在杭诗》当为《小草斋集》结集之前,分别在万历三十三年、三十五年时所编的谢诗全集。

《小草斋集》《续集》共三十三卷。以下简要讨论书名、编辑、书品版本及收藏情况。

早在万历十七年(1589),谢肇淛的第一部诗集《游燕集》已刊刻,两年后,诗人又编有《小草斋稿》;《小草斋稿》,"以'小草'名,从其名斋也"。如前所述,《小草斋集》编定之前,谢肇淛曾考虑将自己诗集定名为《谢工部集》或《谢在杭诗》,但或由于职官的变动,或其他原因,都没有施行。入滇后,又折回用早年的斋名"小草"名其集。"小草斋",谢肇淛万历十七年(1589)落第归乡,遂命名其斋为"小草"。"小草"典出《世说新语·排调》:

> 谢公始有东山之志,后严命屡臻,势不获已,始就桓公司马。于时人有饷桓公药草,中有"远志"。公取以问谢:"此药又名'小草',何一物而有二称?"谢未即答。时郝隆在座,应声答曰:"此甚易解。处则为远志,出则为小草。"谢甚有愧色。

后人自谦常自喻为小草,元好问《春日半山亭游眺》:"小草不妨怀远志,芳兰谁为发幽妍?"谢肇淛的用意似乎复杂一些。《郑性之过小草斋》:"吾方惭小草,君肯问枯枝。"此处有自惭之意。《小草斋杂兴十首》其一:"一向东山卧,神情近若何。"此处有谢安高卧东山萧散之情志。其九:"鞅掌意不适,倏然辞世喧。"此处有牢落不得志之意。有趣的是,谢肇淛的同郡叶向高(福清人)曾作有一篇《小草篇》,谢肇淛为其作序,序云:

> 《小草篇》者,元辅叶先生被召出山都中作也⋯⋯先生有忧,昼则蒿目纶扆,平章军国重事,夜则命酒赋诗,以遣郁怀,久且犁然成帙矣。梦在故山,心伤时世,怅始志之未遂,恐猿鹤之笑人,此"小草"所由命也。昔吾家太傅高卧东山,一旦应辟,人嘲小草,比一出而寝桓谋,平符寇,再造典午,而东山之志始终不渝。形于颜色则小草也,乃其所以为远志也。(《小草斋文集》卷五)

叶向高复出在天启元年(1621)①,则谢肇淛此文写于《小草斋集》编定之后,谢肇淛对"小草"的诠释已与早年有所不同,出山而济天下苍生,即便是称"远志",又有何妨!"小草"既是自谦,不妨又可看作是自励。

《小草斋集》各卷卷下均署有"陈留谢肇淛著"。"陈留",谢肇淛之郡望,汉郡旧治在今河南开封东。明代闽人喜称郡望,如林鸿称博陵林鸿等。《续集》则署"晋安谢肇淛著","晋安",晋治郡,即明至今之福州。下一行与著者并列,则署校者名。各卷校者不一,计有:陈鸣鹤、徐𤊻、陈仲溱、曹学佺、陈毓德、陈宏己、马歘、王宇、孙昌裔和郑邦祥;《续集》校者为谢肇淛弟肇湘、肇澍。

夏允彝《长乐县志》刻于崇祯十四年(1641)。卷十《艺文志·著述》,已著录《小草斋集》。同卷《艺文志·文翰》载录张献翼《〈小草斋集〉序》、李维桢《〈谢工部诗集〉序》、屠隆《〈谢在杭诗〉序》三序,其顺序与本文所讨论的《小草斋集》卷首所载相同。以上两点,证明《小草斋集》刻于明末无疑。《续集》版式、纸质同《小草斋集》,当先后而刻。

明末刻本《小草斋集》《续集》,装订成八册(其中《续集》一册)。无

---

① 据《明史·叶向高传》。

蠹损,字迹清晰,全帙完好,实属难得。版高十九点四厘米,宽十三点四厘米。每半页九行,行十八字。目录下钤有"黄任之印"、"莘田氏"印章二方,阳文。黄任(1683—1768),字于莘,一字莘田,号十砚老人,永福(今福建永泰)人。康熙四十一年(1702)举人。为广东四会令,拂衣归里。著有《秋江集》《香草斋集》。疑谢肇淛此书先为黄任所得。各册封面均书有"侯官郑氏注韩居珍藏本"。各册首页均钤有"郑氏注韩居珍藏之印",阳文。卷首第五页下还钤有二章:"郑杰之印",阴文;"名杰字昌英",阳文。郑杰,字昌英,侯官人,乾隆间贡生。父廷滦,乾隆间布衣,嗜铅椠,喜咏哦,积书三万卷。杰不汲汲于科名,好读韩诗,因注《昌黎文集》四十卷,外集十卷,题其居为"注韩居",自号"注韩居士"。喜博览肆搜,于闽中文献尤宝。嘉庆间编选《全闽诗录》,因卷帙浩大,先编就《国朝全闽诗录续录》,卒后由其父刊刻①。可以断定,此书在黄任之后为郑氏所藏。《小草斋集》及《续集》流传不广,《四库全书总目》卷一七九《别集存目》六仅录存《游燕集》二卷、《小草斋稿》一卷,并云:"黄虞稷《千顷堂书目》:肇淛有《小草斋诗集》三十卷,《文集》二十八卷,又《续集》二卷。此二集乃集中之二种,非完帙也。"此处将《小草斋集》误作《小草斋诗集》,一误也;《续集》为三卷而非二卷,二误也。疑四库馆臣亦未见过此集。嘉道间,博洽如梁章钜,亦以未见到此集为憾。②

如前所述,明末刻本《小草斋集》卷一至卷十七、卷二十四至卷三十,《续集》三卷,藏福建省图书馆;《小草斋集》卷十九至卷二十三藏福建师范大学图书馆。据《中国古籍善本书目》所提供的资料,谢肇淛此集也仅见于这两家图书馆,别无他藏。近年出版的《四库存目丛书》,《小草斋集》《续集》用的是福建师范大学图书馆所藏本明本卷十九至卷二十三配以钞本;钞本多有讹误。江苏古籍社出版笔者所编的《谢肇淛集》③,集两家图书馆馆藏之功,将散而为二的《小草斋集》重新合而为一,使这部明刻本终成完帙,庶可告慰清代两位收藏家——黄任和郑杰于九泉之下了。

① 据《民国福建通志·文苑传》卷八。
② 《东南峤外诗话》卷八"谢肇淛条":"其三十卷之诗集,余寻之三十年而未得。"
③ 《谢肇淛集》四册,江苏古籍出版社 2003 年版。

徐熥著述编年考证

　　《笔精》卷七"藏书"条:"吾乡前辈藏书富者,马恭敏公森、陈方伯公遥。马公季子能读能守,陈公后昆寝微,则散如烟矣。又林方伯公懋和、王太史公应钟,亦喜聚书,捐馆未几,书尽亡失。然四公子之书,咸有朱黄批点句读,余间得之,不啻拱璧也。予友邓参知原岳、谢方伯肇淛、曹观察学佺,皆有书嗜。邓则装潢齐整,触手如新,谢则锐意搜罗,不施批点,曹则丹铅满卷,枕藉沈酣:三君各自有癖。然多得秘本,则三君又不能窥予藩篱也。"① 这条材料大致描述了明代嘉隆万间闽郡藏书之风的概况,还大致介绍了包括徐熥本人在内的藏书特点。徐熥父永宁令徐榔,兄徐𤊸皆嗜书,至万历三十年(1602),"合先君子,先伯兄所储,可盈五万三千余卷"②。其家藏书楼、斋有红雨楼、绿玉斋、竹汗巢、宛羽楼等名。

　　徐熥以博洽闻,所著书有《鳌峰集》《笔精》《榕阴新检》《雪峰寺志》等,因家境困顿、明清易代、家道衰微等原因③,其书多数未刊刻,稿本散落,致使后世目录学家多难窥其本来面目。1957年,古典文学出版社将晁琛《晁

---

① 徐𤊸:《笔精》,沈文倬校注,福建人民出版社1997年版。

② 徐熥:《红雨楼藏书目叙》,《重编红雨楼题跋》卷一,沈文倬点校《红雨楼序跋》本,福建人民出版社1993年版。万历四十四年(1616)𤊸所作《哭陆儿十首》其九:"我已积书三万卷,怜儿能读且能藏。"详《徐𤊸年谱简编》。疑三万卷不包括父兄所积书,仅𤊸个人所积而已。

③ 参见笔者:《晚明诗人徐𤊸论——兼论荆山徐氏儒业与文学之兴衰》,《中国文化研究》2006年第3期。

氏宝文堂书目》、徐𤊶《徐氏红雨楼书目》合为一帙出版,其《出版说明》云,根据《四库全书总目》著录,知道徐氏著有:《榕阴新检》八卷（传记类存目四）、《笔精》八卷（杂家类三）、《闽南唐雅》十二卷（总集类存目三）。迄今知道的还有:《红雨楼题跋》（清缪荃孙重编本,刊入峭骢楼丛刻中）;《荔枝谱》七卷（刊入《荔枝通谱》中）;《闽中海错疏》补疏部分（刊入《艺海珠尘》中）。又根据《徐氏红雨楼书目》,认为还可以补充以下目录:

> 《晋安岁时记》一卷（宋梁克家著,徐𤊶补）《易旁通》一卷（附《笔精》内）《蔡忠惠年谱》一卷 《鼓山续志》八卷 《榕城三山志》十二卷 《法海寺志》三卷 《雪峰寺志》八卷 《客惠纪闻》一卷 《巴陵游谱》一卷 《谐史续》二卷 《堪舆辨惑》一卷 《蓍谈》一卷 《蜂经疏》二卷 《闽画录》一卷

自癸未之岁,予搜集研究三徐（𤊶、熥、𤊶子存永）文献,撰其年谱,越三年,积稿渐多,颇觉𤊶所著书远不止此数,故重加考订,尽可能存其目;能考得著述作年者,则考其作年并加编年;不同版本者,则探其源流;诸家著录有误者,则辨其讹误①。

本文考订的徐氏著述,包括其著作及文献整理（编、补、校、选、定、参撰、编次、审阅、辑佚等）。徐𤊶藏书,还抄录过不少文献,在抄录或庋藏的过程中,也可能同时做些整理的工作,但由于文献大多不足征,这部分书目本文只好暂付阙如。

徐𤊶的著述丰富,本文将徐氏著述分为作年可考与暂不可考两部分,可考的列于前、并加以编年,暂不可考的置于后。徐氏的著作在流传过程中存在一书两名或多名的情况,本文在考述时做了适当的归并。沈文倬先生《红雨楼序跋》搜罗宏富,然间有疏漏,本文补入佚文多篇。关于徐氏的生平、诗文的具体作年,别详笔者《徐𤊶年谱简编》②及《徐𤊶年谱长编》（未刊稿）。

---

① 例如《出版说明》说《荔枝谱》七卷,刊入《荔枝通谱》。七卷,不误。然此书初刻,𤊶合蔡襄《荔枝谱》一卷为一帙,名《荔枝通谱》,共八卷,田本畯梓;所谓刊入《荔枝通谱》,当为刊入《闽中荔枝通谱》,邓庆寀（原岳子）编。详下文。

② 《鳌峰集》附录,广陵书社 2012 年版。

万历二十三年甲午（1594） 二十五岁

《红雨楼集》若干卷

徐㶿《答王元祯》:"不佞《红雨楼稿》,是甲午岁先伯兄梓之白门。皆弱冠时所作,十分乳臭。门下何从得之乎？子云悔少作,即此稿之谓也。"（《红雨楼集·鳌峰文集》册六,《上海图书馆未刊古籍稿本》第 43 册,复旦大学出版社 2009 年版,第 308 页）

徐㶿《寄徐茂吴司理》提及以是集送友人（详下"《田园雅兴》条"）。

邓庆寀《荔枝谱》二引《红雨楼集》"蔡端明《荔枝谱》"一则。见《闽中荔枝通谱》卷十。按:此条见《重编红雨楼题跋》卷一（沈文倬点校《红雨楼序跋》本）。

附:《红雨楼稿》若干卷

郑杰《注韩居书目·集部》八:《红雨楼文稿》兴公稿本。

陈寿祺《红雨楼文稿跋》:"《红雨楼文稿》八册,明吾乡徐兴公著。中多手迹题上,每别识'选'、'不',盖未定本也。君《鳌峰集》诗,南巡抚居益为之授梓,未几,南公去位,以属同知摄建安令郑某,仅刻四卷而辍。后自鬻田续成十册。其杂文三十余卷,删为二十卷十四册,无力杀青,常求助于故人,卒不果。其书遂佚不传。余近始得《鳌峰集》近体诗四卷,文即此本。补缀蠹蚀,盖已亡其半矣……斯篇虽零落廑存,然其他散见,犹可搜缉一二,倘有心者别择其半付劂,俾前喆志事有所考见,其亦后起之责也。"（道光本《左海文集》卷七）按:"删为二十卷者",当即《鳌峰文集》。

《福建通志·艺文志》卷六十三:"《红雨楼集》无卷数。徐㶿著。"（1938 年版）

陈衍《石遗室书录》云:"钞本八册,约可分十余卷,似系未定稿。间有圈点。多勾去不存者。尺牍十之八九,祭文居十之一,杂文居二十之一。前后无序跋。《目录》尺牍中,《与曹能始》《谢在杭》《林茂之》诸人居多。《砚耕绪录》云:'徐兴公未梓文八卷,藏陈恭甫先生家。其文如布帛菽粟,霭然孝子悌弟之言,于家庭间言之尤真挚。'似即八册钞本。然八册者无诗。余曾见钞本,不全。"（《福建通志·艺文志》卷六十三引）

按:《砚耕绪录》系林昌彝所著。陈寿祺、林昌彝、陈衍所见《红雨楼集》为徐氏之手稿本,定非㶿送友人的《红雨楼稿》。

附:《红雨楼集·鳌峰文集》稿本十二册

《中国善本书目·集部》卷二十六:《红雨楼集》不分卷。藏上海图书馆（上海古籍出版社 1989 年版）。

《上海图书馆未刊古籍稿本》，上复旦大学出版社 2009 年影印本。此本与陈寿祺、林昌彝、陈衍所描述基本吻合。

附:《红雨楼题跋》（林佶钞本）

林佶《红雨楼题跋·跋》（钞本）:"吾闽兴公《红雨楼集》未受梓，此题跋一卷，是从稿中录出者，尚未备，异日当广征并全集编刻，以永存其传，未知得如吾愿否？兴公题跋最精确，惜多散逸，哀之正未易耳。林佶识。己亥六月之朔，书于警露寓邸。"（《红雨楼序跋·附录》，沈文倬校点本）按:林佶，康熙三十八年举于乡，五十一年钦赐进士。己亥，康熙五十八年（1719）。

郑杰《注韩居书目》:《红雨楼题跋》钞本。按:郑氏所抄即此本。

附:《红雨楼题跋》二卷（郑杰辑本）

郑杰《红雨楼题跋·序》:"不佞仰企前人，潜心购觅，几废寝食，得徐氏汗竹巢、绿玉斋、宛羽楼、红雨楼藏本，什有二三，不啻如当日闽先辈之于陈、马、林、王四先生所藏之书也。独是兴公先生善聚善读，用心精勤之处，余欲与天下人共知之，遂搜录题跋若干首，先付梨枣，别为初编云。嘉庆三年岁次戊午重九日，侯官郑杰书。"（嘉庆三年本）。

附:《重编红雨楼题跋》二卷

孙殿起《贩书偶记续编·书目类》:明闽县徐𤊹撰。江阴缪荃孙辑。民国二十五年九月铅字排印本。（上海古籍出版社 1982 年版）参见《红雨楼题跋》。

附:《红雨楼序跋》（沈文倬点校本）

福建人民出版社 1993 年版。

附:《新辑红雨楼题记》（马泰来整理本）

上海古籍出版社 2014 年版。

万历二十四年丙申（1596） 二十七岁

《闽中海错疏》三卷（屠本畯撰，徐𤊹补疏）

郑杰《注韩居书目·子部》十:《闽中海错疏》三卷，明屠本畯撰，徐𤊹补疏,注韩居写本。

屠本畯撰《闽中海错疏》三卷,𤊶为之补疏,《四库全书》本。《四库全书总目提要·闽中海错疏》:"中间又有注'补疏'二字者,则徐𤊶所续也。"屠本畯序作于万历丙申,𤊶所续当作于本年或稍前。

万历二十五年丁酉(1597) 二十八岁

《蔡忠惠年谱》一卷

《徐氏家藏书目·年谱》;

《徐氏红雨楼书目》卷二。

徐𤊶跋《蔡忠题年谱》:"余得二方善本,反复潜玩,有契于心,更采公生平官爵著述,编为年谱,历历有征,庶后之览者有所考镜,因述所繇如此。万历丁酉仲夏,闽邑后学徐𤊶兴公谨跋。"(《重编红雨楼题跋》卷一)

《田园雅兴》一帙

徐熥《寄徐茂吴司理》略云:"仲弟《红雨楼集》一部、《闽画记》一部、《荔枝谱》一部、《田园雅兴》一帙,季弟《制义》一部,统尘巨观。"(《幔亭集》卷二十)

徐𤊶《〈田园杂兴〉序》:"宋范石湖《吴中田园杂兴》六十首,邓司农汝高取而和之,晋安风景摹写略尽矣。余铅椠之暇,掇拾见闻,次为是编。汝高以轩冕之华,术丘园之赍,语反切情;余以草莽之臣,谈农圃之务,言无足采,则钟缶之不同音,而升釜之不同量也。况汝高已著,不敢复陈,闽俗所无,不敢饰说。观风成谣,如斯而已。第学步者,不责其善迹;啜醨者,不嫌其无味。以此自解,大方君子,其或恕之。万历丁酉阳月序。"(《鳌峰集》卷二十五)

按:《田园杂兴》总题下,有《春日杂兴十二首》《晚春田园杂兴十二首》《夏日田园杂兴十二首》《秋日田园杂兴》十二首、《冬日田园杂兴十二首》,计六十首。六十首加上序,可成一帙。

又按:《田园雅兴》当作《田园杂兴》。

又按:此序沈文倬《红雨楼序跋》失收。

又按:熥《寄徐茂吴司理》作于本年,详笔者《徐熥年谱简编》(《徐熥集》附录,广陵书社 2005 年版)。

《闽画记》十卷

《徐氏家藏书目·画类》。

《徐氏红雨楼书目》卷三:一卷。

徐钟震《先大父行略》:《闽画记》二卷(《雪樵文集》不分卷)。

黄虞稷《千顷堂书目》卷十五,别本注云:万历己亥自序。

《明史·艺文志》三:一卷。

陈荐夫《〈闽画记〉序》略云:"吾闽僻远,中土罕窥,加以累朝丧乱之后,五季兵燹之余,文献莫征,遗迹斯灭。自唐以上,无得而称,徐子兴公太息有年,慨然作《记》。"(《水明楼集》卷二)

按:黄锡蕃《闽中书画录》引《闽画记》数十则。有陈庆元辑本(未刊稿)。

按:徐𤐜《寄徐茂吴司理》提及以是集送友人(详上"《田园雅兴》条")。𤐜《寄徐茂吴司理》作于本年,则《闽画记》最迟当完成于是年。

又按:据黄虞稷《千顷堂书目》别本有𤐜万历己亥自序,似另有万历二十七年己亥本。

《荔枝通谱》八卷(蔡襄一卷,徐𤐜七卷,徐𤐜编)

《徐氏家藏书目·农圃类》。

《徐氏红雨楼书目》卷三。

黄虞稷《千顷堂书目》卷九:徐𤐜《荔枝通谱》十六卷。邓庆寀补,庆寀,字道协,福州人;原岳子。按:黄虞稷所记误。《闽中荔枝通谱》,邓庆寀辑,十六卷。有崇祯刊本。《闽中荔枝通谱》录蔡襄《荔枝谱》一卷,徐𤐜《荔枝谱》七卷,《荔枝谱》六卷,宋珏《荔枝谱》一卷,曹介人《荔枝谱》一卷。

徐𤐜《〈荔枝谱〉小引》:"荔枝自宋蔡忠惠公《谱》录,而其名益著。世代既遐,种类日伙,骚人韵士,题品渐广,然散逸不收则子墨之失职、而山林之旷典也。惟时朱夏,侧生斯出,名题于西川,贡珍于南海,吾闽所产,实冠彼都,可谓芦橘惭香、杨梅避色者也。爰仿蔡书,别构兹《谱》,状四郡品目之殊,陈生植制用之法,旁罗事迹,杂采咏题。品则专取吾闽,事乃兼收广蜀,物非旧存,品惟今疏。愧闻见未殚,笔札荒谬,博雅君子,将麈挂漏之讥,予小子何敢辞焉。万历丁酉晋安徐燉兴公记。"(邓庆寀《闽中荔枝通谱》卷二,又《说郛》续四十一)按:此篇沈文倬《红雨楼序跋》未收,当补入。

徐燉题《蔡忠惠年谱》:"燉以万历丁酉取忠惠《荔枝谱》而续之,时屠田叔为闽运,通其谱而授诸梓。"(《重编红雨楼题跋》卷一)据此,知燉《荔枝谱》初与蔡谱合梓,名《荔枝通谱》。蔡谱仅一卷,燉则七卷。屠本畯(字田叔)为之梓。

沈长卿《〈闽中荔枝通谱〉序》:"《荔谱》创自宋蔡君谟,至我明徐兴公广之。"(邓庆寀《闽中荔枝通谱》卷首)

陈寿祺《红雨楼文稿跋》:"《荔枝谱》《蜂经》《茗谈》所自刻也。"(《左海文集》卷七)

按:陈氏以为燉自刻《荔枝谱》,误。说详上。

附:《荔枝谱》二卷

《说郛》续四十一(《〈说郛〉三种》影宛委山堂本,上海古籍出版社1988年版)。按:《说郛》为节本。

附:《荔枝谱》点校本。

按:此本据《说郛》标点(陈定玉点校《荔枝谱》[外十四种],福建人民出版社2004年版),非全本。

万历二十八年庚子(1600) 三十一岁

《建阳志》(参编)

题《游定夫集》:"庚子岁,建阳令魏公命修县志,将以游、刘、朱、蔡、熊作五世家,游氏子孙抄录祖先事实,送余采择。"(《新辑红雨楼题记》,第129页)

又《鳌峰集》卷十四有《修建志答田公雨丈见示》诗。

《文心雕龙校》

万历二十九年(1601)跋传抄杨慎批评本《文心雕龙》:"刘彦和《文心雕龙》一书,词藻璀璨,俪偶丰赡。先人旧藏此本,已经校雠,燉少学操觚,时取披览,快心当意,甘之若饴,每有缀辞,采为筌饵。"又万历三十五年跋:"此书脱误甚多。诸本皆传化就梓,无有详为校定者。偶得升庵校本,初谓极精。辛丑之冬，携入樵川，友人谢耳伯借去雠校，多有悬解，越七年，始付还。余反复讽诵，每一篇必诵数过，又校出脱误若干，合升庵、伯元之校，尤为严密。然更有疑而未稳，不敢妄肆雌黄，尚俟同志博雅者商略。"又万历三十七年（1609）跋朱谋㙔藏本:"《文心雕龙》一书，余尝校之，至再至三，其讹误犹未尽释。然彦和博综群书，未敢遽为亥豕而臆肆雌黄也。"（《新辑红雨楼题记》，第 170—173 页）

郑杰《注韩居书目·经部》十三:《文心雕龙》十卷 徐兴公、谢在杭手校本。前后有兴公跋。按:此本不知是否上述之杨慎批评本或朱谋㙔本，俟考。

万历三十年壬寅（1602） 三十三岁

《徐氏红雨楼书目》四卷

《红雨楼藏书目叙》:"余少也贱，性喜博览，间尝取父书读之，觉津津有味，然未知载籍无尽，而学者耳目难周也。既长，稍费编摩，始知访辑，然室如悬磬，又不能力举群有也。会壬辰、乙未、辛丑三为吴越之游，庚子又有书林之役，乃撮其要者购之，因其未备者补之，更有罕睹难得之书，或即类以求，或因人而乞，或有朋旧见贻，或借故家抄录，积之十年，合先君子、伯兄所储，可盈五万三千余卷，存之小楼，堆床充栋，颇有甲乙次第，铅椠暇日，遂仿郑氏《艺文略》、马氏《经籍考》之例，分经史子集四部，部分众类，著为《书目》七卷，以备稽览。客有讥予曰:'子之蓄书，拮据劳瘁，书愈富而囊愈空，不几成于癖成于淫乎？好书之劳，不若不好之为逸也。予曰:'否否！昔之宋尤延之积书数万卷，尝自言:饥读之以当肉，寒读之以当裘，孤寂读之以当朋友，幽忧读之以当金石琴瑟。予平生无他嗜，所嗜惟书，虽未能效古人下帷穿榻闭户杜门之苦，然四体不勤，此心难恕，岂敢安于逸豫，怠于钻研者耶！至于发书籯之诮，蒙武库之誉，非予之所可几也，亦非予之所敢望也。'客曰:'美哉，徐仲子之言！'唯唯而退。万历壬寅初秋，三山徐㶨兴公书。"（《新辑红雨楼题记》，第 207 页）

缪荃孙《艺风藏书记·目录类》:《红雨楼书目》四卷 明徐㶨撰。传钞本。㶨字惟起，又字兴公。闽县人。与兄惟和积之十年，得盈五万三千余卷。仿郑氏《艺文略》、马氏《经籍考》例，为《书目》四卷。（《徐氏红雨楼书目》附录）

郑王臣《兰陔诗话》:"《徐兴公书目》载山人有《听雪》二赋，《感怀诗》一卷,惜已不传。"(《莆风清籁集》卷三十三,"张士昌"条)按:此条所载张士昌诗不见今本。

按:此书当与《徐氏家藏书目》同书而异名,参见下条。

附:《徐氏家藏书目》五卷

黄虞稷《千顷堂书目》卷十:七卷。

郑杰《注韩居书目·子部》二:《徐氏藏书目》五卷。

刘燕庭题《徐氏家藏书目》云:"道光丁亥七月,大兴徐星伯知余访各家书目,因出所藏《徐兴公家藏书目》六册见视,云去岁客济南时,得自周书仓(自注:永年)家。携归即过录校藏,并辑《闽志》《明诗综》各书所藏兴公事迹,撰小传,书于右(从略)。七夕曝书,偶检《胡仲子集》,有'晋安徐兴公藏书印',《吴道南集》有'闽中徐惟起藏书印'。余既得此《目》,而《目》中著录之书散落人间,竟有为余所得者,亦奇观也。因枊二印于简端,以志巧合。此《目》诸书皆未著录,惟《千顷堂书目》有之,作七卷。兴公书斋名'红雨楼',余即以题其书名云。七夕灯下,东武刘燕庭识于味经书屋。"(《新辑红雨楼题记》,第 206 页)

按:此书题《三山徐氏红雨楼书目》,《续修四库全书》本沿用旧本《徐兴公家藏书目》名,作《徐氏家藏书目》,今从之。

潘景郑《著砚楼书跋》:"旧钞本《徐氏家藏书目》(中略)此本有'郑氏注韩居'藏书印,余者不能尽忆也。又予尝得《雅宜山人集》为兴公所旧藏,题识印记,赫然俱在,不知目中亦著录及之否?"(《徐氏红雨楼书目》附录,古典文学出版社 1957 年版)

按:徐𤊹藏书目在辗转抄录过程中,出现《徐氏家藏书目》和《徐氏红雨楼书目》两种本子,所录书目亦小异。

万历三十三年癸卯(1603) 三十四岁

《天柱篇》(曹学佺著,徐𤊹校阅)

曹学佺《石仓全集·天柱篇》卷端:有"癸卯"二字及"闽中曹学佺著同社徐惟起、林古度阅"。知是篇校于本年。

万历三十二年甲辰（1604） 三十五岁

《易旁通》一卷（附于《笔精》内）

《徐氏家藏书目·易类》。

《徐氏红雨楼书目》卷一。

黄虞稷《千顷堂书目》卷一。

《徐氏笔精》卷一作《易通》，计九十一则。燉有小引，云："夫《易》广矣大矣，泥章句不可言《易》。考亭夫子作《本义》，后世说《易》者，镂于肺肠而不能荡涤，局于识也。余世学《易》，专其门，独余偃蹇不售其所学。间有臆见及览诸书可有同异，不符朱氏旨者，辄笔之以资谈柄，弗敢闻于人。儿子陆欲取观，余笑而匿之，且诫曰：'而翁之《易》，非世儒之《易》也。'余之笑且匿者有深思焉，童子何知！万历甲辰夏日书于鳌峰之读易园。"按：此则小引《红雨楼序跋》失收。

《蜂经疏》二卷（陈鸣鹤著，徐燉疏）

《徐氏家藏书目·农圃类》。

《徐氏红雨楼书目》卷三：《蜂经》二卷。

黄虞稷《千顷堂书目》卷九。

陈寿祺《红雨楼文稿跋》："《荔枝谱》《蜂经》《茗谈》所自刻也。"（《左海文集》卷七）

按：《荔枝谱》（即《荔枝通谱》）非自刻，说详该条。

谢肇淛《〈蜂经〉序》："吾友陈女翔耳目岁时，咨诹长老，匠心运意，体要成《经》。舅氏徐兴公搜陬谷之方言，撷场圃之琐录，节分支演，比词为《疏》。斯皆情钟丘壑，色起螟螣。玄言与兰髓同甘，彩素共金房齐曜。苍然太古，斐尔为章。"（《小草斋文集》卷六）

又按：当以《蜂经疏》为是。燉题《蜂经》以为该书出自南宋之末村学究之手，"俟陈汝翔归自晋陵，出此书商之……甲辰初冬，徐惟起题。"（《新辑红雨楼题记》，第95页）燉疏即此《蜂经》。

《陈后金凤外传》（徐燉与王宇校订）

徐燉题《陈后金凤外传》："王永启（庆元按：王宇，字永启）既得《陈后传》于农家,予借录一本,反复考核,其姓名事迹岁月地理,与史乘符合者勿论,中有少异者……徐𤊹题。"(《新辑红雨楼题记》,第112—113页)

按:《陈后金凤外传》见《榕阴新检》卷十五。此文附有友人王宇《识语》,知此文与王氏相校订。《识语》作于万历三十二年(1604)。

又按:福建省图书馆藏《陈金凤外传》,民国二十六年(1937)福州沈氏端斋钞本一册、福建师范大学图书馆旧钞本一册,题闽县徐𤊹撰,似误。

附:《吴雨〈鸟兽草木考〉》二十卷(谢肇淛藏,徐𤊹编)

郭柏苍《竹间十日话》卷五:"苍得谢在杭藏《吴雨鸟兽草木考》,为万历甲辰徐兴公所编,其书二十卷。卷首有侯官曹学佺、新宁蒋奕芳二序。"

按:据曹学佺《〈毛诗鸟兽草木疏〉序》(《石仓文稿》卷一),《草木考(疏)》为吴雨作。

万历三十四年丙午(1606) 三十七岁

《榕阴新检》十六卷

《徐氏家藏书目·各省杂志》作十卷。

《徐氏红雨楼书目》卷二作十卷。

黄虞稷《千顷堂书目》卷七作八卷:万历三十四年刻本,十六卷:闽县徐𤊹兴公辑,歙县吴洵美克符校。

郑杰《注韩居书目·子部》四:《榕阴新检》十六卷,兴公手写本底本。按:据手写底本和刻本,此书为十六卷本无疑。

陈寿祺《红雨楼文稿跋》:"《榕阴新检》者,邵鹭洲所刻也。"(道光本《左海文集》卷七)

按:邵鹭洲即邵捷春。

附:《榕阴新简》十卷

《榕阴新简》十卷,徐𤊹(《新编红雨楼题记·徐氏藏书目》,第259页)

按:疑即《榕阴新检》,然卷数不合。

附:《榕阴续检》八卷

徐钟震《先大父行略》:"《榕阴续简》八卷。"(《雪樵文集》不分卷)

按:疑"简"为"检"之讹。

附:《榕阴诗话》

郭柏苍《柳湄诗传》,《全闽明诗传》卷四十引。

按:所引出自《榕阴新检》卷十六《诗话》。如将《榕阴新检》中《诗话》辑出,以《榕阴诗话》之名独刊,亦无不可。

又按:《明诗话全编·徐𤊹诗话》(江苏古籍出版社 1997 年版)失辑《榕阴新检》卷十六《诗话》一卷。

附:《竹窗杂录》

《〈竹窗杂录〉提要》:"《竹窗杂录》,徐𤊹著。按:原书不传,而《榕阴新检》所录多至百条。《连城合剑》一条,称家兄惟和;《阳谷嘲莺》一条,称惟和伯兄。惟和,𤊹兄熥字。是书亦出𤊹手。自著书自征引,殊非体裁,尔时风气往往如此。"(民国《福建通志·艺文志》卷四十九)郭柏苍《柳湄诗传》引多条,见《全闽明诗传》卷四十等。有陈庆元辑本(未刊稿)。

附:《竹窗笔记》

郭柏苍《柳湄诗传》引多条,见《全闽明诗传》卷四十等。按:疑即《竹窗杂录》,俟考。

《唐欧阳先生文集·附录》一卷

《寄欧阳观察》略云:"四门之文一经刊布,若揭日月于中天者也。附录一卷,乃不肖采掇诸书实有关于四门行谊之大者。"(《红雨楼集·鳌峰文集》册六,《上海图书馆未刊古籍稿本》第 43 册,复旦大学出版社 2009 年版)。曹学佺《唐欧阳先生文集序》:"癸卯冬,予再游温陵之石室,友人徐兴公偕焉。石室为欧阳行周先生读书处也。越三年,兴公携先生集于金陵,谋更梓之,不肖论次其事曰(下略)。"(《石仓文稿》卷一)

按:欧阳詹,字行周。又按:癸卯,万历三十一年(1603),越三年,即万历三十四年(1606)。

《挂剑篇》诗(曹学佺著,徐𤊹选)

曹学佺《挂剑篇》卷端:闽中曹学佺能始著　友人陈鸣鹤女翔阅　徐𤊹兴公选。《挂剑篇》卷端有"丙午"二字及"徐𤊹兴公选"。知是篇选于本年。

万历三十五年丁未（1607） 三十八岁

《少谷小谷杂著》（辑佚）

郑杰《注韩居书目·集部》八：《少谷小谷杂著》徐兴公手辑。按：郑善夫，字少谷。

《郑继之手书》："郑少谷先生以诗名于正、嘉之际，海内知郑先生之精于理数之学也。此编自《易》数、河洛、《洪范》、田制、算法、禽遁、车服，无不究心，又手自抄定，先生之学，岂寻常口耳章句乎哉……万历丁未三月，东海徐惟起。"（《重编红雨楼题跋》卷二）《少谷小谷杂著》疑即此书。暂记于此。

《客惠纪闻》一卷

《徐氏家藏书目·各省杂志》。

《徐氏红雨楼书目》卷二。

黄虞稷《千顷堂书目》卷七，又卷八。

按：邓庆寀《荔枝谱》二引《客惠纪闻》二则（邓庆寀《闽中荔枝通谱》卷十）。

又按：𤊟丁未之粤客惠，作《东新桥》（在惠州之东）、《登野吏亭》（宋陈尧佐守惠所建）、《长至客惠阳旅舍怀季声在端州》诸诗，知《客惠纪闻》作于本年。

万历三十六年戊申（1608） 三十九岁

《红云社约》一卷

《说郛》续二十九。

《红云社约》："《清异录》云：刘鋹每年于荔枝熟时设红云宴。余恒想其风致。吾闽荔子甲于岭南、巴蜀，今岁雨赐时若荔子花头甚繁，树梢结果累累欲红。自夏至以及中秋，随早晚有佳品。今约诸君作餐荔枝会，善啖者许入，不喜食者毋请相溷，先定胜地、名品以告同志：平远台、法云寺，白、密二树，异品也，必先半月向主僧买其树，熟时往食——本宗上人主之。西禅中冠，甲于城内外，马恭敏赐葬之所，极繁，极美——马季声主之。尚干满林香，香倍众品,唯林氏有三五树,非至亲往求,不得入城,陈伯孺居与林氏至近——伯孺主之。磨盘,大如鸡子,高景倩东山别业有此种,今岁生尤繁盛——景倩主之。凤冈中冠,为福州第一品,必至其地始得选食,但路隔一水,非舟楫莫至——谢在杭主之。胜画,出长乐六都,更有一种鸡引子,亦出六都,同时出——在杭长乐产也,再主之。绿玉斋前新植一株,枫亭种也,今岁结实不甚多,食毕,足以他品——余主之。枫亭荔子名甲天下,核小香浓,一日一夜可达会城,色香未变,——周乔卿莆人也,主之。桂林一种,味极甘美,凌晨皆于万寿桥货鬻,间有挑入城者——吴元化、郑孟麟主之。会只七八人,太多则语喧;荔约二千颗,太少则不饱。会设清酒、白饭、苦茗及看核数器而已。不得沉湎滥觞,混淆肠胃。每会必觅清凉之地,分题赋诗,尽一日之游。愿同志者守之。万历戊申夏至前十日,徐㶿兴公题。"(邓庆寀《荔枝谱》三,邓庆寀《闽中荔枝通谱》本卷十一)

　　按:本文为一单篇短文,似不当单列为一卷。

《鼓山志》(谢肇淛著,徐㶿参撰)

　　谢肇淛《鼓山志小引》略云:"先辈黄用中读书山下,感胜迹之寥绝,痛文献之无征,稍欲缀其崖略,欲成一家之言,而力弗逮。舅氏徐兴公得其遗稿,而次第讨论之。日复一日,至戊申岁,余方宅艰多遐(庆元按:当作暇),相与遐搜灵密,博采刍荛,上溯草昧之初,中沿兴废之迹,而下盖以耳目之所听睹,汇有八卷,列十二。"(《小草斋文集》卷十二)

　　按:㶿题《鼓山志》:"余自丁亥岁游鼓山,迄今十五载,凡二十余度。每欲纂集游山诗文,苦无旧志可稽,只于老禅庵阁见旧板数十片,知其残缺,心甚恨之。今年四月,偕曹能始往游焉。仍议纂修《山志》,广徇积书之家,俱弗获觏,最后借一本于通家黄君,如得拱璧,遂抄录一副,藏之笥中,旧本仍归主人也。黄君尊人名用中,号鼓山,与先子莫逆。睹前序因知用心之勤,后之览者,得无仰前辈之博洽乎!辛丑五月二十三日书。"(《新辑红雨楼题记》,第97页)据此,㶿自万历二十九年(1601)获黄用中旧本,已有修山志之志,至此年方与谢肇淛同修。

　　附:《鼓山续志》八卷

　　《徐氏家藏书目·福建省》。

《徐氏红雨楼书目》卷二。

黄虞稷《千顷堂书目》卷八。

按:《鼓山续志》当即㶿与谢肇淛同修之《鼓山志》。

万历三十七年己酉（1609） 四十岁

《蔡端明别记》十二卷

《徐氏家藏书目·人物传》。

黄虞稷《千顷堂书目》卷十。

《明史·艺文志》二:十卷。

郑杰《注韩居书目·史部》四:《端明别纪》十二卷 侯官徐㶿兴公撰。
按:侯官当作闽县。

谢肇淛《蔡端明别纪序》:"先生曾谱荔枝,吾舅徐兴公因之而成《通谱》,私心谓异代有知己也,因而搜剔载籍,旁及猥稗,摭其行事而论次之。取裁于苏之《外纪》、米之《志林》,厘为十则,而以《荔谱》《茶录》附焉。"（《小草斋文集》卷六）

《蔡端明别纪序》:"若曰端明茞臣,则吾岂敢。万历己酉春曰,后学徐㶿兴公题。"（《新辑红雨楼题记》,第81页）

按:疑此书与《蔡福州外纪》为同书而异名。

万历三十七年刊本,藏福建省图书馆、上海图书馆。

按:疑此书与《蔡福州外纪》为同书而异名。

附:《蔡福州外纪》十卷

孙殿起《贩书偶记续编·传记类》:《蔡福州外纪》十卷。仙游徐㶿编。盐城陈仲甫订补。同治癸亥石经山房重刊。（上海古籍出版社1982年版）
按:仙游误,应作闽县。

跋《蔡忠惠年谱》:"戊申岁,闲居寡欢,妄意掇拾公之遗事作《外纪》,新安太学与㝢贾刻之武林。"（《新辑红雨楼题记》,第82页）

陈寿祺《红雨楼文稿跋》:"《蔡端明外纪》者,西爽堂所刻也。"（《左海文集》卷七）

万历三十七年庚戌（1610） 四十一岁

《隐居放言》五卷

《答王元祯》："外有《隐居放言》五卷,抄录求正。秕苑中不识可附骥否?中多不雅,祈大笔一为改削。是荷无涯之赐矣。"(《红雨楼集·鳌峰文集》册六,《上海图书馆未刊古籍稿本》第43册,复旦大学出版社2009年版,第399页)

万历四十年壬子（1612） 四十三岁

《永阳县志》(谢肇淛著,徐㶿参撰)。

唐学仁《〈永阳县志〉后跋》："故请于谢缮部以西京之华,又得掌故诸生陈鸣鹤、徐㶿、林弘毅者校雠,成一家言。"(《永福县志》卷首,日本上野图书馆藏万历本)

谢肇淛《〈永福县志〉引》略云:"壬子之夏,余持节归里……乃与陈汝翔、徐兴公日夕编摩……为纪者四,为目二十六。"(《小草斋文集》卷十二)

陈鸣鹤《〈永福县志〉小引》略云:"唐君侯,千秋士也……乃以《志》请于谢缮部在杭,猥举不佞鸣鹤及徐兴公于草泽之间,以佐研席……徐君汇编古今诗文,缮部则裁之。"(《永福县志》卷首)"修志姓氏:布衣徐㶿分纂。"(《永福县志》卷首)据此,知《永福县志》徐㶿负责编艺文。

《茶书》(喻政著,徐㶿订补)

谢肇淛《喻正之茶书序》："吾郡侯喻正之先生自拔火宅,大畅玄风,得唐子畏烹茶卷,动以自随。入闽暮月,既已勒之石矣,复命徐兴公裒鸿渐以下《茶经》《水品》诸编,合而订之,命曰《茶书》。"(《小草斋文集》卷六)

万历四十一年癸丑（1613） 四十四岁

《福州府志》七十六卷（徐㶿参撰）

喻政主修《福州府志》卷首《修志姓氏·分纂》："布衣王毓德、徐㶿。"

《寄曹能始大参》略云:"偶接按院檄,本府纂修郡志是月朔日已开局创始,弟滥竽其列。"(《红雨楼集·鳌峰文集》册六,《上海图书馆未刊古籍稿

本》第 43 册,复旦大学出版社 2009 年版,第 313—314 页)

陈寿祺《红雨楼文稿跋》:"(熥)预纂《福州郡志》。"(《左海文集》卷七)

按:此本有万历癸丑三月林材跋。

《古文短篇》

题《古文短篇》:"余尝学为文,每有结撰,则缅缅数百言,意求短而落笔不能短,中间陈腐疏漏处又不能免,始知古人之文,以短为贵。敖清江选左丘明以至吴草庐,仅得七十余篇,文之能短亦难矣。友人曹能始善用短法,他不能及也。癸丑暮春,徐兴公书。"(《新辑红雨楼题记》卷一,第 163 页)

万历四十四年丙辰(1616) 四十七岁

《小草斋集》(谢肇淛著,徐熥校其中三卷)

所校三卷为:卷二,古乐府;卷十二,五言律诗一;卷二十二,七言律诗五。详明刊本《小草斋集》各卷。按:《小草斋集》三十卷,《续集》三卷。《小草斋集》所录诗作最晚者为万历四十四年春肇淛回闽之时,是集分头校订者十人:陈鸣鹤、徐熥、陈仲溱、曹学佺、陈毓德、陈宏己、马歘、王宇、孙昌裔和郑邦祥,均为谢氏福州诗友。疑是集编定于是时。

万历四十七年己未(1619) 四十七岁

《史考》十卷(谢肇淛著,徐熥校)

按:序作于本年。

万历四十八年、泰昌元年庚申(1620) 五十一岁

《福安县志》(徐熥参撰)

《鳌峰集》卷二十一有《〈福安志〉成将归三山陈二石以诗见赠次韵为别》诗。按:此诗编在泰昌庚申年(1620)。

陈寿祺《红雨楼文稿跋》:"又尝修《延平郡志》《福安县志》。"(《左海文集》卷七)

天启五年乙丑（1625） 五十六岁

《鳌峰集》八卷

孙殿起《贩书偶记》卷十三：明闽县徐㶿撰。约崇祯间刊。（上海古籍出版社1982年版）按：此八卷当刻于天启五年（1625）。

《答李公起》略云："去岁南中丞为弟梓小集，行建州书坊，值署印别驾不知雅道，又值中丞公夺爵之耗，别驾遂怠厥心，仅刻近体四册，今附往，请正。然弟亦自鬻污莱数亩以竣其事，完日始得奉教耳。"（《红雨楼集·鳌峰文集》册八，《上海图书馆未刊古籍稿本》第44册，复旦大学出版社2009年版，第205—206页）

按：南中丞即南居益，南居益《〈鳌峰集〉序》作于天启五年，因去职，为刻之《鳌峰集》仅刊四册。

陈寿祺《红雨楼文稿跋》："君《鳌峰集》诗，南巡抚居益为之授梓，未几，南公去位，以属同知摄建安令郑某，仅刻四卷而辍。"（《左海文集》卷七，道光本）"四卷"疑为"四册"之误。

《鳌峰集》二十八卷

黄虞稷《千顷堂书目》卷二十六作二十六卷。

《明史·艺文志》卷四作二十六卷（中华书局标点本）。

郑杰《注韩居书目·集部》八：《鳌峰集》二十八卷 闽县徐㶿。

崇祯本二十八卷（藏北京大学图书馆，见《续修四库全书》影印本）。南居益为㶿刻《鳌峰集》四册而未竣其事。

按：上引《答李公起》鬻田刻《鳌峰集》竣，即此本。

陈寿祺《红雨楼文稿跋》："㶿后自鬻田续成十册。"（《左海文集》卷七）按：此本仅收诗，止于万历四十八年（1620）。

又按：徐氏世居鳌峰（在今福州于山），故以"鳌峰"名其集。

附：《鳌峰集》近体四卷（陈寿祺藏本）

陈寿祺《红雨楼文稿跋》："余近始得《鳌峰集》近体诗四卷。"（《左海文集》卷七）

附：《鳌峰集》二卷（杨浚藏本）

按：《福建通志·艺文志》卷六十三："《鳌峰集》二卷，有杨浚收藏印，云

'陈恭甫藏杨雪沧得'八字。则皆七律也。"（1938 年刊本）

又按：陈寿祺,字恭甫；杨浚,字雪沧。杨所得陈寿祺藏《鳌峰集》,疑即上条陈寿祺藏本,然卷数不合,疑杨藏已有亡佚；或二卷当为二册。

附：《鳌峰集》一册（钞本,按年可折为三册）

藏福建师范大学图书馆。黄炜记红栏稿纸,每半页十行,每行十八字,计百又二页（缺首页）。所抄全为七律,为崇祯六年至八年（1633—1635）诗。诗后多附倡和者之作。不分卷,首行顶格为"鳌峰集",次行行末署"东海徐𤊹"。疑据杨浚藏原稿本（见上条）抄录。

附：《鳌峰集选》一卷

顺治陈氏刊本。沈文倬《〈笔精〉前言》:"钞本流传至清代刻印的有《鳌峰集选》一卷,顺治中陈氏刻本。"（《笔精》卷首,福建人民出版社 1997 年版）

附：《鳌峰集》（整理本）,陈庆元、陈炜整理

精装三册,广陵书社 2012 年版。

按：是集附徐𤊹诗辑佚。

天启七年丁卯（1627） 五十八岁

《巴陵游谱》一卷

《徐氏家藏书目·各省杂志》（道光七年刘氏味经书屋钞本）。

《徐氏红雨楼书目》卷二（古典文学出版社 1957 年版）。

黄虞稷《千顷堂书目》卷八。

按：巴陵,江西崇仁县别称。

按：𤊹《怀素圣母帖》:"天启丁卯春正月,偶客巴陵,访雪迹禅师于普安古寺,出《怀素圣母帖》共观。"（《重编红雨楼题跋》卷二）𤊹客巴陵仅此一次,该书作于本年无疑。

崇祯三年庚午（1630） 六十一岁

《宜秋集》（周玄著,徐𤊹抄定）

郑杰《注韩居书目·集部》八:《宜秋集》闽县周元（当作玄）微之 前

有兴公序记 兴公手抄定本。

　　燨《周祠部宜秋集》：“崇祯庚午长至日，后学徐燨兴公谨跋。”（《新辑红雨楼题记》，第152页）

《镜湖清唱》（郭廑著，徐燨整理）

　　燨《镜湖清唱》“郭廑，字敬夫，湮没二百余年，无有知者。予近得钞本诗百十篇……予既录其遗编，并为考其地里，付曹能始授之梓。敬夫之名从此弗至湮没，不亦厚幸矣乎！崇祯庚午，三山老叟徐燨兴公撰。”（曹学佺《石仓十二代诗选·明诗次集》卷七，郭廑《镜湖清唱》附）

崇祯四年辛未（1631）　六十二岁

《秋室编》八卷（陈鸿著，曹学佺、徐燨选）

　　燨《〈秋室编〉序》：“《秋室》一集，余与能始所选，不为不严，叔度无怨色，犹谓其多谬，以余知诗命为之序。崇祯辛未岁仲春望后友徐燨撰。”（《秋室编》卷首，清初刻本）

　　按：曹学佺序作于同年正月，见《秋室编》卷首。

　　又按：《秋室编》收有《哭徐兴公》诗，可推知曹学佺、徐燨选后，作者又有所增益。

崇祯五年壬申（1632）　六十三岁

《徐氏笔精》十卷

　　《徐氏家藏书目·小说类》。

　　《徐氏红雨楼书目》卷三。

　　黄虞稷《千顷堂书目》卷十。

　　《明史·艺文志》三：八卷。

　　燨《寄邵肇复》：“又承台翁为锲《笔精》。”（《红雨楼集·鳌峰文集》册四，《上海图书馆未刊古籍稿本》第43册，复旦大学出版社2009年版，第23页）

　　黄居中《〈徐氏笔精〉序》：“兴公《笔精》之所由作者也……因友人邓道协函寄留都，余得受而卒业焉。复为排缵伦次，胪列区分，为卷者十，为类者三十有八。”按：黄居中，字明立，泉州人。邓庆寀，字道协，原岳子。黄序作于崇祯四年（1631）。

邵捷春《〈徐氏笔精〉序》："丁卯岁，友人邓道协参军事于陪京，箧笥以行，为温陵黄明立先生所编定，俾之剞劂，才缮写而道协已溘然朝露矣，遂不克竟云。予浪迹金陵，获从明立游，谈及其事，亟搜旧稿，得之梓人，恐其日久湮灭也，捐金以成之。"邵序作于崇祯五年（1632）。据黄、邓二序，此书为黄居中编，邵捷春捐金所刻。

《四库全书》作《笔精》八卷（文渊阁本）。

郭柏苍《竹间十日话》卷五："邵肇复为兴公刻《徐氏笔精》，其书板乾隆初鬻于他氏，其人署名，并将册身徐氏刓补他姓。"

沈文倬点校本《笔精》八卷（福建人民出版社1997年版）。

附:《续笔精》二十卷

《又复胡檗山》："更《续笔精》五册，随意即书，尚未编次，并呈台览。"（《红雨楼集·鳌峰文集》册四，《上海图书馆未刊古籍稿本》第43册，复旦大学出版社2009年版，第86页）

徐钟震《先大父行略》："《续笔精》二十卷。"（《雪樵文集》不分卷）

郭柏苍《竹间十日话》卷五："《续笔精》五册，未见刻本。"

《续笔精》钞本二册，存福建师范大学图书馆。

崇祯六年癸酉（1633） 六十四岁

《闽南唐雅》十二卷

《徐氏家藏书目·总集类》：《闽南唐雅》：费道用、杨德周刻。

《四库全书总目》卷一九三："明徐𤊹编，费道用、杨德周等补之。德周序言之明，而卷首题名乃称道用辑，德周订，而𤊹校之。殆𤊹为闽人，而道用、德周皆闽令，故让二人也。"德周，字齐庄，鄞县人，万历壬子举人，有《澹圃芋记》；道用，字阆如，石阡人，官福清县知县。

《送福清令公费阆如入觐》："琴调单父尊贤治，诗采唐人损俸刊。时公捐俸刻《闽南唐雅》。"（钞本《鳌峰集》）

按：据钞本前后顺序，此诗作于崇祯六年（1633），知《闽南唐雅》亦刻于是年。又按：郭柏苍按语："《唐雅》，兴公校勘。"（《全闽明诗传》卷四十）

崇祯七年甲戌（1634） 六十五岁

《雪峰寺志》八卷

《徐氏家藏书目·福建省》。

《徐氏红雨楼书目》卷二。

黄虞稷《徐氏红雨楼书目》卷二。

《千顷堂书目》卷八。

清乾隆二十年重刊本十卷,藏福建省图书馆。

按:燉两游雪峰,一在万历三十九年辛亥（1611）,作有《游雪峰记》及诗多篇,并云:"予以神皇之三十九载,偕同志为是山之游,探讨不倦。"(《雪峰寺志》卷八《艺文志》)

《寄雪关禅师甲戌》"雪峰寺梓成,今呈一部。"(《红雨楼集·鳌峰文集》册三,《上海图书馆未刊古籍稿本》第 42 册,复旦大学出版社 2009 年版,第366—367 页)据此条,《雪峰寺志》梓成于是岁。

崇祯九年丙子（1636） 六十七岁

《招隐楼稿》(陈价夫著,徐燉选)

徐燉《〈招隐楼稿〉序》:"陈价夫,讳伯孺,三山人也……先生所著文集若干卷,藏之于家,不欲问世。予力请而乃出之云。年丙子五月五日友人徐兴公书。"(陈价夫《招隐楼稿》卷首,徐燉选,稿本,藏上海图书馆)

崇祯十年丁丑（1637） 六十八岁

《武夷志》十九卷

郑杰《注韩居书目·史部》五:《武夷志》十九卷 明徐燉。

《寄衷稚生》略云:"乙亥之岁,久陪张直指至武夷,信宿而返;丁丑应直指复相订,必遍游三十六峰为快……《武夷》旧志,弟收得数种,山水形胜,前人载籍颇详。至于名贤诗文甚缺略,数年前妄意搜集,计有十册。旧志相承,皆宫中勒石之作,而名家文集多未博采,弟又所辑多从名集中来,故人鲜经见也,业抄成一稿。"(《红雨楼集·鳌峰文集》册五,《上海图书馆未刊古

籍稿本》第 43 册,复旦大学出版社 2009 年版,第 243—244 页)

按:乙亥,崇祯八年(1635);丁丑,崇祯十年(1637)。《武夷志》当完成于本年前后,暂系于此。

又按:《又再寄邵见心》:"弟修有《武夷志》十三册,广搜今古题咏文章,较之旧志尤为精善。"(《红雨楼集·鳌峰集》册五,《上海图书馆未刊古籍稿本》第 43 册,复旦大学出版社 2009 年版,第 163—164 页)。

崇祯十二年己卯(1639) 七十岁

《鳌峰文集》、《红雨楼集》(《红雨楼文稿》)不分卷

《中国善本书目·集部》卷二十六:《鳌峰集》不分卷。藏上海图书馆(上海古籍出版社 1989 年版)。

《寄邵肇复》略云:"四十年中,更著杂文二十卷。贫人安能备梨枣之资? 意欲以此再累台翁付之剞氏,虽芜陋陈言,不足醒人心目,自揣生平既无爵位,困穷到老,不甘草木同腐,倘有遗言传于后世,博一身后名,差足了一生。不籍台翁位高金多,终无梓日矣。若蒙许可,嗣当寄呈,并乞玄晏一序也。"(《红雨楼集·鳌峰文集》册四,《上海图书馆未刊古籍稿本》第 43 册,复旦大学出版社 2009 年版,第 23—24 页)

按:《寄邵肇复》作于崇祯十二年(1639)。

又按:陈寿祺《红雨楼文稿跋》:"其杂文三十余卷,删为二十卷,十四册,无力杀青,常求助于故人,卒不果。其书遂佚,不传。"(《左海文集》卷七)

又按:现存于上海图书馆有的《鳌峰文集》《红雨楼集》稿本,或可分辨,或不可分辨,故《上海图书馆未刊古籍稿本》编者将其合为一帙影印。

《辕门十咏》二卷上下卷(朱成等撰,徐𤊶等追和)

郑杰《注韩居书目·集部》三:《辕门十咏》二卷上下卷,洪武中朱成等十人咏物,徐𤊶等十三人追和。

按:曹学佺有《追和先辈朱克诚辕门十咏》,分咏《水》《尘》《霞绮》《霜花》《飞燕》《睡蝶》《梅魂》《白雁》《无弦琴》《游丝》。(详《西峰用六稿诗》,《石仓五稿》)学佺诗追和于崇祯十二年(1639),疑《辕门十咏》

编于是年。

又按:陈衍《辕门十咏之八·引》:"国初千户朱晟,字克晟,有文学,工诗,与其友林惟道、罗宗让辈宴会辕门,以十物命题,各赋近体诗一首。近都护安苍卿得其稿,索诸君和之,于是徐兴公、曹能始、陈昌箕、陈叔度皆有作,而昌箕且令予续貂。夫咏物诗号最难,即唐人亦少见,独胜国以此相尚,然谓之工巧,则可于风雅大旨固无关也。"(《大江草堂二集》卷六)

崇祯十四年辛巳(1641) 七十二岁

《延平郡志》(参修)

《寄章怙梅》:"燗株守,老而寡营,而生平所撰著积有六十余卷,力微弗能杀青,惧与草木同腐,拟不远千里,恭诣祖台,徼求大口助我剞劂。行至延津,谒胡檗山公祖,遂留修《延平郡志》,编纂之役,须半载始得竣事。"(《红雨楼集·鳌峰文集》册五,《上海图书馆未刊古籍稿本》第 43 册,复旦大学出版社 2009 年版,第 232 页)

陈寿祺《红雨楼文稿跋》:"又尝修《延平郡志》《福安县志》。"(《左海文集》卷七)

作年暂无考

《晋安岁时记》一卷(补)

《徐氏家藏书目·经类》。

《徐氏红雨楼书目》卷一:"宋梁克家撰,明徐燗补。"

《法海寺志》三卷

《徐氏家藏书目·福建省》。

《徐氏红雨楼书目》卷二。

按:法海寺在今福州鳌峰南,为福州佛教协会会所。

《古今韵分注撮要》五卷(增补)

孙殿起《贩书偶记续编·附录经部》:明吉州甘雨纂。应城陈士元编注。晋安徐燗增补。万历间刊。(上海古籍出版社 1980 年版)

《家训》

《甲戌元日》:"教诲儿孙期式谷,著将家训拟之推。"(钞本《鳌峰集》)疑燉晚岁作有《家训》。

《堪舆辨惑》一卷

《徐氏家藏书目·地理类》。

《徐氏红雨楼书目》卷三。

黄虞稷《千顷堂书目》卷十三。

《明史·艺文志》三。

《刘随州诗文集》十一卷(定次)

郑杰《注韩居书目·集部》四:刘长卿文房　徐兴公定次。

《律髓别纪补遗》

郭柏苍《柳湄诗传》:"所刻书如《律髓别纪补遗》《唐雅》之类。"《全闽明诗传》卷四十引。

按:《律髓别纪补遗》,疑与《兴公律髓》同一书。按:《唐雅》,即《闽南唐雅》。

附:《律髓》

郑王臣《兰陔诗话》:"宗谦、宗振(庆元按:游日益,字宗谦;游士豪,字宗振)兄弟俱有诗名,足迹半天下。尝有诗云:'老忆弟兄驰远道,贫愁妻子畏还家。'遗集不传,仅从徐兴公《律髓》中录得四首。"(《莆风清籁集》卷二十六"游士豪"条)按:此书疑即《律髓别纪补遗》。王臣,清乾隆间莆田人。"游士豪"条录有《送朱献昌游留都》《句容道中》《柯光垣自吴中携妾归戏赠》《塞下曲》四首,均为七律,此书当为律诗之选本。

《唐十二家》

"予尝掇拾朴诗一卷,并欧阳詹、陈陶、林宽、黄滔、韩偓、翁承赞、秦系、陈黯、徐寅、孟贯,作《唐十二家》,尚乏梓钱耳。"(《榕阴新检》卷十六《诗话》引《竹窗杂录》)

《茗谈》一卷

《徐氏家藏书目·农圃类》:徐燉《茗谭》一卷。按:《茗谭》与《茗谈》为同一书。

《徐氏红雨楼书目》卷二。

黄虞稷《千顷堂书目》卷九:徐𤊹《茗笈》三十卷。

陈寿祺《红雨楼文稿跋》:"《荔枝谱》《蜂经》《茗谈》所自刻也。"
(《左海文集》卷七)

按:《茗笈》当为《茗谈》之误。《千顷堂书目》卷九别有屠本畯《茗笈》三卷。《寄屠田叔》(《红雨楼集·鳌峰文集》册六,《上海图书馆未刊古籍稿本》第43册,复旦大学出版社2009年版,第306页)曾提及屠氏《茗笈》重梓,𤊹为作《小引》。

《泡庵集》(陈鸣鹤著,徐𤊹徐𤊹选定)

《泡庵集》卷次之下署有"闽中陈鸣鹤汝翔著 徐𤊹惟和徐𤊹惟起选 张大光叔燮校"。卷首有徐𤊹序。

郭柏苍《柳湄诗传》:"(鸣鹤)有诗曰《泡庵集》,徐𤊹为选定焉。"
(《全闽明诗传》卷四十一)

《芝园稿》二十八卷(赵世显著,徐𤊹校)

赵世显,字仁甫,卒于万历在三十八年(1610),此本当刻于万历中。

《鹊林》八卷

徐钟震《先大父行略》:"《鹊林》八卷。"(《雪樵文集》不分卷)

陈寿祺《红雨楼文稿跋》:"未刻者尚有《武夷山志》《鼓山志》《鹊林》等。"(《左海文集》卷七)

《榕城三山志》十二卷(或云三十卷)

《徐氏家藏书目·福建省》。

《徐氏红雨楼书目》卷二。

徐钟震《先大父行略》:"《榕城三山志》三十卷藏于家。"(《雪樵文集》不分卷)

黄虞稷《千顷堂书目》卷八。

邓庆寀《荔枝谱》二引《徐氏榕城三山志》一则(见邓庆寀《闽中荔枝通谱》卷十)。按:考邓氏引徐𤊹《笔精》称《徐氏笔精》,《徐氏榕城三山志》,亦可称《榕城三山志》,当为𤊹所撰。

《答金浮弋父母》:"城中三山多名贤咏歌,久散落,无有收者,不揣向但收掇拾,尚属草创,未成全书。"(《红雨楼集·鳌峰文集》册六,《上海图书馆未刊古籍稿本》第 43 册,复旦大学出版社 2009 年版,第 424—425 页）

按:名贤题咏,当为《榕城三山志》的部分内容。

《竹汗巢书目》二卷

陈寿祺《红雨楼文稿跋》:"君博雅多闻,善草隶书,所居曹雁泽为构宛羽楼庋之,所居鳌峰之麓,藏书七万余卷。有《汗竹巢书目》二卷。"（道光本《左海文集》卷七）按:曹学佺,字能始,号雁泽。

《谐史续》二卷

《徐氏家藏书目·小说类》:《绪谐史》二卷。按:"绪"为"续"之误。《续谐史》当即《谐史续》。

《徐氏红雨楼书目》卷三。

黄虞稷《千顷堂书目》卷十二。

《纪变录》一卷

徐钟震《先大父行略》:"《纪变录》一卷。"（《雪樵文集》不分卷）

《刀剑续录》一卷

徐钟震《先大父行略》:"《刀剑续录》一卷。"（《雪樵文集》不分卷）

徐𤊹尺牍编年表

凡　例

一、徐𤊹《红雨楼集·鳌峰文集》共十二册,其中第三至第八册为尺牍(《上海图书馆未刊古籍稿本》第42—44册,复旦大学出版社2009年版)。表中"文集"为"红雨楼集·鳌峰文集"之简称,"稿本"为"上海图书馆未刊古籍稿本"之简称。

二、徐兴公尺牍共742通,本表对其逐一编年。

三、表中尺牍编年详细考证,可参考作者即将出版的《徐兴公尺牍编年校证》《徐兴公年谱长编》两部专书。

四、徐𤊹尺牍题通常以受件人的字、号或官职相称,本表列有受件人名及里籍。

五、同一受件人时有异称,可参见"受件人名字里籍"栏。

六、"文集册次",上海图书馆所藏《红雨楼集·鳌峰文集》原稿本之册次;"稿本册次",为复旦大学出版社出版《上海图书馆未刊古籍稿本》影印本之册次。

七、"稿本页码",列其起始之页。

八、"提要",对各件尺牍之内容做简明扼要的提示:三言两语,点到即止;具体内容详见《徐兴公尺牍编年校证》《徐兴公年谱长编》。

九、少数尺牍重复载入,则以页下注的形式加以说明。

作年	序号	尺牍原题	受件人名、字、里籍	文集册次	稿本册次	稿本页码	提　要
1592	1.	寄许灵长	许光祚，字灵长，钱塘人	三	42	261	自吴还家未几，而老母辞堂
1592	2.	寄闻人半刺	闻人半刺，字仲玑，姚江人	三	42	262	求一小幅，为竹窗生色
1592	3.	寄胡御长	胡御长，钱塘人	三	42	263	两过武林，谈心把臂，判袂归来，无一日不神游吴山
1592	4.	寄朗上人	朗上人，钱塘僧	三	42	264	一年之间，失怙失恃；荐吴兴司理谢肇淛；肇淛工词翰
1592	5.	寄王百谷	王稚登，字百谷，长洲人	三	42	266	谢为父作墓表；前岁丧父，今岁丧母
1593	6.	寄沈从先	沈野，字从先，吴县人	三	42	265	还家不浃旬而北堂殒；所委题辞，久疏笔札，未敢轻奏
1593	7.	寄张幼于	张献翼，字幼于，长洲人	三	42	266	谢为父作传；前岁先君之变，去岁十月民母见背
1593	8.	与邓道鸣将军代僧	邓道鸣，泉州人	三	42	268	此篇代作
1593	9.	寄旷公	旷公，湖州僧	三	42	268	年来家难丛集，愁肠九断；乞师新作
1593	10.	寄王百谷	王稚登，字百谷，长洲人	三	42	269	忆客岁过南有堂，开尊把臂；拟今冬裹粮复为吴闽之游（后未果行）
1594	11.	复赵用拙居士	赵我闻，字用拙，安庆人	三	42	270	言鼓山白云洞迷路；邀赵氏游永福方广洞天
1594	12.	寄邓汝高	邓原岳，字汝高，闽县人	三	42	271	闻原岳北上，抵彭城，再弄之璋。彭城失砚，大堪痛惜，以为于京城求其完好如故物者，恐不能得
1594	13.	报百谷	王稚登，字百谷，长洲人	三	42	273	闻先生有鼓盆之戚，兰摧玉折，赋四诗为唁；马歘、孙昌裔笔力如椽
1594	14.	寄郑翰卿	郑琰，字翰卿，闽县人	三	42	274	伯兄𤉺，六年之三上春官；冀数年寄怀诸诗，总录寄览
1594	15.	寄百谷	王稚登，字百谷，长洲人	三	42	276	兄𤉺姻友黄道晦，居深山者四十年，有吴越之役，欲一谒先生
1595	16.	寄刘季德	刘克治，字季德，顺德人	三	42	277	陈宏己还家，谈羊城珠寺奇胜；读礼已辍，而心绪卤莽
1595	17.	报谢在杭	谢肇淛，字在杭，长乐人	三	42	278	谢肇淛赠陈椿、陈仲溱、袁敬烈扇头，字字琅玕；𤉺蹶南宫，不日归故庐

作年	序号	尺牍原题	受件人名、字、里籍	文集册次	稿本册次	稿本页码	提　要
1595	18.	寄曹能始	曹学佺,字能始,侯官人	三	42	279	暮春得捷音,展齿几折;读礼已辍,病日甚贫日增;闽中谷价不异去年
1595	19.	与邓道鸣	邓道鸣,泉州人	三	42	281	邓道鸣枉驾,损及朱提之惠
1595	20.	与黄白仲	黄之璧,字白仲,上虞人	三	42	281	杭城阻雨,兀坐小阁
1595	21.	寄曹能始进士	曹学佺,字能始,侯官人	三	42	282	得八行兼以朱提之惠;于原岳处闻学佺请告消息,日望车音
1595	22.	报汝高使君	邓原岳,字汝高,闽县人	三	42	283	赋一诗纪与原岳龙井之游,冀和一篇
1595	23.	寄谢在杭司理	谢肇淛,字在杭,长乐人	三	42	284	秋杪抵武林,昨同汝高游西子湖;拟往吴兴
1595	24.	与王潜之参军	王潜之,俟考	三	42	285	淫雨作苦,多在邓使君衙斋;奉呈新刻二种
1595	25.	寄吴元翰	吴文潜,字元翰(瀚)	三	42	286	武夷分手,秋杪入武林;方伯文还莆,聊寄八行
1595	26.	寄薛君佐君大	薛君佐,君大兄弟,福州人	三	42	287	所委家讯,业已托邓使君致览;旅况侵人,绝无佳句
1595	27.	报汝高	邓原岳,字汝高,闽县人	三	42	289	十二日乘月出关,晨起即抵吴兴。肇淛幼弟初殇。吴江顾氏伯仲在此,稍可度日
1597	28.	缺题		四	43	11	雄篇并姚先生雅咏,政为《荔枝通谱》增声价
1598	29.	与公朗上人	公朗上人,吴兴僧	三	42	290	伯兄下第单车羸马,且归。林志尹有长安之行,道经樏李。拙诗题扇头求政
1598	30.	与王德操	王鉴,字德藻,吴人	三	42	291	作近体一章敬书扇头求政;林志尹行便,奉问兴居
1598	31.	与曹能始	曹学佺,字能始,侯官人	三	42	292	千秋之业,毋令于鳞、元美独擅芳名。林志尹遴选入京,《田园杂兴》请教
1598	32.	与顾长卿世卿	顾长卿、世卿,大典子,吴江人	三	42	293	尊公文集杀青已久,寄我一部;家兄复落第,将乞一毡为养;林志尹行,草草奉问
1598	33.	与沈稚咸	沈咸,字稚咸	三	42	295	陈淳夫还家,拜手书;向岁许单条小幅山水,乞见寄;林志伊行便,草问兴居

续表

作年	序号	尺牍原题	受件人名、字、里籍	文集册次	稿本册次	稿本页码	提　要
1598	34.	寄沈从先	沈野,字从先,吴县人	三	42	296	陈淳夫归,得手札;在杭之序,曾一见,诗未睹;林志伊,入长安,今扣门问字
1599	35.	与屠田叔	屠本畯,字田叔,鄞县人	三	42	334	杨大参处,君侯过言,极抱感戢;奉怀小诗二首
1600	36.	寄张鹏甫	张鹏甫,俟考	三	42	304	先兄见背后,神理顿尽;游元封归,知足下无恙;一诗题之扇头
1600	37.	寄百谷先生	王稚登,字百谷,长洲人	三	42	305	哀中撰《行状》,明岁赍求一言;备役建阳,《志》成,终沦平钝;小诗题之扇头
1600	38.	上江中丞	江铎,字士振,仁和人	三	42	311	伯兄困诸生,台台拔之侪人之中;某独有一弟,幸祈垂念,怜及西华
1600	39.	与张比台先生	张比台,俟考	三	42	313	先伯兄不禄,海内诸公咸寄挽诗,乞片言而华衮之
1600	40.	报郁文叔令君	郁文周,字文叔,江阴人	三	42	314	明公问及索居,更重以厚贶宠颁
1600	41.	与黄见庭广文	黄见庭,剑浦人	三	42	315	去冬读《题桥记》,刻有脱讹,借为雠校;远寄奠章,哀我伯氏,一字一泪,
1600	42.	又[与黄见庭广文]	黄见庭,剑浦人	三	42	317	㷆弟制义颇窥一斑,而古文辞绝不挂齿;有建阳之行,端节后复还镡城
1600	43.	答魏建阳	魏时应,字澹明,南昌人	三	42	319	客潭三阅月,七夕抵延津,投谒杨参藩;与杨谋刻《建阳志》
1600	44.	又[答魏建阳]	魏时应,字澹明,南昌人	三	42	320	杨谓建阳先贤著作甚多,总谓只载著书名目,如诸史《艺文志》,附书林、书目以足之
1600	45.	寄曹能始	曹学佺,字能始,侯官人	三	42	321	谋刻兄𤊸集;吴元翰、王玉生、王元直、叶尹德同时游白门,为弟述意
1600	46.	寄屠田叔	屠本畯,字田叔,鄞县人	三	42	323	伯兄好侠喜义,犹子不免负薪之困;剑浦谒杨翁,盻睐有加
1600	47.	寄邓汝高学使	邓原岳,字汝高,闽县人	三	42	327	去冬远书吊唁,奠文哭诗,一字一泪;王若,捐金梓《鳗亭集》已成

续表

作年	序号	尺牍原题	受件人名、字、里籍	文集册次	稿本册次	稿本页码	提　要
1601	48.	寄沈稚咸	沈咸,字稚咸	三	42	298	从先游闽,秋仲将还家;汀州王若,过吴昌,幸与周旋
1601	49.	寄王百谷	王稚登,字百谷,长洲人	三	42	299	舍弟青其衿,制义有奇气;王若为先兄刻《幔亭集》,求政;王若托某为介绍
1601	50.	寄张幼于先生	张献翼,字幼于,长洲人	三	42	300	乙未集曲水草堂,已七载;王若旧岁刻先兄遗稿;王生喜古书名画,费千缗不惜
1601	51.	寄屠田叔太守	屠本畯,字田叔,鄞县人	三	42	302	自失伯兄之后,纷纭家政;王若经浙水,冀识荆州;《画记》一册求正
1601	52.	与曹能始	曹学佺,字能始,侯官人	三	42	312	《梅帖》绰有佳致,与惟秦、幼孺叹赏不已;近作《杂兴四章》,录求教正
1601	53.	寄余宜古	余宜古,邵武人	三	42	325	伯元评骘后来之秀,才品两优,莫若下若;十年间,摩挲古砚几成山
1601	54.	上杨楚亭大参	杨德政,字叔向,号楚亭,鄞县人	三	42	326	三载之间,深荷垂盼;困溪拜还,漫制小册,聊当歌骊
1601	55.	寄屠田叔	屠本畯,字田叔,鄞县人	三	42	329	旧岁建阳修志,操觚者众,而出不肖之笔居多;煼文四卷乏梓钱,不能一并流布
1601	56.	复江中丞	江铎,字士振,仁和人	三	42	332	太夫人厌世,某罹伯兄之变;贵役至,捧台函,重以厚贶
1601	57.	与王相如	王若,字相如,清溪人	三	42	333	尊堂苦节,或作诗歌不敢辞
1601	58.	寄谢在杭	谢肇淛,字在杭,长乐人	三	42	338	先考妣殁逾十年犹在浅土。何以为我谋;小诗寄怀,题扇请政。《幔亭集》业已刻,总十六卷
1601	59.	寄陈肃庵大宗伯	陈邦经,字公望,号肃庵,莆田人	三	42	340	尊翰,谈及郎君人祠事。此论协公评,允称俎豆;择以十二日自开[元]寺告主
1601	60.	又[寄陈肃庵大宗伯]	陈邦经,字公望,号肃庵,莆田人	三	42	341	俎豆之举,实八闽月旦定评。某每一展谒,痛及伯兄,便伤贤嗣
1602	61.	寄许灵长孝廉	许光祚,字灵长,钱塘人	三	42	307	舍侄孤茕,访贵郡丁司理;王永启偕行,侄师事之;诗扇一扨《画记》一册侑缄

作年	序号	尺牍原题	受件人名、字、里籍	文集册次	稿本册次	稿本页码	提　要
1602	62.	寄黄仲高广文	黄景㑺，字仲高，鄞县人	三	42	308	别家七月，居四明四旬；王永启偕侄有武林之行；胡元瑞《诗薮》《笔丛》觅一部
1602	63.	答陈志玄司城	陈志玄，中都人	三	42	309	奠仪远颁，愈增感痛；曹能始返留都，幼孺丧明数载，廷愉飘零，四游作宰岭表
1602	64.	寄杨楚亭	杨德政，字叔向，号楚亭，鄞县人	三	42	342	岁暮浪迹甬东，尤荷青眼；人日，出四明，过乌伤
1602	65.	寄张玄中明府	张维枢，字子环，号玄中，晋江人	三	42	343	春仲道经乌伤，辱仁丈迁我幸舍；有客自浙归，知按台荐剡，仁丈宦绩首书
1602	66.	寄屠田叔	屠本畯，字田叔，鄞县人	三	42	345	去岁入四明，间关雨雪，不得把臂明公；高贤祠明公捐月俸；赤水先生为先兄序诗
1602	67.	寄屠田叔	屠本畯，字田叔，鄞县人	三	42	348	先兄诗草撰述颇多，某为删润，十去其四；明公为选二册，尽去应酬，独存近古者
1602	68.	答屠田叔	屠本畯，字田叔，鄞县人	三	42	352	犹子自武林归；康元龙九月晦长逝，年三十有六；王懋宣年八旬有二，有《闽都记》
1603	69.	寄杨楚亭廉宪	杨德政，字叔向，号楚亭，鄞县人	三	42	337	因仪部还家，恭问台安
1603	70.	复周蔵六比部	周献臣，字蔵六，临川人	三	42	344	小稿刻在十年前，朽腐不足污目。数种结撰，与先伯兄全稿，尚容面求大教
1604	71.	寄屠田叔	屠本畯，字田叔，鄞县人	三	42	335	去岁秋仲，公家仪部远莅闽；《晋安风雅》侑缄
1604	72.	寄张叔弢	张大光，字叔弢，长溪人	三	42	354	去冬闻有刺史之报，今春又闻左迁之耗；陈汝翔囊中携著书甚多，吴中能为锓梓否
1604	73.	寄王百谷	王稚登，字百谷，长洲人	三	42	356	汝高过家，闻马姬挟曲中红袖若而人；称觞华堂；在杭、叔弢、元凯三君皆冷局
1604	74.	寄洪九霞工部	洪都，字九霞，青浦人	三	42	357	台台去冬入觐，某方与能始游漳南
1605	75.	与朱太冲	朱谋鹤，字太冲，明宗室	三	42	358	邓汝高去年魂游岱宗，旧事凄凉；秋杪将走姑苏，当与足下泛舟苕溪

作年	序号	尺牍原题	受件人名、字、里籍	文集册次	稿本册次	稿本页码	提　要
1605	76.	与张稚通	张稚通,俟考	三	42	360	别苕川已历十禩;辛丑冬严陵滩遇贵乡徐姓者,附一书奉候,不识送及否
1605	77.	缺题		五	43	303	今白仲墓木且拱;陈伯孺应浦江令季君之招;弟秋杪欲走白门,或便道吴兴
1607	78.	寄顾世卿	顾世卿,大典子,长卿弟,吴江人	六	43	390	令兄长公宦闽周岁,弟作客初归;苦病什七,苦冗什三;奉怀小诗二首
1607	79.	寄屠田叔	屠本畯,字田叔,鄞县人	六	43	392	去岁金陵行,羁留半载;归至姑苏,忽得疟疾,伏枕支床,淹缠半岁
1607	80.	寄张林宗	张民表,字林宗,中牟人	六	43	393	白门邂逅,遂定范张之交。阮坚之挂吏议、曹能始十年不迁官,堪为短气
1607	81.	寄欧阳观察	欧阳观察,俟考	六	43	394	欧阳四门闽文章鼻祖;客岁携家藏集入秣陵,杀青行世;清源石室,咏题未获抄录
1607	82.	复顾长卿宪幕	顾长卿,大典子,世卿兄,吴江人	六	43	401	拟月望后与马季声有东粤之行,以口腹驱出
1607	83.	复顾世卿	顾世卿,大典子,长卿弟,吴江人	六	43	402	长公归田,碻箓迭奏,即此亦是天伦之乐;弟饥来驱出,今将为罗浮五岭之游
1607	84.	寄邓总戎	邓总戎,即邓道鸣,泉州人	六	43	415	翁丈开府琼崖;汝大、汝高、元龙、无竞、平夫、子真丧逝;兹者浪迹惠阳
1608	85.	寄邓道鸣总戎	邓道鸣,泉州人	六	43	327	去冬游岭表,修尺楮及奉拙咏;除夕抵家,罹鼓盆之戚;蒋柏有琼台之游,附此修候
1608	86.	寄田兆祥将军	田兆祥,俟考	六	43	329	想此时季声丈马首东;自白炊入梦之后,百苦攻骨
1608	87.	寄张叔弢别驾	张大光,字叔弢,长溪人	六	43	333	陈汝翔在饶阳,不肖方苦疟;腊尽抵家,贱室溘先朝露;拟弹铗饶阳,儿娶妇在迩
1608	88.	寄何稚孝仪部	何乔远,字稚孝,号匪莪,晋江人	六	43	396	除夜抵舍,室人溘然朝露;马季声夏初粤归,善病;《温陵文献》,能损惠一部否

作年	序号	尺牍原题	受件人名、字、里籍	文集册次	稿本册次	稿本页码	提　要
1608	89.	寄张叔㲄别驾	张大光，字叔㲄，长溪人	六	43	398	吴元翰友于愚兄弟二十年；元翰与叔度莫逆，海内有"二子"之称
1608	90.	寄郑四如广文	郑四如，俟考	六	43	399	岁暮还家，荆妇先半月告逝；吴元翰有吴兴访章吏部之行，附此奉候
1608	91.	答林若抚	林云凤，字若抚，长洲人	六	43	400	漫赋小诗为送，兼求足下郢斤，并致杂刻求正
1608	92.	寄程君房典客	程大约，字幼博，又字君房，翕县人	六	43	403	轻弄藻翰，知我者希。门下不弃菅蒯，滥收鄙作于《墨苑》
1608	93.	寄郭圣仆	郭天中，字圣仆，先世莆田人，其祖徙金陵	六	43	404	幼孺托足秦淮，兄云有眼医，曾致之否；郑性冲客三山，弟有书荐于能始
1608	94.	寄邓晦甫	邓晦甫，俟考	六	43	409	建溪两觏丰采，俄经八载；舍亲薛允登兄弟，有粤城之游，附问台福
1608	95.	寄丁铨部	丁启浚，字哲初，一字亨文，德化籍，晋江人	六	43	411	岁除抵舍，室人溘然朝露；前有二扇，求大笔挥洒
1609	96.	寄黄道元	黄道元，俟考	六	43	332	郡大夫聘修温乘，寄我一部；十载以来，哀者什七，乐者什三；在杭前岁宅外艰家居
1609	97.	寄张维成	张蔚然，字维诚（成），号青林，仁和人	六	43	383	与谢司马修《鼓山志》，诸记只游鼓山，不及白云洞，仁丈兼之；王玉生驰誉丹青
1609	98.	寄张稚通	张稚通，俟考	六	43	384	读《筠堂偶录》，如故人在左右；前岁丧妻，去岁丧母，鼓盆未已，读礼继之
1609	99.	寄何稚孝	何乔远，字稚孝，号匪莪，晋江人	六	43	389	先生有西河之戚，拟操不律为赋《节烈传》
1609	100.	与虞长孺吏部	虞长孺，杭州人	六	43	397	漫赋小作，题扇头求正；先兄苦心艺苑，仅存遗言数册
1609	101.	寄谢修之明府	谢吉卿，字修之，晋江人	六	43	407	读曹能始金陵诗，知去岁在白门；在杭近为霍林、太姥之游，北行之期，尚在初夏
1609	102.	寄李明府	李元若，号带泉，字惟顺，茂名人	六	43	407	玉田署中，秉烛谈心宛如卢生一枕；前岁丧妻，去岁丧母

续表

作年	序号	尺牍原题	受件人名、字、里籍	文集册次	稿本册次	稿本页码	提　要
1610	103.	寄陈济父	陈济父，俟考	六	43	319	《钱唐志》已刻成，未及睹；王粹夫入武林，附问起居
1610	104.	与吴德符	吴充，字德符，古歙人	六	43	320	唐僧《行秀集》奉还；王粹夫有武林之游，欲一望见颜色，粹夫真醇古茂，重交谊
1610	105.	与黄明立国博	黄居中，字明立，号海鹤，晋江人	六	43	321	庚子与尧衢过山斋，忽忽十载；先妻去室，老母辞堂，三载之间，茹苦如蘗
1610	106.	寄吴肃卿司理	吴肃卿，俟考	六	43	322	去秋客武林，台驾尚未抵任；王粹夫道经钱唐，敬修尺一，奉候起居
1610	107.	寄阮坚之司理	阮自华，字坚之，号澹宇，怀宁人	六	43	323	丁未丧室，戊申丧母；太公祖祠庙，崩摧之后，稍稍修复
1610	108.	寄崔征仲	崔世召，字征仲，宁德人	六	43	381	霍林为吾闽第一洞天，在杭方梓《霍童山志》；顺昌卢熙民，久客榕城，雅善绘事
1610	109.	答浑然道人	浑然道人，即余和叔，武夷道士	六	43	385	与道兄别十有四年；恨未有一种《山志》可观，乞广搜罗，汇册见寄；《鼓山志》附
1610	110.	寄吴德符	吴充，字德符，古歙人	六	43	387	自杭之衢、之豫章，岁尽抵家；西爽堂为梓《端明别纪》《榕阴新检》，坊间错误不少；项君索他本添入，尤宜细订。胡君原本舛讹甚多
1610	111.	寄项观澜	项观澜，俟考	六	43	388	《端明别纪》《榕阴新检》承仁丈付剞劂；弟即以《山谷外纪》并他说部书奉上
1610	112.	寄江德昭	江德昭，俟考	六	43	405	马齿四旬有一，得男孙；虽当壮岁，亦瘾癃然一阿翁
1610	113.	寄曹能始	曹学佺，字能始，侯官人	六	43	413	聂钱唐命修《县志》；近成《蔡端明别纪》至杭州梓；《中晚诗纪》辑成何状；逆倖讼我兄弟；《文心雕龙》，已用心雠校；赵仁甫、陈履吉物故
1610	114.	与邓汝实	邓汝实，俟考	六	43	416	闽清令有修志之举，仁丈为载笔，不佞借抒一二管窥愚见；兄有《梅溪杂诗》四首
1611	115.	答王元祯	王元祯，麻城人	六	43	306	東发见先生《启事》；承教《乌衣佳话》《红雨楼稿》，甲午兄梓之白门，皆弱冠时所作

作年	序号	尺牍原题	受件人名、字、里籍	文集册次	稿本册次	稿本页码	提　要
1611	116.	复费学卿	费元禄，字无学，一字学卿，铅山人	六	43	309	自从奉扣园居，忽忽十年；在虎林见新梓《甲秀园集》，诵往岁雪中见赠之作
1611	117.	复林笔峰	林笔峰，福清人	六	43	312	中秋前后，当策蹇直趋径江，饱领玄海，且为瑞岩、黄檗之游
1611	118.	复徐父母	徐凤翔，字扬岐，江宁人	六	43	313	高轩宠临，竹极增色，展颂佳集，实快登龙门之愿
1611	119.	寄曹能始大参	曹学佺，字能始，侯官人	六	43	313	修纂郡志，弟滥竽其列；弟诗调稍僻涩，少欠情采，在杭有定评；《蜀志》幸祈留神
1611	120.	答永福唐令公	唐学仁，兴安人	六	43	315	台旆莅三山，一再晋谒；辱惠腆仪，春盘增媚
1611	121.	寄谭华南比部	谭忠卿，广东人	六	43	315	贵郡纂修志乘，不知先子可附数语？弟熛、儿陆、犹子陛，仅守一经，莫能自振拔
1611	122.	寄屠田叔	屠本畯，字田叔，鄞县人	六	43	317	儿二十一，去岁得孙，今郡邑试第一，而冯宗师拔第三；新刻《蔡端明别纪》附呈台
1611	123.	寄喻宣仲	喻应夔，字宣仲，新建人	六	43	324	叔氏入三山，得手教诗笺；豚子县试首选，子衿已青
1611	124.	寄曹能始	曹学佺，字能始，侯官人	六	43	410	《笔丛》再阅，种种可恨；《诗薮》谢伯元借去不还；欲刻，须再校之；《石仓集》刻完
1612	125.	寄屠田叔	屠本畯，字田叔，鄞县人	六	43	305	敝省纂《通志》，郡乘先成，采老公祖实立小传；《茗笈》重梓，借作《小引》
1612	126.	寄林丹台	林丹台，漳州人	六	43	326	闻纂修漳州郡乘；闵使君托施大将军，令不肖召宋体书二人至漳，为贵郡缮写新志
1612	127.	寄林天会	林嘉，字天会，闽县人	六	43	330	日下纂修郡志；在杭行期，尚在中秋前
1612	128.	答黄若木	黄光，字若木，莆田人	六	43	335	披阅《鲤湖志》，身在珠帘玉箭间；《茶书》编成，《兰谱》未有影响；幼孺奄然长逝
1612	129.	答宋仁者	宋仁者，俟考	六	43	336	端明札子，不类蔡公平日语气，收入《别纪》，平地突起峻嶒；曾矛甫镌字不减吴中

续表

作年	序号	尺牍原题	受件人名、字、里籍	文集册次	稿本册次	稿本页码	提 要
1612	130.	寄万伯文	黄伯文,南海人	六	43	337	扇头清咏,与罗浮四百峰争奇;漫题一箧,并《端明外纪》,豚子试艺请正
1612	131.	答超尘上人	超尘上人,福清僧	六	43	338	甘道尊委校《古今韵注》,喻郡公汇刻《茶书》,无寸晷之暇
1612	132.	寄徐荆瑜兄弟	徐荆瑜兄弟,俟考	六	43	339	从惠阳归,值有先妻之变,次年复有北堂之忧;豚子列青衿,试艺浅芜,附教正
1612	133.	答田将军	田将军,即田兆祥	六	43	340	陈汝翔归,辱手札远及;豚子托庇,首选泮游
1612	134.	答林笔峰	林笔峰,福清人	六	43	341	《文纪》诸篇,或有关风教,小子妄加点窜,难逃为大匠斲之诮
1612	135.	寄顾彦白	顾彦白,俟考	六	43	342	《蔡忠惠集》求十年,托舍亲携来抄录;《杨文公集》并借尤妙,弟爱惜书籍过宝玉
1612	136.	寄丁哲初吏部	丁启浚,字哲初,一字亨文,德化籍,晋江人	六	43	343	知诏起明公于东山;闻太夫人厌世而仙
1612	137.	寄陈宾门廉州	陈基虞,字志华,号宾门,同安人	六	43	344	刘若勺丈一鸣惊人,陈心源、叶达所二郎俱得俊,舍弟、豚儿皆被放
1612	138.	复丁哲初吏部	丁启浚,字哲初,一字亨文,德化籍,晋江人	六	43	345	忽展佳集,灿若珠光
1612	139.	答呼将军	呼将军,即呼允龄,将门子	六	43	346	令长公晋帙营帅,与贱兄弟结为莫逆,不意仙游;尊翁骠骑公,名重汾阳
1613	140.	答林天会	林嘉,字天会,闽县人	六	43	331	妄意批点,有失韵俚浅者,径删之,余可梓;二十年知己,不得不叙数言简端;王静轩梓《闽都记》
1613	141.	答宋比玉	宋珏,字比玉,莆田人	六	43	347	蔡密学《书跋》如吉光片羽;《蔡集》觅廿年,无有知者;方驾部处,真迹跋语乞抄示;《黄御史集》《周朴诗》附览
1613	142.	答胡彭举	胡宗仁,字彭举,上元人	六	43	348	白门聚首,忽经八载;茂之楚游归乎?《法海碑》请正

续表

作年	序号	尺牍原题	受件人名、字、里籍	文集册次	稿本册次	稿本页码	提 要
1613	143.	答张叔弢别驾	张大光,字叔弢,长溪人	六	43	350	《通志》待袁方伯到开局;州志一时未刻,以写本先呈可也;放翁《城隍庙记》附
1613	144.	答陈汝翔	陈鸣鹤,字汝翔,怀安县人	六	43	351	旧《志》太略,当加润色;宁德有古碑卧道,皆前代文章,如此之类,亦当博访
1613	145.	答林天会主簿	林嘉,字天会,闽县人	六	43	352	《游燕草》板精善;《江右通志》新修,可得否?南昌、吉安、南安志新刻,为觅
1613	146.	答谢在杭工部	谢肇淛,字在杭,长乐人	六	43	353	杂著易行,杨用修擅名,皆以杂著故;东藩司《余幼孜文集》,《阙里》《陋巷》《三迁志》为我各置一部;曹能始卜居江州,无乡土念
1613	147.	答廖淳之	廖淳,字淳之,清流人	六	43	355	诵《渔沧社集》,便尔心醉;斐翰卿枉临草堂,卒卒别去
1613	148.	答张叔弢	张大光,字叔弢,长溪人	六	43	356	福宁原隶省城,与长、福并称望邑。成化后,判为秦越;《州志》意须取人宽一分,取事滥一分,行文冗一分
1613	149.	答江仲誉	江仲誉,崇安人。	六	43	358	《郡志》成,省中乏太史连纸,贵邑携数万到省,正当其用;张佑归麻沙,附此
1613	150.	答王元祯	王元祯,麻城人	六	43	359	惠《龙湖》《漪园》,若贫儿骤富;莆田榕门林公极多秘册,不外借;豚儿陈伯孺婿
1613	151.	寄杨青城孝廉	杨青城,俟考	六	43	361	自饶阳僧舍把臂,竟尔杳然;麻城王元祯遣使入闽,附尺一奉候起居
1613	152.	答张鹏父	张鹏父,即张鹏甫,俟考	六	43	364	游元封溘然长游,其子挟其遗稿,图杀青于益殿下;索拙书,敬往二帧
1613	153.	答陈元朋明府	陈翼飞,字符朋,平和人	六	43	366	壬子除夕,浮白赋诗倏然一载;能始移居洪塘,以著述为务,出山之念,业已灰冷
1613	154.	与施大将军	施德政,字正之,号云石,太仓人	六	43	368	向与张绍和、陈元鹏有霞城之约,蹉跎一载,近复以书见招
1613	155.	寄郁仪宗侯	朱谋㙔,字郁仪,号海岳,明宗室	六	43	380	将《蔡端明文集》梓之豫章,《别纪》附末,借重为一校正;陈荐夫遗稿,并谋剞劂

续表

作年	序号	尺牍原题	受件人名、字、里籍	文集册次	稿本册次	稿本页码	提　要
1613	156.	复施元戎①	施德政,字正之,号云石,太仓人	六	43	421	
1613	157.	复呼将军	呼将军,即呼允龄,将门子	六	43	421	有《通志》之举,万一不佞预笔砚,骠骑公之立传,当如尊委
1613	158.	复施元戎	施德政,字正之,号云石,太仓人	六	43	422	日来因豚子犯疾,仓皇药石,坐此迟迟
1613	159.	答金浮弋父母	金元嘉,字浮弋,吴江人	六	43	424	承示书目,谨检六种,三山名贤咏歌,□久散落,无有收者,不揣向但掇拾,尚属草创,未成全书
1613	160.	复金父母	金元嘉,字浮弋,吴江人	六	43	425	承发《仁狱汇篇》校定,奉璧;宋《二徐先生集》希赐一部
1613	161.	寄喻宣仲叔虞	喻应虁,字宣仲,新建人,喻应益,字叔虞,应虁弟	六	43	431	能始居江州,及渠翁病甚,已遣价促归;游元封游岱,其郎君挟遗诗欲谋之宗藩
1614	162.	寄喻郡公	喻政,字正之,铜仁人	六	43	349	草茅贱士,蒙天台拔之侪人之中;豚儿荷陶甄,犹子亦幸入府庠
1614	163.	寄屠田叔太守	屠本畯,字田叔,鄞县人	六	43	362	忆困关溪阁中,忽忽十七载;王茂才天申,故嵊县令和字子,永启从侄,愿登龙门
1614	164.	答阮澹宇户部	阮自华,字坚之号澹宇,怀宁人	六	43	365	《郡志》将成,伏睨圣旨准复太公祖原爵,总裁两公大有悔心,亟删实录数语
1614	165.	答林天会	林嘉,字天会,闽县人	六	43	369	《来鹤轩草》弁拙文于其端;《晋安风雅》,丈诗未行,弟当拔补入;天旭颇招物议
1614	166.	寄苏汉英太学	苏汉英,俟考	六	43	370	去冬丧七岁仲儿;为先大夫襄葬事,生者徒存皮骨;翁朝会与不佞结为文字交
1614	167.	寄练克孝	练克孝,俟考	六	43	371	陈泗游侍御过家,其《疏草》可泣鬼神;马季声兼程北上,聊寄八行

① 此书两见。另一作《与施大将军》,唯文字小异,见第154条。

续表

作年	序号	尺牍原题	受件人名、字、里籍	文集册次	稿本册次	稿本页码	提　要
1614	168.	寄张叔发	张大光,字叔发,长溪人	六	43	372	去冬痘疹,丧七岁仲儿,此儿生一月失母;不日有《通志》之举;弟熛今设绛在永
1614	169.	寄林仲守	林仲守,永福人	六	43	374	弟应林葉塘先生之招,开绛贵邑
1614	170.	寄许灵长司理	许光祚,字灵长,钱塘人	六	43	374	吴山把臂,忽淹二纪。持平之暇,乞旧诗录之长楮见寄
1614	171.	答高鲁生	高鲁生,古田人	六	43	376	他日振玉田二百年四声之誉,舍足下其谁与归
1614	172.	答林茂之	林古度,字茂之,福清人	六	43	377	陈伯孺归,携琼瑶及《万柳溪边旧话》,钟伯敬新诗;曹能始读礼洪江;去秋,痘疹盛行,丧七岁次儿
1614	173.	与陈泰始侍御	陈一元,字泰始,又字四游,侯官人	六	43	379	陈幼孺困以无目,夺之以年,求先生补《郡志》弗及;《蔡端明文集》求廿年得此本与《别纪》合梓,并乞大序
1614	174.	与施元戎	施德政,字正之,号云石,太仓人	六	43	425	普陀僧以徐仲芳书至,今以募疏送上,乞赐标题
1614	175.	寄郁仪宗侯	朱谋㙔,字郁仪,号海岳,明宗室	六	43	427	蔡端明遗稿求之几三十年,向岁喻叔虞觅之贵省,始获;直指函梓之洪州,敢徼宠灵重加参订;《雅余》寄我一部
1614	176.	与施大将军	施德政,字正之,号云石,太仓人	七	44	15	读《闽海纪事》,台台留心防御,触忤税珰;普陀僧寄法海寺,翁、曹为作檀越,泛海宝筏,非藉大宰官不能达
1615	177.	寄胡晋我明府	胡晋我,署蒨福州水口	六	43	429	宋太学比玉秋试入京,道经困水,附此一致区区
1615	178.	答刘钟孺将军	刘钟孺,俟考	六	43	432	丙午白门,姚伯发园中赋《梅下调鹤》诗,并不佞九人;委《关侯庙碑》敢不从命
1615	179.	与胡晋我	胡晋我,署蒨福州水口	六	43	434	太夫人八表届期,敬赋小诗,题之画轴
1615	180.	寄元朋	陈翼飞,字符朋,平和人	六	43	435	唐奉孝再至,闻太夫人弃人间世
1615	181.	寄郑瓒思孝廉	郑怀爵,字瓒思,怀魁弟,龙溪人	六	43	436	索《兰谱》,业已抄录;《蔡忠惠集》,付陈四游持之豫章,所载贵漳诗文颇多

作年	序号	尺牍原题	受件人名、字、里籍	文集册次	稿本册次	稿本页码	提　要
1615?	182.	答高鲁生茂才	高鲁生，俟考	六	43	437	《四友诗》才情风调，漫题数语于首
1615	183.	寄张维成	张蔚然，字维诚（成），号青林，仁和人	六	43	438	西修《志》之役，日聆雅教；所著杂作，自谓颇成一家言，不能灾之梨枣求正大方
1615	184.	寄顾所建小侯	顾大猷，字所建，江都人	六	43	439	《雪坡道人传》名公歌咏之；忝在通家，漫成芜句奉呈
1615	185.	寄何稚孝仪部	何乔远，字稚孝，号匪莪，晋江人	六	43	440	贤郎久客三山，深愧地主；《闽书》尤为文献所关；僧如宗，至温陵募化栴檀
1615	186.	寄何舅悌孝廉	何九云，字舅悌，乔远子，晋江人	六	43	442	鼓山得徽题咏，地主之幸；清源新茗，捐一瓶惠我
1615	187.	寄张叔弢刺史	张大光，字叔弢，长溪人	六	43	443	胡晋我署嵯水口，近往访之；新安唐奉孝久慕老丈重名，欲一登龙门
1615	188.	与蒋都运	蒋希禹，字国平，号祇吾，全州人	六	43	444	《晋安风雅》中稍备诸体并旧稿投上；屠田叔离闽将二十载，水口生祠创于众商
1615	189.	寄胡彭举	胡宗仁，字彭举，上元人	六	43	445	别金陵十年，仲嘉、子马、非熊及可复皆在鬼箓；喜搜罗名人墨迹，曹能始遗薛涛笺，为作山水并题诗见惠
1615	190.	寄林茂之	林古度，字茂之，福清人	六	43	447	足下善病，毋恋帷房间；能始移居洪江，有园池林木之胜；得意山水求一二纸，得意诗歌为作楷书数十篇见寄
1615	191.	复郑瓒思	郑怀爵，字瓒思，怀魁弟，龙溪人	六	43	448	《兰谱》寄上；二陈遗诗，非初唐人口吻；王兆云汇刻《诗苑》《文苑》《稗苑》《俪苑》，求吾乡国朝文集
1615	192.	寄张稚通	张稚通，俟考	六	43	450	伯孺遂成古人，其郎君贫，未能瘗其骨；友人林元达，愿登龙门一聆雅海
1615	193.	致潘致虚	潘致虚，吴兴道士	六	43	451	伯孺以去岁之秋捐宾客；道兄能赋一篇长歌，胜于痛哭；林元，惟道兄引而进
1615	194.	答王元祯	王元祯，麻城人	六	43	452	闽僻在海滨，先辈著述，或以孙支浸微而鲜传；近代篇章，半以因循而未梓

作年	序号	尺牍原题	受件人名、字、里籍	文集册次	稿本册次	稿本页码	提 要
1615	195.	寄吴潜阿明府	吴潜阿，俟考	六	43	454	舍弟、豚子俱叨观场，未审得附郎君骥末否
1615	196.	复蒋都运	蒋希禹，字国平，号祇吾，全州人	六	43	455	刘季绪才不逮作者，而好为讥评，不肖之谓矣
1615	197.	寄吴德符	吴充，字德符，古歙人	六	43	456	吾辈不患声名不立，只患贫故不能立名；越中书坊林立，凡有撰述，早传之海内；漳友杨子声，冀一识面
1615	198.	答郑四如明府	郑四如，俟考	六	43	458	豚子壬子、乙卯两试棘闱，皆不入格，株守一经，未知税驾
1615	199.	复张维诚	张蔚然，字维诚（成），号青林，仁和人	六	43	459	仁丈所收七万余卷；弟虚藏四部，好学一念，未尝敢懈；谭身心性命之旨，足砭陋习
1615	200.	寄陈莲湖苏州	陈吁谟，字以弼，号莲湖，长乐人	六	43	462	海内屈指词翰之工，必首姑苏。诸生林云凤，才藻横逸
1615	201.	寄陈冲虚将军	陈冲虚，俟考	六	43	464	闻红番复侵我土，必有良策御之；胡白叔为施大帅入闽，久欣硕望
1615	202.	寄陈元朋明府	陈翼飞，字符朋，平和人	六	43	465	胡白叔游闽半载，走谒吴龙溪公；仁丈试招霞社诸君授简分题
1615	203.	寄何稚孝	何乔远，字稚孝，号匪莪，晋江人	六	43	466	胡白叔善诗，《玉台后咏》一集，用事尤奇僻，久慕仁翁名德
1615	204.	寄张绍和孝廉	张燮，字绍和，龙溪人	六	43	467	胡白叔不拾人唾余，与能始同调；而其诗则能序之，可以知其人
1615	205.	答赵凡夫	赵颐光，字凡夫，太仓人	六	43	468	于曹能始借《寒山汇草》；陈季立作《易诗古音》，年望八裘，虽同桑梓，未识其面
1615	206.	寄林允卿广文	林允卿，俟考	六	43	470	不肖年方志学，读先生场屋文字；读歌行、律绝，已窥豹斑，复睹五律，又尝鼎脔
1615	207.	寄郁仪宗侯	朱谋㙔，字郁仪，号海岳，明宗室	六	43	471	刘之昺出芳讯及《水经注笺》见贻；豫章寄《蔡忠惠文集》，多烦留心校勘
1615	208.	复阮坚之民部	阮自华，字坚之号澹宇，怀宁人	六	43	473	豚子颇能文章，辄叨首选，子、卯二试，竟寂无闻

续表

作年	序号	尺牍原题	受件人名、字、里籍	文集册次	稿本册次	稿本页码	提要
1615	209.	答游勿休	游勿休,莆田人	六	43	475	春初辱手札并《雪中见怀》;明春谢在杭过家,当为从臾,不令呼庚癸
1615	210.	答张叔弢	张大光,字叔弢,长溪人	六	43	476	明春或为太姥、霍林之游;俞羡长寓能始家;拙书漫尔应命,岂堪为名园之辱
1616	211.	与施大将军	施德政,字正之,号云石,太仓人	六	43	478	自辛亥被除,忝结知交,六载之间,仰觊耿光;一旦飘然赋归,令人黯然消魂
1616	212.	寄连凫明	连凫明,汀州人	七	44	13	不佞痛抱西河,目枯泪尽,余生残喘
1616	213.	寄丘德长	丘德长,字本元,宁化人	七	44	14	佞痛抱西河,心绪悲怆,杜门却扫,弹铗临汀,竟成虚语;叔度行便,草草奉问
1617	214.	复戴亨融督学	戴燝,字亨融,长泰人	七	44	1	使节过三山,追随宴笑;漫成小诗,题之扇头
1617	215.	又[复戴亨融督学]	戴燝,字亨融,长泰人	七	44	2	武夷自古所修《山志》,淆混杂乱;去岁谢在杭曾稍删润,尚未脱稿;明公一代文宗,不肖有藏书足备任使
1617	216.	复张昆水广文	张启睿,字昆水,永泰人	七	44	3	蔡襄卒年,蔡郡公与何仪部序均误;郡公序齿及贱名贱字,不敢不掳愚衷以报知己
1617	217.	与张昆水	张启睿,字昆水,永泰人	七	44	5	《蔡忠惠文集》丈留心校勘,较之豫章刻板尤详审;谬作《别纪》亦附忠惠以行
1617	218.	复张维诚	张蔚然,字维诚(成),号青林,仁和人	七	44	5	《省心录》,朱文公断其非和靖作,乃沈道笔;附录陈刚中一绝,元天台陈孚字刚中作,非宋葬凤篁岭之陈刚中
1617	219.	寄吴仲声	吴尔施,字仲声,万全子,侯官人	七	44	8	诵《香雪新编》,赵璧随珠;自西河罹变,魂断目枯
1617	220.	寄游文学书	游仲卿,游朴子,柘洋人	七	44	9	观《藏山集》讹误紊乱,不一而足;陈汝翔云惟和与邓少参选诗弗及参知公,然其所选《风雅》,但限福州十邑
1619	221.	报黄子虚司理	黄槐闻,字子虚,宁化人	七	44	16	去冬有豫章游,抵舍。闻辽事大溃;《南唐近事》,去秋邹有年还家托其转寄

续表

作年	序号	尺牍原题	受件人名、字、里籍	文集册次	稿本册次	稿本页码	提 要
1619	222.	寄张稚通	张稚通,俟考	七	44	17	丙午岹山舟中为别;《岹山志》忝附贱名,何时寄一部
1619?	223.	寄张凤南	张凤南,俟考	七	44	18	方伯坤素负投笔请缨之志。今谢青衿而服鞍鞯,新补崟山行营都护
1621	224.	寄江伯通	江禹疏,字中散,一字伯通,桃源人	七	44	21	尊公佳集,同调传玩,韦编几绝;谢武林舍甥,旧岁赍捧入京,道不由黔而由蜀
1621	225.	与王永启督学	王宇,字永启,闽县人	七	44	22	永乐、正德、天启,三者皆乱贼年号。不知礼臣何所见而袭用之
1621	226.	答屠田叔	屠本畯,字田叔,鄞县人	七	44	24	长儿弱冠能文,丙辰之春夭折;曹能始谢事林居,园池之胜,甲于闽郡,抑且皈心白业,接引缁流
1621	227.	寄苏石水开府	苏茂相,字弘家,号石水,晋江人	七	44	26	去岁闻公开府两浙;国事多艰,辽烽警急
1621	228.	答喻宣仲	喻应夔,字宣仲,新建人	七	44	28	在杭近过家,粹夫病甚剧,永启则有北堂之变;泰始近丧美姬;观察、侍御,日在歌舞场中,弟厌苦之
1621	229.	答朱康侯王孙	朱康侯,明王室	七	44	29	慈明游闽,讵意能始漠然不加之意;先墓蒙赐表章,已刻成帙
1621	230.	寄屠田叔使君	屠本畯,字田叔,鄞县人	七	44	31	海谷上人入闽二载,募化艰辛,已运材木抵舟山;林天迪民部已于丁巳之夏捐宾客
1621	231.	寄伯堤宗侯	朱伯堤,明宗室	七	44	32	蓝任夫橐中出《雄飞》新集,字叶云务,句叶宫商
1621	232.	寄安仁宗侯	朱统铔,字安仁,明宗室	七	44	33	蓝任夫归闽,展读雄篇;兹并《海错疏》、曹石仓近草致上。云姬无恙,弟熊梦杳然
1621	233.	寄甲源宗侯	朱甲源,明宗室	七	44	33	向成小律,无繇寄呈,兹因友人蓝任夫之便,附通记曹
1621	234.	寄陈冲虚参戎	陈冲虚,俟考	七	44	34	曹尊生、陈四游各有启达;辽烽报警,蜀变异常,时事惊心,可胜扼腕

作年	序号	尺牍原题	受件人名、字、里籍	文集册次	稿本册次	稿本页码	提　要
1621	235.	复普陀了义上人	了义上人,普陀僧	七	44	35	今年逾五旬,发且种种;太虚居闽两载,始得完满胜因
1621	236.	寄张公子	张公子,张大光子,长溪人	七	44	36	尊公忘年之交三十余载;不意天夺喆人,遽尔游岱
1621	237.	答张梦泽	张师绎,字梦泽,武进人	七	44	38	敝郡叶相国与曹能始、谢在杭、陈元凯皆称一时之盛;元凯遗编锓于姑苏;戴复古《石屏集》、李蘩《桃溪集》,及《台州府志》,觅惠一部
1623	238.	答何金阳	何望海,字金阳,又字若士,邵武人	七	44	40	夏间弹铗樵阳,与星轺咫尺相失;明岁将之粤西访谢、曹二藩伯
1623	239.	答吴汝鸣	吴汝鸣,福州人	七	44	42	去年十一月十七尊堂弃世;尊家传云:托名承继,夺情做官;陈四游、曹能始推毂
1623	240.	答张绍和	张燮,字绍和,龙溪人	七	44	46	弟家藏书,求宋玉以下七十二家,寥寥不可问;《清异录》《说郛》不是全书
1624	241.	答何金阳	何望海,字金阳,又字若士,邵武人	七	44	48	敝乡有陈四游尚宝,前江右直指讳一元,乃叶相公姻家,声名著于朝野
1624	242.	寄林茂之	林古度,字茂之,福清人	七	44	50	不相闻问者十年;索宋砚,闽中少完好者;林异卿橐中所携皆真,孟和皆赝
1624	243.	寄谢元戎	谢国,又名弘仪、弘义,字简之,号寉云,会稽人	七	44	51	霓旌南指,沧溟瞻望台光;闻夷舶远遁,鲸海波恬
1624	244.	答林茂之	林古度,字茂之,福清人	七	44	52	王永启去年病甚,殒身他乡;《观灯记》勘破世态;《全集》梓成速寄;小孙年十五,颇能文章;《白鹿赋》搜采淹博
1624	245.	复张梦泽使君	张师绎,字梦泽,武进人	八	44	165	闽榜十八茂猷,场中《五经》俱撰,因得隽;洪武二十二年,长泰黄文史应试南畿,《五经》兼作,太祖御批实第一,免会试;茂猷其乡人
1624	246.	复刘司理	刘司理,俟考	八	44	167	真宋砚一方,奉供清玩,此砚名曰"宫式",外绿端石而中筱者尤难

续表

作年	序号	尺牍原题	受件人名、字、里籍	文集册次	稿本册次	稿本页码	提　要
1625	247.	与郑游戎	郑游戎，俟考	四	43	11	明春欲抵豫章，尔时伏谒棨戟之下，或为滕阁龙沙之会
1625	248.	寄李荻泉明府	李一轩，字荻泉，潮阳人	七	44	55	年已五旬有五，惟弟弟，累科不第；孤孙年十六，次儿十二；兄所生舍侄，年逾四旬，生二侄孙；弟亦生三子
1625	249.	寄张公子书叔弢之子	张大光，字叔弢，长溪人	七	44	58	尊翁三金购先兄宋砚，用三十余年，倘欲售人，则不佞备价赎回
1625	250.	寄葛振甫司理	葛振甫，俟考	八	44	169	丙午游秣陵，叙通家谊，姚伯弢梅下调鹤，同河南二张、莆中三郭，啖麦饼，已二十星霜；孙年十六厕青衿
1625	251.	答李公起	李埈，字公起，鄞县人	八	44	170	田叔老游岱，近始得耗，寄曹能始书，已附往粤西；小画一幅、杂刻六种并往
1625	252.	唁翁鸿渐	翁鸿渐，福清人	八	44	172	与尊君交，星霜十有七载；昨自玉融吊叶夫人归，尊君诗篇有唐响，令人誊写，不佞为删定
1625	253.	寄沈凡夫	赵颐光，字凡夫，吴县人	八	44	174	十年前拜《寒山汇草》之惠；获睹《寒山弹雅》，独杼卓识，坊肆所弗售，乞慨然见教
1625	254.	复谢瘴云大将军	谢国，又名弘仪、弘义，字简之，号瘴云，会稽人	八	44	175	澳门之捷，千古奇功；候送南中丞出境，秋凉将为桂林之游
1625	255.	寄张（惟成）[维诚]	张蔚然，字维诚（成），号青林，仁和人	八	44	177	《通志》板付煨烬，期明春开局重修；庚申留衙斋，成新《福安志》，幸以副者寄下
1625	256.	寄张维诚	张蔚然，字维诚（成），号青林，仁和人	八	44	178	今春小孙一试有司，幸游芹泮；舍弟自括苍访友，有西湖之游，令其叩谒
1625	257.	寄潘致虚羽士	潘致虚，吴兴道士	八	44	180	不佞别苕川二十年；舍弟偶为苕游，今乌程令君实同笔砚密友，此行必下孺子之榻
1625	258.	寄松溪叶机仲	叶枢，字机仲，松阳人	八	44	181	兄武闱愆期，令人扼腕；寓建溪两月，小稿但梓四帙，郑别驾无意终局

作年	序号	尺牍原题	受件人名、字、里籍	文集册次	稿本册次	稿本页码	提　要
1625	259.	寄赵起屏	赵起屏，俟考	八	44	185	小孙入泮，聊慰目前；李公起，久托神交，时时以书札见及
1625	260.	答李公起	李埈，字公起，鄞县人	八	44	186	承为先人作《三友墓铭》，正谋续梓，未就；弟闲居杜门，且老且拙；小孙游泮
1625	261.	寄崔征仲崇仁	崔世召，字征仲，宁德人	八	44	187	知以中秋后莅崇仁任；弟拙稿五十万言，发书坊授梓，仅刻四册，十六册付空；明年二三月，先到贵治，后抵豫章；建溪沧洲社杨叔照温恭驯雅，若为人狂躁如李玄同辈，必不荐
1625	262.	寄蔡宣远平阴	蔡宣远，俟考	八	44	190	于孟和得《怀祖》诗帖，向者兄委，久负诺责，兹勉成二律
1625	263.	复詹鼎卿司马	詹玉铉，字鼎卿，建阳人	八	44	191	《瀼园》，不肖成一赋，已刻成帙；《勒凯》尚未梓成，拙作四章附呈教正
1625	264.	寄邵武朱二守	朱二守，即朱玄水，俟考	八	44	192	顺昌贡士廖有晖，为其徒郑道南所讦，前后讼牒
1625	265.	答何金阳明府	何望海，字金阳，又字若士，邵武人	八	44	193	《严沧浪》《黄秋声》台丈合梓，以不肖拙文弁首；《严集》旧序数篇，出名笔，与黄公绍序一式付梓；公绍咸淳元年进士，今作四年，误
1625	266.	寄朱玄水	朱玄水，邵武郡丞，俟考	八	44	196	得何金书，并惠新梓严、黄二先生集，戈尖小言，弁之首简；《李忠定公文集》向年谢武林抄之秘阁，老丈能谋之金阳，若一首倡，则当道有司亦必捐助刻赀
1625	267.	寄张稚通	张稚通，俟考	八	44	203	丈今年七十，《岘山》《道场》已授劂，寄我一篇；舍弟惟扬，入苕访马令君
1625	268.	答曹能始	曹学佺，字能始，侯官人	八	44	304	先嫂以月朔弃世；初拟今春访何若士于揭阳，便赴谢将军之约，有兴则游桂林山水；秋凉送南中丞出境，然后束装粤游；在杭、永启，宦情最浓，孟麟功名心最切；在杭《行状》，弟为之，生平心地极好，于睦族、结客、布施行好事三件，未敢曲笔

续表

作年	序号	尺牍原题	受件人名、字、里籍	文集册次	稿本册次	稿本页码	提 要
1626	269.	答李公起	李埈,字公起,鄞县人	四	43	50	小集杀青,苦无资不能竣事;士元寓三山城北,忽闻逐客令,遂飘然东还
1626	270.	与汪士元	汪其俊,字士元,鄞人	四	43	51	城南城北,稍睽踪迹;忽闻下逐客令,令人扼腕
1626	271.	寄谢公玓	谢应璠,字公玓,漳州人	四	43	53	高君鼎过三山,出瑶函及扇头;因孝翼丈便,附候兴居,并次答严韵,题之扇头
1626	272.	寄高君鼎	高元浚,字君鼎,海澄人	四	43	54	文旃过三山,弟伏枕羸惫;孝翼丈至,弟患痢,力疾相对
1626	273.	寄张绍和	张爕,字绍和,龙溪人	四	43	55	拟初夏为江右游,小孙六礼未成,故未出门;寄张梦泽书,托崔征仲转致
1626	274.	寄刘长孙参戎	刘长孙,俟考	八	44	197	小稿南中丞授梓,未竣工,先呈四册;弟欲乞无咎先生草书四帧,惟明公转求
1626	275.	答崔征仲	崔世召,字征仲,宁德人	八	44	199	曹能始招桂林之游,且三载不果行;《礼经制艺》吾郡《礼记》名手尽在是,并《新科窗稿》数种;葛公选《三山问业》,兄有一首;泰始为不合时人,东林一脉摧折殆尽
1626	276.	答李封若	李埈之父,鄞县人	八	44	204	画幅、新诗之惠,悬之斋头;漫和佳篇侑以拙画;丰考功草书直逼二王,锡为我觅一单条学晋人书
1626	277.	答李公起	李埈,字公起,鄞县人	八	44	205	弟集,署印别驾不知雅道,仅刻近体四册,弟自鬻污莱数亩以竣剞;曹能始游宦粤西,鸿雁传书,岁不一二至;小画题诗求正
1626	278.	答李子述	李子述,明州人	八	44	206	读《隐学山梅笺》有惭沮;与潜玉把臂,长至、除夕咸集小斋分韵赋诗;孟麟甲子五月已长逝
1626	279.	答徐孝则	徐申干,字孝则,鄞县人	八	44	208	又以《三友》佳传垂之不朽;吴潜玉游泉南,秋始得返棹
1626	280.	寄谢元戎	谢国,又名弘仪、弘义,字简之,号寉云,会稽人	八	44	209	红夷遁迹,鲸海无波,七闽从此安枕;曹能始屡招为桂林之游,苦于出门有碍

续表

作年	序号	尺牍原题	受件人名、字、里籍	文集册次	稿本册次	稿本页码	提　要
1626	281.	答詹调宇郡丞	詹调宇,俟考	八	44	211	去秋客建溪,长者盛情有加;薄附牙骰一付、鲥鱼二礶侑函,此鱼不恒得
1626	282.	答傅希丙	傅希丙,俟考	八	44	212	去秋客潭城,抵舍抱疴伏枕;小画二幅附上;天堂匾字,已求林异卿作劈窠书
1626	283.	寄何匪莪司徒	何乔远,字稚孝,号匪莪,晋江人	八	44	213	先兄苦心吟咏,破产结客,向承许以《闽书》中为立传;长儿早世,孙颇能读父书
1626	284.	寄戴今梁方伯	戴今梁,漳州人	八	44	214	张绍和读礼,《汉魏六朝七十二家文集》不能终局,杀青未免缺陷,能以一臂助乎
1626	285.	寄曹能始	曹学佺,字能始,侯官人	八	44	215	西粤之行,许多牵挂;世态变幻,恐此不能老死太平;鬻《廿一史》为饔餮之费;石仓园台榭倾欹,三径就荒
1626	286.	寄张九岳太守	张萱,字孟奇,号九岳,博罗人	八	44	247	丙午夏,曹能始招同雅集秦淮,幸识荆州;小集杀青未竟,先以近体四册呈正
1626	287.	寄邓道协	邓庆寀,字道协(叶),原岳子,闽县人	八	44	260	令岳以九月廿一日仙游;《木天》委删定,欲授诸梓则病剧,少参必诚先志,竣厥工;壬辰同榜四公,凋谢殆尽;《廿一史》藏三十年,有客通番,购之去,欲寄十数金托于国学,代印一部;林茂之命作其先《传》,不侫寄一篇,乃多增行事
1626	288.	寄林茂之	林古度,字茂之,福清人	八	44	264	寄来刻《传》,兄增益大半;传体与行状有繁简之别;藉《传》以泄愤而不更改,请削弟之名;《谢在杭行状》《志铭》附;《行状》要详,《志铭》颇略,此足以见文体
1626	289.	答李公起	李垓,字公起,鄞县人	八	44	266	曹能始再起家粤宪,倏尔褫职,诚为无幸;附《禽虫述》一种、严黄二先生诗集侑缄
1626	290.	柬王龙光	王镂鼎,字龙光,清溪人	八	44	268	典衣鬻画以为资斧,愧贫交弗能尽地主之情;昨日偶患腰痛,木僵不能展转

续表

作年	序号	尺牍原题	受件人名、字、里籍	文集册次	稿本册次	稿本页码	提　要
1626	291.	复翁宗伯公	翁正春，字兆震，号青阳，侯官人	八	44	269	台翁文魁天下，乃辱高轩先临，小子何敢为巨公追琢，或有赘句冗字，借为标出，庶几莛言可采
1626	292.	又［复翁宗伯公］	翁正春，字兆震，号青阳，侯官人	八	44	270	文集《序》，与兴建《记》，业已冠之缥缃，勒之琰琬，弗敢损益，以招异同之疑。惟校鱼鲁；赠序分二卷，集序分二卷，碑记一卷
1626	293.	复盛父母	盛民衡，号桂海，曲阳人	八	44	271	令叔祖《秋水吟》原稿奉璧，丹笔某借抒愚得，蓝色陈京兆覆阅，悉择其纯全可传者
1626	294.	又［复盛父母］①	盛民衡，号桂海，曲阳人	八	44	271	
1627	295.	与盛父母	盛民衡，号桂海，曲阳人	四	43	52	明公不弃营蒯之微，枉驾式间；叔祖遗稿，借为选样；示贵《谱》纂修，谨如台命
1627	296.	复盛父母	盛民衡，号桂海，曲阳人	四	43	56	令叔祖诗已梓成；京兆足生毒疡卧床几两月；漫草二幅求正；奉祝小颂，实林宠笔
1627	297.	答邓道协参军	邓庆寀,字道协（叶），原岳子，闽县人	七	44	135	崇仁归有疮痏之苦；去冬后街回禄为灾，尊公文集委烈焰；既毁复梓，见仁人孝子；拙集南抚台授梓，不能终局，只得五册，尚无力完工
1627	298.	寄何金阳明府	何望海，字金阳，又字若士，邵武人	七	44	136	金陵僧性炳见访，返樵溪，托为书邮；上人娴熟经典，久栖于拿口深山
1627	299.	寄答李层阿广文	李层阿，侯考	七	44	137	三十年前附名不朽；长者尊命，勉尔载笔，第恐佛头着秽，反为佳刻之累
1627	300.	答闻仲连	闻仲连，明州人	七	44	138	壬寅明州得交先生，蹉跎廿有六载；近览《延庆寺志》，笔花奇进；子尹落落而归
1627	301.	答李子述文学	李子述，明州人	七	44	140	子尹令兄，弟荐于曹能始，款留园中。能始失意还乡，意兴大减，

---

① 此书残,仅存"海滨荒陋惟有荔子轻红稍称南方佳果得老父母"二十字。

作年	序号	尺牍原题	受件人名、字、里籍	文集册次	稿本册次	稿本页码	提　要
1627	302.	答李公起	李埈,字公起,鄞县人	七	44	140	谢在杭《五杂组》并杂著,将前书并附子尹挈归;在杭《全集》杀青未竟,容续上
1627	303.	答徐孝则文学	徐申干,字孝则,鄞县人	七	44	141	崔君令崇仁,遭厂弹劾,忧心如捣;子尹不免阮途之哭,曹能始假馆授粲,仅得资斧
1627	304.	寄蔡宣远明府	蔡宣远,俟考	七	44	142	兄挂吏议,闻之骇愕;海内为诗,多宗楚派,伯敬作俑,劾法成风;拙作仅完六册,今往一部;今岁府学合闽县五百余人,只中一人
1627	305.	答郑肇中孝廉	郑兆(肇)中,怀魁子,龙溪人	七	44	144	廿载通家;发榜睹鸿名巍擢
1627	306.	寄王右仲大令	王嗣奭,字右仲,鄞县人	七	44	144	武夷闽第一名山,向来《山志》芜杂,未经名手纂修;叶机仲投笔从戎
1627	307.	答苏弘玄茂才	苏弘玄,苏茂相(弘家)之弟,晋江人	七	44	146	小技原属游戏,不敢不效涂鸦之手,徒污练练
1627	308.	又答苏弘玄	苏弘玄,苏茂相(弘家)之弟,晋江人	七	44	147	陈元朋税驾三山,应酬旁午,素绢尚未暇泼墨,惟高明稍宽假之
1627	309.	答邓道协参军	邓庆寀,字道协(叶),原岳子,闽县人	七	44	148	因分产遂形之章奏,欲甘心少参,恶语相加,为足下不取;《正声续选》诚为盛举
1627	310.	寄江伯通	江禹疏,字中散,一字伯通,桃源人	八	44	183	向承尊公《雪涛集》;舍甥谢在杭游岱,海内之所同悲
1627	311.	寄张绍和	张燮,字绍和,龙溪人	八	44	258	得《傅玄集》三卷,已付梓,附《嵇叔夜集》,古本较今本亦有异同否?此书未完,终是不了之局
1627	312.	寄高君鼎	高元浚,字君鼎,海澄人	八	44	259	陈孝廉昌箕,少年多才,诗词尤泠然有韵,在斋头见兄《禽虫》《花疏》,恨相识之晚,为霞城游,欲把臂入林
1627	313.	答张绍和	张燮,字绍和,龙溪人	八	44	277	长至后往崇仁,今岁四月朔抵舍;《傅玄集》久竣事,无便鸿;《武夷志》汇稿未誊正;归来足生一毒,卧枕两月

续表

作年	序号	尺牍原题	受件人名、字、里籍	文集册次	稿本册次	稿本页码	提　要
1627	314.	寄喻宣仲	喻应夔,字宣仲,新建人	八	44	279	抵崇将两月,独坐僧寮,无人相访;崔令参官多而亲民少;彭次嘉选《明诗汇韵》,弟拙作已采入
1627	315.	寄张曼胥	张曼胥,江西人	八	44	280	岁尽抵巴陵,拟住月余,抵洪都一续旧游;欲回为孙毕婚事;李玄同无乡曲之誉,去岁以犯法捕之
1627	316.	寄安仁	朱统𨧀,字安仁,明宗室	八	44	281	拟正月归为孙娶妇,不能应吉期,改为冬月;弟初欲至省,寻买一部《廿一史》
1627	317.	寄彭次嘉	彭次嘉,江西人	八	44	283	选《汇韵》明诗,本朝所缺典,某何人可预作者之列?崔令《问月楼》遣役送上
1627	318.	寄陈士业	陈士业,俟考	八	44	285	华堂杯酒,星霜十稔;陈道掌素慕仁兄制艺,寄《客草》求正;崇仁崔令博雅名流
1627	319.	寄泽弘孝穆诸昆季	泽弘、孝穆,明宗室	八	44	286	游崇仁,旅食既久,淫雨弥月,乡思转殷;安仁不远数舍,栉风沐雨,见访萧寺
1627	320.	唁伯堤王孙	伯堤王孙,明王室	八	44	287	安仁丈不远三百里,冒雨相访,谈及旧事,慨老成凋谢
1627	321.	寄郑企山都阃	郑企山,俟考	八	44	288	南州宗藩最称莫逆而风流文雅者,莫过安仁王孙,近自朱门特至崇邑见访
1627	322.	寄喻宣仲	喻应夔,字宣仲,新建人	八	44	289	安仁其谊至高,而僧寮逼窄,上漏下湿,无登览处;能始消息茫然,太夫人以十二月初七仙逝;小孙、舍弟、舍侄俱考三等
1627	323.	复彭次嘉	彭次嘉,江西人	八	44	291	今日楚派竞新斗巧,体不必汉魏六朝,句不必高岑王孟,一篇中之乎也者,字眼居其半;牛鬼蛇神,令人缩项咋舌;福州自隆万,作者如林;不肖抄录七言律诗数帙,尚未尽敝乡之才
1627	324.	答郑玄圃	郑玄圃,江西人	八	44	294	登华山,差足愉快。雪迹上人自临汝来,捧读瑶函,并贻诗笺,奖许过情

续表

作年	序号	尺牍原题	受件人名、字、里籍	文集册次	稿本册次	稿本页码	提 要
1627	325.	答李公起	李埈,字公起,鄞县人	八	44	295	初夏抵舍,臂上发毒疮,伏枕阅月;《瘗鹤十诗》较孙太白《失鹤六章》尤为清绝;谢在杭《文集》尚未装刷,今索《五杂组》《文海披沙》《小草斋续诗》《麈谭》致上;曹能始失意还家,值有内艰;王玉生老态龙钟,死期将至
1627	326.	寄崔玉生	崔玉生,世召子,宁德人	八	44	297	客崇仁三阅月,尊堂、令弟暨令伯视如至亲,俱欣然留;尊公尚留不佞观刻《华山志》;途中冒寒,生一便毒
1627	327.	复叶相公	叶向高,字进卿,福清人	八	44	297	还家已及一月,苦病伏枕;承示大篇,夜光夺目,和《王墓》二律
1627	328.	寄何金阳	何望海,字金阳,又字若士,邵武人	八	44	298	途次苦疮痏,不能入樵城,舣舟北桥会郑心一;近日海寇杀掠甚惨,弟思挈妻儿逃深山,无处可容此身
1627	329.	复叶相公	叶向高,字进卿,福清人	八	44	300	《王墓》六章,借如数;小豚学步,并呈一笑;亭扁书上,深愧弗佳
1627	330.	与盛父母	盛民衡,号桂海,曲阳人	八	44	300	薄游江右,途次受暑抱病;小孙钟震过蒙作养,幸预观场之列
1627	331.	复叶相公	叶向高,字进卿,福清人	八	44	301	曾王父掩骼一丘,荷相公大人锡之琬琰,某行当勒石坟前,用志不朽;白帝称孤,钱镠霸口,与闽王不甚相远,蜀人可歌,越人可碑,闽人何可独讳闽王耶?
1627	332.	复裴翰卿	裴翰卿,清溪人	八	44	302	游江右,四月始抵舍,抱痾数旬;扇头完上,久不作此伎俩;《先墓录》呈览,求大篇一华衮之
1628	333.	寄邵见心大行	邵捷春,字肇复,又字见心,号剑津,闽县人	四	43	7	幸托比邻,相与晨夕;知奉使河洛;家兄文郁举明经,应大廷试,乞赐吹嘘
1628	334.	寄郑四有贡元	郑四有,邵武人	四	43	8	弟病者什七,而冗者什三;从周家兄,拮据北上之资,惟台丈曲念年谊,一顾盼之

续表

作年	序号	尺牍原题	受件人名、字、里籍	文集册次	稿本册次	稿本页码	提　要
1628	335.	答李公起	李埈,字公起,鄞县人	四	43	9	次野同乡,知其岁往四明贸易;曹能始近为其太夫人营葬,赠言已诺久矣
1628	336.	答蔡宣远	蔡宣远,俟考	四	43	58	《枕上》《兰笺》《澹言》命品骘;去秋寄一扇并拙稿六册;所托藤纸,乞留神觅之
1628	337.	又[寄邵肇复]	邵捷春,字肇复,又字见心,号剑津,闽县人	五	43	189	崔征仲去岁为漕埠参纠,已归隐霍童,今往京候补;幸逢台丈秉铨,择一善地处之
1628	338.	寄陈绍凤宪伯①	陈元卿,字绍凤,闽县人	七	44	150	令孙尔待与小孙同岸;去岁入崇仁,崔霞漕兑无端罹祸;乞念年谊提挈,速为题请
1628	339.	又[寄陈绍凤宪伯]	陈元卿,字绍凤,闽县人	七	44	154	先君万历初为永宁县令,略记地理风俗梗概,遗稿尚存笥中,敢籍行票县中取之
1628	340.	答张绍和孝廉	张燮,字绍和,龙溪人	八	44	245	客岁郎君腊月赋玉楼;兄幸勋力尚健,多置姜滕、种玉生烟,犹未晚;《傅玄》《潘尼》三种已领入。曹能始岁暮以《名胜》诸刻命弟转上;索兄回书,并《七十二家集》
1628	341.	答叶机仲将军	叶枢,字机仲,松阳人	八	44	249	投笔从戎,当一鸣惊人;去年林茂礼制册子颇精,同社各赋赠言,东南之宝已尽
1628	342.	寄徐叔亨茂才	徐叔亨,俟考	八	44	250	去冬偶患足疾,兀坐空斋,春事阑珊过半;郑宾王司理舒轩公嫡孙,王永启之快婿
1628	343.	寄郑心一心起	郑心一、郑心起,邵武人	八	44	251	郑宾王兹借赍捧抵樵,别驾公笃于故旧,郑君工制艺,名鹊起,与厥弟瑄称二难
1628	344.	与李左仪贡元	李佐仪,俟考	八	44	252	文驾顾我蓬门,奈足疾寸步不能履地,坐此疏节;漫成小诗,题之扇头

① 此书原件装订错页,"为文字"(以上第150页),"交累世通家"以下(第153—154页)。

续表

作年	序号	尺牍原题	受件人名、字、里籍	文集册次	稿本册次	稿本页码	提　要
1628	345.	答蔡宣远明府	蔡宣远，俟考	八	44	253	领教《京寓》《枕上》《双塔》《舟中》《湖上》五种；家藏七万余卷，积贮多年，蠹伤蟫蚀；藏书之法，必勿用糊裱皮套；孙蕡，字诗集二册，羊城有刻板为觅之
1628	346.	答王永福令公	王嗣奭，字右仲，鄞县人	八	44	255	去冬叶机仲还建州，曾附一缄修候；知老父母荣擢永阳
1628	347.	与安苍卿将军	安国贤，字苍卿，闽县人	八	44	255	贵僚诸公欲修《卫志》，盛典也，不肖年来多病，足疾作楚，自觉神气衰耗
1628	348.	寄陈宾门太守	陈基虞，字志华，号宾门，同安人	八	44	256	向过同鱼，荏苒十有五载；荣擢岭东，弗忘缟带，虽不果游，隆情铭心
1628	349.	寄邵见心吏部	邵捷春，字肇复，又字见心，号剑津，闽县人	八	44	272	吾郡自董司空持衡后，寥寥无复继；去年闽闱事，省垣参疏交上，几于聚讼；十一生未知后来如何结局
1630	350.	留侯起来父母上院道启①	来方炜，字泽兰，萧山人	四	43	19	
1634	351.	[寄赵]慧生	赵慧生，建安人	三	42	361	弟老病今春腰背痛，不能屈伸，初夏始平复；宜黄善歌许世达梨园班为芝城之行
1634	352.	寄廖淳之	廖淳，字淳之，清流人	三	42	361	林茂之携郎君就试，去岁杪秋抵三山；江右许世达，梨园歌舞擅名，惟仁兄一荐
1634	353.	答喻宣仲	喻应夔，字宣仲，新建人	三	42	363	弟与兄同庚，百念俱灰，诗兴亦减；能始迩来歌舞之兴索然，故与世达亦不亲
1634	354.	寄王盖公	王盖公，王若子，清溪人	三	42	364	遣小力投书筈太尊，求荐童生数名
1634	355.	缺题（上半部缺）		三	42	365	虎丘、石湖，时悬梦思，虽老病侵寻，而游兴未淹，明岁或裹粮而出
1634	356.	又缺题		三	42	365	潘参军事祖台，熠作书催恩，而藩竟格不允，埋怨于不肖

---

① 　此文属"启"类。又见《文集》册二，《上图稿本》第42册，第151页。

续表

作年	序号	尺牍原题	受件人名、字、里籍	文集册次	稿本册次	稿本页码	提　要
1634	357.	寄张绍和	张燮,字绍和,龙溪人	三	42	365	弟近患疟,伏枕经月;《笔精》廿年前所著,黄明立为编订,邵肇复梓之
1634	358.	寄雪关禅师	雪关禅师,即智间,上饶傅氏子	三	42	366	某望七之年沉沦苦海,曹长老捐赀兴天王殿,改建禅堂;《雪峰志》梓成,呈一部
1634	359.	答张绍和	张燮,字绍和,龙溪人	三	42	367	《笔精》愿加评驳;邵肇复编《全闽艺文志》工程浩大;《七十二家》余价,容寄偿
1634	360.	答许玉史	许豸,字玉史,又字玉斧,侯官人	三	42	369	《蔡清宪公集》,三山仅得一部;诗中朱色点窜,曹能始笔
1634	361.	寄高君鼎	高元浚,字君鼎,海澄人	三	42	369	患疟,伏枕弥月;鼓山重兴,曹能始求其助王东老、颜同老;寻觅贵郡文集求兄指示
1634	362.	寄陈南岳	陈南岳,俟考	三	42	371	读《灌园草木志》;履征上人持曹能始疏往漳南;《全闽艺文志》,多搜载籍助其一臂
1634	363.	寄张勖之	张瑞钟,字勖之,漳州人	三	42	372	《峰山游草》之教,可当图经;《笔精》、拙著请正,并儿孙二刻
1634	364.	复陶云从	陶龙见,字云从,檇李人	三	42	372	小筑劳心费财,无暇刻暇;《笔精》《雪峰志》奉览
1634	365.	答陈宗九	陈元龄,字宗九,泉州人	三	42	373	近能始捐赀为弟构委羽楼;《笔精》《雪峰志》、儿《集陶》、孙《制艺》呈教
1634	366.	寄崔征仲	崔世召,字征仲,宁德人	三	42	375	复患疟,伏枕阅月;谢在杭历官三十余年宦橐如水;甥肇澍欲走西粤,兄指引之
1634	367.	寄何舅悌	何九云,字舅悌,晋江人	三	42	377	令弟之官,赋一诗送之;舍亲李姓,贷其十数金,至贵郡卖靛,特往索逋
1634	368.	寄裴翰卿	裴翰卿,清溪人	三	42	377	承示贷事,极当效力,弟度之事情,实难为计
1634	369.	寄王龙居	王龙居,王若弟,清溪人	三	42	378	相如令兄平生侠士也,至今有退思焉;令侄求尊老吹嘘于郡公,托彼赎画
1634	370.	寄朱梦得	朱铳铚,字梦得,统铊之兄,明宗室	三	42	379	国家弛禁,天下宗藩登庸首推华宗为盛;令岳次嘉先生选明诗七律,滥及鄙作愧甚

续表

作年	序号	尺牍原题	受件人名、字、里籍	文集册次	稿本册次	稿本页码	提　要
1634	371.	答李公起	李埈,字公起,鄞县人	三	42	382	《春草集》《茗史》佳;奉《群谈采余》《笔精》《雪峰志》《西峰集》《方广岩志》《逊业》
1635	372.	复沈弅丘	沈鼎科,字铉臣,一字弅丘,江阴人	三	42	383	弟劣有著作,多未杀青,拟以月半抵书坊,谋付剞劂
1635	373.	寄江伯通	江禹疏,字中散,一字伯通,桃源人	三	42	384	令尊《雪涛集》曹能始观察拔刻;《明诗选》;《鳌峰集》《笔精》、杂刻五种侑缄
1635	374.	与永觉禅师	永觉禅师,俗姓蔡,名元贤,字永觉,建阳人	三	42	386	霖霖不休,阳侯阻道,再晤无由;《放生池记》须借鸿笔,方足传远
1635	375.	答颜同兰	颜继祖,字绳其,号同兰,龙溪人	三	42	387	时事如渍瓜,海上事贵乡不可支,三山岂能高枕?曹能始、邵肇复诸君条陈方略
1635	376.	与耿克励	耿克励,定向子,黄安人	三	42	388	伯兄制艺坊刻中抄得一篇,并墨卷奉上;《三元考先贤会状》非仓卒可复冯寿宁付梓
1635	377.	答沈朗倩	沈颢(灏),字朗倩,吴县人	三	42	390	不腆闽山,幸徽吟屐;既荷琼瑶见贻,复拜丹青投赠
1635	378.	寄崔征仲	崔世召,字征仲,宁德人	三	42	391	流冠骚动;去岁谢肇淛与陈生白奉访,以事阻,兹偕婿结伴而行;小婿独归
1635	379.	寄吴光卿二守	吴仕训,字光卿,潮阳人	三	42	392	婿康生守廉为连州行,归途抵贵邑,幸进而教之,想林典幕亦能为赠,稍苏涸鲋
1635	380.	寄裴翰卿	裴翰卿,清溪人	三	42	393	生平热肠,凡有可行者,无不委宛从事,惟兄此举,揆之事理,必无能应者
1635	381.	寄王盖公	王盖公,王若子,清溪人	三	42	394	笪太尊即至,下榻于曹公之园;林子同以舌耕为业,谅足下必加之意
1635	382.	寄王龙居	王龙居,王若弟,清溪人	三	42	395	赎画是弟凤心,能设法求之更妙;鞋店陈五与人合赀泛海,风起舟没,人货俱尽
1635	383.	寄汪仙友兵部	汪桂,字仙友,崇阳人	三	42	396	客建州,但隔一水,缘冬病,未免趑趄;秋杪或至九曲,与黄仪先兄弟商卜居终老计

续表

作年	序号	尺牍原题	受件人名、字、里籍	文集册次	稿本册次	稿本页码	提 要
1635	384.	寄傅同兰	傅同兰,建州人	三	42	397	《梨岳集》解司理公与不佞议重锲善本传之来裱,工资不过四金,足下得册让乎
1635	385.	寄马劬思都院	马劬思,俟考	三	42	398	至亲郑学广,名家子,久在戎行,为闽镇中军,兹有秣陵之役,令其叩谒台端
1635	386.	寄郑映昆户部	郑奎光,字章甫,又字映昆,侯官人	三	42	399	梓《少谷先生全集》,为吾闽增色不浅;原本诗文共六册,亦是弟家藏物
1635	387.	寄周章甫	周之夔,字章甫,闽县人	三	42	401	老伯母病剧,讵意遂成长往;异卿本欲久留建州,因欲趋吊老伯母,与小儿先归
1635	388.	复何平子	何模,字平子,楷弟,晋江籍,镇海卫人	三	42	402	漫次能始先生原韵,录之缣屏,用答来命;令兄《鸣凤初集》俟与邵见心商度选定
1635	389.	复徐在庵	徐汝骅,字在庵,宣城人	三	42	403	春暮别家浪迹建水,辱赐厚贶;郡邑诸公,款留殷笃,且蒙按院锡扁锡仪
1635	390.	寄许玉史	许豸,字玉史,又字玉斧,侯官人	三	42	404	王右仲、杨南仲大雅宗工;李埈博洽;薛冈、徐申干、应枭延、祖绎、弘澄擅四声
1635	391.	寄李公起	李埈,字公起,鄞县人	三	42	406	郑超四明之行,令其先谒长者;家藏廿一种奇书,为观风使者索去,为弟觅之
1635	392.	寄魏逢年	魏逢年,建州人	三	42	407	侧闻尊堂老夫人仙逝,一水盈盈,未能趋吊
1635	393.	寄颜同兰	颜继祖,字绳其,号同兰,龙溪人	三	42	408	西北弗靖,时事多艰,台翁既出东山,天下安危攸系;漫成小诗题之扇头奉正
1635	394.	寄解司理	解学尹,字伊人,兴化人	三	42	409	武夷山道人吕志纯,苦于山中骚扰,有妨坐功,求赐祖台给赐告示,为仙都护法
1635	395.	寄邓泰素	邓泰素,豫章人	三	42	409	今夏偶至建州,邂逅贵乡戴叔度,同寓萧寺;诗扇一执、《集陶》《制艺》一册请正
1635	396.	寄朱安仁	朱统铊,字安仁,明宗室	三	42	411	兄别闽中三载,有停云之想;兄游闽诸诗,想已杀青,幸祈赐教

作年	序号	尺牍原题	受件人名、字、里籍	文集册次	稿本册次	稿本页码	提　要
1635	397.	寄戴波臣	戴波臣，古田人	三	42	411	从杨南仲处得《钿盒刻序》；客建州自夏徂秋，偶逢建武郑君长白，十年旧知
1635	398.	寄甲源宗侯	朱甲源，明宗室	三	42	413	今秋偶为武夷之游，客建州者数月，偶逢伊川郭松野，笔端墨妙
1635	399.	又［寄甲源宗侯］	朱甲源，明宗室	三	42	413	练元素，工于篆刻，印谱皆敝乡名笔为之序；郑济南，所蓄古彝鼎、图画皆极精妙
1635	400.	寄梅子庾	梅庆生，字子庾，南城人	三	42	414	今岁游建州，偶逢伊川郭君松野；甲源殿下，弟削一牍，乞为引见
1635	401.	又［寄梅子庾］	梅庆生，字子庾，南城人	三	42	415	建州敝通家郑济南精于鉴赏、练生元素工于篆刻，幸赐晋接，为广其交
1635	402.	寄陈洪仲葵若	陈洪仲、葵若兄弟，将乐人	三	42	416	建友练生元素欲为□阳之游，索弟荐缄，敢为先容
1635	403.	寄汪仙友	汪桂，字仙友，崇阳人	三	42	417	夏间拟陪杖履，因俗羁，漫赋二诗，聊申向往；松野、宗之行，附此通姓名
1635	404.	寄戴叔度	戴叔度，豫章人	三	42	418	近走武夷，候送直指公，寓山中数晨夕；始信王父母之爱翁丈；今垂橐而归
1635	405.	寄何金阳	何望海，字金阳，又字若士，邵武人	三	42	419	夏间偶为建州之游，近趋武夷送别按台；方尔受丈应试芝城，把臂欢甚
1635	406.	寄江公子	江公子，俟考	三	42	420	练元素，工于篆刻，贵邑雅重文事，乞广其交道
1635	407.	寄解司理	解学尹，字伊人，江苏兴化人	三	42	420	《梨岳集》，蔡稚业已梓成，端领大序以垂不朽；稚圭为宋西山九峰之裔
1635	408.	寄沈建阳	沈鼎科，字铉臣，一字垄丘，江阴人	三	42	421	邵观察嘱领回黄勉斋抄集，新梓《容台集》求惠一部
1635	409.	又［复沈建阳］	沈鼎科，字铉臣，一字垄丘，江阴人	三	42	422	舟抵建郡，待陈昌基同归；于武夷谋一丘栖遁，惠《容台集》，何啻双南之赠
1635	410.	答廖淳之	廖淳，字淳之，清流人	四	43	57	裴鼎卿出手教及近稿；鼎卿至，正值中秋，与社友结为月社

续表

作年	序号	尺牍原题	受件人名、字、里籍	文集册次	稿本册次	稿本页码	提 要
1635	411.	与张君材	张君材，华亭人	七	44	64	令祖太公祖，崇祀允协舆情，须求曹尊老一言为重
1635	412.	寄吴希尧	吴一钦，字希尧，宁化人	七	44	64	张君材，前方伯渐山之孙；方伯万历间长闽藩，为举名宦崇祀，今抵贵邑访署印某
1635	413.	复杨南仲	杨德周，字南仲，鄞县人	七	44	65	《榕阴新检》仅存此册万乞寄还；弟不日将到建州
1635	414.	寄陈调梅	陈调梅，俟考	七	44	66	昌基粤游，婿康生自连州趋潮阳，推念鸟屋，稍助舟车；周章甫理姑苏，以亲老归
1636	415.	缺题		四	43	2	初冬，詹月如垂顾，佳集业已作序；曹能始选《国朝诗》，端候大篇压卷
1636	416.	寄黄宇珍	黄若璠，字宇珍，建安人	三	42	423	腊月廿三日抵舍；小价王二自建抱疴，昨遂长往；《禅余集》附返，《勉斋集》嗣寄上
1636	417.	寄赵慧生	赵慧生，建安人	三	42	424	濒行承馈赆；廿三日抵舍，空橐莫支，承曹尊老为弟设橐百金，方能卒岁
1636	418.	得吴光卿	吴仕训，字光卿，潮阳人	三	42	425	去夏小婿康生抵潮；去夏游建州，拟仲春趋漳南访章岵梅；漳潮接壤，有访戴之念
1636	419.	复林清宇	林清宇，潮阳人	三	42	427	小婿复至潮阳，荷盛情殷挚；拟仲春为漳南之游
1636	420.	寄何平子	何模，字平子，楷弟，晋江籍，镇海卫人	三	42	428	荷《小题文因》见贻，贱名滥厕首简；小孙钟震，亦蒙甄录
1636	421.	寄江公子陈葵若	江公子，俟考；陈葵若，将乐人	三	42	430	古田魏克绳，世家之后，工山水花卉，偕友人游玉华，托弟介绍谒见颜色
1636	422.	寄[石]雨[法]师	石雨，字明方，原姓陈，会稽人	四	43	1	往建溪，留滞一载还家，师已移锡灵峰；向赋一律，兹书侧厘奉览
1636	423.	寄张绍和	张燮，字绍和，龙溪人	四	43	2	前诗蹈少年行径，今稍更之；拙文二十卷，欲永死前梓之，上元时节，到建州谋此事
1636	424.	答王东里	王志道，字而宏，号东里，漳浦人	四	43	4	拟为建州游，小孙抱病，不敢出门；秣陵余集生中丞游三山，禅理精彻，敢私布之

续表

作年	序号	尺牍原题	受件人名、字、里籍	文集册次	稿本册次	稿本页码	提　要
1636	425.	寄黄宇珍	黄若璠,字宇珍,建安人	七	44	60	客建九月;孙幸入棘,豚子需遗才试;《勉斋文集》宝如拱璧;邵公《序》并上
1636	426.	寄王马石	王士誉,字永叔,号马石	七	44	61	去岁漫游芝城,自夏徂冬;通家子黄若璠,今当汇考送府,乞拔前第
1636	427.	又[寄王马石]	王士誉,字永叔,号马石	七	44	62	赵廷梓事,已有成案经年;某与曹观察始拜台惠,当不令鲸鲵脱网也
1636	428.	答陶嗣养	陶光庠,字嗣养,建阳人	七	44	62	一小力自幼侍弟笔砚,今春夭逝,能揭碑,弟失左右手;《闻莺》小品漫成小言请政
1636	429.	寄赵慧生	赵慧生,建安人	七	44	63	兹事所许前约,幸乞早完;一年客建,此事与曹公均分,弟更如饥渴之待饮食
1636	430.	复杨图南	杨图南,古田人	七	44	68	入春数日,小仆王有成者物故,上有七旬父母,下有一妻一膝,杳无嗣续
1636	431.	答樊山图	樊维甫,字山图,黄冈人	七	44	70	建州同寓符宪;《砚谱》以公天下;抄邓学宪《宋砚歌》、曹能始《四砚诗》以备采择
1636	432.	答刘鱼公	刘履丁,字渔仲,又称渔公、鱼公,漳浦人	七	44	71	薄游垂橐,除夕索债者盈门,托懋礼以糊口污邪卖与陈盘生二百金,乃能卒岁
1636	433.	寄郑全初	郑瑄,宾王弟,字全初,侯官人	七	44	73	甫胜冠,而翁总角;时事屡迁,弟皤然一老叟;翁台与敝友周章甫同捷京闱
1636	434.	复朱尔兼	朱廷旦,字尔兼,嘉善人	七	44	75	集曾梓二函,旧岁建游分送殆尽;拟暮春之初漳游;《笔精》四册,先请正
1636	435.	寄章岵梅公祖	章自炳,字岵梅,兰溪人	七	44	75	去岁建州枉驾萧寺,又承吹嘘于张按院;拟担簦霞城,春夏之交始得就道
1636	436.	复何平子	何模,字平子,楷弟,晋江籍,镇海卫人	七	44	77	计以春尽到霞城;绍和先生已有荐章,出山当在旦晚
1636	437.	寄米彦伯	米良昆,字彦伯,蒲圻人	七	44	77	林生文絅有贵郡之役,令其直趋凤山,端候兴居;齿已望七,皮骨空存

作年	序号	尺牍原题	受件人名、字、里籍	文集册次	稿本册次	稿本页码	提 要
1636	438.	寄杨图南	杨图南,古田人	七	44	79	将为漳南游,端节后还家;建安陈仲昭善丹青,偶有玉田之行,愿一荆识
1636	439.	寄赵慧生	赵慧生,建安人	七	44	79	前月之半,曹尊老已命管家领前约,阿堵待豚儿与陈有美领;曹公托购剪绒花毯
1636	440.	复王东里	王志道,字而宏,号东里,漳浦人	七	44	81	当今国事如棋,局局递变;承折节下交,屡枉蓬荜春残夏初抵霞城,窥帐中之秘
1636	441.	寄冯寿宁	冯梦龙,字犹龙,长洲人	七	44	82	《古今谭概》愿一垂示。佳集旧岁见许,匆匆未及领教;《游闽吟草》敢靳一言
1636	442.	寄解司理	解学尹,字伊人,江苏兴化人	七	44	83	小儿在三等廿名内,府庠千余人,遗才人数甚狭,即郡试亦难期必
1636	443.	寄周尔因道士	周尔因,武夷山道士	七	44	85	拟买常庵一丘,为终老计,囊无长物;蜀中忘机周道人,弟为择虎啸隐泉旧居
1636	444.	寄宝舟上人	宝舟上人,武夷山僧人	七	44	86	拟买常庵一丘,苦于无赀;川中忘机道人欲结茅武夷,计惟令叔隐泉丹房可以栖止
1636	445.	寄冒宗起	冒起宗,字宗起,号嵩少,如皋人	七	44	86	阅《除目》,知遥驻曹州;睹佳刻《游闽》诸什,见赠瑶篇,沨然可咏
1636	446.	寄张石宗	张墉,字石宗,杭州人	七	44	88	庐儿物故,失左右手;兄选《易艺》,孙窗课一峡乞附名;《芝山社刻》二十帧附呈
1636	447.	又寄李公起	李埈,字公起,鄞县人	七	44	89	蔡复一著作三十余册,板在泉州郑讷庵,沙村刻集;前托廿一种书,恳切
1636	448.	寄王马石	王士誉,字永叔,号马石	七	44	90	去腊赵事未追秋毫,垂橐返,曹能老见贷,始克卒岁;藉父台俾某与能老共沐宏惠
1636	449.	寄詹月如	詹兆恒,字仲常,一字月如,永丰人	七	44	91	《瓯岸碑记》,曹能老梓之集中,诸生陈克懋赍上记曹
1636	450.	寄赵慧生	赵慧生,建安人	七	44	92	曹公遗陈有美持书叩王父母,为终此局;阿堵弟另遣人走领

续表

作年	序号	尺牍原题	受件人名、字、里籍	文集册次	稿本册次	稿本页码	提　要
1636	451.	寄李公起	李埈,字公起,鄞县人	七	44	93	袁清容文在《元文类》中;樊山图著《砚谱》八册,弟作序;黄南山有《经书补注》,南仲又抄得《戴记附注》
1636	452.	寄许玉史	许豸,字玉史,又字玉斧,侯官人	七	44	95	四明赵恭简公嫡孙琦征来谒中丞沈公,而孙凤老、曹尊老皆其通家契厚
1636	453.	寄徐晋斌	徐晋斌,侯考	七	44	96	入春谒章太公祖,拮据资斧;陈道掌为尊翁求孙子长寿言,林异卿书,足称并美
1636	454.	寄耿克励	耿克励,定向子,黄安人	七	44	97	冯寿宁在建州相晤次;未知《三元考》之授梓否;黄巾搔动,不知能老死太平乎
1636	455.	寄杨图南	杨图南,古田人	七	44	99	游建州垂橐而返;陈昌箕与王县尊最称契厚,前岁抵贵邑,值仁兄往乡
1636	456.	与王元寿	王元寿,侯考	七	44	100	郑氏昆季失和,郑器之身后遂致参商若此
1636	457.	寄叶君节	叶君节,向高孙,成学子,福清人	七	44	102	黄檗僧命弟代修《山志》,已脱稿,诗文寥寥,想佳作必有题咏
1636	458.	复安荩卿	安国贤,字荩卿,闽县人	七	44	102	定海孤悬绝岛,南日、南澳俱有《小纪》,必借鸿笔以识其概;陈亮数年前收为苍头
1636	459.	与赵父母	赵挺,字禹圭,号玉漱,慈溪人	七	44	104	子延寿应试遗才,借求鼎吕先达吴太公祖列名送道,力荐于宗师收之桑榆
1636	460.	寄雪关禅师	雪关禅师,即智訚,上饶傅氏子	七	44	105	特躬迎法驾,贲止雪峰,八百年既湮宗风,一朝振起
1636	461.	寄陈上珍孝廉	陈上珍,建安人	七	44	107	近阅邸报,知台丈与雷氏有坟山之争
1636?	462.	与周章甫	周之夔,字章甫,闽县人	七	44	107	贤昆诸事,亦颇周知,外议自缙绅士庶,无不谓兄之不能相容
1636	463.	寄汪仙友	汪桂,字仙友,崇阳人	七	44	112	小豚旧岁游武夷,成《游草》,附呈教正,一致松野,一致宗之
1636	464.	寄米彦伯	米良昆,字彦伯,蒲圻人	七	44	112	台丈素车白马,始从涉邑抵家;寄汪仙友函,烦转致;小豚《武夷草》附求教正

续表

作年	序号	尺牍原题	受件人名、字、里籍	文集册次	稿本册次	稿本页码	提 要
1636	465.	寄南二大司农	南居益，字思受，渭南人	七	44	113	福星离闽十二载，登九仙山谒肖像，挹山斗之光；《平夷穹碑》真与《燕然》并峙
1636	466.	复詹月如	詹兆恒，字仲常，一字月如，永丰人	七	44	115	去岁屡侍父台丹青阁，飞觞黄华；承大刻并《学宫碑记》
1636	467.	复杨南仲	杨德周，字南仲，鄞县人	七	44	116	流寇满天下，闽省米贵如珠，古田产米之地，民竟枵腹嗷嗷，几酿大变，委《唐雅》，发来一金，可印十六部
1636	468.	寄冯寿宁	冯梦龙，字犹龙，长洲人	七	44	118	承委作序，积有岁年，漫成一篇，请正
1636	469.	唁陈贞铉	陈贞铉，漳州人	七	44	118	客自清漳来，知尊公厌世
1636	470.	答张绍和	张燮，字绍和，龙溪人	七	44	119	十二年前同送南中丞，真成隔世；索《万石山诗》，不睹《山记》，不能落笔；次黄太史韵，深愧续貂
1636	471.	答茅止生	茅元仪，字止生，归安人	七	44	120	弟何人，敢厕"五君"之后？京师危若累卵，以翁台韬钤素熟，可安坐留都乎？
1636	472.	寄张绍和	张燮，字绍和，龙溪人	七	44	121	烂叔回，附寄《题万石山》诗；兄又梓《霏云三集》，不朽盛事
1636	473.	寄吴希尧	吴一钦，字希尧，宁化人	七	44	121	马齿已望七袠，衰颓不可言，吟诗之兴尚未萧索；古田魏克绳，花卉犹其擅场
1636	474.	答杨能玄	杨能玄，同安人	七	44	122	今年正六十，弟马齿加七，婆娑老树；儿孙虽业制举，碌碌不能振拔
1636	475.	答袁熙台民部	袁熙台，俟考	七	44	123	客腊趋武夷，过潭城，以岁暮，买棹东下；𤊹将卜武夷为终老计，未审得遂此愿否
1636	476.	答杨以翼	杨以翼，俟考	七	44	124	强虏闯入内地，闽差为偷安，今岁米贵如珠，莆泉孔道，白日劫商，时事艰危
1636	477.	答崔征仲	崔世召，字征仲，宁德人	七	44	125	兴化连泉州一路，白昼劫商，宁阳亦有此异；欲谋隐武夷，择一田园幽奥，须百金
1636	478.	答陶嗣养	陶光岸，字嗣养，建阳人	七	44	126	董笔之惠，得此自暖。曹公今先了《诗选》，明岁选《明文》，当奉邀校雠

续表

作年	序号	尺牍原题	受件人名、字、里籍	文集册次	稿本册次	稿本页码	提 要
1636	479.	答严次公	严次公,俟考	七	44	127	辱管城苏笺之惠,复拜种种文房之珍;万建侯命撰尊太夫人《寿文》,已书之缣端
1636	480.	寄王东里	王志道,字而宏,号东里,漳浦人	七	44	128	《水经注》金陵板,方子及作序者无处可觅,朱郁仪宗侯《注笺》,较旧刻尤精详
1636	481.	又[寄王东里]	王志道,字而宏,号东里,漳浦人	七	44	129	拙诗南开府授梓,尚有拙文十数册,年已衰朽,无力杀青,必藉当道行之书坊刻厕
1636	482.	寄何平子	何模,字平子,楷弟,晋江籍,镇海卫人	七	44	130	年来苦贫,将为章贡游,稍稍糊口,诸友谓弟衰残,安可冒犯霜雪,劝初春长发
1636	483.	寄陈贞铉	陈贞铉,漳州人	七	44	131	拟访章岵梅,值丁艰以去;将为虔州游,逼岁暮,且乏资斧,趑趄未果
1636	484.	答章酉生工部	章酉生,俟考	七	44	133	张能因处拜瑶函,奖许过情;年来多病,双足蹒跚,展卷什三,伏枕十七,老态龙钟
1637	485.	复许玉史	许豸,字玉史,又字玉斧,侯官人	四	43	5	拟夏初至西湖,或当叩法署;须至建州候送别按台应公,始得渡仙霞,泛钱唐
1637	486.	答游勿雺	游适,字子腾,一字勿雺,莆田人	四	43	13	曹观察广搜名集入选,弟尽出令祖、令叔祖先后集俾之;附《武夷游草》《集陶》求正
1637	487.	寄顾韵发方伯	顾元镜,字韵发,归安人	四	43	14	客建两阅月,荷祖台盛情有加;邵剑津有川西之行,有事见委,寄信促归
1637	488.	寄李公起	李垓,字公起,鄞县人	四	43	15	《贺秘监集》以拙作附其后;陈盘生作《海内二异人传》;曹能始刻诗已分各省各府
1637	489.	寄李公起	李垓,字公起,鄞县人	四	43	49	四月至建州送直指应公,淹留两阅月;兹漳南蒋元实至鄞,附讯兴居
1637	490.	唁陈景宅	陈景宅,俟考	七	44	69	尊公寿未艾,闻凶讣,四十年知交,羁栖异郡
1637	491.	寄李公起	李垓,字公起,鄞县人	七	44	157	去岁屡被盗,书籍盗去五六百册,惠廿一种亦为偷儿所有;命抄袁清容文,附转致

作年	序号	尺牍原题	受件人名、字、里籍	文集册次	稿本册次	稿本页码	提　要
1637	492.	寄杨南仲	杨德周,字南仲,鄞县人	七	44	158	《舆识随笔》足掩前人说部,弟《笔精》真可废
1637	493.	寄颜同兰	颜继祖,字绳其,号同兰,龙溪人	八	44	161	杨德周有《六鹤斋稿》《铜马》《武夷》《舆识随笔》,为令有《玉田杂志》;杨守与张绍和、曹能始最称臭味
1637	494.	寄剑津	邵捷春,字肇复,又字见心,号剑津,闽县人	八	44	163	文宗缉捕狂生,茂礼幸免,若恋恋蓰事,不为处堂之燕雀? 每与言利害多不听
1637	495.	寄雪关禅师	雪关禅师,即智訚,上饶傅氏子	八	44	220	雪峰、长庆合并为一,合郡缙绅士庶,邀法驾贲止二山,特遣二僧诣杭敦请
1637	496.	寄余中丞	余中丞,俟考	八	44	221	雪峰、长庆二山缁流特诣虎林迎雪师,老先生谊垂支许,谅必欣然偕行
1637	497.	复李仲林	李仲林,俟考	八	44	222	按台端阳前后始得出境,当候送于九曲三十六峰间,归日,过困溪,便道入玉田
1637	498.	复吴光卿	吴仕训,字光卿,潮阳人	八	44	222	小婿至潮,祖台盛情有加;拙刻一二种,尚容嗣呈
1637	499.	与周章甫	周之夔,字章甫,闽县人	八	44	223	令弟纳甫共欠一百一十两,烦兄为我处分,先还数十金,以应目前倒悬
1637	500.	寄郭茂荆	郭茂荆,俟考	八	44	230	拟明岁仲春为吴浙之游,尚乏资斧;今夏再到芝城,闻香姑埋玉,深为惋郁
1637	501.	寄陈季琳方伯	陈玄藻,字尔鉴,又字季琳,莆田人	八	44	231	辛酉翁台与吴江顾光禄同集谢在杭积芳亭,已十八春秋;新梓《颐吟》,昔年倡酬佳作,而不肖贱字亦列交谱中
1637	502.	寄邹有年	邹时丰,字有年,又字当年,清流人	八	44	232	兄莅任之罗川,弟有长乐之行;令坦、盖公至三山旬余,莆阳陈民部往浙江
1637	503.	寄吴从父	吴腾蛟,字云将,新安人	八	44	233	乙巳之冬游新都,来往丰溪,承老仁丈捐赀为梓《榕阴新检》四册
1637	504.	复张绍和	张燮,字绍和,龙溪人	八	44	234	忽闻有庄盆之鼓,奉倩悼亡,能不神伤;郎君九龄,想必机颖;拟二月中旬与霞社诸君续廿年旧游

作年	序号	尺牍原题	受件人名、字、里籍	文集册次	稿本册次	稿本页码	提　要
1637	505.	答高君鼎	高元浚，字君鼎，克正子，海澄人	八	44	235	拟春仲为丹霞游；社友商孟和卒于姑苏，近高景倩、林懋礼相继沦没
1637	506.	答张烃叔	张绍科，字烃叔，龙溪人	八	44	236	曹能始寿诗久已脱稿，觅册叶不见，春明索其别出一笺；春还林懋礼领一册，今游岱
1637	507.	寄王东里	王志道，字而宏，号东里，漳浦人	八	44	243	初夏尽抵建州，留萧寺者两阅月；蒙台翁公金修葺宛羽楼，时时与曹能始吟卧楼头
1637	508.	寄王明钥页	王明钥页，俟考	八	44	244	蒲月望抵舍，游元藻在省，曹尊老刻其乃翁宗振《雾隐诗选》，削牍荐之于赵父母，念其贫也
1638	509.	寄王马石	王士誉，字永叔，号马石	四	43	31	闻左迁之耗，星轺已指粤东；舍亲为令滇南，道经贵邑
1638	510.	寄江伯通	江禹疏，字中散，一字伯通，桃源人	四	43	32	林舍亲出宰滇中，桃花仙源，必经之路，聊附一函，转寄马石翁
1638	511.	寄李玄白运长	李衷纯，字玄白，嘉兴人	四	43	34	抵禾城，留寓祥符兰若半月；与叔祥约奉访，因其久在当湖未返，有孤良晤
1638	512.	又［寄李玄白运长］	李衷纯，字玄白，嘉兴人	四	43	35	侍教君子，屈指四十余年；缘一水之隔，未能叩首，反辱华篇见和，重以腆贶稠选
1638	513.	寄陶龙见	陶龙见，字云从，携李人	四	43	35	乌石山楼别后，又五历星霜；抵苑央湖上，留寓祥符，姚叔祥先生，云居王江泾
1638	514.	复刘鲁庵	刘鲁庵，俟考	四	43	36	入苕吊潘昭度，以酬向时之知；曹尊老雅念，为削牍通于左右
1638	515.	寄王东里都院	王志道，字而宏，号东里，漳浦人	四	43	46	令甥颜中丞，燃欲走历下，冀台翁谋之；近家藏《册府元龟》二百册，台翁需此否
1638	516.	寄冒辟疆	冒襄，字辟疆，号巢民，起宗子，如皋人	四	43	48	香俪孤吟诗，并头茉莉赋，渴慕注想；仁兄八法，深得平原笔意
1638	517.	与许玉史	许豸，字玉史，又字玉斧，侯官人	五	43	205	一子一孙俱未梦兰，挈儿恭礼普陀为祷嗣计；钦总王之羽者，昨过蛟门，遣舟护送

续表

作年	序号	尺牍原题	受件人名、字、里籍	文集册次	稿本册次	稿本页码	提　要
1638	518.	与黄元公	黄元公，俟考	五	43	206	普陀返棹，值海宪行部入杭，弗及再诣奉辞
1638	519.	寄余遂我	余遂我，浙江人	五	43	206	知台翁高升阃司，想九月中必回闽，以督竹崎税务；目下即往齐东，年内未能归贺
1638	520.	与颜同兰中丞	颜继祖，字绳其，号同兰，龙溪人	五	43	207	数千里直抵齐东，自淮北登陆，舆马浃旬，尚离半日程，即欲入城，端遣小力奉闻
1638	521.	又复[颜同兰中丞]	颜继祖，字绳其，号同兰，龙溪人	五	43	208	顷承手教，曲尽真情，承台赐隆渥，足供还乡资斧，今则由济宁、闸河而归
1638	522.	寄冒嵩少	冒起宗，字宗起，号嵩少，如皋人	五	43	209	文三十余卷，与曹能始商榷，六千里达历城，今趋秣陵贷资斧；《十二代诗》太翁老先生及佳作俱已刊行
1638	523.	又[寄冒嵩少]	冒起宗，字宗起，号嵩少，如皋人	五	43	212	罗参库解饷遇流寇亏六百余金，与周章甫斡旋始得结局；借先容，归安令或稍助归资
1638	524.	寄蔡熙阳元戎	蔡熙阳，俟考	五	43	214	曹能始《十二代诗选》本朝尤盛，老祖台诸集已付梓行；狼山有《志》，便间寄一部
1638	525.	寄詹月如侍御	詹兆恒，字仲常，一字月如，，永丰人	五	43	215	金闾邂逅，匆匆分携，正发棹吴闽，偶逢舍亲林生铨有留都之行，附此修候
1638	526.	寄何兄悌	何兄悌，俟考	五	43	216	税驾金昌，初拟趋秣陵，岁逼寒，买棹南归，逢舍亲林六长有建业行，附候兴居
1638	527.	寄黄海鹤	黄居中，字明立，号海鹤，晋江人	五	43	217	拟趋秣陵，叙四十年契阔，岁寒不耐，遂返棹；《续笔精》四册，尚未排缵，客录求正
1638	528.	寄冒嵩少	冒起宗，字宗起，号嵩少，如皋人	八	44	218	领公郎卷帖，麟趾凤毛，漫赋二律；一子一孙，俱忝青衿
1638	529.	答米彦伯	米良昆，字彦伯，蒲圻人	八	44	237	黄巾满天下，闽差为偷安，五十七邑半边海，俱称易治；明年七十，犹自矜矍铄
1638	530.	答茅止生	茅元仪，字止生，归安人	八	44	238	弟年七十，耄矣；二十年间，辽阳多事，近流寇数万；弟桑榆日促，幸未衰颓

续表

作年	序号	尺牍原题	受件人名、字、里籍	文集册次	稿本册次	稿本页码	提　要
1638	531.	答林道鲁①	林如周，字道鲁，号孙肤，侯官人	八	44	239	情不尽
1638	532.	寄黄伯龙	黄伯龙，俟考	八	44	240	明年七十；流寇满天下，江右有倡无为邪教，潜蓄兵器，不免震邻之恐
1638	533.	寄江伯通	江禹疏，字中散，一字伯通，桃源人	八	44	241	益阳大令施君青藜，弟之姻戚；陈君太朴擢滇南刺史，道经贵邑，行当缔结知交
1638	534.	缺题②		八	44	275	客岁浪迹芝城，盛情笃挚
1638	535.	寄林茂之③	林古度，字茂之，福清人	八	44	276	郎君至闽候试，税驾芝山；贤郎文采陆离，世故亦甚谙炼，美如冠玉
1639	536.	寄杜言上人	杜三策，字毅斋，东平人	四	43	17	弟老矣，昨岁偶至明州相遇；初夏到家，囊空如洗；兄草法尤妙，去年未曾乞得
1639	537.	寄杨南仲(残)	杨德周，字南仲，鄞县人	四	43	18，21	近岁闽杉为吴浙商贩孔多，未免涌贵；小孙又以遗才录取；小儿《潮音草》鄞正
1639	538.	答萧孝廉	萧孝廉，名不详，将乐人	四	43	21	玉华去三山仅一水之隔；去岁为齐鲁之游；今夏抵舍，读令祖遗事，敬撰小传
1639	539.	寄邵肇复	邵捷春，字肇复，又字见心，号剑津，闽县人	四	43	22	访山东开府，虏氛告急，住三日而归；台翁为锓《笔精》，杂文二十卷，意欲再累台翁
1639	540.	又［寄邵肇复］	邵捷春，字肇复，又字见心，号剑津，闽县人	四	43	24	痼癖未除，犹喜搜罗秘册；蜀府刻板，命刷为各置一部；蜀楮甚佳，间有一种易蛀
1639	541.	答杨能玄	杨能玄，同安人	四	43	26	去冬齐东跟跄奔归；能始选《明集》泛滥之极；先集《墓录》、潘友诗《社稿》求正
1639	542.	寄钱牧斋	钱谦益，字受之，号牧斋，常熟人	四	43	27	快登龙门偿生平大愿；《徐骑省集》缺板某藏本亦同。杨大年《武夷新集》寒家有之

---

①　此书残存"情不尽戊寅二月"七字。
②　此书文意完整，唯缺受件人。
③　此书"庶不负兹行也余"以下缺。

续表

作年	序号	尺牍原题	受件人名、字、里籍	文集册次	稿本册次	稿本页码	提　要
1639	543.	寄林若抚	林云凤，字若抚，长洲人	四	43	28	曹能始索《咏梅》诸刻选梓，再增数十篇；尧峰僧了然归有启谢申方伯，并能始《咏桧诗序》
1639	544.	寄茅孝若	茅维，字孝若，归安人	四	43	37	向往左右五十年矣，承教《十赉堂集》；能始选诗，于我朝广搜，吴允兆集，乞寄二部
1639	545.	寄王马石司理	王士誉，字永叔，号马石，桃源人	四	43	39	冬访颜中丞，闻虏警南归，吴门度岁，江浙闽粤差偷安；小诗题扇并《书谱》奉玩
1639	546.	又［寄王马石司理］	王士誉，字永叔，号马石，	四	43	40	归抵建州，逢郑有鸿同黄茂才师正谒汪仙老，遂将前作再题扇头，用见区区之情
1639	547.	寄余鹏先	余鹏先，俟考	四	43	42	三十余年知交；陈道掌自新安归，述翁丈鬓皓然诗篇烂然；弟七十，昨岁已得曾孙
1639	548.	寄崔玉生兄弟	崔玉生兄弟，世召子，宁德人	四	43	43	三月中抵舍，陟闻尊公凶问；赋挽诗一章，生刍一束，薄申哀忱
1639	549.	寄谢寤云元戎	谢国，又名弘仪、弘义，字简之，号寤云，会稽人	四	43	44	遇令亲王浑伯之便，托代致；去岁投刻稿，想入台览，小诗题扇头请正
1639	550.	寄林茂之	林古度，字茂之，福清人	四	43	108	拜手札及《白兔赋》《六十自述诗》；弟今七十，赠我一篇；颜同老洒血，不若老死牖下
1639	551.	寄陈调梅	陈调梅，俟考	四	43	109	丁丑婿粤归，承函远并贻腆贶；建安郑君收藏名画法书，有白门之役，借翁齿牙
1639	552.	寄米彦伯	米良昆，字彦伯，蒲圻人	四	43	110	郑君囊携秦汉鼎彝，特削一牍达左右；诗扇一执、小儿《潮音草》《诗选》各一册求正
1639	553.	答黄仪先	黄仪先，黄濲兄弟，建阳人	四	43	112	黄石公交情甚淡；今令贵邑，拟会晤有期；闻兄有国士之知，深为色喜
1639	554.	答黄帅先	黄濲，初名师先，字帅先，晚字波民，建阳人	四	43	113	去冬过吴嘉禾守亡儿研席友，颇赠资；儿孙入场名落孙山；眉公有求文者动十数金

作年	序号	尺牍原题	受件人名、字、里籍	文集册次	稿本册次	稿本页码	提　要
1639	555.	答林道鲁	林如周,字道鲁,号孙肤,侯官人	四	43	115	华翰见及,重以新篇,骎骎入作者之室,惟是歌行,稍为调剂
1639	556.	寄申清门	申绍芳,字维烈,号清(青)门,长洲人	四	43	115	豚儿名列二等观场;《咏桧诗序》撰成,因尧峰僧了然寄
1639	557.	复李子山	李岳,字子山,福州人	四	43	116	去秋得曾孙;天下多事,流寇充斥;弟藏书甚富,苦乏狸奴,求归惠大金所产一只
1639	558.	寄苏霞公	洪都,字九霞,青浦人	四	43	118	今已七十,生意顿尽;秋杪拟为漳南游,刺桐必所经过,高斋能下孺子一榻否
1639	559.	答张绍和	张燮,字绍和,龙溪人	四	43	119	一儿一孙,俱亲笔砚拙谋生;秋杪拟到霞城,商榷《山史》;闻蒋元实不禄,令人慨叹
1639	560.	答杨能玄	杨能玄,同安人	四	43	120	陈泰始、陈惟秦、高景倩、林茂礼、黄三卿凋丧;能始选明诗,无人扶助,今未行
1639	561.	与董见龙	董应举,字崇相,一字见龙,闽县人	四	43	122	闽岸旧以万岁塔为文笔,塔树几于一抱,若不预为剪伐,恐风水未必全收
1639	562.	寄黄石斋	黄道周,字石斋,漳浦人	四	43	124	读《黄子》《拟骚》,当代文宗也;读《榕坛讲业》,阐发理学,文周孔孟之道术
1639	563.	寄黄元常	黄元常,俟考	四	43	126	知佩刀已莅潮郡;近抵漳南,倘不忘旧谊,当裹数日粮图一晤言
1639	564.	答周剑华	周昌儒,字剑华,宜兴人	四	43	129	初到霞城,作海上游,此中事竣,或趋澄邑,购求诸货
1639	565.	又[答周剑华]	周昌儒,字剑华,宜兴人	四	43	130	春过吴门,主于新安程君处,程君携得台翁家信二封,弟来漳,遂见付转致
1639	566.	复杨南仲	杨德周,字南仲,鄞县人	五	43	219	儿近补考优取入场,孙科试落三;《升庵》《杜诗》如命,《杜通》《詹言》《解颐新语》《书林集》四种,付建州否
1639	567.	复李封君	李埈之父,鄞县人	五	43	220	谒钱牧斋,有《袁清容全集》;三十年前新安见宋板《郧口真隐集》,不知世间尚存否

作年	序号	尺牍原题	受件人名、字、里籍	文集册次	稿本册次	稿本页码	提　要
1639	568.	复赵西星	赵士骏，字西星，鄞县人	五	43	221	以拙文《临云新草》，得无着秒之诮？尊翁并佳什业已选梓竣事；拙稿全部附呈
1639	569.	复李公起	李埈，字公起，鄞县人	五	43	222	济南奔归，若淹留，必为刀下鬼；儿《普陀记》并《四明游稿》业已杀青
1639	570.	寄智鉴上人	延庆寺僧	五	43	224	客延庆两月，支、许之谊益深；开帆后口占一诗，书求正
1640	571.	寄杨南仲	杨德周，字南仲，鄞县人	四	43	72	绍和三月三日长往；《杜诗笺注》杀青否；曹能始选国朝名文，洪永之世已梓三十家
1640	572.	复赵西星	赵士骏，字西星，鄞县人	四	43	74	尊公诗章并佳作，曹能始选梓行世；能始诗文、《五经解》、佛法诸刻，计百余册
1640	573.	复周爱粲	周爱粲，俟考	四	43	75	能始散财为盐商，飓风沉其艖舡八九只，失数千金；豚儿《潮音草》附呈
1640	574.	寄曹履垣	曹荃，字履垣，无锡人	四	43	76	小力漳回，荷台札殷勤兼拜隆贶；辰下有建州之役
1640	575.	寄魏倩石	魏倩石，漳州人	四	43	77	承委周方伯公名宦事，择于是月朔旦送神主入祠；《名宦录》二册呈
1640	576.	寄曹汝珍	曹宗璠，字汝珍，金坛人	四	43	78	周仪部、尊公孟岩公祖崇祀宦祠，某借昌箕协成阙典
1640	577.	寄王季重	王思任，字季重，号遂东，山阴人	四	43	79	丙午得教金陵，翁台与曹能始亭亭玉立；今年七十有奇；《武夷》《潮音》《集陶》附
1640	578.	寄谢痴云	谢国，又名弘仪、弘义，字简之，号痴云，会稽人	四	43	81	考祖台梨园子弟纷然成行，弹棋对酒，游墨挥毫；某去秋七十，敢求鸿篇
1640	579.	寄赵孟迁	赵孟迁，会稽人	四	43	82	戊寅秋，访谢痴翁，不遇；弟今年七十有一，赠卷册弟已汇授梓，敢求鸿篇
1640	580.	寄肇部宗侯	朱肇部，明宗室	四	43	127	读《防露》，恍如游西园时；勿罾高隐故山；王子植道经建武，托其通一札于左右
1640	581.	寄喻宣仲	喻应夔，字宣仲，新建人	四	43	128	一儿一孙，屡试皆不中程；令弟叔虞长往，令侄久青其衿，可慰九原季布

作年	序号	尺牍原题	受件人名、字、里籍	文集册次	稿本册次	稿本页码	提　要
1640	582.	又[三答周剑华]	周昌儒,字剑华,宜兴人	四	43	130	得雅招,得叙十五年契阔;计灯节后整归骖,未暇再趋澄邑
1640	583.	又[四答周剑华]	周昌儒,字剑华,宜兴人	四	43	131	漳中风俗极繁华,元宵灯火尤盛;购来诸物俱佳,可供儿辈文房之需
1640	584.	寄杨韵仙	杨韵仙,建安人	四	43	132	去秋榜发,兄与珂臣、宇珍、豚子、小孙,文弗售;尚留漳中,齐无情君先访建安令
1640	585.	复颜旦红	颜纮祖,字旦红,继祖弟,龙溪人	四	43	133	兄抱鹡原痛,弟亦切嘤鸣悲;拟侦驾稍暇,再拉令舅过尊斋,借观珍玩
1640	586.	寄杨南仲	杨德周,字南仲,鄞县人	四	43	133	长至前入漳吊颜中丞,以台函授于曹履垣;闽游佳句及笺注杜诗;郡伯与绍和议梓《唐贤七十二家》,允为盛典
1640	587.	与何玄子	何楷,字玄子,模兄,镇海卫籍,晋江人	四	43	135	翁金石之藏,不能尽窥;单本小册,市所不鬻者,借数种缮录;《徐骑省集》并付
1640	588.	复黄石斋	黄道周,字石斋,漳浦人	四	43	135	为别已逾廿年,晤言仅得半饷;小孙愚蒙,素钦坛坫,厕弟子之列,容录时文就正
1640	589.	寄陈养默	陈养默,俟考	四	43	136	春清漳游,闻翁台荣擢兴国;有蜀僧净道结茅于宁都,但得邻邦宰官一加礼之
1640	590.	寄林道鲁	林如周,字道鲁,号孙肤,侯官人	四	43	138	长至前到清漳吊颜中丞,郡风俗繁华类建州,士友多习古文词;王子植温然可掬
1640	591.	寄黄宇珍	黄若璠,字宇珍,建安人	四	43	139	漳友王子植谒建安令,附问起居;《文肃公集》,既已抄完,须托谨恪人寄还
1640	592.	柬王东里	王志道,字而宏,号东里,漳浦人	四	43	140	《玄亭翁集》有《员峰公传》引《村居》一诗,乃元人月泉吟社所赋者,当是误入
1640	593.	寄曾存恒	曾存恒,俟考	四	43	140	儿孙俱列黉序;建潭袁曦台、詹调宇、江仲誉、魏君屏、丘文举、李君实已谢世
1640	594.	寄杨能玄	杨能玄,同安人	四	43	142	去年七十,海内名公咸祝,仁兄可靳一言乎;漳达鹭门仅一潮汐,弗能一访知己

作年	序号	尺牍原题	受件人名、字、里籍	文集册次	稿本册次	稿本页码	提　要
1640	595.	寄陈子潜	陈文烐,字子潜	四	43	143	弟初六日抵舍,未几,闻绍和之讣;陈法瞻,弟归时已毙于狱半月
1640	596.	又[寄陈子潜]	陈文烐,字子潜	四	43	144	东老四郎与绍和同日仙逝;曹尊老选佳作入梓,俟竣工,即同尊大人诗一并印呈
1640	597.	寄陈贞铉	陈贞铉,漳州人	四	43	145	曹公祖为兄刻集,千秋盛举;绍和病不起,唐集不能竣事;建阳杨叔照,沧洲社中人
1640	598.	复魏倩石	魏倩石,漳州人	四	43	146	浪迹仙乡,过荷宠礼;为周方伯崇祀宦祠,小孙谋之同社,候月朔谅必批行勘结
1640	599.	寄张卿子	张卿子,浙江人	四	43	147	《鹊林》《蜂经》《茗谈》倘竣工,求一帙;《说郛》闽尚未有售;《续郛》目录乞见教
1640	600.	寄徐际亨	徐际亨,俟考	四	43	148	郑玉生游三华,仁丈好客敢一光之;《玉华志》不佞重修,便间为寄一部
1640	601.	寄刘荐叔	刘仲藻,字荐叔,福安人	五	43	151	传胪尚未到闽,想鼎甲先登;陈石南同倪辉诸入京谒选,携伽楠香带,兄必需此而绾
1640	602.	寄张烃叔	张绍科,字烃叔,龙溪人	五	43	151	令兄不意即已长往,附薄奠并祭文一通,曹能老奠仪附上
1640	603.	复邵见心	邵捷春,字肇复,又字见心,号剑津,闽县人	五	43	152	承念老朽,重以兼金厚赐;方今四方云扰,弟年已七十矣,不知能老死太平否
1640	604.	寄崔殿生	崔橠,字殿生,世召子,号五竺,宁德人	五	43	153	耆社九人,已去其五;闻薛当世客死虎林;豚儿近刻二种,附呈教正
1640	605.	寄黄宇珍	黄若璠,字宇珍,建安人	五	43	154	老眼观书,旋展旋忘,且易因书而打渴;《勉斋公集》此中当道有议梓者
1640	606.	寄蔡玉少	蔡玉少,建州人	五	43	154	向年所梓《梨岳集》,板置刻人家,恐日久散失,幸负仁兄一场盛举,须速索取
1640	607.	寄陈调梅	陈调梅,俟考	五	43	156	初夏返舍,知台翁读礼在家;豚子小刻四种,拙诗一种附正
1640	608.	答陈子潜	陈文烐,字子潜	五	43	157	李赤老行附绍和轴像;缇骑往逮石斋,并逮荐者;曹能老为兄选佳作并有书扇奉答

续表

作年	序号	尺牍原题	受件人名、字、里籍	文集册次	稿本册次	稿本页码	提　要
1640	609.	又［答陈子潜］	陈文煬，字子潜	五	43	157	原约总赎五间屋五十金，必断回五间，弟得二十；小斋可通平远台，已开辟，邻舍有数间破屋求售可构大堂
1640	610.	答张烃叔	张绍科，字烃叔，龙溪人	五	43	158	万石山弃去未免伤情；令侄年幼且贫，若得多价，可资生；四杰诗已完三不可少一
1640	611.	答林若抚	林云凤，字若抚，长洲人	五	43	160	闻承天寺古井拾出郑所南铁函经，数百年不泯，大异矣；子晋《诗笺》刻完为求一部
1640	612.	再寄邵见心	邵捷春，字肇复，又字见心，号剑津，闽县人	五	43	162	前岁得曾孙，今已三龄；葭萌蚕丛，景迫桑榆，不知何日可聚首快谭
1640	613.	又［寄邵见心］	邵捷春，字肇复，又字见心，号剑津，闽县人	五	43	163	弟尝修有《武夷志》十二册，广搜今古题咏文章，较之旧《志》尤为精善
1640	614.	答李赤存	李赤存，侯考	五	43	164	闻有上杭游，杭有丘生衍箕，隶籍胶庠，长于古文词；曹能始有水口行，尚未返舍
1640	615.	寄杨参和	杨参和，漳州人	五	43	165	《和陶》授梓乎？小儿《集陶》欲叶音调，故依宋板也；《家语》弟有王肃注古本
1640	616.	答张烃叔①	张绍科，字烃叔，龙溪人	五	43	167	
1640	617.	复丘克九	丘衍箕，字克九，上杭人	五	43	168	尊老雅重漳郡公《祠记》，必慨然泚笔；曹尊老困溪信至，知皖城吴公留连溪上
1640	618.	寄张勖之	张瑞钟，字勖之，漳州人	五	43	169	黄石老意外之祸，不胜惊骇；前借《闺秀诗》一册，附返掌记
1640	619.	寄陈贞铉	陈贞铉，漳州人	五	43	169	客游荏苒半载，四十余年旧谊，如同骨肉；曹太公乞曹能始为其太夫人寿，必纳之
1640	620.	答池直夫	池显方，字直夫，同安中左所人	五	43	171	《说郛》刻在杭州张君遂辰家，张又辑《国朝小说》续之；《荔谱》附，所梓皆此式

① 说明：此篇与第610条重复，唯日期有异，当为610条之初稿。

作年	序号	尺牍原题	受件人名、字、里籍	文集册次	稿本册次	稿本页码	提 要
1640	621.	答杨能玄	杨能玄,同安人	五	43	174	《七夕见怀》巧夺天孙云锦,次一律;委选诗,能始先生已授梓;选文才及洪永
1640	622.	寄黄帅先	黄溦之,初名师先,字帅先,晚字波民,建阳人	五	43	174	汪仙友不果守建,年不得四十;毛子晋梓《十三经注疏》,费纸甚巨,此生意不薄
1640	623.	寄一丘道人	一丘道人,武夷山道士	五	43	176	兄隐碌金岩十余年,张蚩蚩道丈久居天游;弟思买常庵一区为终老计,苦乏山资
1640	624.	寄张蚩蚩	张蚩蚩,武夷山道士	五	43	177	结茅九曲深处,此念常在也;一丘与弟投分五十年,十载岩居;崔君欲遍行三十六峰
1640	625.	寄周尔因道人	周尔因道人,武夷山道士	五	43	179	去秋惠我寿言,并佳茗之赐;崔殿生为三十六峰之游,惟道兄向导之
1640	626.	寄黄宇珍	黄若璠,字宇珍,建安人	五	43	179	刻手张云泉归,知尊公抱疴;崔殿生欲游遍三十六峰;《文肃公集》付林道鲁寄还
1640	627.	寄杨韵仙	杨韵仙,建安人	五	43	180	崔殿生将游武夷,过建州谒孙令公,钦高名欲把臂入林;近芝城雅道大兴,皆兄倡率
1640	628.	寄徐鸣玉	徐鸣玉,兰溪人	五	43	181	前岁过太末奉谒,叙通家谊;求曹能始联字附往;前委拙笔,尔时托兰溪章无逸寄上
1640	629.	寄章无逸	章无逸,俟考	五	43	183	两度过潋溪,荷盛情无已;敝乡新梓《王忠文公全集》,又《王子安集》一部奉;《全浙唐诗》《大事续记》惠一部
1640	630.	张卿子	张卿子,浙江人	五	43	184	《说郛》竣事托孙彦回归,《续编》就,乞垂示;《蜂经》《鹊林》诸种,急欲一见
1640	631.	寄张石宗	张埔,字石宗,杭州人	五	43	185	孙彦回,久慕鸿名,托其奉候颜色;陈道掌已落第,复病未能远游
1640	632.	寄郑兆中	郑兆(肇)中,怀魁子,龙溪人	五	43	186	吴尊生行,附一函奉候;新安程叔承,雅慕霞城风雅往游,冀仁兄为一吹借
1640	633.	寄喻宣仲	喻应夒,字宣仲,新建人	五	43	187	永嘉包幼白,工诗画篆刻,工手谈,幸进而与游;叔虞遗稿,向未授剜,兄当任之

续表

作年	序号	尺牍原题	受件人名、字、里籍	文集册次	稿本册次	稿本页码	提　要
1640	634.	寄朱幼晋	朱幼晋,俟考	五	43	188	金昌邂逅,廿年之别,足称奇邂;包幼白为蒙吉先生从孙,作豫章游,幸进而教之
1640	635.	寄山木上人	山木上人,武夷山僧	五	43	188	去秋作漳游,三月望抵舍;近会刘荐老,始知尚客九潭胜处
1640	636.	寄曹履垣	曹荃,字履垣,无锡人	五	43	190	令祖汀州公祀名宦,因搜出邵武旧志,袭司成、王给谏文集,载文数篇,足为信史
1640	637.	寄高君鼎	高元浚,字君鼎,海澄人	五	43	191	郡公经纪绍和丧,叔度归,解装三百余金;新安吴尊生游漳,惟兄广其交道
1640	638.	寄周仲驭膳部	周仲驭,俟考	五	43	225	《请建文朝忠节》三疏,力陈阉尹之祸;太老公祖崇祀名宦,蒙批送主入祠
1640	639.	寄毛子晋	毛晋,字子晋,常熟人	五	43	235	承惠许浑、罗隐、李嘉佑、李中四种;王琼玉携敝乡载籍遡江右抵兖,又欲贩汲古阁新板,收旧书归鬻闽人
1640	640.	寄林白门	林白门,俟考	五	43	236	客吴门,两度为我居停;去秋作漳游,今夏始归,杜门课儿,他无所事
1640	641.	寄张卿子	张卿子,浙江人	五	43	237	王琼玉,向开书坊,携敝闽所梓书,慕尊塾所梓奇编,如《说郛》之属,欲购以归
1640	642.	寄喻宣仲	喻应夔,字宣仲,新建人	五	43	238	粹夫侄王琼玉,携敝乡载籍金陵,贵乡如《水经》《端明集》诸书亦欲购回
1640	643.	寄林茂之	林古度,字茂之,福清人	五	43	239	闻令兄长往,令人痛悼;王琼玉至白下贩鬻载籍,求兄指引当今易行者而购之
1640	644.	寄王东里	王志道,字而宏,号东里,漳浦人	五	43	240	闻四公郎与绍和同日仙游;石斋忽罹意外之变,时局如此,安为太平景象
1640	645.	又[寄王东里]	王志道,字而宏,号东里,漳浦人	五	43	240	长泰邹璋赎屋事,先领台翁卅金之赠;约总赎五间,更有廿五金合凑,曹公祖已许
1640	646.	寄陈冲虚	陈冲虚,俟考	五	43	241	郡公乞曹能始寿文,书小轴;新安雪厓先生之侄吴尊生,雅擅诗画,近谪贵郡幕

作年	序号	尺牍原题	受件人名、字、里籍	文集册次	稿本册次	稿本页码	提　要
1641	647.	与黄石公	黄国琦,字石公,新昌人	五	43	227	去冬别家客剑浦、富沙,今至潭城;欲买武夷一丘栖遁,苦乏录事赠草堂之资
1641	648.	答李公起	李埈,字公起,鄞县人	四	43	59	拙画元非所长,勉尔濡染;小稿苦于梨枣无资,兴已阑珊,不能终局
1641	649.	复黄石公	黄国琦,字石公,新昌人	四	43	60	到处红巾,闽差偷安,不意柘浦有此乌合,非藉父台不可收拾;且有暇较雠《册府》
1641	650.	复夏缓公	夏允彝,字彝仲,号瑷(缓)公,完淳父,嘉善籍,华亭人	四	43	66	老父台数椽敝庐,吴航志乘藉名公鸿笔更新;四十年前泰和郭公已梓《八闽图说》
1641	651.	复黄石公	黄国琦,字石公,新昌人	四	43	67	梓《册府元龟》甚盛举,去岁曹能始《明文》十册,书林知书户无刻资,不肯捉刀
1641	652.	寄邹平子	邹平子,俟考	四	43	69	鄞城晤许玉史宪宪,谒普陀,之齐鲁,己卯春残浪游返舍;弟与冯仲同寓两月
1641	653.	寄毛惺存	毛惺存,俟考	四	43	70	文旆往揭阳,豚子意欲附行;吴仕训曾官敝府二守,挂冠十年,书简乞纳橐中
1641	654.	寄陈会昌	陈会昌,俟考	四	43	83	忆琼河名园,忽复数载,豚儿远访章怙翁,途经贵治,幸叨瓜葛之末
1641	655.	寄卓龙南	卓龙南,俟考	四	43	84	章怙梅公祖宦闽,与弟交最欢,兹命儿曹晋谒,因便通候起居
1641	656.	复胡檗山	胡维霖,字檗山,新昌人	四	43	84	《靖节先生年谱》,承教始生及父封邑;阅大序,阐陶公旧迹,知华林贵族流芳至今
1641	657.	又[复胡檗山]	胡维霖,字檗山,新昌人	四	43	85	谢在杭、曹能始诿于时;杂文十四册,谋之建阳令;《续笔精》五册并杂刻五种呈览
1641	658.	又[三复胡檗山]	胡维霖,字檗山,新昌人	四	43	87	拙序不足扬盛美;孙生于庚戌十五入泮;儿生于甲寅十七游庠;遣儿趋章贡候怙翁
1641	659.	寄裴翰卿	裴翰卿,清溪人	四	43	89	己卯冬至漳南,庚辰浪游建州;小儿为赣州之行,经贵邑,叩谒门下

作年	序号	尺牍原题	受件人名、字、里籍	文集册次	稿本册次	稿本页码	提 要
1641	660.	[寄章岵梅]（残缺）①	章自炳，字岵梅，兰溪人	四	43	91	
1641	661.	寄何平子	何模，字平子，楷弟，晋江籍，镇海卫人	四	43	91	万石山房，绍和创其始，兄拓其终；小孙入漳，附此修候
1641	662.	寄吴民宪	吴民宪，俟考	四	43	92	去冬寄食建、剑，中秋始返；小孙有临漳之行，命其谒候长者起居
1641	663.	寄吕而德	吕而德，俟考	四	43	93	元夕灯宴，授简分题。足称良会；小孙有霞中行，令其谒候台履
1641	664.	寄李义民	李义民，俟考	四	43	94	兹遣小孙谒曹吴□公祖，冀一垂盻
1641	665.	寄颜旦红	颜纮祖，字旦红，继祖弟，龙溪人	四	43	95	时事可骇，邵剑津遭变故，与令兄同年同门，罹祸亦同；小孙叩谒曹郡伯、吴司理
1641	666.	寄萧尔达	萧尔达，延平人	四	43	96	太夫人寿诗，业求六君子载笔，惟曹先生疏散，乃逸去原笺，以他幅易之
1641	667.	寄汪然明	汪汝谦，字然明，歙县人	四	43	97	于林天素处见佳集十种；弟夏至还家，可作平原十日欢
1641	668.	寄永觉禅师	永觉禅师，俗姓蔡，名元贤，字永觉，建阳人	四	43	98	戊寅经虎林，未获瞻礼；鼓山重兴二十余载，宗风大振，非藉大德住持终无统摄
1641	669.	寄曹履垣	曹荃，字履垣，无锡人	四	43	99	构小楼藏书，买邻人破屋欲扩充，土木费尚乏；孙今岁郭宗师考置三等，敢藉鼎嘘
1641	670.	寄池直夫	池显方，字直夫，同安中左所人	四	43	101	读《晃岩集》如入波斯肆中；兄倘入霞中会郡伯，借重一函为小孙曹丘
1641	671.	寄翁寿如	翁寿如，俟考	四	43	102	得两曾孙；蜀中丞毕命，无可奈何；君馨刻《陶集》甚精，《心史》尤吾乡一种奇编
1641	672.	寄吴光卿	吴仕训，字光卿，潮阳人	四	43	103	孙考三等，儿临考不到已除名，求言文宗，置三等者求遗才录取；除名者求准补考

① 与第388条同为一书，收藏者装订错乱，分属两册。参见第388条注。

续表

作年	序号	尺牍原题	受件人名、字、里籍	文集册次	稿本册次	稿本页码	提　要
1641	673.	寄朱亦世	朱亦世,邵武郡丞	五	43	228	建阳逢李日芳,细询无恙;独方尔受已不禄、金阳先生后事不可闻,尤所扼腕
1641	674.	寄钱郡伯	钱郡伯,即钱文青,延平郡守	五	43	229	崇安张令公欲重修《武夷山志》,知某向曾纂修一部,较之旧志为详,尚需讨论润色
1641	675.	寄胡道尊	胡道尊,俟考	五	43	230	冬薄游剑津,过承宠礼;蒙吹嘘于建阳,令君不替旧好,见留幸舍
1641	676.	寄章(怙)[岵]梅	章自炳,字岵梅,兰溪人	五	43	231	戊寅经瀫水,留一刺及曹能始函;撰著六十余卷,弗能杀青,徵求大□助我剞劂;遣豚儿延寿叩首台端
1641	677.	寄衷稚生	衷仲孺,字稚生,崇安人	五	43	243	神光大社后都不相闻;武夷《旧志》弟收得数种,又搜辑计十册,人鲜经见,新令公首欲重梓,或可助一臂力
1641	678.	寄钱文青郡伯①	钱文青,延平郡守	五	43	245	
1641	679.	寄朱冯仲	朱冯仲,俟考	五	43	246	至潭阳愈益寥寂,回思芝城之乐,了不可得;外附一函寄候邹平子先生
1641	680.	寄吴光卿	吴仕训,字光卿,潮阳人	五	43	247	戊寅之春七袠华诞,曹能始为寿文;庚辰冬小力至闽粤界,强寇截路,遂罢潮阳行
1641	681.	寄丘克九	丘衍箕,字克九,上杭人	五	43	269	去冬客建、剑半载,兹又在建中;延平守道胡檗山削牍荐小儿,谒汀州宋司理公
1641	682.	寄王龙居	王龙居,王若弟,清溪人	五	43	270	儿孙空守一经,不能自振拔;延守道胡公削牍荐小儿于贵郡司理
1641	683.	寄能始	曹学佺,字能始,侯官人	五	43	271	郑文恪诗未入选,此公《明诗六集》,自国初至万历著为《诗评》;《六七稿》下半年幸寄一部;《明文十家》建阳令代刻,全无意助一臂之力

①　此文作于二月,内容与第331条同,文字稍异,如"且因"作"且缘"、"始晴"作"稍晴"之类,疑此文为初稿。

续表

作年	序号	尺牍原题	受件人名、字、里籍	文集册次	稿本册次	稿本页码	提　要
1641	684.	寄郑四有	郑四有,邵武人	五	43	273	己巳冬谒阮郡伯之樵川,荷仁翁假馆授粲;辰下又客延建,儿孙空守一经生计日拙
1641	685.	寄郑心一	郑心一,邵武人	五	43	274	林叔宝、陈蔚生携书画杂玩入樵;六七年前,令表弟鸿祚江干被盗,弟薄助归舟资
1641	686.	寄觉浪禅师	觉浪禅师,名道盛,柘浦张氏子	五	43	276	博山无异、瀛山雪关、古潭永觉,皆不能久住鼓山,大师法驾贲止,实山灵有幸
1641	687.	寄杨亦刘	杨亦刘,俟考	五	43	277	敝城迩来米价涌贵;谋武夷之隐,不知可遂斯愿否;《荔枝通谱》弟仅存此部
1641	688.	复张崇安	张思哲,北直隶人	五	43	278	建州萧寺屡荷宠光,计新月上弦可抵崇城
1641	689.	寄李赤存	李赤存,俟考	五	43	280	闽地偷安,而米粟一时涌贵;薄游延、建二州,以笔札糊其口,淹留半载
1641	690.	答一丘道人	一丘道人,武夷山道士	五	43	281	至崇邑已浃旬矣,残暑未退;三山米贵如珠,百姓嗷嗷,几酿大变
1641	691.	答李石叟	李石叟,建州人	五	43	281	委序言,妄意课呈,弗堪为华篇之辱;到武夷访蛩蛩、一丘道人,能同蹑屐否
1641	692.	寄陈冲虚	陈冲虚,俟考	五	43	282	游延建不觉淹留十许月,前月望后抵家;清漳别后,闻天下寇盗饥馑疾疫
1641	693.	寄徐子云	徐子云,俟考	五	43	284	豚子谒章岵梅,实无聊之极思;曹公祖枉集小楼,旧好弥笃;初归,恶风坏我墙屋
1641	694.	寄张烃叔	张绍科,字烃叔,龙溪人	五	43	285	弟苦食贫,三载不在家中度岁;四杰弟尚欠《骆集》《北海》《东皋》《延清》《茂挺》四家,今命小孙多印数部
1641	695.	寄张勖之	张瑞钟,字勖之,漳州人	五	43	286	石斋部议遣戍,株连七君子皆拟城旦,生还有日;兄为石斋所梓书想已竣工
1641	696.	寄郑兆中	郑兆(肇)中,怀魁子,龙溪人	五	43	287	旧岁借去《万物数知》已抄竟,幸付还为恳
1641	697.	寄徐子云	徐子云,俟考	五	43	288	陈长源作古;盘生入泮三十年,文宗置五等,其次郎居八季郎第三;风雅堂扁书上

续表

作年	序号	尺牍原题	受件人名、字、里籍	文集册次	稿本册次	稿本页码	提　要
1641	698.	寄徐晋斌	徐晋斌,俟考	五	43	289	建州返舍,爨突无烟;儿孙试不利,胸怀郁结;遇天台胡较书茂生,差足解愁
1641	699.	寄高君鼎	高元浚,字君鼎,海澄人	五	43	290	中秋始抵舍,仍苦垂橐;孙此行不无跂望莩剡
1641	700.	寄陈贞铉	陈贞铉,漳州人	五	43	291	孙十五入泮,五试棘闱,文宗重少年恶老大,疑孙为老头巾,置之三等;只望明岁一着,再越三载,弟不及见
1641	701.	寄陈冲虚	陈冲虚,俟考	五	43	293	漳郡试儒童,命孙谒郡公;求荐童生;吴尊生述新安米贵如珠,尚欲移家寓三山
1641	702.	寄杨参和	杨参和,漳州人	五	43	294	诗自钟谭一变,海内争效法之,遂至莫解其义,从风而靡,不能挽回
1641	703.	寄冯康先	冯康先,俟考	五	43	296	克九以墨庄扁索能始书,附上;小画原非所长,勉尔应命;孙岁试不利,兹走霞城
1641	704.	寄丘克九	丘衍箕,字克九,上杭人	五	43	296	孙试三等,借曹公先容遗才入棘,弟老矣,越三载恐有阻碍;茂生弟馆之山楼数日
1641	705.	寄吴雪崖公祖	吴雪崖,新安人	五	43	298	《潋水文献》诸刻,而雄篇丽藻多冠简端;小孙有霞城之行,命其叩谒门墙
1641	706.	寄王东里	王志道,字而宏,号东里,漳浦人	五	43	299	海内饥馑洊臻,寇盗日盛,邸报久旷,近事可惊;小孙抵霞叩谒郡公
1641	707.	寄茂生	胡莲,字茂生,女流,台州人	五	43	300	佳诗异卿手书,重梓之,传之同声;一扇求写残菊半枝
1641	708.	寄卓伯良	卓伯良,俟考	五	43	301	秋初豚儿有章贡之游,曾附一函奉候
1641	709.	寄章(怙)[岵]梅①	章自炳,字岵梅,兰溪人	五	43	302	延平修《志》淹留,初秋飓风为灾,不得不归修墙屋;陈会昌,豚儿是其甥婿

---

① 此书后半部分残缺,仔细分析,此书"仰惟鸿造"下接([寄章岵梅])"始终扶植"至篇末。收藏者装订错乱,一书分装两处。"始终扶植"以下文字,见《文集》册四,《上图稿本》第43册,第91页。

续表

作年	序号	尺牍原题	受件人名、字、里籍	文集册次	稿本册次	稿本页码	提　要
1641	710.	寄章岵梅	章自炳，字岵梅，兰溪人	七	44	151	豚儿辱收之门墙，临考不到，遂致除名，仰藉宠灵，归来求一补考，庶儿还故物
1641	711.	又［寄章岵梅］	章自炳，字岵梅，兰溪人	七	44	155	周令与燧四十年文字交，恳求嘱为豚儿与李岳地
1641	712.	寄周方叔	周婴，字方叔，莆田人	七	44	155	圣恩赐黄甲，台兄在列，绾墨绶于是郡；豚儿向在章道台门墙；倘台兄念我旧谊，稍捐斗水，以苏涸鲋
1642	713.	答林若抚	林云凤，字若抚，长洲人	四	43	61	豚子侍弟远游，刻《将车草》，并附小孙近刻呈正；不知后生小子可继家学否
1642	714.	寄毛子晋	毛晋，字子晋，常熟人	四	43	61	别虞山四载；《十三经注疏》镂板精善，加惠而学；豚儿《吴游小稿》，小孙近刻求正
1642	715.	寄朱殷如	朱殷如，俟考	四	43	62	昔岁游剑浦，荷老父台声气宛至；漫赋小诗题扇；表弟高右公，屡承厚爱
1642	716.	答徐鸣玉	徐鸣玉，兰溪人	四	43	63	旧冬武昌杨子仪莅任三山，荷手教；嘉禾司理温恭谦，为文正大光明
1642	717.	复周止庵	周文郁，字蔚宗，又字止庵，宜兴人	四	43	65	雨中承枉顾，佳篇可称一部诗史；借缀小序，聊写翁台出师忠勤至意
1642	718.	答汪然明	汪汝谦，字然明，歙县人	四	43	106	茂生雅慕鸿名，赋一诗题画；能始冗甚，《诗序》尚未落草，当徐促之
1642	719.	寄［胡檗山］	胡维霖，字檗山，新昌人	五	43	193	儿蒙吹嘘于汀宋司理，赠金，抵贡，章怙翁留馆课其孙；小孙叩谒，藉转荐儒童数名
1642	720.	寄杨南仲	杨德周，字南仲，鄞县人	五	43	194	走延建十阅月，竟空囊而返；儿临考不到已褫革；小孙试落三等，入棘之事无门
1642	721.	寄李公起	李埈，字公起，鄞县人	五	43	196	同阿育随喜忽五年；儿游江右一载；儿《潮音》《将车》、孙《丹霞游草》求正
1642	722.	答赵西星	赵士骏，字西星，鄞县人	五	43	197	去岁欲卜隐武夷，乏道粮仍返故里；《芋疏》《石仓诗选》俱领悉；赵枝斯，画法极工

续表

作年	序号	尺牍原题	受件人名、字、里籍	文集册次	稿本册次	稿本页码	提　要
1642	723.	复刘浣松	刘浣松,四川人	五	43	198	昔人谪籍,多半文章;不牒海滨,得过化;枕上漫成二律求正
1642	724.	复裴翰卿	裴翰卿,清溪人	五	43	199	儿客秋道由清溪,荷盛情隆笃;弟抱疴,兼以跌伤,足肰溃烂
1642	725.	与李又玄	李嗣玄,字又玄,邵武人	五	43	200	自创新体,嗤合调合法为平钝,弟老乌能与少年辈争雄;漫成长歌,聊写积愫
1642	726.	复徐锡余	徐锡余,侯考	五	43	201	《白虎通》旧本家更有副册,不必掷还
1642	727.	寄黄韬象	黄韬象,建安人	五	43	202	小儿去夏游江右,近还家;陈孝廉昌箕计偕之京,顺谒段郡伯、柯司理
1642	728.	寄李公起	李埈,字公起,鄞县人	五	43	203	足下七十,撰文奉祝;画幅赵十五泼墨;曹能始书板芜杂,印尊公诸刻,一时莫能
1642	729.	寄曹履垣	曹荃,字履垣,无锡人	五	43	250	小孙遗才事已蒙鼎诺,统乞留意;陈孝廉昌箕累世金紫,久困公车,不免食贫
1642	730.	寄陈冲虚	陈冲虚,侯考	五	43	251	孙下榻向日堂,且同往海澄观沧溟;闻儒童仅荐三名,谅必收取,续案尚可求否
1642	731.	寄吴光卿	吴仕训,字光卿,潮阳人	五	43	252	苏松数郡、浙省饥馑洊臻,疾疫大作,寇盗问发,米价腾涌;陈元纶欲访揭阳张令
1642	732.	寄谢瘝云	谢国,又名弘仪、弘义,字简之,号瘝云,会稽人	五	43	253	黄鼎舜与贵省分守郑鸿达向同砚席,相约过越,敬为介绍
1642	733.	寄赵孟迁	赵孟迁,会稽人	五	43	254	旧年初秋怪风为灾,拔木颓屋,城橹文场,荡折无遗,数百年来所未见之惨
1642	734.	寄一丘道人	一丘道人,武夷山道士	五	43	257	有入山之志,而不能遂;三山米价渐高,苏杭一带,每石四金
1642	735.	答杨参和	杨参和,漳州人	五	43	258	孙客霞中,荷曹郡公晋接,前辈名硕宠礼;闻石斋先生已蒙圣恩宽典

续表

作年	序号	尺牍原题	受件人名、字、里籍	文集册次	稿本册次	稿本页码	提　要
1642	736.	寄陈贞铉	陈贞铉，漳州人	五	43	259	小孙薄游霞中，荷盛情勤笃；建武万君印角同锡山彻凡禅师至漳
1642	737.	寄陈子[潜]	陈文煬，字子潜	五	43	259	昌箕抵霞中，复推屋乌，假寓西园；建武万君印角偕锡山彻凡上人有漳浦之行
1642	738.	寄汪然明	汪汝谦，字然明，歙县人	五	43	261	胡姬孟陬之月抵三山，寓弟楼居；茂君诗集，弟为选其佳者重梓之
1642	739.	寄陈冲虚	陈冲虚，侯考	五	43	263	曹履翁廿六莅任，弟惟投帖未相晤；霞冲虚二扁书上；《名胜志》不难求，只难带
1642	740.	答汪然明	汪汝谦，字然明，歙县人	五	43	265	茂生仍舍小楼，帐扇已完纳；天素客芝城，得兄助以一臂；曹君诗序，然诺已久
1642	741.	寄黄宇珍	黄若璠，字宇珍，建安人	五	43	267	《文肃公集》已领回四册，更四册即寄还，借至五年可以归矣
1642	742.	寄顾[朗]生方伯	顾元镜，字韵弢，一字朗生，归安人	五	43	267	马齿七十有三，幸五官无恙，须鬓未皤，绛老之年，犹能登临山水

张燮著述考

张燮（1673—1640），字绍和，龙溪（今属福建）人。明万历二十二年（1694）举人。张燮一生著述近千卷，而（康熙）《龙溪县志》著录疏漏甚多，（光绪）《漳州府志》稍有纠正，然亦有疏失，又未记卷数。除《东西洋考》，张燮其余著述传世极少，今人描述时甚至错讹颠倒。因此不能不加详考。张燮本人的诗文集主要有《北游稿》《藏真馆集》（未见）、《霏云居集》《霏云居续集》《群玉楼集》及可能已编竣而未刻的《霏云居三集》。

黄道周《三罪四耻七不如疏》："雅尚高致，博学多通，足备顾问，则臣不如华亭布衣陈继儒、龙溪举人张燮。"[①] 张燮何许人也，让以理学、气节闻名于世的黄道周如此折服？

（康熙）《龙溪县志》卷八《文苑·张燮传》："张燮，字绍和，廷榜之子。万历甲午举人，聪明敏慧，博极群书，结社芝山之麓，与蒋孟育、高克正、林茂桂、王志远、郑怀魁、陈翼飞称'七才子'。与黄道周尤交好，道周尝云：文章不如张燮。一时远近巨公咸造庐式访。校书万石山房中，刻有《七十二家集文选》行世。"此传寥寥百字，讹误数条。道周上疏在崇祯十年（1637），此时张燮已经六十五岁，早已名满天下，巨公造庐（张燮生平不喜"巨公"，造庐者多为文学家诗人），不必在道周上疏之后，此一；万石山，系张燮崇祯元

---

① 《黄漳浦集》卷二，道光刻本。

年所开山,《七十二家集》刻于天启间,不必在开山之后,此二;《七十二家集文选》,当作《七十二家集》,各家之文搜罗殆尽,并非"文选"。此传列张燮著述,仅《七十二家集》一种。同书卷九《艺文志上·著书总目》,有张燮父庭(笔者按:当作廷)榜《布鼓初声》《盥耳吟》《梦醒话》,"七才子"之一郑怀魁《癸圃集》《渡江小草》《农臣暇笔》《连城纪录》,而张燮著述竟然不见一部。此本刻于康熙五十六年(1717)丁酉,此时距张燮亡故不足八十年。同书卷八《文苑传论》:"明初犹尚宋学,文多醇质。嘉(靖)隆(庆)以降,追西京矣!兵火屡痛,子孙遂不保其先有所著述,全集多不传。"兵火是一方面,子孙不保又是一方面。

(光绪)《漳州府志》卷二十九《张燮传》(《窈庵手抄漳州府志》本):"有手定《汉魏七十二家集》《东西洋考》《闽中记》《群玉》《霏云》二集行于世。"[1] 著录比《龙溪县志》详细多了,然而著录亦有缺憾:《闽中记》非燮作(详下),此一;《霏云居集》《霏云居续集》作年在《群玉集》之前,排列欠妥,此二;各集无卷数,此三;著录有遗漏,此四。同书卷四十一《艺文·总目》张燮名下只有《七十二家集》《东西洋考》,而无《群玉》《霏云》。《府志》刻于光绪三年(1877),二十多年后,海澄人丘炜菱著《五百石洞天挥麈》,曾慨叹府志著录已百不存三。从丘炜菱著《五百石洞天挥麈》至今,漳州一府的著述,今天又存多少? 不能不使人忧而惧,惧而忧。

令人高兴的是,在数据通讯非常发达的今天,古代漳州籍作家的文集,如果在漳州看不到,在福建看不到,只要存藏于中国大陆或港澳台,就可以看得到(如张燮《群玉楼集》有一部藏于台湾);只要这部书还传世,即使存藏在海外,或迟或早可以看得到(例如"七才子"蒋孟育《恬庵遗稿》三十八卷,崇祯十年本,有日本内阁文库藏本)。康熙本《县志》的编者,光绪《府志》的编者以及丘先生,如果地下有知,也一定感到欣慰。

但是,迄今为止,学界对张燮著述的情况研究的文章极少,就是有限的几篇,也是讹误迭出。张燮一生著述有多少,各书的卷数又是如何? 例如有学者说"《霏云居集》五十三卷",又云"《霏云阁集》《霏云阁续集》二十四

---

[1] 李竹深辑校:《漳州古代诗词选》,海峡文艺出版社 2004 年版,第 234 页。张燮小传的著作目录就是根据这则材料写的。

卷”，“《霏雪居续集》六十六卷”，则张燮既有《霏云居集》，又有《霏云阁集》及《续集》《霏雪居续集》[1]，“霏云”误作“霏雪”，“云居”误作“云阁”，令人如坠五里云雾。

张燮（1573—1640）[2]，龙溪锦江（今福建省龙海市石码镇）人。高祖张绰，字本宽，弘治六年（1493）进士，官刑部郎中。伯父廷栋，万历八年庚辰（1580）进士。承德郎礼部仪制主事。父廷榜，万历二年甲戌（1574）进士。仙源令，擢贰润州，署吴江令。张燮万历二十二年（1594）举人，累上春官，不第。家居著述，其《自题小像赞》云：“若夫琅函万轴，斑管三余。著述满家，售较满车。”[3] 生前所刻只是一小部分。张燮卒时，儿尚幼，万石山房易主，友人池显方《哭张绍和》八首，其三：“尚有奇编数十种，化书任改作齐丘。”[4] 还有著述数十种未刻。黄道周《张汰沃哀词》：“尚友三千年，著书四百卷，今也则未闻，古人恨不见。”（《黄漳浦集》卷二十六）“四百卷”之数，当以燮所著《藏真馆集》《霏云居集》《霏云居续集》《群玉楼集》《万石藁》而言，不包括燮所编《七十二家集》等数百卷在内。笔者读书有限，取资未广，贸然对张燮的著述粗略考证，以求教方家君子。

本文张燮著述的考证，包括张燮所著、所编校、所辑等。

（万历）《漳州府新志》三十八卷（与徐銮等同修）

《三山红雨楼集书目》卷二，钞本；又，黄稷虞《千顷堂书目》卷七，上海古籍出版社2001年版。

徐銮，字鸣卿，漳州人，万历二十三年（1595）进士。曹学佺《祭徐鸣卿文》：“呜呼！余与鸣卿生同乡，成进士同年，同门而复谭艺，意气相慕用，称同好也……鸣卿著作有《辕雅齐鲁衡文》《燕台结社》诸篇，彬彬乎质有其

---

① 《福建藏书四百家》“张燮”条，王长英、黄兆郸：《福建藏书家传略》，福建教育出版社2007年版，第225页。

② 张燮的生年，目前多采用谢方：《东西洋考·前言》，《东西洋考》卷首，中华书局1981年版。而谢方采用薛澄清《明张燮及其著述考》之说，《岭南学报》第4卷第2期。误。张燮的生卒年别详拙文《崇祯刻本〈群玉楼集〉的文献价值》（未刊稿）。

③ 《群玉楼集》卷四十五。

④ 《晃岩集》卷九，厦门大学出版社2009年版，第221页。

文也。及修《漳州府志》,详赡典则,无让于良史才矣。鸣卿每读余诗,辄欲焚其笔研去。"①

（崇祯）《海澄县志》二十卷

黄稷虞《千顷堂书目》卷七。

（民国）《福建通志·艺文志》卷二十七"史部·地理类"："海澄蔡国祯、龙溪谢宗泽、张燮同著。梁兆阳序云:'澄,望县也。然辟疆最晚。余甫下车,觅掌故,而典签以为未之前闻,为六十年来一欠事。会观察蔡公、大参谢公同时里居,余就谋所以属缀者。闻隐居张绍和先生,岩栖修古,远近奉为司南,余亟礼谒之,事无大小,悉属三君子为政。凡数易稿,而梓事成。'"按:国祯,字虚谷,万历癸丑进士;宗泽,字丽卿,万历丙辰进士。

《东西洋考》十二卷

《三山红雨楼集书目》卷二,钞本;又黄稷虞《千顷堂书目》卷八。又《明史·艺文志》卷二。有《四库全书》本。

《四库全书总目提要》卷七十一："是书成于万历丁巳,仿宋赵汝适《诸蕃志》例,惟载海国之通互市者……次列海船交易之例,则皆采自海师贾客之口,为传记之所未详。其《税珰》一篇,言利弊最悉。《水程针路》诸篇,尤切于实用。惟明代控制外番,至为无术。无事则百计以渔利,有变则委曲以苟安,事事可为炯戒。"

（民国）《福建通志·艺文志》卷三十三"史部·地理类"引陈衍《石遗室书录》："此书为三原李氏惜阴轩丛书所校刊。燮自号海滨逸叟。前有萧基、王起宗序,皆官漳浦而主修是书者。是书可谓开《海国图志》《瀛环志略》之先路矣。"

按:万历四十三年（1615）杪冬间,燮往海澄修《东西洋考》,作《陶明府邀修东西洋考载酒过集》,诗云："作客含毫愧三都,远人频指贡珊瑚。方言到处元堪采,王会如今别有图。杯浸寒蟾秋欲老,歌翻旅雁夜相呼。海门

---

① 《石仓文稿》卷之《浮山》,《石仓全集》,日本内阁文库藏本。

重译波心静,管取繁弦对玉壶。"① 后因事暂阁。四十五年（1617）九月,再往海澄修之,十二月,事竣,作《赠王别驾时督澄饷余毕〈洋考〉之役》(《霏云居续集》卷十）。

又按:周起元《〈东西洋考〉序》略云:"余友绍和张君,淹贯史籍,沉酣学海,将收千古归之笔端,岂于耳目睹记失之,爰次《洋考》,用补前人所未备。是役也,司饷梦所王公诣孝廉之船,驰城外之观,开闻采之局,垂不刊之典。"②

又按:王起宗为《〈东西洋考〉序》略云:"稍稍闻前令陶君尝礼聘孝廉张绍和,载笔从事,功未及竣。时孝廉方灭景山楼,余强出之,俾竟斯局。自秋杪至冬终,凡四阅月,《考》既成而锼劂亦随就。"③

《偶记》十卷

按:黄稷虞《千顷堂书目》卷十二。

《镜古录》三卷

按:《三山红雨楼集书目》卷四,钞本;黄稷虞《千顷堂书目》卷十二。

《迩言原始》四卷

黄稷虞《千顷堂书目》卷十二;《三山红雨楼集书目》卷四,钞本,作"三卷",误。

池显方《迩言原始〉序》略云:"有原事者,未有原言者,焦弱侯公集谚有自来数语以原言也,然而未悉也。予友张绍和广为四卷,自只字至一句皆溯其元。因印以前籍,而后知街巷之琐词,皆圣贤之玉屑,口耳之习诵,率开辟之鸿文,使慕道者确而有会,如欲闻'尔本之谣'而为知为迦叶偈也,闻'水潦鹤之误'而知为诸佛机也,闻'玄牡'句而知出轩辕也,闻'澹宁'句而知出《淮南》也,闻'人生而静'句而知出苦县也。则原言,事与道皆可通焉……世人不多读书,故有雅俚、道俗之别耳。博通君子不必接古人也,聆

---

① 《霏云居续集》卷十五。
② 张燮:《东西洋考》,中华书局 2000 年版,第 17—18 页。
③ 同上书,第 13—14 页。

今人之余唾无非书者;亦不必接文人也,聆路人之口角无非书者。彼修辞之士,杜纂一家,挥斥百氏,自无负无源之醴,实乃已陈之刍。纵谓递传之衣,终是无本之浍,非绍和淹贯群书,安能察此? 每见绍和在坐,而客犹娓娓不休,是元绪能言而不知有茂先也。"①

《采薲绪言》一卷

徐𤋏《三山红雨楼集书目》卷四,钞本;黄稷虞《千顷堂书目》卷十二。

《北游稿》一卷

黄稷虞《千顷堂书目》卷二十五。

蔡复一《叙张绍和北游稿》:"吾友张绍和方修应制业,而其称诗特工且富,若今刻《北游稿》,其一也。绍和之北游,逢美节物、佳山水,辄徘徊眺咏,间访知名士,信宿倡酬。蓬窗驴背,旅雪斋灯,申密叹暌,可笑,可溺,可抚者,率放之诗。自言曰:'吾以郭槐台为吟坛,荆轲市为酒墟。谈天之邹衍,击筑之渐离,为吾社友。吾以部牒为采真探胜之符,貂裘为蜡屐,辕之南北,为吾之乘兴而往,兴尽而旋也。'呜呼! 其豪也若是。绍和腹有古人,举止无今人,情厓孤秀,拨出埃之墙表,其诗博庀材而精匠心,如蜂酿密不坏花色,直取香味,既饶兴致,仍极珣瓀,据梧忽来,偶影独笑,缒山出险,旁人俱惊,可谓龙罩群象,驱策大雅者,信风领毛骨之多奇,殆亦江山之助与。"②

何乔远《北游诗序》:"绍和为文章所用事,多予所未见者;而予所知,绍和能历举之。予以是叹予学之陋,而绍和博闻敏给,亡涯也。绍和持束书,上公车应诏,而心之所刓、怀之所怡,乃在文字间。所至访问知名士,与倾心倒胆;遇佳形胜,纵笔浩歌而不穷。其精光射人,层见迭出,绍和之才,可谓兼矣。绍和为我言:'屡困公车,今且做山中人,所至通谒不具状,第称山人张某而已。箧我青袍,不复作孝廉衣冠也。'予应之曰:'何至是! 吾辈之不可无文字也,正犹不可无山人也。虽在用世之中,恒有山人之意,则常恬淡清静,

---

①　《晃岩集》卷十二,厦门大学出版社 2009 年版,第 258 页。
②　郭则铭:《遁庵蔡先生文集校释》,金门县文化局 2007 年版,第 84 页。

而后可任天下事。而欲必为之,意则枯槁而已矣。'绍和得余言,犹在趣舍间。时泾上张大来有诗名,为泉太守,适去官,予与绍和送之洛江之涘,劝绍和勿为山人,大指亦如是。"①

按:此集所收当为万历二十二年(1594)北游至《藏真馆集》之前的作品。

《舫斋诗》(卷数不详)

郑怀魁《张绍和〈舫斋诗〉序》:"舫乃命斋,合沓隐麟……若荫兹数橼,斋彼一苇,托大川之利涉,寓夏屋之嵚崟。混山河而同观,超津梁而径度。宜申美轮之颂,共应扬舲之歌。牵舟中流,取悟言于一室,《采菱》《渌水》,发妍唱于四筵。"②

《初集诗草》(卷数不详)

郑怀魁《张绍和〈初集诗草〉序》:"吟社中以计偕士工词苑之业者,一为张绍和氏,一为陈元朋氏。元朋与予攻诗最久,而诗甚富。其源出于乐府。绍和年少英雄,一往辄诣,乃后而先至。绍和之于诗,天授之。"③

《游泉诗》(卷数不详)

何乔远《〈游泉诗序〉》:"绍和既北上还,道过我,税驾茅屋下,哦二十韵诗乃去。曰'重阳前后且复来',既而不果;曰'冬至',则不来;而改期曰'明春'。予始贻绍和书曰:'北人以车为屋,江南人以舟为马,寻友寻奇,可以累月。独吾闽中,陆走不裹粮命仆夫数人舁,则不得出门。然兴之所至,不在是论。'绍和得书哑然,以为佳话。及是春,果来访予于镜山之麓自誓之斋。予即四履之内,与绍和登山泛舟,俯时吊古。数日,凡得诗二十章,盖靡所不游,则靡所不诗。及归,汇而刻之。予因有感于北人以车为屋也,然有骖不停轨,鸾不辍轫之袁奉高;江南人以舟为马也,乃有兴尽而返之戴安道。绍和果

---

① 《何氏万历集》卷十八,万历刻本。
② 《葵圃集》卷十。
③ 《葵圃集》卷十一。

不惮裹粮,异仆夫造泉,而访予于镜山之麓自誓之斋。绍和之高怀旷致且未论。予固自喜不见绍和作袁奉高、戴安道相望也。"①

《藏真馆集》四卷

黄稷虞《千顷堂书目》卷二十五。

张燮《改构藏真馆抄冬初成因志以诗》:"曰余秉微尚,凡境恣幽栖。于焉葺敝庐,言成桃李蹊。囊空击唾壶,如意时倒提。卖文那得多,嚣簪数问妻。沧桑岁屡更,风景日凄。结构亦中辍,树头鸟夜啼。倏忽岁华尽,成功聊告齐。依然半亩宫,向背见山溪。"②

按:此诗作于万历三十七年(1609)。此集所收当为《北游稿》之后至《霏云居集》之前的作品。

蒋孟育《〈藏真馆集〉序》:"孟育有幽居之疾,每谒接辄气短,辄据榻久之,虽张绍和不能数周旋。顾爱其人与其诗文,尝写置之坐,读之以已病。有客排予舍入,乍取读之,而嗤其奇诡。予惧往往有若此客者,则绍和成自贵矣。勃然语客曰:'何哉!客所谓奇诡者乎?石室素书,紫峰古篆,时隐时现,越山密图,韦羌蝌蚪,不可识辨,此乃所谓奇;欧逻以西,滇宗以东,白峰以南,沙漠以北,人迹不至,无名何录,此乃所谓诡。若夫人间之书,雕以木削,翻以题检,掌以藏室,散以都邑,作者不过收之而涉猎,投之以工巧,遣之以格力,帝之以理,吏之以材,皆本世间有,虽抉泉决云,泣魅惊神,犹未为奇与诡也。客见绍和用物多,有前人所未用者耳,然前人之已用,即前始之未用,当其未用之,不为生言矣乎!及其已用之,不乃为成言矣乎!则不足以为定也。且酒已啐,为残食;已尝,为馔。言已用为陈,非故物之余,不敢以成章,是公孙子置味于器,须其恶败;衣不全帛,必拾破裂而结蓝缕也。夫枯牛之革,僵虫之呎,半死之枝,犹欲制其变,比于新声,况七窍之心乎!襜袖如旧缣素,新故可服;种色如旧枡萼,新故可玩,夫擢初葩而曳绰缛,此作者之所同然也。绍和思若历下之泉,百脉俱发;其才力如武城羊角之风,足以旋卷一邑,灭佚之

---

① 《何氏万历集》卷十八。
② 《霏云居集》卷二。

于虚空之上,其光景如流星奔犵,使人日爱视之而心怖,盖弱冠以孝廉游长安,而归者三矣。竟以彼为一日之业,不足耗吾全力,丈夫当长篇大章,靡灿竹贲,其微呿短歌,犹留寄于管吹,弦弄可耳。盖搜人间所有之书,譬如以为酒,以天地为百斛之舟,髻解不暇,束面垢不给洗,拍浮其间。一日无缀属之致,则不乐;语不绝世,则不乐。虽嵇叔夜之锻,忽钟公子祖景铄之头触,徐仆射魏客之葛巾拂某,犹未足以喻其就熟也。跌宕未弭,清任难羁,虽使其奇若神书之出没,诡若四荒之悠幻,然且为之矣。昔有见老僧而异之者,僧咤曰:贫道异乎?吾少时尝游居延海,见有祖发红裙走迅于风者,复有甲马金人逐之,自言日夜九万里矣。人马俱与入于木,出于木,一绯点入云,旋而裂裙洒血焉。此乃为异。然则,绍和今未为异。客睹其后当有惊骇不能正见者。'客乃唯唯去。绍和凡作辄示予,予辄写之。既多而成帙,请绍和刻之,以质于人意之高于予。客者复请绍和刻予言于首,以破夫人意之不强予客者。"①

郑振铎《西谛书跋》"石仓十二代诗选存六百六十六卷"条:"社集所收者凡二十九卷,均无卷数次第:(一)陈衍《玄冰集》……(十二)张燮《藏真馆集》……以作者皆为闽人,且皆学侪同社,故曰'社集'。"②

《霏云居集》五十四卷

黄稷虞《千顷堂书目》卷二十五。万历刻本。邹迪光、戴燝、谢廷谅叙,戴叙作于万历四十年壬子(1612)。

张燮《霏云居记上》:"余自甲辰倦归,顿有终焉之志……室旁有地数亩,称贷鬻之,买山之后,家如悬罄,不能偹畚挶者二年余。丙午暮春,余欲示世无复出理,乃趣治工,不暇计其贫俭也。迨乎寒孟,家大夫竟驱之使行,时已就绪,然尚未告竣。丁未,返自燕,续营之,而毕功于送秋云,题曰'霏云居'。盖取平子赋中'云霏霏兮绕子轮'也。"③

按:此集有梁溪邹迪光、长泰戴燝、西平谢廷谅三序。戴燝序作于万历四十年(1612)。

① 《恬庵遗稿》卷六。
② 《西谛书跋》,文物出版社1998年版,第295—297页。
③ 《霏云居集》卷二十八。

又按:《霏云居集》所载诗文始于万历十三十二年（1604），止于万历三十九年（1611）。

又按:万历四十年（1612）刻本,首都图书馆有藏。

《霏云居续集》六十六卷

黄稷虞《千顷堂书目》卷二十五。天启刻本。

蔡复一《〈霏云居续集〉序》略云:"吾读吾友张绍和集,而畏且爱之,君子多乎载! 而论之何修,而治之何雅也……图籍所以不槁,丘壑友朋所以不浮,而云霏所以集,集成续,续而无穷者也。"[1]

按:《霏云居续集》诗文始于万历四十年（1612）,止于万历四十七年（1619）仲夏。

按:天启刻本,国家图书馆、河南省唐河县图书馆有藏（均残）。

又按:国图所藏本存正文四十八卷（存一卷至二十四卷,三十一至五十四卷。中间缺六卷:二十六卷至三十卷）,另有目录六卷（目录卷一有缺页）。第五十五卷至六十六卷缺。根据《群玉楼集》的体例推测,目录的卷数之不计在总卷数内。

又按:河南省唐河县图书馆藏卷一至卷八,卷三十一至四十五,共二十三卷。

《群玉楼集》八十八卷

黄稷虞《千顷堂书目》卷二十五。又《明史·艺文志》卷四。有崇祯刻本。

崇祯十一年（1638）,张燮《〈群玉楼集〉自序》略云:"草庐深处,旧有小楼,圮而更筑之,贮所畜群籍其上。曹氏之仓,陆公之厨,庶几贴宅焉。当窗散帙,雅多善本,如探群玉之山,此楼所由名也。主人霞朝星晚,坐起自娱,兴到濡毫,饶有撰著,即挂筇他往,翰墨间作,归必箧藏于此间,故亦以'群玉'名集云……始万历己未,迄崇祯戊辰冬,终十载星霜,几翻炉冶,而有斯

---

① 郭则铭:《遁庵蔡先生文集校释》,金门县文化局 2007 年版,第 25—26 页。

集。计赋一卷,诗古近体合二十九卷,倡和诸鸿篇,附焉。近代征言诸序为多,故刷韵之文以为篇首,碑、记次之,颂、赞、箴、铭又次之,墓文及传、状、哀、诔又次之。音邮者,交道所不枯也。薄蹄几行,缔结酬酢,心曲形影,自为拈出在阿堵间。先是,见何稚孝为人立传,必取其书问,细按之,然后舐毫。李云杜集行,不载尺牍,邹彦吉屡诧为欠事,故余于寄远诸牍,务竟首尾,而来械报械,备列如右。衿契尽管如此,英硕商榷半烟霞,畏疅如焚,疾恶如枭。他年过目,可当年谱。至于启、奏,亦复连类;若乃集序之,外有题词,有书后,有引,有跋,杂曳后尘,共八十四卷矣。己巳开山以后,别为集,不在此限内也。"①

按:《群玉楼集》诗文始于万历四十七年(1619)夏杪,止于崇祯元年(1628)冬。刻于崇祯十一年(1638)。

又按:崇祯刻本,台湾图书馆有藏。

《万石稿》(卷数不详,未刻)

黄道周《答张汰沃》:"惠新集又近百卷,如使《万石稿》行,当兼辆矣。"②

按:黄道周此文作于崇祯十一年(1638),燮刻《群玉楼集》之后,次年,燮移居万石山房。

徐𤊶《寄张绍和》:"兄又梓《霏云三集》,不朽盛事,惟速图之……九月朔日。"③

按:徐𤊶此书作于崇祯九年(1636)九月(距燮卒尚有三年半),其时《霏云居三集》可能在编辑中,也可能正在梓中。此书未见。

又按:《霏云居三集》诗文当始于崇祯二年(1628),止于张燮编刻之时。

---

① 《群玉楼集》卷首。
② 《黄漳浦》卷十五。
③ 《红雨楼集·鳌峰文集》册七,《上海图书馆未刊古籍稿本》第44册,复旦大学出版社2009年版,第221页。

又按:池显方《哭张绍和》其八:"一儿虽幼觉峥嵘,遗集十年待辑行。"[①]

又按:张燮《霏云居集》《霏云居续集》《群玉楼集》均以居所名集,崇祯三年(1629)所开万石山之后所作,似以"万石"名集较为合理。不过徐𤊹所言《霏云三集》,或有其他依据亦未可知。

《敝帚集》(卷数不详)

张燮《归过轮山集蔡敬夫宅寄醉时君将就镇澧阳矣即事赋别二首》,其一:"胜赏从呼白,生涯问杀青。时余刻《敝帚》。"[②]

辑《芝庭瑞应卷》

蔡复一《题张绍和芝庭瑞应卷》三首,其一:"宝树应标桂,祥云又结芝。滔应夸作父,浑果慰生儿。母意偏怜少,兄难喜更奇。试啼犹晚矣,英物世家知。"其二:"绣褓倍关念,谭间屡见君。贺钱渐后至,悬矢喜今闻。灵草真三秀,奇毛定五云。斯干虽补咏,终是笑无勋。"其三:"荀星文若小,着膝也堪娱。伟长虎应怒,河东凤自殊。连云将七叶,媚月且三珠。诗格定家风在,他年问鲤趋。"[③]

张燮《得蔡敬夫长安书赚贻佳玉赋此寄怀》(《霏云居集》卷二)。

辑校《七十二家集》三百四十六卷,附录七十二卷,天启刻本

黄稷虞《千顷堂书目》卷三十一作《汉魏七十二家集》三百五十一卷。

此集,自宋玉而下,迄隋薛道衡,计七十二家。天启刻本作《七十二家集》。是集天启间周起元为之刻于金陵,未竣,周起元受东林事迁连;南居益等为之续刻于建阳。别详拙文《崇祯刻本〈群玉楼集〉的文献价值》(未刊稿)。

天启三年(1623),张燮《上南中丞》:"《七十二家文集》,已付县中誊写,俟竣事,当效雠较,然后驰上羽陵。"[④]

---

① 《晃岩集》卷九,厦门大学出版社 2009 年版,第 221 页。
② 《霏云居集》卷七。
③ 《遁庵全集·诗集》卷三。
④ 《群玉楼集》卷六十六。

周起元《绍和先生初酌霞蔚馆赋呈》，三解："饱蠹鱼，枕鸿宝，七十二代饶探讨。尘世不磨金石声，天家大事青萍老。"①

张燮《寄魏仲雪水部》："仆弃鳞角，自摈长霄，独有一种文心，未随韶华俱尽。数年来觅得从古高坛遗制成帙者，起周汉迄于隋代，计七十二家。爱我者业已次第爰付杀青。"②

张燮《寄蔡敬夫》："向所辑《七十二家》吴中已刻陈隋及北朝诸人集。顷南中丞遣人持刻资候弟此，欲为悉刻所未竟者……他日将以《七十二家集》总序累也。"③

按：此本北京国家图书馆有藏。著录为《七十二家集》三百四十六卷，附录七十二卷。卷首《凡例》第一条："先代鸿编，岁久雕耗。一家之言，传播者寡。近所刻汉魏文集，各具一斋，然挂漏特甚，即耳目数习惯者，尚多见遗，因为采取而补之，又念代兴作者，岂惟数公，不宜录此弃彼，乃推广他氏，自宋玉而下，迄隋薛道衡。大地精华，先辈典弄刑，尽于此矣。"

辑校《初唐四杰集》（卷数不详）

徐𤊹《答张烃叔》："《骆集》令兄临行付弟代写，不崇朝即闻哀讣，知此局必不能终。姑缓之，今仍附还。'三杰'已完，不可少一，即郡公不能终事，而兄力为梓之，成四家，可单行也……五月廿五日。"④

按：已刻唐初"三杰"，惟《骆集》未刻。

又按：《四库全书·王子安集提要》："此本乃明崇祯中，闽人张燮搜集《文苑英华》诸书，编为十六卷，虽非唐宋之旧，则以视别本则较为完善矣。"

辑选《清漳韵苑》（卷数不详）

张燮《初选〈清漳韵苑〉募诗疏》："闽称作者，郡不乏人，《风雅》刻

---

① 《群玉楼集》卷六附。
② 《群玉楼集》卷六十七。
③ 《群玉楼集》卷六十九。
④ 《红雨楼集·鳌峰文集》册五，《上海图书馆未刊古籍稿本》第43册，复旦大学出版社2009年版，第158页。

于晋安,《文献》传自莆右,若吾漳先辈称诗,即落落晨星,沾沾庸日。然岂无过云之响,布在残编;成风之斤,载于浩简哉!嘉、隆以降,翰墨逾兴,散则碎金,众乃连璧。会稽之箭,媲美空叹虞翻;合浦之珠,宜还难期孟寺。不佞燮虽雕虫业拙,觅蠹情深,虽蝌蚪尚未竟婆娑,乃缥缃亦缪称瓜葛。每念风流之寄,必经月旦之评。不揣披沙拣金,望洋测海,图成一部,付之千秋。固不敢作刘季绪之诋诃,亦不忍蔡中郎之藏匿。庶此编为东南勍敌,而不佞或乡国功臣。凡我缙绅名流,山泽韵士,或单词只咏,或累牍连篇,或传通国大都,或副名山石室,敢渎小吏,爰掷客乡;无惜雄篇,受成拙目。若乃亢宗之裔,囊余斑管之遗;摹古之家,箧留荒冢之帙,并冀鳞集以佐云氽;有道之器既陈,无翼之飞可待。不佞燮凝神受事,天地不以易蝍,得机忘形,牝牡不以辨马。"①

蒋孟育《〈黄侍御集〉序》:"闽中斐然之郡五,温陵人以其文自为集。晋安人近以其诗集,吾友张绍和见《晋安集》而悦之,读竟,自奋曰:'余郡文学不后晋安,岂宜独阙!作《募诗疏》,其语甚丽,以檄东琬琰之后,与夫家如东海驷先生者,俾各出其所有郡先辈著书,殆百数十氏。绍和既选之为诗,尚合千百首,未知于风雅何如,然足以庀文献矣……绍和于乡先辈有存亡继绝之功。"②

按:"作募诗疏",即燮《初选〈清漳韵苑〉募诗疏》。

拟辑刻《唐贤七十二家集》(卷数不详)

徐𤊹《寄杨南仲》:"郡伯、绍和议梓《唐贤七十二家》,允为盛事典,𤊹亦预校雠,此集行亦大快也。"③

按:书作于崇十三年(1640)正月。

又按:此集未刻。

---

① 《霏云居集》卷五十四。
② 《恬庵遗稿》卷八。
③ 《红雨楼集·鳌峰文集》册四,《上海图书馆未刊古籍稿本》第43册,复旦大学出版社2009年版,第133页。

拟纂《闽中艺文志》（卷数不详），似未竟

张燮《寄何稚孝》："偶忆杨慎用修《蜀中艺文志》，燮亦欲纂《闽中艺文》合成一部。六代之际，落落星辰；唐人名篇，亦自不乏，将来或可少佐《闽书》一臂，惜闻见枯陋，不得密迩高坛，时共商榷耳。"①

按：（光绪）《漳州府志》卷二十九误作《闽中记》（《宓庵手抄漳州府志》）。

编张于垒《麟角集》诗二卷、文二卷

张燮《寄阮集之太常》："承许《舒节篇序》，幸无相忘。或移序《遗草》，尤感。《遗草》诗二卷，文二卷，诗视昔又转一境界矣。"②

池显方《〈麟角集〉序》略云："于垒，字凯甫，幼能诗文，一览辄记。垂髫思日精，语日奇，而时发之山水，著《麟角初编》。比年十五，从父游吴越，诗益灵秀冲夷，有王龙标、储汜水之致，老宿家所不能道。《九曲》一记足敌千古。闽、浙、吴三中丞皆引为上座。诸父执风雅之流，莫不逡巡避席，称为神童。复著《舒节编》。初试即冠诸生，而凯甫不屑也，梦寐惟萦山水间。使假以数年，六岳奔而七子泣矣。乃以呕心减粒，仅十八而化。惜哉！今合二集观之，其诗文则渊实而非浮漫也，浑含而非刻削也；其人则沉静而非轻佻也，恬淡而未尝耗其精气也。"③

按：合《麟角初编》《舒节编》二集为《麟角集》。

补张于垒《山史》（卷数不详）

张燮《寄林茂之》："垒儿初试，幸为学使所知，然卧痾经时，赢形转甚，既戒其著作，然披阅竟自难废，因取名《山记》，下上之，聊有散怀，便欲精择，汇成《山史》一书，以传于后。大旨悉载《募文疏》中。茂之杖履所都，定多写照在阿堵之上，所望倾筐掷示，振采群峦，不亦快乎！"④

---

① 《群玉楼集》卷七十。
② 《群玉楼集》卷七十三。
③ 《晃岩集》卷十一，厦门大学出版社 2009 年版，第 229 页。
④ 《群玉楼集》卷七十二。

张燮《垒儿病中料理〈山史〉时共商榷戏以问之》①。

张燮《寄南思受》:"《山史》功甫及半,会须补足之。明公生平所属,定多名制,点缀山灵,勿惜倾筐,为兹编琬琰,是其所望也。"②

校订蒋孟育《恬庵遗稿》三十八卷

张燮崇祯十年序、订。藏日本内阁文库。《恬庵遗稿》正文各卷次之下曰:"闽中蒋孟育道力著"、"社友张燮绍和订"。

按:蒋孟育,芝山"七才子"之一。林豪(光绪)《金门志》卷十《蒋孟育传》:"蒋孟育,字道力,号恬庵;浦边人。入龙溪庠;万历戊子举人,己丑进士。授翰林院庶吉士,以终养归。起补,历国子监祭酒,南吏部侍郎。"又卷十四《艺文志》著录其《台阁文宪选粹》《文选崇正编》《文选采奇编》,而无此集。

---

① 《群玉楼集》卷二十一。
② 《群玉楼集》卷七十四。

日本内阁文库藏曹学佺《石仓全集》编年考证

明朝覆灭之后,继福王之后唐王又在福州建立小朝廷,清顺治三年（1646）,清兵入闽,在闽西遭到抵抗。九月十七日,福京陷,次日,尚书、加太子太保曹学佺自缢于西峰里宅第,按传统计算法时年七十三。曹学佺一生著述甚富,其诗文集黄虞稷《千顷堂书目》卷二十五著录《石仓全集》,无具体卷数;《明史·艺文志》作《石仓诗文集》一百卷;陈治滋《重刻〈曹石仓先生诗集〉序》亦称有诗文一百卷;(民国)《福建通志·艺文志》卷六十三《石仓诗文集》一百卷。陈衍号为博洽,然所见亦仅有《曹大理集》(不分卷)、《曹能始先生小品》二卷本和乾隆间曹学佺曾孙岱华所刻《石仓诗稿》三十三卷本,共三种。曹岱华所刻《石仓诗稿》,即陈治滋所序之本,编于康熙间,陈《序》称曹岱华殚心搜集二十余年,增以家藏旧存钞本,"尚可符旧刻卷帙"。 曹学佺六十之后,一岁一集,《石仓诗稿》所刻,六十之后,仅存《西峰六四草》一种,其余九年不存。这里可能有两种情况,一是曹岱华确实搜集到几乎所有的旧刻,因为诸集颇多涉及"辽事",岱华畏祸,不得不忍痛割爱;二是,岱华搜集到的只有这么些,作序者以为已符旧刻之数。前于陈衍,梁章钜撰《东南峤外诗话》,汪端辑《明三十家诗》,他们均以未见到曹学佺完整或比较完整的诗文集为憾事。因此后世的学者或者对《明史》的著录多加怀疑,或者虽然相信曹学佺诗文集可能有百卷之巨,但却断定"散失严重"①。

2004年北京图书馆(今国家图书馆)召开地方文献国际学术研讨会,本人提交《日本内阁文库藏本曹学佺〈石仓全集〉初探》②论文,对日本内阁文库藏曹学佺《石仓全集》进行初步讨论。该文的主要论点是:内阁文库藏曹学佺《石仓全集》卷数与《明史·文苑传》所著录《石仓诗文集》一百卷,基本相符;曹学佺的诗文集可能还有散佚,但是内阁文库这个藏本是目前我们所能见到的卷数最多,最为完备的曹氏诗文集本;《中国善本书目·集部》卷二十六《明别集》类所记,曹学佺别集共十一条,中国(含港、台)各图书馆所藏曹学佺诗文集的卷数,去其重复,与内阁本仍然相去甚远;内阁文库藏本只是一个集成本、或拼凑本;曹学佺曾把自己的诗文集命名为《石仓集》,但所刻本不曾以《石仓全集》命名;《石仓全集》当是藏书家或藏书单位根据《石仓文稿》及《石仓三稿》《石仓四稿》等为了庋藏之便而起的书名;《石仓全集》共六十一册,本意似按时间前后顺序进行编排,但编排顺序多有错乱;内阁藏本《石仓全集》搜集的曹学佺诗文集虽然已经相当完备,但是可能还有遗佚。从2004年本人的论文在研讨会上宣读、2006年收入论文集,一直到2010年,内地的研究者对这个藏本仍然没有引起足够的注意。让我们感到高兴的是,2011年北京大学孙文秀的博士论文《曹学佺文学活动与文艺思想》已经关注到这个藏本,并且使用了这个藏本。

本文在《日本内阁文库藏本曹学佺〈石仓全集〉初探》研究的基础上,对内阁藏本《石仓全集》所收各集进行编年考证,并按作年前后重新编排;诗集在前,文集在后。曹学佺的诗文集不是一时所刻,最早的一种和最末一种,相差将近四十年之久,内阁藏本把曹学佺各集编排装订为61册,收藏者的本意当是为了各册的篇幅相对接近,故有的集子本来只有一卷,由于篇幅较大,而被析为两册;有的集子由于篇幅小,本来一种就是一卷的,而被整合在一起,装为一册。一般说来,凡是单独编页码者,不论页码多寡,一集应视为一卷(作者有时将一集析为多卷,各卷也是单独编页码的),如第三、四册

---

① 陈超:《曹学佺研究》,吉林人民出版社2009年版,第109页。

② 《2004地方文献国际学术研讨会文集》,北京图书馆2006年版。

的《石仓文稿》卷之一,只有一卷;第三十至三十九册,共十册,为《石仓三稿》,作者按文体,将其分成十九卷,各卷单独编页码。第十三册,收有《林亭文稿》等集,各集均单独编有各自的页码,虽然每一集篇幅都较小,一集其实就是一卷。

内阁藏《石仓全集》,尚有遗佚,本文之末附带考证曹学佺之佚集,以进一步窥探曹集之全貌。

一、诗集考

挂剑篇(诗)

作于万历二十四年丙申(1596),曹学佺二十三岁①。

内阁藏本无编年,曹学佺裔孙曹岱华编《石仓诗稿》卷三《挂剑篇》卷首有"丙申"二字②。是。

曹学佺《纪行》:"不佞受金溪周先生知,奚啻一日而千古者。甲午公车之役,而先生扶榇归,盖三年于兹矣。戚然国士之感,未乃一饭忘。乃于六月将望从芋原登舟……至金溪,过先生之门,抵雀罗而入。是役为甫阅月,历一千里,得诗若干,曰《挂剑篇》,以忻慕执鞭于季子之谊云。"(《挂剑篇·文》)曹学佺,万历十九年(1591)举人,次年上春官,落第。二十二年(1594)再次赴京考。其师周圣兆先生卒于剑津(今福建南平),学佺于京师闻讣。《南浦哭座师周明府》:"虽非埋骨处,正是殒身时。"《挽周先生明府》其二:"长安闻讣客魂惊,一夜关山挽不成。"又云:"风前残烛吹南浦,雪里孤身恸北平。"即指此事。万历二十三年(1595),曹学佺成进士,归家待选。次年六月望前,往金溪哭先生墓。往返月余,途中所作诗文结集为《挂剑篇》。《挂剑篇》文、诗各为一卷。《十五夜度困关》"三年泪未收",即《纪行》"三年于兹",万历二十二年甲午(1594)周师卒,至丙申,前后三年。曹

---

① 本文曹学佺的年龄,采用传统的方法。
② 关于《石仓诗稿》,笔者《日本内阁文库藏本曹学佺〈石仓全集〉初探》一文已略有论及,大意为:一、此书收录曹学佺诗集较多,但是遗漏也不少,特别是曹学佺晚岁诗涉及时事,多不收录;二、编排混乱;三、讹误较多。

岱华判断不误。

按:此集内阁藏本编排于第 18 册第一种。

海色篇

作于万历二十四年丙申（1596），曹学佺二十三岁。

内阁藏本、《石仓诗稿》卷四《海色篇》均无编年。

张鼎思《海色篇序》:"能始既成进士,家食一年。余过从其闾巷,清池茂林,鱼鸟相亲,足乐也。敦性至厚,尝千里而哭其师之墓。居恒言事不出口,为桑梓计安危,则慷慨其议论。托趣于游者深,历闽名山大川,辄有言酬之。故前著《挂剑篇》、纪武夷、归宗诗居多。此则游九鲤、清源所为作也。"张序有数事值得注意:一是此集为学佺成进士后家居待选时所作,二是此集作于《挂剑篇》之后,三是此集为游仙游九鲤湖和清源（泉州）所作。张鼎思序未提到学佺仕后诸集,此集必作于《挂剑篇》后不久无疑。万历三十一年（1603）,学佺有《重到鲤湖》:"昔游成几岁,亦见景光催。"（《天柱篇》）可见数年前曾游过九鲤,此集有《从九鲤而游者钱叔达彭兴祖林叔度吴元翰也与余宗汉陈子卿林兆纶陈彦宗康孟担诸子率尔而别情见乎词》,可以印证。此集首篇《九日集诸子镇海楼时予将南游》,始于九月;终篇《初度》,学佺十二月二十五日初度 ①,集终于秒岁。

按:徐熥《晋安风雅》卷首《诗人里爵》"曹学佺"条:"有《挂剑》《海色》诸篇。"《晋安风雅》刻于万历二十六年（1598）,可知《挂剑篇》《海色篇》成书于此前。

按:此集内阁藏本编排于第 18 册第二种。

潞河集

万历二十六年戊戌（1598）,曹学佺二十五岁。

内阁藏本、《石仓诗稿》卷十七《潞河集》均无编年。

---

① 本文有关曹学佺的生平事迹,未特别注明的,均详笔者《曹学佺年表》《曹学佺年谱长编》（未刊稿）。

曹学佺《赠欧宁詹月如令君考最序》："予起家民部,督通州庾。"(《石仓四稿·西峰六一文》卷二《序》下)是岁,曹学佺在潞河。季春,友人徐𤎸三下第,学佺作《送徐惟和下第二首》《舟中再送惟和》,徐𤎸作《潞河别曹能始》四首(《慢亭集》卷六)。徐𤎸三下第在是岁①。又集中有《闻大司马吴公仙逝奉挽讳文华连江人》,吴文华,卒于是岁,亦可作本集作于是岁之佐证。

按:此集内阁藏本编排于第 14 册第一种。

游房山诗

作于万历二十七年己亥(1599),曹学佺二十六岁。

内阁藏本、《石仓诗稿》卷十七《游房山诗》均无编年。

曹学佺《游房山记》:"万历己亥正月立春,予在都门,纵观灯市,因与陈参军道源出卢沟桥,西折之房山县。"(《石仓文稿》卷三)集中有《约陈道源参军游房山》《芦沟》《房山上元夜作》《上方寺》《石经寺》《还自房山悼殇女二首》等诗;上方寺、石经寺,均在房山。

按:此集,内阁藏本编排于第 14 册第二种。

金陵初集

绝大多数诗作于万历二十七年己亥(1599)至二十八年庚子(1600)间,曹学佺二十六至二十七岁。此集内阁藏本无编年,《石仓诗稿》卷一《金陵初集》卷首有"己亥庚子"四字。《石仓诗稿》判断大体不误。

曹学佺《陈大理诗序》:"己亥岁,予左迁南大理。"(《石仓文稿》卷一)集中《僦居杂述二十首》其一:"白下寄一官,素心尚幽独。"《后湖看荷花共用水香二韵序》:"余量移江南,虚衔注秩,职事既无,时日多暇,三法曹在太平门外,不免束带趋府。古木荫堤,明湖浮蝶。维时凉秋入郊,绨绤自爽。"万历二十七年元月曹学佺仍在户曹,故与友人游房山,上蓟门。左迁南大理的时间在本年暮春。《新燕答沈从先作》:"今年君在我仍来,正逢春日君堂开。先认主人始认垒,惊问此客胡为哉。此客吴门一隐者,竭来相访青山下。

① 详笔者:《徐𤎸年谱》,广陵书社 2014 年版。

出门尚在社日前,见尔来时思黯然。我生驰驱一为客,南北风尘动几年。"
《集鸡笼山望玄武湖》:"再入佳丽地,眷兹春已暮。"可证。本年八月,徐𤏡
卒,秋冬之际,曹学佺作《哭惟和》三首。次年与友人沈野夜坐,作《与从
先夜坐遂伤惟和》。但是,说此集诗都作于这两年间,也有问题,此集第二题
《元旦述礼二首》,据上条所引,万历二十七年立春,曹氏尚在北京,故此"元
日",肯定不是此年的"元日"。集第三题《灵谷寺》,时间不明。第四题
《夏日再到灵谷》,则已经到了夏日。第八题《初五日复到鸡鸣寺》:"入年才
五日,两度到祇林。"又回到了元月初五,万历二十七年元月初五,曹氏肯定
不在南京。如果是"元日"是万历二十八年的"元日","元月初五"也是
二十八年的元月初五,要么,是此集编排错乱;要么,此集前边十数首(《乐游
苑》之前)当是万历二十七年之前的作品。曹学佺万历十九年、二十二年两
次赴京考,两次归闽;二十五年赴京谒选,闽士子入京,多在南京逗留。万历
十九年、二十二年、二十五年,曹学佺旅途之作都未见结集,故在编《金陵初
集》有意留下一点二十七年之前的少量有关南京的作品,也是可能的。

此集卷首有叶向高《曹大理集叙》,篇末有"莆中洪宽书"五字;首页
有"广陵柳应芳陈父阅"八字。此二年,曹学佺等在金陵举金陵社,据于若瀛
《词林雅集序》(《弗告堂集》卷二十),社三十二人,洪宽、柳应芳亦在其中。

按:此集内阁藏本编排于第1册第一种。

藤山看梅诗

作于万历二十八年庚子(1600)至二十九年辛丑(1601),曹学佺
二十七至二十八岁。

内阁藏本无编年,《石仓诗稿》卷六《藤山看梅诗》卷首有"辛丑"二
字。《石仓诗稿》编年不准确。

万历二十八年秋,曹学佺休沐归闽,沈野同行。徐𤏡《建溪驿送曹能始
之留都》:"去岁当杪秋,闻君乞休沐。"(《鳌峰集》卷四)此诗作于次岁,知
能始归家在是岁杪秋。冬,与徐𤏡、陈宏已、沈野等往福州藤山(今称仓山)、
高盖山等地看梅。集中有《藤山》《同沈从先陈天中弟修借宿林氏别业次
日徐兴公陈汝翔至又次日陈伯孺至》《高盖山》《除夕前二日同从先惟起过

法海寺即罗山堂旧废今复》等,均作于二十八年庚子(1600)。惟《人日答振狂落梅信且嘲予不出城梦见咏梅诗十首之作》作于二十九年辛丑(1601),《石仓诗稿》言编于"辛丑",还不如说编于"庚子"更接近实际。又,《梦徐惟和》:"默林昨夜梦君过,问我今年花若何。醒来语君君不见,明日看花泪独多。"徐熥卒于万历二十七年(1599),即去岁,故有"问我今年花若何"之句。

按:此集内阁藏本编排于第 13 册第六种。

玉华篇

作于万历二十九年辛丑(1601),曹学佺二十八岁。

内阁藏本、《石仓诗稿》卷八《玉华篇》卷首并有"辛丑"二字。是。

集中《元日》"辛盘辛岁巧相关,春信犹迟两日间。"据集中诸诗载,本年元月,曹学佺往建州游梅仙山、归宗岩,作《重游梅仙山》《重游归宗岩三绝句》。《重游梅仙山》引:"丙申岁,余披榛而入,赏其有古趣。越五年,郡丞宛陵梅公乃祖德是念,创兴台榭,于是金碧在翁荟中,而游人之趾相错矣!"万历二十四年(1596)丙申,曹学佺往金溪吊周师作《梅仙岩》《归宗岩道中》(《挂剑篇·诗》),至今五年。三月游将乐玉华洞,《舟发建溪之玉华》:"春来草树看皆老,雾后山川喜再生。"又作《寒食游玉华洞四首》,遂以"玉华"名集。又往清流游渔沧、东华、回龙岩,作《清溪与林子真诗四首》《渔沧亭同子真作》《上东华山》《游回龙岩》等。三月下旬回省垣与陈宏己送春,作《三月廿九日过陈振狂吸江亭送春》。四月,游福州鼓山、金粟台,作《首夏陈七园中值雨》《金粟台》等。五月,于白龙江观竞渡,作《白龙江观竞渡》。五六月间,游永阳方广岩,作《方广岩》《夏至日到方壶》;至福州斗池看荷花,作《六月十五日斗池看荷花与宿猿洞相近》等。八月,离闽还金陵,作《八月朔日王元直招集南楼送陈汝翔之东粤王玉生之清漳沈从先还姑苏徐兴公之建溪陈惟秦之聊城蒋子才之广陵余返白下》。

按:此集内阁藏本编排于第 16 册第一种。

苕上篇

作于万历二十九年辛丑（1601），曹学佺二十八岁。

内阁藏本、《石仓诗稿》卷八《苕上篇》卷首并有"辛丑"二字。是。

本集作品与《玉华篇》衔接。据集中诸诗，曹学佺与诸友别后，八月十五至延津，作《中秋夜茶洋驿同沈从先陈惟秦徐兴公坐沸雪桥看月得斜字》。八九月间，经建阳，作《考亭》；过武夷、过分水关，作《望武夷》《重阳前一日宿大安驿》《雨后度大安关山水大发作歌》；入江西铅山，作《鹅湖山寺别僧》；桐江阻风，作《桐江阻风戏柬从先惟秦作》；后至武林，游西子湖诸胜，作《湖心亭》《烟雨楼诗》等；渡碧浪湖，吊孙山人太初，作《夜渡碧浪湖宿显山》《归云庵吊孙山人太初》《苦寒》等。诗止于《除夕前柬姚叔祥》。集中有《茅鹿门先生挽歌二首》，茅坤卒于是岁，亦为是集作于本年之证。入武林后，逗留于苕溪一带，故以"苕上"名集。

按：此集内阁藏本编排于第 15 册第三种。

钱塘看春诗

作于万历三十年壬寅（1602）元月至二月，曹学佺二十九岁。

内阁藏本、《石仓诗稿》卷十《钱塘看春诗》无编年。

本集作品与《苕上篇》衔接。开篇《元旦檇李寓中即事》，还有《人日过访舫公不值》《谷日李伯远见过携酒赠诗酬之四言一章》《元夕曲六首》诸诗，终篇《花朝游夹山濠同用花朝春晴四字》。

按：此集内阁藏本编排于第 15 册第四种。

游太湖诗

作于万历三十年壬寅（1602）二、三月间，曹学佺二十九岁。

内阁藏本、《石仓诗稿》卷十一《游太湖诗》无编年。

此集接续《钱塘看春诗》。《泛游太湖洞庭两山记》题下自注："壬寅春日同范东生、黄伯传、陈惟秦、许裕甫。"又："今春二月之姑苏，以看梅之期往太湖……越次月，朔后一日，乃渡吴门。"（《石仓文稿》卷三）范长倩招往吴县看太湖,集中有《吴门访范东生再订洞庭之游同用盆梅二字》《石湖》《木渎过黄伯传家》《登灵岩》《夜投包山》《缥缈峰》等诗,与《泛游太湖洞庭两山记》所记述相符。本集下接《苕上篇》。

按:此集内阁藏本编排于第 13 册第五种。

续游藤山诗

作于万历三十年壬寅(1602)九月至十二月,曹学佺二十九岁。

内阁藏本、《石仓诗稿》卷七《续游藤山诗》均无编年。

首篇《同赵司理仁甫叶少宰进卿集陈振狂三弃堂》:"闻君秋老拂渔矶,我亦长征乍得归。残菊有花当酒椀,古槐无路到松扉。"知时在暮秋。又《赵仁甫芝园开社分韵》《阮司理坚之衙斋招陪唐明府美承仍同陈惟秦马季声王粹夫徐兴公分得星字》等诗,赵世显(仁甫)开芝社在本年秋冬之间。赵世显有《宾嵩堂开社陈履吉王上主(按:疑作玉生)陈惟秦陈振狂陈平夫伯孺幼孺马季声王粹夫徐惟起衷无竞曹能始郑思黯林子真康季鹰黄伯宠商孟和过集分得七虞韵》(《芝园稿》卷十一)、徐𤊲有《赵仁甫开社宾嵩堂分得四豪》(《鳌峰集》卷十);又有《冬至后同唐美承明府曹能始廷尉陈惟秦王粹夫马季声集阮坚之司理衙分得京歌字》诗(《鳌峰集》卷十五)。《续游藤山诗》有《雨集吴客轩怀沈从先》:"东轩别一岁,花木近能幽。忽以接高会,因之怀旧游。"沈野万历二十八年(1600)随曹学佺入闽,曹为造"吴客轩",居之。去秋归吴,故诗云"别一岁"。曹学佺于本年七月离开南京归闽。寻梅诗则有《再到藤山看梅四首》《阮司理坚之同诸公到梅坞》等。

按:此集内阁藏本编排于第 13 册第七种。

芝社集

作于万历三十一年癸卯(1603)元月至九月,曹学佺三十岁。

内阁藏本、《石仓诗稿》卷十二《芝社集》卷首并有"癸卯"二字。是。

首篇《元旦》:"平生负少小,倏忽已三十。"赵世显首开芝社,见《续游藤山诗》。本集有《花朝》《双溪流觞分得四言平字体王玉生王粹夫值社》。按:徐𤊹有《癸卯三月三日同赵仁甫王玉生陈伯孺马季声王粹夫陈惟秦袁无竞王永启林子真曹能始郑思阖黄伯宠商孟和高景倩王元直桑溪禊饮分得四言》(《鳌峰集》卷四)又按:郭柏苍于徐𤊹《桑溪禊饮》题下注:"闽县桑溪有万历癸卯郡人赵世显等修禊刻石,兴公与焉。《通志》《郡志》未收。"(《全闽明诗传》卷四十引)又按:(民国)《福建通志》载刻石:"万历癸卯郡人赵世显、王昆仲、陈仲溱、陈价夫、马歘、王毓德、徐兴公、袁敬烈、王宇、曹学佺、王继皋、郑登明、高景、林光寓、康彦扬、黄应恩觞咏于此。"(《金石志》卷十四)刻石所列名单为芝社的主要参与者。又有《三月晦日集塔影园送春王元直当社》《七夕》《中秋集林少保旧宅》《九月朔泛舟西湖晚登大梦山》,终篇《闻雁赋别》:"别妒秋仍在,欢惊月渐亏。"是集作品止于是年九月。

按:此集内阁藏本编排于第 15 册第一种。

天柱篇

作于万历三十一年癸卯(1603)十至十二月,曹学佺三十岁。

内阁藏本卷首有"癸卯下"三字,《石仓诗稿》卷十三《天柱篇》卷首并有"癸卯"二字。是。

此集承接《芝社集》。本年十月,曹学佺与徐𤊹、林古度往游闽南,过峡江,途中游福清石竺山、黄檗山,作《登石竺山二首》《黄檗寺》。曹学佺《修建灵石古寺疏文》:"余以癸卯岁同徐兴公、林古度之游石竺、黄檗二山。"(《石仓文稿》卷之《浮山》)往漳州,中途游仙游九鲤湖,作《重到九鲤湖》,过泉州,作《万安桥》《欧阳石室》《清源绝顶》。至江东桥,徐𤊹往海澄[①],己则与林古度往游天柱山,作《初入天柱寺》《观梅楼呈管彦怀明府》。曹学佺《游天柱山记》自注:"癸卯冬日同戴利溥、利藩、章火苑、林茂之。"至漳州,入霞中社,作《郑辂思招入霞中社》《访陈贞铉遇陈元朋因游林氏园亭郑辂思张绍和后至分得神字》。十一月中回省垣,集罗山,往柯屿看陈仲

---

① 本文有关徐𤊹的生平事迹,无特别注明的,均详笔者:《徐𤊹年谱简编》,《鳌峰集》附录,广陵书社 2012 年版。

溱,作《长至夜集诸子小园得开字》《同吴非熊陈元朋徐兴公林子真林茂之集罗山得寒字》《柯屿访陈惟秦宅》等。本集作品止于《除夕酌非熊彦先茂之赋》。

按:此集内阁藏本编排于第 16 册第二种。

春别篇

作于万历三十二年甲辰(1604)元月至三月,曹学佺三十一岁。

内阁藏本、《石仓诗稿》卷十四《春别篇》卷首并有"甲辰"二字。是。

此集承接《天柱篇》,本年元月、二月间仍在省垣,与诗友倡酬,并游水西,有《元旦湖上书怀》《晦日周窦六泛舟西湖》《洪江发舟已下游水西共十四首》等;三月,曹学佺别诸社友,与林古度、吴兆同行,发福州芋江,溯江至建州、武夷。入江西铅山,而贵溪,而进贤,作《寒食洪汝含携具过别》《清明困溪别女载叔》《春暮游武夷诗》《铅山》《贵溪》《登东乡楼》,止于《进贤怀黄贞甫》。至进贤,时已春尽。《登东乡楼》:"晨光登草阁,春色送江州。"可证。

按:此集内阁藏本编排于第 17 册第一种。

豫章稿

作于万历三十二年甲辰(1604)五月至七月,曹学佺三十一岁。

内阁藏本、《石仓诗稿》卷十五《豫章稿》均无编年。

此集承接《春别篇》,曹学佺春尽至江西进贤,四月到豫章,与豫章诗友倡酬,遍游豫章名胜。曹学佺《游匡庐记》题下自注:"甲辰夏日同梅子庚、吴非熊、喻宣仲、林茂之、安公、慧公、霞公。"(《石仓文稿》卷三)。作《滕王阁歌》《望东湖二首》《过徐孺子祠》《章江寺》《泛舟诗》《铁柱歌》《游匡庐诗》《浔阳泛湖》等,《泛舟诗》云:"五月朱明骄,逸乐思泛舟。"在九江与林古度别,《送林茂之》:"漫向西风叹零落,白门疏柳更逢君。"七月初,仍在九江,又有《孟秋二日游宴半隐园三首》《初三夜集双龙堂分得孙字》诸作。参见下条。

按:此集内阁藏本编排于第 17 册第二种。

江上篇

作于万历三十二年甲辰（1604）八九月，曹学佺三十一岁。

内阁藏本、《石仓诗稿》卷十五《江上篇》均无编年。

此集承接《豫章稿》。首篇《闲云楼诗》，其《序》云："余以七夕移寓江楼，未扬东下之舻，先望渡河之驾矣。兴属秋初，情深夜后，鸡鸣而桨声乱，摊籍而帆影过，不觉住复一月云尔。遂成杂兴十篇，别时咏之。"知曹学佺在九江居住至八月。后由九江泛彭蠡，泊舟石钟山，过孤山，作《八月十五夜彭蠡湖看月》《夜登石钟山》《小孤岵客曲》；入皖，沿江东下，登九华，过铜陵、芜湖、姑熟、采石、至金陵，作《由东岩到天台寺是九华绝顶》《夜趋铜陵追至舟中》《登芜湖县山》《姑孰咏古八章》《采石吊太白歌》《舟将抵金陵乃以所过为咏》等。在金陵与林古度等往来，作《九日集雨花台登高得九佳韵》《送潘稚恭游闽》，后一篇《序》云："秋序告终，寒威斯厉，圆景匿耀，朔风播声。"则此集作品止于秋尽。

按：此集内阁藏本编排于第 17 册第三种。

石仓诗稿 金陵集卷上甲辰乙巳

作于万历三十二年甲辰（1604）九月至三十三乙巳（1605）冬，曹学佺三十一至三十二岁。

内阁藏本卷首有"甲辰乙巳"四字，《石仓诗稿》卷二《金陵集》卷上无编年。内阁藏本是。

此集承接《江上篇》，始于万历三十二年九月（是年闰九月）。首篇《到金陵社集叶循父园赋答》："停车黄叶雨，把酒白门烟。"次篇《秋咏四首》。《看菊诗》其《序》云："今年予到金陵，乃有闰九月……属九日之辰，故以登高之事终焉。"十月，与林古度、吴兆、郭天亲、洪宽、姚旅集谢公墩。《谢公墩》："寒山又傍斜阳路，江水终销十月声。"《蜡梅歌调吴非熊》："去岁寻梅越山曲，寂寂梅花覆幽屋。"按：去岁冬，吴兆随曹学佺入闽，详《天柱篇》。万历三十三年，元旦，作《乙巳元旦》。《春分后见雪》："二月春分百花昼，莫信春前雪居后。"《送姚廷尉之聊城》："三月清和候，莺花水曲分。"《端阳雨泛城南十韵》:"五月移舟去,榴花两岸红。"《立秋日到吉祥寺》:"避暑祇园遍,朱明亦渐移。" 又有《七夕同社邀永叔集城南王氏园中》《中秋桃叶渡雨后见月》《九日霜降乌龙潭登高送尹恒屈方子及归喜谢友可汪仲嘉曾端甫至共赋五言排律分得十二文韵》。本集作品止于万历三十三年冬:《见雪别钟山》《留别同社分韵》。

按:此集内阁藏本编排于第 2 册。

武林稿

作于万历至三十三乙巳(1605)冬至三十四年丙午(1606)春,曹学佺三十二岁至三十三岁。

内阁藏本、《石仓诗稿》卷十五《武林稿》均无编年。

此集承接《金陵集》卷上。万历三十三年冬,曹学佺拟归省,与吴兆、林古度行至武林,次年春以迁计部重回金陵。集中有《真州过潘稚恭园馆二首》,林古度同时作有《过潘稚恭真州园馆分韵》:"孤亭隔深竹,青池涸寒流。冬花吐余秀,酌酒缓离忧。"(《林茂之诗选》卷上)集又有《腊月朔日圣果寺访戒山上人》:"客里嘉平始,山中岁序残。"《元旦旅怀武林有客儿亭》:"薄宦岁复岁,浮生三十三。"徐𤊫有《丙午元日客武林柬能始茂之谟和》(《鳌峰集》卷十六)。集又有《人日同吴非熊吴德符胡仲修徐兴公宗上人林茂之过访若公兰若》《十五夜雨中放歌同诸子分得语字》《晦日西湖泛舟同用昆明池体得十五咸韵》《上巳到吴江分得深字》,时已进入三十四年。此集末篇《丹阳道》:"潮水无声黯到家,门前高岸半欹斜。风光三月踏青去,榆柳阴阴度鹿车。"返金陵途中已经三月。

按:此集内阁藏本编排于第 15 册第一种第二种。

石仓诗稿 金陵集卷中丙午

作于万历三十四年丙午(1606)三月至秋季,曹学佺三十三岁。

内阁藏本卷首、《石仓诗稿》卷二《金陵集》卷首均有"丙午"二字。是。

此集承接《武林集》。集中开卷数诗为:《经茅山》《过祈泽寺》《入京

见钟山柬诸知己》《三月晦日送女载叔还家》,知回金陵仍在三月间。谢肇
淛有《能始以迁计部重入金陵时余将之燕赋赠二首》,其一:"拙宦身如燕,
秋归春复来。犹参鸳鹭伴,重上凤凰台。"(《小草斋集》卷十四)亦可证。
集还有《四月八日同梅子马兴公子丘茂之双林满堂续贤三上人过西华门寺》
《端午日集秦淮兼送张孟奇民部奉使归东粤》《立秋》《秋后闻莺》,终篇《送
沈从先》:"夜月临关永,秋砧隔水凉。白云满归路,黄叶下行装。"仍在秋
季。是集缺万历三十四年冬季诗,详下集。

按:此集卷末有"丁未上"三字,误。

又按:此集内阁藏本编排于第 2 册第一种。

石仓诗稿 金陵集卷中丁未上

作于万历三十五年丁未(1607)春、夏作,曹学佺三十四岁。

内阁藏本卷首、《石仓诗稿》卷二《金陵集》下均有"丁未"二字。据
下条"丁未下",此集"丁未"之后应加一"上"字。部分作品作于丙午,
误入此集。

此集承接《金陵集》卷中本集开篇有《元旦同弟修作》,从开篇至
《同王潜之顾孝敷俞羡长许伯伦无念湖上看牡丹》,作于丁未(1607)年
春夏。

是集自《咏虹六韵与兴公、茂之立刻限韵》以下至集末《除夕吴非熊喻叔
虞郑翰卿林茂之汝载叔同赋五言律得烟字》,为秋冬所作,由于错卷,绝大多
数作品应置于《丙午稿》。徐𤊹丙午春往金陵为母陈孺人征铭于学佺。其
题《瀛涯胜览》:"万历丙午夏仲,徐惟起书于白下旅次。"(《重编红雨楼题
跋》卷一)题《龙筋凤髓判》:"万历丙午初秋二日,书于金陵曹能始户部
公署。"(《重编红雨楼题跋》卷一),知徐𤊹夏至秋初在金陵。丙午七八月
间动身回闽。吴稼竳《送徐兴公还晋安》:"何意逢君即送君,红亭载酒不
成醺。伤心岸草披凉露,满目江波荡白云。大雅音亡谁得振,布衣权在世空
闻。尺书远道能相忆,莫谓南中少雁群。"(《玄盖副草》卷十八)八月中秋
宴集,徐𤊹之名已经不在其中。徐𤊹《寄王德操》序:"丙午秋再于阊门
舟中聚首,属予作《知希斋诗》,甚欢也。"(钞本《鳌峰集》)返程过吴访王

人鉴（德藻）、过吴兴访谢肇淛。丙午冬，徐𤊴与陈价夫、马欻同观元人字画，并题《鲜于伯几赵子昂张伯雨书卷》，略云："万历丙午冬日，与陈伯孺、马季声同观。二君俱善书，咸啧啧叹赏，信知天下无虚者也。徐惟起跋。"（《重编红雨楼题跋》卷二）详笔者《徐𤊴年谱长编》。故与曹学佺、林古度同作之《咏虹》诗不可能作于丁未。丙午，张燮北上赴春官，其《偕徐鸣卿北上渡江游记》："（十二月十六日）林文学茂之来谒，其晚同集能始宅，鸣卿不至。"（《霏云居集》卷三十一），并作《入金陵集曹能始署中同用林字》（《霏云居集》卷十）《入金陵集曹能始署中同用林字》（《霏云居集》卷十）。曹学佺此集《过湖夜归张绍和见访即别》也用"林"字韵，同时而作无疑，为此集编排错乱又一证。集中还有《谢天池太公挽诗六韵》《茅孝若太君挽歌》，谢汝韶、茅维，均卒于丙午年，此二诗亦作于丙午，详笔者《曹学佺年谱长编》（未刊稿）。

按：此集内阁藏本编排于第 2 册第二种。

石仓诗稿 金陵集卷下丁未下

作于万历三十五年（1607）丁未秋、冬，曹学佺三十四岁。

内阁藏本卷首、《石仓诗稿》卷二《金陵集》下均有"丁未下"三字。

此集篇首《米仲诏自燕登岱因泛吴越间欲游武夷而返余作此诗纪之》，第二篇《七夕秦淮燕集》。又作《九日登高》："今日复重九，南来已九年。"按：万历二十七年己亥，曹学佺南来金陵，至今九年。《送庄民部入贺》"宫春正满三十六"自注："明年戊申，正万历三十六年也。"明年戊申，今年丁未。卷末有《丁未初度对诸僧作》："虚度浮生卅四年，世情无日不相牵。"（按：曹氏生于十二月二十五）本集终篇为《除夕江上同刘元丙奉常作》。

石仓诗集金陵集戊申稿

作于万历三十六年戊申（1608），曹学佺三十五岁。

曹学佺有《金陵集》卷甲辰乙巳、卷丙午、卷丁未，可称为《石仓诗集金陵集卷上甲辰乙巳》《石仓诗集金陵集卷中丙午》《石仓诗集金陵集卷中丁未上》《石仓诗集金陵集卷下丁未下》。《更生篇》下题记："余在桂州甫作而难起,复简《金陵戊申稿》,皆屡佚者也。亦如其人滨九死而幸存,故题之以'更生'云尔。"据此,知曹学佺原有《石仓诗集金陵集戊申稿》,此集承接《石仓诗集金陵集卷下丁未下》,作于前往参蜀藩之前,已遗佚。部分诗作存于《更生篇》下。《金陵集戊申稿》,始于《金陵戊申元旦书怀》,卷末倒数第二篇《同社宴别》:"金灯银管促飞觞,惜别偏惊寒夜长。"在是岁冬。下接《戊己江上诗》。

因为此集收入《更生篇》,我们称之为"集内集"。

戊己江上诗

作于万历三十六年戊申(1608)至三十七年己酉(1609),曹学佺三十五至三十六岁。

曹学佺已有《江上篇》,作于万历三十二年甲辰(1604)。万历三十六年冬,曹学佺离开南京往蜀,溯江而上。集中有《除夕舟中》,知除夕至溢口。三十七年上元,在匡庐,此后途经蕲州、黄州、江夏、公安,集中有《三月三日同喻叔虞袁小修夏道甫集章台寺修禊》、知三月至公安。《荆门题信》:"虎牙江上石,突出是荆门。渐入巴人语,能销楚客魂。"之后渐入巴地。故此集(最终未单独成集)于"江上"前加"戊申"以区别于《江上篇》。《戊己江上诗》附于《雪桂轩稿》之后。或因诗稿有散佚,或因其他原因未能单独刻集。雪桂轩在江州,与"江上"有关,然戊、己诗与《雪桂轩稿》所作时间不相连接,故只以附录的形式附于其后。

因为此文附于《江上篇》,所以我们也称之为集内集。

蜀草卷之上

作于万历三十七年己酉(1609)四月至三十八年庚戌(1610)七月,曹学佺三十六至三十七岁。

内阁藏本无编年,《石仓诗稿》卷二十《蜀草》卷上首有"己酉"二字,不准确。

此集开卷首篇《初入锦城》:"入蜀途方尽,残春日有三。"知由巴入蜀在万历三十七年己酉(1609)四月。集中有《己酉初度二首》:"四旬亏四岁,三月到三巴。"曹学佺时年三十六。又有《庚戌七夕》,庚戌年三十七。终篇《蜀州署中》:"城秋江色静,署冷鸟声哗。"则此集止于万历三十八年秋。此集部分作品时间的编排错乱。

按:此集内阁藏本编排于第 22 册第二种。

蜀草卷之中

作于万历三十八年庚戌(1610)冬至三十九年辛亥(1611)春正月,曹学佺三十七至三十八岁。

内阁藏本、《石仓诗稿》卷二十《蜀草》卷中均无编年。

此集名《蜀草》卷之中,但部分作品作于己酉,与《蜀草》卷之上有交叉。《己酉除夕》:"下车春日锦江干,岁序悠悠忽复残。"又有《庚戌元旦》,似当编入卷上。《汶川府看牡丹》:"去岁入川花事阑,今年花发倍寻看。"以及《蜀府园中看牡丹》《丘推使宅赏牡丹》《过内江郡邸园中赋赠》,作于庚戌二三月间。《过内江郡邸园中赋赠》:"暮春啼鸟已喈喈,步入园中境自佳。"作于庚戌暮春。此数诗均在《蜀草》卷上《庚戌七夕》之前。《口占嘲黄长史索菊》《池亭对菊书怀》《寄谢在杭》(有"读书知夜静,采菊见秋深"之句)、《汶川府菊花有艾叶白者口占代索》《立冬日与梅子庚》《庚戌初度》《除夕同子庚汝载叔证弟》等都于《庚戌七夕》之后,仍在庚戌岁。《辛亥元日书怀》《人日即事》以下,则入辛亥岁。则此集终编《阅蜀通鉴因作怀古诗六首》,无法断定具体作时,而倒数第三、第二诗为《斗鸡灯》《谜灯》,止于万历三十九年春正月。

按:此集内阁藏本编排于第 22 册第三种。

蜀草卷之下

作于万历三十九年辛亥(1611)正月至四五月间,曹学佺三十八岁。

内阁藏本、《石仓诗稿》卷二十《蜀草》卷下均无编年。

此集承接《蜀草》卷之中。开篇《寄黄昭素》:"严霜陨凋零,青帝忽回轴。"时为初春。次编《喜吴元翰至》:"蜀国春常早,他乡客思盈。朝来新柳色,薄暮故人情。"时在初春。《同王荩伯恤部泛锦江时余将入贺》,因入贺,故离蜀,集中有《留别玄对亭》《锦江发舟别诸寮长》,则为离蜀之别之作。《游峨嵋歌》:"我今来游亦偶尔,不然惆怅蜀国将三春。"自万历三十七年春入蜀,第三个春天即将过去。《戎州》:"夏月葵榴盛,戎城篱落间。"过戎州,已夏月。过沙市,作《哭袁中郎》。按:袁卒于去岁。顺流而下,过岳州、陆口、汉阳,至浔阳。

按:此集内阁藏本编排于第 23 册第一种。

雪桂轩草

作于万历三十九年辛亥(1611)秋至四十年壬子(1612)正月至二月间,曹学佺三十八至三十九岁。

内阁藏本无编年,卷首有"浔阳"二字、《石仓诗稿》卷二十一《雪桂轩草》卷首有"壬子"二字。按:《石仓诗稿》不准确。

此集承接《蜀草》卷下。万历三十九年辛亥(1611)暮春,曹学佺离蜀,至浔阳初夏。旋即北上入贺。《〈陈伟卿诗〉序》:"予以万历辛亥岁赍捧入都门。"(《西峰·六五集文》)《祭徐鸣卿文》:"辛亥岁鸣卿之中考功法也,无何,余以祝厘至阙下。"(《石仓文稿》卷之《浮山堂》)自浔阳至京往返诗未见。七八月间,回浔阳,爱匡庐山水,择雪桂轩,拟居之。徐𤊹《答谢在杭》:"曹能始卜居江州,绝无乡土之恋。"①此集开篇《雪桂轩花开得语字》云:"暮春归林下,栖息淹时序。月明花正发,露下清且湑。"集中有《江州七夕同郭卫邦吴明远分赋得听字》《中秋对客共成短歌得弄字》,知七八月居住江州。《九日浔阳宴别》:"秣陵有景不东下,归向闽山烟雾深。"作《再别茂之居易》:"梦勿过溢浦,归当入建溪。"《同宣仲赤侯到吴君抡山馆》:"归路有新月,正须行未谙。"九十月间,拟归闽,未成行。十一月,蜀宪令下。《辛亥除夕同梅子庚喻宣仲叔虞陆赤侯时予方举次儿》,十二月,生子。卷末有《壬子元旦和宣仲叔虞作》《元夕》《新楼成题别》《别喻宣仲》等诗。江州新楼建成后,正月至二月间离开江州回蜀。《〈文心雕龙〉序》:"江州与子庚将别书。万历壬子春仲友人曹学佺撰。"(《石仓文稿》卷一)知二月曹学

---

① 《红雨楼集·鳌峰集》册六,《上海图书馆未刊古籍稿本》第 43 册,复旦大学出版社 2009 年版,第 355 页。

佺仍在江州。诗止于万历四十年壬子（1612）二月间。

按：此集内阁藏本编排于第 23 册第二种。

又按：此集附录《戊己江上诗》，别详下文《佚集考》。

巴草

作于万历四十年壬子（1612）四月至四十一年癸丑（1613）正月（万历四十年六月至九月入贺所作编入《两河行稿》，详下），曹学佺三十九至四十岁。内阁藏本无编年，《石仓诗稿》卷十九《巴草》排在《蜀草》上之前，且卷首有"戊申"二字，按编者的推断，此卷作年早于《蜀草》，误。

在曹学佺所有诗集中，此集比较特别。本集收有作者三个时间段经过、游历巴地的诗作。

第一个时段：万历四十年二月至三月。《巴草》首篇《寒食沙市行》："余家两度入西川，居者行人同碌碌。昨日出游三月三，屈指春光一百六。"与《雪桂轩草》相接。是岁二月，曹学佺尚在江州，作《别喻宣仲》（《雪桂轩草》）。《〈文心雕龙〉序》："江州与子庾将别书。万历壬子春仲友人曹学佺撰。"（《石仓文稿》卷一）为其确证。沿江而上，寒食到达沙市。清明日发松滋，清明后二日到达宜昌（《清明日发松滋之宜都》《过刘元定依云阁清明后二日》《刘元定王公权招集楚塞楼》）。三月晦日到达嘉陵（《三月晦日达嘉陵》）。四五月间到达成都，《三月晦日达嘉陵》下一篇为《即事》，有云："剩得江花笑，随人到锦城。"紧接《即事》的是《武担署中书怀》："比丘同一夏，吏事不终朝。五月城南路，江平万里桥。"时间是五月，武担，在成都城北，为曹学佺公署。《峨眉万年寺海会堂常住田碑》："予壬子岁与其比丘惟净坐夏"（《石仓文稿》卷四），可与《武担署中书怀》一诗相印证。

第二个时段：收入《巴草》的是万历四十年九十月间在游历巴地的作品。万历四十年五六月间，曹学佺出川入贺。出川时途中作《中岩寺》（在四川青神县）和《宿月波驿》（在湖北宜昌西南与四川犍为县相接），收入《巴草》。六月，曹学佺进入安徽境内，入贺之后，九月归途又过安徽，其间所作诸诗另编有《两河行稿》（详下条）因为出川时所作只有两篇，可以忽略不计。九十月入贺回川，由重庆而北，经巴蜀忠县、垫江县、铜梁县、蓬溪县、遂宁县、射洪县、三台县、新都县回成都。这条路线是曹学佺万历三十七年（1609）和万历四十年（1612）春夏间两次入蜀没有走过的另一条线路。这一时段诗始于《巴署登楼望涂山》（与《两河行稿》相衔接），止于《过天回镇学射山诸处》（天回镇，在成都北郊）、《严君平祠堂落成同诸子过饮》。

第三个时段：收入《巴草》的是万历四十年十一月离蜀至四十一年（1613）发渝州的作品。四十年仲冬，曹学佺被谗。《修理成都五龙庙疏文》："岁壬子，余再入蜀，被谗，亟欲去，不能一朝居。"（《石仓文稿》卷四）《出成都晚次新津》："风日何凄紧，予行在仲冬。"此诗以下，均作于出蜀之时。《合江舟中闰十一月晦》："独坐舟中趣，无人对寂寥。读书犹不觉，问路便成遥。江水屡云合，离魂何处招。非缘今岁闰，除夕更萧萧。"按：万历四十年闰十一月。此诗后还有《初度同净公一公藏公坐西阁》，作于十二月；《正月八日同范东生到镇澜寺》，作于万历四十一年癸丑（1613）正月。倒数四篇为：《薄暮到江北观音寺》《治平寺同方次卿范东生龙藏上人散步时予将发渝州》（治平寺，在巴县）《五福宫胥民部张侍御倪奉常诸公宴别》《倪禹同奉常园中同胥民部张侍御览眺》。

按：此集内阁藏本编排于第 22 册第一种。

两河行稿

作于万历四十年壬子（1612）夏至秋、冬间，曹学佺三十九岁。

内阁藏本无编年，《石仓诗稿》缺此集。

《别喻宣仲》："蜀路重行懒，交情半世稀。他山存晚计，此别记春衣。"（《雪桂轩草》）万历四十年壬子（1612）正月，曹学佺离开江州重回蜀川。夏，出蜀，有两河之行。开篇《黄梅道中以小艇抵县漏下三鼓矣因作五言古风一首》："中夜投馆舍，鸡鸣趣行辀。于役俶云起，何敢自优游。"次篇《太湖道中望司空山吊李太白》："我来自巴蜀，扁舟泛江源。"是为出蜀公干之证，至于何种公干，不详。六月，由黄梅而潜山、桐城、舒城、庐江，七月朔日过红心驿，作《七月朔日过红心驿望金陵》；九月九日至彭城，作《九日泛冈头湖到彭城》。又由彭城至滁阳。终篇为《滁阳览古八绝》。此集作于万历四十年壬子的另一证据是《同王粹夫夜坐闻陈幼孺讣音作此志哀》，陈幼孺,即陈荐夫,本年春夏间卒。徐𤊹《过水明楼哭幼孺》:"独余残夜楼西月,水色山光似往年。"(《鳌峰集》卷十八,此诗编在壬子年)学佺闻讣在七八月间。

按:此集内阁藏本编排于第23册第三种。

浮山堂集

作于万历四十二年甲寅(1614)至四十五年丁巳(1617),曹学佺四十一至四十四岁。

内阁藏本无编年。《石仓诗稿》卷二十三《浮山堂集》卷首有"癸丑"二字,误。

曹学佺《祭林氏姊文》:"予癸丑岁以蜀宪放归,先大夫捐馆舍。"(《石仓文稿》卷之《夜光堂》)万历四十一年癸丑(1613)春,曹学佺归闽。曹孟喜《行述》:"自西蜀归。归构石仓园林,位置二十余景。宾朋歙集,诗歌杂进,日为文酒设宴之乐。"① 浮山堂为石仓二十景之第一景。"浮山堂,与石仓隔一大池,介乎其中者,衢路也。山自水而来,故曰'浮'。而山中凹,若分左右,然右者石,左者土。土山多杂树,如云烟之攒;石山崒岩,则松林也。松根亦似浮石,上不甚丽,土堂中几席皆可观山。长廊之上,或啸以歌,山际松涛,互为赓答。"(《石仓园记》,《石仓三稿文部》卷六《记类》下)集中有《闰月中秋集云中君山馆》,按:万历四十三年乙卯(1615),闰八月。以此诗为坐标,之前有《冬日山园晚步》,则作于上一年,即万历四十二年甲寅(1614)。此集开篇《拟古诗》:"行年四十间,谁复甘偃蹇?""行年四十间",取其成数,亦作于万历四十二年。《闰月中秋集云中君山馆》之后,有《至日张绍和过访浮山堂同俞羡长谈艺言别》,张燮(绍和)同时作《至日访曹能始浮山堂晤俞羡长乔姬在坐分得流字》(《霏云居续集》卷二十),俞安期(羡长)同时作《至日喜张绍和孝廉至雨中同集曹能始浮山堂因送计偕北上》(《翏翏堂全集》卷二十一),则已至万历四十四年岁末。《人日到妙峰寺》,则作于万历四十四年丙辰(1616)。《人日到妙峰寺》之后,有《夏夜池上偶成》

① 方宝川编:《曹学佺集》附录,江苏古籍出版社2003年影印本。

《端阳苦涨二首》《七夕荔阁上听施长卿弹琴文娟玉翰小双三姬度曲》《中秋夜池上看月》，至《周虞卿陈伯雨过别》，均作于此年。《周虞卿陈伯雨过别》之后，《正月初九日集林必全宅因过永明山斋》，又到了新的一年，即万历四十五年丁巳（1617）。《正月初九日集林必全宅因过永明山斋》之后有《听泉阁成留僧住持时四月八日》，《七夕遇雨》《九月望前一夜宴集山池同陈振狂诸子》诸诗。则此集止于此年秋冬间。徐𤊹《鳌峰集》、葛一龙《葛震甫集》等的作品，亦可作为此集写作时间的旁证，文繁，不再称引。

按：此集内阁藏本编排于第 14 册第三种。

福庐游稿（诗）

作于万历四十六年戊午（1618）三四月间，曹学佺四十五岁。

内阁藏本、《石仓诗稿》卷二十四《福庐游稿》均无编年。

曹学佺《游记一首》："余以万历戊午岁三月之望，抵福唐……相公折柬来问客游酣否，以何日归。予度念有二日，才得出山。"（《福庐游稿·文》）本年三月间，曹学佺应叶向高之邀，往游福庐（福建福清）。《芹洲守风清明日》，过芹洲时为清明日。集中末二首《叶君锡北上过浮山堂话别》《饮虹涧中咽石弄三字，季甥叶君馨书。遒劲有法，予颇赏之。雨后异卿更往，闻涧声逾壮。予以足疡，未之涉也。每思及此，辄以为憾。偶相公书来，亦以予记中叙此段稍略，复拈一律志之》，作于归后，两诗均与叶氏子弟有关。本集所收诗二十余题。

按：此集内阁藏本编排于第 13 册第三种。

听泉阁近稿

作于万历四十六年戊午（1618）夏至四十七年己未（1619）秋七八月间，曹学佺四十五至四十六岁。

内阁藏本、《石仓诗稿》卷二十五《听泉阁近稿》卷首并有"戊午己未"四字。是。

听泉阁，石仓园二十景之一。《石仓园记》："听泉阁，即俯群石者。泉自石林中过，有三层焉……阁在山半，若舒其手臂者。由石扃而入，以梯以栏，曰'阁道'。由臂而入者,木栈纵横,若猿猴之升,曰'栈道'。由石峡徙倚竹林园而入者,先大士堂,次石供,次香积厨,又其次为阁,曰'石门之道'。"（《石仓三稿文部》卷六《记类》下）集中有《福唐相公初度奉赠一律》:"相公年六十,致政五年余。"福唐相公叶向高生于隆庆三年（1559）,至万历四十六年（1618）年六十;向高万历四十二年（1614）致政,至作此诗时五年。此集开篇前数题有《夏日同周虞卿范穆其孙还初丁亨大龚克广薛念顺叶伯英证弟到北楼避暑》,此集当始于本年夏。又有《立秋日集陈太始侍御斋头因赠校书》。《福唐相公初度奉赠一律》之后有《（八月）十五夜山堂宴集纪事》等,又有《送蔡达卿》等三首送孝廉赴京考,本年省试,明年会试,故有是作。本年谢肇淛河臣秩满,擢云南布政使司左参政兼佥事,冬,赴滇,滞于信州,故学佺作有《寄送谢在杭之滇》①。《寄送谢在杭之滇》后有《除夕》诗。《元旦题梵高楼》,则作于万历四十七年己未（1619）。之后又有《二月十一日同山木珠泉二上人到妙峰赠新灯住持》等。卷末有《七夕王永叔中丞招宴新楼同林给谏陈侍御池广文赋》和《赠别歌者德孚四首》,后诗其二云:"光景逾九夏,渐入秋凉天。"当仍然在本月。

按:此集内阁藏本编排于第11册第一种。

石仓诗稿卷之夜光堂近稿

作于万历四十七年己未（1619）八月至四十八年庚申（1620）冬,曹学佺四十六至四十七岁。

内阁藏本、《石仓诗稿》卷二十六《夜光堂近稿》均无编年。

夜光堂,石仓园二十景之一。《石仓园记》:"夜光堂,初锸土时,径尺耳。堂成之后,前除后寝俱备,以丈计者,可六而七。堂之位置,与园中诸构殊,背流面山,山中松石,晨昏堕影阶前,初视之,疑为苔蹑衣而过。入夜,数有光怪吐于龟石之下,土木沾之有光,其殆山中灵贶耶?"（《石仓三稿文部》卷六《记类》下）此集承接《听泉阁近稿》。开篇《中秋夜招集诸子泛舟山池因宿夜光堂分得五言排律体四豪韵》,始于万历四十七年己未（1619）八月。

① 谢肇淛之滇时间,详笔者:《谢肇淛年表》,《小草斋集》附录,福建人民出版社2009年版。

之后有《九日登高石仓因憩妙峰寺同陈叔度吴汝鸣龚克广二优三妓共成九人》《冬夜同孝若振狂明远步月到石君亭》《腊月二十八日同陈叔度林异卿吴汝鸣邓道叶女郎长君再到薛君和山庄看梅分得仙字》。《庚寅元旦书怀是日迎春》之后有《二月初九喜雨集倪献子园馆》《三月晦前一日集李子述黄晦之陈叔度石仓临眺分韵》《四月望日社集西湖泛舟共享七言古风分得八霁》,《闽俗午前一日度节沈仲含诧以为奇因宴浮山堂话别》《安荩卿七夕值社平远台侦因国丧移期八月初七日始成各赋八韵》《九日石仓移舟登高》等,均为万历四十八年(1620)所作。卷末两题为《赵十五还莆将发舟矣邀同包一甫陈有美诸子集长至台看梅而别》《予石仓中由语江亭至梵高阁岩磴崎岖篱落纡回皆梅花也岁晏无萤独赏成咏》,则岁已晚。诗止于万历四十八年冬。

按:此集内阁藏本编排于第9册第一种。

漱轩诗稿

作于天启元年(1621)正月至十二月岁尽,曹学佺四十八岁。

内阁藏本、《石仓诗稿》卷二十七《漱轩诗稿》卷首均有"辛酉"二字。是。

漱轩,石仓二十景之一,《石仓园记》:"漱轩之水,别于大池,以便种荷。为轩者临之十间,荷叶长逾栏干上,花大如车轮,雨过,盘中珠十斛,或走或倾,随风以自消息。轩之右个有室数楹,闭勺泉其中,可临作书室,与荷池如隔一桥,香气沁入,经籍、衣被间皆香。"(《石仓三稿文部》卷六《记类》下)此集承接《石仓诗稿卷之夜光堂近稿》。开篇《元旦石仓书怀》二首其二:"林间废弃久,天启改元初。"知此集始于天启元年(1621)岁首。是岁闰二月,集中有《闰月花朝集漱轩同郑孟麟、陈叔度》。集中有《闰月花朝集漱轩》《端午后一日同王君衡侍御陈叔度郑孟麟诸友小双女郎集郑尔调少尹楼居分得寻字》《七夕同僧夜坐》《中秋前两夜泛月石仓王玉生为美人恬卿作画予因题满其扇》《九日石仓登高喜谢在杭自滇中迁粤西宪长至各赋五言古风分得屑字》《至日送吴去尘还新安》等,十二月所作《初度酬徐兴公见赠之什》:"四十九年来岁是,知非应早似蘧瑗。"知此年学佺四十八岁,来岁四十九。终篇《张绍和孝廉北上谈别因及时事》:"此时无一事,残岁始依人。"张燮有《过曹能始观察浮山堂留酌漫赋》略云:"驱车岁将迈,投君云水乡。"(《群玉楼集》卷二)终篇《岁除日独坐林亭》,知此集诗止于天启元年岁尽。

按:此集内阁藏本编排于第 12 册。

林亭诗稿

作于天启二年壬戌(1622)元月至三年癸亥(1623)春,曹学佺四十九至五十岁。

内阁藏本、《石仓诗稿》卷二十八《林亭诗稿》卷首均有"壬戌"二字。未准确。

林亭,石仓二十景之一。《石仓园记》:"林亭,初伐竹为椽,鳞次无瓦,既而患其穿也,始藉之茅,亭柱皆石,惟榱桷间为木耳。林攒左右,昼日恒阴,接入后山,连绵无际。多鼠鼯,曳尾以窃林中之实。黄鸟流啭,酣畅移时。"(《石仓三稿文部》卷六《记类》下)此集承接《淼轩诗稿》。开篇《元日登梵高阁》,知此集始于岁首。集中有《修禊西湖晚归城中观杂剧共赋五言古体分得荡字》《端阳后二日泛舟洪江登小金山观竞渡风雨大作各赋排律用七阳韵》等。《七月望夜独游金山寺》:"江行当此夜,壬戌及兹秋。"知此岁为天启二年壬戌。此诗之后还有《中秋集陈泰始漱石山房遇雨分得寒字》《长至台看梅》《除夕同范穆其吴去尘臧幼惺孟嘉孔表二儿守岁》等,仍作于天启二年。而《元日潘公理过访登长至台赋赠》,则作于天启三年。此集终篇《集郑尔调宅分韵》:"有怀同客赏,无日不花开。"知此集诗止于天启三年春。

按:此集内阁藏本编排于第 13 册第一种。

桂林集卷之一诗卷上

作于天启三年癸亥(1623)四月至七月,曹学佺五十岁。

内阁藏本无编年,《石仓诗稿》卷二十九《桂林集》卷之上首有"癸亥"二字。《石仓诗稿》不误。

此集与《林亭诗稿》承接。天启二年，曹学佺起为广西右参议。《赠别陈汝翔》："愧予又逐湘西役，未得随君石上眠。"此集首篇《出门书怀古风四首》，曹学佺《湘西纪行》上："四月十二日。自吾家至芋原，登舟才五里。徐兴公、郑孟麟、吴去尘、喻子奇、陈有美已先一日待。祭江毕，放舟之桐口。"知诗始于天启三年四月。集中有《午日邓远游招泛盱江载妓到驿亭张宴》等，则作于江西途中。此集倒数第二篇《题分司署壁署在东江门，路繇靖邸前过》，终篇《余同籍兄弟在粤西者四人而宁顾寅丈与余同官吴蜀兹复聚首桂林今昔之感凄然赋此识之》二诗，均见于《湘西纪行》上"七月初五日"所记，"七月初五日"是《湘西纪行》上所记的最后一天。知此集止于七月。

按：此集内阁藏本编排于第19册第一种。

桂林集卷之二诗卷中

作于天启三年癸亥（1623）七月至四年甲子（1624）秋杪，曹学佺五十至五十一岁。

内阁藏本无编年，《石仓诗稿》卷二十九《桂林集卷之中》首有"甲子"二字。按：《石仓诗稿》不准确。

此集承接《桂林集卷之一诗卷上》。天启三年七月五日入署，首篇《咏桂平分司松树》，即咏署中之树。下数首《同孟麟过谢在杭署中》："仰视星河出，秋期滞一方。"《遣兴四首》其四："溢浦明秋月，湘江隔暮云。音书劳觅取，回雁已成群。"所咏均是秋天之景。集中有《中秋公请直指公于棘苑》《九日清湘署中即事》《冬日邀米彦伯胡仁甫赵光抡滕伯伦张锡仲游西山六洞》等。又有《五十初度答诸公》《癸亥除夕》，可确证此集《癸亥除夕》之前诸诗作于天启三年，曹学佺五十岁。《甲子元旦奉和谢在杭方伯》至终篇方作于天启四年。集有《二月雨后过广寿庵观前代碑刻》《午日王心抑招游印山观竞渡》《九日虞山送吴宪使入觐》等；又有《送谢在杭方伯入觐》，徐𤊹《中奉大夫广西左布政使武林谢公行状》："甲子……客秋之杪，发桂林。"（崇祯刻本《小草斋文集》附录）；终篇《寄题南思受中丞渭南瀑园四首》。此集止于天启四年秋杪。

按:此集内阁藏本编排于第 19 册第二种。

桂林集卷之三诗卷下

作于天启四年甲子（1624）深秋至六年丙寅（1626）初冬,曹学佺五十一至五十三岁。

内阁藏本无编年,《石仓诗稿》卷三十一《桂林集卷之下》首有"乙丑丙寅"四字。按:《石仓诗稿》不准确。

此集承接《桂林集卷之二诗卷中》。首篇《登清秀岩》:"长江日落飞虹绕,僻坞秋深异鸟鸣。"时在天启四年甲子深秋,又有《喜弟修至因同守岁》等,作于天启四年。集中《元旦同能证作》,元旦,为天启五年乙丑之元旦。《元旦同能证作》后有《木龙洞七夕宴游》《中秋前一日招范穆其周又新陶允一同赵光抡唐无阿李汝大集木龙洞新亭》等,《西南地暖菊花颇迟投荒三载不知此中有善本顷乃得之值轩伯长生嘉儿到留与赏之》,学佺天启三年癸亥赴粤西,至五年乙丑,故称"三载"。《乙丑除夕纪事》:"五旬仍过两年华,四子惟留一在家。"乙丑岁,学佺年五十二。《丙寅元日》以下,作于天启六年丙寅。《嘉儿告归口述五言古体四章送之》其二:"忆昨出门时,行年正五十。兹焉已逾三,衰谢端非一。"此岁年五十三。又有《二月晦日游雉山岩》《中秋前二日集诸子兴文祠翫月》等、《苦雨》:"雷电愤交作,九月匪所宜。"作于天启六年九月。集倒数第四题《送叔度还闽二首》,叔度即陈鸿,鸿《别能始》:"归路及冬候,晓来寒渐深。"(《秋室篇》卷四)按:《忆昔诗十首》,题下小注:"忆昔者,因获归而思昔也。盖天启六年丙寅岁十月望后事。"十月望后,学佺粤西罹珰难,性命难保,无诗作。此集诗作止于六年初冬。

按:此集内阁藏本编排于第 20 册第一种。

石仓三稿诗卷之四更生篇上

作于天启七年丁卯（1627）,始于仲春,终于岁杪。曹学佺五十四岁。

按:此集内阁藏本编排于第 28 册第一种。内阁藏本无编年,《石仓诗稿》卷三十《更生篇》上卷首有"丁卯"二字。《石仓诗稿》不误。

天启六年（1626）十二月，获严谴，而追书板，放归，抱头而窜。初七，途中继母李氏卒。开篇《还家杂咏》："仲春始还家，去冬业蒙谴。"天启七年二月还家。此集始于此时。集中有《七夕诸子过集水阁各赋四律即景客为郑长白王龙光程晋孺曾波臣翁寿如黄鸣卿庄和君林懋礼陈叔度凡九人》《九日城西邀诸子登高》等，终篇《除夜走笔示次儿表》："去年蒙难长兄俱，今岁而兄在客途。"天启六年学佺蒙难，长子孟嘉千里往救；七年，孟嘉中举，岁暮赴京考。集止于天启七年岁杪。

石仓三稿诗卷之五更生篇下

此集存旧作。当编于天启七年丁卯（1627），曹学佺五十四岁。

按：此集内阁藏本编排于第 28 册第二种。《石仓诗稿》卷三十《更生篇》下无编年。

集卷端题辞："右《京师览古》及《西山纪游诗》。余在桂州甫作而难起，复简金陵戊申稿，皆屡佚者也。亦如其人滨九死而幸存，故题之以'更生'云尔。"作者更生，存稿亦更生。卷首有《京师览古》及《西山纪游诗》两题。以下为《金陵集戊申稿》。别详下文《佚集考》。

石仓三稿诗卷之六赐环篇上

作于崇祯元年戊辰（1628），曹学佺五十五岁。

内阁藏本无编年，《石仓诗稿》卷三十一《赐环篇》卷首有"庚午"二字。按：《石仓诗稿》误。

此集承接《更生篇》上。开篇《戊辰元旦》："元日为春日，崇祯始政元。"为崇祯元年之证。集中有《三月三日西湖修禊安荩卿值社》《浴佛日送无异禅师还博山》《七夕立秋陈盘生社集槎园分得三江韵》《八月朔日饮郑维宁草堂》《九日社集于山野意亭登高分得九佳韵》《至日送龚玄之还山》《腊月望夜社集陈泰始漱石山房看梅值余初度承诸君拈韵见存余得蒸字》等。《心融上人以笺索赠》："去年归里后，同学至于今。"曹学佺天启七年（1627）仲春归家，详上条。终篇为《除夕》。此集止于崇祯元年岁杪。

按：此集内阁藏本编排于第 28 册第三种。

石仓三稿诗卷之七赐环篇下

作于崇祯二年己巳（1629）正月至三年庚午（1630）秋，曹学佺五十六至五十七岁。

内阁藏本卷首有"己巳"二字，《石仓诗稿》缺此集。按：内阁藏本未准确。

此集承接《赐环篇》上。开篇《元旦同钱生登长至台作》，始于崇祯二年元旦。集中有《花朝洪中翰汝含值社》《夏至日阮坚之太守以奏绩入省过余石仓仍为社集共得洪塘二韵》《六月朔日竹醉亭食荔至晚观乐修社集也共赋七言用九青韵》《七夕陈泰始招集神光寺观乐共赋五言古体》《九日登高过渭南祠有怀》《至日集龚克广林异卿斋头曾波臣为予作画》《己巳除夕》等，作于崇祯二年。又有有《庚午元旦》，作于崇祯三年。《庚午元旦》之后的作品，有《花朝能证舍弟西园社集》《午日邀饶得渭不疑上人石仓临泛》《七夕槎园遇雨倪献子招》等。倒数第四首《题藏上人寿意》："九月天气肃，金风吹湛露。"终篇《梳头见白发》："白发入秋来，清霜已盈错。"知此集诗止于崇祯三年季秋。

按：此集内阁藏本编排于第 29 册。

石仓三稿 西峰集上

作于崇祯三年庚午（1630）冬至四年辛未（1631）岁杪，曹学佺五十七至五十八岁。

内阁藏本无编年，《石仓诗稿》卷三十二《西峰集》上卷首有"辛未"二字。按：《石仓诗稿》不准确。

此集承接《赐环篇》下。崇祯二年冬（速差赴任已在三年），曹学佺补广西按察司副使，以病不赴。学佺于崇祯三年冬从城外洪江石仓移园居福州城西西峰里。此集开篇《移居西峰社有述时予乞休得请》，次篇《腊日诸子过集西峰草堂得十四监韵时苦旱甚》，又有《庚午除夕》等，以上作于崇祯三年庚午。又有《辛未元旦》《辛未三月西湖休禊倪柯古值社》《中秋石仓桥看月》《九日上涌泉道中见运材者》《孟冬朔日社集西峰草堂看菊共享一东韵》

《长至前一夜陈京兆宅看黄白二菊得十四盐韵》等。此集倒数第五篇《腊月十五日迎春值予初度全社招宴东第共享春字七律》。此集诗止于崇祯四年岁杪。

按：此集内阁藏本编排于第24册第一种。

石仓三稿 西峰集中

作于崇祯四年辛未（1631）除夕至五年壬申（1632）秋，曹学佺五十八至五十九岁。

内阁藏本无编年，《石仓诗稿》卷三十二《西峰集》中卷首有"壬申"二字。按：《石仓诗稿》大体不误，因为此集仅有开篇《辛未除夕》一首作于崇祯四年辛未。

此集承接《西峰集》上。《辛未除夕》之后《壬申元旦》以下有《花朝郑汝交南园宴集》《三月三日舍弟能证西湖值社分得十三覃》《五月朔日值社西湖观竞渡怀陈泰始京兆》《七月朔日徐兴公值社九仙观赋得定光塔兴公诞辰也》《八月十二日郑汝交还社南园看塔灯》等，卷末倒数第三首《季秋听泉阁杂咏十首》，其《小引》云"时距重九犹五日耳"；终篇《洪可远宅看菊》："何事黄花伤客思，今年憔悴去年多。"此集诗止于崇祯五年季秋。

按：此集内阁藏本编排于第24册第二种。

石仓三稿 西峰集下

作于崇祯五年壬申（1632）至六年癸酉（1633），曹学佺五十九至六十岁。

内阁藏本无编年，《石仓诗稿》卷三十二《西峰集》下卷首有"癸酉"二字。《石仓诗稿》不准确。

此集承接《西峰集》中。开篇咏砚，可不论；次篇《舟中杂兴廿首》："舟轻如一叶，载得几枝秋。"第三题《九日困关携妓登高》，以下有《立冬日浮山堂社集再送朱安仁》《壬申除夕同爱檠叔度能证诸子》，知以上作于崇祯五年九月。除夕诗以下有《癸酉年元旦》《清明前五日社集浮山堂见新燕》《癸酉五月朔日西湖观竞渡八绝》《七夕集安荩卿闻钟馆》《中秋社集浮山堂喜张长正丘克九至仍送长正之京克九之鲁》《九日神光寺登高》《至日龚克广值社南园分得生字》等,终篇《六十初度同社集西峰草堂观演蔡忠惠剧共享阳字》,学佺时年六十,则此集诗止于崇祯六年岁杪。

按:此集内阁藏本编排于第 25 册。

石仓四稿 西峰六一草

作于崇祯七年甲戌（1634）,曹学佺六十一岁。

《六一草小引》:"六一者,余今年六十有一也。又自一而至九,斯七之义起,而以观余之志,不因年而少衰焉。诗言志,歌永言,余之志庶几乎可永也已。"曹学佺自本年起,一岁一集。除《西峰六四草》,《石仓诗稿》本年及本年之后各集均缺。

《甲戌元旦纪事》题下自注:"是岁闰八月。余以前甲戌闰十二月生。"《送藏公还匡山》:"师来予六十,今又一春多。"又有《甲戌岁五月西湖观竞渡廿首》。

按:此集内阁藏本编排于第 38 册。

石仓四稿 西峰六二草

作于崇祯八年乙亥（1635）,曹学佺六十二岁。

集中首篇《甲戌除夕仝黄安耿克励甫东周宣哲陈叔度林茂之祖直儿孟济孙牟来守岁》,次篇《乙亥元旦》。《寿陈叔度》:"倏忽韶光裹,明年六十春。"陈鸿少曹学佺三岁（详笔者《曹学佺年谱长编》,未刊稿）,本年曹学佺六十二,陈鸿五十九。终篇《乙亥除夕纪事》,题下自注:"是年腊月念八日立春也。"

按:此集内阁藏本编排于第 41 册。

石仓五稿 西峰六三草

作于崇祯九年丙子（1636）,曹学佺六十三岁。

首篇《丙子元旦集徐兴公宅》。《叔度六十初度》,是年曹学佺六十三,陈鸿六十。

按:《西峰六三草》(《西峰六三文》)为《石仓五稿》,《西峰六四草》(《西峰六四文》)反为《石仓四稿》,看似刊刻讹误,其实未必然,说详下。

又按:此集内阁藏本编排于第46册。

石仓四稿 西峰六四草

作于崇祯十年丁丑(1637),曹学佺六十四岁。

《三山耆社诗敬述》:"司马君实,六十有四。耆英之社,固与其次。予丁兹年,恰与相值。"附记:"徐兴公乡宾,年六十八。"是年,曹学佺六十四,徐𤊹六十八。徐𤊹生于隆庆四年庚午(1570),详笔者《徐𤊹生卒时间详考》①。集中还有《丁丑除夕偶占一先韵因成八绝》。

按:此集内阁藏本编排于第44册。

石仓五稿 西峰六五草上

作于崇祯十一年戊寅(1638)正月至七月,曹学佺六十五岁。

集始于《元日书怀》《初二日与社中诸子湖上作》。《送陈昌箕之清漳谒徐云林宪伯》,有云:"时当三月三,偕游老吾老。"又有《戊寅七夕邻园招陈无功毕拯之卞伏公吴仲暗陈献可徐硕客郑汝交林异卿陈昌箕家弟能证看牛女赋诗一篇》。又有《家能证弟六秩初度赠之以诗》,按:曹学佺长弟学修五岁,学修是岁年六十,学佺六十五。此集终篇《问祖直病》:"秋风何事频高枕,饱食烟岚住翠微。"

按:此集内阁藏本编排于第49册第一种。

石仓五稿 西峰六五草下

作于崇祯十一年戊寅(1638)七月至岁杪,曹学佺六十五岁。

此集接《西峰六五草上》。是集首篇《题山阴祁幼文寓山园》,次篇《津

---

① 详笔者:《徐𤊹生卒时间详考》,《文学遗产》2011年第2期。

门楼避暑同卜伏公齐季吁陈昌基》:"秋暑不可耐,津楼招远风。"仍在七月。集中有《中秋开社津门楼》《九日集钱尔先龙山作》《长至台看梅》《戊寅诞日答陈振狂董崇相见赠之什》《除夕八首》等。

按:此集内阁藏本编排于第 49 册第二种。

石仓五稿　西峰用六篇诗

作于崇祯十二年己卯(1639),曹学佺六十六岁。

《用六篇》卷首:"用六者,余年六十有六也。六阴之穷,以六加六,则又穷矣。穷则变,变则通。《易》有用六之法,余故仿之成篇。"《己卯初度病足蒙汝载诸父以诗见赠奉和四章》:"命草始知今六六,禅机难了后三三。"己卯,年六十六。

按:此集内阁藏本编排于第 51 册。

石仓六稿　西峰六七集诗

作于崇祯十三年庚辰(1640),曹学佺六十七岁。

《庚辰元旦述怀》:"十日曾孙称两岁,首春佳气衍三旬。"按:曾孙诞于去岁岁杪,《曾孙三朝集过百龄龚克广陈盘生周必年陈云生孙献吉诸客谈弈》(《用六篇诗》)至今岁元旦刚十日。《赠徐兴公》:"七十古云稀,君复逾其一。"徐𤏡长曹学佺四岁,今岁年七十一。集又有《庚辰看菊四绝寄冯密庵》。

按:此集内阁藏本编排于第 53 册。

石仓六稿　西峰六八集诗

作于崇祯十四年辛巳(1641),曹学佺六十八岁。

首、次二篇为《庚辰除夕》《辛巳元旦》。倒数第三首《集丁戊园为林异卿寿》其二:"嘉平之望予初度,迢递中旬为子觞。"终篇《洪江又送茂生效击壤体四绝》其一:"萧然名士自风流,岁暮无营趣更遒。"诗止于岁暮。

按:此集内阁藏本编排于第 55 册。

石仓六稿　西峰六九集诗

作于崇祯十五年壬午（1642），曹学佺六十九岁。

集前三篇《警怀篇三首》《录辛巳除夕》《壬午元日》。《人日立春社集西园》："崇祯十有五年春，此日晴晖正属人。"《赠徐觐曾》："予方望七岁，亦久见曾孙。"今年六九，明年七十，故云"望七"；生曾孙，见《用六篇诗》。卷末为《壬午除夕四首》。

按：此集内阁藏本编排于第57册。

石仓六稿　西峰古稀集诗上

作于崇祯十六年癸未（1643），曹学佺七十岁。

首篇《元旦谨书古风一首》："古希始及我，我贵繇知希。大音去已远，上寿焉能几。"倒数第三篇《朱祠喜陈叔度黄贞吉徐存永见访》："秋风入树成萧瑟，夜月开尊慰离群。"此篇陈鸿和："晚山薄蔼青相接，秋月平沙白不分。"知此集始于是年元旦止于秋。

按：此集内阁藏本编排于第59册。

石仓六稿　西峰古稀集诗下

作于崇祯十六年癸未（1643），曹学佺七十岁。

此集前数篇均为乐府，接于乐府之后的是《月夜发嵩溪同徐存永器之黄贞吉》："蚁浮秋露湿，鸡唱曙村移。"末篇为《癸未腊月迎春》。知此集为是岁秋冬两季之作。

按：此集内阁藏本编排于第60册。

二、文集考

挂剑篇（文）

作于万历二十四年丙申（1596），曹学佺二十三岁。

此集写作时间同《挂剑篇》(诗),详上文"诗集考"。

按:此集内阁藏本编排于第 18 册第一种。

石仓文稿卷一

卷一至卷五,作于万历二十四年丙申(1596)至万历四十年壬子(1612),曹学佺二十三至四十一岁。

《石仓文稿》卷一为序(卷末数篇是传记、墓志铭),卷二为赠序、寿序、传记,卷三为记,卷四为疏,卷五为启,按文体排列,共五卷。因为按文体排列,故作年只能作整体判定。

《文稿》可考作得最早的一篇是《祭周明府先生文》(卷二)。此文又见《挂剑篇》,作《祭文》,作于万历二十四年(1596)。卷三诸游记和说,排列顺序是这样的:《游九华记》《游匡庐记》《泛太湖游洞庭两山记》《适越记》《游天柱山记》《游房山记》《游蓟门记》《永福山水记》《春风楼记》《爱日堂记》《游峨眉山记》《古胜园记》《秋浦曹隐君六峰精舍记》《唐砚说》,后三篇作年不详,其余各篇作年如下:《泛太湖游洞庭两山记》作于万历二十五年(1597);《游房山记》《游蓟门记》作于万历二十七年(1599);《永福山水记》作于万历二十九年(1601);《适越记》作于万历三十年(1602);《游天柱山记》作于万历三十一年(1603);《游九华山记》《游匡庐记》《春风楼记》《爱日堂记》作于万历三十二年甲辰(1604);《游峨眉山记》作于万历三十九年(1611)。《石仓文稿》各卷的文章,先分文体,同一种文体以时间顺序先后排列。这五卷可考的作年最晚的是作于蜀地的《峨眉万年寺海会堂常住田碑》:"予壬子岁与其比丘惟净坐夏,具询之,乃知堂众日增,田畴尚阙。"(卷四)以及《修理成都五龙庙疏文》:"岁壬子,余再入蜀,被谗,亟欲去,不能一朝居……予今年中于谗,不克讼,而神告余……"(卷四)《石仓文稿》一至五卷作年当在万历二十四年至四十年(1612)之间。

按:卷一内阁藏本编排于第 3、4 册。

石仓文稿卷二

按:内阁藏本编排于第 5、6 册。

石仓文稿卷三

按:内阁藏本编排于第 7 册。

石仓文稿卷四

按:内阁藏本编排于第 8 册第一种。

石仓文稿卷五

按:内阁藏本编排于第 8 册第二种。

石仓文稿卷之浮山

作于万历四十二年甲寅（1614）至四十五年丁巳（1617）四十一至四十四岁。

作年与《浮山堂集》（诗）同,详上文"诗集考"。

按:内阁藏本编排于第 10 册第一种。

福庐游稿（文）

作于万历四十六年戊午（1618）三四月间,曹学佺四十五岁。

作年与《福庐游稿》（诗）同,详上文"诗集考"。

卷首有叶向高《〈福庐游记〉序》。

按:此集内阁藏本编排于第 13 册第三种。

石仓文稿卷之听泉阁

作于万历四十六年戊午（1618）至四十七年己未（1619）,曹学佺四十五至四十六岁。

作年与《听泉阁近稿》（诗）同,详上文"诗集考"。

按:内阁藏本编排于第 11 册第二种。

石仓文稿卷之夜光堂

作于万历四十七年己未（1619）至四十八年庚申（1620）,曹学佺四十六至四十七岁。

作年与《石仓诗稿》卷之《夜光堂近稿》（诗）同,详上文"诗集考"。

按:内阁藏本编排于第 9 册第二种。

石仓文稿卷之渺轩（淼轩）

作于天启元年（1621）,曹学佺四十八岁。

渺轩,即淼轩。作年与《淼轩诗稿》同,详上文"诗集考"。

诗集作"淼轩",文集作"渺轩","淼"、与"渺"虽可通,但未能一致,不免小憾。其中《吴光卿〈长溪小草〉序》一文,与诗《吴光卿之柳城濒行出其长溪小草索序予已为塞白仍作七言古风送之》前后作,诗载《石仓诗稿》卷之《夜光堂近稿》,文载《渺轩》。

按:内阁藏本编排于第 10 册第二种。

林亭文稿

作于天启二年壬戌（1622）至三年癸亥（1623）,曹学佺四十九至五十岁。

作年与《林亭诗稿》同,详上文"诗集考"。

按:内阁藏本编排于第 13 册第二种。

湘西纪行上卷

作于天启三年癸亥（1623）,曹学佺五十岁。

此卷为日记体纪行文,作于赴粤西途中。始于天启三年癸亥（1623）四月月十一日,止于七月初六日。曹学佺五十岁。

按:内阁藏本编排于第 20 册第二种。

湘西纪行下卷

作于天启三年癸亥（1623）,曹学佺五十岁。

此卷内文有《闽中通志杂论》之题。集云:"《通志》之役,予临发始预闻,不欲以所难遗之人,故于舟车之上,或倚篷而想,或凭轼而书,何莫非行子课程也。且予别故乡矣,徒为高冈之陟,白云之望,无益也。惟是取乡中事而寻绎之聊,以寄予思焉,而已矣。"故知作于天启三年癸亥(1623)四月至七月赴粤西途中。

按:内阁藏本编排于第 21 册。

石仓三稿 文部卷之一 序类上

《石仓三稿文部》共十九卷,按文体排列,这十九卷文起于天启三年(1623)赴粤西途中,大体止于崇祯三年(1630)迁西峰里之前,曹学佺五十至五十七岁。

曹学佺《重修雪峰寺募缘疏》:"顷以量补粤西,分当出门,一出门即当抵山下,而寺僧五六辈自洪江尾而来者,其敦请又甚勤也。予于往否之意本所未决,适值霖雨载途,不能上岸,则此游更错过,不知又何时矣。寺僧之亟余游也,谓余一游之后,斯故者可新,颓者可复,而以为梵刹重也……聊书此而复山僧,以待夫宿根大力之承当于斯者。余归而续登山之缘,未晚也。"(《石仓三稿文部》卷九《法喜类》上)据《湘西纪行》下,僧尾其舟,因雨不得游雪峰,在天启三年(1623)四月十三日,知疏作于此时。

曹学佺辑编《十二代诗选》,有《古诗选》《唐诗选》《宋诗选》《元诗选》《明诗选》(即《明兴诗选》),五集之《序》,《石仓三稿文部》卷二这五篇《序》也是按十二代前后的顺序排列的。由于成书有先后,曹学佺作《序》时间,后三种作于崇祯三年(1630),前二种反而作于崇祯四年(1631)。如果这五篇《序》以写作前后为序编排,就打乱了十二代前后的次序,给读者带来不便。《古诗选序》《唐诗选序》两文作于移居西峰里之后,崇祯四年(1631)《石仓三稿文部》正在编辑准备付梓,出于上述原因,故编入此集,不编入移居后的《西峰文集》。

《石仓三稿·文部》卷十二有《万历壬子岁建南告急正值开科当事者策诸生而佺代为之答》一文,作于万历二十年(1612),照道理应编入《听泉阁》;或因代作,编《听泉阁》时没有考虑收此文。此文之后,有《丁卯岁豚儿孟嘉乡试中式而当事者以海防策见询因代为答之如左》一文,也是代作,以类相从,故存于此集,成为特例。

石仓三稿 文部卷之二 序类中

石仓三稿 文部卷之三 序类下

按:以上三卷内阁藏本编排于第 30 册。

石仓三稿 文部卷之四 记类上

石仓三稿 文部卷之五 记类中

石仓三稿 文部卷之六 记类下

按:以上三卷内阁藏本编排于第 31 册。

石仓三稿 文部卷之七 题赞碑铭类

石仓三稿 文部卷之八 哀情类

按:以上二卷内阁藏本编排于第 32 册。

石仓三稿 文部卷之九 法喜类上

石仓三稿 文部卷之十 法喜类下

按:以上二卷内阁藏本编排于第 33 册。

石仓三稿 文部卷之十一 论类

石仓三稿 文部卷之十二 策类

石仓三稿 文部卷之十三 条议类一

按:以上二卷内阁藏本编排于第 34 册。

石仓三稿 文部卷之十四 条议类二

石仓三稿 文部卷之十五 条议类三

按:以上二卷内阁藏本编排于第 35 册。

石仓三稿　文部卷之十六　条议类四

石仓三稿　文部卷之十七　条议类五

按:以上二卷内阁藏本编排于第 36 册。

石仓三稿　文部卷之十八　条议类六

石仓三稿　文部卷之十九　条议类七

按:以上二卷内阁藏本编排于第 37 册。

石仓三稿　西峰集文部上

《西峰文集》上、中、下,所收文和《西峰集》诗的时间大体相当,为迁往西峰里之后所作,即崇祯三年（1630）至崇祯六年（1633）之文,曹学佺五十七至六十岁。

此三集按文体编排:序、传、记、碑铭、疏。同一种文体略以时间前后为序,但有时又以类相从。

按:内阁藏本编排于第 26 册。

石仓三稿　西峰集文部中

石仓三稿　西峰集文部下

按:以上二集内阁藏本编排于第 27 册。

石仓四稿　西峰六一集文部卷之一　序上

《西峰六一集文部》计序二卷、碑铭一卷、书论一卷,共四卷。作于崇祯七年甲戌（1634）,曹学佺六十一岁。

作年与《西峰六一草》同,详上文“诗集考”。

石仓四稿　西峰六一集文部卷之二　序下

按:以上二卷内阁藏本编排于第 39 册。

石仓四稿 西峰六一集文部卷之三 碑铭

石仓四稿 西峰六一集文部卷之四 书论

按：以上二卷内阁藏本编排于第 40 册。

石仓四稿 西峰六二集文部卷之一 序上

《西峰六二集文部》计序二卷、传记一卷、铭诔一卷,共四卷。作于崇祯八年乙亥（1635）,曹学佺六十二岁。

作年与《西峰六二草》同,详上文"诗集考"。

石仓四稿 西峰六二集文部卷之二 序下

按：以上二卷内阁藏本编排于第 42 册。

石仓四稿 西峰六二集文部卷之三 传记

石仓四稿 西峰六二集文部卷之四 铭诔

按：以上二卷内阁藏本编排于第 43 册。

石仓五稿 西峰六三集文部卷之一 序上

《西峰六三集文部》计序二卷、记疏碑文一卷,共三卷。作于崇祯九年丙子（1636）,曹学佺六十三岁。

作年与《西峰六三草》同,详上文"诗集考"。

按：内阁藏本编排于第 47 册。

石仓五稿 西峰六三集文部卷之二 序下

石仓五稿 西峰六三集文部卷之三 记疏碑文

按：以上二卷内阁藏本编排于第 48 册。

石仓四稿　西峰六四集文部

《西峰六四集文部》一卷。作于崇祯十年丁丑（1637），曹学佺六十四岁。
作年与《西峰六四草》同，详上文"诗集考"。

按：以上二卷内阁藏本编排于第 45 册。

石仓五稿　西峰六五集文部

《西峰六五集文部》一卷，作于崇祯十一年戊寅（1638），曹学佺六十五岁。
作年与《西峰六五集诗》同，详上文"诗集考"。

按：内阁藏本编排于第 50 册。

石仓五稿　西峰用六集文部

《西峰用六集文部》一卷，作于崇祯十二年己卯（1639），曹学佺六十六岁。
作年与《西峰用六篇诗》同。

按：内阁藏本编排于第 52 册。

石仓六稿　西峰六七集文部

《西峰六七集文部》一卷，作于崇祯十三年庚辰（1640），曹学佺六十七岁。
作年与《西峰六七集诗》同，详上文"诗集考"。

按：内阁藏本编排于第 54 册。

石仓六稿　西峰六八集文部

《西峰六八集文部》一卷，作于崇祯十四年辛午（1641），曹学佺六十八岁。
作年与《西峰六八集诗》同，详上文"诗集考"。

按：内阁藏本编排于第 56 册。

石仓六稿　西峰六九集文部

《西峰六九集文部》一卷，作于崇祯十五年壬未（1642），曹学佺六十九岁。

作年与《西峰六九集诗》同,详上文"诗集考"。

按:内阁藏本编排于第 58 册。

石仓六稿 西峰古稀集文部

《西峰古稀集文部》一卷、说部一卷,共二卷,作于崇祯十六年癸申（1643）,曹学佺七十岁。

作年与《西峰古稀集诗》同,详上文"诗集考"。

石仓六稿 西峰六稀集说部

按:内阁藏本编排于第 61 册第一、二种。

三、集内集与佚集考

蓟门集

作于万历二十七年己亥（1599）,曹学佺二十六岁。

徐𤊹《曹能始〈石仓集〉序》:"其计部长安也,则有《蓟门》之什;其廷尉陪京也,则有《金陵》之集;其乞宁亲之假也,则有《芝社》之咏;其参紫微之省也,则有《入蜀》之篇。"（《重编红雨楼题跋》卷一）曹学佺计部在万历二十六年（1598）至二十七年己亥（1599）年间,详上。其间有《潞河集》《游房山诗》。此二集均无涉蓟门。曹学佺《游蓟门记》:"蓟门峙以盘山,长城围之。己亥春,偕友人张维诚自通州行至三河,三河行五十里至盘山之麓,仰望其巅,玄紫迥异,浮图、树石溢于目前。既入山……予谓维诚,此足称壮游,但未睹塞上雪耳。"（《石仓文稿》卷三）可知学佺确有蓟门之游。此一。学佺既有蓟门游记,亦当有游蓟门诗。此二。学佺《金陵》《芝社》《入蜀》诸集俱在,可知亦确有《蓟门》之什。此三。《蓟门》之什佚。

适越诗

初稿成于万历三十年壬寅（1602）,曹学佺二十九岁。

这一年二三月间,所作诗结集为《游太湖诗》。九月之后所作,结集为《续游藤山诗》。四月至八月诗今不存。

曹学佺有《游房山记》(《石仓文稿》卷三),相应有《游房山诗》;《泛游太湖洞庭两山记》(《石仓文稿》卷三),相应有《游太湖诗》;《游天柱山记》,相应有《天柱篇》;《游福庐记》,相应有《游福庐稿(诗)》;有《永福山水记》(《石仓文稿》卷三),虽然没有《永福诗(篇)》之集,但是曹学佺把游永福诗整入《玉华篇》一集中,虽未单独成集,但是诗保存下来了。曹学佺《适越记》:"余之越游也,历郡县、山川、古迹若干,只易一晦朔耳,悠悠如是也。以之登览,亦用几何哉!同游者为吴充、陈仲溱。兰溪与吴别,陈同余归。"(《石仓文稿》卷三)游越匝月,有记,亦有诗。但诗未定稿。《吴德符越游诗》又曰:"予他处游山,率成篇什,独此游者,未即脱稿,以沿幽达峻,不易酬,况且蓄有疑贰,莫之臆决。"(《石仓文稿》卷一)原有准备编集之意愿,或终未成集。

按:冯梦祯《日记·壬寅》:"(八月)初六,早尚雨。亲送史岳伯中秋礼,不面面。拜曹能始。午邀曹能始、屠长卿、吴德符小叙,听曲。能始先作《隔舫闻歌诗》,书扇相送,并见赠一章,俱佳。又《游洞庭记》《金陵社集》,下语生解,不愧名士。是日在晴,夜凉,夹被犹寒。"(《快雪堂集》卷五十九)据此,知曹学佺于越中作有《隔舫闻歌诗》及《赠冯开之》(题笔者所拟)等诗,今已佚,可确证原本有《适越诗》或《适越集》。

金陵稿(文)

《贺武平邑侯西有尹父母荣荐纪绩序》:"宜宾尹子求,旧字恒屈,在留曹时与予交甚昵也。予《金陵稿》中有序《尹恒屈诗》。嗣后予为蜀宪,一访恒屈于其家,见其二子焉,谈诗对弈,甚适也。"(《西峰六三文部·序》上)上文我们说曹学佺有《游房山记》(《石仓文稿》卷三),相应有《游房山诗》等等,反之,曹氏有《金陵集》诗,又有《金陵稿》(文),亦不足为奇。

按:《尹恒屈诗》序见《石仓文稿》卷一。《石仓文稿》存万历二十四年(1596)至四十年(1612)间文。卷二《祭周明府先生文》又见

《挂剑篇》(文)。据此,《〈尹恒屈诗〉序》既见于《石仓文稿》,又见于《金陵稿》,亦很正常。

定义

曹学佺《〈定义〉再叙》:"曹子曰:'人之习气,最为难忘。'语云:'家有敝帚,享之千金。'习使之然也。予舍去举子业,十有五年矣,承乏川西,覆阅《观风录》,见蜀士之娴于文也,若不胜其技痒焉。蜀之士若以不佞为可与言者,不佞《谢亡状》,偶检箧中,携有旧稿,因翻刻之,以酬多士。语又云:'巧者不过习者之门。'予惟未之习也,故不能藏其拙矣。一噱。"(《石仓文稿》卷一)据此《叙》,曹学佺入蜀之前刻过自己早年所作的"举子业"文,名为《定义》,入蜀后再刻。

晚明有功名的文人,对自己早年所作的"举子业"文通常很在意,时有单刻者,但很少收入自己的文集。此集属于《石仓》之外的外集。

古文

曹学佺《〈古文〉自序》:"曹子曰:古文、时文,无二理也。秦汉之文,无以异于今日之文也。古之文也,简而质;今之文也,繁而无当。古之文也,序、记、传、赞之类,各有根致;今之文也,不暇辨折,只成一论体。古之文也,是是非非,义例甚严;今之刻薄者,隐讥诽;阘茸者,滥夸与而已矣。然则谓予之文,其能无剩语与?无变体与?又能是非之当于人心与?而俱未之能也,是犹未免有时相也。虽然,此意不可不知,而亦不可不存也。噫!凡事皆然,宁独文矣!予既以举业翻刻署中,与蜀生相切劘,复取其古文之近于时义者以广之。夫惟欲其与时文相近也,则亦不厌其为时矣。"(《石仓文稿》卷一)这是曹学佺古文的自选集,刻于入蜀之时。

此集也是属于《石仓》之外的外集。

短启

张燮《答曹能始》:"三复《蜀草》,正足仰答彼间山灵,使千古遗踪不尽付断烟荒址,大是快事。《短启》亦复骏快多致。曾于薛公处读所为赠行之章,知大篇尚富。何不并梓其全也？便翔附谢,侧耳莺鸣,远道之思勃勃矣。"
(《霏云居集》卷四十二)在蜀似刻有《短启》(今本《石仓文稿》卷五载有
蜀中所作短启十余通),张燮期待能梓全。

甲乙近艺

曹学佺《送督学圣洋陶公归楚序》:"余不佞,盖有《甲乙近艺》云。
督学使者圣洋陶公序之曰:'某筮仕豫章,与闽连壤,窃闻曹先生之风,以为
安得一日而事之也。及奉命来闽视学事,又何幸得式先生之庐,而睹其貌与
读其文也。先生之文,远追踪于弘、正而近足挽夫世之颓靡者。某正可藉为
诸士鹄,而匡其所不逮也。'余拜公之文,谨什袭藏之,不敢以过受推。予
于公者,而行之坊间也,然而三山人士鲜不谓予辱公知深矣。"(《西峰六三
文部》下)

曹忠节遗文

谢章铤《课余偶录》卷二:"《曹忠节遗文》一卷,明殉节荣禄大夫、太子
太保、礼部尚书曹学佺撰。按:雁泽先生著述甚富,此本遗文不过十篇。首有
第五子孟喜所作《行述》。墓在鼓山魁崎。殉节时七十三,在城中西峰里。
末有徐延寿《祭文》。延寿,兴公之子,公之通家子也。其文恢奇有气。"(光
绪戊戌本)

曹学佺的诗文集,我们现在看到的刻本,诗文仅到七十岁时为止。曹
学佺卒于清顺治三年(1646),按传统说法七十三岁,也就是说,七十一
至七十三岁之诗文,到晚清谢章铤之时,看到的只存十篇。徐延寿,即
徐存永,曹学佺好友徐𤊹之子。《祭文》,或即《大宗伯曹能始先生挽章
一百八十韵》。《大宗伯曹能始先生挽章一百八十韵》与曹孟喜所作《行
述》,有钞本,存福建师范大学图书馆。谢章铤看到的《曹忠节遗文》,今
未见。

我们现在见到曹学佺最早的集子是万历二十四年(1596)作的《挂剑
篇》,其时曹学佺二十三岁。万历二十四年之前,曹氏的诗文,我们可以在
他人的作品中找到一点线索。万历二十一年(1593),此岁徐𤊹作有《七

夕曹能始宅上观妓》(《幔亭集》卷三)、徐𤊹有《七夕曹能始宅上观伎》(《鳌峰集》卷十三)①,作为东道主,曹学佺当作有《七夕宅上观妓》诗。二十三年乙未(1595),曹氏二十二岁,春在京。徐𤊹有《同许灵长太学张去华山人陈幼孺曹能始二孝廉集邓汝高计部署中赋得长安新柳送张成叔太学还四明》(《幔亭集》卷八)、邓原岳有《陈幼孺徐惟和曹能始孝廉许灵长太学张去华山人共集署中赋得长安新柳送张成叔还四明》(《西楼全集》卷五)、陈荐夫有《同许灵长太学张去华山人徐惟和曹能始二孝廉集邓汝高民部署中赋得长安新柳送张成叔太学还四明得楼字》(《水明楼集》卷五),曹学佺同赋,我们可以为他拟一个题目:《同许灵长太学张去华山人陈幼孺徐惟和二孝廉集邓汝高计部署中赋得长安新柳送张成叔太学还四明》。本来,《挂剑篇》之前,曹学佺两次赴京考,完全可以编一个"北游"、"长安"之类的集子。然而,我们却没有见到这类集子。晚明时期,闽人编集往往不收其少作或比较年轻时期的作品,徐𤊹为其兄徐熥编《幔亭集》便是一例。曹学佺或许也是出于这个原因未予编集。

万历二十三年(1595),曹学佺成进士归家待选,到次年六月往金溪哭师周圣兆之墓,还有一年多的时间,这一年多的作品,曹氏亦未将其编成集,作品亦散佚。

万历二十五年(1597)春,曹学佺动身入京,授户部主事,督通州庾;分校通州。至次年春往潞河,整整一年,其诗未见编集,可能亦散佚。后载于《更生篇》下的《京师览古》及《西山纪游诗》两题诗,也不能确定是此年所作,还是前两次入京时作,曹氏在这些诗之前自己所说的"屡佚者"而残存下来的。由此可知,早年曹氏对自己的作品的保存并不十分介意,对这一年的诗,似也不曾考虑过编集。

万历三十一年(1613),这一年除了《巴草》的几篇出川诗之外,因居丧而无诗,亦无集。

曹学佺在世时,崇祯五年(1632)壬申陆云龙编选《翠娱阁评选曹能始

---

① 徐熥、徐𤊹诗作于是岁,详拙著《徐𤊹年谱长编》(未刊稿)。

先生小品》;崇祯六年（1633）夏云鼎辑选《八大家诗选》,曹学佺为其中一家;康熙刻《明百名家集抄》二册;清汪端编《明三十家诗》,曹学佺入正集。谢章铤还见过曹学佺的诗歌选本,其《课余续录》卷二曰:"予又录得《曹忠节公诗选》附李寒支《岁纪》共一本,两公固臭味不差池也。跋之曰:洪塘曹忠节公《石仓集》,予未睹其全,光绪乙未冬从陈君借读惕园乡贤所抄书,见《石仓诗选》两本,并李寒支《岁纪》,因令侍史合写而藏之。"（《赌棋山庄集》本）这五种都是诗文集的选本,故未入本文的讨论范围。

曹学佺诗文集,止于崇祯十六年（1643）曹氏七十岁之时,崇祯十七年（1644）及唐王隆武元年、二年（1645、1646）,我们已经搜集到佚文若干篇,辑入即将出版的整理本《石仓全集》。

最后附带讨论《石仓》分为《文稿》《三稿》《四稿》《五稿》《六稿》,而无《二稿》;为什么《西峰六一草》《六二草》《六四草》及相应的《六四集文》集编入《石仓四稿》,而作年早于《六四草》及《六四集文》的《六三草》及《六三集文》反而编入《石仓五稿》的问题。

我们上面说过,内阁藏本《石仓全集》是一个集成本、或拼凑本,最早一集和最晚一集的刻印时间相差近五十年,曹学佺诸集大多随写随编随刻,只有一个《石仓》的总名,没有更仔细的规划,恐怕他自己也不知道,在《石仓文稿》之后会有《二稿》《三稿》等等。在编刻《文稿》之后,曹学佺自蜀归闽家居,其集遂名《石仓文稿》卷之《浮山》《石仓文稿》卷之《听泉阁》《石仓文稿》卷之《夜光堂》《石仓文稿》卷之《渺（淼）轩》之类。曹学佺从粤西归,几尽全力编《石仓十二代诗》,其中《明诗选》卷帙浩大,又细分为初、二、三、四、五及续集等若干集,崇祯三年（1630）,曹学佺由城外洪山迁往城内西峰里之后,或由此而联想到自己的集子也应分为若干稿。曹学佺移居西峰,把入粤西之后至移居西峰里之文（除《湘西纪行》专题纪行文之外）编为《石仓三稿》。曹学佺的心目中,《石仓文稿》五卷与《西峰三稿》十九卷之间的《石仓文稿》卷之《浮山》等四集,还有《林亭文稿》共五卷便是《石仓二稿》,或者当时他有过将这数集合并重刻之意愿而没有实现;或者想等将来编全集时再将这几集合刻为《石仓二稿》的规划?终曹学佺一生,他合刻《浮山》等集为《石仓二稿》并未实现。在编完《三稿》之后,又有四、五、六稿,曹学佺没有想到,编完《古希文集》之后,明朝已经灭亡,次年,福王小朝廷也很快覆灭,曹学佺已经无暇顾及《七一集》的编辑。随着唐王政权的建立和清兵入闽,其文稿只能止步于《六稿》,更遑论编全集!因此,我们今天看到的《石仓文稿》,有初、三、四、五、六诸稿,而《二稿》之名便永远阙如了。

曹学佺编六十一岁的诗文集,之前《石仓》已有三稿(含未正式命名的《二稿》),故将此年的诗稿编为《四稿》,随后,六十二岁的诗文稿也编入《四稿》。到崇祯十年(1637),曹学佺六十四岁时编六十三岁的诗文集时,《六一草》一卷,《六一文集》四卷;《六二草》一卷,《六二文集》四卷,两年的诗文稿《四稿》计十卷之多,因此就把《六三草》一卷,《六三文集》三卷,编为《五稿》。曹学佺对《全集》的编辑并没有十分明晰的计划,到了六十五岁时,他编六十四岁的诗文集时再回头看《四稿》,可能又觉得《四稿》两年时间短了点,又把《六四草》一卷,《六四文集》一卷,退回去编为《四稿》,等到将来编刻《全集》时再把《六三草》一卷,《六三文集》三卷,和六一、六二、六四各集一起整为《四稿》。当然,这只是我们根据各集状况的一个推测而已。

四、结论

曹学佺生前自己有编辑全集的构想,但是没能实现。日本内阁文库藏《石仓全集》虽然是个集成本或拼凑本,但却是流传至今保存曹学佺诗文集最多、也最为完备的藏本。内阁文库藏本共61册,日本京都大学市原亨吉先生认为此本共109卷[1],早些年笔者将子目仔细排列,赞同市原亨吉先生的结论[2]。认为内阁文库藏本第3、4册的《石仓文稿》卷一,虽然分装于两册,实际上只有一卷;同样,第5、6册的《石仓文稿》卷二,也只是一卷。本文

[1] 《徐燉年谱稿略》,译文见《福建图书馆学刊》1991年第4期。
[2] 《日本内阁文库藏本曹学佺〈石仓全集〉初探》,《2004地方文献国际学术研讨会文集》,北京图书馆出版社2006年版。

再次认真排比,而篇幅较少的《挂剑篇》《游福庐稿》(北京大学藏本《福庐游稿》作二卷)两种,诗和文应该分开成卷,各二卷,总卷数则为 111 卷。此外,《金陵集戊申稿》《戊己江上诗》两集,一收入《更生集》、一附于《江上篇》,此二集作者已经大体编就,各自成卷,只是没有立刻付梓而已。如果加上这二卷,共 113 卷。日本内阁文库藏《石仓全集》已经非常完备,但可能仍有佚集。明亡之后,曹氏前后还生活了三年,三年间的作品,晚清时谢章铤见过《曹忠节遗文》,此本今不知所终。曹学佺成就功名之后刻过举子文《定义》,入蜀后再刻;入蜀后还刻有自己所作的《古文》以与举子文相对应,此二种为《石仓》集外之文。日本内阁文库《石仓全集》收藏保存完好,功不可没。其不足在于,一是编排时未将诗集和文集区分;二是编排时,时间顺序时有颠倒错乱。我们将《石仓全集》111 卷,区分为诗集 56 卷和文集 55 卷两大类,逐一考证编年,收入集子最早的作品为万历二十四年(1596),时曹学佺二十三岁;曹学佺的创作早于此年,少作未编集,作品亦已佚。最晚的《古稀集》完成崇祯十六年(1643),曹学佺七十岁;刻于次年,曹学佺七十一岁。

附表一：日本内阁文库藏本《石仓全集》册次与重编《石仓全集》顺序对照表

册次	日本内阁文库藏本《石仓全集》集名	作年	重编《石仓全集》重编序号	重编《石仓全集》集名
1	金陵初稿	万历二十七年（1599）至二十八年（1600）	诗5	金陵初稿
1	石仓诗稿金陵集卷上甲辰乙巳	万历三十二年（1604）至三十三年（1605）	诗17	石仓诗稿金陵集卷上甲辰乙巳
1	石仓诗稿金陵集卷中丙午	万历三十四年（1606）	诗19	石仓诗稿金陵集卷中丙午
2	石仓诗稿金陵集卷中丁未上	万历三十五年（1607）	诗20	石仓诗稿金陵集卷中丁未上
2	石仓诗稿金陵集卷下丁未下		诗21	石仓诗稿金陵集卷下丁未下
3	石仓文稿卷之一	万历二十四年（1596）至四十年（1612）	文2	石仓文稿卷之一
4	石仓文稿卷之二		文3	石仓文稿卷之二
5	石仓文稿卷之三		文4	石仓文稿卷之三
6	石仓文稿卷之四		文5	石仓文稿卷之四
7	石仓文稿卷之五		文6	石仓文稿卷之五
8	石仓诗稿卷之夜光堂近稿	万历四十七年（1619）至四十八年（1620）	诗33	石仓诗稿卷之夜光堂近稿
9	石仓文稿卷之夜光堂	万历四十二年（1614）至四十五年（1617）	文10	石仓文稿卷之夜光堂
9	石仓文稿卷之浮山		文7	石仓文稿卷之浮山
10	石仓文稿卷之㴊轩	天启元年（1621）	文11	石仓文稿卷之㴊轩

续表

册次	日本内阁文库藏本《石仓全集》集名	作年	重编序号	重编《石仓全集》集名
11	听泉阁近稿	万历四十六年（1618）至四十七年（1619）	诗 32	听泉阁近稿
	石仓文稿卷之听泉阁		文 9	石仓文稿卷之听泉阁
12	淼轩诗稿	天启元年（1621）	诗 34	淼轩诗稿
	林亭诗稿	天启二年（1622）至三年（1623）	诗 35	林亭诗稿
	林亭文稿		文 12	林亭文稿
13	福庐游稿文	万历四十六年（1618）	文 8	福庐游稿文
	福庐游稿诗		诗 31	福庐游稿诗
	钱塘看春诗	万历三十年（1602）	诗 9	钱塘看春诗
	游太湖诗	万历三十年（1602）	诗 10	游太湖诗
	藤山看梅诗	万历二十八年（1600）至三十九年（1611）	诗 6	藤山看梅诗
	续游藤山诗	万历三十年（1602）	诗 11	续游藤山诗
14	潞河集	万历二十六年（1598）	诗 3	潞河集
	游房山集	万历二十七年（1599）	诗 4	游房山集
	浮山堂集	万历四十二年（1614）至四十五年（1617）	诗 30	浮山堂集
15	芝社集	万历三十一年（1603）	诗 12	芝社集
	武林稿	万历三十三年（1605）至三十四年（1606）	诗 18	武林稿
	茗上篇	万历二十九年（1601）	诗 8	茗上篇

续表

册次	日本内阁文库藏本《石仓全集》集名	作年	重编序号	重编《石仓全集》集名
16	王华篇	万历二十九年（1601）	诗7	王华篇
16	天柱篇	万历三十一年（1603）	诗13	天柱篇
17	春别篇	万历三十二年（1604）	诗14	春别篇
17	豫章稿	万历三十二年（1604）	诗15	豫章稿
17	江上篇	万历三十二年（1604）	诗16	江上篇
18	挂剑篇文	万历二十四年（1596）	文1	挂剑篇文
18	挂剑篇诗	万历二十四年（1596）	诗1	挂剑篇
18	海色篇	万历二十四年（1596）	诗2	海色篇
19	桂林集卷之一诗卷上	天启三年（1623）	诗36	桂林集卷之一诗卷上
19	桂林集卷之二诗卷中	天启三年（1623）至四年（1624）	诗37	桂林集卷之二诗卷中
19	桂林集卷之三诗卷下	天启四年（1624）至六年（1626）	诗38	桂林集卷之三诗卷下
20	湘西纪行上卷	天启三年（1623）	文13	湘西纪行上卷
21	湘西纪行下卷		文14	湘西纪行下卷·闽中通志杂论
22	巴草	万历四十年（1612）二月至四十一年（1613）正月（万历四十年六月至九月入贺所作编入《两河行稿》）	诗28	巴草
22	蜀草卷之上	万历三十七年己酉（1609）至三十八年	诗24	蜀草卷之上
22	蜀草卷之中	万历三十八年（1610）至三十九年	诗25	蜀草卷之中

续表

册次	日本内阁文库藏本《石仓全集》集名	作年	重编序号	重编《石仓全集》集名
23	蜀草卷之下	万历三十九年（1611）	诗 26	蜀草卷之下
	雪桂轩草	万历三十九年（1611）至四十年（1612）	诗 27	雪桂轩草
	雪桂轩草附：戊己江上诗	万历三十六年（1608）至三十七年（1609）	诗 23	戊己江上诗
	两河行稿	万历四十年（1612）	诗 29	两河行稿
24	石仓三稿西峰集卷之一诗上	崇祯三年（1630）至四年（1631）	诗 43	石仓三稿西峰集卷之一诗上
	石仓三稿西峰集卷之二诗中	崇祯五年（1632）	诗 44	石仓三稿西峰集卷之二诗中
25	石仓三稿西峰集卷之三诗下	崇祯五年（1632）至六年（1633）	诗 45	石仓三稿西峰集卷之三诗下
26	石仓三稿西峰集文部上		文 34	石仓三稿西峰集文部上
27	石仓三稿西峰集文部中	崇祯三年（1630）六年（1633）	文 35	石仓三稿西峰集文部中
	石仓三稿西峰集文部下		文 36	石仓三稿西峰集文部下
28	石仓诗稿卷之四更生篇上	天启七年（1627）	诗 39	石仓三稿诗稿卷之四更生篇上
	石仓诗稿卷之五更生篇下	编于天启七年（1627），存旧作	诗 40	石仓三稿诗稿卷之五更生篇下
	更生篇下附：金陵集戊申稿	万历三十六年（1608）	诗 22	石仓诗集金陵集戊申稿
29	石仓诗稿卷之六赐环篇上	崇祯元年（1628）	诗 41	石仓诗稿卷之六赐环篇上
	石仓诗稿卷之七赐环篇下	崇祯二年（1629）至三年（1630）	诗 42	石仓诗稿卷之七赐环篇下

续表

册次	日本内阁文库藏本《石仓全集》集名	作年	重编序号	重编《石仓全集》集名
30	石仓三稿文部卷之一序类上	天启三年（1623）至崇祯三年（1630）	文15	石仓三稿文部卷之一序类上
30	石仓三稿文部卷之二序类中		文16	石仓三稿文部卷之二序类中
30	石仓三稿文部卷之三序类下		文17	石仓三稿文部卷之三序类下
31	石仓三稿文部卷之四记类上		文18	石仓三稿文部卷之四记类上
31	石仓三稿文部卷之五记类中		文19	石仓三稿文部卷之五记类中
31	石仓三稿文部卷之六记类下		文20	石仓三稿文部卷之六记类下
32	石仓三稿文部卷之七题类赞类碑铭类		文21	石仓三稿文部卷之七题类赞类碑铭类
32	石仓三稿文部卷之八情哀类		文22	石仓三稿文部卷之八情哀类
33	石仓三稿文部卷之九法喜类上		文23	石仓三稿文部卷之九法喜类上
33	石仓三稿文部卷之十法喜类下		文24	石仓三稿文部卷之十法喜类下
34	石仓三稿文部卷之十一论类		文25	石仓三稿文部卷之十一论类
34	石仓三稿文部卷之十二策类		文26	石仓三稿文部卷之十二策类
35	石仓三稿文部卷之十三条议类一		文27	石仓三稿文部卷之十三条议类一
35	石仓三稿文部卷之十四条议类二		文28	石仓三稿文部卷之十四条议类二
35	石仓三稿文部卷之十五条议类三		文29	石仓三稿文部卷之十五条议类三
36	石仓三稿文部卷之十六条议类四		文30	石仓三稿文部卷之十六条议类四
36	石仓三稿文部卷之十七条议类五		文31	石仓三稿文部卷之十七条议类五
36	石仓三稿文部卷之十八条议类六		文32	石仓三稿文部卷之十八条议类六
37	石仓三稿文部卷之十九条议类七		文33	石仓三稿文部卷之十九条议类七

续表

日本内阁文库藏本《石仓全集》			重编《石仓全集》	
册次	集名	作年	重编序号	集名
38	石仓四稿西峰六一草		诗 46	石仓四稿西峰六一草
39	石仓四稿西峰六一集文部卷之一序上	崇祯七年（1634）	文 37	石仓四稿西峰六一集文部卷之一序上
39	石仓四稿西峰六一集文部卷之二序下	崇祯七年（1634）	文 38	石仓四稿西峰六一集文部卷之二序下
40	石仓四稿西峰六一集文部卷之三碑铭		文 39	石仓四稿西峰六一集文部卷之三碑铭
40	石仓四稿西峰六一集文部卷之四书论		文 40	石仓四稿西峰六一集文部卷之四书论
41	石仓四稿西峰六二草		诗 47	石仓四稿西峰六二草
42	石仓四稿西峰六二集文部卷之一序上	崇祯八年（1635）	文 41	石仓四稿西峰六二集文部卷之一序上
42	石仓四稿西峰六二集文部卷之二序下	崇祯八年（1635）	文 42	石仓四稿西峰六二集文部卷之二序下
43	石仓四稿西峰六二集文部卷之三传记		文 43	石仓四稿西峰六二集文部卷之三传记
43	石仓四稿西峰六二集文部卷之四志铭		文 44	石仓四稿西峰六二集文部卷之四志铭
44	石仓四稿西峰六四草	崇祯十年（1637）	诗 49	石仓四稿西峰六四草
45	石仓四稿西峰六四文部		文 48	石仓四稿西峰六四文部
46	石仓五稿西峰六三草		诗 48	石仓四稿西峰六三草
47	石仓五稿西峰六三集文部卷之一序上	崇祯九年（1636）	文 45	石仓五稿西峰六三集文部卷之一序上
47	石仓五稿西峰六三集文部卷之二序下	崇祯九年（1636）	文 46	石仓五稿西峰六三集文部卷之二序下
48	石仓五稿西峰六三集文部记卷之三疏碑文		文 47	石仓五稿西峰六三集文部记卷之三疏碑文

续表

册次	日本内阁文库藏本《石仓全集》集 名	作 年	重编序号	重编《石仓全集》集 名
49	石仓五集西峰六五草上	崇祯十一年（1638）	诗 50	石仓五集西峰六五草上
	石仓五集西峰六五草下		诗 51	石仓五集西峰六五草下
50	石仓五集西峰六五集文部		文 49	石仓五集西峰六五集文部
51	石仓五稿西峰用六篇诗	崇祯十二年（1639）	诗 52	石仓五稿西峰用六篇诗
52	石仓五稿西峰用六篇文部		文 50	石仓五稿西峰用六篇文部
53	石仓六稿西峰六七集诗	崇祯十三年（1640）	诗 53	石仓六稿西峰六七集诗
54	石仓六稿西峰六七集文部		文 51	石仓六稿西峰六七集文
55	石仓六稿西峰六八集诗	崇祯十四年（1641）	诗 54	石仓六稿西峰六八集诗
56	石仓六稿西峰六八集文部		文 52	石仓六稿西峰六八集文部
57	石仓六稿西峰六九集诗	崇祯十五年（1642）	诗 55	石仓六稿西峰六九集诗
58	石仓六稿西峰六九集文部		文 53	石仓六稿西峰六九集文部
59	石仓六稿西峰古稀集诗上	崇祯十六年（1643）	诗 56	石仓六稿西峰古稀集诗上
60	石仓六稿西峰古稀集诗下		诗 57	石仓六稿西峰古稀集诗下
61	石仓六稿西峰古稀集文部		文 54	石仓六稿西峰古稀集文部
	石仓六稿西峰古稀集说部		文 55	石仓六稿西峰古稀集说部

附表二：重编《石仓全集》顺序与日本内阁文库藏本《石仓全集》册次对照表

重编《石仓全集》			日本内阁文库藏本《石仓全集》	
重编序号	集　名	作　年	册次	集　名
诗 1	挂剑篇	万历二十四年（1596）	18	挂剑篇
诗 2	海色篇	万历二十四年（1596）		海色篇
诗 3	潞河集	万历二十六年（1598）	14	潞河集
诗 4	游房山诗	万历二十六年（1599）		游房山诗
诗 5	金陵初稿	万历二十七年（1599）至二十八年（1600）	1	金陵初稿
诗 6	藤山看梅诗	万历二十八年（1600）至二十九年（1601）	13	藤山看梅诗
诗 7	玉华篇	万历二十九年（1601）	16	玉华篇
诗 8	苕上篇	万历二十九年（1601）	15	苕上篇
诗 9	钱塘看春诗	万历三十年（1602）	13	钱塘看春诗
诗 10	游太湖诗	万历三十年（1602）		游太湖诗
诗 11	续游藤山诗	万历三十年（1602）		续游藤山诗
诗 12	芝社集	万历三十一年（1603）	15	芝社集
诗 13	天柱篇	万历三十一年（1603）	16	天柱篇
诗 14	春别篇	万历三十二年（1604）	17	春别篇
诗 15	豫章稿	万历三十二年（1604）		豫章稿
诗 16	江上篇	万历三十二年（1604）		江上篇

续表

重编《石仓全集》		作年	日本内阁文库藏本《石仓全集》	
重编序号	集名		册次	集名
诗17	石仓诗集金陵集卷甲辰乙巳	万历三十二年（1604）至三十三年（1605）	1	石仓诗集金陵集卷甲辰乙巳
诗18	武林稿	历至三十三（1605）至三十四年（1606）	15	武林稿
诗19	石仓诗稿金陵集卷中丙午	万历三十四年（1606）	2	石仓诗稿金陵集卷中丙午
诗20	石仓诗稿金陵集卷中丁未上	万历三十五年（1607）		石仓诗稿金陵集卷中丁未上
诗21	石仓诗稿金陵集卷下丁未下			石仓诗稿金陵集卷下丁未下
诗22	石仓诗稿金陵集戊申稿	万历三十六年（1608）	28	更生篇下附金陵集戊申
诗23	戊己江上诗	万历三十六年（1608）至三十七年（1609）	23	雪桂轩草附
诗24	蜀草卷之上	万历三十七年己酉（1609）至三十八年（1610）	22	蜀草卷之上
诗25	蜀草卷之中	万历三十八年（1610）至三十九年（1611）	22	蜀草卷之中
诗26	蜀草卷之下	万历三十九年（1611）		蜀草卷之下
诗27	雪桂轩草	万历三十九年（1611）至四十年（1612）	23	雪桂轩草
诗28	巴草	万历四十年（1612）二月至四十一年（1613）正月（万历四十年六月至九月入贺所作编入《两河行稿》）	22	巴草
诗29	两河行稿	万历四十年（1612）		两河行稿
诗30	浮山堂集	万历四十二年（1614）至四十五年（1617）	14	浮山堂集

续表

重编《石仓全集》			日本内阁文库藏本《石仓全集》	
重编序号	集　名	作　年	册次	集　名
诗31	福庐游稿	万历四十六年（1618）	13	福庐游稿（诗）
诗32	听泉阁近稿	万历四十六年（1618）至四十七年（1619）	11	听泉阁近稿
诗33	石仓诗稿之夜光堂近稿	万历四十七年（1619）至四十八年（1620）	9	石仓诗稿卷之夜光堂近稿
诗34	綵轩诗稿	天启元年（1621）	12	綵轩诗稿
诗35	林亭诗稿	天启二年（1622）至三年（1623）	13	林亭诗稿
诗36	桂林集卷之一诗卷上	天启三年（1623）	19	桂林集卷之一诗卷上
诗37	桂林集卷之二诗卷中	天启三年（1623）至四年（1624）		桂林集卷之二诗卷中
诗38	桂林集卷之三诗卷下	天启四年（1624）至六年（1626）	20	桂林集卷之三诗卷下
诗39	石仓三稿诗卷之四更生篇上	天启七年（1627）	28	石仓三稿诗卷之四更生篇上
诗40	石仓三稿诗卷之五更生篇下	编于天启七年（1627），存旧作		石仓三稿诗卷之五更生篇下
诗41	石仓三稿卷之六赐环篇上	崇祯元年（1628）	29	石仓三稿卷之六赐环篇上
诗42	石仓三稿卷之七赐环篇下	崇祯二年（1629）至三年（1630）		石仓三稿卷之七赐环篇下
诗43	石仓三稿 西峰集诗上	崇祯三年（1630）至四年（1631）	24	石仓三稿 西峰集诗上
诗44	石仓三稿 西峰集诗中	崇祯五年（1632）		石仓三稿 西峰集诗中
诗45	石仓三稿 西峰集诗下	崇祯五年（1632）至六年（1633）	25	石仓三稿 西峰集诗下
诗46	石仓四稿 西峰六一草	崇祯七年（1634）	38	石仓四稿 西峰六一草
诗47	石仓四稿 西峰六二草	崇祯八年（1635）	41	石仓四稿 西峰六二草

续表

重编《石仓全集》		作 年	日本内阁文库藏本《石仓全集》	
重编序号	集 名		册次	集 名
诗 48	石仓四稿西峰六三草	崇祯九年（1636）	46	石仓五稿西峰六三草
诗 49	石仓四稿西峰六四草	崇祯十年（1637）	44	石仓四稿西峰六四草
诗 50	石仓五稿西峰六五草上	崇祯十一年（1638）	49	石仓五稿西峰六五草上
诗 51	石仓五稿西峰六五草下			石仓五稿西峰六五草下
诗 52	石仓五稿西峰用六篇诗	崇祯十二年（1639）	51	石仓五稿西峰用六篇诗
诗 53	石仓六稿西峰六七集诗	崇祯十三年（1640）	53	石仓六稿西峰六七集诗
诗 54	石仓六稿西峰六八集诗	崇祯十四年（1641）	55	石仓六稿西峰六八集诗
诗 55	石仓六稿西峰六九集诗	崇祯十五年（1642）	57	石仓六稿西峰六九集诗
诗 56	石仓六稿西峰古稀集诗上	崇祯十六年（1643）	59	石仓六稿西峰古稀集诗上
诗 57	石仓六稿西峰古稀集诗下		60	石仓六稿西峰古稀集诗下
文 1	挂剑篇文	万历二十四年（1596）	18	挂剑篇文
文 2	石仓文稿卷之一	万历二十四年（1596）至四十年（1612）	3	石仓文稿卷一
文 3	石仓文稿卷之二		4	石仓文稿卷二
			5	石仓文稿卷二
文 4	石仓文稿卷之三		6	石仓文稿卷二
文 5	石仓文稿卷之四		7	石仓文稿卷三
文 6	石仓文稿卷之五		8	石仓文稿卷四
				石仓文稿卷五

续表

| 重编《石仓全集》 | | 作 年 | 日本内阁文库藏本《石仓全集》 | |
重编序号	集 名		册次	集 名
文7	石仓文稿卷之浮山	万历四十二年（1614）至四十五年（1617）	10	石仓文稿卷之浮山
文8	福庐游稿文	万历四十六年（1618）	13	福庐游稿（文）
文9	石仓文稿卷之听泉阁	万历四十六年（1618）至四十七年（1619）	11	石仓文稿卷之听泉阁
文10	石仓文稿卷之夜光堂	万历四十七年（1619）至四十八年（1620）	9	石仓文稿卷之夜光堂
文11	石仓文稿卷之淼轩	天启元年（1621）	10	石仓文稿卷之淼轩
文12	林亭文稿	天启二年（1622）至三年（1623）	13	林亭文稿
文13	湘西纪行上卷	天启三年（1623）	20	湘西纪行上卷
文14	湘西纪行下卷（闽中通志杂论）		21	湘西纪行下卷
文15	石仓三稿文部卷之一序类上	天启三年（1623）至崇祯三年（1630）	30	石仓三稿文部卷之一序类上
文16	石仓三稿文部卷之二序类中			石仓三稿文部卷之二序类中
文17	石仓三稿文部卷之三序类下			石仓三稿文部卷之三序类下
文18	石仓三稿文部卷之四记类上		31	石仓三稿文部卷之四记类上
文19	石仓三稿文部卷之五记类中			石仓三稿文部卷之五记类中
文20	石仓三稿文部卷之六记类下			石仓三稿文部卷之六记类下
文21	石仓三稿文部卷之七题赞类		32	石仓三稿文部卷之七题赞类
文22	石仓三稿文部卷之八情哀类			石仓三稿文部卷之八情哀类
文23	石仓三稿文部卷之九法喜类上		33	石仓三稿文部卷之九法喜类上
文24	石仓三稿文部卷之十法喜类下			石仓三稿文部卷之十法喜类下

续表

重编《石仓全集》		作年	日本内阁文库藏本《石仓全集》	
重编序号	集名		册次	集名
文25	石仓三稿文部卷之十一论类	天启三年（1623）至崇祯三年（1630）	34	石仓三稿文部卷之十一论类
文26	石仓三稿文部卷之十二策类			石仓三稿文部卷之十二策类
文27	石仓三稿文部卷之十三条议类一		35	石仓三稿文部卷之十三条议类一
文28	石仓三稿文部卷之十四条议类二			石仓三稿文部卷之十四条议类二
文29	石仓三稿文部卷之十五条议类三			石仓三稿文部卷之十五条议类三
文30	石仓三稿文部卷之十六条议类四		36	石仓三稿文部卷之十六条议类四
文31	石仓三稿文部卷之十七条议类五			石仓三稿文部卷之十七条议类五
文32	石仓三稿文部卷之十八条议类六		37	石仓三稿文部卷之十八条议类六
文33	石仓三稿文部卷之十九条议类七			石仓三稿文部卷之十九条议类七
文34	石仓三稿西峰集集文部上	崇祯三年（1630）六年（1633）	26	石仓三稿西峰集集文部上
文35	石仓三稿西峰集集文部中		27	石仓三稿西峰集集文部中
文36	石仓三稿西峰集集文部下			石仓三稿西峰集集文部下
文37	石仓四稿西峰六一集文部卷一序上	崇祯七年（1634）	39	石仓四稿西峰六一集文部卷一序上
文38	石仓四稿西峰六一集文部卷二序下			石仓四稿西峰六一集文部卷二序下
文39	石仓四稿西峰六一集文部卷三碑铭		40	石仓四稿西峰六一集文部卷三碑铭
文40	石仓四稿西峰六一集文部卷四书论			石仓四稿西峰六一集文部卷四书论

续表

重编《石仓全集》		作 年	日本内阁文库藏本《石仓全集》	
重编序号	集 名		册次	集 名
文41	石仓四稿西峰六二集文部卷一序上	崇祯八年（1635）	42	石仓四稿西峰六二集文部卷一序上
文42	石仓四稿西峰六二集文部卷二序下			石仓四稿西峰六二集文部卷二序下
文43	石仓四稿西峰六二集文部卷三传记		43	石仓四稿西峰六二集文部卷三传记
文44	石仓四稿西峰六二集文部卷四志铭			石仓四稿西峰六二集文部卷四志铭
文45	石仓五稿西峰六三集文部卷一序上	崇祯九年（1636）	47	石仓五稿西峰六三集文部卷一序上
文46	石仓五稿西峰六三集文部卷二序下			石仓五稿西峰六三集文部卷二序下
文47	石仓五稿西峰六三集文部卷三记疏碑文		48	石仓五稿西峰六三集文部卷三记疏碑文
文48	石仓四稿西峰六四集文部	崇祯十年（1637）	45	石仓四稿西峰六四集文部
文49	石仓五集西峰六五集文部	崇祯十一年（1638）	50	石仓五集西峰六五集文部
文50	石仓五稿西峰用六集文部	崇祯十二年（1639）	52	石仓五稿西峰用六集文部
文51	石仓六稿西峰六七集文部	崇祯十三年（1640）	54	石仓六稿西峰六七集文部
文52	石仓六稿西峰六八集文部	崇祯十四年（1641）	56	石仓六稿西峰六八集文部
文53	石仓六稿西峰六九集文部	崇祯十五年（1642）	58	石仓六稿西峰六九集文部
文54	石仓六稿西峰古希集文部	崇祯十六年（1643）	61	石仓六稿西峰古希集文部
文55	石仓六稿西峰古希集说部			石仓六稿西峰古希集说部

第二编　年表年谱

何乔远年表

何乔远，生于嘉靖三十七年戊午（1558），卒于崇祯四年辛未十二月二十二日，公历 1632 年 2 月 11 日。晋江（今福建泉州）人。父何炯，著有《清源文献》。万历十四年（1586）进士，官至南京工部右侍郎，兼署户部。卒，赠工部尚书。一生著述甚富，有《闽书》《名山藏》《何氏万历集》《镜山全集》《皇明文征》等（《镜山全集》国内已不可见，本文使用的是日本内阁文库藏本）。为晚明著名的史学家、文学家。年表简略勾勒谱主的生平事迹，不作考证。详细考证可参笔者将来发表的《何乔远年谱》。

其先自河南光州固始迁福建泉州晋江，五世祖安，江山训导；高祖伯父祜，儋州同知。

何乔远（以下引何乔远诗文，省其姓名）《何氏二公遗稿序》："何氏自先至今十世矣。"（《何氏万历集》卷十七。《何氏万历集》以下简称《万历集》）

《闽书·我私志》："江山训导，乔远之五世祖也，讳安，字叔恭。领洪武丙子乡荐，授开建教谕。国初，邑学无士中选，则谪其学官，坐改江山训导……儋州同知，乔远之高祖伯父也，讳祜，字天锡。正统中，应贡入太学，授建阳卫经历、升儋州同知。"

曾祖贤，祖洪，不仕；父烱，靖江教谕。族父琚，刑部员外郎。叔父耀，有诗集。

《先兄大理寺右寺右评事公墓志铭》："先自光州固始来泉晋江，至于国初诗书，代有科贡相望。曾祖贤，祖洪，隐□不仕。"（《万历集》卷三十）

《闽书·我私志》："靖江教谕，乔远之父也。讳烱，字思墨，专精学《易》，治宋儒书文……嘉靖中，应贡试内庭，世宗阅其文，手拔其第一，授安福儒学训导……迁靖江儒学教谕……有刑部员外郎，乔远族父也，讳琚，字佩甫。举嘉靖丁未进士，授刑部主事。"

何耀《四诗存采小引》："予诗有《居垫学吟》《省兄从宦》《借闲赓咏》《桑榆舒啸》，凡四稿。"（《四诗存采稿》卷首）

母林金祺。

《闽书·我私志》："乔远有母曰林金祺。慧敏通文，性至孝，早丧父母。"

仲兄，述，诸生。叔兄乔迁，大理寺右评事。

《闽书·我私志》："大理寺右评事，远同母兄也，曰乔迁，字齐孝。万历丙子，以《礼经》举乡试第四人……擢国子监学正，大司成念其学问淹详，委校二十一史。擢大理评事，卒京师。"

按：《先叔兄小廷尉公行略》，先叔兄即乔迁，乔迁二十九时"先仲兄文学公病垂尽"，仲兄，即述。

子九转、九云、九说。

有小筑曰丙房；

杨道宾《春日病中怀何稚孝仪部却寄》，自注："稚孝有小筑颜曰'丙房'。"（《杨文恪公集》卷二）

早年与杨道宾、庄履明、李梦麟及兄何乔迁称"泉中五子"。

《哭杨唯彦少宗伯》六首自注:"予早年与唯彦及庄中益、李世祯、予先兄泉中称为'五子'。"(《万历集》卷十二)

黄克晦《泉中五子》:何齐孝、何稚孝、庄中益、李世祯、杨维彦(《吾野诗集》卷一)

按:李清馥《闽中理学渊源考》卷七十五"司徒何镜山先生乔远"条,"五子"之名有黄克晦,而无何乔迁。"五子"之名,应以乔远所记为是。

龙溪张燮引为莫逆。

张燮《〈温陵二友诗〉序》(《霏云居集》卷二)。

圆胪丰愿,双目凤彩;晚岁,须白如神仙。

林欲楫《先师何镜山先生行略》:"师圆胪丰愿,双目凤彩,须白如神仙中人。将事太庙,屡回瞳顾熹宗。一日,问侍臣曰:'光禄卿是前太庙捧爵、白须如土地者耶?是何处人?'"(《镜山全集》卷首,以下简称《全集》)

以年纪集,有《万历集》《泰昌集》《天启集》《崇祯集》;晚岁自选,为《镜山全集》;

黄居中《全集序》:"何大司空以年纪集,曰《万历》、曰《天启》、曰《崇祯》。晚岁复自选,名集曰《镜山》。镜山者,公读书处也。"(《全集》卷首)

黄以升《镜山三集序》:"司空稚孝先生,以纪年名集,则有《万历》正续集、《泰昌》《天启》等集数百卷行于世矣。兹掌南邦,上都人士请合刻于金陵,以贵通国,传百世,殊甚盛举,而总曰《镜山三集》。"(《全集》卷首)

尚有《皇明文征》《名山藏》《闽书》等。

黄居中《何镜山先生小传》:"所纂有《皇明文征》《名山藏》《编年录》

《闽书》《万历集》《泰昌集》《天启集》《崇祯集》《西征集》《岳志》《膳志》数百卷,行于世。"(《全集》卷首)

历年所作,可考者尚有:

《释经序》《离骚解》《奏议》《诗选》《入晋诗》。

古文好司马迁、韩柳、苏轼,诗好杜甫。

林欲楫《先师何镜山先生行略》:"古文好司马迁、韩愈、柳宗元、苏轼,诗好杜甫。所作格力,直与颉颃。凡四方序记、碑铭,必走币乞以为重。晚欲阐发性命,不专以华藻为工。诗文不治草,援笔立书,如万斛之泉,随地而涌者。"(《全集》卷首)

书契王右军,所以妙。

林欲楫《先师何镜山先生行略》:"学《停云》《淳化》,登第时好学献之,至老益契右军,所以妙。以其结撰浑化,纵横可喜,尝为儿曹书一帖曰:'余之书无所不入。'"(《全集》卷首)

明世宗朱厚熜嘉靖三十七年戊午(1558) 一岁

是岁,出生于江西安福县学。

李焴《先师何镜山先生行述》:"先生嘉靖戊午八月初二日生于安福司训之署。"(《全集》卷首)

是岁,父何炯五十三岁。

《夜梦先府君与赠淑人居运甓斋中黎明往问寝则先府君已篝灯读书从二小仆赠淑人寝未起也顷之起至便房则羹内盈案果饵之属盈筵又顷之步入中堂先府君又在一处运笔曰吾方分田业与尔辈呜呼先府君田盖书田也喜而记之》:"先君生世自丙寅,一百二十有六春。"(《全集》卷十八)

按:此诗作于崇祯四年(1631),逆推,炯生于正德元年(1506)。

是岁,叔父何耀四十三岁。

何耀《四书存采小引》:"岁己卯,予年六十四。"(《四书存采稿》卷首)

按:耀是岁年六十四,逆推,生于正德十一年(1516)。

是岁,黄孔昭三十五岁。

周良寅《明黄吾野先生墓志铭》:"生嘉靖甲申年八月二十七日。"(《吾野诗集》卷首)

按:嘉靖三年(1524)甲申。

是岁,母四十二岁。

是岁,叔兄乔迁十三岁。

嘉靖三十九年庚申(1560) 三岁

是岁,父何烔迁靖江学谕。

嘉靖四十年辛酉(1561) 四岁

是岁,就笔砚,父教以礼仪、属对。

嘉靖四十一年壬戌(1562) 五岁

是岁,父何烔教作大字。

是岁,参将戚继光入闽,破倭;戚去,倭陷兴化。

何耀有《倭寇攻莆且复南下》《兴化城陷》(《四采诗集稿·借闲赓咏稿》)。

嘉靖四十二年癸亥(1563) 六岁

是岁,父何烔教作大字。

是岁,戚继光充福建总兵,平据仙游县倭,斩馘千余级。

嘉靖四十四年乙丑(1565) 八岁

是岁,就外傅,博通经子史及《昭明文选》等。

是岁,随父自靖江归抵洛阳,仲父及父试以骈语。

明穆宗朱载垕隆庆元年丁卯(1567) 十岁

是岁,叔兄更名迁。

是岁,父离开靖江。

隆庆四年庚午（1570） 十三岁

是岁，徐㷆生。

隆庆五年辛未（1571） 十四岁

是岁，发奋为古文辞。

隆庆六年壬申（1572） 十五岁

是岁，以父母已老，锐志为时文。

明神宗朱翊钧万历元年癸酉（1573） 十六岁

是岁，张燮生。

万历二年甲戌（1574） 十七岁

是岁，仲兄述卒。
是岁，曹学佺生。

万历四年丙子（1576） 十九岁

是岁，叔兄迁更名乔迁；与乔迁同举乡试，乔迁为第四人。结社攻诗。
何耀《题丙子二侄鹿鸣双宴图》（《四诗存采稿·桑榆舒啸稿》）。
是岁，上公车。

万历五年丁丑（1577） 二十岁

是岁，落第。归，娶温氏。

万历七年己卯（1579） 二十二岁

十二月，长子九转生。
是岁，二上公车。

万历八年庚辰（1580） 二十三岁

正月，九转弥月，何炯有诗；何耀和之。

是岁，与兄乔迁再下第，途中倡和成卷；叔何耀有诗题之。

作《庚辰下第辞朝值上方御门退而口号》（《全集》卷二）。

是岁，叔何耀为题五步廊。

是岁，父何炯为作题卷后。

万历九年辛巳（1581） 二十四岁

是岁，叔父何耀题《四诗存采稿》刻就；乔远有题之。

万历十年壬午（1582） 二十五岁

是岁，三上公车。

是岁，父殁于家。

作《攀木篇》（《万历集》卷二）。

万历十三年乙酉（1585） 二十八岁

是岁，四上公车，有十年仍寒士之伤。

作《上公车作》（《万历集》卷二）。

万历十四年丙戌（1586） 二十九岁

正月，生母林氏卒。

是岁，成进士。以母卒告假归。

是岁，养疴伯父震西池馆。

万历十五年丁亥（1587） 三十岁

是岁，释服谒选。过苏门，赟文于王世贞。

万历十六年戊子（1588） 三十一岁

是岁，除刑部云南司主事。

是岁，九转十岁。命其题，日西已就。

万历十七年己丑（1589） 三十二岁

是岁，兄乔迁下第；有诗送之。濯缨亭迎沈水部座主。

作《家兄落第南还》《濯缨亭迎沈水部座主呈诸同门丈》（《万历集》卷二）。

是岁，女肃奻夭亡。

作《悼幼女肃奻》三首（《万历集》卷二）。

是岁，在京城。中秋前后，有玩月诗数首。

作《中秋玩月诗》。

是岁，门人郑之玄生。

万历十八年庚寅（1590） 三十三岁

十二月，八日，次子九云生。

是岁，蔡献臣有诗赠之。

蔡献臣《寄酬何稚孝庚寅》（《清白堂稿》卷十二上）。

是岁，惠安黄克晦卒，时年八十七。

万历十九年辛卯（1591） 三十四岁

十二月，次子九云周岁，有歌。时大儿九转十三岁。

作《晬儿歌》（《万历集》卷三）。

万历二十年壬辰（1592） 三十五岁

是岁，调仪曹，有诗答程生。蔡献臣有诗赠之。

作《改仪曹后答程生》（《万历集》卷三）。

蔡献臣《喜何稚孝调仪曹却寄壬辰》(《清白堂稿》卷十二下)。

是岁,叔兄乔迁授建阳县学教谕。

万历二十一年癸巳(1593) 三十六岁

八月,编就何氏三世祖安、四世伯祖祜公遗文为《何二先公遗编》,并为之序。

作《何二先公遗稿序》(《万历集》卷十七)。

冬,戴燝入京,与之倡酬,辑为《刻烛吟》。

作《刻烛吟》九首并《序》(《万历集》卷四)。

是岁,作《理财议一》《理财议二》(《全集》卷二十四)。

是岁,力争封皇长子为王。

是岁前后,在京与诸公结社,并与戴燝等并称"六才子"。

按:"六才子":何乔远、戴燝、吴文仲、王惟允、刘懋学、袁君学。

是岁前后,着手编撰《名山藏》。

万历二十二年甲午(1594) 三十七岁

是岁,上言阻日本封贡。

是岁,谪添注广西布政使经历。

是岁,趁便归家,过洛阳桥(在泉州城北)时,囊中仅有六金而已。

是岁,叔兄乔迁校文江右。

万历二十三年乙未(1595) 三十八岁

夏,幼子生。

秋,发湘南途中,得知妇已于六月亡故。途中所作诗结为《西征集》。

作《秋日发湘南三首时余有悼亡之戚》(《万历集》卷五)。

秋冬间,归家,赋《悼亡》。为亡妻治冢,并为己预之。此后寄居友人郭翁右舍者二岁。

作《予以悼亡归舍月余辞谢诸亲故友人庄应曙以诗见慰且有白发青山之约次韵和之》《余筑窀如之冢以葬亡者而亦自预之伯晖移酒劳我役人兮得

游字》(《万历集》卷五)。

是岁,在京,抗疏排东封之议,外迁。蔡献臣有书慰之。

是岁,叔兄乔迁升国子学正,校二十一史。

是岁,长子九转娶王承静为妇。

万历二十四年丙申（1596） 三十九岁

秋,登泉州灵山,谒西域人遗冢。

作《灵山诗》(《万历集》卷五)。

是岁,或稍后,郡守程萝阳为建丙房一区;又为刻何炯《清源文献》、王十朋、真德秀留墨于郡邸。

万历二十五年丁酉（1597） 四十岁

秋,得孙。孙名劭。

作《诸公来贺得孙劭即席赋》(《万历集》卷六)。

按:劭,九转子。

冬,游嘉禾屿、海上,感慨海防。时下募八千闽兵。

作《嘉禾屿访傅国毗夜集分韵》《国毗席上有妓年四十余曾为厮养卒妇者也》《冬日海上》《鹭城月眺为江夏侯周德兴所筑》《海上抽兵行》(《万历集》卷六)。

是岁,九转年十九,入邑庠。

万历二十六年戊戌（1598） 四十一岁

秋,蔡献臣、苏茂相等集于宅中。

万历二十七年己亥（1599） 四十二岁

春,有诗纪中使下闽采矿兼开市舶。

作《闻中使下闽采矿兼开市舶》二首(《万历集》卷六)。

冬,兄乔迁有转饷辽左之命,便道归家扫墓;见弟衣服缕敝。

作《闻家兄枫亭之信志喜时家兄以转饷辽左便道扫墓》《岁暮同家兄集

黄孝廉二难玄览轩》(《万历集》卷七)。

万历二十八年庚子（1600） 四十三岁

正月,元夕,谢修之宅看新兰。

夏,粤西按察史钱公慕乔远名,欲其分闱较士,不赴。

秋,仲父创痏,夜涉大水奔行问视。

十月,数苦火病。

作《予数苦火病,每夜睡辄怔忡,十月十八日偶梦与一僧弈于橘丛之下,橘子累累,予摘而啖之,两僧又出碁子若丸、若膏,予取而且弈且啖,觉口中有甘露气,甚适也。起,步庭看菊,是日清晨,室中大小尚寐,柴关无人,寒意肃如,欣然而作是诗》(《万历集》卷七)。

冬,寒冻异常,荐蓐不具,右臂痛楚特甚。

作《冬日东郊十二韵》《谪居日久生计转疏今冬寒冻异常荐褥不具贱躯多病益难料理右臂痛楚特甚晓来伏枕口占是诗陶渊明所谓今我不述后何闻哉》(《万历集》卷七)。

万历二十九年辛丑（1601） 四十四岁

三月,叔兄乔迁卒。

夏,兄乔迁讣至。荒愦愁痛,须发尽白。于镜山结土屋,名曰"自誓"。

是岁,在粤西已八年不得调,文选郎王永光将乔远名杂于小吏间请迁,坐罪降级,感而作《悯知赋》(《万历集》卷一)。

是岁之后,继续编纂《名山藏》。

万历三十年壬寅（1602） 四十五岁

春,所作《嘉禾惠民碑》(《万历集》卷二十三)勒于石。

六七月间,郑怀魁自漳州过山斋,同游南台山,郑作七古,以为漳州戴燝、林茂桂极为推重乔远。

作《郑辂思户部见枉山斋因与为南台山之游辂思实时别去次台上匾额纪之》(《万历集》卷八)。

郑怀魁《游清源过何稚孝石镜山居诗序》《游清源过何稚孝镜石山居时庄山人伯晖在坐》(《葵圃存集》卷十)。

是岁,为沈有容将军赋歌。

作《大海宁波图为沈将军赋》(《万历集》卷八)。

是岁,为茅斋于镜山。

万历三十一年癸卯(1603) 四十六岁

春,沈有容将军捕倭,为作赠序;又作歌。

作《赠沈将军捕倭序》(《万历集》卷二十)。

作《沈士弘将军捕倭诗次国毗韵》(《万历集》卷八)。

四月,为茅斋镜山已两岁,父老莫过;十二日,与父老谈饮至二鼓。

作《予为茅斋镜山两岁父老莫过者。一日,吴叟携尊饮予树下。予曰:吾方有意以只鸡斗酒,聚年七十以上者为欢,未能也。吴叟归告其俦,皆曰:野人固陋,未敢请耳。遂以四月十二日觞予山门之下,谈饮大剧,二鼓乃散。昔陶元亮纪斜川之游,年二十七耳,犹云:悲日月之遂往,悼吾年之不留。况予今兹过之九岁。爰疏年纪,记其时日,率尔赋诗,有若昔者》(《万历集》卷九)。

八月,子九转乡试第二场。有诗咏安平(今南安市安海),言及吕宋钱。

作《八月十二日夜山坐甚月时转试二场》《秋日安平八咏》(《万历集》卷九)。

八九月间,由姑嫂塔转虎岫寺,又虎岫至石湖访沈有容将军。

作《由姑嫂塔转虎岫寺作》《与诸公由虎岫岩至石湖访沈士弘将军》(《万历集》卷九)。

九月九日,泛海访沈有容将军。吴文仲有诗赞乔远《西征集》"大雅存",乔远答之。

作《九日从詹少司寇泛海访沈阃帅登石湖塔禁体》《答吴文仲四首次其来韵》(《万历集》卷九)。

十月,张燮北上会试过访,宿清源洞。

作《漳州孝廉张绍和见访山中便送会试》《宿清源洞同绍和》(《万历集》卷九)。

万历三十二年甲辰（1604） 四十七岁

正月，词客大会于东郊。

作《甲辰谷日》《赠赵参军》《山中赠友》《林汝宁先生宅同诸君子观灯得朝字》《送蔡松江太守之任》《正月二十七夜梦诗六句晓起足二句以成之》《客座赋得饮中八仙得水字》《春日词客大会于东郊得郊字》（《万历集》卷九）。

三月，往漳州。与友人林茂桂、戴燝，同游长泰天柱山，日吟诗数篇，并忆及惜日交谊。作诗十九首。

作《天柱山游记》（《万历集》卷二十二）。

作《前天柱峰歌》《后天柱峰歌》《诒亨明作》《山中呈亨融》《山中贻汪有泉》《山中诒汪宗苏山人》《天柱望德芬至》《喜德芬至》《赠勤上人》（《万历集》卷九）。

春夏间，有诗记海滨民航海吕宋为生，漳泉二郡藉此生存者三万人；并言矿税事。

作《悲哉行》（《万历集》卷十）。

夏，张燮下第回漳，过泉，来访。

作《小翩绍和二孝廉下第后枉过草堂约赋二十韵同用聊字》（《万历集》卷十）。

闰九月，林茂桂自漳州至。

冬，张燮与之约至日前后来，忽改期。

作《张绍和书至道至日前后有登台之约忽讯改春依某来韵》二首（《万历集》卷十）。

张燮《余与何稚孝有清源之约林德芬已先驱矣余竟倦甚不克赴寄此改订春期兼报德芬时长至日也》（《霏云居集》卷八）。

是岁，沈有容将军至澎湖，退红毛韦麻郎；乔远有歌颂沈有容。

作《沈郎歌》（《万历集》卷八）。

是岁，同安蔡献臣过访。

万历三十三年乙巳（1605） 四十八岁

春夏间,张燮往泉州,与之游。张燮将游泉诗汇而刻之,成《游泉诗》;乔远为之序。

作《自誓斋喜张绍和远访次韵》《别张大来还东山草堂》《凌霄塔》《张绍和自漳来访与二三诗客同游历老君观音弥陀巢云南台清源蜕岩瑞岩洞得诗八首》《绍和归后四诗为别依韵寄答》(《万历集》卷十)。

作《游泉诗序》(《万历集》卷十八)。

张燮有《夜行温陵道中》《偕谢修之何稚孝万安桥晚憩同用桥字》《登黄公洞同用公字时谢修之兴尽不至》《稚孝携酌泛舟登九日山同用峰山二字》二首、《郭中丞哲卿招饮宅上同稚孝看先儒名迹分得遥字》《偕稚孝诸君遍历清源山诸胜凡八岩洞得诗八首》(《霏云居集》卷四);《入温陵何稚孝招抵山斋》《张大来使君招饮衙斋时公为蜚语所中挂冠临发二首》《同修之稚孝登凌霄塔得曹字》《同宿金粟洞限韵》《游古玄洞同用玄字》《赠何公子翁悌舅悌伯季》《别何稚孝兼呈谢修之及温陵诸同社四首》(《霏云居集》卷九)。

九月九日,嘉禾屿傅钥卒。

是岁,又为作《北游诗序》(《万历集》卷十八)。

是岁,建墓祠于竹篱山。

万历三十四年丙午（1606） 四十九岁

正月,往嘉禾屿哭傅钥。

作《至嘉禾屿哭国毗兄》四首(《万历集》卷十一)。

秋,作《泉州石湖浯屿水寨题名记》《石湖杨沈二公生祠记》(《万历集》卷二十二)。

秋,沈有容升浙江都阃,为作送别序及诗。

作《送擢浙江金阃序》《赠别沈君侯士弘序》(《万历集》卷十九)。

作《送士弘将军金书阃浙省》(《万历集》卷十一)。

万历三十五年丁未（1607） 五十岁

秋,病疟。闽中观察休宁程萝阳割俸十金为构天听阁。病愈,为书付二子,言公谷之事。

作《天听阁记》(《万历集》卷二十二）。

九月,徐𤊹与马歘往粤东。经泉州访何乔远。

作《闽县马季声徐兴公将游惠州见过丙舍即席赋别兼送季重还莆》(《万历集》卷十一）。

徐𤊹《将之粤东道经温陵访何稚孝仪部丙房同庄伯晖黄季重马季声夜集赋别因送季重还莆分得人字》(《鳌峰集》卷十六）。

万历三十六年戊申（1608） 五十一岁

春,丧八岁女。陈第过访,乔远为作《吴楚游草序》(《全集》卷十八）。

夏,向徐𤊹索要马森奏疏、文集;徐𤊹则索要何炯《温陵文献》。

秋,长子九转卒。与友人书叙及相继失长儿及孙;九月初十,儿妇殉之。

作《与蔡体国书》《答张绍和书》(《万历集》卷二十九）。

按:九转卒时三十岁;孙劭夭时十二岁。

是岁,竹篸山墓祠毕工。

万历三十七年己酉（1609） 五十二岁

春,诸子过自誓斋。

作《己酉春日诸子过自誓斋》(《全集》卷十）。

夏,天听阁构成。阁悬孔夫子像,立孔子神位。

是岁,杨惟彦卒,有诗哭之。

作《哭杨惟彦少宗伯》六首（《万历集》卷十二）。

是岁,徐𤊹有书信吊乔远子妇。

万历三十八年庚戌（1610） 五十三岁

春,戴燝至泉,邀之入西社,因忆与戴在京师有《刻烛吟》。

作《花朝詹少司寇邀同戴亨融傅寅修二丈于巢云岩同用朝字》(《万历集》卷十二)。

夏,天听阁初成。

作《山中天听阁初成友人过赋》(《万历集》卷十二)。

是岁,天听阁画有古人及当代名贤之像。

作《陈主孔明华宿我天听阁同赋二首予阁中绘古人及当代名贤之像》(《万历集》卷十二)。

是岁,巡抚按察史陆梦祖筹划撰《闽书》。

是岁,吕天池寄潘幕中俸金,而祠堂成焉。

是岁,张燮子于垒生。

万历三十九年辛亥(1611) 五十四岁

三月,张燮送蒋孟育到会城,初十抵温陵,谒何乔远。与乔远订后期。

作《绍和挟吴潜玉山人远送蒋道力太史兼为三山之游见枉小筑分赋》《绍和小楼夜集分赋》《潜玉绍和与诸公同集分得书字》(《全集》卷十一)。

张燮《稚孝宅醉起小酌时余临发聊订后期得杯字》(《霏云居集》卷七)。

四月,张燮自会城返漳州,过泉。

作《绍和自三山还诸公载酒来看》《绍和同集欧阳行周石室》(《全集》卷十一)。

张燮《留别何稚孝二首》(《霏云居集》卷七)。

秋,李祠部园赏木莲分赋。

作《秋日李祠部园赏木莲分赋》《与诸子再至祠部园看木莲分韵》(《全集》卷十一)。

十二月,至海上。

作《岁除前三日至海上与黄国蒿陈熙甫载明叔侄夜集周士财雅集雅堂》《东石渔矶晚坐》《赠卢人纪居士》(《全集》卷十一)。

是岁,郡邑大夫诣庐请纂修《闽书》。

万历四十年壬子（1612） 五十五岁

二月，张燮往莆田访宋珏，归途经泉州访何乔远。

张燮《归入温陵小集何稚孝宅》（《霏云居续集》卷六）。

秋，次子九云中举，蔡献臣有诗寄怀。至金门岛。与张燮看菊。

蔡献臣《寄怀何稚孝并贺次郎得举》（《清白堂稿》卷十二下）。

作《金门观海亭》《重来观海亭》（《全集》卷十一）。

秋，谢廷赞（曰可）游泉，乔远与之倡和。

作《与谢曰可刑部游紫帽次韵二首》《何五宅分韵》《同谢曰可赏川茶于李园》《同曰可游廷福寺》《同曰可游清源山》《曰可游泉将别出漳中诸公赠行诗见示余展阅一过卷末绍和齿余因次韵四首》（《全集》卷十一）。

冬，与张燮、张大光、徐𤊹等在福州观马嶅书楼书。徐𤊹读《万历集》有感而赋。归途，有诗致张燮。

徐𤊹《同四明罗高君温陵何稚孝清漳张绍和长溪张叔弢集马季声书楼秉烛观其架上书共享楼字》（《鳌峰集》卷十一）、《读何稚孝万历集》《送何舅悌春试》《何稚孝看早梅堤字韵》（《鳌峰集》卷十八）。

作《途中呈绍和》（《全集》卷十一）。

冬，动手撰《闽书》。

万历四十一年癸丑（1613） 五十六岁

正月，元夕观赛许真人；元夕后洪穆庵出示何烱元夕所作《七瞽踏歌行》，有感而和之。

作《元夕观赛许真人次韵戏作》《元夕后过洪穆庵工部见示先元夕之夜赋七瞽踏歌行次和》（《全集》卷十一）。

秋，与苏茂相过洛阳桥，谒蔡襄祠。

作《蔡忠惠祠》《洛阳桥中亭次聂双江先生韵》《予与苏弘家过洛阳桥亭题壁承安溪郑明府见和转次赠谢》（《全集》卷十一）。

十月，兄子九似得子。

作《海棠吟为兄子九似作》（《全集》卷十一）。

十一月,至半岭岩访苏茂相之子文煊。

作《至后半岭岩访苏弘家乃郎文煊》(《全集》卷十一)。

十一、十二月间,杨道宾赴京,作《别杨稚实赴京谒选》(《全集》卷十一)。

是岁,致力于《闽书》的编撰。

是岁,赐儿妇王承静旌表。

万历四十二年甲寅（1614）　五十七岁

五月,徐𤊾等往漳州,过泉州,乔远招集东城楼。

作《五月朝日三山徐兴公来泉雅集东城楼集者九人:谢修之、王仲绍、余可著、陈骏千、许育夫、黄俞言、余稚孝、儿九云。诗兴公就,继复和余一首,以后贾勇属和不辍,遂交和。至是夜,人得七篇,二鼓矣。骏千、俞言则先分韵别尚,未有诗也。修之、育夫各和二诗,可著一诗》(《全集》卷十四)。

按:乔远和诸子诗:《次修之韵》《次仲绍韵》《次可著韵》《次育夫韵》《自得来字》《次儿云韵》(《全集》卷十四)。

徐𤊾《初到泉州何稚孝先生招集东城楼同谢修之王仲绍余可著陈俊于许育夫黄俞言长君舅悌分韵得无字》(《鳌峰集》卷十九)。

五月,徐𤊾自漳州返,过泉州,乔远有诗送之;招集苏茂相宅。

作《徐兴公自漳返福作诗送之》(《全集》卷十一)。

徐𤊾《端午日集许育夫绮云馆同谢修之何稚孝王仲绍余可著卢一清陈峻于分得游字》《漳州归抵温陵同何稚孝余可著硕彦白集苏弘家园林时弘家新擢符卿分得州字》(《鳌峰集》卷十九)。

七月初八,偕儿九云等游惠安崇武;八日诸友翩来;十二日开讲崇武署堂,十三日开讲城隍庙,集者十六人,以为海滨胜集。

作《万历甲寅七月八日,偕许日都、温如珙、如瑶、儿九云来游崇武。次日,诸友翩来会聚,遂以十二日开讲崇武署堂,次日开讲城隍庙,集者十六人:千户黄懋绚、徐梦阳、朱孔阳、祖爝诸友,卓应绳、甘堂、陈应瀍、王道源、陈丽明、戴亮祯、张世禄、陈于舜、祖𤻻、骆日高、经应第、胡𤏡诸友,以为海滨胜集。令余识之朝阳楼,一示来者,并命诗之》(《全集》卷十二)。

八月中旬,玩月,有诗。

作《初咏明月既不尔用稚勋韵再赋》《客至饮新炊酒》《八月十三夜玩月》(《全集》卷十二)。

秋冬间,次子九云(舅悌)客福州,并往游武夷,徐𤊽有诗纪之。

徐𤊽《灵源洞和何舅悌》《宿是露松庵同何舅悌》《何舅悌自武夷归过集汗竹巢同蔡达卿分赋》(《鳌峰集》卷十九)。

十月十五日,集黄参知园。

作《十月望日黄宾寓携酒其伯父参知园得咸字》(《全集》卷十二)。

冬,为杨道宾《杨文恪公文集序》(《杨文恪公文集》卷首)。

是岁,郑之玄与何九云结选社。

万历四十三年乙卯（1615） 五十八岁

正月二日,宿表侄林维清宅。初七,谢氏群从招同维清饮双髻岩。

作《乙卯正月三日表侄林维清宅晓起》《人日谢氏群从招同维清饮双髻岩中是日立春》(《全集》卷十二)。

夏,徐𤊽有书致之,言及《闽书》亟宜刊布。徐𤊽又有书致何九云。

初秋,莆中林尧俞(咨伯)弟弘伯游泉州。

作《初秋莆中林咨伯司成送乃弟弘伯游泉有诗附讯次和》(《全集》卷十二)。

七八月间,戴燝起为贵筑督学,寄《五子诗》,和之。

作《戴亨融起为贵筑督学寄我〈五子诗〉和之五首》(《全集》卷十五)。

按:《刻烛吟》六才子,戴燝、何乔远在其中,戴燝咏之,扣除本人,为《五子诗》;乔远和之,亦扣除本人,成《五子诗》。

九月,初九至山园。

作《九日暮到山园朱廷璜粘以平续至》《九日朱廷璜出郭登城楼循湖而行都无所遇偶至予园余方独坐令人携酒适见其来大出望外》(《全集》卷十二)。

秋,徐𤊽有书致之,向乔远荐胡梅。

冬,有鹭门、漳州之行。

作《自沙溪至刘五店作》《曳杖》《高崎》《行海堤上作》《普照寺》《赠普照寺翠松上人》《云顶岩》(《全集》卷十二)。

作《漳庠广文易仁甫招饮文昌阁》《冬雨中集林玉卿宅》《南人无车,行至坂尾,胡太守家乃有里门粪车十余辆。心目之,曰:撤其粪厢以载酒杯,非古人牛车之意邪? 诸子曰:诺。醉饮车上,目光出牛背,归而作〈牛车行〉》《相逢行赠郭翁》《夕阳寺》《胡太守刘营山舍》(《全集》卷十二)。

是岁,何九云与郑之玄结涌峙社。

万历四十四年丙辰（1616） 五十九岁

春夏间,作《草庵》(《全集》卷十二)。

七月十日,蔡体言干兄顾访话旧;十一日,为体言题箧。

作《七月十日蔡体言干兄见顾话旧旦出箧命赋》(《全集》卷十二)。

八月,应镜公之邀,游侯官县雪峰寺。

作《雪峰寺》《宿营雪峰寺作四诗》《雪峰寺赠镜公》(《全集》卷十二)。

冬,漳徒蔡鸿阳过泉;过访吴田年,游清源山。

作《漳徒蔡鸿阳新从徽歙回,见过问之,则卖文江湖间而内舍淹忽矣久别之余次旧韵为赠》《过吴田年宅》(《全集》卷十二)。

是岁,《闽书》修成。其徒黄鸣晋、王有栋有力焉。当事者欲刻行之,不果。自是岁起五年,乔远又增补之。

郑之玄《闽书序》:"自万历壬子迄丙辰,凡五年,而先生之书成……自丙辰迄庚申,以终神庙一代。盖而后先生之书行矣。"(《克薪堂文集》卷三)

万历四十五年丁巳（1617） 六十岁

正月元日,有诗和季相,季相亦年六十。过伯晖新冢,再题师尹田舍。

作《丁巳元日次和季相见诒之作》《过伯晖新冢》《丁巳元正再题师尹田舍》(《全集》卷十二)。

春,张燮将抵金陵,经泉州访乔远。儿九云患足,寻愈。

作《喜绍和至泉集拔民客舍》(《全集》卷十三)。

张燮《访何稚孝》(《霏云居续集》卷十七)。

作《儿云入门患足寻愈》(《全集》卷十三)。

五月六日,集陈汝策将军席。

九月九日,游南安诗山。次日晓起。

是岁,徐𤊳言乔远赏吴仲声五言。

是岁,徐𤊳论乔远《〈蔡襄集〉序》之误。

徐𤊳《复张昆水广文》(《红雨楼集·鳌峰文集》册六,《上海图书馆未刊古籍稿本》第 43 册,复旦大学出版社 2009 年版,第 3—4 页)

万历四十六年戊午(1618) 六十一岁

正月,与徐奕开赏梅章园;题温陵十景。读书故山。

作《徐奕开携酒同诸君赏梅章园禁体得猿字时吴仲声道其福州藤山下有梅万树名梅坞》《梅花下闻鸡》《题温陵十景图赠蔡伯达使君》《戊午春读书故山以平有诗见诒次韵戏答》(《全集》卷十三)。

二月八日,邀苏阜山于黄季弢君子斋。陈翼飞自漳过泉。

作《仲春八日邀苏阜山于黄季弢君子斋阜山别后与欧阳懋照悬灯碧桃下对月剧饮分赋桃字次韵》《陈元朋自漳过泉即席分赋》(《全集》卷十三)。

夏,过维清山房。游莆田南山,有诗,赠林尧俞。

作《夜饮维清山房》《暑月过维清山房无事率尔成诗十首》《南寺黄季重携饮柬郑苏州林祭酒》《赠璨上人》《夜宿南山赠进公》《南山四首》《林咨伯祭酒南溪山房》《雨中溪声阁夜饮》《寿玄若老僧》《林咨伯弘伯雨中携樽见访周尔修亦来致饷》《赠果上人南山寺山门金刚是上人所建》(《全集》卷十三)。

秋,往漳州,吴仲声紫云寺招饮;访海澄周起元(仲先),宿其小楼。漳浦林茂桂(德芬)赠诗,作答。

作《咏紫菊二首》《紫云寺吴仲声招饮》《次吴广文徐侍御新园八首》《次周仲先侍御山楼见赠之作》《再用韵呈陈侍御荆壁时同周侍御并宿

小楼侍御方以母忧家居》《林德芬赠我湖镜兼贻十韵次答》(《全集》卷十三)。

秋冬间,游安溪。闻辽警,有诗次答友人。叶向高赠寄《山中杂诗》,次答。张燮会试过泉,乔远有诗送之。

作《重游泰山山在安溪县》《黄明起学士见示闻辽警诗次和二首》《叶进卿先生见寄山中杂诗率尔次答十六首》(《全集》卷十三)。

作《送绍和会试》(《全集》卷十四)。

张燮《入温陵驻丁亨文长玉斋》(《霏云居续集》卷十八)。

十二月,携子舅悌至安平,拜吕纯阳于来青阁。

作《戊腊与安平诸子拜吕纯阳于来青阁得非字》《乩诗》《余来吕祖喜甚作诗一句命我酒一杯六首》《咏玉兰花呈吕祖》《前乐乐歌》《后乐乐歌》《吕仙为周士制酒又为制糕与诸子赋得仙酲仙糕二首同用堂字》《木兰花》《凤尾蕉》《波萝密出跤趾》《儿云生日吕祖下乩甚为云会试先贺而安平诸子毕集遂作二首》《西林诗二首》《和苏伯润五老观太极图赠陈熙甫尊人》《与聘卿饮懋中楼二首》《题伍氏墓庐》《周士家藏文进寿意图歌》《累日安平欲归吕仙翁再为诗见留次答仙翁常别往看梅或为人看地理》《吕纯阳先生像赞》(《全集》卷十四)。

除夕,夜观紫炁。

作《戊午岁除乩示我夜观紫炁在东南之间戌亥之顷时至观之则有吾庐之上而儿云所居屋头尤多喜而赋之》(《全集》卷十六)。

万历四十七年己未(1619) 六十二岁

春,谒罗伦(一峰)祠。有诗寄岳提学。

作《一峰祠下望北山作》《己未春寄岳提学》《早春黄懋忞梅玉兰二花俱开》(《全集》卷十四)。

秋,沈有容署水师参将,为作《署水标参将勋德碑》(《闽海赠言》卷一)。

是岁,作《答沈宁海参戎书》(《全集》卷三十三)。

是岁,叶向高称何乔远为粹然君子,国家何可无此人;并为序《闽书》。

万历四十八年、明光宗朱常洛泰昌元年庚申（1620） 六十三岁

夏，沈有容镇登莱，乔远赠诗。

作《赠沈将军赴登莱歌》《送沈士弘总兵东镇》（《全集》卷十四）。

秋，神宗崩，有诗哭之。光宗即位，召叶向高入阁，向高有诗，乔远和之。

作《野哭八首同秦伯起赋》《后野哭四首》（《全集》卷十四）。

秋，为光禄少卿，移太仆。

是岁，《闽书》增补竣，刻行之。

明熹宗朱由校天启元年辛酉（1621） 六十四岁

春，往福州途中游九鲤湖、囊山寺、黄檗寺、福庐寺。

作《九鲤湖》《囊山寺》《黄檗寺二首》《福庐寺四首》（《全集》卷十四）。

春夏间，入浙，过草坪驿、龙津、兰溪、钓台，至杭州游西湖。

作《入浙》《草坪驿和孙忠烈韵二首》《夜渡龙津》《兰溪赠方秀才》《过钓台有反旧钓台诗者予亦和之》《西湖》（《全集》卷十五）。

夏，入吴；游焦、金二山。登峄山，谒孟子庙；入曲阜，低徊孔林。六月，抵京；署中二百年枯井，化为甘泉。

作《杭嘉舟中时闻辽阳失陷》《舟国四月二十七日是皇上大婚之期欢忭有述》《吴门留听日吴文仲》《寒山寺》《赠西流法师》《赠德范法师》《寒山寺德舆上人持莲花纸乞书口占》《止息馆》《玄音堂》《焦山》《金山寺僧舍》（《全集》卷十五）。

七月，熹宗命入典试。场事竣，动身返京。此后数科，山西登第者十五人，为空前之盛。

作《将有山西抡文之行留别诸门徒》《入晋诗十九首》《固关二首》《自固关至栢井》《寿阳晓饭追和韩文公韵》《晋闱口占三首呈同事诸公末首专赠同考南汀李公是日公长公亦试东省》《八月十五日》《晋闱阅卷毕口占》《示王生国维七十五子》《场事竣答陈补亭参政》《承南二太方伯以棘闱二诗见示次和末首专赠南公》《将发晋阳留别晋国民殿下》《留别同考李南汀户

部》《赠同考郭文玉广文》《赠同考党德允广文》《九日黄花岭寺有西方菊二首》(《全集》卷十五)。

冬,归京途中游五台山,回京后上朝。晋添注太仆少卿。

作《冬夜五台永明寺同见玄不坏雪岭觉四上人合坐有作》《五台清凉石》《永明寺》《永明寺勅建观音圣母为像》《南台怀南二太方伯盖公示我五台之胜甚悉媿不能遍耳》《雪中虞兴宗林希上曾用之见过日自晋中归》《早朝》《朝天宫》《腊月十三夜翰编姚孟长见招限韵同侯木庵翰谟周蓼洲铨部魏仲雪国博赋得庚字》《辛丑除夕前三日集侯木庵太史宅》(《全集》卷十五)。

冬,有书致沈有容将军,以为将才只有沈一人而已。

作《与沈有容将军》(《全集》卷三十三)。

是岁,作《户部理财议一》《户部理财议二》(《全集》卷二十四)。

是岁,作《守御京城三议》(《全集》卷二十四)。

天启二年壬戌(1622) 六十五岁

是岁,进左通政。

正月,元日,皇极门告成上御门受贺。

作《壬戌元日皇极门告成上御门受贺》(《全集》卷十五)。

三月三日,邀张燮等邸中。儿九云亦与会试。张燮下第。与马鸣起拟上书征张为史局。

作《余为绍和媒邀姚孟长侯若仆两太史邸舍时三月三日》《绍和范之来集京邸放笔为长句四首》《儿云棘试诸君命酒候出》(《全集》卷十五)。

张燮《出都留别何太仆稚孝马侍御伯龙四十二韵》(《群玉楼集》卷二十二)。

作《荐举德行文章之士说》(《全集》卷二十三)。

七月,作《寿叶师相》(《全集》卷十五)贺叶向高生辰。

八月,有诗和叶向高,作《和叶少师中秋诗次韵》(《全集》卷十五)。

九月,作《和叶少师重九诗次韵》《叶少师复以中秋重九二诗见示且末及豚儿次和并谢》(《全集》卷十五)。

冬,有诗题光禄官舍,以为光禄"其职似卜祝"。有诗送钱谦益还里。

作《题光禄官舍》《送钱受之太史还里》(《全集》卷十五)。

是岁或稍后,在光禄卿任上尚作《疏》数篇。

作《预请盐斤疏》《省差宴房疏》《奉旨进银疏》(《全集》卷二十三)。

天启三年癸亥(1623) 六十六岁

正月,有诗次叶向高。

作《次叶少师立春享庙诗》《次叶少师人日诗》《次叶少师元日早朝诗二首》《少师公三以酣字韵见示次和三首》《次少师公立春诗》(《全集》卷十五)。

闰十月初九,吐瘀血数升。

十月,作告病疏二通,一作于二十二日,一作于稍后。有书致沈有容总兵。

作《告病一疏》《告病二疏》(《全集》卷二十三)。

作《与沈宁海总兵》(《全集》卷三十四)。

十二月,欲致仕,已晋通政使矣。十九日,又作告病疏。

作《告病三疏》(《全集》卷二十三)。

是岁,在京。陈白意计曹招饮。

蔡献臣《陈白意计曹招饮检玉亭同何匪莪王虞石陈四游陈季琳分韵得萧字》(《清白堂稿》卷十二下)。

是岁,蔡献臣有诗寿乔远。

蔡献臣《寿何稚孝光禄歌》(《清白堂稿》卷十二上)。

是岁,蔡献臣出都阻风,乔远使人馈食。

蔡献臣《出都阻风芦沟桥道院何匪莪使人馈食》(《清白堂稿》卷十二上)。

是岁,又疏荐解元李宗谦。

蔡献臣《挽李宗谦解元甲子》(《清白堂稿》卷十二上)。

天启四年甲子（1624） 六十七岁

正月二十四日前后,续作告病疏二通;前后共五通,着加户部右侍郎回籍调理。将出都门,与诸友人别。

作《告病四疏》《告病五疏》(《全集》卷二十三)。

作《别亨融五首》《元夕赠别许凝长戚晼》《将出都门留别时叶太傅二首二极首次太傅韵》《答王巢父》(《全集》卷十六)。

二月,辞赐加衔;临行谢恩。

作《辞赐加衔疏》《临行谢恩疏》(《全集》卷二十三)。

二三月,归。出都之日,橐中银六星而已。经通州,于潞河晤董应举。

作《通州诗》《潞阳赠董见龙中丞》《汲古斋为舒署正题》《临清州郭廷璋署》(《全集》卷十六)。

三月,至济州、次新嘉驿;登泰山,有邹鲁斯文未坠之感。

作《次日又饮廷璋署》《次日廷璋相送河干再饮佛寺次韵是为三月二日》《关门三小吏乞诗各因其人口占一首》《太白楼呈济州董太守》《次新嘉驿女子诗三首》《舟中书所闻寄叶太傅时圣躬不安》《泰山诗三首》《至泰山下怀孟济宁二首》《呈太安州守》《宁阳赠吴节斋少司马》《临清州人有瞽而卖卜以事母者》《歌风台》(《全集》卷十六)。

四月,过扬州,游平山寺、迷楼。过常州,忆东坡;欲渡靖江,梦先人入舟。

作《四月八日顾所建邀同汪让之及余兄子九甸平山寺即席口占》《次日所建同让之及余兄子九甸迷楼览古即席口占凫舫二首》《常州》(《全集》卷十六)。

作《欲渡靖江拜先君名宦祠阻风不得夜睡忽梦先君入舟江阴江口二首》《靖江》《惠山二首》《华岩寺僧众群来乞诗各因其人其地其名信笔赠之九首》(《全集》卷十六)。

四五月间,经富阳、桐庐、金华等地回闽。

作《自富阳至桐庐作》《桐庐》《七里濑》《访赵凡夫归途有作》《赠林金华太守》(《全集》卷十六)。

六月,张燮携儿于垒由漳州北上入吴,过泉州,何乔远盛赞于垒。

作《新秋绍和兄携佳郎顾我山中即席赋呈兄已赋牧犊子矣》（张燮《何稚孝司徒得请还山挟垒儿过访留酌》附）

作《赠绍和》《绍和座中各赋一物得枕》《清漳张于垒十五能诗逼迫古人从其尊甫游吴过我山中求诗为赠走笔凑韵》（《全集》卷十七）。

张燮《何稚孝司徒得请还山挟垒儿过访留酌》（《群玉楼集》卷十八）。

是岁，及其后，讲学醉月岩及泉山书院。

天启五年乙丑（1625）　六十八岁

正月，有诗和登卿先生。时登卿年九十三。

作《登卿先生年九十三以乙丑元日诗见示》（《全集》卷十七）。

九月，张燮由建阳返漳州，过泉约何乔远看山不值。

张燮《以温陵何稚孝看山不值诗以简》（《群玉楼集》卷十九）。

是岁，纂辑《皇明文征》。

是岁，父炯原先所居毁于火，旧居为乔迁诸子所居，为之重造。

是岁及稍后，毁首善书院及天下东林书院，乔远为邹元标（南皋）为奠。

按：邹元标为"东林党三君"之一，卒于去岁。

天启六年丙寅（1626）　六十九岁

春夏间，往游九鲤湖、莆田。

作《九鲤湖二首》《仙溪诸子再来湖上》《赠南寺诸人七首》《和叶太傅自寿诗》《木兰陂》《莆阳驿四首》（《全集》卷十七）。

秋，在灵水岩呈虚舟居士。

作《秋日灵水岩呈虚舟居士》（《全集》卷十七）。

冬，董侍御赠岁酒。

作《董侍御见示中秋诸老登楼诗四首并以岁酒见遗次和二章末章专谢岁酒之赐》（《全集》卷十七）。

是岁，意大利艾儒略应叶向高之邀由杭州入闽。在泉州会乔远，一晤即成莫逆。赠诗者九十六人。乔远亦在其中。

按：据艾儒略本人所记，晤何乔远在此岁。

是岁，徐𤊹致书请求《闽书》为其兄徐熥立传；并言去岁赠熥集一部。

天启七年丁卯（1627）　七十岁

冬，海寇猖獗，乔远开诚谕郑芝龙，芝龙欣然就抚。

是岁，搜集子妇首饰纳库，助修殿宇。

是岁八月，叶向高卒。

明毅宗朱由检崇祯元年戊辰（1628）　七十一岁

春，往游福清石竹山，过叶向高苑霞亭，有诗追忆叶向高。又游永泰方广岩。

作《石竹山山有无患溪山向多猿猴今乃无有》《石竹山房为叶相公长孙君锡题》《苍霞亭追和朱晦翁韵时公诗寺中已亡门人戴子振为我诵之》《苍霞追和叶相国韵》《永阳道中四首》《方广岩追次林员外鸿韵》《方广岩追次叶相国韵》《赠沅倅张鲲水四首》（《全集》卷十七）。

崇祯二年己巳（1629）　七十二岁

三月，沈士弘卒，有文祭奠之。

作《祭沈士弘总戎文》（《全集》卷六十五）。

冬，起南京工部右侍郎。

是岁，为蔡复一作《蔡清献公文集序》（《全集》卷三十九）。

是岁，议洋税及将海澄之税移至中左所（今厦门岛）。

作《海上小议》（《全集》卷二十四）。

是岁，门人郑之玄为《闽书》作序。

崇祯三年庚午（1630）　七十三岁

春，起南京工部右侍郎。时虏骑薄都城，道路梗塞，念国家有急，即日就道，儿九说同行。过仙游、延平、崇安、衢州；过苏、常，吊周季侯诸公家遗风。

作《赠宴仙游》《赠刘淳如》《仙溪陂二首》《叶文忠墓下作》《赠熊心开中丞二首》《题白沙瀛山寺壁二首用儿说韵》《题画二首》《水口驿二首》《延平道中一带古松特盛近为造船以备海寇多遭砍伐郑道圭题诗驿壁叹之因次其韵》《嘉靖中杨吏部戴鸣谪为将乐尉失舟嵰峡黄田驿宰出之杨公有诗驿碑诸公多次其韵余亦步之》《自水口驿至延平道中二首》《大横驿次壁间韵》《太平驿现次前韵三首》《崇安道中短术四首》《题丘先生允恭馆二首》《舟初卖于衢州城下窄不可眠》《王生乞诗赠其乃祖年九十余矣》《石门》《刘剑墓二首》(《全集》卷十八)。

四月,到南都,乡人黄居中过饮;谒孝陵。

作《黄明立罢国子寓居金陵过饮我斋限韵》《题水仙花》《夏至斋宿署中呈诸属僚》《孝陵下作》《成化御书敬题》《赠邹太仆斐石二十八韵》《六月六日拜御客承王内侍招饮》(《全集》卷十八)。

五月,上《覆冗役考仓期》等疏。

作《覆冗役考仓期疏》《请信明旨蠲浮科疏》(《全集》卷二十三)。

夏,上沥林垦征忠疏,荐郑芝龙。

作《谨沥林垦征忠疏》(《全集》卷二十三)。

夏秋间,与莆田诗人刘机话旧。

作《与刘机话旧》《戏呈刘机二首》(《全集》卷十八)。

秋,有诗寿曾远公;又寿黄居中。

作《寿曾远公》《次韵寿黄明立》(《全集》卷十八)。

八月中秋,作《四栢堂中秋作》(《全集》卷十八)。

九月九日,游凤凰台、瓦馆寺。

作《凤凰台九日诗》《瓦馆寺九日诗》(《全集》卷十八)。

冬,见邸报,有言乔远龙钟已甚,上疏辞归。

作《乞归疏》(《全集》卷二十三)。

岁除,有诗呈黄居中,言将归去。

作《岁除呈黄明立四首》(《全集》卷十八)。

是岁,议开洋海,以为海者,闽人之田也。

作《开洋海议》(《全集》卷二十四)。

是岁,父焖旧居重造竣工,以余材构不自弃堂。

崇祯四年辛未(1631) 七十四岁

春,辞归,复上《开海禁疏》。出南都,橐中余一金而已。

作《乞休致疏》《请开海禁疏》(《全集》卷二十三)。

四月,离南都后往游虎丘;过王江泾感张经之事;游西湖、过钱塘、至衢州、钓台、舟次兰溪,经上饶。

作《舟中》《虎丘二首》《赠慈印上人》《余南归承鲍元则追送虎丘城外赋此为别》《慈上人自虎丘追送》《赠净一上人》《赠问宗上人》《赠云闲上人》《过王江泾感张司马事》《偶及赵涌江》《西湖》《余入召庆寺僧题佛前灯曰绿埜堂问所以则云裴相国故墅也西湖志不载辄有此作》《钱塘江口作》《富阳江至衢州杂咏五首》《钓台二首》《幽居庵》《辛末暑月游圣寿寺闲云大师求予为募疏世间出家人持疏登门即世尊托盏好语麾却之矣寺有唐僧贯休画胡僧十六轴聊为题一长句使持为扣门之砖即世人厌募知此寺有数百年高僧名迹必福资胜力令庄严佛土以为护高僧名画之一藉也》《题灵源庙》《题郭泰象层院》《舟次兰溪留住唐侍甫宅数日临行赋赠》《烂柯山》《上饶道中》《信州一怀亭》《信州》(《全集》卷十八)。

五月,巡抚熊文灿为《闽书》作序。

五月至八月,入闽关,至建阳,停二十余日,谒考亭、九峰、云庄等。过将乐,谒杨龟山,游玉华洞。经大田驿、蒜岭、渔溪。

作《武夷山二首》《夏日集建阳护国寺限韵》《谒考亭》《过崇化里中会张氏诸昆张是横渠先生之后二首》《饮张克之宅》《题岱嶂寺檀香观音像二首》《岱嶂寺赠僧各随其名其事四首》《岱嶂寺僧先是贾人》《寿张荣吾》《别熊仰宗老人》《莒口三贤堂》《崇奉里观虚》《黄昏勉斋书院文公往来云谷西山间皆宿其中》《妙高峰》《玉华洞呈蔡幼鲁明府四首》《班龙宴》《赠驿宰陈我葵》《黄丽甫从余东游而归其生日子庆之求诗为寿》《久淹大田驿中适陈公楚同诸昆见顾有诗二律见赠次韵和公楚貌大类叶文忠公第颊上长一白毫故末及之》《蒜岭道中》《渔溪道中》(《全集》卷十八)。

八月杪,抵泉州。

九至十一月,月之三、八日,会讲于泉山书院。

作《夜梦先府君与赠淑人居运甓斋中黎明往问寝则先府君已篝灯读书从二小仆赠淑人寝未起也顷之起至便房则羹内盈案果饵之属盈筵又顷之步入中堂先府君又在一处运笔曰吾方分田业与尔辈呜呼先府君田盖书田也喜而记之》(《全集》卷十八)。

十二月廿日,《编年录》脱稿;二十二日,即壬申立春后七日卒。

李焴《先师何镜山先生行述》:"吾师镜山何先生,以壬申立春后七日卒城正寝。盖享年七十有五。"(《全集》卷首)

按:乔远卒,公历已入1632年。

岁暮,艾儒略作《何镜山先生像赞》。

艾儒略《何镜山先生像赞》(《全集》卷首)。

崇祯五年壬申（1632） 七十五岁

三月,讣入京师,门人郑之玄有文祭之。

郑之玄《祭何老师文》(《克薪堂文集》卷九)。

是岁,蔡献臣有诗哭之。

蔡献臣《哭少司空何稚孝先生四首壬申》(《清白堂稿》卷十二下)。

崇祯七年甲戌（1634） 殁后二年

是岁,季子何九说服阙赴京。徐𤊹有书慰九云,言如丁丑登第犹未迟。

徐𤊹《送何典簿服阙赴京名九说稚孝之子》(钞本《鳌峰集》)。

崇祯十年丁丑（1637） 殁后五年

是岁,华亭陈继儒撰《全集叙》(《全集》卷首)。

崇祯十四年辛巳（1641） 殁后九年

是岁,晋江黄居中撰《全集序》(《全集》卷首)。

崇祯十五年壬午（1642） 殁后十年

是岁,乔适孙运亮中举。

崇祯十五年癸未（1643） 殁后十一年

是岁,次子九云、族孙运亮成进士。

崇祯十七年甲申、清世祖福临顺治元年（1644） 殁后十二年

是岁,甲申变后,九云南归,杜门不出。

徐𤊶年表

徐𤊶,字惟和,别字调和,号幔亭。晚欲以字行,不果。闽县(今福州市)人。始祖曰徐晦,居福建连江。至天一处士由福建连江迁至怀安县荆山(怀安县,明万历初废,今荆山属福建闽侯县)。太祖贞(十一世),又名景宗,字三保,谥宣义,孟房信支祖,始自荆山迁至福州台江。高祖旭,字孔明。曾祖铿,字振声。迁居福州城南九仙山鳌峰,遂世居焉。祖演,字汝长。父㮣,字子瞻,岁贡生,永宁令,能诗及书,又喜藏异书,有《徐令集》,又有《周易通解》《养生纂要》《世说纪称》;又有未完稿之《晋宋人物考》。旧有楼藏书楼曰"红雨";后又构绿玉斋贮书。

徐𤊶弱冠,选入郡庠生。万历十六年戊子(1588)成举人,十年三下第。豪于诗,踵汉魏,追三唐,诸体兼善,尽涤时趋。与陈椿、陈鸣鹤、陈仲溱、陈价夫、陈荐夫、谢肇淛、曹学佺及弟熥等结社三山、芝山,嗣响风雅,尤工七律,时论归美。与弟熥、熛齐名,世谓"三苏继作"。名入"晋安七子"、"竹林后七贤"、隆万"后十子"。历七寒暑,辑选《晋安风雅》;有堂号"风雅"。疑又选有《婺贤文轨》四卷。偶画山水花鸟;多藏奇书、字画、古砚。书效法《圣教》《兴福》,有古意。性疏狂,好客,户外履常满,人称"穷孟尝"。侍儿名紫玉,能诗。年三十九,卒。入祀高贤祠。葬鹿坪山。爱妾去帷,家奴遣散。著有《幔亭集》二十卷(文津阁《四库全书》本仅十五卷);又撰《闽中旧事》,未成一箦。生平喜称郑善夫。

母陈氏。生母林氏。仲弟燉、季弟㶲。长姐淑,陈氏所出,适谢氏;妹洁,林氏所出,适邹氏。妻郑氏。子二:庄、夑。女一:坤。孙二:钟泰、钟俊。

明世宗朱厚熜嘉靖四十年辛酉（1561） 一岁

三月初三,生。

是岁,林春泽八十二岁,俞大猷五十九岁,父徐㮖四十九岁,母陈孺人(徐㮖原配)四十三岁,王应山四十一岁,李贽三十五岁,宗周三十四岁,陈椿二十八岁,张献翼二十八岁,王稚登二十七岁,佘翔二十七岁,王世懋二十六岁,袁表二十五岁,生母林氏二十六岁,谢杰二十五岁,谢汝韶二十五岁,李逢二十二岁,顾大典二十一岁,胡应麟二十一岁,陈第二十一岁,赵世显二十岁,周如塂二十岁,屠隆二十岁,释洪恩(雪浪禅师)十七岁,李维桢十五岁,陈益祥十三岁,黄克缵十三岁,李光缙十二岁,王崑仲十一岁,林应起十岁,陈公选八岁,邓原岳七岁,陈仲溱七岁,林应聘六岁,陈宏己六岁,陈价夫五岁,何乔远四岁,叶向高三岁,葛一龙三岁,陈荐夫二岁,陈勋二岁,马嶐生,陈士龙生。

嘉靖四十一年壬戌（1562） 二岁

是岁,杨道宾生。

嘉靖四十年癸亥（1563） 三岁

是岁,二月十一日蔡献臣生。

嘉靖四十三年甲子（1564） 四岁

是岁,㶲配郑氏生。

嘉靖四十四年乙丑（1565） 五岁

是岁,父㮖为岁贡。被放。

是岁,程嘉遂生。

嘉靖四十五年丙寅（1566） 六岁

是岁,父梯于京师得《唐诗三体》一册。

是岁,林应聘生。

明穆宗朱载垕隆庆元年丁卯（1567） 七岁

是岁 ,崔世召生,谢肇淛生,康彦登生。

隆庆二年戊辰（1568） 八岁

是岁 ,谢肇淛父汝韶为安仁令。

隆庆四年己巳（1569） 九岁

是岁,随父在江西南安府。

是岁,父梯官江西南安府儒学训导。

是岁,郭天中生。

隆庆四年庚午（1570） 十岁

是岁,随父在江西南安府。

是岁,弟𤊹生。𤊹字惟起,一字兴公。

是岁,许獬生,袁中道生。

隆庆五年辛未（1571） 十一岁

是岁,随父在江西南安府。

隆庆四年壬申（1572） 十二岁

是岁,随父在江西南安府。

明神宗朱翊钧万历元年癸酉（1573） 十三岁

是岁,随父在茂名。

是岁,父棓课诸生,熿亦在其中,棓比之为唐代少年苏颋。

是岁前后,父棓日日教熿以经。

是岁或稍后,得识高凉李逢。

是岁,父棓为广东茂名儒学教谕。

是岁,父棓,郡教官试第一。

是岁,林章举于乡。

是岁,张燮生。

万历二年甲戌（1574） 十四岁

是岁,随父在茂名。

是岁,父棓郡教官试复第一。

是岁,谢杰成进士。

是岁,曹学佺生,王叔鲁生。

万历三年乙亥（1575） 十五岁

是岁,随父在茂名。

万历四年丙子（1576） 十六岁

是岁,随父离开茂名往永宁。

是岁,父擢永宁令。

是岁,告别茂名友人陈圣建。

是岁稍后,欷歔撰《先伯父友轩公传》。

是岁,季弟熛生,蔡复一生。

万历五年丁丑（1577） 十七岁

是岁,随父在永宁。

是岁,林光宇生;光宇,字子真,陈鸿生;鸿,字叔度。

万历六年戊寅（1578） 十八岁

是岁前后，为邑庠生。

是岁或下岁，娶郑氏女。

是岁，父椆辞永宁令。椆过江西铅山，壁间题留。为微官十年，仅置宅一区，买田数亩。

万历七年己卯（1579） 十九岁

是岁前后，豪于诗。不喜经生业，然而及试，皆异等。

是岁，县考童生《为家不治恒产论》，第七名，补博士弟子员。

是岁，府考童生，作《吴兢直笔论》。

是岁，汇考第二名。

是岁，乡试，不利。

万历八年庚辰（1580） 二十岁

是岁，父自营寿藏于闽县易俗里岳后山。

是岁，谢汝韶致仕。

是岁，林古度生。

万历九年辛巳（1581） 二十一岁

是岁前后，与谢肇淛往还无间。

万历十年壬午（1582） 二十二岁

是岁，乡试，二不利。详《祭外舅郑茂才》。

万历十一年癸未（1583） 二十三岁

是岁，初学《唐三体诗》，并批点。

是岁或稍后，客邵武李逢传舍半年。

是岁，林方壶卒，作《哭林方壶先生》诗。

是岁,林春泽卒,寿百有四岁。

是岁,叶向高成进士,赵世显成进士。

万历十二年甲申（1584） 二十四岁

夏,登鼓山,作《重游喝水岩》。

是岁,有樵川之役,识齐将军;又遇鹿白（守黑）山人,作《鹿守黑山人传》。

是岁,长子庄生。

万历十三年乙酉（1585） 二十五岁

是岁,省试,已入围,有阻之者。三不利。自是与陈椿等结社赋诗,殆无虚日。

是岁,邓原岳举于乡,黄居中举于乡。

是岁,王世懋为福建提学副使,读熥《易义》,为之击节。

是岁,元夕,福州火烧千余家。

是岁,闽郡有雪。

万历十四年丙戌（1586） 二十六岁

是岁,周之夔生,陈衎生,郑邦祥生,李时成生。

万历十五年丁亥（1587） 二十七岁

是岁,登鼓山。作《重游灵源洞怀珠上人》。

是岁,与谢肇淛执经事顾大典。

是岁,始交陈邦注。与"二孺"（陈价夫,字伯孺;陈荐夫,字幼孺）诗往来。陈价夫客珠崖。

是岁,疑举家有电白之行,遇乱。作《乱后经电白县有怀故园》;途中又作《樵川道中》。

是岁前后,郡守江铎重熥以国士之礼。

万历十六年戊子（1588） 二十八岁

是岁，成举人，为太史杨起元所取士。

夏，制《青楼侠气卷》，赠伎李仪卿。又作《青楼侠气诗序》。

秋，登鼓山。作《游鼓山集序》。

十一月，与谢肇淛赴京考，徐熥送至剑津。陈荐夫作《燕京篇送惟和北上》。

是岁，王世懋卒。

是岁，友人陈士龙卒，年三十四。

万历十七年己丑（1589） 二十九岁

正月，赶考途中。由京口过扬子江、经淮阴拜漂母庙、过下邳彭城、沛、沙河、汶上、恩县、德州、景州。

二月二日至涿州，四日过潞河，日昃入京师。京士皆走熥，读其诗，皆叹息。九日入院试，望后出。疥足呻吟。闻永阳（今福建永泰）盗猖獗，忧之。又为陈平夫作《钓矶集序》。

二三月间，在京师。清明，与谢肇淛过燕南陈子卿旅邸。与谢肇淛俱下第，交结天下名士。日持螯，拍浮于天庭、香山诸寺中数日。出都南下。

作《清明日饮陈子卿燕南客舍》《李惟实过集客舍》。

谢肇淛有《清明日同徐惟和过陈子卿旅邸得斑字》（《小草斋集》卷十二）。

四月，谢肇淛于彭城迟熥不至；四昼夜后熥至。与谢游邵伯湖，过淮阴，抵瓜州，渡江，过毗陵，陟虎丘；访张献翼于曲水草堂，又于谐赏园别顾世卿，又访王稚登，过娄江，谒王世懋墓，哭之；过杭州六和塔赋诗欲题壁遭僧呵叱。复过杭妓月仙，赠诗。

五月，与谢肇淛抵清湖，过江郎山。越仙霞岭，过浦城、建宁，过黯淡滩，泊吉溪，至困溪，夜泛白沙，归家。

七月，作《旱》。

夏秋间，于红雨楼南园中构小斋，名"绿玉"，作《绿玉斋记》。此间又作《陈价夫归自崖州谈粤中山水因怀旧游》《送刘司理考绩之京》《赠蔡景明参知》《过邵梦弼广文山居》《送赵仁甫司理左迁之京》《哭邵梦弼广文》二首。

八月,谢肇淛、陈椿、陈荐夫等过绿玉斋,作诗。中秋,作《中秋饮西湖澄澜阁观妓》。

谢肇淛有《饮徐惟和绿玉斋得喧字》《八月十四夜同陈汝大陈伯孺集绿玉斋》。

八九月间,作《挽吴门沈汝明处士》《齐将军席上闻歌》《送熊益中孝廉归丰城》《赠黄瞻山先生》《赠歌者》《沙口夜泊答宗思兼见示》《重阳台前一日寓宝严寺》。

十二月,郡守江铎招饮西湖,作《江郡侯招饮西湖同曾人倩谢在杭分得游字》(《幔亭集》卷七)。

冬,作《周国材先生墓志铭》。

是岁,作《永福陈令平寇录序》、为莆田周如埙山人作诗序。

约于是岁,作《乌石山访虚公》。

约于是岁,陈荐夫作《六子诗·徐惟和》。

陈荐夫《六子诗·徐惟和》:"大徐吾同调,蚤岁禀英特。居常好遨游,一一穷阡陌。探讨了不闻,乃返富经籍。既解匡生诗,亦善梁丘易。起家应孝廉,徒步射奇策。鱼目混随珠,向云铄长翮。齐瑟不为竽,荆山岂终石!物固有推移,君情无怵迫。"(《水明楼集》卷一)

万历十八年庚寅(1590) 三十岁

正月元日,曾仕鉴过访,作《庚寅元日曾人倩过访同谢在杭分韵》。又作《钟山寺送曾人倩归岭南》。

燩同时作有《庚寅元日岭南曾人倩集小斋分韵》。

春,有南剑(福建南平)之行,作《春兴》《访瀚上人》《溪行晚眺》《清明客中寄惟起弟》《同王玉生惟扬弟登南剑明翠阁因怀宗思兼先生》《王台驿》。

秋,归家,曾与陈鸣鹤等集陈椿山斋。

九月,为陈宏己等作《游鼓山集序》。

十月,与谢肇淛等访曾文表。

十二月,又作《岁尽》,叹其贫寒。

是岁,作《咏怀》,悲叹履历多险巇。

是岁,源溪黄隐君贻《高秦仲山水图》,藏之。

是岁,弟𤊹长子陆生。

万历十九年辛卯（1591） 三十一岁

春,宿陈宏己吸江亭、宿林应起面壁洞。同林应宪、林应起、邓原岳、王崑仲及弟𤊹游锦溪竹林,有诗。

秋七月,同陈鸣鹤、陈荐夫、弟𤊹等集陈椿于山草堂。父椼召𤊹、𤊹,拟为书生平得意诗;前此,𤊹曾为汇刻一帙。

八月六日,离家北上赴考,吐气如虹。同行者有莆田陈翰臣。谢肇淛、陈鸣鹤等送到芋江。过剑溪溯流而上,作《建溪中秋怀马季声诸子》《客中忆惟起惟扬弟》。

九月,过吴门,偶得疾,不知人者数日。九日,集于张献翼曲水草堂,献翼赠写本《陆士龙集》,𤊹有题跋以记其事。又作《九日集张幼于曲水草堂》;又于浒墅逢王稚登,作《浒墅关逢王百谷》。此间所作还有《寄惟起弟》《金昌赠钱功父》《云间旅情》。于京口作《京口夜泊迟陈汝大不至》;又与闵龄（寿卿）邂逅金山,谓寿卿为青华之士,作《同彭正休陈子卿游金山遇张函一孝廉闵寿卿山人恩公若公》。是月二十一日,父椼卒于家,年七十九。

十月至十一月望,过广陵,发交河,过吕梁洪,疾覆。过东平,邂逅青阳歌者周文成。作《赠歌者周文成诗序》。

十一月,望,入京,父椼讣已至京半月。手持衰绖,徒跣奔归,痛深屠割。是时,邓原岳至京,寻之于酒人群,而惟和径归矣。归途,遇谢肇淛于平原。

除日,作《辛卯除夜姑蔑舟中》。

是岁,作《张隐居暨德配郑孺人行状》。

约于是岁,开始与陈荐夫等选辑《晋安风雅》。

是岁,邓原岳作《与徐惟和孝廉》。

万历二十年壬辰（1592） 三十二岁

正月，奔丧至家，作《奔丧归祭先府君文》。

陈荐夫作《闻惟和奔丧归家寄唁》。

春，与弟𤊹、熛论次父棛生平行事之概，作《相坡公行状》（《幔亭集》作《先考永宁府君行状》）。迁祠龛于红雨楼。

三月寒食，与友人集绿玉斋，作《寒食日熙吉玉生惟秦振狂伯孺少文集绿玉斋》。

四月，作《林方伯先生七十初度是日为吕纯阳诞辰》。

五月，作书两通报陈价夫。

夏，追悼亡父，作《读礼感怀》四首。

六月十三日，弟𤊹之吴乞父铭，王崑仲同行。𤊹附有《与顾长卿兄弟》《与王百谷》《与张幼于》《与强善长》《与谢在杭》书，并送之江干，作《江上送惟起弟》。二十二日，𤊹至邵武，有家书。

七八月间，屡怀弟𤊹。作《得舍弟吴中书》《怀惟起弟》《送王大游吴兼讯舍弟》《中秋同惟秦震卿集汝大草堂看月因怀惟起客吴》。

九月二日，弟𤊹抵家。九日，与黄道晦、陈仲溱饮，作《九日大风雨与黄道晦陈惟秦饮屋后小山》。作《王百谷为先永宁表墓寄此答谢》。是月或稍后，邓原岳作《徐子瞻令君传》。

九月或稍晚，评谢肇淛《游燕二集》"心计既粗，面目都恶"。

秋冬间，作《得宁夏消息》二首。

十月初三，熿、𤊹、熛母陈孺人（棛原配）卒，年七十五。作《后感怀》四首。

十至十一月间，作《与陈子卿》《与林兆纶》《与陈彦宗秀才》，叙母丧之痛。莆田佘翔为徐棛集作序，𤊹报以《与佘宗汉明府》。友人李元畅（惟实）、周所谐（如埙）相继过世，作《哭李惟实孝廉》四首、《哭周所谐》四首吊之。又作《与周乔卿山人》（乔卿，如埙子）以致哀。谢肇淛、邓原岳归省，与之游，作《送谢在杭司理湖州》四首、《戏柬谢使君》；《邓汝高进士转饷辽东便道过家见访喜赋》《邓汝高雨中载酒见访分得园字》。又作《寄李伯实太学》,希冀父棩能入茂名名宦之列。

十一月,邓原岳过绿玉斋看惟和兄弟,作《雨中过绿玉斋看惟和兄弟》。𤊻与陈鸣鹤、王崑仲、陈价夫、陈荐夫等出游永福方广岩,题刻岩石,又作《游方广岩绝顶二十四韵》。二十七日,出洪江,泛舟至南屿,作《宿林熙工面壁洞》《同林熙工邓原岳游锦溪竹林》《水西迟陈伯孺不至》《锦熙八景为林熙吉题》;二十八日,游太平山;二十九日,游勾漏洞,作《旗山勾漏洞》四首。

十二月,与林应宪、林应起、陈鸣鹤、王崑仲、陈价夫、陈荐夫游方广岩。初二日,登舟,夜泊濑下。三日,过赤壁濑,舍舟游山;夜宿华岩阁。四日,过登天桥,登舍身崖观水濂发源处。五日,寻玉泉洞,瑞松坞诸胜不得,观听经石。六日,别山僧,离方广岩,循旧路归,登舟,至濑下。七日,昧爽,由杨崎入城。

冬,友人王孔振入临邛,以《杜工部集》寄𤊻。

是岁,作《赠王少文》;为友人陈士龙撰《亡友陈仲见秀才墓表》。

是岁,检父箧中扇面书画,装成一卷,并为跋。

是岁,与弟𤊻稍究地理之学。

是岁,书七律十余首,风骨遒整。

是岁,邓原岳作《赠徐惟和》。

是岁,女坤生。

是岁,翁正春廷试第一、邓原岳、谢肇淛成进士。曹学佺落第。

是岁,李元畅卒。

约于是岁,韩锡生。

万历二十一年癸巳(1593) 三十三岁

正月,怀杭妓月仙,作《春日怀旧》。此间又作《元夕冰灯》。游福清石竹山,读顾大典诗碑。补记《游方广岩记》,并作书报林熙吉,将游方广岩文并诗结而名《灵鹫篇》,游石竹者名《蕉鹿篇》。

二月,出东郊,登鼓山,作《东际亭晚眺万历癸巳仲春》。

三月,作《半山小憩呈惟秦》《落花》四首。

三月二十七日,友人王叔鲁卒,年仅二十。作《江上答客伤王少文》《王少文诔》。

春，追作《方广岩记》。

春，代友人林天茂乞字于林应宪，作《与林熙吉》。

夏，与邓原岳等集乌石山，作《集郑氏乌石别墅》二首。与邓原岳、陈仲溱、弟𤊹、袁敬烈、陈荐夫等过郑善夫墓。

秋，居法云寺；与弟𤊹、颜廷愉等集邓道鸣行署；又曾集颜廷愉旅馆。

十月初三，与弟祭陈母，上食，哭声震天，林木震动；与曹学佺会绿玉斋。

冬，作《与林熙吉》，忆去岁锦溪之游。袁表卒，作《故黎平太守袁公挽歌》。作《无题和李义山》诸诗，忆恋月仙。筑父母坟宫于东岳麦园。

是岁，弟𤊹代作《全婴堂集序代家兄作》。

是岁，友人赵我闻入闽，与熥及𤊹弟游。

万历二十二年甲午（1594） 三十四岁

春，游通谷洞、乌石山、面壁洞，作《游通谷洞》《登乌石山》《同微师至面壁洞》。上鼓山，作《同微公元直兴公弟至鼓山》《鼓山寺》《灵源洞与微公赋》《赵用拙招游白云洞迷路而返却寄》、作《自鼓山历凤池寻白云洞不得误抵山麓而归口占寄赵用拙居士》《涌泉寺怀融上人》。

春夏间，邓原岳、曹学佺等过斋头，原岳作《同张叔弢广文曹能始孝廉过惟和斋头》。陈价夫病，作《问伯孺病》。

五月，贫民嗥呼，饿莩嗥通衢。作《甲午端阳即事》。

秋，续修《徐氏家谱》，作《重修徐氏家谱序》。

七月，三上春官，别亲友，作《甲午赴京留别社中诸子》《别陈惟秦》。𤊹与陈鸣鹤等有诗送之；又于芋江别二弟，作《将发芋江别惟起惟扬二弟》。

七八月间，沿闽江溯流而上，泊黯淡滩，登观音寺。经建瓯、浦城渔梁驿。夜泛七里滩、晓发桐庐，过杭州，游昭庆寺。泊枫桥，过吴门，寻沈野不遇，与王元直露宿江干；又吊高启。经毗陵、句容，至金陵。沿途所作诗甚多。途中作书报陈仲溱，忆竹下风景。

九十月，在金陵，遍游牛首山、鸡鸣寺、瓦官寺、静海寺、灵谷寺、碧峰寺、金陵故宫、清凉寺、浦口珠泉、燕子矶、朝天宫、青溪、桃叶渡、鹭峰诸胜。遇闵龄,始信寿卿为有道之士。与姑苏陆文组、云间曹志伊游。

十一月,折回吴兴,携陈仲溱诗过谢肇淛,作《陈惟秦诗序》;与肇淛泛舟碧浪湖,又与谢肇淛围炉共阅《墨梅卷》;游道场山,谒孙一元墓。复过吴,游虎丘寺;访得沈野,为作《沈从先诗序》;托请张献翼、顾大典为《幔亭集》作序。过镇江,憩露寺观音洞,渡江北上。又作《与陈惟秦》,论诗当学唐,但不可专一模拟,以为正音雅道在闽。

十二月,过彭城、德州、易水。除夕,在汶上。

是岁,作《玉融周翁墓志铭》、作《林熙工〈面壁洞诗〉序》《〈沈从先诗〉序》。

是岁,作书贻谢肇淛,求高迪《缶鸣集》。

是岁,在南京为弟燉刻《红雨楼稿》。

万历二十三年乙未(1595) 三十五岁

正月,赴京考途中,过交河。十一日,抵京,与邓原岳、曹学佺、时相过从。

二月,在京城,与邓原岳、陈荐夫、曹学佺游。与陈荐夫、曹学佺步月长安街。集邓原岳署中,作《同许灵长太学张去华山人陈幼孺曹能始二孝廉集邓汝高计部署中赋得长安新柳送张成叔太学还四明》。

三月,在京城。与陈荐夫同下第,拟在京谋一职以养生母,陈荐夫强之南归。作《下第后书怀》。邓原岳作《送陈幼孺徐惟和下第南还》。

三四月,南归,不胜途穷身贱之慨;与陈荐夫同行,春尽,至松陵舟中始分手,有诗怀之。过仙霞岭,题名,经浦城归家。

秋,与陈椿、邓原岳等集绿玉斋。

八月,弟燉有吴越之役,与陈仲溱等附舟往游武夷。十三日发白龙江,十五日,遇雨;十六日次困溪;二十一日次剑津,登玄妙观;二十四日次建安,登善见塔、丹青;二十八日次建阳。陈惟秦、吴元瀚同游,陈振狂途中病留。

燉有《题黯淡寺》《延平玄妙观》《同吴元瀚陈惟秦惟和兄游芝山丹青阁》。

九月,朔,至武夷;在山中十日,游武夷诸峰;溪口别弟燉,与陈惟秦、吴元瀚买舟归。在武夷作《游武夷山记》凡四篇;又作《登接笋峰》《陷石堂》

《赠安道人》《赠江仲鱼》。

㷍作有《宿冲祐万年宫》《再宿接笋峰怀仙馆》《宿天游峰》《游鼓子峰道院》《赠道士李琼谷》《咏水帘》《武夷沦口别元瀚惟秦鱼仲》。

九月,自武夷归后,与邓原岳游,或宿邓竹林山庄,或邓过宿山斋,或集绿玉斋。原岳将北上,送之。原岳行至闽溪,有书报惟和兄弟。有诗追念月仙。

秋冬间,徐㷍致书曹学佺,贺其获捷,并叙及徐熥下第落魄不事产业,追逐于贵人之前。

冬,有古田之行,作《古田极乐寺》;徐㷍致书曹学佺,言及兄徐熥下第。

是岁,莆田陈邦注为卜葬地。

是岁,曹学佺成进士。

万历二十四年丙申（1596） 三十六岁

正月,得弟㷍书,作《丙申元日得惟起弟越中书闻王生客苕消息因柬钱叔达》。

正月至二月间,转运副使屠本畯过访,赠书;作《屠田叔使君枉过兼惠藏书赋谢》;郑邦衡惠书并诗扇,作《郑邦衡以书见贻兼惠玉章诗扇赋此答赠》。

二月下旬至寒食前,作《分得要离冢送陈伯孺之姑苏》《再送陈伯孺兼简在杭》《送陈振狂游玉华》《怀吴元瀚》《赠薛君佐秀才》。

二三月间,清明,屠本畯为作《幔亭集题词》。寒食,与陈椿看海棠。某日,与钱叔达、陈椿等及弟兴公集袁无竞水亭。同郑吉甫过仁王寺。又,雨中邀黄景袤、张邦侗等及弟兴公集万岁寺。

三月,吴江顾大典卒,本月或稍晚,作《故福建按察司提学副使顾公诔》。

三四月间,得子,五日而殇,作《悼殇子》。

四月,晦日,邀屠本畯等于西湖观渡。

五月,作《送陈可栋还松溪》《送黄仲高之漳州》。

五六月间,作《送陈汝翔游龙虎山》《送曹二进士之金溪吊周明府》《同屠田叔张愿孺钱叔达张公鲁及社中诸子集陈正夫水亭分得大字》。

夏秋间,作《送郑震卿之吴越寻兄》《送林应卿进士理梧州》《送张公鲁

还甬东》《答黄君甫》《送朱善侯秀才》《哭王振礼客死泸州》《哭顾道行先
生》。

七月,七夕,邓原岳招集于山玉皇阁。

八月十四日夜,招张孺愿等集于山平远台观灯。

九月,作《送陈振狂之汀州》《与吴元翰话旧》。

九月之后至岁终,作《题陈幼孺招隐楼》二首、《送邓道鸣参戎东粤》。
𤊶同时作有《送邓将军之东粤》。

是岁,为钱叔达作《〈闽游草〉序》;徽人闵龄隐武夷,作《送闵寿卿隐
武夷》,又为之作《〈蓬累游〉序》。

是岁,陈价夫、陈荐夫母卒,作《祭陈伯孺母林夫人》。

是岁,作《题〈宝月楼〉〈空江秋笛〉二卷后序》。

是岁,宗周卒。

万历二十五年丁酉(1597) 三十七岁

春,送曹学佺入京,作《分得宫花一万树送曹能始赴阙》《再送曹能
始》。

陈荐夫有《赋得征马嘶送曹能始北上》;徐𤊶有《送曹能始进士赴阙》。

三月,编选《晋安风雅》成,并作《〈晋安风雅〉序》。

按:福州秦为闽中郡,晋为晋安郡。《晋安风雅》专选福州一地明代之
诗。

四月,作《〈敦义编〉序》;又收得《郑继之手录杂著》(𤊶作《郑继夫
手书》),题之。

夏,与弟𤊶等过神光寺、西禅寺,避暑仁王寺。

秋,过王审知墓,有《闽王审知墓下作》,又与康彦登、弟𤊶等集屠本畯
三层阁。屠本畯赠《董解元西厢记》。

秋,林逸人卒,有诗吊之。

秋,作《涪州张节妇》《方山严孝子》。

秋,作《题余伯明龙沙识谶》。将入燕都赴考,诸友有送行卷,为之题卷
后。徐𤊶请徐𤊶转致曹学佺书,并《田园杂兴》一帙。

陈荐夫有《送惟和北上》。

十二月,在浙。作《除夕前二日同康元龙集江参藩先生园亭》《武林驿别康元龙》《语溪中除夕用旧韵》《除夕西寺访朗公》。

是岁,古田令刘曰旸借阅正德《福州府志》二册。

是岁,买鼓山半院一穴将为父母起冢,弗吉,遂寝。

是岁,与陈价夫、陈荐夫兄弟十年来酬唱赠答盈箧,忆十年前"二孺"赠诗,因题《二孺赠诗卷》。

是岁,为陈鸣鹤《晋安逸志》撰《序》。

是岁,弟徐𤊻作《荔枝谱》,闽转运副使屠本畯田叔授诸梓。

是岁,作《与徐茂吴司理》,托屠本畯报徐桂,并己集、近作《无题八首》;及弟𤊻《红雨楼集》《闽画记》《荔枝谱》《田园雅兴》,季弟𤊻《制义》。

是岁,林章卒、斯学上人卒。

万历二十六年戊戌（1598） 三十八岁

正月元日,在槜李。过吴江,哭顾大典,有诗。

三月,三下第,拟谋一职,留滞京城。

夏,于燕市得《米元章方圆庵记》;又购《唐诗正声》,并题之。出都门,作《下第述怀》《出都门答别邓汝高》。

六月,经潞河,作《潞河别曹能始》四首。过临清,以《圣教序》帖赠郭君猷。渡黄河,饮太白酒楼。

曹学佺于潞河作《送徐惟和下第二首》《舟中再送惟和》。

六七月间,与陈荐夫同行,过彭城,渡淮,七夕至广陵。至真州逢谢肇淛,过江,舍焦山。

八月,过惠山,次枫桥,于寒山寺访旭公,夜泊垂虹,吴门过沈野江居,集王百谷南有堂。中秋,在阊门,购元刊《晏子春秋》;后于杭州会司理徐茂吴。过钱塘,感旧,追怀所思。过钱塘,至铅山,游观音洞及鹅湖。经车盘驿,经武夷、建溪。

九月,重阳抵家。

秋冬之际,与盐运同知屠本畯倡建的高贤祠落成,作《高贤祠成答屠使君》四首、《为屠田叔悼亡姬》。

十一月,送屠本畯之官沅陵,自芋江登舟至困关,作《分得九疑山送屠田叔守辰州》《困溪十里桥与屠田叔泣别》《送屠使君至芋江是夕留饮驿亭,以梨园佐觞使君首倡依韵奉答》《困关再别屠使君次来韵》《送屠田叔之官沅陵五十韵》《仲冬十八日同王玉生、陈伯孺与兴公弟送屠田叔使君自芋江登舟至困关。时积雨初收,川原竞爽,促膝翻书,扣舷觅句,香绕床笔,烟笼茶鼎,情景清绝。偶忆少陵野航恰受两三人之句,因令玉生绘图,共拆杜句为韵,各赋一体以纪胜游。余拈得三字》《既别田叔归过困关公署怅然有怀》二首。

十一月,陈平夫室人詹氏卒,为作《祭陈平夫室人詹氏》。

十二月,作《岁暮戏题诗稿后》。

冬,作《与陈子卿孝廉》,言及葬地。又作《寄闵寿卿》。

是岁,为弟熛作《〈龙台聚业〉序》。

是岁,疑纳新妾。

是岁,陈荐夫为《晋安风雅》作序。

是岁,董应举成进士。

万历二十七年己亥（1599） 三十九岁

正月,临《米元章方圆庵记》数十字,并题之。同弟熿等过林应聘书斋。熿有《春夜同首晦过志尹书斋己亥》。

二月,陈价夫出王宇所作扇头,因赋七绝《旧岁与伯孺诸子泛舟白沙分赋野航恰受两三人之句余已赋排律一章兹伯孺复出玉生所作扇头前景因重赋绝句题其上己亥二月三日》;送林道鲁之楚。又题《幼孺诗集》。作《寄浑然道人》。

三月,曾考《郡志》,以为桑溪为汉闽王无诸禊饮之所。与诸贤禊饮桑溪,相与倡和,作《桑溪禊饮诗二首》;王崑仲即景绘图,为作《桑溪禊饮序》。

陈荐夫有《〈桑溪修禊诗〉有序》、曹学佺有《桑溪禊饮》、徐熿有《桑溪禊饮》。

春,与陈荐夫、弟𤏳由琼河泛舟至义溪,与陈价夫兄弟于水明楼听雨,作《同幼孺惟起由琼河泛舟至义溪》《陈伯孺兄弟水明楼春宵听雨歌》《水明楼赠陈仕卿》;又同弟𤏳、道晦过志尹书斋。又助京口金山寺募缘,并作《金山持心上人以造塔募缘入闽喜而有赠》。

夏,作书报陈价夫,约仁王寺结夏;又以诗约陈价夫、薛晦叔仁结夏于仁王寺。

五月,于罗山堂作《五月十三日从罗山堂分得黄金间碧玉竹栽植小园戏作》。客古田,又为林逸夫作《林孝孙传》。

六月,与弟𤏳考得《高秦仲山水图》。高秦仲,即高淮,相顾踊跃;淮,与明初王恭同时。并题之。在古田,寡欢,作《香闺七吊诗》,有同病相怜之慨,并寄幼孺。病,归。

按:七闺者为:苏小小、薛涛、霍小玉、崔莺莺、非烟、李易安、朱淑真。

又按:《林孝孙传》《香闺七吊诗》为绝笔。陈荐夫作《哭惟和》四首其三自注:"玉田有林孝子,惟和为之立传。又作《香闺七吊诗》寄余,皆绝笔也。"(《水明楼集》卷五)

七月,与赵世显等集侣云堂。作书报王若。病,由古田归福州。以书招陈价夫、陈荐夫兄弟,将有所托。

八月,病,友人林应聘自调汤药与同卧起;病似疟,不知人。弟𤏳日夜惶悸。病笃,有程仓曹者祷于庙,愿以余年代之。八日,卒,百人哀号,满城行哭。遗命启东岳父母寿藏而封。

九月,入祀乌石山之高贤祠。陈价夫拟作《幔亭外纪》,未果。

是岁,作《题陈伯孺画》。

是岁,题戊子岁所制《青楼侠气卷》。

是岁,题《董解元西厢记》。

是岁,作《与丁明虞司理》,有沅陵游之想。

是岁,作《与王应山》书两通,拟于王应山《湖山胜录》之外别撰数卷,以作"志余"。

是岁及稍晚,亲友相继作诗文伤徐𤏳;剑浦黄见庭有奠章哀之。

按:陈鸣鹤《徐燭传》:"及燭卒,闽士大夫,四民过客,亡问知与不知,皆为垂涕。自四方来吊者,趾相错,故尝与燭为诗者相与祀燭与陈椿于高贤祠。"(《东越文苑传》卷六)

又按:赵世显作《哭徐惟和孝廉》、曹学佺作《哭徐惟和》三首、《与从先夜坐遂伤惟和》、陈荐夫作《哭惟和》、王稚登作《哭徐惟和》、陈荐夫《祭陈汝大徐惟和入高贤祠》、郑邦祥《挽徐惟和先生》、谢肇淛作《梦徐惟和》、陈鸿有《哭徐惟和》:徐𤏳有《先兄亡后振狂以诗见慰次答》。

十二月,𤏳于沙县兴国寺检编《幔亭集》,作诗怀燭;除夕,又有诗怀之。

是岁,弟熛取燭藏《唐三体诗》作小注。

是岁,陈椿卒(椿早于燭卒)。

万历二十八年庚子(1600) 殁后一年

春,子徐庄之粤访张大光,弟𤏳斋居,因怀社中旧友及兄燭,作《怀友诗》并序。

九月,弟𤏳与佘翔、谢吉卿、谢耳伯等展谒高贤祠;谢吉卿应𤏳请,为作《〈幔亭集〉序》。

除夕,弟𤏳作《庚子除夕》追怀父㭐兄燭。

是岁,爱妾去帷,仆奴遗散。

是岁,弟𤏳有诗致友人,以为兄殁后,已哀恸惨怛,如醉梦中。

是岁,赵世显读燭遗编,感而怀之。

是岁,邓原岳作《祭徐孝廉惟和文》,并与𤏳及谢肇淛议定,先刻燭集,后营其墓;又作《哭徐惟和十二首》。

是岁,冬,曹学佺临哭殡宫,作祭文。

𤏳作《曹能始临哭先兄殡宫感而赋》。

是岁,邓原岳作《寄屠田叔辰州》追悼惟和。

是岁,弟𤏳致书江中丞,乞怜燭子。

是岁,弟𤏳致书曹学佺,谋刻《幔亭集》。

是岁,《幔亭集》由清流王若捐金授梓,成。𤏳致书邓原岳,乞为《幔亭集》作序,并云熥子庄驽钝,不堪鞭策。

是岁,弟燉致书王百谷,以为己与兄熥友于师资,两者兼尽,作熥《行状》,乞王氏作铭。

是岁,弟燉致书屠本畯谈及熥好侠喜义。

万历二十九年辛丑（1601） 殁后二年

夏,谢肇淛作《读惟和诗二首》。

夏秋间,沈野前来凭吊。归吴,徐燉有诗纪之。

秋,邓原岳为作《〈徐幔亭先生集〉序》。

十二月,屠隆为作《〈徐幔亭先生集〉序》。

冬,弟燉客明州,追怀熥。

是岁,弟燉致书屠本畯,谈及熥殁后己文思荒芜及《幔亭集》事。

是岁,弟燉致书谢肇淛,谈及熥先业废且尽,累及家人。

万历三十年壬寅（1602） 殁后三年

是岁,七月,谢肇淛作《墨梅卷跋》,忆万历二十二年（1594）于吴兴共阅此卷情景,并追悼熥。

岁晚,弟燉于梅林对酒怀亡兄等。

是岁,林志尹为熥抄王恭《草泽狂歌》未竟,为之续抄毕,并作《王恭〈草泽狂歌〉跋》追怀之。

是岁,弟燉致书屠本畯,言先兄见背,七闽雅坛,或失盟主。

是岁,弟燉再致次致书屠本畯,言己编熥集,已十去其四,希冀屠氏再为删去应酬,独存近古者二册;又言及熥文集正在刊刻之中。

是岁,弟燉致书陈志玄,谢其致挽章,及叙其与两兄弟情谊。

是岁,康彦登卒,弟燉致书屠本畯,兼伤兄熥。

万历三十一年癸卯（1603） 殁后四年

八月,中秋,阮自华司理大会词人于福州乌石山邻霄台。

万历三十二年甲辰（1604） 殁后五年

是岁,弟𤊹为作《先兄墓碑阴交游题名记》。

是岁,邓原岳卒、张献翼卒、赵世显卒、谢杰卒、林光宇卒。

万历三十三年乙巳（1605） 殁后六年

五月,曹学佺序《林子真诗》,引熥诗。

万历三十四年丙午（1606） 殁后七年

春:弟𤊹过普陀寺访志若上人,上人出挽熥诗,𤊹感而同答。

冬,姊丈谢汝韶卒,弟𤊹作《祭谢天池文》。

是岁,谢肇淛与弟𤊹展顾大典山水,念及熥墓木且拱,为之一恸。

是岁,谢肇淛为题《幔亭图》。

是岁,谢肇淛作《题徐惟和小像》。

是岁,弟𤊹《榕阴新检》刊行。

是岁,许𤩽卒、屠隆卒。

万历三十五年丁未（1607） 殁后八年

春,谢肇淛叹熥殁未十年,而家业半入他人之手。

春,弟𤊹作祭高贤祠文。

按:熥殁后入祀高贤祠,所祭诸贤,熥亦在其中。

三月,弟𤊹题谢肇淛《吴门二十家书画》,因忆及此卷八九年前原为熥所藏。偶翻检熥所藏《郑继之手书》,遂求谢肇淛跋其后,己亦记数语。

夏,弟𤊹从高景处借得高棅《啸台集》,因忆及当年与兄熥求搜集此书情形。

秋,陈荐夫过绿玉斋,作《重过惟和绿玉斋感赋》二首,感其田园易主。

是岁,友人陈鸣鹤撰、赵世显订正《东越文苑传》刻印,卷六《明列传》有《徐熥传》。

是岁,友人谢肇淛与爝共展《顾道行山水卷》,因忆熥。

是岁,弟爝过漳州,与马嶷同忆熥。

是岁,弟妇高氏卒。

万历三十六年戊申（1608） 殁后九年

是岁,友人陈荐夫追怀熥,作《荆溪舟中夜悼徐惟和》。

是岁,生母林氏卒,年七十三。

是岁,沈野卒。

万历三十七年己酉（1609） 殁后十年

三月,弟爝题《赵承旨吕梁庙碑》,因忆及熥曾收藏此卷。

五月,谢肇淛游武夷,见熥题墨,凄然伤之。

十月,弟爝题《圣教序》忆及兄熥曾以此卷赠郭君猷之往事。

是岁,子不类,既失恒产,复折奁以卖钱。

是岁,弟爝致书黄道元,追怀熥。

是岁,林应聘卒,年五十四。

万历三十八年庚戌（1610） 殁后十一年

是岁,弟爝为作《题幔亭图》诗。

是岁,弟爝致书王元祯,谢其将熥事迹编入《词林》。

是岁,弟爝致书邓汝实,论修《闽清县志》,因及熥所作梅溪（闽清）诗。

是岁,弟爝寄熥集于谭忠卿。

是岁,子徐庄扶母讼徐爝、徐𤐫。

是岁,弟爝长孙钟震生。

是岁,赵世显卒、陈益祥卒、佘翔卒。

万历三十九年辛亥（1611） 殁后十二年

是岁,谢肇淛作《五子篇·徐惟和孝廉》诗怀之。

是岁,江阴缪尊素选熥《子见南子》,有评语。

万历三十九年壬子（1612） 殁后十三年

是岁，王稚登卒、陈荐夫卒。

万历四十一年癸丑（1613） 殁后十四年

是岁，弟𤊸跋《文选纂注》因忆伯兄批点此书情景。

万历四十二年甲寅（1614） 殁后十五年

是岁，谢肇淛有《过四女树追忆旧游怅然有怀惟和幼孺》诗怀之。
是岁，弟𤊸子存永生。
是岁，陈价夫卒。

万历四十三年乙卯（1615） 殁后十六年

是岁，郑琰卒于真州。

万历四十四年丙辰（1616） 殁后十七年

是岁，谢肇淛作《徐惟和诗卷跋》，盛赞其书及七律。
是岁，弟𤊸长子陆卒，年仅二十七。
是岁，林世吉卒。

万历四十五年丁巳（1617） 殁后十八年

是岁，弟𤊸为陈价夫原配作祭文，以为二徐与二陈情谊如同骨肉。

万历四十六年戊午（1618） 殁后十九年

是岁，弟𤊸往宁德，张大光出三十年前从惟和处所购宋砚。
是岁，王若卒，弟𤊸有诗哭之。

万历四十八年、泰昌元年庚申（1620） 殁后二十一年

是岁，曹学佺作《募缘重修九仙观疏文》，忆及少年时与𤊸登九仙山游

观事,颇有山阳之慨。

是岁,林春秀卒。

天启元年辛酉（1621） 殁后二十二年

二月,弟燉从王元直求熥手书诗卷,把玩吟咏,并作题记。

闰二月,弟燉书熥哭林方壶诗,并作题记。

春夏间,葛一龙梦熥,有诗纪之。

天启三年癸亥（1623） 殁后二十四年

是岁,屠本畯卒。

天启四年甲子（1624） 殁后二十五年

是岁,谢肇淛卒、郑邦祥卒。

天启四年乙丑（1625） 殁后二十六年

五月,朔,妻郑氏卒。

是岁,长子庄已逾四十,稍能自立。

是岁,弟燉欲向张公子（大光之子）赎回徐熥宋砚一方。

是岁,弟燉致书曹学佺,言熥未葬,不胜感怆。

天启六年丙寅（1626） 殁后二十七年

是岁,弟徐燉致书何乔远,望《闽书》为熥立传。

天启七年丁卯（1627） 殁后二十八年

春,弟燉在崇仁致书喻政,请求借《幔亭集》予彭次嘉《明诗汇韵》采择。弟燉在崇仁又致书彭次嘉,论当今诗坛,称熥为海岳之精英,人中之麟凤。

是岁,邹氏仲姊卒。

是岁,邓庆寀搜徐𤊧文集,文集之板𤊧子庄当于蒋子才家。

崇祯元年戊辰（1628） 殁后二十九年

是岁,曹学佺忆三山社中先亡诸友,因及𤊧。

是岁,邓庆寀由南京还闽,有诗忆及𤊧;徐𤊷有和诗。

崇祯二年己巳（1629） 殁后三十年

正月,弟𤊷与陈仲溱、曹学佺、安国贤、林嘉、林云翔及子存永等会葬兄𤊧;并作《先伯兄安葬鹿坪山承诸友会送答谢》二首。𤊧墓为学佺捐金所筑。曹学佺有《初八日过唐堀送徐惟和葬》、陈仲溱《有喜曹能始為徐惟和下葬》《徐惟和归葬鹿坪山》、陈衎有《徐惟和墓》诗。诸家《会葬诗》甚多。

是岁,弟𤊷六十寿辰,曹学佺为寿序,忆及𤊷少时得于兄之教。

崇祯三年庚午（1630） 殁后三十一年

冬,陈鸿过华严、东禅二寺,见壁间徐惟和诗,用其韵和之。

是岁,季弟熛卒,年五十五。

崇祯四年辛未（1631） 殁后三十二年

是岁,黄居中为徐𤊷《笔精》作《序》,忆及𤊧狎主三山社。

是岁,何乔远卒（卒时公历已入次岁）、林应起卒。

崇祯七年甲戌（1634） 殁后三十五年

是岁,吴门沈颢赠𤊷诗,询及𤊧身后。𤊷作诗答之。

崇祯七年乙亥（1635） 殁后三十六年

是岁,弟𤊷于坊刻中抄得𤊧制艺一篇。

崇祯四年丙子（1636） 殁后三十七年

是岁，七月，弟熥作《〈郑善夫全集〉序》提及熥所得《少谷杂著》一种。

崇祯十二己卯（1639） 殁后四十年

是岁，董应举卒、崔世召卒。

崇祯十三庚辰（1640） 殁后四十一年

是岁，张燮卒。

崇祯十四辛巳（1641） 殁后四十二年

是岁，蔡献臣卒。

崇祯十五年壬午（1642） 殁后四十三年

是岁，弟𤊹卒、陈宏已卒。

崇祯十五年癸未（1643） 殁后四十四年

是岁，侄孙徐钟震谋重刻徐熥《幔亭集》。

按：徐钟震《重刻〈幔亭集〉跋》："忆杜子美云：'诗是吾家事。'某累世耽诗，未敢失坠，敬重刻是篇，与先祖《鳌峰集》并行于世……崇祯癸未冬十一月望前二日。"（《雪樵文集》）

是岁，曹学佺弟能证卒。

清顺治三年丙戌（1646） 殁后四十七年

是岁，曹学佺卒。

清顺治五年戊子（1648） 殁后四十九年

是岁，陈鸿见熥遗像，有诗追怀。

是岁,陈鸿卒。

顺治十三年丙申（1656） 殁后五十七年

是岁,援骑北来,会城成灰烬,徐氏宛羽楼亦舍佛作祇园,昔日宾朋从容吟咏品题已不可得。

按:林凤仪《南行诗集序》:"援骑北来,而君家草堂变为牧马之区,宛羽楼亦舍佛作祇园矣！欲求如向者宾朋从容啥咏、品题甲乙,岂可得哉?"（徐钟震《徐器之集·南行诗集》卷首）

郑怀魁年谱稿

郑怀魁（1563—1612），字辂思，别号心葵。福建龙溪（今漳州）人。明万历二十三年（1595）进士，官至浙江观察副使。与张燮等组织霞中社，为"霞中十三子"之一。有集多种，今仅存其弟爵魁所辑《葵圃存集》三十卷，此集中国各图书馆未见藏存，日本尊经阁所藏万历刻本或为海内外孤本。郑怀魁自来无谱，本谱据《葵圃存集》及怀魁友人张燮、蒋孟育、曹学佺、何乔远等人之集，加以编排纂辑而成。

郑怀魁，字辂思，别号心葵。福建龙溪（今漳州）人。其先出河南光州固始。世业医，父授郡医正。

郑爵魁《行略》："怀魁，字辂思；心葵，其别号也。郑系出于光州固始。唐仪凤间，陈元光将军以十大姓来开漳，而龙溪有郑，自唐始也。八世祖苗者，当元季，居积善施与，世称北埭岸郑。长者景寿国公，初移入郡。至活泉府君五世皆业医，而府君益以医显……授郡医正。"（《葵圃存集》卷首）

万历二十二年举人，二十三年进士。授户部云南司主事，擢正郎典京粮厅，移署职郎；铨补河南郎中，再转永平南渚；征署本科掌司农，旋擢处州。终浙江观察副使。

按：详各年。

家莳葵，园名"葵圃"，集亦名"葵圃"。

按：详下。

诗沿唐音，兼有《玉台》诸体；长于骈骊。

徐𨥛《〈葵圃存集〉叙》："诗沿唐音，兼有《玉台》诸体……至于骈四俪六，尤所专诣，以为此赋体之变，苞括总览，特不用韵耳。断自庾、徐以下，卢、骆以上，荟粹众美，勒成一家。"（《葵圃存集》卷首）

江国栋（康熙）《龙溪县志》卷八《人物》："为文覃思博奥，长于骈骊。"

通六书、《切韵》之学，于诗律尤严。

郑爵魁《行略》："幼通六书、《切韵》之学，能用三十六声隐括群字，子母相生，羽商互发，妙合自然，故受简为文，必敲戛和响，如鹭鼓凫钟，于诗律尤严。数字之内，疾徐异音；一篇之中，角宫应节。"（《葵圃存集》卷首）

与张燮、蒋孟育等结霞中社，有"十三子"之目；又有芝山"七才子"之称。

张燮《〈霞中十一子诗〉序》（《霏云居集》卷二），"十一子"为：林茂桂（德芬），漳浦人；戴熺（亨融），长泰人；蒋孟育（道力），龙溪人；郑怀魁，龙溪人；高克正（朝宪），海澄人；汪有洄（宗苏），龙溪人；徐𨥛（鸣卿），龙溪人；陈翼飞（元朋），平和人；陈范（伯畴），海澄人；郑瓒思（爵魁），怀魁弟；吴寀（亮恭），漳浦人。加上张燮之父廷榜及张燮本人，为"十三子"。

黄道周《张大夫墓表》："大夫林居益嗜古，蒋少宰、高太史、郑司农、徐职方、戴侍御时与聘君为玄云之会。"福永曰："时汰沃已谢公车，蒋孟育、高克正、郑怀魁、徐𨥛、戴熺皆已休官归，结为吟社之游；而林深州德芬、陈宜兴元朋、陈伯畴、汪宗苏二山人亦与焉。"（《黄石斋先生集》卷八）

按：（康熙）《龙溪县志》卷八："结社芝山之麓，与蒋孟育、高克正、林茂桂、王志远、郑怀魁、陈翼飞称'七才子'。"

著有《葵圃集》《观海居汇编》《海上谣》《渡江小草》《龙臣暇笔》《括州备乘》《莲城纪咏》。殁后，其弟爵魁编其集为《葵圃存集》。

蒋孟育《〈葵圃集〉序》："郑辂思既园居治葵，汇其文，登陟、燕集、饯赠、述赞，时用《选》体，凡若干篇，相从为帙。《葵圃集》，其自名也。育闻之辂思曰：'葵，揆也。揆日光而向之，旰旰自倾，昔人尝以比臣子之倾向其君。余为农臣，缪筹困于旁调，至以危疏根却之，不能得力，请罢去。主上不以为不佞，温容其戆直。予告归郎署，虚席幪被。待环臣遭遇甚盛，引领结心，罔释怀抱，惟葵似之。畹兰太芳，致用沉于沙汩；园松孤遁，由未挂于槛悬。余惟莳葵耳矣。'"（《恬庵遗稿》卷六）

郑爵魁《行略》："所著述有《葵圃集》《观海居汇编》《海上谣》《渡江小草》《农臣暇笔》《括州备乘》《莲城纪咏》。"（《葵圃存集》卷首）

高克正《〈渡江小草〉序》："辂思大夫家居葵圃，则有《葵圃集》，吾友蒋道力叙之，余得寓目焉。客岁季夏，脂车戒途，秣马清源，过枫亭，距九鲤湖山只尺，溯剑浦而上，鼓枻幔亭峰下。已渡乡关，次严滩，登客星亭。税驾武林，病卧沈园，三竺六桥，宛然在眉睫。病已，历姑苏，趋京口，憩三山楼中，翻经北固，尚羊金焦，踌躇浃旬，乃渡江，广陵司马招饮瓜步、大观楼，则之维扬，吊隋楼故址。繇彭城就道，泰岱在其东，彷彿见之。拜瞻阙里，素王之居在焉，为之徘回不能弃去，观止矣！遂达京师，盖大夫之輶轩几遍，而景物几更矣。时则自夏而秋，以徂于冬；地则自闽而楚、而吴越、而齐鲁，以跻于燕；行则或舆或舫，或留或惕；游则或新或故，或望或梦。其间耳目之所觌，天宣其籁，地吐其奇，人嘉其会，咸有撰雕，以纪盛事。业县千秋，体沿六朝，衷之曰'小草'，夫大夫之志远矣。"（《葵圃存集》卷首）

孙如游《〈渡江小草〉序》（《葵圃存集》卷首）。

张燮《郑辂思〈农臣暇笔〉序》（《葵圃存集》卷首，又《霏云居集》卷二十五）。

黄虞稷《千顷堂书目》卷二十五《别集类》："郑怀魁《葵圃集》三十卷。"（上海古籍出版社 2001 年版）

张廷玉《明史》："郑怀魁《葵圃集》三十卷。"（中华书局 1974 年版）

黄仁生《郑怀魁撰【葵圃存集三十卷】》:"《千顷堂书目》和《明史·艺文志》皆著录'郑怀魁《葵圃集》三十卷',国内不仅未见万历本,即后世亦无重刻本或重钞本,尊经阁文库所藏是集乃举世仅存之珍本。"(《日本现藏稀见元明文集考证与提要》,岳麓书社 2004 年版)

三弟爵魁,字瓒思,举人。

徐銮《〈葵圃存集〉叙》:"三弟瓒思孝廉。"(《葵圃存集》卷首)

配林氏,封恭人。子龙祯、麟祯。女二。

郑爵魁《行略》:"元配林氏,封恭人。子二,长龙桢,林恭人出,府庠生,娶浮梁令庚戌进士马劬思女;次麒桢,侧室王氏出,聘大司成蒋恬庵女。女二,长适张庠生文明,早卒;次适温陵郡守戴振宇之子庠生冲霄。"(《葵圃存集》卷首)

明世宗朱厚熜嘉靖四十二年癸亥(1563) 一岁

二月,生。

郑爵魁《行略》:"生于嘉靖癸亥二月六日。"(《葵圃存集》卷首)

是岁,林茂桂十五岁。

张燮《寿林德芬六十时元正十七日也》(《霏云居集》卷十一),此诗作于万历三十六年(1608),详笔者《张燮年谱》(待刊稿)。逆推,生于嘉靖二十八年(1549)。

按:林茂桂,字德芬,漳浦(今属福建)人。

是岁,蒋孟育六岁。

张维枢《赠吏部尚书恬庵蒋公传》:"庵尔属纩,享年甫六十有二。"(蒋孟育《恬庵遗稿》卷首),孟育卒于万历四十七年(1619),逆推,生于嘉靖三十七年(1558)戊午。

按:蒋孟育,字孟育,号恬庵,龙溪(今漳州)人。

是岁,何乔远六岁。

李焻《先师何镜山先生行述》:"先生嘉靖戊午八月初二日生于安福司

训之署。"（《镜山全集》卷首）

按：乔远，号镜山，晋江（今泉州）人。

嘉靖四十二年甲子（1564） 二岁

是岁，高克正生。

张燮《翰林院检讨征士郎朝宪高先生行状》："君生嘉靖甲子。"（《霏云居集》卷三十六）

按：克正，字朝宪，别号衷筌，后更号蓼庵，海澄（今福建龙海）人。

嘉靖四十四年乙丑（1565） 三岁

是岁，能属对。

郑爵魁《行略》："伯兄生颖异，三岁能属对。"（《葵圃存集》卷首）

明穆宗朱载垕隆庆元年丁卯（1567） 五岁

是岁，过目则成。

郑爵魁《行略》："五岁，书过目则成。"（《葵圃存集》卷首）

隆庆四年庚午（1570） 八岁

是岁，徐㷿生。

按：详笔者《徐㷿年谱简编》（《鳌峰集》附录，广陵书社 2012 年版）。

又按：徐㷿，字兴公，闽县（今福州）人。

隆庆五年辛未（1571） 九岁

九岁，能属文。

郑爵魁《行略》："九岁属文。罗郡守青霄征神童清漳书院，与讲席焉。守常指其座，谓伯兄曰：'子必坐此。'兄瞪目视，不答也。"（《葵圃存集》卷首）

隆庆六年壬申（1572） 十岁

是岁，泉州何乔远十五岁，发愤古文辞。

明神宗朱翊钧万历元年癸酉（1573）　十一岁

是岁,张燮生。

按:燮,字绍和,龙溪（今漳州）人。详笔者《张燮年谱长编》（待刊稿）。

万历二年甲戌（1574）　十三岁

是岁,张廷榜成进士。

按:张燮《先大夫府君行状》（《霏云居集》卷三十六）。

按:廷榜,字登材,燮父。

是岁,曹学佺生。

按:学佺,字能始,侯官（今福州）人。详笔者《曹学佺年谱长编》（待刊稿）。

是岁,王志道生。

蔡献臣《寿王东里中丞六十三丙子》（《清白堂稿》卷十二下,咸丰钞本,金门县1999影印版）。崇祯六年丙子（1636）年六十三,逆推,生于是岁。

按:志道,字而宏,号东里,漳浦（今属福建）人。

万历十年壬午（1582）　二十岁

是岁,省试,不得当。

郑爵魁《行略》:"壬午,省棘,不得当。"（《葵圃存集》卷首）

万历十三年乙酉（1585）　二十三岁

是岁,黄道周生。

按:详庄起俦《漳浦黄先生年谱》卷上（《黄漳浦集》附）。道周,字幼玄,漳浦铜山（今福建东山）人。

万历十四年丙戌（1586）

是岁，戴燝、何乔远成进士。

按：何乔远《闽书》卷一百二十《英耆传》：戴燝万历十四年丙戌进士。

又按：燝，字亨融，福建长泰人。

万历十六年戊子（1588） 二十六岁

是岁，乡试，未果。结楚社。

郑爵魁《行略》："戊子，一就李潘……以试迫不果。结楚社而迁。"（《葵圃存集》卷首）

万历十七年己丑（1589） 二十七岁

是岁，蒋孟育成进士。

张维枢《赠吏部尚书恬庵蒋公传》（蒋孟育《恬庵遗稿》卷首，日本内阁文库藏崇祯刻本）。

万历十八年庚寅（1590） 二十八岁

九月，有书答黄汝信。

作《庚寅九日答黄汝信》（《葵圃存集》卷四）。

万历十九年辛卯（1591） 二十九岁

是岁，黄克晦卒。

万历二十年壬辰（1592） 三十岁

是岁，高克正成进士。

张燮《翰林院检讨征士郎朝宪高先生行状》（《霏云居集》卷三十六）。

万历二十一年癸巳（1593） 三十一岁

春夏间,北上。

郑爵魁《行略》:"癸巳,乃倾赀为燕行,诸研席交知,咸捐助资斧以北。"（《葵圃存集》卷首）

五月,渡钱塘江;同弟爵魁渡扬子江。

作《癸巳渡钱塘》《癸巳渡扬子江同家弟爵舟中》（《葵圃存集》卷四）。

万历二十二年甲午（1594） 三十二岁

是岁,举京闱。

郑爵魁《行略》:"甲午,举京闱。"（《葵圃存集》卷首）

是岁,张燮中举。

万历二十三年乙未（1595） 三十三岁

是岁,成进士。观政兵曹,以饷事使边,知所疾苦。

郑爵魁《行略》:"乙未,成进士,第二十三人……观政兵曹,以饷事使边,知所疾苦、太仓内竭之由。"（《葵圃存集》卷首）

是岁,徐𤇍、曹学佺、蔡复一为同年进士。

曹学佺《祭徐鸣卿文》:"呜呼! 余与鸣卿生同乡,成进士同年,同门而复谭艺,意气相慕用,称同好也。"（《石仓文稿》卷之《浮山》）

按:曹学佺,另详笔者《曹学佺年表》;蔡复一,详笔者《金门蔡复一年谱初稿》（《2012 年金门学国际学术研讨会论文集》,金门县文化局、成功大学人文社会科学中心 2012 年版）

万历二十四年丙申（1596） 三十四岁

是岁,选户曹云南司主事。

郑爵魁《行略》:"丙申,谒选户曹云南司主事。"（《葵圃存集》卷首）

万历二十五年丁酉（1597） 三十五岁

是岁，代作应州南关记。

作《应州重修南关记代》："始于丙申春三月，越明年秋九月克峻厥事。"（《葵圃存集》卷十六）。

万历二十六年戊戌（1598） 三十六岁

是岁，擢正郎，典京粮厅。

郑爵魁《行略》："戊戌擢正郎，典京粮厅，则兼总京府东西九庚。"（《葵圃存集》卷首）

万历二十七年己亥（1599） 三十七岁

是岁，移署职郎。

郑爵魁《行略》："己亥夏，移署职郎……疏库储匮乏，状谓一珠之费，千军一日之食。"（《葵圃存集》卷首）

是岁，抗疏，归，莳葵南圃，有终焉之志。

郑爵魁《行略》："己亥抗疏，不能佐官家缓急，即已莳葵南圃，有终焉之志。"（《葵圃存集》卷首）

徐銮《〈葵圃存集〉叙》："辂思起家大农署，抗疏，论珠宝事。"（《葵圃存集》卷首）

是岁，父以怀魁贵，赠户部主事，署郎中。

郑爵魁《行略》："（父）以辂思贵，万历己亥赠户部主事，署郎中。"（《葵圃存集》卷首）

万历二十八年庚子（1600） 三十八岁

是岁，谢事归里。与弟爵魁相对欢然。

郑爵魁《行略》："庚戌，得谢事抵里。爵魁亦从拥敝貂归，对榻欢然，始遂闲居之赋。"（《葵圃存集》卷首）

万历二十九年辛丑（1601） 三十九岁

是岁，家居。

七月，张燮次子于坛生。怀魁为赋《秋桂重芳卷》。

作《题张绍和〈秋桂重芳卷〉》："皎皎月中树，灵根托何长。清秋兔轮满，婆娑夜生光。翩彼天飞鸡，衔食东海傍。四树三成阶，馥馥及秋扬。矧此琼瑶枝，双植在中唐。绿此含丹萼，芬芳远弥章。蕙草资为纫，申椒不敢芳。攀条掇其华，材之登庙堂。玉树葱青间，风来自生香。传闻汉天子，七殿贵为梁。"（《葵圃存集》卷一）

九月八日，在漳州订盟霞中社；霞中社又称玄云社。

作《张绍和宅上订霞中吟社》："历落红尘白鼻騧，招携蓬径暇相过。小山丛桂芳华发，南国绮兰绿叶多。诸子才名雄邺社，千秋事业起漳河。暮来海气生霞屿，凉雨微风足啸歌。"（《葵圃存集》卷四）

作《九月八日玄云社集序》："碧松峰头，紫芝山半。俯大千之世界，中敞亭皋；先重九之风光，高临台榭。同结白莲之社，豫开黄菊之樽。草木山川，秋容环映其左右；衣冠礼乐，人美尽在于东南。鸿雁来宾，鹓鸾满座。望六鳌之海气，近袭襟裾；冯百雉之都城，如萦衣带。山中踯躅，未开七七之花；木末芙蓉，渐舒九九之萼。杯浮三雅，引微雨以生凉；律次四声，应清飙而切响。撷骚人之芳草，词争日月之光；组赋家之绮文，胸包天地之际。倡和咸赓于白雪，应求共叶乎玄云。庶使今古同声，掩黄初之七子。春秋代序，驾永和之群贤。"（《葵圃存集》卷十）

蒋孟育《九月八日戴亨融郑辂思汪宗苏徐鸣卿陈元朋伯畴张绍和郑攒思吴亮恭玄云社集分得齐字》："选句寻芳菊未齐，青灯白社觅春荑。檐通暝色山当户，袖出寒光月可梯。气序祇缘濒九九，风云乍见切凄凄。秋声却恨无砧杵，鸣叶啼钟夜半鸡。"（《恬庵遗稿》三十八）

张燮《重修霞中社记》："吾漳朝丹暮霞之气，蔚为人文，顿尔卓跞。岁在辛丑，蒋道力以终养，尚滞里门；郑辂思亦予告家食，并有寝处山泽间仪。而汪宗苏、陈伯畴以山泽之癯佐之，吴亮恭时从梁山来，如鸿鹄之徘徊焉。余与陈元朋归自燕，酬和诸子间，不寂寞也。久之，徐鸣卿以奉使至，而戴亨融亦暂辞观察组绶,卧天柱峰头,至是抵郡。余顾谓辂思曰:'东南衣冠之会,岂可失哉!'乃订盟以九月八日诸君子插铜盘于玄云之居。家大夫与小郑思瓒俱与焉。"(《霏云居集》卷二十八)

按:霞中社订盟于玄云之居,故又称"玄云社"。

万历三十年壬寅(1602) 四十岁

六七月间,自漳州过何乔远山斋,同游南台山;作七古,以为漳州戴燝、林茂桂极为推重乔远。

作《游清源过何稚孝石镜山居诗序》(《葵圃存集》卷十)。

作《游清源过何稚孝镜石山居时庄山人伯晖在坐》:"怪石珑嵸拔地起,回阛东瀛半海水。宛转神山洞壑通,仰扪苍霄不盈咫。荧煌石镜净无尘,上有岩栖雾隐人。绝代文章惊凤采,他年封事撄龙鳞。远距临漳万余武,东有天柱南有浦。亨融德芬两大夫,大儿文举小德祖。男儿意气轻钱刀,二子推君一世豪。郑重相逢长松下,天风六月生寒涛。勃窣凭高共骚首,世态浮云亦何有。但将青门五色瓜,酌取山中十日酒。座中况有漆园生,高论冷然远世情。踞石酣歌殊不恶,乌乌亦作先秦声。山气阑干日将夕,吾令羲和且勿迫。待移屐履何云端,浏览穷溟呼大白。"(《葵圃存集》卷一)

何乔远《郑辂思户部见枉山斋因与为南台山之游辂思实时别去次台上匾额纪之》二首,其一略云:"弹冠出清漳,戒徒望蓟门。缓带轻长路,纤轸来孤村。伊君富词藻,寸心翻皇坟。"其二略云:"维我与夫子,神交有岁月……宿火炎威残,初金晓风豁。"(《何氏万历集》卷八)

按:怀魁诗云"天风六月",知过山斋在六月。乔远诗"初金晓风",则游南台已立秋,故系过泉游山在六七月间。

自夏涉秋逾冬,客武林、京口,再病再起,凡五越月。

详下。

九月八日,郑怀魁有诗怀霞中社诸友。九日,登北固山。

作《〈九月八日怀友诗〉序》:"悲哉秋之为气,憭栗兮其中,人黯然别以销魂。寂寞兮而无友,况支离之病骨……固琴瑟之一鸣,亦埙篪之独唱也。鸿毛燕羽,怅南北以分飞,鸳文鱼书,虑浮沈而不定。迢递回眺,忱慷长怀。"

（《葵圃存集》卷十）

作《九月八日怀友诗》："去岁芝山阳，黄花近啸歌。明日北固峰，登陟阻偲俄。所思渺何许，诸子隔漳河。张园与蒋径，蓬竹相互过。陈氏美元长，孝先复磊砢。时挟汪畸生，眼青颇共酡。访戴匪伊舟，骎骎玉为珂。岂不念同好，天路远逶迤。徐吴仕建安，贵者冠峨峨。吾家大小郑，浮生自辖轊轲。餐饵惟苓术，疟鬼未销魔。臂彼群飞鸟，南北竞凌摩。而我任中洲，羽翼苦蹉跎。非无凌霄志，江水浩扬波。怀乡一以望，涕陨泗滂沱。为言居者逸，当念行者疴。山中蕙兰草，秋叶绿如何。"（《葵圃存集》卷一）

按：张园，张燮也；蒋径，蒋孟育也；陈氏，陈翼飞、陈范也；汪畸生，汪有洞也；戴，戴燝也；徐吴，徐鑾、吴寀也；大小郑，郑怀魁本人及其弟爵魁也。

冬，渡江而北，至京。

作《〈渡江小草〉引》："盖壬寅之岁脂车，自夏涉秋逾冬，武林、京口间，再病再起，凡五越月，始渡江而北计，驰驱之暇，药饵之余，得为文者不数数，而癖语半之。"（《葵圃存集》卷十四）

孙如游《〈渡江小草〉序》："清源、武夷、九鲤，不出境内。沿溪流而下浙江，经严陵钓台，既渡浙而西湖，诸山在目焉。京口、北固，临扬子之江；金、焦者，江之中瓜步。隋楼，则渡江咫尺间，而岱宗阙里，则渡江以后之所能至者也。"（《葵圃存集》卷首）。

是岁，为《大西方杂语》撰《序》。

作《〈大西方杂语〉序》："万历壬寅之岁，大西方贡使利玛窦在京师已贡，上其铜琴、候时钟，暨图象、图籍若干种。荐绅先生多从怀方氏询访其所自来。"（《葵圃存集》卷十四）

万历三十一年癸卯（1603） 四十一岁

春，补铨河南司郎中。

郑爵魁《行略》："假三载满，为癸卯春，补铨河南司郎中。"（《葵圃存集》卷首）

八月，赵世显在福州主瑶华社集，全闽词客四十余人皆来会，屠隆、吴兆等亦与期盟。撰《诗序》及诗。

作《〈瑶华社大集诗〉序》:"井干巍楼,辘辘转梧桐之影;闉闍阓近郭,睥睨对芙蓉之峰。此地有名园焉,其园则历曲径之盘纡,镜沧池之澹滟。筱荡敷衍而编町,黍稷华实以盈畴。仲长统《乐志》之书,佳木周布;潘安仁《闲居》之赋,灵果参差。兼之者,斯园也。八月兑卦,正秋万物之所说也;七闽坤舆,左海群哲之所钟焉。坛坫之会在斯,衣冠之序咸秩。于时则有越吟君子,郢曲骚人,客爰操乎吴趋,主时称乎海唱。聚瑶华之璀璨,绚玉树之青葱。陈席骈罗,有仪在列;豹蔚虎炳,麟章凤苞。既络绎以称觞,乃缤纷而行炙。发以《箫赋》,间以《琴心》。命伎征歌,案行就队。《梅花》之弄正好,《柘枝》之舞方新。丝竹铿锵,肉和声而渐近;水木明瑟,心岂会其在多。勃窣青堤,周遭绿圃;鱼潜于渚,鹤鸣在阴。飞构四虚,上悬无极之宇;流波回薄,中有不系之舟。坐语相亲,顾笑莫逆。惟《酒德》之可颂,何'秋气'之中人!已而卵色横天,蛾眉影月,聊因赐授筵几之暇,暂罄挈榼携壶之欢。释山堂,临水榭,傍绮槛,张华灯。檐低清浅之河,池下文武之露。促嘈囋之金奏,酡光润之玉颜。茉利盈簪,尚想粤娥之结;蕖荷可制,仍胜湘女之衣。扬诗不差,引满无算。选义按部,结撰至思。极鳌抃之三山,讵足喻其词锋之峻;移鹏翻之岐,海无以测其言泉之深矣。嗟呼!无诸海上之风,久销霸气;武夷人间之曲,复绝仙音。苟雅颂之代兴,知古今之不隔。况乃左璠右玉,四座之观咸荣;东箭南金,九州岛之美斯萃。岂可使缥缃莫录,金石无传者乎?兹用律绝歌行,咸登侧理;爵理姓字,汇纪赫蹄。将比汝南《人物》之林,同高月旦;广山阴'少长'之会,无择春秋云尔。"(《葵圃存集》卷六)

作《瑶华社大集诗》:"闽中秋气佳,众芳殊未歇。仙居美玄圃,宾从盛华辙。竹木绕清池,杯铛能闲设。况有绰约姿,肌肤若冰雪。酌酒弹鸣琴,新声随飙发。醉酣在明德,所志非曲蘖。俯眺江上峰,仰视云中月。旷然穷宇宙,思来不断绝。丈夫矜意气,疆壤讵云别。比肩揖吴楚,交臂得瓯越。彼美玉瑶璙,英华纷可掇。惭予磊隗资,何以动君悦。"(《葵圃存集》卷六)

中秋,集林少保旧宅。阮自华司理大会词人于福州乌石山邻霄台,曰"神光大社",倡风雅,入社可百人;与东海屠隆,莆田佘翔,闽郡赵世显、林世吉、曹学佺并为长。

谢兆申《岩岩五章》,其《序》:"岩岩者,阮司理集陵霄台作也。时入社可百人,而东海屠隆,莆田佘翔,清漳郑怀魁,闽赵世显、林世吉、曹学佺为之长。"

按:神光大社盛况,详笔者《徐㷿年谱简编》(《鳌峰集》附录,广陵书社2012年版)

九月,为李振之《浑盖通宪图说》作《序》。

作《〈浑盖通宪图说〉序》:"始李工部振之试闽癸卯士,以《历志》发策士。"(《葵圃存集》卷十四)

曹学佺有《郑辂思买妾入燕赋赠》(《芝社集》)。

十月,曹学佺至漳州,招其入霞中社。

曹学佺《郑辂思招入霞中社》:"谈诗开胜社,结宇出尘寰。霞紫城中气,烟青海上山。一时人竞爽,千古道俱还。不是同声者,宁能到此间。"(《天柱篇》)

曹学佺《访陈贞铉遇陈元朋因游林氏园亭郑辂思张绍和后至分得神字》:"芳园能不远,逆旅即为邻。地僻幽情散,楼虚远能臻。池荷遥驻夏,林卉欲邀春。巧石非关匠,微波恍遇神。径纡时接侣,洞小屡添人。宿醉牵残夜,佳招忙隔辰。无期仍此会,还是日相亲。"(《天柱篇》)

徐㷿《汪尔材总督陈元朋张绍和二孝廉招集顾氏园林同郑辂思民部陈贞兹孝廉曹能始林茂之分韵》"临漳风物佳,名园据东陌。孟冬气候和,群卉色不易。引泉注芳沼,为山累奇石。古蔓垂空青,幽林淡寒碧。欣逢贤主人,嘉招展良席。论议轶千载,晤言永今夕。新知乐匪懈,旧好谊愈密。谐赏信欢浃,朋情自昭悉。美游附接尘,薄劣愧非质。"(《鳌峰集》卷四)

是岁,弟爵魁成举人。

万历三十二年甲辰（1604） 四十二岁

长至日,在镇江,登鼎石山。

作《甲辰日长至陆瑞亭年丈招同郡征石比部登润州鼎石山浮图》(《葵圃存集》卷二)。

万历三十三年乙巳（1605） 四十三岁

是岁,擢守处州（古称括州）。张燮有诗怀之。

郑爵魁《行略》："旋擢括州。又严瘠地矣。兄言审省风土，安之曰：'是可无扰为理尔。"（《葵圃存集》卷首）

张燮《寄怀郑辂思新守括州二首》（《霏云居集》卷四）。

正月，集南明山古刹。

作《乙巳元宵后三日集南明山古刹》《郡斋抱疴日久约陈刘二寅丈上巳郊游》（《葵圃存集》卷三）。

二月，儿凤祯卒。

作《乙巳二月三日哭殇儿凤祯二十韵》（《葵圃存集》卷三）。

夏，弟爵魁往括州访伯氏怀魁，同社集环碧堂送之。

张燮《同社集环碧堂送郑瓒思之括州访辂思伯氏》（《霏云居集》卷九）。

秋，陈范游吴，便道访郑怀魁，有诗送之并问讯怀魁；陈范归，怀魁有诗送之并怀同社。为同社诸子作《〈登虎岩碇诗〉序》。

张燮《陈伯畴游吴便道之括苍访郑辂思使君走笔送之兼讯辂思》（《霏云居集》卷四）。

作《秋日送陈伯畴有怀同社》："郡楼高柳渐依稀，游子他山薜荔衣。岐海朝霞劳入梦，好溪秋色送将归。钱供买屐闻堪尽，橐半装诗苦不肥。到日呼卢须酩酊，社中萸菊正芳菲。"（《葵圃存集》卷四）

作《〈虎碇岩诗〉序》："海外三秋，郊南十里。诸天罗列，下睨平皋大地，淼茫遥通远岫。于时微霜初落，发轻响于凫钟；零露晨流，动清声于鹤鼓。岩桂初白，山枫欲丹。满座高朋，是邺中之七子；吾家诸少，媿马氏之五常。乐作中酒之余，赋成登高之后。踞南山之白石，非无尺鲤之歌；掇东篱之黄花，亦有飞凫之咏。虽古今异变，而风雅同声。敢谓一日之欢，辄成千秋之事。"（《葵圃存集》卷十）

按：邺中七子，指同社诸子，非定数；吾家诸少，即郑氏诸兄弟。

张燮《登虎岩》："长林丰草萦山麓，上有化城之别业。我求豹隐雨雾封，又向安禅谈虎伏……此地去闽仅跬步，何不频跻朝与暮。菁葱不假橐钱偿，乞得长闲任回顾。底事居恒一月二十九日尘，徒令此日兹游称采真。"（《霏云居集》卷三）。

十二月，访曹学佺于武林，曹赠诗并问旧游。

曹学佺有《括苍太守郑辂思见访一讯旧游》:"今日轩车过,长时旅舍扃。行春忆梓里,滞雪醉樟亭。客驿君应置,仙都予旧经。缙云为绮障,丽水作金屏。瀑布霜中折,石帆风处停。清猿括苍岭,白鹤紫芝庭。康乐穷幽胜,轩辕托杳冥。而今三易葛,犹是一浮萍。地岂依王粲,人非避管宁。还从大夫后,为问少微星。"(《武林稿》)

万历三十四年丙午（1606） 四十四岁

二月,重修霞中社。时怀魁仍守括州。

张燮《重修霞中社记》:"丙午二月三日,更集朝宪,时道力、鸣卿亦奉使过里,独辂思守括苍,亮恭颂诏在途,其他曩时诸子皆在,敷衽把臂,曲东南才士之大全也。"(《霏云居集》卷二十八)

二月或稍后,张燮作《霞中十一子诗》,怀魁亦在其中。

张燮《霞中十一子诗·郑使君辂思》:"昂昂千丈松,根条一何茂。郑君蔚栋梁,未屑浦与柳。丽句兼卿云,奇字综蝌蚪。结盟捧铜盘,铜盘罕侪偶。谈笑风雨翻,顾盼龙蛇走。昔属大司农,太息天阍叩。重阴润括苍,膏泽自真守。谁云文士拙,古有三不朽。"(《霏云居集》卷二)

七月,张燮有书致怀魁,言己将附徐銮舟上春官。

张燮《寄郑辂思》:"于室畔营小斋,可通别界。婴衿四阅月,尚未告就。生平所不能自已者,糟丘与墨林,今者顿觉都废。又何敢更论天下事。将来北发,徒借公车作扁舟,借鸣卿作何太常而已。"(《霏云居集》四十一)

秋,括郡学官芝生于桂,遂名其堂为"芝堂",亭为"双芝亭",有文记之。

作《〈瑞芝堂草〉序》:"万历丙午之秋,括郡学官芝生于桂。"(《葵圃存集》卷十三)

作《双芝亭记》:"括郡署北园,于《志》为枣山。古枣树一株,老干困轮,而右枝甚茂。万历丙午季夏产芝十本,黄外紫内,与子弟徘徊其下,既采之矣。孟秋复秀重葩六英,大者径几尺许。而仲秋郡学孔子庙庭有芝生于桂树,其赫渥丹,其坚琼玉。"(《葵圃存集》卷十五）

郑爵魁《行略》:"明年丙午,芝生括黉之桂树,又产于署。"(《葵圃存集》卷首）

是岁或稍后，晚生辈结霞中后社，怀魁为其诗卷作《序》。

作《〈霞中后社诗卷〉序》："万历盛时，十友同社，崭予盆瓴之奏，滥兹钟吕之鸣。尝谓唱喁者，必有唱于呼耶，宁无呼许同声；宜征其善歌，必闻其赓时。有若吾弟简思，临南溟而著《海赋》；门人问甫，游东浙而抒越吟；谢氏国香，观察公之学殖峻茂；黄生波映，孝廉君之世泽宏流，莫不心利断金，韵谐比玉。或登山并驾，听泉乎伏虎之岩；或涉水方舟，呼云乎放鹤之洞。凡诸雕撰，共就均调羽翼，既左挈右提，犄角乃前茅后劲矣。"（《葵圃存集》卷十二）

是岁，父加赠中宪大夫、知府。

郑爵魁《行略》："（父）丙午，徽恩加赠中宪大夫、知府。"（《葵圃存集》卷首）

万历三十五年丁未（1607） 四十五岁

四月，张燮下第，由彭城之武林，途中囊尽，不便向括郡郑怀魁称贷。

张燮《偕方孟旋发彭城至武林出关游纪》："念五日……时余囊中金尽，念将抵括苍访郑使君辂思，而生平笃不喜以觖觫累故人。孟旋乃为余称贷，孟阳料理归计。"（《霏云居集》卷三十一）

秋，张燮致书怀魁，言及早些时候怀魁劝燮出山之事。

张燮《寄郑辂思》："都下过蒙损饷……闻兄拟作《张绍和绝交书》，劝弟勿为山人，何了不见寄。然则，稽叔夜应便寄致书臣源，须是山公先致中散《绝交书》可也。一笑。"（《霏云居集》卷四十三）

是岁，有书致蒋孟育，孟育答之，言怀魁文教名已远播京师。

蒋孟育《答郑处州辂思》："仁丈兴文翁之教化，成黄霸之功名，奏吏未抵京，而姓字久已疏御幄矣。当涂已请使仁丈持节秉臬，命旦夕下。"（《恬庵遗稿》卷二十四）

按：《恬庵遗稿》卷二十四尺牍作于是岁至下岁夏，此书作于是岁。

万历三十六年戊申（1608） 四十六岁

春夏间，擢浙江观察副使。

张燮《寄郑辂思观察金衢因属以方孟旋》（《霏云居集》卷十一）。

郑爵魁《行略》:"戊申擢浙观察副使,备兵三衢。"(《葵圃存集》卷首)

万历三十七年己酉（1609） 四十七岁

夏秋间,为飞语所中,拂衣归。

张燮有《郑辂思为论者所侵中有词源倒峡等语因之志概》(《霏云居集》卷十二)。

江国栋（康熙）《龙溪县志》卷八《人物》中:"己酉,有以飞语中者,（怀魁）遂拂衣归。"

秋,过严陵。

郑爵魁《行略》:"己酉秋,过严陵……己酉冬,拂衣去浙东。"(《葵圃存集》卷首)

八月,高克正卒,年仅四十有六。

张燮《哭高太史三十首》其十六:"假偿数年过半百,忧时双鬓尚初斑。"其十九自注:"中秋社集君以病不赴。"其二十四自注:"余丁先君子之变,君慰抚同于骨肉。"(《霏云居集》卷十二)

张燮《翰林院检讨征士郎朝宪高先生行状》:"八月,偶中风露,医者以凉药进。不数日,而君遂卒……君生嘉靖甲子,去殁己酉年,仅四十有六。"(《霏云居集》卷三十六)

十月,陈翼飞、郑爵魁北上,张燮有诗讯怀魁。

张燮《送陈元朋郑瓒思并暬北上兼讯郑辂思》(《霏云居集》卷十二)。

万历三十八年庚戌（1610） 四十八岁

正月,归家。过集张燮池头,同汪有洄、陈范分韵赋诗。

郑爵魁《行略》:"庚戌得谢事。"(《葵圃存集》卷首)

张燮《辂思初归过集池头灯月同宗苏伯畴在坐分得滔字》(《霏云居集》卷十二)。

二月月末,谢修之抵漳,与汪有洄、陈范等集张燮藏真馆。

作《春雨偕汪都护尔材汪宗苏陈伯畴两山人集张绍和别界时谢修之明府入漳同得春字》:"丹霞遥望紫云屯,仙鸟东来欲暮春。耐可轻寒将进酒,

不妨零雨洗行尘。谢家兰树阶庭并,张仲蓬蒿径道新。明日漳滨天气朗,群贤高会莫辞频。"(《葵圃存集》卷四)

张燮《谢修之抵漳招集藏真馆同汪尔材郑辂思在坐得春字》(《霏云居集》卷十二)。

三月五日,张燮、汪有泂等来集。

张燮《三月五日偕宗苏尔材伯畴集辂思宅是日属巳》(《霏云居集》卷十四)。

春夏间,黄道周来访,怀魁招黄道周、张燮、爵魁集风雅堂。

张燮《黄参玄来访郑辂思招集风雅堂余与瓒思在坐分得双字》(《霏云居集》卷六)。

夏,与弟爵魁等过张燮,酒半卧床。

张燮《郑辂思瓒思萧叶宫许问甫黄孝翼过集别界辂思酒半卧床戏示问甫》(《霏云居集》卷六)。

八九月间,郑怀魁诞子,诸子有诗贺之,燮为撰诗序。

张燮《赠郑辂思诞子》(《霏云居集》卷十二)。

张燮《〈赠郑辂思观察诞子诗〉序》(《霏云居集》卷二十一)。

九月八日,与张燮、郑爵魁、蒋翼育、吴宷、陈范共六人,于玄云故址社集。九日,郑爵魁邀同蒋孟育等集霞曙楼。吴宷临发,集霞曙楼,有蒋孟育、汪有泂等。

张燮《九月八日社集》,其《序》云:"余社始于辛丑重阳前一日,维时诸君咸集里门,遂成东南一大胜事。比年以来,虽旗鼓相闻,而河山渐隔,女萝薜荔,不复接浩歌,声社就荒者久之。今岁与辂思葺故址而新是圃,瓒思寓焉。秋高菊绽,适道力奉使至,甫病起出门,亮恭亦北发,小驻霞山。辂思载酒,申此良觏,与在坐者宗苏及不佞绍和也。会者凡六人。"(《霏云居集》卷十四)

张燮《九日瓒思邀同道力宗苏辂思集霞曙楼》(《霏云居集》卷十八)。

张燮《亮恭临发过集藏真馆同道力宗苏在坐二首》,其二略云:"停杯不尽欢,劲风吹寒水。"(《霏云居集》卷十六)

十一月,至日,与戴燝、蒋孟育、爵魁等集霞中社。

张燮《至日郑辂思招陪吕大夫集霞中社偕戴亨融蒋道力郑瓒思在坐同用山字二首》(《霏云居集》卷七)。

是岁,量移宪使,以母故不即就道;为父成祢庙于北埭岸;又复四祖庙。

郑爵魁《行略》:"庚戌,上计,语稍雪,以宪使量移……首为赠君成祢庙北埭岸,得景寿四祖庙,蒸祀有秩……不即铨就道者,为老母在也。"(《葵圃存集》卷首)

万历三十九年辛亥(1611) 四十九岁

正月十三日,与林茂桂、蒋孟育、陈范、爵魁等集张燮别界;十四日,蒋孟育招诸君燕集。

张燮《十三夜林德芬蒋道力汪尔材郑辂思吴潜玉陈伯畴郑瓒思燕集别界同用灯字》《十四夜道力招同尔材德芬诸君燕集即事得怀字》(《霏云居集》卷十三)。

夏,徐𨥉抵漳州,过张燮,怀魁与戴燝、汪有洞、陈范、爵魁等集,分韵赋诗。

张燮《徐鸣卿抵里过集别界同戴亨融郑辂思汪宗苏陈伯畴郑瓒思在坐同用芝字》(《霏云居集》卷十三)。

九月九日,张燮等集霞中社,赴怀魁之约。

张燮《九日陪计明府集霞中社赴郑辂思之约》(《霏云居集》卷七)。

十二月,谢廷瓒客漳,张燮邀集谢与怀魁、徐𨥉、爵魁集霏云居。徐𨥉招集风雅堂。怀魁又邀集谢与张燮、徐𨥉等集霞中社。与谢廷瓒、张燮、爵魁等集徐𨥉斋头看梅。

张燮《谢曰可比部客漳枉驾见访邀集霏云居同辂思鸣卿瓒思及虞白华在坐用曰可来韵三首》(《霏云居集》卷十三)。

张燮《偕谢曰可郑辂思瓒思诸君集徐鸣卿斋头看红白梅金瑞香同用梅花香三字》(《霏云居集》卷七)。

张燮《徐鸣卿招陪吕大夫思梾集风雅堂偕郑辂思瓒思在坐大夫出长歌示余依韵和之》(《霏云居集》卷三)。

张燮《郑辂思瓒思邀谢曰可集霞中社偕徐鸣卿虞白华在坐得峰字》(《霏云居集》卷十四)。

万历四十年壬子（1612） 五十岁

正月十七日，卒，年五十。

郑爵魁《行略》："卒于万历壬子正月十七日，春秋五十。"（《葵圃存集》卷首）

张燮《哭郑辂思观察》（《霏云居续集》卷二十）。

张燮《祭郑辂思观察文》（《霏云居续集》卷四十七）。

闰十一月，弟爵魁为怀魁遗作编为《葵圃存集》，同社徐銮为之作序。

徐銮《叙》："《葵圃存集》，吾友郑宪副辂思所著。辂思园居恒莳葵，即所居自名集，取回光倾响之义……诸作散佚无虑十之三，弟瓒思孝廉为检故书箧及友人所藏草，合订旧刻，为三十卷。诗、赋、文、说诸体略备。世有刘歆、范逡、桓君山之朋，自能好之。霞社作者日新富有，要以咨决心终摆落俗谛，断然是古为宗，则辂思商榷为多，可谓开示津筏，作吾党导师，相与俎豆盟坛无愧者矣。万历壬子仲冬闰月，同社年弟徐銮鸣卿甫书于霞渚山房。"（《葵圃存集》卷首）

万历四十二年甲寅（1614） 殁后二年

十月，徐㶲自福州来漳哭怀魁。

徐㶲《至漳州哭郑辂思观察》："严滩风雨渡扁舟，曾枉干旄问薄游。贵贱交情深十载，幽冥泉路隔三秋。花开旧社人长往，草满春池梦已休。莫讶徐卿迟絮酒，不能容易过西州。"（《鳌峰集》卷十九）

按：此诗作年详笔者《徐㶲年谱简编》。

万历四十七年己未（1619） 殁后七年

是岁，蒋孟育卒。

按：详嘉靖四十二年（1563）。

天启二年壬戌（1622） 殁后十年

秋冬间，郑爵魁卒，张燮有诗哭之。

张燮《哭郑冀州瓒思》，略云：郑家兄弟兄腹如瓠，声如洪钟胸武库……"有时相视欢莫逆，有时争论发上冠。如此交谊世所稀。芳心各各称如兰。"（《群玉楼集》卷五）

按：此诗作年，详笔者《张燮年谱》（待刊稿）。

天启五年（1625）乙丑　殁后十三年

是岁，林茂桂卒。

张燮《抵家痛薛方伯道誉林大夫德芬后先捐馆歌以当哭》（《群玉楼集》卷六）。

按：此诗作于是岁，详笔者《张燮年谱》（待刊稿）。

是岁，吴寀卒。

张燮《祭吴亮恭侍御文》："乙丑寒孟，侍御亮恭先生卒于里门。"（《群玉楼集》卷五十六）

张燮《哭吴亮恭三十二韵》（《群玉楼集》卷二十四）。

天启七年丁卯（1627）　殁后十五年

是岁，戴燝以蜀观察使抵任，中道卒。

张燮《祭戴亨融观察》："见在丁卯，戴亨融先生以蜀观察使抵任，卒于蜀道。"（《群玉楼集》卷五十五）

张燮《哭戴亨融观察》："君虽弃官如弃屣，但念蚕丛心亦驰。家贫贷借强趣装，长夏冲炎车载脂。车脂直到梁山县，病躯尚逐飞蓬转。一夜阴星不自持，桑深瀛浅明朝变。一棺戢身万事已，天道虚闻长佑善。"（《群玉楼集》卷六）

（光绪）《漳州府志》卷三十《戴燝传》："卒年四十六。著有《玉堂初稿》《木天署草》若干卷。"（《宓庵手抄漳州府志》，王君定抄，漳州市图书馆 2005 年影印本）

按：如戴燝卒时年四十六，则生于万历十年（1582）；而燝十四年（1586）成进士。《漳州府志》所记燝卒龄必误无疑。

崇祯八年乙亥（1635） 殁后二十三年

是岁,林茂桂撰《南北朝新语》(詹子忠评)刊刻。书前有林茂桂自序、詹子忠、游士任题叙。

林茂桂《〈南北朝新语〉序》:"是岁辛酉为天启元年,漳浦林茂桂德芬甫撰。"

崇祯十三年庚辰（1640） 殁后二十八年

三月,张燮卒。

黄道周《张太沃哀词》:"崇祯庚辰被禊之月,绍和先生考终于正寝。"(《黄石斋先生集》卷十二)

是岁,曹学佺为同年友郑怀魁之子郑肇中诗撰《序》。

曹学佺《〈郑肇中诗〉序》:"肇中复以其近刻示余,而索序。余谓,诗恐妨举业,且分历数之功,欲劝肇中且休。及观肇中之诗,则又知其有巧思精诣,不为句声所拘窘。肇中之学,其于历元、制举及古文词辑韵,譬全军焉;而其为诗,则以一旅而特至矣。"(《西峰六七集文》)

谢肇淛年表

谢肇淛，字在杭，号武林，长乐人。

徐𤊯《中奉大夫广西左布政使武林谢公行状》（《小草斋文集》附录）。

按：《中奉大夫广西左布政使武林谢公行状》以下简称《行状》。

其先世居浙江上虞县莆兴村百花巷。

徐𤊯《行状》（《小草斋文集》附录）。

宋末，谢星官福建福清，任满不归，遂占籍焉。无何，避乱，徙海坛山（今福建平潭）东岚。

谢章铤《〈东岚谢氏明诗略〉后序》（《东岚谢氏明诗略》卷首）。

明初，星八世孙钟渡海而西至长乐（今属福建）相土卜宅，七迁而得江田里定居。后迁居省城，而往来江田。

徐𤊯《行状》（《小草斋文集》附录）。

谢章铤《〈东岚谢氏明诗略〉后序》（《东岚谢氏明诗略》卷首）。

钟七传而至汝韶。

钟以下世系如下：钟（英公）—琬—德圭—砥—文礼—廷统—浩—汝韶。

父汝韶，字其盛，号天池。

嘉靖三十七年戊午（1558）举人。任官吉府左长史，有《天池存稿》。

生而警敏，数龄解占对。

徐𤊰《行状》（《小草斋文集》附录）。

年十三就楚试，拔高等；有诗传世。

徐𤊰《行状》（《小草斋集》附录）。

戊子，以《诗经》举于乡；壬辰，成进士，拜湖州司理。官至广西左布政使。

徐𤊰《公行状》（《小草斋文集》附录）。

与邓原岳、徐㷸等重振闽中风雅。

《明史·文苑传》二："闽中诗文，自林鸿、高棅后，阅百余年，善夫继之。迨万历中年，曹学佺、徐𤊰辈继起，谢肇淛、邓原岳和之，风雅复振焉。"

结红云社、泊台社、春社于三山。

《餐荔约》："社中诸子唱为餐荔会……每会先记日月、胜地，次列同集姓名，主人分体拈题，坐客即席抽思。"（《小草斋文集》卷二十七）

诗风韵婉逸，清圆俊朗。

《重与李本宁论诗书》："论诗者，当以风韵婉逸，使人感受发兴为第一义。"（《小草斋文集》卷二十一）

按：汪端《明三十家诗选》："在杭诗清圆俊朗，远胜王百谷。"（《二集》卷七上）

挥毫，宝逾珠翠；嗜书，锐意搜罗。

徐𤊰《谢在杭书〈太平广记〉十一段》（《红雨楼序跋》卷二）。

徐𤊹《笔精》卷七"藏书"条。

按:谢肇淛著述,详本书《谢肇淛著述考》。

母高氏、徐氏,生母赵氏。

《先考奉政大夫吉府左长史天池府君行状》:"娶吾母高氏,故居士澍女,从府君赠宜人。再娶吾母徐氏,故永宁县知县棩女。侧室肇淛先慈赵氏,故居士宪女,以肇淛赠安人。"(《小草斋文集》卷十七)

侍儿曰桃叶、曰柳枝、曰莫愁。以桃叶情最为深笃。

《六忆诗寄桃叶侍儿》(《小草斋集》卷二十七)。
《癸亥元日示莫愁侍儿》(《小草斋续集》卷三)。

弟二人:肇湘、肇澍。

《先考奉政大夫吉府左长史天池府君行状》(《小草斋文集》卷十七)。

女弟三人。

《先考奉政大夫吉府左长史天池府君行状》(《小草斋文集》卷十七)。

子五人,长棨、次槳、次汇,次楠,次杲。

徐𤊹《行状》(《小草斋文集》附录)。

女三:琰、琬、珑。琰适曹能始男孟嘉。

《先考奉政大夫吉府左长史天池府君行状》(《小草斋文集》卷十七)。

明穆宗朱载垕隆庆元年丁卯(1567) 一岁

是岁,七月二十九日生。
是岁,陈椿三十四岁。谢杰三十一岁。谢汝韶三十一岁。邓原岳十三岁。叶向高九岁。徐𤊹七岁。

是岁，崔世召生。

是岁，安人郑氏生。

隆庆二年戊辰（1568） 二岁

是岁，父汝韶服阕，除安仁令。

隆庆四年己巳（1569） 三岁

是岁，父为安仁令。

隆庆四年庚午（1570） 四岁

是岁，父为安仁令。

是岁，徐𤋮生。

隆庆五年辛未（1571） 五岁

幼即警敏非常。

隆庆四年壬申（1572） 六岁

是岁，父汝韶秩满迁郡司马、同知承天府事。

明神宗朱翊钧万历元年癸酉（1573） 七岁

是岁，张燮生。

万历二年甲戌（1574） 八岁

是岁，曹学佺生。

是岁，叔祖杰成进士。

万历三年乙亥（1575） 九岁

是岁，属文落笔如贯珠，族祖谢杰见而异之。

是岁,八月,父汝韶左迁为吉王相。

是岁,母卒。

万历六年戊寅（1578） 十二岁

是岁,以父为傅。

万历七年己卯（1579） 十三岁

是岁,作《题〈苏中郎牧羊图〉幼作,附此。时年十三》(《小草斋集》卷二十九)

是岁,就楚试,督学使者拔高等。

万历八年庚辰（1580） 十四岁

是岁,父移病,请归,春,买舟东下。杜门却扫,日课子为业。

是岁,林古度生。

万历十一年癸未（1583） 十七岁

是岁,林春泽卒,寿百有四。

万历十三年乙酉（1585） 十九岁

是岁,王世懋为福建提学副使,拔谢肇淛第一。

是岁,娶郑氏女。

万历十四年丙戌（1586） 二十岁

是岁,得子。

万历十五年丁亥（1587） 二十一岁

是岁,与徐𤊺执经事顾道行;道行试士,首列廪于学官。

万历十六年戊子（1588） 二十二岁

是岁，与徐𤊻同成举人。

十一月间，与徐𤊻赴京赶考；徐𤊻送至剑津，有诗别之。舟次小箬溪、泛剑津，越何岭、塔岭、仙霞、西阳诸岭，次龙丘。登富春山，过武林；过姑苏，访王稚登。于云阳（南徐州）与谢肇淛守岁，相与欷歔。

作《剑津别徐兴公》《夜泊建溪》《武林迎春》《渡江戊子冬》（《小草斋集》卷十二）。

作《南剑楼谒李先锋祠》《度钱唐戊子岁》《虎丘怀古》（《小草斋集》卷十八）。

万历十七年己丑（1589） 二十三岁

元月，赶考途中。二日，由京口过江；六日，泊舟淮阴城下；又二日，至澎城；十九日，发澎城；二十日，至沛；二十一日，渡沙河；二十三日，宿汶上；二十四日，至阿；二十八日，过景州；二十九日，宿河间府。

作《久滞彭城》（《小草斋集》卷十二）。

作《上元彭城》（《小草斋集》卷二十七）。

作《舟入清河》《望龟蒙山》《平原》（《小草斋集》卷十八）。

二月四日，至京。九日，入院，望后出。徐𤊻疥足卧床头呻，省之。

作《入燕作》（《小草斋集》卷十二）。

作《初至京师己丑岁》（《小草斋集》卷十八）。

二三月间，清明，与徐𤊻过燕南陈子卿旅邸。下第，十六日出都。

作《清明同徐惟和过陈子卿旅邸》《春望长安》《下第出长安》（《小草斋集》卷十二）。

作《落第》（《小草斋集》卷十八）。

四月，于彭城迟𤊻不至，𤊻后四昼夜至。过淮阴，抵瓜州，渡江，毘陵，陟虎丘；访张献翼于曲水草堂，又于谐赏园别顾世卿，又访王稚登，过娄江，谒王世懋墓，哭之；过杭州六和塔赋诗欲题壁遭僧呵叱。

作《彭城迟徐惟和不至》（《小草斋集》卷二十七）。

作《下第归宿彭城》(《小草斋集》卷二十五）。

作《邵伯湖晚眺同惟和作》(《小草斋集》卷十二）。

五月,抵清湖,过江郎山。越仙霞岭,过浦城、建宁,过黯淡滩,泊吉溪,至困溪,夜泛白沙,归家。

作《山中夜》《燕山归送振狂北征二首》(《小草斋集》卷十八）。

八月,与陈椿、陈荐夫等过绿玉斋,作诗。

作《饮徐惟和绿玉斋得喧字》(《小草斋集》卷十八）。

作《八月十四夜同陈汝大陈伯孺集绿玉斋》(《小草斋集》卷十八）。

八九月间,病。

作《病后怀陈子卿孝廉》(《小草斋集》卷十八）。

十二月,郡守江铎招饮西湖。

作《郡守江先生招游西湖同岭南曾仕鉴家舅徐㶿赋》(《小草斋集》卷十八）。

按:徐㶿有《江郡侯招饮西湖同曾人倩谢在杭分得游字》(《幔亭集》卷七）。

是岁,下第后归读书罗山,喜为声诗,结社赋咏,声名大噪。

是岁,为周如塚诗作序。

是岁,作《游燕记》(《小草斋文集》卷七）。

是岁,殇子。

万历十八年庚寅（1590） 二十四岁

正月元日,曾仕鉴过访徐㶿,肇淛与集。

徐㶿有《庚寅元日曾人倩过访同谢在杭分韵》(《幔亭集》卷七）。

徐熥有《庚寅元日岭南曾人倩集小斋分韵》(《鳌峰集》卷十三）。

作《庚寅人日同王汝存陈振狂登钓龙台送曾人倩》(《小草斋集》卷十八）。

作《元夕观灯二首》(《小草斋集》卷十二）。

春,过绿玉斋,怀徐㶿。

作《同陈汝翔集绿玉斋兼怀惟和》(《小草斋集》卷十八）。

七八月间,送江郡守兵备吴中。妻郑氏卒。

作《送郡守江先生备兵吴中》(《小草斋集》卷十八)。

徐㸌有《送江太守兵备三吴》(《幔亭集》卷七)。

作《悼亡四首》(《小草斋集》卷十八)。

作《亡室郑安人墓志铭》(《小草斋文集》卷十八)。

作《闻警二首》(《小草斋集》卷十八)。

徐㸌有《闻警》四首(《幔亭集》卷七)。

九月,登鼓山,作《鼓山赋》(《小草斋集》卷一)及诗。

作《九月八日同陈振狂王玉生徐兴公往石鼓泛舟白龙江》《舟泊鼓山下》《望海门》《宿灵源洞》《鼓山归宿振狂江亭得文字》(《小草斋集》卷十二)。

作《九日登鼓山绝顶》《经鼓山废寺》(《小草斋集》卷十八)。

徐㸌有《游鼓山集序》(《幔亭集》卷十六)。

陈宏己有《游鼓山记》(黄任《鼓山志》卷八)。

十月,与徐㸌等访曾文表。

作《雨中同徐惟和胡德长陈汝翔访曾文表醉歌行》(《小草斋集》卷八)。

十二月,与陈椿、陈鸣鹤、陈振狂、徐㸌、徐㸊、陈仲溱藤山看梅。

作《看梅宿陈七芦中》(《小草斋集》卷十二)。

徐㸌有《同汝翔在杭看梅先宿芦中矶》二首(《幔亭集》卷五)。

作《报徐惟和看梅帖二首》(《小草斋集》卷十二)。

徐㸌有《约汝大汝翔振狂惟秦在杭藤山看梅》二首(《幔亭集》卷五)。

作《藤山看梅六首》(《小草斋集》卷十二)。

作《晓起同陈七寻梅》(《小草斋集》卷十八)。

徐㸌有《芦中矶晓起喜汝大惟秦至》《晓起看梅》(《幔亭集》卷五)。

冬,过虚公故方丈。

作《过虚公故方丈二首》(《小草斋集》卷十八)。

万历十九年辛卯(1591) 二十五岁

读书罗山。赴京,再上南宫。

元月，登九仙山、万岁寺、钓龙台；陈椿等过斋头，观灯，谒马森祠。

作《辛卯春二日汝大兴公过山斋二首》《谒马恭敏先生祠》《十一夜灯》《元夕雨》（《小草斋集》卷十二）。

徐㶿有《辛卯元日同谢在杭饮九仙观访赵道士》（《鳌峰集》卷十三）。

作《辛卯元日同汝翔惟和登九仙山过赵道人》《三日同诸子登万岁浮图得难字》《人日登钓龙台怀曾孝廉仕鉴兼呈王文学湛陈山人宏己》《罗山斋中》《十四夜观灯》（《小草斋集》卷十八）。

八月，徐熥先一步赴京，送之。

九月十五日，离家北上春官。

作《辛卯秋北上留别同社二首》（《小草斋集》卷十八）。

九月至十二月，北上；于平原遇得父讣南奔之徐熥。

作《困溪别乔卿》《舟泊沧峡》《舟入小南溪》《浦城晓发》《仙霞关》《十月一日江山道中》《过张幼于》《云阳道中》《彭城晓发》《临城》《汶上》《东平道国》《三归台》《平原》《十二月一日涿州道中》（《小草斋集》卷十二）。

作《建溪》《黯淡滩》《小竿岭》《度钱唐辛卯岁》《游西湖》《姑苏怀古》《度江》《北平道中》《齐中感事》《题桐城旅邸》《入燕》《至京师辛卯岁》《辛卯除夜得家书》（《小草斋集》卷十八）。

作《过徐惟和宅艰南奔》（《小草斋集》卷八）。

是岁，作《〈小草斋稿〉自序》。

是岁，弟肇湘生。

万历二十年壬辰（1592） 二十六岁

元月至二月间，在京。

三月，在京城，作家书。成进士。

作《作家书送人南还》《春尽晚望》（《小草斋集》卷十八）。

春夏间，在京。病，有诗赠邓原岳。

作《燕邸病中戏柬邓汝高进士》（《小草斋集》卷十六）。

按：原岳与肇淛同榜进士。

七八月间,南归。途中有书寄陈宏己、徐𤊹。

作《长安秋兴六首》《寄振狂》《寄徐兴公》《出长安》《八月十六夜滕阳城楼》《登黄楼感事时彭城以西大水》(《小草斋集》卷十八)。

作《边城》《河间》《古道》《东平遇雨》《登阿城》《过邵伯怀惟和》《舟泊扬州》《九日兰陵》(《小草斋集》卷十二)。

九月十七日,到家。徐𤊹评其《游燕二集》以为"心计既粗,面目都恶",肇淛不应。

十月至十二月,拜吴兴司理;离家过武夷,作《游武夷山记》并纪行诗。

作《游武夷山记》(《小草斋文集》卷九)。

作《万年宫谒武夷君》《武夷谒王司马祠》《建安道中》《度分水关》《入吴兴署》(《小草斋集》卷十二)。

作《之苕溪留别社中诸子》《延津吊浔阳罗司李先生二首》《游武夷》《宿武夷天游观》(《小草斋集》卷十八)。

是岁,忧边忧海防。

作《纪事二首》(《小草斋集》卷十三)。

是岁,作《吴兴竹枝词十首》(《小草斋集》卷二十七)。

万历二十一年癸巳(1593) 二十七岁

元月至二月间,在湖州。

三月,登岘山。

作《清明》《登岘山》《感事二首》(《小草斋集》卷十八)。

四月,游玉磬山怀故乡。到临安。

作《夜游玉磬山》(《小草斋集》卷十九)。

作《游西湖四记》(《小草斋文集》卷七)。

五月,入钱唐。

作《游雷峰记》(《小草斋文集》卷七)。

七八月间,新病,拟游道场山,以雨作不果。

九月,登岘山怀往岁石鼓之游;登道场山。

作《九日登岘山怀往岁石鼓之游寄振狂兴公》《雨中登道场山》(《小草

斋集》卷十九）。

作《登道场海天阁二首》《归云庵拜孙太初墓》（《小草斋集》卷十三）。

是岁,感叹作吏太湖滨而腰长折。

作《感怀》（《小草斋集》卷八）。

又作《黄龙洞望太湖》（《小草斋集》卷十二）。

是岁,作《陈女大先生六十序》（《小草斋文集》卷二）。

是岁,作《郡司马赵君考绩序》（《小草斋文集》卷三）。

是岁,作《周所谐诗序》（《小草斋文集》卷四）。

是岁,王稚登为作《游燕二集序》。

是岁,生女,作《生女二首》（《小草斋集》卷十二）。

是岁冬或下岁春,题祖德圭氏《东岚秋思卷》以寄思。

作《题〈东岚秋思卷〉二首》（《小草斋集》卷十九）。

万历二十二年甲午（1594） 二十八岁

春,登爱山台,过王村禅寺。

作《登爱山台》《过王村禅寺》（《小草斋集》卷十九）。

五月,闻福州贫民噪呼,饿莩噪通衢,甚忧。

作《与客问答三首甲午岁》（《小草斋集》卷四）。

徐𤊹有《甲午端阳即事》（《幔亭集》卷八）。

七月,闻徐𤊹北游寄之。

作《闻惟和北游寄之》（《小草斋集》卷十九）。

秋,在吴兴,作诗怀徐𤊹。

作《苕溪草堂杂兴十首》《吴山中夜闻笛》《携李舟中怀徐兴公》（《小草斋集》卷十三）。

作《松江舟中》《舟过南浔饮董大宗伯宅》（《小草斋集》卷十九）。

十月,吴江舟中。是月或稍晚,父汝韶微行入湖州,视肇淛治状。

作《十月吴江舟中晚望》（《小草斋集》卷十九）。

十一月,徐𤊹北上赴试,过苕,肇淛与之游。

作《送惟和经上二首》《十一月望夜同惟和碧浪湖看月》（《小草斋集》卷十三）。

作《墨梅卷跋》（《小草斋文集》卷二十四）。

十二月,除日,自檇李归省。

作《甲午除夜自檇李归省》（《小草斋集》卷十九）。

是岁,徐㷿谢肇淛求高启《缶鸣集》。

按:见徐㷿《高太史缶鸣集》（《幔亭集》卷十九）。

是岁,作《沈从先诗序》《陈惟秦诗序》（《小草斋文集》卷四）。

万历二十三年乙未（1595） 二十九岁

元月,舟滞柘湖。

作《乙未春舟滞柘湖苦雨》（《小草斋集》卷十三）。

二月,往余杭。

作《二月余杭道》（《小草斋集》卷十三）。

三月,次盐官县。

作《舟次盐官县》（《小草斋集》卷十三）。

作《登盐官秦径山》（《小草斋集》卷十九）。

春,病。

作《病中书》《舟中病陈参军以诗来问》（《小草斋集》卷十九）。

五月,病。出钱唐。陈荐夫下第过苕。

作《病中逢乡人》（《小草斋集》卷十九）。

作《喜陈幼孺下第见过》《出钱唐》（《小草斋集》卷十三）。

七月,松陵,有诗寄内。

作《七夕有松陵之行寄内》（《小草斋集》卷十九）。

七八月间,于真州逢徐㷿。是时,㷿下第。

作《惟和下第归过真州夜话》《答惟和观伎之作》（《小草斋集》卷二十七）。

九月,与邓原岳游道场山。

作《同汝高登道场山》《过归云庵吊孙太初》（《小草斋集》卷十九）。

秋,儿亡。

作《哭子》(《小草斋集》卷十三)。

按:此儿出生仅十个月。

十月至十二月,先是拟与徐𤊹游岘山,以幼儿殇,不果;旋即与徐𤊹、顾长卿、世卿游之。康彦登自宁夏归,听其谈边事。

作《游岘山记》(《小草斋文集》卷七)。

作《十月望同徐兴公顾长卿世卿泛舟碧浪湖登浮玉塔看月》《邓女高王玉生徐兴公陈永奉集郡斋》(《小草斋集》卷四)。

作《喜徐兴公来访》《冬日同徐兴公顾长卿世卿登岘山》《白仲兴公见过》《送兴公之姑苏》《汝高招游毗山同玉生兴公赋》《送兴公还家》《十月时有播师又倭假道于浙入贡》《康元龙自宁夏归谈边事二首》(《小草斋集》卷十九)。

作《乙未除日迟家信不至》(《小草斋集》卷十三)。

冬,女亡。

作《哭女八首》(《小草斋集》卷十三)。

冬,作《康元龙诗序》。

是岁,父汝韶进阶奉政大夫。

是岁,有柴桑、东山之想。

作《感怀》(《小草斋集》卷四)。

约于是岁,作《新开白灵洞碑》。

《新开白云洞碑》(《小草斋文集》卷十六)。

万历二十四年丙申(1596) 三十岁

元月,同郑琰、陈价夫钱唐孤山寻梅。

作《春夜同郑翰卿黄白仲孤山寻梅》(《小草斋集》卷十三)。

作《钱唐逢郑翰卿》《同翰卿白仲游净慈寺》(《小草斋集》卷十九)。

二三月,送康彦登。有诗寄叶向高。作《吴兴后竹枝词四首》,为吴兴守所谤。

作《钱唐逢康元龙》《钱唐访陈伯孺不遇》(《小草斋集》卷二十七)。

作《钱唐送康元龙》(《小草斋集》卷十三)。

作《早春对雪寄叶进卿太卿》(《小草斋集》卷十九)。

作《吴兴后竹枝词四首》(《小草斋集》卷二十七)。

三月,顾大典卒。

作《哭顾道行先生三首》(《小草斋集》卷十九)。

春,于钱唐逢胡应麟。忧国是,作《百忧行》。

作《钱唐逢胡元瑞赋赠》(《小草斋集》卷十九)。

作《百忧行》(《小草斋集》卷八)。

春,在吴兴遇陈永奉,为其治装并燕集苕溪草堂。

作《送陈永奉还家》(《小草斋集》卷十六)。

作《苕溪草堂燕集观牡丹放歌》(《小草斋集》卷八)。

五月,与郡寮登黄龙洞。

作《夏日陪郡寮登黄龙洞望太湖至夜归即席作》(《小草斋集》卷十九)。

作《游黄龙洞记》(《小草斋文集》卷七)。

七八月间,在钱塘,有乞巧词寄侍儿桃叶。

作《钱唐七夕》《乞巧词寄桃叶侍儿》(《小草斋集》卷八)。

作《汪肇邰招游法相寺二首》《秋日偕翰卿诸子游龙井二首》《灵隐寺》《九日送乔卿之青田》《虎跑泉》《登吴山三茅峰二首》(《小草斋集》卷十三)。

作《题林纯卿孤山精舍》《秋日偕陆履素转运郑翰卿山人登北高峰四首》《天竺寺》(《小草斋集》卷十九)。

闰八月,望,署中观月。

作《闰八月望日偕汝高伯孺署中观月二首》(《小草斋集》卷十九)。

九月,偕郑琰等登南高峰。

作《九日偕郑翰卿震卿陈伯孺钱象先登南高峰二首》(《小草斋集》卷十九)。

秋,屠隆等过署中。

作《秋日屠纬真黄白仲郑翰卿震卿见过吴山署中时屠黄二君持斋》

（《小草斋集》卷十九）。

冬,王稚登过访。

作《王百谷过访苕溪二首》《行部孝丰道中》（《小草斋集》卷十三）。

是岁,友人吴翁晋为虎所困。

作《猛虎行寄吴翁晋》（《小草斋集》卷四）。

是岁,作《重修伏龙桥记》（《小草斋文集》卷十）。

万历二十五年丁酉（1597）　三十一岁

春日,郊行。

作《春日郊行五首》（《小草斋集》卷十三）。

三月,里人陈鸣鹤见过。

作《梦归》《陈汝翔见过》（《小草斋集》卷十九）。

四月,郑性之见过;访僧不值。

作《初夏郑性之见过》《道场山访僧不值》（《小草斋集》卷十九）。

五月,万方征税急。

作《五月》（《小草斋集》卷十三）。

八月,吴兴大水。

作《大水谣二首丙申岁吴兴作》（《小草斋集》卷八）。

作《骨鲠记》（《小草斋文集》卷十）。

九月,郑琰兄弟邀登南高峰。

作《九日郑翰卿震卿招游南高峰》（《小草斋集》卷九）。

秋,怀张幼于。寄屠隆,怀邓原岳。

作《携李烟雨楼怀张幼于》（《小草斋集》卷十三）。

作《吴山晚望寄屠纬真》《秋夜碧浪湖怀邓汝高时汝高有岭南之行》（《小草斋集》卷十九）。

十二月,除日,在郪县。

作《丁酉除夜郪县寄内》（《小草斋集》卷十三）。

是岁,作《〈浙江武录〉序代》（《小草斋文集》卷六）。

是岁,季弟肇湫生。

万历二十六年戊戌（1598） 三十二岁

二月,大计吏,当徙治,去住无计;父汝韶以为三折肱为良医。发吴兴,过吴。

作《得报徙治留别同志》二首（《小草斋集》卷十九）。

作《戊戌仲春望后五日发吴兴》《过顾道行先生居并柬长卿世卿》（《小草斋集》卷十九）。

三月,游虎丘、过寒山寺、游慧山、金山、弘济寺、高座寺、雨花台。往真州。

作《清明日同王百谷潘景升游虎丘》《上巳日雨中过寒山寺》（《小草斋集》卷十九）。

作《同陈振狂游慧山寺得袍字》《登金山二首》（《小草斋集》卷十三）。

作《石灰山弘济寺》《雨花台因过高座禅寺》《陪司寇从祖雨花台晚眺》（《小草斋集》卷二十）。

作《真州逢汪肇邰并寄振狂》《三月晦日登真州城楼》（《小草斋集》卷十三）。

作《入真州》（《小草斋集》卷四）。

作《端阳日真州观水戏二首》《真州天宁寺避暑》（《小草斋集》卷十三）。

夏秋间,以谗解任,避地真州,与臧懋循、袁中道等游。徐𤊹下第夜话。

作《袁尚德山人游楚序》（《小草斋文集》卷三）。

作《端阳日真州观水戏二首》《真州天宁寺避暑》《臧晋叔博士过访二首》《銮江舟夜听雨重别袁小修》《顾所建招游上方寺》（《小草斋集》卷十三）。

作《送吴元翰还武夷》《徐惟和自燕归马季声自闽至集余真州草堂分得深字》（《小草斋集》卷二十）。

作《惟和下第归过真州夜话》《答惟和观伎之作》（《小草斋》卷二十七）。

徐𤊹有《真州逢谢在杭司理》(《幔亭集》卷九)、《同谢于楚袁小修汪肇邵詹叔正李季宣陈从训谢在杭席上赠妓》(《幔亭集》卷十四)。

七月,初度。

作《戊戌初度》(《小草斋集》卷二十)。

九月,之新安。有诗寄桃叶。

作《九月三日同真州诸子闲步江边观涛放歌》(《小草斋集》卷九)。

作《九日登天宁寺浮图留别真州诸子之新安》《雨中访潘景升有苣堂赋赠兼订黄山之约》(《小草斋集》卷二十)。

作《六忆诗寄桃叶侍儿》并代作《答》六首(《小草斋集》卷二十七)。

十月,游黄山。又游白岳。

作《游黄山记》(《小草斋文集》卷八)。

作《容成台》《望天都峰》(《小草斋集》卷四)。

作《南陵道中》(《小草斋集》卷十三)。

作《泾县道中》《次旌阳》《翚岭》《出杨干寺早行》《宿轩辕宫》《宿丞相原》《由丞相原至石楼二首》《黄山归宿汤口程叟家》等(《小草斋集》卷十三、十四)。

作《同吴元翰、谢于楚、潘景升步扬干寺外》《朱砂庵》《白龙潭》《登丞相原》(《小草斋集》卷二十)。

作《黄山杂诗二首》《黄山归宿潘景升有苣堂二首》(《小草斋集》卷二十七)。

作《游白岳记》(《小草斋文集》卷八)。

十一至十二月间,在新安。

作《新安杂诗十首》(《小草斋集》卷十四)等。

作《将发新安同志诸子来送率尔留别》《发新安再别诸子》(《小草斋集》卷二十)。

十二月,重游天宁寺。

作《重游天宁寺记》(《小草斋文集》卷八)。

作《戊戌除夕谢于楚袁尚德诸子过集守岁》(《小草斋集》卷二十)。

是岁,作《〈李季宣诗〉序》(《小草斋文集》卷四)。

是岁,作《〈沈氏章庆编〉序》(《小草斋文集》卷六）。

是岁,作《义仆传》。

约于是岁,作《赠徐兴公五十韵》(《小草斋集》卷十六）。

万历二十七年己亥（1599） 三十三岁

二月,离真州入都,调东昌司理;北上,三月到京。

作《发真州别诸子》《濠上》《齐鲁道中》《平阴道中望岱作》《齐讴行》(《小草斋集》卷四）。

作《宿汾水》(《小草斋集》卷十四）。

作《河间道中》《入都门己亥岁》(《小草斋集》卷二十）。

叶向高有《送谢在杭自湖州移理东郡》(《苍霞草·诗》卷六）。

四月,郊行。是月或下月入东郡。父汝韶移书告诫之。

作《长安初夏偕沈仲润太史袁中郎博士郊行》《入东郡》(《小草斋集》卷二十）。

五月,儿女道亡。叶向高过东郡,不值。

作《得儿女道亡耗二首》《家室至》(《小草斋集》卷十四）。

作《叶进卿大史迁留都少宗伯过东郡不值寄赠二首》(《小草斋集》卷二十）。

七八月间,苦雨。

作《宿淄河》(《小草斋集》卷十四）。

作《登青州城》(《小草斋集》卷二十）。

八月,登泰山。

作《登岱记》(《小草斋文集》卷八）。

作《登岱十首》(《小草斋集》卷二十）。

九月,逢谢于楚;游杜陵池。

作《九月三河冰欲合孤城万户杵初鸣》《济上同刘殿卿郡丞游杜陵池济上同刘殿卿郡丞游杜陵池》(《小草斋集》卷二十）

九十月间,登太白楼。

作《同刘殿卿登任城太白楼李白客贺知章,所今有两公像》(《小草斋集》

卷二十）。

冬,行部棣州诸邑。徐𤊟卒,梦之。除夕前二日过历上。

作《商河道中》《行部棣州诸邑》《渤海道中》《棣州见月》《棣州逢立春》(《小草斋集》卷十四)。

作《梦徐惟和》(《小草斋集》卷四)。

作《哭徐惟和二首》(《小草斋集》卷二十)。

按:徐𤊟是岁秋卒。详《𤊟谱》。

作《除夕前二日过历下饮刘五云孝廉宅》(《小草斋集》卷二十)。

约于是岁,作《齐讴十首》(《小草斋集》卷二十七)。

万历二十八年庚子（1600）　三十四岁

元月至二月间,在鄗城。

作《春霁登光岳楼》《鄗城春日》(《小草斋集》卷二十)。

作《鄗城元夕》(《小草斋集》卷二十七)。

三月,在鄄城。

作《春尽鄄城始见桃杏诸花》(《小草斋集》卷十四)。

三四月间,有感于张经复官。

作《为张大司马得复官赋二首》(《小草斋集》卷二十)。

夏秋间,追怀闽地诗友。

作《得徐兴公书闻陈汝大陈子卿郑性之相继物故》《再哭惟和汝大诸子》(《小草斋集》卷二十)。

七月,在卢县,感叹年年初度半在道途之中。

作《庚子初度卢县道中》(《小草斋集》卷十四)。

九月,在历下。

作《九月历下》(《小草斋集》卷二十)。

十月,送刘五云。

作《送刘五云北上》(《小草斋集》卷十四)。

是岁,入棘闱为同考官。

万历二十九年辛丑（1601） 三十五岁

元月,作《东郡迎春》(《小草斋集》卷十三)。

三月,忆家。

作《忆家》(《小草斋集》卷二十)。

四五月间,得家信。叹月俸不堪供弟妹。

作《得家信》(《小草斋集》卷二十)。

夏,旱。读徐熥诗,怀之。

作《旱二首》《读惟和诗二首》(《小草斋集》卷十四)。

作《销暑二首》《齐中杂诗十首》(《小草斋集》卷十四)。

夏秋间,袁中道见过。

作《哭袁伯修太史兼柬小修》《袁小修见过衙斋》(《小草斋集》卷二十)。

七月,初度,病后新起。

作《辛丑初度病暍新起且有青州之行别诸姬》(《小草斋集》卷二十七)。

秋,跋涉百里迎节使,苦不堪言。登青州云门山,过希夷洞,登超然台,行次大岘。

作《早秋郊行》《入秋霪雨弥日忽节使夜至同诸官送迎跋涉百里怅然口占二首》(《小草斋集》卷十四)。

作《新甫道中》《发海曲》(《小草斋集》卷十四)。

作《九月七日青州苦雨因忆满城风雨近重阳之语漫成口占》《九日登青州云门山过希夷洞》《密州同王茪伯明府登超然台怀古》《行次大岘》(《小草斋集》卷二十一)。

十一月,在青州。

作《至日客青州用前韵》(《小草斋集》卷二十一)。

除夕,客平原。

作《辛丑除日客平原》(《小草斋集》卷九)。

是岁,作《周母太孺人林氏暨仲子山人所谐偕配孺人曾氏祔葬墓志铭》

（《小草斋文集》卷十八）。

是岁或稍后,作《通奉大夫山东左布政使侣梅陈公暨配安人郑氏合葬墓志铭》（《小草斋文集》卷十八）。

万历三十年壬寅（1602） 三十六岁

元月,有诗寄侍儿桃叶。

作《壬寅元日寄桃叶侍儿》（《小草斋集》卷二十一）。

夏,读《南华》。

作《夏日闲居二首》（《小草斋集》卷十四）。

七月,怀吴中诸友。初度客清源。病。

作《壬寅初度客清源》（《小草斋集》卷九）。

作《秋夜》（《小草斋集》卷十四）。

作《寄顾靖甫守莒州兼怀吴中诸友》（《小草斋集》卷二十一）。

九月,朱允修太史招饮。

作《九日朱允修太史招饮时霜降后一日》（《小草斋集》卷二十一）。

冬,有东莱之行。

作《十一月十三日有东莱之行别家室》《肥城早发》《祝阿道中》（《小草斋集》卷十四）。

是岁,感叹白发早生。

作《见白发》（《小草斋集》卷五）。

万历三十一年癸卯（1603） 三十七岁

三月,新甫道中。

作《暮春新甫道中》（《小草斋集》卷二十七）。

春,思家。

作《遣家信》（《小草斋集》卷十四）。

四月,有诗纪开河。

作《癸卯夏日》（《小草斋集》卷二十七）。

六月,往蛇丘。

作《蛇丘道中苦雨》(《小草斋集》卷十四)。

九月,登华不注。

作《九日同济南诸君登华不注四首》(《小草斋集》卷二十一)。

秋,于郡城晚望。

作《郡城晚望》(《小草斋集》卷十四)。

是岁,在东昌任。生二女。

作《得二女》(《小草斋集》卷五)。

是岁,有诗纪三十万人开河,致千村万落尽荆杞棘。

作《开河行癸卯书事》(《小草斋集》卷九)。

是岁,作《游灵岩寺记》(《小草斋文集》卷八)。

是岁,作《〈莱州府志〉序代》(《小草斋文集》卷六)。

是岁,作《封西安府知府曹公墓志铭代沈方伯作》(《小草斋文集》卷十八)。

是岁,作《东莱别驾禹澜江君墓志铭》(《小草斋文集》卷十八)。

万历三十二年甲辰（1604） 三十八岁

三月,往郯城。

作《郯城道中》(《小草斋集》卷十四)。

夏,饮朱太守园中。

作《夏日饮朱太史园中》(《小草斋集》卷二十一)。

夏秋间,梦武夷。

作《梦游武夷》(《小草斋集》卷二十一)。

秋,怀王稚登。

作《登楼怀王百谷》(《小草斋集》卷二十一)。

是岁,叔祖谢杰卒,年六十八。

作《明故资政大夫太子少保户部尚书叔祖绎梅公行状》(《小草斋文集》卷十七)。

是岁,作《祭从祖大司农文》(《小草斋文集》卷二十六)。

是岁,邓原岳卒。

作《哭邓汝高》(《小草斋集》卷二十一)。

万历三十三年乙巳(1605) 三十九岁

元月,忆闽山庙灯。

作《元夕感怀》(《小草斋集》卷十四)。

三月,往郯城,归途,登峄山,作《登峄山记》及诗。有南比部之迁。

作《郯城道中》(《小草斋集》卷十四)。

作《登峄山记》(《小草斋文集》卷八)。

作《登峄山五首》《峄阳桐》《得报迁南比部》(《小草斋集》卷二十一)。

四月,经阙里。

作《游阙里记》(《小草斋文集》卷八)。

夏,入金陵,是岁,擢南京刑部山西司主事。四方同调云集倡和。欲求归省,未果。

秋,在金陵,三十九岁初度。与曹学佺、林古度等游。无何,同调渐散。

作《初入金陵柬曹能始廷尉》《吴载伯招游莫愁湖得云字》《仲秋二日朱文宁司成施仲宣仪部姚仲文光禄吴载伯司城邀集王园分得凭字是日暑甚》《偕能始集汤唯尹比部斋头赋赠》(《小草斋集》卷二十一)。

作《乙巳初度》《同曹能始梅子马殳质甫林茂之集臧晋叔寓楼》《偕臧晋叔曹能始吴非熊洪仲韦集梅子马水阁》(《小草斋集》卷十四)。

曹学佺有《同在杭晋叔子马招方子及集秦淮水阁》(《金陵集》)。

林古度有《中秋雨后见月集秦淮水阁分赋》(《林茂之诗选》卷上)。

作《乙巳九日送尹恒屈武部归蜀》《余台郎署中看菊赋赠二首》(《小草斋集》卷十四)。

作《乙巳九日清凉台征会登高遂至乌龙潭吴园》(《小草斋集》卷十六)。

作《题林子丘茂之新居》(《小草斋集》卷九)。

曹学佺有《题林子丘茂之兄弟新居时予悼亡,将乞假还》(《金陵集》)。

作《为能始悼亡三首》(《小草斋集》卷五)。

作《奉和叶进卿少宰先生登牛首二首》《奉和叶少宰游栖霞阻雨不果二首》（《小草斋集》卷二十一）。

冬，曹学佺等倡和同调渐次离去，忆之。

作《奉和大司寇赵先生登清凉台因谒宋监门郑先生祠二首》《奉和叶少宰登朝天宫二首》（《小草斋集》卷二十一）。

作《花烛诗送潘稚恭归真州》（《小草斋集》卷十四）。

是岁，作《留都臧少司马致政序》（《小草斋文集》卷一）。

是岁，作《东昌府新建兴济桥记》（《小草斋文集》卷十）。

万历三十四年丙午（1606） 四十岁

元月，徐𤊹客金陵，于客舍题《谢在杭书太平广记十一段》。

作《春日同汪仲嘉诸君木末亭燕集喜徐兴公至分得青字》（《小草斋集》卷二十一）。

按：参见徐𤊹《谢在杭书太平广记十一段》（《重编红雨楼题跋》卷二）。

三月，集木末亭；曹学佺以迁计部重入金陵。

作《清明前一日同诸君木末亭燕集作得明字》（《小草斋集》卷二十一）。

作《丙辰清明前一日发桃丘》（《小草斋集》卷二十五）。

作《能始以迁计部重入金陵时余将之燕赋赠二首》（《小草斋集》卷十四）。

按，曹学佺去冬离开金陵归省，至武林而返。详笔者《曹学佺年谱长编》（未刊稿）。

四月，有金陵怀古诗；泛秦淮；发金陵，经滁、平原、临城等，六月至京。

作《吴皋倩招泛秦淮同臧晋叔诸子即席作》（《小草斋集》卷二十一）。

作《金陵怀古六首》（《小草斋集》卷二十一）。

徐𤊹有《后金陵怀古》六首，亦咏吴、晋、宋、齐、梁、陈（《鳌峰集》卷十六）。

曹学佺有《金陵怀古六首》（《金陵集》丙午）。

林古度有《六朝怀古》六首（《林茂之诗选》卷上）。

作《滁阳道中》《平原道中》《临城道中》（《小草斋集》卷十五）。

七月，夜坐燕子矶；登金山寺；过吴门，时王穉登南有堂初落成。

作《金陵行宫同兴公作二首》（《小草斋集》卷二十八）。

作《宿金山寺同兴公赋》（《小草斋集》卷十五）。

徐𤊹有《登金山寺》（《鳌峰集》卷十一）。

作，《南有堂赋》（《小草斋集》卷一）。

作《重过吴兴》《重过岘山》《范东生招同吴非熊方子公沈舟至芋江丙午兴公登上方寺望太湖》《真州感旧二首》《雨中过武夷》《建溪道中》（《小草斋集》卷二十一）。

作《度分水关二首》（《小草斋集》卷十五）。

作《题大横驿》《剑浦放舟作》《囷溪感旧》《舟至芋江丙午》（《小草斋集》卷二十八）。

八月，报转司马郎，不之官。后转南京兵部职方司主事。病；送陈价夫游吴兴。

作《汝翔即凡游石鼓病不能从寄之》《送陈伯孺之吴兴兼怀诸旧游二首》（《小草斋集》卷十五）。

九月，有诗送友人还莆、还清流、还樵川。

作《送丹霞上人还莆》《送王相如还清流》《送余仪古还樵川》（《小草斋集》卷十五）。

秋，马嶟赠朱子真迹。

十月，父汝韶卒。汝韶晚岁，为购秘籍异集及郡邑乘。

作《祭父文》（《小草斋文集》卷二十六）。

十月二十四日，徐𤊹、王崑仲陪张燮来访。

是岁或稍后，作《处士丹崖陈君墓志铭》（《小草斋文集》卷十八）。

十二月，除日，过积芳亭。

作《丁未除日王永启徐兴公吴元化过积芳亭》（《小草斋集》卷十五）。

作《丙午除夕》（《小草斋集》卷二十一）。

是岁，与徐𤊹展阅顾大典山水，因忆徐熥，为之一恸。

作《顾道行山水跋》（《小草斋文集》卷二十四）。

是岁,为亡舅徐熥题《幔亭图》,又为题小像。

作《题徐惟和幔亭图》(《小草斋集》卷二十一)。

作《题徐惟和小像》(《小草斋集》卷二十八)。

万历三十五年丁未(1607) 四十一岁

春,徐𤊸出《家藏扇面手卷》,与肇淛共展阅,因忆徐熥。肇淛为之跋。

作《徐兴公家藏扇面手卷》(《小草斋文集》卷二十四)。

六月,啖荔,有诗。

作《六月四日积芳亭啖桂林荔枝分得江字皮粗膜白味不甚佳》《夏日玉真宫饭罢过千佛殿石上乘凉待月分得消字》(《小草斋集》卷十五)。

作《七夕积芳亭啖七夕红荔枝》(《小草斋集》卷二十八)。

夏,去岁得晦庵真迹卷,今岁装潢于白门。

作《晦庵真迹跋》(《小草斋文集》卷二十四)。

七八月间,送蔡伯达。

作《送蔡伯达明府之香山》(《小草斋集》卷二十二)。

七月,作《丁未初度》(《小草斋集》卷二十二)。

八九月间,徐𤊸与马嶽往粤东,有诗送之;送周乔卿之建溪。

作《送徐兴公马季声之岭南》《送周乔卿之建溪》(《小草斋集》卷二十二)。

徐𤊸有《之粤别谢在杭》(《鳌峰集》卷十六)。

十二月,合葬父汝韶、母高宜人、赵安人。

作《先考奉政大夫吉府左长史天池府君行状》(《小草斋文集》卷十七)。

十二月,朔,徐𤊸配高氏(名德庄)卒(时𤊸尚在惠州),为作祭文。

作《祭高孺人文》(《荆山徐氏谱·诗文集》)。

按:此文《小草斋文集》失载。

是岁,作《长乐李侯入计序》(《小草斋文集》卷三)。

是岁或稍后,作《明故荣禄大夫柱国少保兼太子太保吏部尚书二山杨公神道碑铭代》(《小草斋集》卷十六)。

是岁,得吴中二十家画。

作《吴中二十家诗画跋》(《小草斋文集》卷二十四)。

是岁,作《王百谷尺牍卷跋》(《小草斋文集》卷二十四)。

万历三十六年戊申(1608) 四十二岁

元月,徐㷿过谢肇淛斋中。

上元日,康彦扬载洒镜澜阁,社集。

作《上元日康季鹰载酒镜澜阁同王玉生陈惟秦马季声王粹夫周乔卿徐兴公吴元化郑孟麟同赋分得横字》(《小草斋集》卷二十二)。

四五月间,过徐㷿绿玉斋。

作《夏日过徐兴公绿玉斋啜新茗同赋建除体》(《小草斋集》卷十)。

五月,与徐㷿、马歘、陈价夫等结红云社,作《餐荔约》。

作《餐荔约》(《小草斋文集》卷二十七)。

徐㷿有《红云社约》(邓庆寀《闽中荔枝通谱》卷十一)。

五月至七月初,所作食荔枝诗多篇:

作《五月十日初尝火山荔枝大仅如栗而味亦不甚酢每十枚三钱同陈惟秦徐兴公郑孟麟赋》《集邓道协所啖中观荔枝色尚青而酢甚同陈伯孺周乔卿徐兴公赋》《积芳亭啖蚤红荔枝分得药名诗》《集高景倩斋头啖矿玉荔枝赋得汉人名诗》《山枝》(《小草斋集》卷五)。

徐㷿有《五月念一日集高景倩木山斋食荔枝伯孺作木墨荔枝图各赋》(《鳌峰集》卷十七)。

徐㷿有《五月廿九日高景倩斋中食矿玉荔子赋得东汉人名诗》(《鳌峰集》卷五)。

作《五月晦日避暑芝山寺本宗上人出荔子甘瓜作供同赋十韵》(《小草斋集》卷十六)。

徐㷿有《五月晦日芝山寺避暑本宗上人以瓜荔作供同赋十韵》(《鳌峰集》卷十二)。

作《食火山荔枝次王龟龄韵》《再次前韵》《陈伯孺饷满林香荔枝同赋柏梁体得蒸字》《莲花楼集啖荔枝分得杂言体》《初秋集蒋子才斋中啖荔枝

分得宿名十韵》(《小草斋集》卷十)。

作《徐兴公招集九仙观避暑噉荔枝赋得回文二首》(《小草斋集》卷二十二)。

徐㶿有《六月三日集惟秦伯孺在杭乔卿性冲景倩元化孟麟本宗诸子九仙观避暑食荔分各回文》二首(《鳌峰集》卷十七)。

作《马季声招集雕龙馆各赋荔枝一事分得根字》(《小草斋集》卷二十二)。

作《六月十二日买莆田陈家紫一日夜直抵会城招诸子同赋分得五言古诗得一屋》(《小草斋集》卷五)。

徐㶿有《谢在杭买莆田陈家紫一日夜直抵会城同诸子集积芳亭分得送字》(《鳌峰集》卷五)。

作《夏日郑孟麟招集九仙观噉荔枝同赋数名诗》(《小草斋集》卷十六)。

徐㶿有《十三日郑孟麟招集玉皇阁荔会分得数名诗》(《鳌峰集》卷十二)。

作《六月十四夜同惟秦伯孺兴公诸子芝山玩月赋同用青》(《小草斋集》卷十六)。

徐㶿有《六月十四日夜芝山禅室对月同惟秦在杭得青字》(《鳌峰集》卷十二)。

作《过芝山寺噉荔枝乘凉至夜》(《小草斋集》卷二十二)。

徐㶿有《六月十四日过芝山寺噉荔枝乘凉至夜》(《鳌峰集》卷十七)。

作《六月十五夜过法海寺荔阴坐月分赋》(《小草斋集》卷二十二)。

作《积芳亭噉黄香荔枝》(《小草斋集》卷二十二)。

按:荔会前后相关诗还有《高景倩木山斋中噉荔枝因戏作水墨侧生图同赋》《集蒋子梁斋中噉荔枝并鲎赋得冠字》《吴元化招集玉真宫纳凉噉荔枝限衣微晖归飞五韵》《季声病起招噉荔枝赋和》《徐兴公见惠双髻荔枝同赋》《林民部天迪见饷园中荔子莲房赋谢》《赋得一骑红尘妃子笑》(《小草斋集》卷二十二)。

又按:徐㶿还有《七月二日蒋子良斋中荔会分得宿名》(《鳌峰集》卷

八）、《七夕积芳亭啖荔七夕红荔枝》二首（《鳌峰集》卷二十五）。

七月,出家藏王百谷尺牍,徐㷆题之。

作《雨后集徐兴公汗竹斋烹武夷太姥支提鼓山清源诸茗各赋二首》（《小草斋集》卷二十二）。

按:详徐㷆《谢在杭家藏王百谷尺牍》（《重编红雨楼题跋》卷二）。

八月,与徐㷆、周乔卿、蒋子才游鼓山。

作《戊申秋日登鼓山宿白云廨院因忆旧游呈徐兴公》（《小草斋集》卷十五）。

徐㷆有《戊申仲秋五日同周乔卿谢在杭蒋子才宿灵源洞时儿陆侍行》（黄任《鼓山志》卷十二）。

作《雨中宿鼓山禅院同徐兴公周乔卿蒋子才》《灵源洞答兴公》（《小草斋集》卷二十二）。

秋,有诗送徐㷆出游。

作《送徐兴公之金陵》（《小草斋集》卷二十二）。

冬,曹学佺参蜀潘,送之。

作《送曹能始参蜀藩二首》（《小草斋集》卷二十二）。

是岁,作《鼓山志》新稿。

按:详《鼓山志小引》（《小草斋文集》卷十二）。

是岁,作《鼓山采茶曲六首》（《小草斋集》卷二十八）。

是岁,作《陈少司马八十序》《詹观察林夫人八十双寿序》（《小草斋文集》卷二）。

是岁,作《〈蔡端明别纪〉序》（《小草斋文集》卷六）。

按:详徐㷆跋《蔡忠题年谱》（《重编红雨楼题跋》卷一）。

是岁,作《新会令苏公暨配卢孺人合葬墓志铭》（《小草斋文集》卷十八）。

是岁,作《题王百谷尺牍跋》（《小草斋文集》卷二十四）。

是岁,徐门外庶祖母卒,年七十三。

作《祭徐门外庶祖母文》（《小草斋文集》卷二十六）。

是岁或稍后,作《事吴元化指甲事》《书洪山桥事》《书倭舶事》（《小草斋文集》卷二十七）。

是岁，作《感事寄兴公二首》（《小草斋集》卷十）。

是岁，梅蕃祚卒。

作《哭梅子马》（《小草斋集》卷十）。

是岁，沈野卒，哭之。

作《哭沈从先》（《小草斋集》卷二十二）。

万历三十七年己酉（1609） 四十三岁

元月，二日丘伯几过镜澜阁；与徐𤊹分别作元夕诗五首。家藏《蔡端明真迹》，徐𤊹为之题。

作《己酉正月二日丘伯几孝廉见过镜澜阁赋赠》（《小草斋集》卷二十二）。

作《十三夜灯》等五首（《小草斋集》卷二十二）。

徐𤊹有《元夕词》五首（《鳌峰集》卷十七）。

按：详徐𤊹《蔡端明真迹》（《重编红雨楼题跋》卷二）。

二月，与周千秋（乔卿）游太姥，作《游太姥记》及诗。

作《将之太姥出城十里遇雨而返》（《小草斋集》卷五）。

作《摩霄绝顶》《一线天》（《小草斋集》卷十）。

作《过罗源白塔废寺》《罗源道中》《宁德渡海作》《渡海》《长溪苦雨二首》《南峰庵二首》《雨中饮石涧堂》《龙泉庵》《大龙井》《天源庵》《白箬庵》《宿支提寺》《辟支岩》《那罗岩》（《小草斋集》卷十五）。

作《之霍童答同社诸子》《白鹤岭》《界首岭遇雨》《同胡孟修登松山》《圣水庵同周乔卿张宪周》《登龙首绝顶作》《李将军招饮筹海楼作同乔卿崔征仲欧全叔》《游太姥道中作》《玉湖庵感怀》《金峰庵》《太姥山中》《太姥墓》《国兴废寺作》《宿摩霄庵》《迷石庵》（《小草斋集》卷二十二）。

作《发秦川》《太姥山中杂诗二首》《望仙桥》《圆潭庵》（《小草斋集》卷二十八）。

三月，游霍童并作记并诗。

作《游霍童记》（《小草斋文集》卷九）。

徐 有《送谢在杭游霍林》《送周乔卿同谢在杭游霍林》(《鳌峰集》卷十七)。

作《之霍童答同社诸子》《霍林道中》《霍童山中》《支提寺》(《小草斋集》卷二十二)。

作《宿霍童村》(《小草斋集》卷二十八)。

作《霍林道中》《霍童山中》《紫芝净室》《鹤林宫》《支提寺》(《小草斋集》卷二十二)。

四月,补工部屯田司主事,转员外郎,管节慎库。北上,往武夷,经困溪、建州;在古田困溪逢林子实。

作《游太姥记》(《小草斋文集》卷八)。

作《困溪逢林子实赋赠》(《小草斋集》卷十五)。

徐 有《困溪访林子实因感郑子警魏以肃二君物故怆然有作》(《鳌峰集》卷十一)。

作《建溪答赠江仲誉魏君屏抱白朱愿良丘文举杨叔照诸君》(《小草斋集》卷二十三)。

五月,与周乔卿、徐 、蒋子才等游武夷。由武夷入江西铅山北上。

作《兴田驿元真庵》(《小草斋集》卷二十三)。

作《重谒万年宫同徐兴公周乔卿江仲誉蒋子才》(《小草斋集》卷十五)。

作《雨中登武夷因感旧游》《雨中登玉皇阁》(《小草斋集》卷二十三)。

徐 有《游武夷遇雨憩万年宫次韵在杭》(《鳌峰集》卷十七)。

作《城高岩》(《小草斋集》卷十五)。

徐 有《题城高岩僧舍》(《鳌峰集》卷十一)。

作《马头岩石室怀张炼师》(《小草斋集》卷十五)。

徐 有《马头岩题吴子祯道士丹房》(《鳌峰集》卷十一)。

作《杜辖岩次兴公韵》(《小草斋集》卷十五)。

徐 有《杜辖岩拜吕纯阳像》(《鳌峰集》卷十一)。

作《赠王隐泉道士》《云窝寄赠陈孔震司马》《小桃源》《宿王道人啸虎岩净室赋赠》《水帘洞》(《小草斋集》卷二十三)。

作《游铅山石井寺》《铅山道中读邓汝高王永叔陈子卿茅荐卿壁间题次

韵》(《小草斋集》卷十五)。

徐㷬有《游铅山石井寺》(《鳌峰集》卷十七)。

作《武夷宫观宋嘉熙时玉简》《谒徐仙蜕》《子才至折笋不能登诗以嘲之》《观乔卿登折笋》《茶洞二首》《杜辖岩怀程道人》《分水关》(《小草斋集》卷二十八)。

五六月间,过衢州、姑苏。

作《过衢赠张叔翘太守》《病过姑苏王百谷来访出其病中苦言见示》(《小草斋集》卷二十三)。

七月,病于扬州。得曹学佺书。过黄河。过下邳,初度,病。

作《扬州病中》《得曹能始书却寄》(《小草斋集》卷十五)。

作《清江行己酉七月》(《小草斋集》卷十)。

作《己酉初度下邳舟中病作》(《小草斋集》卷二十三)。

秋,入都。

作《己酉秋入长安》(《小草斋集》卷二十三)。

冬,在都。除夕前三日拜屯田。

作《己酉冬长安邸中作》(《小草斋集》卷五)。

作《上叶相国二首》《京邸岁暮候命不下作》《己酉除夕》(《小草斋集》卷二十三)。

是岁,作《〈吴时鸣诗〉序》(《小草斋文集》卷五)。

是岁或稍后,作《明故国戚封南城兵马副指挥赠文林郎杨公神道碑铭》(《小草斋文集》卷十六)。

是岁,作《支提山华藏寺重建佛殿碑记》(《小草斋文集》卷十六)。

是岁,作《郑母宜人谢氏墓志铭》《光禄大官丞玉衡林君墓志铭》《中宪大夫云南寻甸府知府肖峰李公墓志铭》(《小草斋文集》卷十八)。

是岁,林应聘卒,年五十四。

作《林志尹墓志铭志》(《小草斋文集》卷十八)。

是岁,女瑱姐生。

万历三十八年庚戌（1610） 四十四岁

春,在京。与谢于楚等集。送喻政之守福州。

作《灯市行庚戌春作》《燕邸重赠茂之》(《小草斋集》卷十)。

徐𤊹有《谢在杭新拜屯田兼寄〈灯市行〉赋答》(《鳌峰集》卷十四)。

作《春日谢于楚周乔卿吴嗣先胡仲修蓝翰卿林天猷同集小斋分得私字时于楚有大梁之行》(《小草斋集》卷十五)。

作《送喻正之守晋安》(《小草斋集》卷二十三)。

按:晋安,福州别名。

作《庚戌闰三月三日》(《小草斋集》卷二十五)。

五月,京城暑热,怀兴公。

作《庚戌五月四日京邸热甚偶寄兴公》(《小草斋集》卷二十八)。

夏,逢林古度,游集。

作《长安逢林茂之感赠》(《小草斋集》卷十五)。

作《夏日胡仲修周乔卿汤去执林茂之过邸中小集兼送去执之洛》(《小草斋集》卷十五)。

作《夏日招沈士范郑应尼钟伯敬王季木陈元朋孙子长王永启诸进士焦园小集兼送士范归宣城应尼归盱江同用阳字》(《小草斋集》卷二十三)。

七月,初度。

作《庚戌初度》(《小草斋集》卷二十三)。

九月,与林古度、钟惺等集。

作《九月十七夜偕陈汝鉴大行叶肇熙中舍郭圣胎雷仲蜚林茂之山人集钟伯敬大行斋中酌月同赋》《和伯敬移居之作并柬茂之》(《小草斋集》卷二十三)。

十一月,范穆其等过斋小坐。

作《长至前一日范穆其郭圣胎林茂之过小斋夜坐》(《小草斋集》卷二十三)。

是岁,作《屯田赵君备兵蜀中序》(《小草斋文集》卷一)。

是岁,为王宇母作六裘寿序。

作《王母吴太夫人六袤序》（《小草斋文集》卷二）。

是岁，陈益祥卒，作《陈履吉传》（《小草斋文集》卷十）。

是岁，作《蒋孝廉居实墓志铭》（《小草斋文集》卷十八）。

万历三十九年辛亥（1611） 四十五岁

转本部都水司郎中，督理北河，驻节张秋。以屯田持节归里。

二月，抵张秋。

三月，以屯田持节归里，夏抵家。道中有诗。

入闽之前作有《暮春南行》《圯桥》《桃源》《淮阴》《露筋祠》《玉山道中苦雨》（《小草斋集》卷五）；《淮上阻风》（《小草斋集》卷二十三）。

作《辛亥春重过茌山》《次新嘉驿作》《次邹县》《宿邹县馆》《度钱唐》《紫岭》（《小草斋集》卷二十八）。

五月，过崇安、建溪，抵家。

作《崇安道中》《过建溪有感》《至家时辛亥五月二十三日》（《小草斋集》卷十五）。

八月，新筑泊台成，招游，与会者十五人，作《泊台社集记》《泊台铭》。

作《泊台社集记》（《小草斋文集》卷十）。

作《泊台铭》（《小草斋文集》卷二十五）。

作《中秋泊台同社诸子燕集分得咸韵》（《小草斋集》卷三）、《中秋泊台同社诸子燕集得中字》（《小草斋集》卷五）。

按：徐𤊹有《中秋夜谢在杭新筑泊台成招诸同社玩月》（《鳌峰集》卷十一）。

八月至九月，与徐𤊹等七人，仆二人游方广岩，便道谒宋陈襄、王偁故居及陈襄古灵祠，有诗。于永阳（今永泰）丸天岩怀陈履吉。

作《游方广岩记》（《小草斋文集》卷九）。

作《丸天岩重怀陈履吉》（《小草斋集》卷十）。

作《罗汉岩怀陈履吉兼呈汝翔二首》（《小草斋集》卷十五）。

作《古灵庙》《过陈述古先生故居》《观猎山谒王用文祠》《过王孟扬故居》《游方广岩四首》（《小草斋集》卷二十三）。

作《古灵庙》（《小草斋集》卷二十三）。

作《过陈述古先生故居》(《小草斋集》卷二十三)。

作《观猎山谒王用文祠》《过王孟扬故居》《游方广岩四首》《经文殊废寺寺自唐建,近为达官墓》(《小草斋集》卷二十三)。

作《由洪江至方广舟中杂诗十二首》(《小草斋集》卷二十八)。

九月,与马歘、徐㸌、郑正传(嗣真)、吴雨(元化)、周千秋(乔卿)等游圣泉寺。

作《游圣泉寺记》(《小草斋文集》卷九)。

作《季秋偕季声诸子游圣泉得泉字二十韵》(《小草斋集》卷十六)。

作《南归赋》(《小草斋集》卷一)。

十月,与徐㸌、吴雨等游雪峰寺。游鼓山白云洞。

作《游雪峰记》(《小草斋集》卷十五)。

作《雪峰道中》《宿太平庄马氏山楼赋赠》《雪峰寺二首》《枯木庵》《与雪峰僧谈寺田有感》《雪峰下山作》《又题太平马氏山庄》(《小草斋集》卷二十三)。

徐㸌有《游雪峰记》(《雪峰山志》卷八《艺文志》)。

作《游鼓山白云洞记》(《小草斋文集》卷九)。

作《辛亥初冬偕马季声僧悟宗游鼓山白云洞作》(《小草斋集》卷五)。

十一月八日,与徐㸌等游金鸡山;既望,又同游昇山。

作《游金鸡山栖云庵》(《小草斋文集》卷九)。

作《同徐兴公吴元化郑孟麟游金鸡山栖云庵》《同徐兴公赵子含郑孟麟过普光庵》(《小草斋集》卷二十三)。

徐㸌有《同在杭元达元化叔宝孟麟游金鸡山栖云庵》《同在杭孟麟元化子合集普光坛》(《鳌峰集》卷十八)。

作《游昇山记》(《小草斋文集》卷九)。

作《冬日登昇山》《宿昇山灵岩寺》《经玄沙废寺》《登卧龙山观品石是安国寺故址。有笺经台、翠楚亭诸题刻》(《小草斋集》卷二十三)。

十二月,除日,与徐㸌等闲步。

作《辛亥除日与兴公诸子闲步》(《小草斋集》卷二十三)。

是岁,作《马母郭太恭人八袠序》(《小草斋文集》卷二)。

是岁,作《近游草自序》。

作《〈近游草〉自序》(《小草斋文集》卷五)。

是岁,作《喻正之〈茶书〉序》。

是岁,葬安人郑氏,作《亡室郑安人墓志铭》(《小草斋文集》卷十八)。

是岁,作《少师大司马李公哀诔有序》(《小草斋文集》卷十八)。

是岁,作《上叶相公》(《小草斋文集》卷二十一)

万历四十年壬子(1612) 四十六岁

元月,过神光寺。与徐𤊿等游宿猿洞。有十八、十九、二十夜灯诗。

作《壬子元日过神光寺挂月兰若》(《小草斋集》卷十六)。

作《游宿猿洞记》(《小草斋文集》卷九)。

徐𤊿有《寻宿猿洞观宋贤题刻》(《鳌峰集》卷十八)。

作《十八夜灯》《十九夜灯》《二十夜灯》(《小草斋集》卷二十三)。

春,与徐𤊿题喻政《陟岵卷》;与诸友集积芳亭。又与太守喻政、徐𤊿等集桑溪禊事,作《〈桑溪禊饮〉序》及诗。

作《为喻正之题〈陟岵卷〉》(《小草斋集》卷二十三)、《〈陟岵卷〉跋》(《小草斋文集》卷二十四)。

徐𤊿有《题喻郡公陟岵卷》《春日同谢修之崔征仲周乔卿郑孟麟集谢在杭积芳亭赏蜀花得六鱼》(《鳌峰集》卷十八)。

作《桑溪禊饮序》(《小草斋文集》卷五)。

作《壬子上巳同汝翔伯孺诸子泛舟西湖四章》《上巳同林谨任都谏王永启比部徐兴公山人陪喻刺史周司理桑溪禊饮三章》(《小草斋集》卷三)。

作《上巳陪喻刺史周司理禊饮桑溪遂至圣泉二首》(《小草斋集》卷七)。

徐𤊿《壬子上巳陪喻郡公桑溪禊余三章》(《鳌峰集》卷三)。

四月,与徐𤊿等游寿山、九峰、芙蓉诸山;又集越山庵。

作《游寿山九峰芙蓉诸山记》(《小草斋文集》卷九)。

作《林洋寺故址》《宿石牌庵陈汝翔徐兴公同赋共享牌字》《九峰寺二首》《寿山寺》《芙蓉洞二首》《经芙蓉寺故址》《雨中集越山庵》(《小草斋集》卷二十三)。

作《将至芙蓉峰汝翔先归嘲之二首》《北山杂诗六首》（《小草斋集》卷二十八）。

夏,撰《永福县志》。

作《永福县志引》（《小草斋文集》卷十二）。

七月,将北上。

作《壬子初度时将北上》（《小草斋集》卷七）。

八月,弟肇湘病,肇湘妇丧。十六日发,北上。

作《述祖德诗训湘潼二弟二十章》（《小草斋集》卷三）。

作《壬子八月十六发晋安二首时湘弟病且丧妇而潼弟尚少》《困溪别郑孟麟》《过锦江答诸父老》（《小草斋集》卷十五）。

作《发困溪山行二首》《宿裴村公馆望武夷作》《重过分水关》《望玉女峰》《忆小桃源》《望夫石》《车盘驿怀许启衷先辈》《入铅山界二首》《宿弋阳》（《小草斋集》卷二十八）。

八月,重过安仁,念及父为安仁令事。过南昌、九江,忆从祖谢杰。

作《过安仁感怀》（《小草斋集》卷二十四）。

作《登先大夫天池阁与诸生父老话旧》（《小草斋集》卷二十四）。

作《赠喻宣仲》《滕王阁怀古》《铁柱观》《赠郁仪王孙》《过东林寺有感》（《小草斋集》卷二十四）。

作《过徐桥是徐孺子故居》《过罗溪堤》《憩玉岭》《宿南浦驿》《望庐山》（《小草斋集》卷二十九）。

作《白莲池》（《小草斋集》卷二十九）。

作《浔阳逢故人》《宿浔阳》（《小草斋集》卷二十九）。

作《浔阳渡江》（《小草斋集》卷二十九）。

九月六日,至黄梅;九日,过太湖。之后,又过桐城、舒城。

作《壬子九月六日宿黄梅》《桐城道中》《舒城是汉文翁故里》（《小草斋集》卷十五）。

作《壬子九日寓太湖》（《小草斋集》卷十）。

作《赴张秋作》（《小草斋集》卷七）。

作《平原闻邢子愿讣哭之》（《小草斋集》卷二十四）。

作《憩小池驿后有茶池是旰江罗汝芳甃岭南杨少宰起元有碑》《雨中度北峡关》《桃花镇》《庐江道中见风沙》《重过濠上有感》《中都道中》《度淮河》《宿州风沙》《重过符离渡有感集句四首》《过彭城》《亚父家》《彭城道中》《入齐界》《滕阳晓发忆昔计偕之初履霜戴月风景宛然聊题邮壁兼以自嘲》《孟庙》《渡汶河》(《小草斋集》卷二十九)。

冬,在桃丘作岁暮诗。

作《冬日偶成》(《小草斋集》卷二十四)。

作《桃丘岁暮作二首》(《小草斋集》卷七)。

是岁,忆及五年前红云之会,填词。

作《临江仙》(订兴公汝翔飡荔枝)(《小草斋集》卷三十三)。

是岁,撰《重建罗山法海寺碑铭》,徐㷆书。

作《重建罗山法海寺碑铭》(《金石志》卷十四,民国《福建通志》)。

是岁,作《碧天上人六十序》(《小草斋文集》卷二)。

是岁,作《〈福州府志〉引》(《小草斋文集》卷十二)。

按:徐㷆参纂《福州府志》在是岁,知肇淛作《引》亦在是岁。参见《㷆谱》。

约于是岁,作《邓汝高传》(《小草斋文集》卷十一)。

约于是岁,作《〈闽都记〉序》(《小草斋文集》卷六)。

是岁,或稍后作《书冉驸马事》(《小草斋文集》卷二十七)。

万历四十一年癸丑(1613) 四十七岁

元月,在桃丘。

作《癸丑元日》(《小草斋集》卷二十八)。

作《桃丘立春》(《小草斋集》卷十五)。

作《桃丘上元》(《小草斋集》卷十)。

春,徐㷆得知肇淛治河张秋,有诗寄之。

徐㷆有《寄谢在杭治河张秋》(《鳌峰集》卷十九)。

七月,作初度诗。

作《癸丑初度》(《小草斋集》卷十六)。

十二月,叹华发生而久未获升迁。

作《桃丘岁暮作二首》（《小草斋集》卷七）。

按：是岁治河所作还有《始皇堤》《故阿城》《钓台山在桃丘东南二十里》《桃城》《石佛寺》（《小草斋集》卷七）。

作《癸丑除夕》（《小草斋集》卷二十四）。

是岁，作《参知俞公新修寿张学宫碑记》（《小草斋文集》卷十六）。

是岁，作《重修大河神祠碑记》（《小草斋文集》卷十六）。

是岁，女瑱姐卒，五岁，作《殇女志铭》（《小草斋文集》卷十八）。

是岁，作《述祖德诗训湘潼二弟二十章有序》（《小草斋集》卷三）。

是岁，作《东方三大赋》（《小草斋集》卷一）。

是岁，王稚登卒。

作《哭王百谷二首》（《小草斋集》卷二十四）。

万历四十二年甲寅（1614） 四十八岁

以水部郎镇桃丘。护送福藩之国。

元月，在桃丘。

作《甲寅元日》（《小草斋集》卷二十四）。

作《甲寅桃丘立春》（《小草斋集》卷二十九）。

二三月间，有白牡丹诗，疑又制白牡丹词，咏桃叶。

作《桃丘署中咏白牡丹得添字》《又得裙字》（《小草斋集》卷二十四）。

作《锦堂春白牡丹》《西江月咏白牡丹侍儿》（《小草斋集》卷三十）。

三月，客病。护送福藩之国。

作《甲寅三月》（《小草斋集》卷十七）。

作《福藩纪行十四章》（《小草斋集》卷三）。

作《送杨仪部护送福藩之洛便道归蜀》（《小草斋集》卷二十四）。

春，作《祭刘大司空文》（《小草斋文集》卷二十六）。

四月，护送福藩。

作《护送福藩行记》（《小草斋文集》卷九）。

七月，苦暑。初度。

作《甲寅七月六日暑甚因忆老杜语戏作》（《小草斋集》卷二十四）。

作《甲寅初度》(《小草斋集》卷十五)。

秋,署中,科头长坐。过饮戊巳山。

作《署中即事二首》(《小草斋集》卷十五)。

作《送陈汝翔南还兼怀惟秦伯孺》《方伯文过饮戊巳山出八音杯索赋漫成》《叶相国得请归里赋赠五首》《同冯元成观察登戊巳山赋赠》(《小草斋集》卷二十四)。

冬,叹劳民。寄陈惟秦。

作《挑河行有序》(《小草斋集》卷十)。

作《惟秦燕中病归以诗见贻却寄》(《小草斋集》卷二十四)。

作《七歌寓张秋作》《甲寅除夕与陈永奉守岁醉歌》《甲寅除日书》(《小草斋集》卷十一)。

万历四十三年乙卯(1615) 四十九岁

春,在桃丘,有《后灯市行》等诗。由桃丘浮舟至淮,并作有下邳、淮阴、彭城等诗。

作《后灯市行寄马季声》(《小草斋集》卷十一)。

按:《灯市行》见万历三十八年(1610)。

作《戏和乐天深春诗二十首同用四韵》(《小草斋集》卷十五)。

作《乙卯春自桃丘浮舟至淮往返弥月》《下邳山上有黄石公庙》《淮阴舟中与陈永奉言别》《十五夜彭城对月》《十七夜舟滞彭城水涸不得行对月作》(《小草斋集》卷七)。

作《将抵吕梁大风》《春初积雪作狮子戏咏》(《小草斋集》卷十一)。

作《舟胶彭城不得前却者数夕》(《小草斋集》卷十五)。

作《赠聊城冯明府》《白燕二首》《仙人掌》《寒食淮上别陈永奉》《玄兔》《问春》《周乔卿至》(《小草斋集》卷二十四)。

四月,在安平。

作《陈大行寿母诗有引》(《小草斋集》卷十一)。

作《韩尹仲晖以下九首俱安平杂咏》(《小草斋集》卷七)。

五月,忆母谢世四十年。

作《乙卯五月二十七日作是先安人讳辰,安人以乙亥谢世》(《小草斋集》卷十五)。

夏,授正郎。有纪梦诗。

作《梦作乙卯初夏六日假寐得此,觉而录之,亦不知其解也》(《小草斋集》卷二十九)。

作《授正郎自嘲》(《小草斋集》卷二十四)。

秋,病。室人南还,送之。

作《病热作》《初秋病中作》(《小草斋集》卷二十四)。

作《张秋送室人南还》(《小草斋集》卷七)。

作《汶河叹》《青县顺风作》《杪秋舟中苦寒》《行河舟中得绯菊一本双萼置之案头感而赋之》等(《小草斋集》卷十一)。

作《分水送柳枝侍儿南还》《重别柳姬》《暮秋行河作》(《小草斋集》卷二十四)。

作《乙卯闰八月望汶河舟中追忆丙申秋旧游怀邓汝高陈伯孺》《过德州》《长芦杂诗二首》《欲到天津望海风雨不果》《行河往返俱值逆风戏作》(《小草斋集》卷二十九)。

冬,至北河、清源。

作《清源感旧》《和郭圣胎庙市诗四首兼以寄怀》《乙卯腊月立春作》(《小草斋集》卷二十四)。

是岁或稍后,作《书张差事》《书东省旱灾事》(《小草斋文集》卷二十七)。

是岁,作《闵雨赋乙卯张秋作》(《小草斋集》卷一)。

是岁,作《安平署中述怀五十六韵》(《小草斋集》卷十六)。

是岁,作《安平署中二首》(《小草斋集》卷十七)。

是岁,有诗论及万历间诗。

作《漫兴二十首》(《小草斋集》卷二十九)。

万历四十四年丙辰(1616) 五十岁

春,发安平。

作《丙辰元日杂诗十首》（《小草斋集》卷二十九）。

作《丙辰元日》（《小草斋集》卷二十四）。

作《发安平作》（《小草斋集》卷七）。

夏,归家。

作《宿清源感事》《舟入京口喜作》《许墅关感旧二首》《葛阳道中杂诗八首》《武夷馆食干鱼戏作》（《小草斋集》卷二十九）。

夏秋间,作有《送延平邹司理赴部》《周乔卿移居三山喜赠》（《小草斋续集》卷二）。

七月,与陈鸣鹤、王崑仲、徐𤊹待潮白龙江,拟游永阳。

八月,游永阳山水。

作《游永阳山水记》（《小草斋文集》卷九）。

作《重过岐江寺》《永阳重光寺》《宿重光寺用壁间韵》《题永阳林生绿榕轩》《宿绿榕轩》《过太原滩有怀》《草堂寺在永阳之埔埕》《耶呼岭二首》《凤皇寺在永福之杉洋,从凤皇山下徙此》《宿杉洋鲍氏》《赠鲍叟》《十里林二首》《名山室四首》《方壶三首》《将至鸡岩憩半庄院》《鸡岩二首》《宿鸡岩黄林二生自麟峰携筋至乞书》《鸡岩杂诗六首》《鸡岩归遇雨憩清凉寺在永福县北十里》《重游方广岩同徐兴公陈汝翔作》《由小雄溪入龙潭观瀑布是王孟扬读书处》《重过悬汉岩悼陈履吉》（《小草斋续集》卷二）。

徐𤊹有《杉洋凤凰寺》《杉洋憩鲍氏家》《半院庄宋名所恩寺》《姬岩一名鸡岩》《姬岩归遇雨投清凉寺》（《鳌峰集》卷十一）。

徐𤊹有《入重光寺》《宿重光寺用韵》《寿山草堂寺》《登名山室四首》《宿名山院》《方壶》（《鳌峰集》卷二十）。

冬,从父其冲年八十。

作《寿其冲从父八十》（《小草斋续集》卷二）。

冬,渡江。十二月行至德州、河间。

作《渡江丙辰冬》《德州邸中读燕姬琼英壁间留题》《丙辰除日客河间逢立春并柬柯季和太守》（《小草斋续集》卷二）。

是岁,作《陈比部夫人六十序》（《小草斋文集》卷二）。

是岁,作《邑侯万公入计序》《赠周司城序》（《小草斋文集》卷三）。

是岁,作《林允卿〈觳音集〉序》(《小草斋文集》卷五)。

是岁,作《〈春社篇〉序》《奉议大夫户部郎中肩吾李君墓志铭代》(《小草斋文集》卷十八)。

是岁,作《〈徐惟和诗卷〉跋》(《小草斋文集》卷二十四)。

是岁,叔其贤八十。

作《寄寿其贤叔八十》(《小草斋续集》卷二)。

是岁或稍后,作《书凌应登事》(《小草斋文集》卷二十七)。

万历四十五年丁巳(1617) 五十一岁

元月,客河间。

作《丁巳元日客河间》(《小草斋续集》卷二)。

五月,莲华庵避暑。

作《答戴大圆自嘲之作》(《小草斋续集》卷二)。

作《莲华庵避暑二首》(《小草斋续集》卷二)。

六月,送阮大铖(集之)使闽。

作《送阮集之大行使闽兼怀坚之旧司理》(《小草斋续集》卷二)。

秋,同戴大圆集。

作《秋夜同戴大圆集程鹿苹斋中分得城字》(《小草斋续集》卷二)。

十二月,有岁暮诗。

作《岁暮二首》(《小草斋续集》卷二)。

是岁,曾在京参与祭山陵。

是岁,作《和阳参军江君擢钦州倅序》(《小草斋文集》卷一)。

是岁,作《赵母包孺人七袠序》《林宗秀六十序》《林母黄孺人七十序》。(《小草斋文集》卷二)。

是岁,作《〈枕曲集〉序》(《小草斋文集》卷五)。

是岁,作《续置光禄寺掌醢署题名记》《山陵记》(《小草斋文集》卷十)。

是岁,作《太学生嗣真郑君墓志铭》(《小草斋文集》卷十八)。

是岁,作《〈南州书院图〉跋》(《小草斋文集》卷二十四)。

万历四十六年戊午（1618） 五十二岁

春,邀张去华等斋中小集。

作《送王永叔开府闽中》(《小草斋续集》卷二）。

作《春夜邀张去华陆君可庄冠甫程长卿王苣卿吴于逵斋中小集分得衣字》(《小草斋续集》卷二）。

秋,河臣秩满,擢云南布政使司左参政兼佥事分巡金沧道。出都赴滇参藩滇南。

作《文寿承书卷跋》(《小草斋文集》卷二十四）。

作《秩满与刘直指启》(《小草斋文集》卷二十）。

作《之滇留别长安诸子》(《小草斋续集》卷一）。

出都至信州所作有《戊午初度》《出都道中》《九月八日风雨憩安德》《茌山遇雨》《东平山行》《过邹鲁志感八韵》《彭城道中》《凤阳道中》(《小草斋续集》卷一）。

冬,久滞信州。腊月发信州,翌年三月至滇。徐㷒至南昌送别。

作《信州迟家室》《久客信州二首》《喜澍弟至即别》(《小草斋续集》卷一）。

作《邮纪七十七首》(《小草斋续集》卷一）。

按:据此组诗,入滇所经之地为:信州,兴安,弋阳,贵溪,安仁,东邻,进贤,查溪公馆,丰城,新喻,分宜,袁州、萍乡,醴陵,荷塘,长沙,宁乡,益阳,龙潭驿,龙阳,武陵,桃源,郑家驿,新店,界亭,马邸,辰州,船溪,辰溪县,山塘,怀化,罗旧,沅州,便水,晃州,平溪,清浪,镇远,偏桥,兴隆,平越,新添,龙里,贵阳,威清,平霸,安顺,安庄,关岭,顶站,安南,新兴,普安,亦资孔,平夷,白水,曲靖,马龙,易龙,杨林,板桥,滇城,安宁驿楼,禄月表,禄丰,广通,楚雄,吕合,沙桥,普溯,云南,定西岭,赴州,大理。

途中又作《钟陵别徐兴公》《徐桥重别兴公》(《小草斋续集》卷一）。

徐㷒有《别在杭至南昌》《徐桥别在杭》(《鳌峰集》卷十一）。

途中又作《袁州逢立春》《戊午除日客长沙》《己未元日苦雨二首》《入黔四首》《入署四首》等等(《小草斋续集》卷一）。

曹学佺有《寄送谢在杭之滇》(《听泉阁近稿》)。

万历四十七年己未（1619） 五十三岁

元月至三月,据《邮纪七十七首》(《小草斋续集》卷一)所记,长沙之后为今岁行程。详上年。

二月,过桃源县、新息亭、辰州,镇远。

作《游桃源洞记》《新息亭记》《辰州诸洞记》《镇远诸洞记》(《小草斋文集》卷九)。

三月,游双明、碧云、清华洞。

作《双明碧云二洞记》《宁碧玉泉记》《青华洞记》(《小草斋文集》卷九)。

四月,游鸡足山,有记及诗。

作《游鸡足山记》(《小草斋文集》卷九)。

作《之鸡足道郑川宿净度庵》《放光寺》《登玉皇阁》《登鸡足》《登鸡足绝顶》《宿水月庵》《石钟寺》《华严寺观赐藏》(《小草斋续集》卷一)。

六月,火把节。

作《六月廿五滇中火把节》(《小草斋续集》卷一)。

七月,西洱河舟戏。

作《七月廿三日西洱河观舟戏》(《小草斋续集》卷一)。

十一至十二月,东北行部。

作《东北行部记》(《小草斋文集》卷九)。

作《冬日行部》《长至后宿郑川》《和山花》《宿观音山驿》《鹤庆道中二首》《望雪山》《鹤庆怀古》《发鹤川饭鹦哥铺宿金沙江滨二首》《渡金沙江》《顺州》《北胜州》《宿达旦哨》《宾川州》《乌龙坝》(《小草斋续集》卷一)。

是岁,作为《重锓〈碧鸡集〉序》(《小草斋文集》)。

按:《碧鸡集》,邓原岳撰。

万历四十八年、泰昌元年庚申（1620） 五十四岁

春,三月,赍捧入贺万寿圣节。四月过乌撒;五月寓阁鸦,客路濑,夜虎入室,送桃叶南归;六月渡长江;七月渡河。

作《感通寺一名荡山寺,汉建唐修。高皇帝有〈御制赐僧无极诗并序〉》《送李

达生刺史迁莆郡丞》《庚申三月赍捧北上》(《小草斋续集》卷一)。

北上途经:禄丰、松林驿、炎方驿、沾益、傥塘、可渡驿、乌撒、瓦甸、黑张、七星关、周泥、毕节、归化、阁鸦、金鸡、奢香(一名西溪)、水西、谷里、六广、龙场、阳明洞、沙木站、乌江、遵义、三渡关、龙泉、路濑、思南坡、武陵、竹林寺、江陵、张居正故居、襄阳、南阳、博望、叶县、襄城、新郑、郑州、渡黄河、卫辉、邺城、丛台、顺德、滹沱河。

作《客路濑夜虎入室且闻苗警》(《小草斋续集》卷一)。

六月,神宗薨。七月至京后有哀诗。

作《赍捧入都恭遇大行皇帝上宾哀述二首》(《小草斋续集》卷一)。

七八月间,受覃恩,膺三世貤赠。

九月,光宗薨。返滇,十至十二月间至滇。

作《泰昌大行皇帝哀述二首》(《小草斋续集》卷一)。

途经:定州,黄河,巩县,洛阳,陕州,鼎湖,潼关,渭水,泾水,咸阳,马嵬,秦岭,栈道,梁州,武关,褒城,五丁峡,朝天岭,阆中,安岳,泸州,永宁。

作《永宁观虎》(《小草斋续集》卷一)。

是岁,作《滇中丞沈公膺恩命序》(《小草斋文集》卷三)。

是岁,作《新建鸡足山祝国悉檀禅寺碑铭》(《小草斋文集》卷十六)。

是岁或稍后,作《赠文林郎岷江胡征君合葬墓志铭》(《小草斋文集》卷十八)。

是岁,作《催点堂官疏》(《小草斋文集》卷二十八)。

天启元年辛酉(1621) 五十五岁

春,参藩滇南任。渡兰(澜)沧江,登永昌城。

作《天生桥》《永平道中》《打牛坪》《渡兰沧江》《饮九隆池作》《暮春登永昌城》(《小草斋续集》卷一)。

夏,别滇归闽。

作《别滇》(《小草斋续集》卷一)。

夏,作《重过镇远感事兼悼卢少从》(《小草斋续集》卷三)。

夏秋间入闽。

作《入杉关》《吊谢伯元》(《小草斋续集》卷三)。

九月,过积芳亭。九日,曹学佺招同社石仓登高。又集陈泰始。离闽。

作《郑孟麟携觞过积芳亭兼送陈汝鉴仪部顾世卿光禄还朝》(《小草斋续集》卷三)。

作《辛酉九日曹能始招偕同社石仓登高分得四质》(《小草斋续集》卷三)。

曹学佺有《九日石仓登高喜谢在杭乍滇中适粤西宪长至各赋五言古风分得屑字》(《淼轩诗稿》)。

作《陈泰始侍御口同社雨集兼喜吴去尘自新安至时余将之粤西得花字》《之粤西留别同社》(《小草斋续集》卷三)。

曹学佺有《重阳后十日郑孟麟招集谢在杭积芳亭兼送顾世卿陈季琳奉使还朝共赋七律分得一东韵》(《淼轩诗稿》)。

作《重过安仁望天池阁二首》《荷塘行百里投宿湘潭》《宿湘潭》(《小草斋续集》卷三)。

十一至十二月间,擢广西按察使,到桂林。

作《入桂林作》(《小草斋续集》卷三)。

是岁,作《重修罗池庙碑铭》(《小草斋文集》卷十六)。

按:柳州罗池庙庙祀唐柳宗元。

是岁,作《滇曲二十首》(《小草斋续集》卷一)。

天启二年壬戌（1622） 五十六岁

元月元日,有诗。

作《壬戌元日》(《小草斋续集》卷三)。

作《登逍遥楼观颜色鲁公题迹》《暮春登叠彩山观风洞》(《小草斋续集》卷三)。

秋,病。

作《送黄唐叔参藩入贺》《壬戌初度病作》(《小草斋续集》卷三)。

秋冬间,游七星岩栖霞洞。

作《游七星岩栖霞洞十六韵》(《小草斋续集》卷三)。

除夕,忆家。

作《壬戌除夕时二儿归里,尚在中途》(《小草斋续集》卷三)。

是岁,《〈广西武举录〉序》(《小草斋文集》卷六)。

天启三年癸亥（1623） 五十七岁。

春,游龙隐岩。

作《癸亥元日示莫愁侍儿》《游龙隐岩有元祐党人碑》(《小草斋续集》卷三)。

六月,曹学佺至桂林。

作《喜能始至》(《小草斋续集》卷三)。

按:曹学佺去岁起广西右参议。今岁四月出发闽往粤西。

七月,作《偕竺都护登尧山》《癸亥初度答曹能始郑孟麟》(《小草斋续集》卷三)。

十一月,雨后同曹学佺等登逍遥楼。

作《偕关德甫学宪曹能始参知邀郑玄度观察逍遥楼二作》(《小草斋续集》卷三)。

曹学佺有《雨后同谢在杭方伯关德甫学使邀邓玄度金宪登逍遥楼》(《桂林集》中)。

是岁,晋广西右布政使,寻晋左布政使。

天启四年甲子（1624） 五十八岁

元月,与曹学佺倡和。

曹学佺《明通奉大夫广西左方伯武林谢公墓志铭》:"甲子元旦,与君倡和。君诗中落句云:'回首高堂怜老母,白头如雪泪如冰。'"(《小草斋文集》附录)

是岁,提调省试。

冬,卒于萍乡;以不获与徐太淑夫人执手为恨。

天启五年乙丑（1625） 殁后一年

正月,榇返三山,徐熥为撰《中大夫广西布政使武林谢公行状》(《小草斋文集》附录)。

是岁,徐熥致书曹学佺,论《行状》未敢曲笔。

徐熥《答曹能始》(《红雨楼集·鳌峰文集》册八,《上海图书馆未刊古籍稿本》第44册,复旦大学出版社2009年版)。

许獬年谱稿

许獬（1570—1606），明代金门人。万历辛丑科，会试第一，廷试二甲第一名，授编修。性耿介，以天下第一等人品自励。其制义痛快直截，天下士争慕效之。以思亲望云成病，假归，卒于乡，年仅三十七。其墓及墓道、牌坊为金门县重要文物。许獬著有《四书阐旨合喙鸣》、《许钟斗文集》、《丛青轩集》、《许子逊稿》等。

许獬，初名行周，改名獬，字子逊，人称"钟斗先生"。先世居同安浯洲（今金门县）丹诏村，自五十郎思辅徙居后浦，遂为后浦人。

池显方《许钟斗先生传》："初名行周，后以梦更名獬，人称'钟斗先生'，子逊，其字也。先世居同安浯洲丹诏村，自五十郎徙居后浦。"（《丛青轩集》卷首）

蔡献臣《许钟斗太史集序》："于虚空之中有同，于同之中有浯，浯之为洲，大海一沤耳。洲中有山曰太武，石骨峻嶒，蟠亘可十许里，而其气脉之所蜿蜒，勃发而为人文。故百年来，起家甲第者几二十人，而其魁南宫、授编修者，则自许子逊始。"（《丛青轩集》卷首）

又按：同，福建同安县；浯洲，今福建金门县。金门旧属同安，1915年建县；今属台湾地区管辖。

又按：据许嘉立等修《金门珠浦许氏族谱》载，五十郎名思辅。

又按:《祭五十郎文》:"维我祖宗,积德流光,代有显人,至于今十二世。而多才辈出,益昌炽以光大。某父子先沾国宠,遂有爵命。嗣是者彬彬踵起,盖又未艾。"(《许钟斗文集》卷三)

大父开,字惟达,工古文词,有集。父振之,在頖有声,竟困数奇。许氏八世能诗。

池显方《许钟斗先生传》:"尝闻三世善读书者必发,五世善读书者必有文章名世。故有杜预之武库,传七世为审言工诗,而因有孙甫。有苏味道之隽才,传数世为佑,佑三世俱工文,而因有孙轼。今复见于许氏。许八世俱能诗……(五十郎)五传至光祚公,以诗名,自是世能诗。至沧南公惟达,髫龄入頖,博学笃行,工古文词,每为民上书陈利害,有司重之。刻有集,载邑乘,即公大父也。达生封编修公振之,在頖有声。乙酉闽拟元,主者留以待后,竟困数奇。"(《丛青轩集》卷首)

许金龙《金门先贤——许獬钟斗公生平事迹》:"祖父许开,字惟达,垂髫为诸行,每试辄冠,怀奇博览,善古文词,上下古今,论得失成败,多独见破的,著有《沧南集》。"(许嘉立等修《金门珠浦许氏族谱·考源》,金门珠浦许氏 1987 年刊本,第 149 页)

母陈氏;外祖称"西楼公"。外祖母许氏。

许獬《寿外祖陈西楼序》:"外祖西楼公,今年春秋七十六,老矣……外祖母许,吾宗也,"(《丛青轩集》卷二)

有轩名丛青,少苦读于此。

熊明遇《许子逊丛青轩集序》:"点黛发翠,如食前豆篸,交错旁罗,与日气霞标相沃荡,此丛青之所以命轩哉"(《丛青轩集》卷首)。

万历辛丑科,会试第一,廷试二甲第一名。

按:详万历二十九年(1601)。

性耿介，天机过人。

蔡献臣《许钟斗太史集序》："子逊性耿介，狷急不能少濡忍，顾独喜读书。及官翰林，则折节为恭谨。而其中若介然有以自得者，杯酒谐谑，往往绝倒，盖其天机过人殆数等。"（《丛青轩集》卷首）

以天下第一等人品自励。

许獬《与李见罗》："尝以语于人曰：'取天下第一等名位，不若干天下第一等事业；干天下第一等事业，不若做天下第一等人品。'"（《丛青轩集》卷六）

次弟鸾，字子采；三弟龙，字子时；四弟行沛，字子甲。

详《丛青轩集》卷一卷端。

按：据许金龙《金门先贤——许獬钟斗公生平事迹》，振之四子：长獬；次鸾；三子龙，字子时；四子行沛。疑龙早卒，故《丛青轩集》卷端无其名。

长子铉，字则鼎；次子钺，字则敦；三子镛，字则怀。

《丛青轩集》卷一卷端。

长孙元辅，字君弼，次孙元轼，字君敬：三孙元辙，字君由；四孙元辂，字君质。

详《丛青轩集》卷一卷端。

所作制义痛快直截，文叙事条达，诗冲秀雄雅。

池显方《许钟斗先生传》："其制义则痛快直截，畅己所欲言，与人所不能言。文则叙事条达，析理灵通，出入白、苏，上下陆、贾；诗则冲秀雄雅，兼收陶、谢，盖得之家传焉。使加以年，将轶辔七才，而起衰八代矣。"（《丛青轩集》卷首）

蔡献臣《许钟斗太史集序》："其制举义，天下士争慕效之，以为唐应德复生……遗文若诗，仅仅若干首，而馆课居强半焉。大抵陶铸《左》《国》，

吐吞韩、苏,而快写其胸中之所欲言,奇而达,辩而裁。"(《丛青轩集》卷首)

熊明遇《许子逊丛青轩集序》:"子逊诗则逸闲清绮、动与天游,论则云行波立,策则气填膺激,表则刻羽引商,序则撗权规构,柬则真挚朗发,俱自成一家言。盖邃渊者,思致之密;博综者,涉诵之深;而其鹬票鸟者,出于寥廓之外。殆天授,非人力也。"(《丛青轩集》卷首)

卒葬金门山前石狮山;庵前与官里两村间有獬公坊。

许獬墓今存。墓碑题曰"太史钟斗许公墓"。獬公坊今存,文曰"皇明万历春辛丑会元授翰林院编修文林郎钟斗公墓道";又曰"文章垂世,孝友传家"(据许嘉立等修《金门县珠浦许氏族谱》,金门珠浦许氏 1987 年刊本,第 154 页)

著述有经学、诗文集、制义多种。

《四书阐旨合喙鸣》十卷
按:有许镛崇祯十三年(1640)钞本,已佚。光绪九年许氏家刻本。

《四书崇熹批注》十九卷
按:万历三十年(1602)刻本。

《许太史评战国策文髓》四卷
按:万历三十年(1602)乔山堂龙田刻本。

《八经类聚》二卷
按:《四库全书总目》卷一三八《类书存目类》二:"八经者《易》《书》《诗》《春秋》《礼记》《周礼》《孝经》《小学》也。獬掇拾其词,分'天地'、'伦常'、'学术'、'君道'、'臣道'、'朝政'、'礼乐'、'杂仪'、'世道'九类,而其侄金砺又增补而注之。所采诸经,于'三礼'独不及《仪礼》,《小学》成于朱子,亦不当于'六经'并列,皆为疏舛。獬以制义名一时,而恃为根柢者不过如此。卷首题之下夹注'辛丑会元',尤未能免俗也。"

《许钟斗文集》五卷
按:秀水洪梦锡万历四十年(1612)刻本。《四库全书总目》卷一七九《别集类存目》六:"是集大抵应俗之作,馆课又居其强半,盖明自正、嘉以后,甲科愈重,儒者率殚心制义,而下复用意于古文词。洎登第官成,精华已竭,乃出余力为之,故根柢不深,去古日远,况獬之制义,论者已有异议,则漫为古调,其所殆可知矣。"

又按:许镛《识略》云已刻三集之一之《诗文集》,疑即此集。见《许钟斗文集》卷首。

《丛青轩集》六卷

按:崇祯十三年（1640）许氏家刻本。

《许子逊稿》一卷

按:明末刻本。明陈名夏编刻《国朝大家制义四十二种》本。

《丛青轩小题秘旨》六卷

按:（光绪）《金门志》卷十四《艺文志》著录。今佚。

《九九草》四卷

按:稿本,今不知所踪。许镛《识略》:"曩曾付剞劂氏,有三集:一曰《九九草》,一曰《存笥草》,一曰《诗文集》。"(《许钟斗文集》卷首)

又按:许嘉立等修《金门县珠浦许氏族谱》著录。又洪受《沧海纪遗·人材之纪第三》作《九九草》;李光缙《景璧集》卷七作《九十九首》。

又按:李光缙《许子逊合刻序》:"当许君子逊之弁南宫也,一时文声震动天下,四方人士翕然宗之,奉其言为司南。今子逊往矣。先是梓有《九十九首》,吴越之间,家传户诵,至今犹然纸贵。"(《景璧集》卷七)

《存笥草》四卷

按:《金门志》卷十四《艺文志》著录。佚。

又按:池显方《许钟斗先生传》:"《存笥稿》制义千余首。"(《许钟斗文集》卷首)

又按:参见上条许镛《识略》。

《许子逊合刻》（卷数不详）

按:许獬父振之所刻之制义集。已佚。李光缙《许子逊合刻序》:"宇中缙绅学士过银同者,往往问遗稿于尊人,封翁而以所已见为未足也。封翁乃搜出箧中,得二百余首,尽镌之。"(《景璧集》卷七)

《垂世草》（卷数不详）

按:名公评语制义集。佚。许镛《识略》:"制义仗有识汇选,抄昔时名

公评语约百余篇,再刻以传,曰《垂世草》,此先子当日所自名耳。"(《许钟斗文集》卷首)

明穆宗朱载垕隆隆庆四年庚午(1570) 一岁

四月,八日生。

明神宗万历元年癸酉(1573) 四岁

是岁,父教以诗词,随口而诵。

万历二年甲戌(1574) 五岁

是岁左右,少无他嗜,惟喜读书。

万历三年乙亥(1575) 六岁

是岁前后,外祖陈西楼谓许獬可异。

许獬《寿外祖陈西楼序》:"忆少从群儿嬉公侧,公辄指目谓:'是儿也,可异。'日置膝上,日授昔人所为诗若文也者。命之讽,讽毕,辄为之说曰:'当日作者云何姓氏,爵里何似,此皆古先达人之有休声芳迹传于后,不落莫者也。孺子志之!'时虽稚,不省为何语,然已能暗存其一二云。"(《丛青轩集》卷二)

万历四年丙子(1576) 七岁

是岁,父授以《孝经》,熟诵之。

万历五年丁丑(1577) 八岁

是岁前后,已称奇士。

李光缙《许钟斗太史集序》:"余知子逊角卯时,奇士也。"(《丛青轩集》卷首)

万历六年戊寅(1578) 九岁

是岁,能文。过目成诵。

池显方《许钟斗先生传》："九岁能文,即多惊人语。封公偶与谭夹谷之会,危其事,公从旁应曰:'已具左右司马以从,何危乎!'客惊服。"(《丛青轩集》卷首)

万历七年己卯（1579） 十岁

是岁,于后浦北门丛青轩苦读。成名后,遂以"丛青轩"名其集。

万历八年庚辰（1580） 十一岁

是岁前后,随父学四方;无岁时不与外祖相闻,外祖娓娓劝勉如初。

许獬《寿外祖陈西楼序》："稍长,从家大人学四方,其间或离或合不常,然无岁时不相闻。见必娓娓相慰劳,或诵昔人文字相劝勉如初。"(《丛青轩集》卷二)

万历九年辛巳（1581） 十二岁

万历十年壬午（1582） 十三岁

是岁,渐淹贯经史,以僻在海隅,鲜有知者。

池显方《许钟斗先生传》："十三岁淹贯经史,居处常有赤光。后艺日进,试辄屈,鲜有知者。癸巳以府试艺见赏于学博郑公耀,以天下才期之。"(《丛青轩集》卷首)

万历十一年癸未（1583） 十四岁

是岁,李廷机成进士。

按:李廷机,字九我,晋江人。万历十一年（1583）会元、廷试一甲第二名。

万历十二年甲申（1584） 十五岁

是岁,作上梁文。

按:《上梁文》题下小注:"十五龄作。"(《丛青轩集》卷五)

万历十三年乙酉（1585） 十六岁

是岁,晋江李光缙举乡试第一。

按:李光缙,字宗谦,号衷一,福建晋江人。万历十三年举乡试第一。有
《景壁集》。《许钟斗文集》《丛青轩集》卷首有李光缙《许钟斗文集序》。

万历十四年丙戌（1586） 十七岁

是岁,晋江何乔远成进士。

按:乔远,字稚孝,晋江人。万历十四年（1586）进士,有《闽书》《名山
藏》《镜山先生集》等。

又按:何乔远《闽书》卷九十一《英旧志·同安县》载有《许獬传》:
"许獬,字子逊。会试第一,改翰林院庶吉士,授编修,卒。獬喜读书,善为举
子业,矢口纵笔,精义跃如,海内传诵,至以比之王、唐、瞿、薛。为人趣操高
洁,悁急多怒,竟以无年。"

万历十五年丁亥（1587） 十八岁

万历十六年戊子（1588） 十九岁

是岁,金门蔡献臣举于乡。

按:参见万历十七年（1589）。

万历十七年己丑（1589） 二十岁

是岁前后,徒步持所为制义,就教李光缙于戴洋山中;光缙大赏识之。

李光缙《许钟斗太史集序》:"既弁,补邑诸生,徒步持所为制义,就余戴
洋山中。余读其《千驷首阳》篇,至'贫贱非能重人,人亦重贫贱;富贵非能
累人,人亦累富贵'等语,而大赏识之。因涉笔曰:'此题前有济之,后有仲
文,得此称鼎足矣。'子逊大得意去。其后公车之业,必授余弹射。"（《丛青
轩集》卷首）

是岁,金门蔡献臣成进士。

按:蔡献臣,字体国,号虚台,同安浯洲人,万历十七年（1589）进士,有《清白堂稿》。《许钟斗文集》《丛青轩集》卷首有蔡献臣《许钟斗太史集序》。

万历十八年庚寅（1590） 二十一岁

是岁前后,治学造诣日深,著述以修身养性为主。

万历十九年辛卯（1591） 二十二岁

是岁及其前后数年,久困州县试,外祖陈西楼屡慰抚之。

许獬《寿外祖陈西楼序》:"困州县试也久,居常负豪气,悒悒不能平。公往抚之曰:'显晦,遇也;淹速,时也。孺子勉矣！良农能稿,宁不逢年？'某闻言,稍自宽,愈益朝夕,淬无怠。"（《丛青轩集》卷二）

万历二十年壬辰（1592） 二十三岁

是岁,夙所聘颜氏及笄,病眇,妻父欲以他女,坚不可。

万历二十二年甲午（1594） 二十五岁

是岁,府试,刘纯仁司理首拔之。

按:许獬《与刘公子》:"甲午岁,辱知老师翁,师翁忘其愚且陋,即以第一人相待。"（《丛青轩集》卷六）

又按:刘纯仁,字符之,武进（今属江苏）人。万历二十年（1592）进士,时为泉州推官。

又按:池显方《许钟斗先生传》:"甲午府试,司理刘公纯仁首拔之,评其文云:'当魁天下。'延读署中。是年徐公即登取入颖。时见罗李公材倡学于闽,公往从之,深得修诚之旨。"（《丛青轩集》卷首）

又按:徐即登,字献和,德峻,号匡岳,江西丰城人。万历十一年（1583）进士。即登时为福建学使。

又按:李材,字孟诚,江西丰城人。嘉靖四十一年（1562）进士。谪戍镇海卫,倡学于闽,人称见罗先生。

是岁,金门蔡复一举于乡。

按:参见万历二十三年(1595)。

万历二十三年乙未(1595)二十六岁

是岁,金门蔡复一成进士。

按:蔡复一,字敬夫,一字符履,同安浯洲(今金门县)人,万历二十三年进士,有《遁庵全集》。

万历二十四年丙申(1596) 二十七岁

是岁,长子铉生。铉,字则鼎。

是岁,以孟文摈弃于学使;直指则拔之居首。

池显方《许钟斗先生传》:"丙申以孟文见摈于学使者。亡何,直指以前题观风,公直书前文,遂居首。其勇自信如昌黎云。"(《丛青轩集》卷首)

万历二十五年丁酉(1597) 二十八岁

是岁,乡试第五十九名。刘太史深器之。

池显方《许钟斗先生传》:"丁酉举于乡,有以候主司常仪邀公,公曰:'吾侪不负举主端不在此,且举主必不以此课勤惰。'刘太史闻而深器之。"(《丛青轩集》卷首)

是岁,上春官,外祖陈西楼公在广东,以不见为恨。

按:许獬《寿外祖陈西楼序》:"岁丁酉,公从宦游者于广东之安定。某亦滥竽计偕,有万里役。届期取趣装,族戚咸在,独左右顾不见公为恨,中途惘惘如也。"(《丛青轩集》卷二)

万历二十六年戊戌(1598) 二十九岁

是岁,下第,抵家,母病;外祖自广东归,母病愈。

许獬《寿外祖陈西楼序》:"无何,某罢公车抵家,属母病,呕吟思公甚,颇亦闻公所居海氛甚恶,不可近。将贻书速公归,公适至自广,母病亦良愈。"(《丛青轩集》卷二)

是岁,读书大轮山梵天寺。参政汪道亨,雅征其品,延署中。

池显方《许钟斗先生传》:"戊戌下第归,读梵寺,不入公门,不从请托。大参汪公道亨雅重其品,延署中,谭文而外,无一及私。"(《丛青轩集》卷首)

按:汪道亨,号云阳,婺源(旧属安徽,今属江西)人。万历十一年(1583)进士,时为福建按察副使。

万历二十七年己亥(1599) 三十岁

是岁,读书梵天寺,外祖从之于大轮山。

许獬《寿外祖陈西楼序》:"今岁业大轮,公亦从某于大轮。一月之吉,为公悬弧辰。人谓獬某曰:'子何以寿公?'獬某蹙然曰:'母尚食我贫也,我则何以寿公?'维公晚益喜文墨,遇知交喜道不肖獬某益甚,聊为述其始末于斯,志耿耿焉。"(《丛青轩集》卷二)

万历二十八年庚子(1600) 三十一岁

夏,筹划北上,有书致徐即登。

作《与徐老师》:"忽接尹海蟾丈,闻老师有三年之戚,又且不日抵家,则又怵然望外,殊自失也。伏而思之,曩者不肖北上,老师在越;老师还朝,不肖来闽。今者不肖方勉强计就道,而老师复自蓟而南……炎蒸日上,南天更酷,千祈珍摄,为国自爱。"(《丛青轩集》卷六)

按:徐老师,即徐即登。

是岁,与太仓王衡结识于肃寺,衡不可一世,独心折獬。

池显方《许钟斗先生传》:"庚子冬抵都,与辰玉王公衡会文萧寺,辰玉不可一世,独心折公文,云:'今春冠军,惟我与尔!'公亦自负莫己若也。"(《丛青轩集》卷首)

万历二十九年辛丑(1601) 三十二岁

是岁,为会魁。廷试二甲第一名,授庶吉士。课馆一出,人争传抄,名噪一时。王衡会试第二,廷试一甲第二。

池显方《许钟斗先生传》:"比发榜,果居首,王次之。海内争诵其文,大

诧得人,谓震泽而后,不一二见也。廷试二甲一名,选庶吉士。"(《丛青轩集》卷首)

按:会试题为《王者以天下为家论》(《丛青轩集》卷三)。

是岁,南居益成进士。

按:南居益,字思受,陕西渭南人。许獬同榜进士。《丛青轩集》卷二目录有《南思受制义序(嗣刻)》,无文;《许钟斗文集》无目亦无文。此文今佚。

是岁,熊明遇成进士。

按:熊明遇,字良孺,钟陵(今属江西进贤)人。许獬同榜进士。有《绿雪楼觳草》。明遇作《许子逊丛青轩集序》,见《许钟斗文集》卷首、《丛青轩集》卷首。

是岁,李献可成进士。

按:李献可,字尧俞,号松汀。福建同安人。许獬同榜进士。早卒,《丛青轩集》卷五有《祭李松汀文》。

是岁,周起元成进士。

按:周起元,字仲先,福建海澄(今属龙海市)人。许獬同榜进士。起元大父一阳,字养初,卒,年七十九。獬为作《祭周复庵文》(《丛青轩集》卷五)。

是岁,陈伯友成进士。

按:陈伯友,字仲怡,山东济宁人。獬为其祖作《祭陈大行乃祖文》(《丛青轩集》卷五)。

是岁,有书致福建巡抚朱运昌。

作《答朱中丞》:"朝廷以闽海重地,靳不妄与节钺者,三四载于兹。顷特诏起公田间,与所甚惜弗惜,所以宠公甚大,所以造我闽亦甚大,公宜不得辞。"(《丛青轩集》卷六)

按:朱运昌,江苏丹徒人。万历八年(1580)进士,万历二十九年(1601)巡抚福建,故曰"诏起田间"。

是岁,与王锡爵有书信往返。

作《答王荆石》:"某之于翁也,甫数岁,始知学,即已诵其言。又数岁,而翁为天子之宰,日赞庙谟,施及方内,被其泽。今又十余年,而获与翁之象贤为同榜兄弟,有握手之欢,于翁得称年家子,分其焜耀。"(《丛青轩集》卷六)

按:王锡爵,字荆石,王衡之父,江苏太仓人。嘉靖四十一年(1562)会试第一,廷试第二。此书云与王衡同榜,当作于成进士之初。

是岁,与山东巡抚黄克缵有书信往返。

作《再答黄中丞》:"士君子有遗大而才见,遭讪而行愈明者,于明公一人见之。某尝从乡中诸荐绅而得明公之为人。询之山以东诸老,而惟明公之政得其大者。是其除残剔蠹,为人兴利,令在官者无贪吏,境无穷民"(《许钟斗文集》卷四)

按:獬赞黄克缵"遭讪"而"行愈明"。

是岁,有书致师刘纯仁之子。

作《与刘公子》:"甲午岁,辱知老师翁,师翁忘其愚且陋,即以第一人相待。于时即未敢谓必然,然心识之弗敢忘。今春徼一当,未暇以得当为喜,而先以知己者不及见为恨。盖海内知己虽多,然师翁识我于根荄。师翁已矣,其功德在我闽,声名在宇内,尚自耿耿不没。"(《丛青轩集》卷六)

按:刘公子,刘纯仁之子。獬中榜,刘纯仁已卒,故向刘公子报告。

是岁,有书致李开芳。

作《与李斗初》:"不佞自髫龀时,熟读《十八子制义》,已知足下之名久……不佞辱在词林,将采摭其尤表表者,藉手为史籍光,且示吾闽有人。"(《丛青轩集》卷六)

按:李斗初,疑为李开芳。开芳,号还素,福建永春人。万历十一年(1583)进士。

是岁,与陈用实有书信往返。

作《答陈中丞》:"明公非止宜滇中,而滇中则非明公不治……不佞末学,偶徼一当,谬承褒奖,愧何敢当! 惟是中间期许虽过,不敢不勖。"(《丛青轩集》卷六)

按:陈用实,字道亨,号毓台,福建晋江人。隆庆五年(1571)进士,时为滇南巡抚。

是岁,有书致陈治本之子。

作《与陈公子》:"去秋计偕,拟欲道南城,祇谒老师翁,领教言,冀有所益。会不便径去,至淮,乃闻讣音,骇且恸,若有所失。抵京邸,闻杨年丈自南

城来,亟往问丧状,又闻身后囊橐萧然,仅能还榇故里。"(《丛青轩集》卷六)

按:陈治科,浙江余姚人。万历十三年(1585)举人,江西南城县知县,卒于万历二十八年(1600)。

是岁,有启约请座师曾朝节。

作《请曾老师启》:"伏以名世应五百载之昌期,先逢知己;皇家奠亿万年之长计,莫急树人……八月某日,列三旌之筵秩,陈九奏之清音。鲁酒尊开,泛霞卮于三岛;燕金台迥,来赤舄于重霄。藉秦誓之休休,妄希彦圣;挹姬公之几几,潜抑吝骄。自隗为基,铸颜有地。身依东观,肃临师保之严;酒近南山,齐祝君王之寿。"(《丛青轩集》卷六)

按:曾朝节,字直卿,一字直斋。湖广临武县人。万历五年(1577)进士。万历二十九年(1601)以礼部右侍郎兼翰林院侍读学士与吏部右侍郎兼翰林院侍读学士共文会试,王衡、许獬、南居益、周起元等都出自其门下。

作《复洪父母》:"曩日辱在甄陶,今兹微一当,伏庇为多。屡欲修尺一奉候,为甚忙所夺,忽接远翰,重以大贶,惊喜且愧。至语及大人冠服事,则更东南向顿首称谢。不肖三十年攻苦食淡,所营何事?施及所生,胜于当身受之矣。惟恩台政绩流闻,英声四达,不日膺玺书,为天子股肱耳目之臣。"(《许钟斗文集》卷四)

按:洪世俊,字用章,号含初,安徽歙县人。万历二十三年(1695)进士,二十四年(1597)任同安县知县。

又按:"三十年攻苦食淡",獬年当在三十左右。

作《答洪父母》:"命世大贤,久栖百里。不佞深以敝邑之父老子弟得久留贤父母为喜,而为朝端忧乏材。"(《许钟斗文集》卷四)

按:此时洪氏已任同邑五年,故云"久栖百里"。

是岁,有书致张尚霖。

作《答张尚霖》:"不数月,辱远翰相闻问者三四,重之以大贶,知兄每饭未尝忘弟也。乃弟亦每饭未尝忘兄……此亦我兄沉船破釜时也。甲辰岁,敬当扫室以待前驱。"(《丛青轩集》卷六)

按:张尚霖,《许钟斗文集》卷四作"张及我"。尚霖此科失利,许獬勉其沉船破釜于下科(甲辰)。

是岁,又有书致同安县知县洪世俊,言及族姓子弟生事,以为后果不悛,当悉论如法。

作《答洪含初》:"孟秋人去,附尺一奉候,想达矣……不佞去书生,还得一书生,既做不得古人文章,又做不得今人事业,悠悠岁月,茫如拾汁……近得知友书云,诸族姓子弟好生事凌人,动开怨府。人言若兹,当不尽无……后果不悛,如人所言,愿悉论如法,毋有所贷。非特以三尺卫民,令小民有所凭依;抑小惩大戒,其所以保全我族姓子弟,使勿陷于恶;与所以保全不佞,而完其令名。"(《丛青轩集》卷六)

按:孟秋尺一,即《答洪父母》。

万历三十年壬寅(1602) 三十三岁

是岁,有书致山东巡抚黄克缵。

作《与黄中丞》:"山东提衡两都,当四方舟车辐辏之冲。迩来凋敝特甚,易骚以变,非公宜莫能为。公处兹土久,习知利病,有文武壮猷,为吏民所畏爱。圣明简在而畀之节钺,盖真得人,知克有功,公其毕力以奉扬天子之新命。"(《丛青轩集》卷六)

按:黄克缵,字绍夫,号钟梅,福建晋江人。万历八年(1580)进士,是岁巡抚山东。

是岁,有书致师汪道亨。

作《与汪云阳师》:"方今矿税满天下,重足侧目,彼方民怙恃仁人若父母,顾一朝而弃之,其何以生?老师去吾闽三载,迄今尚讴思不绝,想今日江以西民情,视闽当什百不啻也。"(《丛青轩集》卷六)

按:汪云阳,即汪道亨,时为江西参政分守湖西。

是岁前后,有书致泉州郡守程达。

作《与程太守》:"以温陵而得明府,则温陵之七邑徼天矣。询之来人,俱云明府善吏治,老吏不能欺。近得家弟辈书,又云善校士,所校不失尺寸。泉士夙称多材,口亦难调,每一榜下,辄哗不厌,至是皆服,毋敢哗者。"(《丛青轩集》卷六)

按:程达,字信吾,江西清江人。万历五年(1577)进士,时为泉州郡守。

是岁前后,有书致李时华。

作《与李按君》:"入我明,声教大开,而粤东遂称重地。以明公才名,持斧于兹,盖信圣明简在,权匪轻假。此地夙称肥衍,多宝货,吏兹土者,不泉自贪,明公揽辔之余,固宜望风回面。惟是税使横啮,海内骚动,祸连章掖,正贤者所宜用心。"(《丛青轩集》卷六)

按:李时华,浙江仁和人。举人,时为广东巡按。

是岁,有书致师徐即登。

作《与徐匡岳书》:"去春徼一当,未暇以得当为喜,而先以不负老师知人之明为幸。盖海内知我虽多,然老师识我于未遇,且拔我于必不遇……揭榜后,询之来人,又云台驾且至,是以迟疑未果。然未尝不日夜侧耳銮声,而望前驱之至止也。近见金公祖,乃云老师就道当在明岁之春。"(《丛青轩集》卷六)

按:万历二十二年,徐即登为学使,取獬入颣。详该年。

又按:去春榜发,獬有书报告徐氏,故知此书作于是岁。

是岁,有书致沈鲤。

作《拟上沈龙江》:"某自少时,伏读公为宗伯时所为举业式,颁行天下者,则已知当朝有沈龙江先生,锐意斯文,以世教为己责。既壮,守其辙不敢变,遂叨一售,官中秘。未数月,而公膺天子之新命,入赞大政,为天下宰。某私喜自语:贤者固不负其位。位宗伯也。宗伯主文章风教,即以文章风教为己责。"(《丛青轩集》卷六)

按:沈鲤,字仲化,号龙江,归德(今河南商丘)人。嘉靖四十四年(1565)进士。鲤曾任礼部尚书,辞归,此时复起。

是岁,有书致吕纯如。

作《答吕益轩》:"询之来人,知兄才锋初试,政声奕奕,亟往语朱老师,以为吾门有人……然边海重地,兄宜不得来,弟则无不可归。归时从一奚奴,肩舆直抵虎渡桥,与兄把盏临流,交臂谭心,眺望山川,睥睨今古,一洗簿书案牍之尘,超然世情物态之外,不亦大愉快乎!"(《丛青轩集》卷六)

按:吕纯如,字孟谐,号益轩。吴江(今苏州)人。与獬同榜进士,福建龙溪知县。

是岁,有书致刘纯仁之父。

作《复刘太公》:"去岁答令长孙世兄书,未尝敢以一札轻渎长者,念七十老人,息机日久,感今追昔,徒增累欷……老师遗德在闽,闽人士讴吟思慕不绝至今,为其后之人者,勿虑不显。"(《丛青轩集》卷六)

按:刘太公,刘纯仁之父。去岁,纯仁之子有书致许獬,獬答之,参见去岁。

是岁,有书致师郑耀。

作《与郑学博》:"贵里施君谒铨,复得敝邑师。不肖见施君,则盛道老师意气慧眼,不让渠尊人龙冈先生,欲令立碑学中,示后之人有永……区区一第,重轻亦安足计!贵省吴按君将出都门,不肖勤以老师见属,渠以乃孙及门,故与不肖深相结纳,谅亦无不用情也。前有一札附临江府陈君奉候,未审曾已达否?"(《丛青轩集》卷六)

按:郑学博,即郑耀。施君,即施三捷,字长孺,福建福清人。万历十六年(1588)举人,时为同安县教谕。"立碑学中",详下条。

作《郑拙我学政碑》:"同安夙多士,郑先生来乃益著。先生少孤而贫,其为教我同,廉不取贫士一金,所识拔皆知名士。月朔望,聚士之有志行而能文者,身角艺而课之文,取平易尔雅,毋为奇衺……盖先生去我同,而不佞始补邑弟子。先生竟不第,得令峡江……先生闽县人,繇乙酉举人来署教谕事。闽县,八闽都会,不佞尝以乡会试往来其家,又知其于孝友廉让最著。盖自其为士,已自可贵如此。所谓以身为教者,先生有焉。今为教谕者施先生,施先生,先生同里,其必知余言为不诬也已。"(《丛青轩集》卷二)

按:参见上条与下条。

作《与郑拙我》:"邑士子为老师立碑,其文以属不肖。自知不文,不足以发扬盛美,然以畴昔之谊,固不得辞。"(《许钟斗文集》卷四)

按:参见上二条。

是岁,有书致师郑耀。

作《与郑师尊》:"临江命下,华君则飞书促不肖亟以老师为言。不肖见临江,方欲有所陈请,渠即云傅、华二君先之也。因叹老师平生树人,今食其报,即言不言,无能为重轻。然老师之能知人、能得士,与傅、华二君之不背本,具见于斯矣……朔风日严,愿言珍摄。"(《许钟斗文集》卷四)

按:"临江命下",陈廷(庭)诗任命为临江知府。详下条。

是岁,有书致临江知府陈廷诗,请其关照峡江知县师郑耀。

作《与陈临江》:"行色匆匆,弗敢屡渎阍人,然大意不过如前邂逅所称。峡江恶地,乙榜望轻,日夕惴惴,惟获戾上下是惧。勉加扶树,使以最闻,秋毫皆明公之赐也。"(《许钟斗文集》卷四)

按:陈廷(庭)诗,晋江人。万历十七年(1589)进士,江西临江知府。许獬师郑耀为峡江县知县,峡江,属临江府。

是岁,有书致江西巡按吴达可,请其关照峡江知县师郑耀。

作《答吴安节》:"曩方持斧出都门,甚严,不敢请间……峡江知县郑耀,乃某之师。曩作敝邑教,廉不取贫士一金,所识拔皆知名士。如某则尤所悯,念其贫,时分箧中金而佐之学者。而某时尚微为齐民,未得与庠士齿,则尤难。耀,闽县人,为八闽都会,某后以乡会试往来其家,又知其于孝友最著,今世为人如此者有几? 明公与某相知无间,不复疑其它,其必知耀也无疑矣。夫以耀之为人,固自可知。而区区犹以为言,盖亦示天下有知己之感云尔。"(《丛青轩集》卷六)

按:吴达可,字安节,宜兴(今属江西)人。万历五年(1577)进士。时为江西巡按。

是岁,与黄县知县孙振基有书信往返。

作《答孙黄县》:"读来翰,拜命之辱惟文。宏抱初试,即能使所在见德,处为醇儒,出为循吏,异日殆未可量也。预贺,预贺! 百里虽小,是亦为政。昔人所称寄命,盖不过此。"(《许钟斗文集》卷四)

按:孙振基,潼关人。许獬同榜进士。时任山东黄县知县。

是岁或稍后,有书致怀宁知县张廷拱。

作《与张辅吾》:"曩接桐城阮节推,盛道其邻父母之新政,以为难得。近得汪老师书,又以其乡之父老子弟,得有良父母为厚幸。吾侪初在事,即有此等作用,将来殆未可量。辱在知爱,喜可知也。"(《丛青轩集》卷六)

按:张廷拱,字尚宰,福建同安人。许獬同榜进士。时为安徽怀宁知县。

是岁前后,有书致溧水县知县王德坤。

作《与王溧水》:"日者行色匆匆出都门,方欲修一酹言别,则已弗及,恨之,恨之! 溧水大邑,盘根者多,簿书案牍之积如山,非我丈才名,宜莫能治。

古人所称寄命不小百里,我丈树骏垂鸿,于今伊始。异日宰天下亦如斯矣！"
(《许钟斗文集》卷四)

按:王德坤,字时简,浙江乌程人。许獬同榜进士。时为溧水县知县。

又按:此书作王德坤南行之前。

是岁或稍后,有书致李嵩岱。

作《与李东山》:"曩者聚首为欢。未能多日,而年丈试政百里去,怅惘
如何。贵治吴文轩与舍亲杨子,俱以东封事谴误,留滞长安市中。"(《许钟斗
文集》卷四)

按:李嵩岱,字宗父,陕西洋县人。许獬同榜进士。时任安徽休宁县知县。

又按:此书言及册封琉球谴误之事,当在夏子阳任行人前后。

是岁前后,与桂林知府许国瓒有书信往返。

作《答许明府》:"粤西去此中万余里,而能使政声赫然公卿齿牙间,非
明公威怀有术,宜不及此……方今独断自上,廷臣唯唯受成筴,惟分符专制一
方者,庶几得行其志。"(《许钟斗文集》卷四)

按:许国瓒,字鼎卿,号仲葵,晋江人。万历五年(1577)进士,时为桂林
知府。

又按:"独断自上"、"分符专制"之说,知时许獬已入仕途。故系此书
于是岁。

作《答许明府》:"日者家大人过贵治,则又蒙款渥,且言念宗盟之雅,惓
惓有加,中心藏之,未之敢忘。"(《许钟斗文集》卷四)

按:据此书,许獬父此前曾往粤西访许国瓒。

是岁前后,有与李梦祥启。

作《与李年丈启》:"恭惟台丈命世真儒,救时良牧。文跨班、马而上,治
在赵、张以前。暂试牛刀于专城,终空冀群于皇路。"(《许钟斗文集》卷四)

按:李梦祥,晋江人。许獬同榜进士。时为某县知县。

是岁前后,有书致外祖,言虽得美官,不若一州一县之得以行其志。

作《与外祖》:"玉堂美官,人所同羡。今已官玉堂,称美官矣,而反不若
一州一县之得以行其志。不肖以贫起家,亲戚多贫,令得一州一县而为之,犹
当令穷乏者待而举火。而今已似难。"(《许钟斗文集》卷四)

按:此书当作于初授庶吉士之时。

是岁,刻《四书崇熹批注》十九卷、《许太史评战国策文髓》四卷。

万历三十一年癸卯（1603） 三十四岁

是岁,授翰林院编修。

是岁,次子钺生。钺,字则敦。

春,与蔡复一有书信往返。

作《答蔡元履》:"杪冬辱手书,甚忙且病,未及裁答。嗣后伏枕者弥月,每以足下言当药石,则霍然自起。念与足下促膝不数数,乃遂能攻所不足于我,此真古谊,殊非今世貌交可比。南中僻静,有山水之致,足下夷犹其中,兴自不浅。"(《丛青轩集》卷六)

按:去岁蔡复一归泉州,故曰"南中僻静"。去岁冬十月、十一月,复一父母相继亡故,讣尚未到京师,故此书未言及。

春夏间,又有书致蔡复一。

作《又〈与蔡元履〉》:"辱大教,方再请益,询之来人,则闻足下乃重迭在衰经中。知足下至性哀号,思慕良苦,其少自爱。始足下去时,二尊人尚健无恙耳,不虞及此。"(《丛青轩集》卷六)

按:此书作于讣至京师之后。

秋八九月,得非常之症,精气俱耗,顶发尽脱。

按:《答徐宗师》:"自去秋八九月间,忽得非常之症,幸而不死,至今精气俱耗,顶发尽脱。每一开卷,便觉颓然不自聊赖。"(《丛青轩集》卷六)

又按:徐宗师,即徐即登。《答徐宗师》作于次岁。

是岁,有书致王世仁。

作《与王二溟》:"都下分袂者,三载于兹矣。而未尝一札自通左右,盖缘懒得疏,习惯已久;亦知台丈大度,不以烦细绳我也。不佞弟謷蹩风尘,日无宁晷,遥望乡关,时增愁况。惟每接南来人,从容询台丈治状,则大喜,以为辱在宇下,伏庇为多。言者皆曰:吕龙溪,尹扶风之治辨;王司理,黄颍川之宽和。"(《丛青轩集》卷六)

按:王世仁,字二溟,长洲(今苏州)人。许獬同榜进士。漳州推官。

是岁,有书致王衡,叙二人友情。

作《与王辰玉》:"去冬有归志,拟便道从虎丘山下,走快艇,一日夜抵太仓,先谒相国老年伯,挹其议论丰采,以徘徊想象乎古之所谓名公卿贤士大夫者,而后退与辰玉游弇州园,搜奇剔怪,尽东南之美,庶几少偿夙愿。而今似未能也。则所谓离合不常者,非独辰玉,即在吾许子逊亦未能自必。虽然,此心未已,终须一遂,谨藏斗酒菰莼俟我,毋谓戏言。"(《丛青轩集》卷六)

按:王衡,字辰玉,太仓(今属江苏)人。许獬同榜进士。

是岁,与李时华有书信往返。

作《答李按君》:"再奉大教,拜命之辱。惟门下以宏才雅望,屡按大藩,揽辔之余,吏治民风,自宜蒸然有变。长安虽去蜀中数千里,不佞固愿乐观其成。"(《许钟斗文集》卷四)

按:时李时华移按蜀川。

是岁,有书致陈士兰,以为与陈士兰、张廷拱同乡同榜足称一体;此时已规划明春南归。

作《与陈华石》:"弟初以病告,谓为故事,果然一病两年,骨立日甚……久闻南旋之音,是用翘跂;而病躯兼以僻处,咫尺弗能自达,心甚恨之。人生离合有数,脂车若在明岁之春,庶几或可一面。否则,当悬长安中榻相待耳。辅吾丈毕力营一葬地,乃为恶成者所持,进退维谷,不知我丈能为之地否?海内同榜虽多,如吾三人,足称一体。老年伯母安否?"(《许钟斗文集》卷四)

是岁,与刘应秋有书信往返。

作《答刘云峤师》:"辛丑追随数月,而老师遂出都门,某匆匆祖道,诚难为情,私心盖日夕望前驱之至止也。居诸如流,忽以两周,未获修尺一致候,乃辱手翰遥逮,殷殷垂注,慰诲有加,铭佩之余,愧歉多已。"(《许钟斗文集》卷四)

按:刘应秋,字士和,号云峤,吉水(今属江西)人。万历十一年(1583)廷试一甲第三名,授编修。

又按:自万历二十九年(1601)辛丑至今已两周,则此书作于是岁。

是岁,座师冯琦卒,为作诔文。

作《公诔冯座师文》:"某等樗栎下乘,偶辱兼收。痛仪刑之既远,欲步趋而无繇。敬陈梧酌,永决明幽。进以伸知己之私恸,而退则抱世道之隐

忧。"(《丛青轩集》卷五)

按:冯琦,字用韫,号琢庵,山东临朐人。万历五年(1577)进士。万历二十九年(1601)以吏部右侍郎兼翰林院侍读学士与礼部右侍郎曾朝节共主会试。王衡、许獬、南居益、周起元等都出自其门下。

又按:据《明史·七卿年表》,冯琦卒于是岁三月。

是岁,有书致江西巡按吴安节。

作《又答吴安节》:"暌违经载,未尝再通问讯,知门下大度,不以疏节罪我也……近遭冯老师之丧,数月忽忽如忘。曩时识我于根荄者,有武进之刘,其在乡场则有余姚之陈,俱后先凋谢。不意临朐公复强年长往。自念性既寡谐,赋缘又薄,慨然以寸竖未能,不获少酬知己,报国士之遇为恨。峡江得藉鼎力,不负鄙私,分毫皆门下之德也,感何可言!"(《丛青轩集》卷六)

按:冯老师,即冯琦;临朐人,又称临朐公。

是岁,与林应翔有书信往返。

作《与林京山》:"别后苦寒,非肩舆拥火不能出户外,知途中凄楚更倍也。春闱矣,想已抵任……永嘉吏近以一事相托,不佞素迂疏,不能向权贵人作软语,因谢置之,然于心终不能不介介以为是门下之所属也。"(《许钟斗文集》卷四)

按:林应翔,字京山,字源浤,号负苍,福建同安人。万历二十三年(1595)进士。时为永嘉知府。此书言林应翔制义之佳。

作《与林京山》:"近遭冯老师之丧,忽忽如忘,诸事百不及一……李斗野在京邸,数向不佞论时义甚勤,盖以课儿故。不佞则为言门下此道甚精,累百许子逊不及也;渠因托不佞先容一语于门下。"(《丛青轩集》卷六)

是岁,有书与伯,议家声及葬祖之事。

作《与伯书》:"接家信,见两弟书,知子荣弟已受室称成人,家中雍睦有加,甚喜。尧弟即婚稍迟不害,要当择礼义之门,而委禽焉,乃称吾家妇,为吾家造福不浅。吾祖宗书香积累数世,至于今始发,发亦正当数世未艾,保而持之,使有永在人……祖丧暴露几四十年,此岂可缓?缓之不过欲待风水,正恐风水不足甚凭耳。且葬事亦不必甚厚,当此末世,倘遇兵火,悔之何及!反不若苟成事之犹足以塞责也。"(《许钟斗文集》卷四)

按：此书与下书作于散馆之后。獬祖大父开卒于嘉靖四十五年（1666），至是岁三十八年，故言"几四十年"。

是岁，有家书。

作《寄家书》："散馆后，本拟请告，今似未能也……吾祖丧，暴露已四十年，正如饥渴之极，不择甘美。但得平稳地，得以安死者魂魄，得便岁时祭扫，无误大事，虽少后福，固所甘心……迩来海上渐有寇警，倘有意外，尤不可言。言念及此，可为寒心。"（《许钟斗文集》卷四）

按：此书致父振之。"四十年"，举其成数而言之，即《与伯书》"几四十年"之意。

是岁，与施三捷有书信往返。

作《答施学博》："里中士得沐大雅之型，明春复揭旗鼓而先之，应者宜众。语云：善作不必善成，先生之大有造于吾党，则前人之美为益彰已。"（《许钟斗文集》卷四）

按：施学博，即施三捷。三捷万历三十年（1602）任同安县教谕。此书云"明春旗鼓而先之"，指万历三十二（1604）甲辰春府道试，故知此书作于此岁。

是岁前后，盛以弘使秦藩，有诗送之；又有书信往返。

作《送盛太史使秦藩》（《许钟斗文集》卷一）。

按：盛以弘，字子宽，陕西潼关人。万历二十六年进士。盛氏出使秦藩，随即告病高卧潼关。

作《答盛太史》："使车西驰，日月以冀，忽接贵翰，捧读，乃知门下尚尔高枕也……方今朝庙山林，人各为政，论思启沃之地，安可一日无门下辈，从容后先？秦中风景虽佳，恐未宜久卧也，惟门下图之。"（《丛青轩集》卷六）

是岁前后，与广西督学骆日升有书信往返。

作《答骆督学》："粤西僻在一隅，文物奚似上国。门下以命世大儒，振铎于兹，比及三载，风移俗易。一变至道，于是乎存。曩诵门下制义，固已识其言；今于彼都人士，复识门下作用。异日树骏垂鸿，未可量也。门下勉旃！不忝辱在梓里，其与有荣施。"（《许钟斗文集》卷四）

按：骆日升，字启新，号台晋，福建惠安人。万历二十三年（1595）会元，廷试二甲第六名。时任粤西督学。

是岁或稍后,有书致新任清苑县知县王之寀。

作《答王心一》:"朝廷知丈治行,不旬岁再试大邑。清苑去帝都尤迩,名迹日夕公卿耳目中,少有善状,毋虑不达。矧行能卓异如丈者,能复有几?我丈勉旃!清苑之不能久栖大贤,犹无极也。"(《丛青轩集》卷六)

按:王之寀,字心一,号荩甫,陕西朝邑人。许獬同榜进士。初试无极县知县,时调任清苑县知县。

是岁,夏子阳册封琉球,有诗送之。

作《送夏都谏册封琉球》(《许钟斗文集》卷一)。

按:夏都谏,即夏子阳,字君甫,号鹤田,玉山(今属江西)人。万历十七年(1589)进士。

又按:徐𤊹有《送夏给谏册使琉球》(《鳌峰集》卷十二);蔡献臣有《送夏鹤田给谏使琉球癸卯》二首(《清白堂稿》卷十二上);曹学佺有《送夏给事册封琉球》(《春别篇》);陈勋有《送夏给谏使琉球》(《元凯集》卷五);陈一元有《送夏给谏使琉球序代》(《漱石山房集》卷十)。

又按:蔡献臣诗作于是岁,曹学佺诗作于次岁,许獬诗或作于次岁。

万历三十二年甲辰(1604) 三十五岁

是岁,座师曾朝节卒,为作诔文。

作《诔曾座师文》:"人之生世,有盛位者不必有令名,有令名者不必有修龄。先生于兹实兼有之。人之生世,有利有钝,有得有丧;当其得时,谁能勿喜,及其不得,谁能勿悲?先生于兹可谓一之。"(《丛青轩集》卷五)

按:曾座师,即曾朝节。

是岁,与徐即登有书信往返,徐氏请许獬删订其集并撰序,獬以病后未敢胜其任。

作《答徐宗师》:"某自元旦即已卧病,近遭曾老师之丧,伏枕不能走视,展转悲吟者累日,此诸敝同年所共知共谅也……盖大病之后,神情未复,其理宜尔。尊稿之删与序,当以属之能者,其非病躯所敢任也。"(《丛青轩集》卷六)

按:"遭曾老师之丧",详上条。

是岁,有书致高金体。

作《与高两目》:"安溪虽小,足称剧县,能于此中著声,亦自不易。第以台丈而为安溪,则真所谓牛鼎烹鸡,非其任也……不佞弟落莫随人,无一善况,加以年来多病,桑梓之念转深,不日当促归装,则把臂亦自不远。安溪有山水之致,固愿寓目;第以游客而勤馆人,则似不便。要以数千里归来,咫尺知己,决不令对面参商也。"(《丛青轩集》卷六)

按:高金体,字立之,临安(今杭州)人。许獬同榜进士。时为福建安溪知县。

又按:作此书时已经决计南归。

是岁,有书别李廷机。

作《别李九我》:"于乡大老中,遭遇台下最后,而台下之属望不肖最深。昔人所称知己,道义意气为上,文章次之。昔人所称为有功世教,每以教育天下英才,诱掖造就,使不失其性为急务,而汲引又次之。"(《丛青轩集》卷六)

按:此书当为假归之前别李廷机所作,时廷机为以礼部左侍郎署礼部事。

是岁,有书别馆中诸前辈。

作《别馆中诸前辈》:"某无似,于行辈中最为驽下,过承台下睠注,方力自湔拔,以副雅怀。而麋鹿之性难训,林泉之恋实深。一离都门,仪刑日远,翘想清光,可胜瞻企。"(《丛青轩集》卷六)

按:此书当为假归之前别馆中诸前辈时作。

是岁,与葛寅亮有书信往返。

作《答葛屺瞻》:"始弟在长安,而老丈南归,益轩在闽。今弟将归闽中,拟取途钱塘,与老丈为吴山西湖之会,而老丈在留都,益轩复留滞燕市中为羁客。人生离合有数,欲如曩时对榻剧谭,白眼世上,相视而笑,可易得也?"(《丛青轩集》卷六)

按:"将归闽中",此书作于假归之前。

是岁,以思亲望云成病,假归。

按:许獬《与李见罗》:"方今世道亦大可知……某辈欲螫蜇有所竖立,亦不如反而求之身心性命,庶几不负此生。奈何馆事方殷,未得遽去。累欲具疏请告,又为主者所阻,未便如志。甲辰岁径拂衣归矣。此时葛巾长啸而来,复逡巡法堂前,北面称弟子,吾师尚曰'此子可教否?'"(《丛青轩集》卷六)

又按:假归原因有二,一为"思亲望云成病",参见万历三十四年(1606);二为世道局促,不如"反而求之身心性命"。

万历三十三年乙巳(1605) 三十六岁

是岁,有书致同年杨衡琬,吊杨母。

作《答杨衡琬》:"驱马南来,旧疾复作,伏枕不敢窥窗外者弥月于兹,是以不得修一香一帛之仪,致奠于老年伯母太夫人灵下……吾丈大器凤成,兼以沉养,读礼之余,稍留神世故,以需大用,则不世之业也。"(《许钟斗文集》卷四)

按:此书作于南归之后的一段时间。

是岁,与许熙台有书信往返。

作《答许虚台》:"久不奉手教,惟从学师锦云君得闻福履清泰……抱病三载,情绪缺然。京中把臂,尚当再悉。"(《许钟斗文集》卷四)

按:许虚台,其人不详。许獬万历三十一年(1603)抱病,至是岁三年。

是岁,次女与漳州林氏三郎约婚;与林光碧有书信往返。

作《复林扶苍纳采启》:"某恭承台命,以令三公子约婚于不佞某之次女曰某者。惟吾两家,以羁旅之交,遂订百年之盟,兹固气求,良亦天作。"(《丛青轩集》卷六)

按:林扶苍,即林光碧。

作《与林光碧》:"某自蠖伏海陬,则已倾注高风之日久;得缔龙驹,曷胜雀跃。去岁辱贵翰,适卧病床蓐,至今蓬垢,不敢问户外事者,一载于兹……郎君岳岳,自是远器,幸加追琢,以大其成。"(《丛青轩集》卷六)

按:去岁归里,"一载于兹"。

作《又〈与林光碧〉》:"秋深稍能自健,拟从一二知交南游,挹天柱夕阳之胜,因过门下为信宿之谭,以慰鄙私。第恐病未能也。"(《许钟斗文集》卷四)

按:"天柱",即天柱山,在漳州府长泰县,由同安往天柱,故曰"南游"。

作《又〈与林光碧〉》:"某杜门至今,病魔犹未尽脱。去冬之猎,匍匐来迁,而诸亲旧来往寒温之节,百不一备。姻翁不以简傲见罪,而俨然手札存之,重之以大贶,非肺腑之爱,何以及此!"(《许钟斗文集》卷四)

是岁或下岁初,有书致王年丈。

作《答王年丈》:"归舟经淮泗,遥闻政声四浃,啧啧为同籍光……弟抱病三年,近稍平复。燕市相逢,再叙情款。"(《许钟斗文集》卷四)

按:前岁或去岁抱病。

万历三十四年丙午(1606) 三十七岁

是岁,有书致尹遂祈。

作《与尹父母》:"三山去此咫尺耳,而音问阔疏,遂成燕越之隔。及是命下,爽然喜跃,旷然病已。其在同民,则失一父母而得一良父母;在弟某,则失一兄弟而得一兄弟之白眉而秀出者,俱可喜也。"(《丛青轩集》卷六)

按:尹遂祈,广东东莞人。许獬同榜进士。时由闽县知县调同安知县。三山,福州城内有屏山(越王山)、于山、乌山,故名;此处指代闽县。

又按:尹遂祈之前任同安县王世德,永康(今属浙江)人,也是许獬同榜进士,此时调任闽县知县。故此书云"其在同民,则失一父母而得一良父母;在弟某,则失一兄弟而得一兄弟之白眉而秀出者"。

是岁,与李材有书信往返。

作《与李见罗》:"一离门墙,遂觉蓬心。区区修证之念,既为习气所累,又为伎俩所夺。忽奉瑶函,宠以教语,茫若亡子之见所亲,惊喜之余,愧汗不少。某自佩服大教,于兹有年矣,粗知自好,不敢泯泯……甲辰岁径拂衣归矣。"(《丛青轩集》卷六)

按:獬为诸生时受教于李材。此书云甲辰归,而不云去岁归,归当已逾年,故系于此。

是岁,徐𤊻代人作祭文。

徐𤊻有《祭许子逊太史文代》:"大轮名山,嵯峨拔秀,毓产喆人,才高德懋。先生挺出,幼禀渊姿,骏发之器,深沉之思。当世修文,乍离乍合,摽窃饾饤,味如嚼蜡。先生落笔,尔雅不群,镜花水月,流水行云。早赴公车,礼闱首荐,上苑看花,琼林赐宴。明廷大对,名姓胪传。蜚英史馆,振藻木天。台阁篇章,词林句法,誉满皇都,声腾魏阙。石渠金马,方侍操觚,上书请告,昼锦里闾。天靳才贤,夭寿不贰,正当策勋,忽尔遐弃。明珠照乘,俄坠重渊,宝剑藏匣,化不逾年。嗟乎先生!雕龙绣虎,每读遗文,曷胜凄楚。某于往岁,振铎同鱼,十年往复,情好如初。闻讣伤情,薄修一奠,三叹临风,精灵如见。尚享!"(《红雨楼集·鳌峰文集》册十,《上海图书馆未刊古籍稿本》第45册,复旦大学出版社2009年版,第15—16页)

是岁,六月,十五日卒。

池显方《许钟斗先生传》:"性至孝,以望云成病,遂归子舍,宦囊仅数十金,悉分惠戚属……时万历丙午年六月望也,春秋仅三十有七。闻者无不惜之。"(《丛青轩集》卷首)

是岁或次岁,三子镛生。镛,字则雍。獬卒时尚在孕中。

万历三十九年辛亥(1611) 殁后五年

是岁,蔡献臣为《许钟斗文集》撰序。

蔡献臣《许钟斗太史遗集序(辛亥)》(《清白堂稿》卷四)。

按:《许钟斗文集》、《丛青轩集》并作《许钟斗太史集序》。

万历四十年壬子(1612) 殁后六年

是岁,《许钟斗文集》五卷刊行。秀水洪梦锡万历四十年(1612)刻本。

天启四年甲子(1624) 殁后十九年

是岁,池显方举乡试。

按:池显方,字直夫,号玉屏,浴德子,同安中左所(今厦门岛)人。天启四年(1624)举乡试。有《晃岩集》。显方撰《许子逊太史传》(《晃岩集》卷十三),《许钟斗文集》《丛青轩集》作《许钟斗先生传》。

又按:显方父浴德,字仕爵,号明洲。嘉靖四十四年(1565)进士。《丛青轩集》卷六有《答池明州(洲)》书牍一通。

崇祯十三年庚（1640） 殁后三十四年

是岁，季男镛等为编刻《丛青轩集》，镛作《识语》。

许镛《识语》："先君子不幸蚤世，时伯兄十龄，仲氏三龄，而小子镛固孕中孤也。生不识父面，长未能读父书，恨积终天，罪负箕裘。朝夕间顾所留遗篇为宇内操觚家翕然宗尚，久而益传，镛虽无以慰九泉之灵，而先人用是起色矣。曩曾付剞劂氏，有三集：一曰《九九草》，一曰《存笥草》，一曰《诗文集》。兹以集板渐秃，无可应求，乃白之诸父伯兄，鸠工重镌。因而搜增一二杂作，先成诗文一册，名为《丛青轩集》……庚辰仲秋季男镛谨识。"（《丛青轩集》卷首）

按：《丛青轩集》六卷。崇祯十三年（1640）许氏家刻本。卷端署：同安许獬子逊甫著，弟鸢子采甫、行沛子甲甫、男铉则鼎甫、钺则敦甫、镛则怀甫、孙元辅君弼甫、元轼君敬甫、元辙君由甫、元辂君质甫、元轮君行甫同辑。

是岁，季男镛据稿本抄录《四书阐旨合喙鸣》十卷。

徐𤊀年表

徐𤊀，字惟起，又字兴公，闽县人。自称竹窗病叟、读易主人、笔耕惰农、天竺山人、天竺居士，又号鳌峰居士、筼雪道人、石农，又称东海徐惟起或东海徐𤊀兴公。

始祖曰徐晦，居福建连江。至天一处士由连江迁至怀安荆山，世居。太祖贞（十一世），又名景宗，字三保，谥宣义，孟房信支祖。始自荆山迁至台江。高祖旭，字孔明。曾祖铿，字振声。迁居鳌峰，遂世居焉。祖演，字汝长。父椆，字子瞻。永宁令。能诗及书，又喜藏异书。有《徐令集》，又有《周易通解》《养生纂要》《世说纪称》；又有未完稿《晋宋人物考》。世居九仙山鳌峰下，旧有楼曰"红雨"，后构斋号"绿玉"，又有小斋名"汗竹"；晚岁，曹学佺捐建宛羽楼。有园曰"读易"。

幼从平野先生学。就童试，见唱名拥挤，即弃举子业。消瘦骨立，若不胜衣。与谢肇淛、邓原岳、曹学佺、徐熥、林宏衍、陈荐夫吟咏锦溪竹林精舍，时称"竹林后七贤"。与赵世显等结芝山社；与谢肇淛等结红云社、泊台社；晚年又与曹学佺等结耆社。与曹学佺主闽中诗坛，后进称"兴公诗派"。博闻多识，善草隶书。画甚佳，不肯多作。喜购书、抄书，积书至数万卷，多秘本；有读书之乐。平生目击宋砚不下百数。

母陈氏。兄熥。弟熛。长姐淑，陈氏所出，适谢氏（谢肇淛继母）；仲姐洁，林氏所出，适邹氏。妻高氏。长子陆；陆妇陈怀佩，为陈价夫女、陈荐夫侄女。

次子阿室（早卒）。季子陵，即存永。女，适康彦登庶子孟和，早丧。孙钟震。

隆庆四年庚午（1570） 一岁

七月初二生于南康。

隆庆五年辛未（1571） 二岁

是岁，随父在江西南安府。

隆庆四年壬申（1572） 三岁

是岁，随父在江西南安府。

明神宗朱翊钧万历元年癸酉（1573） 四岁

是岁，父楬为广东茂名儒学教谕。

是岁，王叔鲁生。

万历二年甲戌（1574） 五岁

是岁，父楬，郡教官试复第一。

是岁，曹学佺生。

万历三年乙亥（1575） 六岁

是岁，随父在茂名。

万历四年丙子（1576） 七岁

是岁，父擢永宁令，随父离开茂名往永宁。详下。

是岁，季弟熛生。

万历五年丁丑（1577） 八岁

是岁，随父在永宁。

是岁,陈鸿生;林光宇生。

万历六年戊寅（1578） 九岁

是岁,父棩辞永宁令。

万历七年己卯（1579） 十岁

是岁,兄熿乡试,不利。

万历八年庚辰（1580） 十一岁

是岁,林古度生。

万历九年辛巳（1581） 十二岁

约于是岁,兄熿与谢肇淛往来无间。

万历十年壬午（1582） 十三岁

是岁,兄熿乡试,二不利。

万历十一年癸未（1583） 十四岁

是岁,林春泽卒,寿百有四。

万历十二年甲申（1584） 十五岁

是岁,兄熿长子庄生。

万历十三年乙酉（1585） 十六岁

正月,题《石鼓文墨本》。
是岁,兄熿乡试,三不利。

万历十四年丙戌（1586） 十七岁

是岁,周之夔生、陈衎生、郑邦祥生。

万历十五年丁亥（1587） 十八岁

是岁,始游鼓山,此后十年间,凡二十余度。

万历十六年戊子（1588） 十九岁

六月,过陈椿于山草堂,女大见赠《常建诗集》。

是岁,父橚日为解说《拟古乐府》二三首。

是岁,兄㷍及谢肇淛成举人。

万历十七年己丑（1589） 二十岁

秋,兄㷍及谢肇淛下第。

是岁,作《题绿玉斋》。

是岁,于白沙觅得《戴九灵集》三册。

万历十八年庚寅（1590） 二十一岁

二月,子陆生。

九月,与陈宏己、王昆仲、谢肇淛买舟游鼓山,作《九日游鼓山宴游序》。

是岁,同林应献、林应起、邓原岳、王昆仲、兄㷍游锦溪竹林。

万历十九年辛卯（1591） 二十二岁

八月,兄㷍北上赴考,吐气如虹。

九月,谢肇淛北上春官,作序送之。

九月,父卒,嘱葬东岳。

万历二十年壬辰（1592） 二十三岁

正月,兄㷍奔丧至家。

三月,游方广岩。

六月十三日,出洪江,北行吴中,为父橚乞《墓志铭》。兄㷍作《江上送惟起弟》。

七月初五,买舟由九曲入武夷,遍游武夷诸峰。

八月,抵吴。十六日,买舟东还。

九月十二日,抵家。

九月,跋《荔枝谱》。

十月初三,熥、炡、熛母陈孺人卒,年七十五。

十一月,邓原岳过绿玉斋。

是岁,徐谢肇淛、邓原岳成进士。

万历二十一年癸巳(1593) 二十四岁

二月,与兄熥等登鼓山,经废寺,游喝水岩、灵岩洞。

三月,王叔鲁卒,有诗哭之。

夏,送郑琰之边。与社中诸子过郑善夫墓。

秋,与社中诸子多有集会并倡和。

十月初三,徐氏兄弟祭母,上食,哭声震天。

冬,筑父母坟宫于东岳麦园。

万历二十二年甲午(1594) 二十五岁

七月,熥三上春官,别亲友。炡有诗送之。

冬,王元直以《何氏语林》(缺首二册)见赠。

是岁,为吴雨编《鸟兽草木考》二十卷。

是岁,兄熥在南京为刻《红雨楼稿》。

万历二十三年乙未(1595) 二十六岁

春,兄下第,有书寄炡,炡有诗答之。

八月,与陈椿、邓原岳等集绿玉斋。

九月,江仲鱼导游武夷三十六峰;别兄及诸客,度分水关。

冬,在杭州等地与邓原岳游。于杭州肆中得《麻衣先生易髓》。

冬,入吴兴,访谢肇淛;展孙一元墓;与王鉴定交。又于武林遇郑琰。题《赵承旨东岳行宫碑》《重修吴兴令黄公生祠记》;与张睿卿复汇《太初集》,

重刻之。

冬,与徐茂吴、谢友可、张成叔诸君会集吴门张献翼曲水草堂。

是岁,从陈淳夫求《何氏语林》首二册,促成全部。

是岁,曹学佺成进士。

万历二十四年丙申（1596） 二十七岁

正月,客武林,同郑琰游西湖;苕溪别邓原岳、谢肇淛;途中游钓台、过濲水。

二月,到家。陈价夫之吴门、佘翔之南康、张光大之琼州、了空禅师之金陵,有诗送之。

五六月间,曹学佺往金溪吊座师周明府,社中诸子作诗送之。

七月,与邓原岳等集玉皇阁、邻霄台。

八月,中秋夜邀张愿孺等集揽鳌亭观灯。又作诗送张邦侗、黄景羲。

八九月间,徽人闵龄来隐武夷,有诗赠之。

九月,别驾张昭招集钟山。

是岁,屠本畯撰《闽中海错疏》三卷。𤊶为之补疏。

万历二十五年丁酉（1597） 二十八岁

正月,题《阳春堂五传》。

三月,作《潜虚》题跋。

春,曹学佺将赴京谒选,有诗;赠以《拟古乐府》,作题记。又偶从市中得《光岳英华》。

夏,与兄熥等避暑仁王寺、平远台,过神光庵、西禅寺,憩转华庵;又过傅汝舟墓。为莆田诗友吴文潜题画像。

夏秋间,作《荔枝谱》,闽转运副使屠本畯田叔授诸梓。

七月,作《荔枝杂咏四十首》并《小引》。

秋,与同社诸子过闽王审知墓,赋诗。

八九月间,屠本畯、黄履康分别为𤊶《荔枝谱》作序。

十月,作《田园杂兴》六十首并《序》。

冬,同康彦登、兄熥集屠本畯三层阁。

冬,有古田之役,过郑、林两山人居,雪晴过极乐寺。

万历二十六年戊戌(1598) 二十九岁

五月,题《光岳英华》。

七月,感慨年届三十虚名未立,作《自题画像》。

八月,题《孙太初集》。

九月,作《姬侍类偶》题记。兄熥以《红雨楼集》《闽画记》《荔枝谱》《田园雅兴》寄武林徐茂吴。

九月,与兄熥弟熛等载酒访王昆仲。

十、十一月间,袁敬烈过斋夜谈,有诗;与兄熥等陪屠本畯游仁王寺。兄熥与盐运同知屠本畯倡建的高贤祠落成。

十一月,送屠本畯之官沅陵,自芋江登舟至困关,泣别。

万历二十七年己亥(1599) 三十岁

是岁,侍杨叔向于延津。

正月,作《茶录》题跋。同陈椿游;春夜过林应聘书斋。

春,由琼河泛舟至义溪,宿二孺(陈价夫、荐夫兄弟)水明楼,听雨。

二月,题《常建诗集》;又题《孙太初集》。

三日,上巳,与诸贤禊饮桑溪。

四月,题《孟东野诗集》《闻过斋文集》《槜李英华》《张思廉玉笥集》。

闰四月,从平远台山房瀚上人处乞《寒山子诗集》,归,作跋。

六月,与兄熥考得《高秦仲山水图》高秦仲即高淮,相顾踊跃。

八月,兄熥卒。同社诸友作诗吊之。

十一、十二月间,客游剑州、沙县;于普通寺读兄熥旧题怆然;于兴国寺检《幔亭集》,抚卷凄然。

十二月,借居普通禅林,读黄见庭《题桥记》;除夕,自沙阳抵家。

是岁,友人陈椿(汝大)卒,作《哭陈汝大先生》二首。

是岁,于剑浦作《古庙神书》一文。

万历二十八年庚子（1600） 三十一岁

春,旬日间丧两儿女。

三月,作《分类杜诗》题跋;再题《闻过斋文集》。

春,作《樊川集》题跋。

春,斋居,因怀社中旧友陈椿等,作《怀友诗》并序。

孟夏,应建阳令邀,往修《建阳县志》。作《与黄见庭广文书》。在建阳越五月。

夏,与陈鸣鹤、曹学佺、沈野祭陈椿,作祭墓文。

秋,题《春秋词命》《傅汝金诗集》《傅汝砺诗集》。

九月,谒高贤祠。谢吉卿作《幔亭集序》。

十二月,与曹学佺等往藤山、峬山看梅;游高盖山。

十二月,有文祭碧天和尚。

是岁,作《先姚陈孺人行状》《同陈汝翔曹能始沈从先合祭陈汝大文》。

是岁,致书曹学佺,谋刻《幔亭集》。

是岁,《幔亭集》由清流王若捐金授梓。致书邓原岳,乞为《幔亭集》作序。

是岁,致书王百谷,以为与兄熥友于师资,两者兼尽,作熥《行状》,乞屠氏作铭。

是岁,致书屠本畯,谈及熥好侠喜义。

是岁前后,诗好中晚体。

万历二十九年辛丑（1601） 三十二岁

正月,作《焦氏易林》题记;又题《步天歌》。

花朝,题《灵棋经》。

三月,作《文心雕龙》题记、《虚舟集永福王俌孟扬》题记。

四月,与曹学佺等游鼓山。

五月,题《多宝塔碑铭》《文寿承隶书千字文》《鼓山志》《颜鲁公家庙碑》《文寿承隶书千字文》。

六月,再题《步天歌》。

夏,先后题《伸蒙子》。

八月,朔,将往建州,友人集而送之。曹学佺返金陵,同行;于茶洋驿坐沸雪桥看月,又于建州游黄华杨氏山园。

八月,过建州,购得《王半轩集》,并作题跋。

九月,与曹学佺等登霜潭阁,于建阳别曹学佺,西折,经麻沙,入邵武。

冬,由邵武折回建州,购《陈子上存稿》,作题跋。携《文心雕龙》入邵武,于邵武友人徐梧家见杨廉夫手书一卷。

岁暮,客明州白衣寺。

万历三十年壬寅（1602） 三十三岁

正月初,于四明题《戴九灵集》,往游会稽,有诗;于会稽觅得徐渭所点《古乐府》。

正月中至二月,由绍兴,过诸暨,途中谒骆宾王墓,越黎岭,抵家。

六月,题《多宝寺道因碑文》。

七月,作《〈红雨楼藏书目〉叙》。

九月晦日,友人康元龙卒,为作像赞。

秋冬,与赵世显等结芝山社。与阮自华等游。

是岁,两致书屠本畯,言编燧集,十去其四。

是岁,致书陈志玄,谢其致挽章,及叙其与两兄弟情谊。

万历三十一年癸卯（1603） 三十四岁

正月,值社。陪阮自华司理游石竹山。

二月,集曹学佺园。

三月,上巳,与赵世显等于桑溪修禊;又集西湖、湖庄、塔影园。

四月,集乌石山、竹园。

五月,集西湖澄澜阁。

八月,与曹学佺、吴兆、谢兆申等于荷亭小集。

八月,中秋,阮自华司理大会词人于福州乌石山邻霄台,与会诗人近百人。

九月,与曹学佺、林古度等由琼河泛舟至鼓崎。

十月,与曹学佺往游漳州,过峡江,途中游石竺山、黄檗山;游泉州欧阳詹石室;过同安,往海澄(曹氏往漳州),于海澄会张燮,均有诗。与曹学佺各拓得《虎渡桥碑》一通。

十一月,与张燮、曹学佺、林古度等集漳州顾氏园林。自漳州归。集曹学佺小园听妓。又集罗山法海寺。

十二月,与曹学佺等藤山看梅,宿柯屿;又至竹屿看梅。过华林寺,均有诗。

是岁,读陈仕卿遗诗,作《题蕉雨亭诗》。

万历三十二年甲辰(1604) 三十五岁

正月,集林天迪东第,又集乌石山,均有诗。

正月,题《皇明传信录》《武林旧事》题。

三月,曹学佺返金陵,有诗送别。

四月,题《南村辍耕录》《薛寅父墨迹》。

五月,集塔影园。

五月,作《〈易通〉序》。

五月,与友人王宇参订《金凤外传》,并题之。

闰五月,集玉蟠庄。

六月,作《藏书屋铭》;又题《诸家扇面书画卷》。

七月,作《胡双湖易翼》题跋。

十月,题《蜂经》。

十一月,集风雅堂。

是岁,作《先兄墓碑阴交游题名记》。

是岁,谢杰卒,作《祭大司农谢公文》。

是岁,邓原岳卒,作《同乡合祭邓少参文》。

万历三十三年乙巳(1605) 三十六岁

二月,跋《京氏易学》。

二月,集半岭园。

四月,跋《先君子手书诗卷》《游定夫题跋》。

五月,再题《李文公诗集》。

七月,阮自华司理招宴西湖;陪山阴友人游石竺、海坛。

八月或稍前,致书某友人,追吊黄白仲,并言家事、叙陈伯孺游浦江事。

九月,离家,拟客游吴越。过武夷,游城高岩。九日,过分水关。自开化至婺源。

十月,客游新安,访吴敬甫;郑琰作《半生行》赠燉。作《六书正义纲领》题跋。与王人鉴聚于闇门舟中。

十二月,买舟下钱塘,客武林,偕曹学佺、林古度过吴山云居寺。于尘埃中拾得《全室集》归,作题跋。

冬,购得侯官县孝悌乡美宅里祭酒岭坟地。

万历三十四年丙午（1606） 三十七岁

正月元日,客武林,访钱塘张维成,为维成题《从野堂论语讲义》。人日,过海潮禅院。

正月,过吴兴,登飞英塔、游天圣寺、报恩观,过句容至金陵。于金陵客舍为谢肇淛《谢在杭书太平广记十一段》题记。

春,寓金陵鹫峰寺;与友人集雨花台、竹园、木末亭、安隐寺等。

五月,客金陵,购得《瀛涯胜览》;与曹学佺、林古度兄同观《黄庭经》拓本,作题记;又经由汪仲嘉借得焦竑所藏赵明诚《金石录》,抄录,作题记。

夏至秋初,客金陵,寓鹫峰寺。与友人游金陵京口诸胜。

七月,于金陵曹学佺户部公署题《龙筋凤髓判》。

秋,游燕子矶、楞伽山。

秋,过吴兴,与谢肇淛等游。

冬,题《晋文春秋》、谢在杭所藏《鲜于伯几赵子昂张伯雨书卷》。

冬,从南都归,林志尹饷《艺文类聚》,作题记;题《陆士龙集》、宋板《松陵集》。

是岁,客游金陵,携《唐欧阳先生文集》谋与曹学佺梓之,作《唐欧阳先生文集·附录》一卷;又于谢肇淛案上见《演繁露》。

十月,姊丈谢汝韶卒,代人作《祭谢天池文》。

十二月,除日,过积芳亭。

是岁,《榕阴新检》刊行。

万历三十五年丁未（1607） 三十八岁

正月,题《解颐新语》《顾仲方华阳洞庭图》《文国子真迹卷》《石经左氏传》《黄白仲草书卷》《钱翼之书卷》。

三月,题《仇实父箜篌美人图》《吴门二十家书画》《拟古乐府》《郑继之手书》《杨太史延津八咏》《赵松雪天冠山二十八咏真迹》;作《省心铨跋》。

春,出《家藏扇面手卷》,与谢肇淛共展阅,因忆兄𤊸。肇淛为之跋;作祭高贤祠文。

四月,题《文心雕龙》《啸台集》《顾道行画卷》,跋《谢在杭千字文草帖》。

五月,题《张文潜文集》《林塘幽趣卷》。

夏,跋《郑少谷诗卷》。

七月,题《演繁露》。

九月,题别本《解颐新语》、题谢在杭《朱文公城南二十咏》。作《题儿陆书轩》。

八九月间,与马歘往粤东。途经泉州、漳州、漳浦、云霄、潮州,至惠州。在泉州访何乔远。在漳州访张燮;在漳州驿忆康彦龙与兄𤊸。惠阳江口别马焱,马氏前往端州。

冬,游惠州、兴宁。

十月,次子隆生。

缺名《徐兴公元配高孺人墓志铭》:"男二,长曰陆⋯⋯次曰隆,生甫四十日,母以之卒。"(《荆山徐氏谱·诗文集》)高氏卒于十二月朔(详下),逆推四十日,则在十月。

十一月,游惠州,题《自书普门品救苦经》。

十二月,朔,配高氏卒;岁尽到家。

是岁,作《寄欧阳观察》,并增《唐欧阳先生文集》。

万历三十六年戊申(1608) 三十九岁

正月,题别本《丁鹤年诗》;题《栟榈集》《言史慎余》。上元,与谢肇淛、陈仲溱等集澄澜阁。

二月,题《唐韦庄浣花集》。

春夏间,先是病疟;为儿徐陆娶妇。致书张弢叔。

五月,与谢肇淛、马歘、陈价夫等结红云社,并作《红云社约》。题《罗鄂州小集》。

七月,题《谢在杭家藏王百谷尺牍》《黄白仲西湖放生颂》。谢肇淛等集汗竹烹茗。

八月,与周乔卿、谢在杭、蒋子才及儿陆游鼓山。

秋,出游,过建溪,至浦城。

十月,跋《杜荀鹤唐风集》。

十二月,题《唐三体诗》。

是岁,作《蔡忠惠外纪》。

是岁,得黄用中《鼓山志》遗稿,讨论之,助谢肇淛成《鼓山志》新稿。

是岁,生母林氏卒;林应聘卒。

万历三十七年己酉(1609) 四十岁

正月,作《己酉元日》《寄曹能始参藩蜀中》《元夕词》五首(《鳌峰集》卷十七)。驳达卿所出《蔡氏宗谱》八伪,作记;又为谢在杭题《蔡端明真迹》。

二月,谢肇淛、周乔卿游霍童山支提寺,有诗送之。

斋圃晚菊烂漫,有诗记之;又题宋陈抟《图南易数》。

二三月间,与友人集小斋;又集天香台、冲天台(并在乌石山)、九仙山,有诗。

三月,题《赵承旨吕梁庙碑》。

四月,往武夷,经困溪、建州。

五月,与谢肇淛等游武夷。由武夷入江西铅山,经浙江衢州,前往武林。

秋,在武林,游诸名胜;与友人集紫阳庵、净慈寺,并与黄元枢订柯山之约。

八月,往衢州,游烂柯山;于祥符寺败篋中得《性理群书句解》,题之。

九十月间,客鄱阳,寓干元寺;题《圣教序》。

十、十一月间,游豫章,访喻应奭、朱谋㙔等游。于喻应奭处见《扪虱新话》。

十一月,至临川。题喻宣仲赠《金陵梵刹志》。朱谋㙔以《文心雕龙》校本相示;朱谋㙔赠以《文心雕龙》,于临川舟次题之。

十二月,由江西过彬关、邵武,归,囊箧无鱼,八口有累;书陈荐夫所作《郑郎德彰墓志铭》纳于圹中。

冬,自越归,兄子折祀奁以卖钱,凄然伤之;复置祠奁,作《迁祠奁记》。

是岁,作《小像自赞》,以为虽然无闻,亦不至于见恶。

万历三十八年庚戌（1610） 四十一岁

春,登天秀岩;周之夔过宿,舍竹房。

二月,题《曹娥庙碑》《九成宫醴泉铭》;又跋《皇甫君碑》。

夏,与林应起等游石松寺;作《题幔亭图》;陈伯儒见贻《林膳部鸣盛集》,题之。

五月,手自抄录《薛涛集》,题之。

六月,题《两汉诏令》;又题《温公稽古录》;考《瘗鹤铭》,跋之。

夏,致书费学清,叙费《甲秀园集》中有诗见赠。

七月,题《张骞乘槎图》。

八月,游鼓山。

秋,喻政知福州,有诗上之;喻政过草堂,有诗谢之。

冬,病,病起。

十二月,为夷候题《基公塔铭》。

冬,致书屠本畯,言参与《福州府志》编纂,为之立传,并为其所撰《茗笈》作小引;致书王元祯,谢其将㶿事迹编入《词林》;又忆及万历二十二年（1594）㶿于金陵为㶿刻《红雨楼稿》事;王氏似有意为之刻集,㶿以为有待于他日。

是岁，致书徐令、唐令。又致曹学佺，言未能应邀入蜀，由于参纂福州郡志之故，并向曹氏索要《蜀志》。

除夕，江西新建喻应益来游，邀于风雅堂守岁。

是岁，作《江仲誉〈余波草〉序》。

是岁，长孙钟震器之生，作《为长孙命名离合诗》。

是岁，赵世显卒，有诗吊之。

是岁，陈荐夫卒、陈益祥卒、佘翔卒。

万历三十九年辛亥（1611）　四十二岁

正月，与喻应益等游集。

二月，与诸友集湖上；张燮自漳州来游，访绿玉斋。

三月，与张燮等集施将军公署，燮将归漳州，送之。

春夏间，有诗题喻叔虞久山书屋；叔虞归赣，致书其兄宣仲。

五月，题《玄秘塔碑铭》。

秋，有书致屠本畯，言请喻政为其刻《茗笈》，并赠新刻《蔡忠惠别纪》。游福清。

八月，谢肇淛新筑泊台成，招游，与会者十五人，人拈二韵。

八月至九月，与谢肇淛、陈鸣鹤、王昆仲、林元达、叔宝等游方广岩，便道谒宋陈襄、王俦故居及陈襄古灵祠。于永阳（今永泰）丸天岩怀陈履吉。

九月，与谢肇淛、马歘、郑正传（嗣真）、吴雨（元化）、周千秋（乔卿）等游圣泉寺。

十月，游雪峰寺，作《游雪峰记》及诗。游鼓山，谢肇淛又邀游白云洞，未果。

是岁，作《曹能始〈石仓集〉序》。

万历四十年壬子（1612）　四十三岁

正月，与谢肇淛等游宿猿洞。

春，与谢肇淛题喻政《陟岵卷》；与诸友集积芳亭。

三月,桑溪禊事。

四月,与谢肇淛等游寿山、九峰、芙蓉诸山;又集越山庵。

夏,游瑞云新塔,谒郑侠祠;致书黄若木,言《茶书》已编成;又致超尘上人,言校《古今韵注》。参撰谢肇淛《永福县志》。

八月,题《诗韵要释》。

秋冬,与长溪张大光、温陵何乔远、顾彦白(王慎中外孙)、清漳张爕游。

闰十一月,题曹学佺《蜀中画苑》;又作《为周九倩题周文姬尺牍》。

冬至,题《金精山志》。

十二月,陈翼飞挂冠归,见访。除夕,与陈翼飞镜澜阁浮白赋诗。

是岁,书《重建罗山法海寺碑铭》。

是岁,为长子陆构小轩于荔枝树下。

是岁,陈荐夫、吴雨(元化)卒。

万历四十一年癸丑(1613) 四十四岁

春,小构书轩。

三月,题《杜工部诗》、为敖清江题《古文短篇》。

春夏间,致书林天会,评其诗,并选其《越王台怀古》诗入《闽都记》。

五月,装订并题《先君交游录》。

八月,集具美楼。

冬,子隆卒。

十一月,安葬考妣于祭酒岭;生母林氏祔焉。作《祭酒岭造成坟记》。

十二月,作《刻〈淳熙三山志〉后跋》;览燫所批点《文选纂注》,不胜伤悼,题之。

冬,作《寄王百谷》;又作《答陈元朋明府》,意欲寄食他邦。

是岁,永福令唐学仁擢杭州,作序送之;又作序赠袭别驾署永福印。

是岁,在漳州与黄道周把臂论心。

万历四十二年甲寅(1614) 四十五岁

正月,作《〈三友墓祭扫约言〉序》。

四月,与弟熛伐石表阡,陈鸣鹤作《三友墓表》;群从子侄谒曾王父三友墓,并作《谒王父三友墓志感》;征友人作《三友人墓诗》。

四月,施正之将军招饮福清镇东,因游瑞岩、鳌江塔、灵岩。

四五月间,往泉州与何乔远等游;过同安;往漳州与张燮等游。

夏,自漳州过泉州归。

八月,幼子陵（即延寿,字存永）生,作《为寿儿命名字离合诗》。

秋,陈价夫（伯孺）卒。

秋冬间,与何乔远子舅悌游。

十月,题《汤尧文书指》。

十二月,与吴运嘉、喻应益等游集。

是岁,邓原岳、陈伯孺入祀高贤祠,为作祭文。

是岁,南昌王孙朱爵仪、秀才李克家雠校《蔡忠惠公集》,并《外纪》刻之。

是岁,郑琰卒于真州。

万历四十三年乙卯（1615） 四十六岁

春,与吴运嘉、曹学佺等游集。

二月,倪柯古贻《汤尧文书指》,再题之。

五月,宋珏过访。

九月,题《横浦集》。

残冬,有老态之感,犹幸梦笔未还。

是岁,汇辑陈价夫遗文。

是岁,有书复张维城,论私人积书及诗本于《六经》。

万历四十四年丙辰（1616） 四十七岁

正月,集塔影园、法云寺。

元月至二月间,集挂月兰若。

二月,偶患沉疴,卧于山斋。庸医误投药,死而复苏者四。

三月,初六,长子陆卒,年仅二十七;陆子钟震,时方七龄。

四月,作《和孟麟留春》隐约伤叹儿陆。

五月,大水,作《大水谣》。又题《汉泰山都尉孔宙碑》。

五六月间,倭犯,作《避倭行》,以为倭犯为互市不通所致。

七月,与谢肇淛、陈鸣鹤、王昆仲待潮白龙江上,次岐山寺,拟游永阳(永泰)。

八月,与谢肇淛、陈鸣鹤、王昆仲游永阳。

秋,访曹学佺石仓园。题《李阳冰城隍庙记》;法雨上人来访,出画菊索题为别。

冬,游城内万岁寺、定光寺;除夕,感叹来日无如去日多。

万历四十五年丁巳(1617) 四十八岁

正月,集风雅堂、塔影园。

春夏间,伤张燮丧子,同病相怜。

五月,作《蔡忠惠年谱》;又为倪柯古题《傅木虚丁戊山人诗卷》《陶云湖嘉蔬图》。

六月,为倪柯古题《文衡山册杂画册》《沈石田别意画卷》《文待诏尺牍卷》。

夏,为倪柯古跋《郑少谷诗卷》;又题《文太史仿宋四家字卷》《啸台集》。

九月,题《文氏父子书画卷》。

秋冬间,经罗源、宁德,张大光(叔弢)出三十年前从惟和处所购宋砚。游福安,寓龟湖寺;谒薛令之堂,拜法雨上人影堂。

是岁,陈价夫长孙、孙女俱以痘殇;价夫原配周孺人卒,为作祭文。

是岁,陈第卒、林世吉卒。

万历四十六年戊午(1618) 四十九岁

春,与曹学佺等集书带草堂;过邓庆寀新园,题之。

夏,经延津、沙阳,游清流、宁化;曹学佺同行。

七月,题《南唐近事》。

秋,集邓道协石林;宿曹学佺听水阁。

冬,与曹学佺、陈宏己等七人集夜光堂。谢肇淛参藩滇南,送至南昌;寓南昌上蓝寺,并于喻应蘷斋中守岁。

万历四十七年己未（1619） 五十岁

正月二日至元夕,在豫章与友人频繁游集;并游城内外名胜。

二月,南州喻应蘷赠《扪虱新话》,题之。

春,在豫章与友人频繁游集,与竹林社社友倡和。出南州,游麻姑等地,归。

夏,有诗呈曹学佺喜涌泉寺重兴;与曹氏过马江。游鼓山喝水岩、水云亭;喻应蘷、张燮等过集绿玉斋,陈鸿过鳌峰山居。

七月,初度有诗;集平远台。

八月,集曹学佺山池因宿夜光堂;社集,谈辽事。

十月,启程之滇依谢肇淛。别家,宿曹学佺石仓园,发洪江,经白沙,过困溪,林春秀等访于舟中。沧溟上人与燸同行入滇。

冬,往滇,途中经还城、贵溪、新喻、宜春、长沙、湘江、常德、桃源,至辰阳得谢肇淛书知黔中疾疫盛行,遂返。

残冬,自辰阳归,途经小镜湖、湘南、袁江、豫章;除夕,盱江舟次。

是岁,倡建亭榭,修九仙观、玉皇阁;作《九仙观建阆风阁疏》。

是岁,为江仲誉作《〈火后稿〉序》。

是岁,募千金为修复神光寺。

是岁,林春秀卒。

万历四十八年、泰昌元年庚申（1620） 五十一岁

正月,游滇不果,至楚而返,本月由盱江经南城、邵武、困溪,抵舍。

二月,题《题闻莺馆社集诗》。

二三月,集宿曹学佺浮山堂、泛舟夜光堂集高景倩斋中;湖上社集,集亦园、薛氏园、镜澜阁、绿玉斋;题《子实遗稿》。

四月,曾用晦招登平远台。

夏,集绿野亭、平远台。

七月,集邓庆寀斋。神宗薨,停社。

八月,再集平远台;米彦伯过山斋。

秋冬间,往福安修《志》;《志》成。游黄岐、支提、霍童,过崔征仲问月楼,谒薛令之墓。

冬,作《与王永启督学》,以为改元用"天启"之名欠妥。

天启元年辛酉（1621） 五十二岁

春,读《南溪诗话》,并题记。

二月,借抄古本《华阳国志》,题记;观兄熥诗卷,不胜人琴之痛,并题《伯兄诗卷》。

闰二月,𤊻书熥哭林异卿诗,并作题记。

九月,作《九日石仓登高喜在杭自滇中迁粤西宪长至各赋五言古风分得某字》诗（诗佚,题笔者所拟）。

天启二年壬戌（1622） 五十三岁

二月,林宠赠《张秘阁誓愿疏》,并有记;回赠东坡《马券》及米襄阳《龙井记》。为婿康守廉题《彭道士画》。

三月,为倪柯古题《王子北征卷》。

八月,题《韩子五箴宋李寂小篆》。

是岁,作祭表兄陈茹谷文。

天启三年癸亥（1623 ） 五十四岁

二月,作《重修法云寺募缘疏》。

四月,曹学佺往游湘桂,送至邵武。

夏,跋《林竹窗诗集》。

六月,题《临川王先生荆公文集》。

秋,题《谢子像诗》。

九月,与林宠、陈鸿、李岳、陈衍展阅倪柯古藏《澎将军忠义堂记》,并有题记。

是岁,购《国史补遗》,并有题记。

是岁,钟惺父卒,作《祭钟封君文》。

天启四年甲子（1624） 五十五岁

四月，题《听竹轩卷》。

夏，上海潘汝一赠《诗韵辑略》，并为之记。

九月，再题《谢子像诗》；作《〈林初文集〉序》；又作《林初文传》。

十二月，与同社友修香醴，致奠于陈鸿之母姚孺人灵前，并作《祭陈母姚孺人文》。

是岁，作《寄林古度》，叙及古度曾为《林文章传》增益，不满之意溢于言表。又有书答林古度，并叙平生交谊。

是岁，作《神光寺建钟鼓楼募杉木疏》。

是岁，浦城觉浪禅师之父张某访于鳌峰之麓，成莫逆。

是岁，作《亡儿行状》。

是岁，谢肇淛卒、郑邦祥卒。

天启五年乙丑（1625） 五十六岁

正月，撰《中大夫广西布政使武林谢公行状》。谢公，即谢肇淛。

七月，送南中丞至建州；于建州书肆购得杨让（荣子）所藏宋淳熙本《左传》，题记。又送至武夷；又过建阳，刻《鳌峰集》前4册。滞留两月。

八月，关中南居益为煓《鳌峰集》作序。

十月，为友人作《水仙》画并题五古诗一首。此画曾为清季长乐梁章钜所得。

十二月，作《答何金阳明府》，论新刻邵武严羽《沧浪集》、黄镇成《秋声集》，并赠《鳌峰集》4册。

是岁，作书致原古田令李苇泉，谈弟熛及子、侄、孙近况。

是岁，作《祭陈伯孺元配周孺人文》。孙及女孙俱以痘殇。

是岁，叶向高夫人俞氏卒，作《祭福唐叶夫人文》。

天启六年丙寅（1626） 五十七岁

春，曹学佺重邀游粤西；作《寄曹能始》答之。

四月,重装裱《空江秋笛卷》《宝月楼卷》,并分别为之题记。

夏,忆购建安杨荣书颇多,并题《野客丛书》《避暑录话》等。

十一月,应崇仁令崔征诏之邀抵崇。

岁尽,客崇仁。

是岁,鬻田数亩,以竣《鳌峰集》。李埈赠诗扇、墨刻、名香;赠李埈《鳌峰集》4册。

是岁,曹学佺寄见怀诗,并邀入粤西;贫日益甚,至鬻《廿一史》为饔餐之计费。

天启七年丁卯（1627） 五十八岁

正月,客崇仁,访雪迹祥禅师于普安古寺,观《怀素圣母帖》,作题记。

二月,于江西抚州之崇仁,访得嘉靖版《环溪诗话》,作题记。

春,在崇仁致书彭次嘉,论当今诗坛,称𤊶为海岳之精英,人中之麟凤。

四月,自崇仁抵家。臂发毒疮,伏枕阅月。

夏,于建州淹留两月。

春夏间,游归。曹学佺过绿玉斋小坐,喜幼郎存颖（即延寿）。

夏秋间,与曹学佺、马季声、林懋礼、林异卿、黄三卿诸子谋兴复福州西禅寺。

冬,与曹学佺、林异卿宿白云廨院。

是岁,致书叶向高论《闽王墓诗》。

是岁,致书曹学佺,论《谢在杭行状》未敢曲笔。

是岁,邹氏仲姊卒。

崇祯元年戊辰（1628） 五十九岁

夏,与曹学佺等登于山避暑。

冬,黄道周为𤊶写照,曹学佺有诗嘲之;曹学佺又作《答兴公》。

十二月,代人作《〈萍合社草〉序》。

是岁,邓庆寀自南京归,编就《还山草》;𤊶与曹学佺、陈肇曾为之序。

是岁,邓庆寀《荔枝谱》编定,并为𤊶《荔枝咏》作《识语》。

崇祯二年己巳（1629） 六十岁

正月，与陈仲溱、曹学佺、安国贤、林嘉、林云翔及子存永等会葬兄爌，并作《先伯兄安葬鹿坪山承诸友会送答谢》二首。

四月，邵捷春北上次建州，有诗怀之。

七月，六十寿辰，张明甫绘图以寿，曹学佺作寿序；寄《鳌峰集》于周之夔，周寄诗祝寿。

十一月，偶游樵阳，谒阮郡伯，假馆郑四有，作《邵武重创宜阳庵募缘疏》。

十二月，曹学佺有诗怀之。

崇祯三年庚午（1630） 六十一岁

正月，陈鸿有诗咏绿玉斋。与曹学佺送王尧臣；又与曹学佺等送春。

四月，重游雪峰寺。

八月，中秋次夕，大社。有启。

秋，长女病卒；弟爔又逝。

十月，作《题名章汇玉》。

十一月，跋《周祠部宜秋集》。

是岁，录郭崖遗篇，付曹学佺梓之；并作《〈镜湖清唱〉跋》。

是岁，龙溪张燮作《寿徐兴公先生六十一序》。

崇祯四年辛未（1631） 六十二岁

正月，与曹学佺等过真公禅房。

二月，为陈鸿《秋室编》撰序。

四月，谢氏姊卒，年八十七。

九月，携孙器之游鼓山。陈一元开社，演《彩毫记》，与茅元仪等观剧。值社。

十月，送茅元仪。

十二月，传帖社友梅坞看梅。二十二日，何乔远卒。

按：十二月二十二日，公历已入 1632 年。

是岁，黄居中为《徐氏笔精》作序。

崇祯五年壬申（1632） 六十三岁

正月，作《寄雪关长老》（诗佚，诗题笔者所拟）。

二月，花朝作《盛桂海诗叙》。

七月，朔日，诞辰日。值社九仙观。

八月，题《廖世昭越坡稿廖世昭师贤》。

九月重阳，作《重葺喝水岩庵募疏》。

十、十一月间，集曹学佺西峰草亭。

十二月，客古田，访张文钧叟。作祭同宗兄徐昇宇文。

冬，邵捷春捐资刻《徐氏笔精》，工竣，为之作《序》，称𤊹名噪天下。

是岁，大中丞熊文灿去福建任，作《大中丞熊公平远台勒功碑》。

崇祯六年癸酉（1633） 六十四岁

正月元日，曹学佺、雪关禅师过绿玉斋。又集陈泰始斋、杨德周山斋。

四月，申维烈招集乌石山；曹学佺开社西峰草亭；与文启美集邵捷春冶园。题《何氏语林》。

五月二日，集郑汝交河上观竞渡。

七八月间，四明管万里过访。

九月，林古度自金陵归，曹学佺招集西峰草堂。林古度过访，赠诗。集神光寺；望后，社集。林古度过山斋。柴吉民过访，贻《涉泗草》。

十月，与林古度游。多有倡酬。

十一月九日，集半塔轩、松云馆、湖上。

十二月，望日，曹学佺初度，演《蔡端明传奇》；陈玄度等集园中看梅。

是岁，林应起卒。

崇祯七年甲戌（1634） 六十五岁

正月，陈一元、倪柯古等集龚克广宅观迎春；集陈一元宅听曲；李长源招宴。腰痛。

二月，花朝，与安荩卿集山意堂；于蒹葭堂送陈善。

三月，腰痛不愈。颜继祖寄赠《三垣奏议》《红堂集》《双鱼集》；与邵捷春等访万岁寺静庵上人；与曹学佺等访永觉禅师。

四月，浴佛日集漱石山房；吴中顾君药、吴伯明来访；又福清、古田二县县令来访。建安常乐寺立础基，为之作《说》。

五月，与邵捷春等台江观竞渡；访永觉禅师（元贤）。观宋砚古墨。

六月，集邵捷春园亭；四明应皋过访，赠诗。

七月，六十五岁生辰，与曹学佺、邵捷春、陈仲溱、柴一德、倪范集邵园，曹等赠诗，因一一次韵。忘机道人、杨德周先后过访。

八月、闰八月，杨德周再过访；郑煨招集山亭；吴门沈颢赠诗、画；同曹学佺等登鼓山，宿永泉寺。

九月，出郭访周夔。

十月，曹学佺捐资助构藏书楼——宛羽楼落成。诸社友有赠诗。

十一、十二月间，章岵梅、万献之、姚公路先后过访；同邵捷春过华林寺、越山看梅；福清令费冲玄古田令杨德周招宴，杨赠诗；汤和生令南康，因忆生于南昌，而今双鬓如银。

十二月，集龚克广宅。

是岁，重装陈暹手抄《步天歌注》，并跋其后。

崇祯八年乙亥（1635） 六十六岁

正月，曹学佺、邵捷春过访，小酌。同集邵捷春园；招友人集宛羽楼。

二月，清明洪可远邀集山房赏花观火树。

三月，上巳，携存永往建州谋刻书，曹学佺、邵捷春赠诗。至建州，先后访瓯宁令詹月如、建安令王马石、建阳令沈弁丘、广文邹铨；詹月如招饮叶园。

春，患疟，弥月乃愈。有老病之叹。致崔世召，谈及谢肇淛身后景况。

四月，在建州。于地藏寺访黄海石，访陶光庠并观宋北苑御泉亭碑，访解鹤浦司理，访永安寺善资上人。

四月，有书信及著作寄赠江伯通。

五六月间,在建州。李天峻招饮元美堂,憩芝山开元寺。永觉禅师过建州,访之于南禅寺。拟再访,为雨所阻。与建安令王马石、瓯宁令詹月如先后集丹青阁;与邹铨游梅岩。

六月,周之夔作《〈弃草集〉序》,论及徐㶿。

七月,在建州。望前,詹姬来访;望夜,戴宪明邀集美人,诸友人听姬度曲。

八月,送林古度返金陵。詹月如招饮黄花山,王马石招集君子楼玩月,又集黄苏门啸阁。

八月,曹学佺与张子金至宛羽楼。

九月,在建州,同戴叔度等登陆梨山,谒李频庙;与詹如月等登君子楼,与叶我宾等集光孝寺。

秋,经建阳,游武夷,存永陪侍,宿万年宫。于武夷访托名吕志纯学道者,又访周隐者,卜隐武夷,未成。

十月,在建州。有书致解司理请其为隐者吕志纯护法;又有书及儿孙二刻寄戴波臣。

十一月,在建州。作《题印灯》。小雪日杨韵仙招集永安寺。

十二月,归,附叶枢舟至建阳,访建阳令沈弅丘;复过建州。二十三日至家。

岁末,囊空,曹学佺借其百金,方能卒岁。

是岁,为黄州樊山图《砚谱》作《序》。

是岁或稍早,助樵川名鸿祚者归舟之资。

是岁,陈一元卒。

崇祯九年丙子（1636） 六十七岁

正月元日,曹学佺等集宅。小介王二于初五卒。

二月,足风痛,不能行走。

三月,有漳州之行。

四月,与邵捷春等游鼓山涌泉寺。

五月,为陈价夫《招隐楼稿》作序。邵捷春邀集同社诸子及全姬避喧乌石王园;又集魏仁者园亭,徐㷆诗先就。

五六月间,曹学佺邀集闲弈楼。

七月,作郑善夫全集序。初秋,曹学佺见访。

八月,与王而弘等游鼓山。为冯梦龙作《寿宁冯父母诗序》;致书冯寿宁,索《古今谭概》。

九月,与曹学佺等集龙首亭。

十月,同曹学佺看菊。

十二月,所积书为人盗去甚多。

岁杪,小孙病。有书致漳州张燮、王志道,拟于明年初春往建州谋刻文集。

崇祯十年丁丑(1637) 六十八岁

正月,曹学佺过访,作诗慰其积书被盗;陪曹学佺至龙首亭。

二月,过访曹学佺,并与黄元常、曹学佺游西湖。

三月,之建州,孙器之随行;晤永觉禅师,并与之倡和。

四月,在建州,遇惕若上人,为作《化戒衣疏》。拟往武夷,淫雨溪涨,滞匝月,归。曹学佺等社友集绿玉斋,听莆阳游元藻谈流寇。

五月,邵捷春有事相托,买舟东下。

七月,读书不厌,曹学佺赠诗;与曹学佺等集雍伯舆挥使北楼。

八月,与王伯山、陈惟秦、陈振狂、董崇相、马季声、杨稚实、崔征仲、曹学佺结"三山耆社"。

十一月,社集古杏轩;与陈衍等看梅,观画图墨梅红梅各一轴。

十二月,与曹学佺、陈鸿等往陈昌箕冶园看梅。

是岁,曹学佺作《宛羽楼记》。

是岁,高景卒、林叔学卒。

崇祯十一年戊寅(1638) 六十九岁

正月,有书致冒辟疆。

花朝,作陈衍《〈大江集〉序》,并论及陈、徐五世笔砚之交。

四月,避谗,出游浙江,曹学佺有诗送之;临行,为学佺醉竹亭画壁。

五月,有书致原建安令王士誉;士誉已调粤东。

夏秋间,游浙,存永侍;于杭州逢舒弘慈,舒将逢赴兴化任。与武林郑梦丝饮张卿子斋头。

秋,携子延寿瞻礼普陀;往东山访谢寤云,不遇。

冬,由郯城、山洛而至济南城下,有致书颜继祖中丞。作客青齐,实不得已。颜赠还乡之资斧。值房氛报警,济南失守,几作刀下之俎。又由济宁闸口而归。后于吴门度岁。

冬,于秣陵致书冒嵩少,叙往历城原委始末,请其为宰沙邑之亲说项,为刻文集,并乞七十寿诗。过嘉禾,嘉禾守赠资斧,仅得免。

是岁,曾孙汝宁生。

崇祯十二年己卯（1639） 七十岁

春,友人陈衍有诗怀之。与子延寿访钱谦益于拂水,搜所藏书,并相约读书山中。钱谦益有诗相赠。又于毛子晋家见宋板许氏《说文》。由吴归家。

春夏间,抵家,落魄不堪。立夏前二日社集,感叹时事。

四月,与社友追和《辕门十咏》。崔世召卒,作祭文。

七月,秋热,与曹学佺等纳凉灵山。七十诞辰,曹学佺作《奉贺兴公社长七十诞辰序》,钱谦益有赠诗。延寿《潮音草》初成。论曹学佺《明诗》泛漫无统。

八月,中秋,曹学佺等集宛羽楼。

九月,致邵捷春,历叙出游艰辛,希冀邵为之刻《鳌峰文集》;求搜蜀版,并论书籍装裱。

秋,又题《周祠部宜秋集》。

十月,有书致林古度。古度年六十,赠之诗;𤊽年七十,乞寿序;论古度诗赋。

十月,入漳州吊颜中丞;又欲往潮阳,因漳浦寇起小刀,不果行。

十二月,于漳州访张燮;又作诗二首题扇头赠黄道周,又以儿孙所著书数种附赠黄道周。

是岁,为曹学佺《凤山郑氏诗选》作序。

崇祯十三年庚辰（1640） 七十一岁

正月,客漳州。致书杨南仲,谈及张燮议梓《唐贤七十二家》,熵亦预校雠。致林道鲁,盛称漳郡文风。

闰正月、二月,客漳州。拟邀难名潜能师主鼓山。

二三月间,离漳州,回会城。

三月三日,张燮卒。初六抵舍,百事丛脞。曹学佺来宿宛羽楼信宿,并与诸友小集。作《〈日鉴篇小〉引》。

春夏间,陈衎为题画马于扇头。

四月,作张燮祭文,并致书张燮弟烃叔。又致书邵捷春,感叹未必能老死于太平之世。

五月,致书崔殿生,因忆其父崔世召。又致张烃叔,谈张燮万石山房易主及刻《初唐四杰集》。题《事物纪原》。

五六月间,致书林若抚,谈及郑思肖铁函。

六月,致书邵捷春,希冀建宁太守汪仙友为刻《武夷志》。与曹学佺等集安荩卿邸舍。

七月,致书池直夫,悼张燮,叙说《说郛》刻印及体例;诞辰,心中似有不平者,曹学佺赠诗慰之。

八月,致书黄帅先,欲买武夷常庵一区为终老之地;宛羽楼看月。

十月,致书杨德周,追悼亡友张燮,感慨其所刻书未能终事;又叙及曹学佺编选《明文集》。又致周爰灿,叙及曹学佺散财为盐商事。曹学佺过宛羽楼,曹因宿舍焉,有诗记其事;并为作《题高漫士〈汉阳云树图〉》。

十一月,访曹学佺,曹有答诗。有书致曹汝珍;又致王思任,并《鳌峰集选》,求王思任作《七十寿序》。有建州之役,先至剑津、富沙,后往建州、建阳,至次岁八月方归。

是岁,抄《唐子西集》;为谢兆申作《〈谢耳伯初集〉序》。

是岁,林古度之兄林懋卒。

崇祯十四年辛巳（1641） 七十二岁

正月,作《题许天开诗》。

二月,在建州,致书黄帅先,论《武夷志》。

三月,寓建州。在建阳搜秘籍。拟往武夷。

春夏间,在建州、建阳,致书胡檗山,胡氏请其作序。

四月,致书黄石公,有意卜居武夷,希冀为赠草堂之资。

五月,乃在建州,廿六日下延平。

六月,在剑津,致书朱亦世,忆念昔年游樵（邵武）及樵友。致书某某,感叹儿孙空守一经,生计日拙;致书觉浪禅师,题诗扇头赠之;萌生隐居武夷之念。

七月,至崇安,寓护国禅寺。又致一丘道人,言三山米贵如珠,几酿大变。

八月,望后抵家。因秋七月飓风为灾,南北城大楼柱一时断折,不得不归。

九月,家居。与漳州太守曹元宰等少坐曹学佺三石亭;曹学佺等来宛羽楼,对菊迟曹元宰;又与曹学佺等集西湖;曹学佺等来宿斋头。

十月,孙钟震入漳求试儒童。致吴光卿,叙儿孙科考。

十一月,作《雪峰法堂疏》,并叙与雪峰寺有缘。

十二月,曹学佺来宛羽楼看梅。往自性上人房看梅。

是岁,追叙与谢兆申情谊、为其集作序事,而谢全集竟无一处兴公姓字。

崇祯十五年壬午（1642） 七十三岁

正月,有书致汪然明,谈及歌姬茂生返困溪,题诗于其画之上。

二月,致书吴光卿,言东南饥馑,寇盗间发,米价腾涌;又致赵孟迁、一丘道人、杨参知,以为天下事诚可虑也。

三月,于鳌峰之麓见访者万印角;致汪然明,叙胡茂生校书来三山寓其楼,为选诗并重梓之,疑亦为之作诗序;又作一歌呈汪（今佚）。

四月,致书某某,言去秋自武夷归,偶沾小恙。

五月,致书林若抚,附存永《将车草》及孙近刻。致书毛晋,论《十三经注疏》锓版，并附儿孙近刻。

五六月间，与曾异撰等集郑邦泰补山。

七月，诞辰，曹学佺为作《寿徐兴公》。曹学佺等来绿玉斋；陈衎于绿玉斋画竹。与曹学佺集三石亭开社，作《花烛诗》（今佚）嘲学佺纳姬。致书杨南仲、李公起、赵西星，屡称老衰。作《万印角〈游闽草〉序》。

七八月间，致书刘万松，并作二律赠之（诗佚）。

八月，抱疴，兼以跌伤，足臁溃烂。致书裴翰卿。

八月至十一月，致书李又玄，论诗文一道，并云为天台校书胡莲（茂生）选诗并梓之。

十一月二十五日，卒。

徐钟震《先大父行略》："先大父生于隆庆庚午年七月初二日巳时，卒于崇祯壬午年十一月廿五日午时，亨年七十有三。"（《雪樵文集》）

按：曹学佺《挽徐兴公时予在困关》："词场领袖失三山，所恨存亡一水间。独抱玄真归洞府，空余大翮落人寰。平安两日无书至，恸哭千秋有梦还。老泪有如冬节洞，秖将呜咽当潺湲。"（《西峰六九集诗》）《列朝诗集》丁集下作《挽徐兴公壬午冬》。

又按：《荆山徐氏谱》："（㷆）生嘉靖四十二年癸卯七月二十一日辰时，卒崇祯十二年十三日卯时，寿七十七，葬祖坟右畔。"此谱生卒年均误。生年详隆庆四年。兴公亦不可能卒于崇祯十二年（1639），详崇祯十二、十三、十四及本年。兴公享年七十三而非七十七。

是岁，陈宏己卒。

崇祯十六年癸未（1643） 殁后一年

春，曹学佺作诗怀之。

曹学佺有《春首社集感怀》："社家寥落不成欢，虽是芳春似旧残。旧雨已将消息断，新诗那得递相看。"（《西峰古稀集诗》上）

按："旧雨"，陈宏己、徐㷆均卒于去岁。

曹学佺有《寄茂生兼感兴公逝世》《过兴公偃曝轩与陈次韦作》（《西峰古稀集诗》上）。

是岁,曹学佺弟能证卒。

清世祖福临顺治元年（1644） 殁后二年

是岁或稍晚,曹学佺为徐𤊹撰《墓志铭》。

徐钟震《先大父行略》:"先大父捐馆之明年,海内同人,寄诗哀挽。四明杨南仲先生贻书云:'有道碑铭,定属能始观察;或传或诔,吾辈分任之。俟公郎哀状成也。'"(《雪樵文集》)

明唐王朱聿键隆武元年、清顺治二年乙酉（1645） 殁后三年

是岁,周亮工为陈衎撰墓志铭,言及徐𤊹,延寿有诗记之。

徐延寿《周元亮先生为陈磐生郡丞撰墓志中言及先人感赋》二首(《尺木堂集·七言律诗》二,钞本）

顺治三年丙戌（1646） 殁后四年

是岁,清兵入会城,曹学佺自缢死。

顺治四年丁亥（1647） 殁后五年

是岁,徐延寿作长篇五律《大宗伯曹能始先生挽章一百八十韵》(《尺木堂集·五言排律》)以吊曹学佺。

顺治五年戊子（1648） 殁后六年

是岁,钱谦益读𤊹所作《林初文传》。

钱谦益有《观闽中林初文孝廉画像读徐兴公传书断句二首示其子遗民古度》(《有学集》卷一）。

是岁,陈鸿卒,年七十二。徐存永董诗人陈鸿、赵璧合葬事。

清顺治七年庚寅（1650） 殁后八年

春,徐钟震、陈肇曾当社,集四十多人于宛羽楼;时会城尚无凋敝匮乏之象。

顺治十年癸巳（1653） 殁后十一年

是岁，延寿子钟咸生。

顺治十三年乙未（1656） 殁后十四年

是岁，北骑南来，会城竟成灰烬，徐氏宛羽楼亦舍佛作祇园，昔日宾朋从容吟咏品题已不可得。

顺治十七年庚子（1660） 殁后十八年

是岁，徐延寿踪迹辽邈；钟震家室飘飖。游子翔为徐钟震《九哀诗》作序，称钟震诗可登海内巨公之坛，为闽骚流之冠。

顺治十八年辛丑（1661） 殁后十九年

是岁，徐延寿与王士禛定交，士禛赠以诗。

清圣祖玄烨康熙元年壬寅（1662） 殁后二十年

是岁，延寿举家出闽，赴湘，客死善化。周亮工作诗哭之。

康熙四年乙巳年（1665） 殁后二十三年

是岁，林古度卒，年八十六。

附：徐𤊺生卒年考

　　作家生卒年的问题,对研究古代文学是不是很重要? 这种重要性,有时看不大出来,有时则看得比较清楚。如本文研究的对象徐𤊺,说他生于明嘉靖四十二年（1563）或隆庆四年（1570）,对研究晚明闽中诗坛重振风雅,可能会导致不太一样的结论。《明史·文苑传》说曹学佺、徐𤊺继郑善夫而起复振闽中风雅,谢肇淛和邓原岳和之。经严密考证（详下）,徐𤊺生于隆庆四年（1570）,根据年龄排比,辅以其他的论据,笔者认为晚明倡导复振闽中风雅的是邓原岳和徐熥,谢肇淛和之,徐𤊺和曹学佺虽然也发挥很大作用,但不是首倡者。万历二十年左右,邓原岳和徐熥都已经三十多岁,无论是创作还是诗歌理论的见解都相当成熟,而徐𤊺和曹学佺不过二十岁左右,刚刚步入创作之年,尚缺乏资格、也没有足够的能力在一个很有诗歌传统的地域倡导一种诗风。如果论定徐𤊺生于明嘉靖四十二年（1563）,那么和他的长兄徐熥仅差两岁,我们研究的结论可能就不一样了。① 再说,徐𤊺的卒年,一种说法是卒于弘光元年、即清顺治二年（1645）,那么,他就是南明诗人或明遗民诗人了;我们说徐𤊺卒于崇祯十五年（1642）,是一位晚明诗人,情况也是不完全相同的。

　　作家的生卒年,是研究中国古代文学经常碰到的一个问题。作家的生卒

---

　　① 对《明史·文苑传》复振闽中风雅的辨证,详笔者:《〈小草斋集〉序》,点校本《小草斋集》,福建人民出版 2009 年版,第 3—7 页。

年，无非有四种情况，一是早已定论，无可怀疑；二是无从考证，生卒年不详；三是多种结论并存，目前尚无定论；四是多种结论曾经并存，经考证有了定论。然而有的研究者或者局限于自己的视野，仍持早先错误的结论，以至以讹传讹。

20世纪90年代初，笔者撰著《福建文学发展史》，不免涉及作家的生平事迹，涉及作家的生卒年。简单的办法，就是利用他人的现成成果，然后注明出处。笔者在撰著时，给自己订下一条规矩，尽可能读别集，在读别集时，也读总集，同时注意方志和各种杂著的材料；如果自己看到的材料有限，不能下结论，才对他人的成果进行判断，决定取舍。

徐𤊶，字惟起，一字兴公，闽县（今福州）人，博物多学，著有《鳌峰集》《红雨楼集·鳌峰文集》《笔精》《榕阴新检》等数十种①；藏书数万卷，多秘本、善本。万历中，邓原岳、徐𤊷等倡导重振闽中风雅，谢肇淛、徐𤊶和曹学佺等都是重要的参与者。钱谦益《列朝诗集小传》《明史·文苑传》等有徐𤊶简略的传记，但是没有记载生卒年。90年代初，我看到有关徐𤊶生卒年的材料有三条：

郭柏苍《柳湄诗传》："兴公生于隆庆四年，崇祯十年间结社，卒年无考。其题跋有至崇祯十三年者。"②《柳湄诗传》认为徐𤊶生于隆庆四年（1570），题跋至迟至崇祯十三年（1640），卒年不详。

钞本《荆山徐氏谱》："（𤊶）生嘉靖四十二年癸卯七月二十一日辰时，卒崇祯十二年十三日卯时，寿七十七，葬祖坟右畔。"嘉靖四十二年癸卯（1563），崇祯十二年己卯（1639）。

1960年，黄曾樾教授撰《徐存永先生年表》，定徐𤊶生于明隆庆四年庚子（1570），卒于弘光元年乙酉（1645），年七十六③。

笔者没有采用以上述任何一家的结论，经过大量的阅读之后，认为徐𤊶

---

① 详拙文：《徐𤊶著述编年考证》，《文献》2007年第4期。

② 《全闽明诗传》卷四十引，光绪刻本。

③ 徐延寿《尺木堂集》附，钞本，藏福建师范大学图书馆。黄曾樾教授是笔者非常敬重的前辈，笔者为广陵书社编光泽高澍然《抑快轩文集》时，读过他的不少作品，为他在抗日战争中冒着日本人飞机轰炸的危险保护文献的精神所感动，笔者还写了一篇《黄曾樾辑印〈抑快轩文集〉》（《学林漫录》第14辑，中华书局1999年版），纪念先生的百年生辰。

生于隆庆四年（1570），卒于崇祯十五年（1642）。依据是徐𤊹本人的《鳌峰集》和徐𤊹友曹学佺的诗：

> 《鳌峰集》卷十六，《甲辰元日》："人生七十老如何，怜我今年一半过。"甲辰（1604）年35。卷二十，《丙辰元日》："四十俄然又七龄。"丙辰（1616）年47。逆推，知生于隆庆四年（1570）。曹学佺有《挽徐兴公》，壬午冬作。壬午，崇祯十五年（1642），卒于此年。①

这仅仅是一条脚注，考证非常简略，没有进一步交代某些材料的来源，例如曹学佺的《挽徐兴公》，依据的是钱谦益的《列朝诗集》丁集，题为《挽徐兴公壬午冬》。尽管如此，笔者以为徐𤊹生卒年可以定论。

徐𤊹是晚明时期重要的文学家和重要的藏书家，著述甚富。徐熥、邓原岳和谢肇淛卒后，天启、崇祯间徐𤊹与曹学佺主闽中诗坛，后进学兴公诗者甚众，人称"兴公诗派"。不少学者专家对徐𤊹的研究饶有兴趣，徐𤊹一些著作正在陆续点校出版；学界对徐𤊹的研究相对更为广泛和深入，这是很好的事。《福建文学发展史》出版在1996年，而在此书出版之后，许多著作和研究论文，仍然沿用旧说，即钞本《荆山徐氏谱》和《徐存永先生年表》的说法，笔者陆续看到的有：

1.《〈笔精〉前言》：1570—1645年。②

2.《福州市志》第八册：1563—1639年。③

3.《榕阴新检〈出版说明〉》：1563—1639年。④

4.《闽侯县志》：1563—1639年。⑤

5.《福建省志·人物志》：1563—1639年。⑥

---

① 详笔者：《福建文学发展史》，福建教育出版社1996年版，第331页注②。四五年前承王长英副研究馆员相告，日本京都大学市原亨吉撰有《徐𤊹年谱稿略》，译文见《福建图书馆学刊》（内刊）1991年第4期。市原关于徐𤊹的结论与笔者同，各年所纪之事有误。

② 福建人民出版社1997年版，卷首，第1页。

③ 方志出版社2000年版，第544页。

④ 海风出版社2001年版，卷首。

⑤ 方志出版社2001年版，第1041页。

⑥ 中国科学出版社2003年版，上册，第189页。

6.《闽都文化研究》:1570—1645 年。作者自注:"徐𤊹是明清之际人,他卒于清顺治二年,一般都以为明代人。"①

7.《福建图书馆事业志》:1563—1639 年,一作 1570 年—1645 年。②

8.《福建藏书家传略》:1570—1645 年。③

9.《福州人名志》:1563—1639 年。④

10.《晃岩集》:1570—1645 年。⑤

11.《三坊七巷志》:1563—1639 年。⑥

以上十一种著作,对生卒年的判断实际上只有两种,即:

1. 1563 年—1639 年。
2. 1570 年—1645 年。

以上我们列了 11 种著作,其中 6 种是徐𤊹出生地的出版社出版的,其余 5 种虽然不是当地的出版社出版,但还是当地研究机构或图书馆所编;从 1997 年到 2009 年,已经过去十几年了,两种旧说仍然被沿用。两种判断,是不是一对一误? 不是。第一种,生卒年并误;第二种,卒年误。为了不再以讹传讹,特再辨析如下:

首先是生年。

徐𤊹是生于嘉靖四十二年(1563),还是隆庆四年(1570)? 回答是:隆庆四年(1570)。上文我们已经引用徐𤊹本人诗作的两条材料,证明生于隆庆四年(1570),以下再补充若干条:

1. 张燮《寿徐兴公先生六十一序》:"君揽揆在隆庆庚午年。"⑦

2. 曹学佺《三山耆社诗敬述·附记》:"徐兴公乡宾年六十八,予学

① 海峡文艺出版社 2006 年版,第 217、237 页。

② 方志出版社 2006 年版,第 197 页。

③ 福建教育出版 2007 年版,第 34、163 页。

④ 海潮摄影艺术出版社 2007 年版,第 383 页。

⑤ 厦门大学出版社 2009 年版,第 195 页。

⑥ 海潮摄影艺术出版社 2009 年版,第 549 页。

⑦ 徐𤊹:《鳌峰集》卷首,天启刻本。

佺为最少云。值社芝山之龙首亭,自不佞始,愿与诸公岁岁续兹盟焉。崇祯丁丑八月之十三。"① 按:丁丑,崇祯十年（1637）,徐燉此年六十八,逆推,生于隆庆四年（1570）。

3. 徐燉《寄苏霞公》:"岁月如流,人生易老,犬马齿今已七十,桑榆景迫,百务俱废,老树婆娑,生意顿尽矣……己卯七月。"② 按:己卯,崇祯十二年（1639）,此年七十,逆推,生于隆庆四年（1570）。

《福建文学发展史》脚注引用两条材料都是诗,此三条,一条是书信文,另两条是徐燉文友的寿序和记。此类材料不胜枚举。

既考证了徐燉的生年,趁便考订其出生日:徐燉出生在七月初二。

上引《荆山徐氏谱》说徐燉生于七月二十一日,误。

郭柏苍《竹间十日话》卷五:"兴公七月初一日生。"③ 郭柏苍《柳湄诗传》又云:"燉有木像,道光间在鳌峰坊百委巷中,背雕'七月初一日生',后被无赖子取去。"④

郭柏苍的第一条材料,可能是根据第二条材料的判断,也有可能是根据曹学佺《七月朔日兴公值社九仙山观赋得定光塔兴公诞辰也》⑤ 而下的结论。

但是,徐燉明确说他出生在七月二日:《七月二日贱生曹能始以诗见祝次韵奉答是日携觞集同社于邵园》⑥;又,《寄冒嵩少》:"明年政七十,初秋二日为生朝。辱吴浙名公各有赠言,来鸿笔一律,书放诸挂幅,为蓬壁之光。"⑦

曹学佺有《徐兴公七月初二日》:"六十有五已望七,生辰又是夏秋交。"⑧ 这是一首祝寿诗无疑。

徐燉本人和文友曹学佺的三条材料足以证明徐燉的生辰是七月初二。

---

① 《西峰六四草》,《石仓全集》本。

② 《红雨楼集·鳌峰文集》册四,《上海图书馆未刊古籍稿本》第43册,复旦大学出版社2009年版,第120—122页。

③ 光绪间福州刻本。

④ 《全闽明诗传》卷四十引,光绪刻本。

⑤ 《西峰集》卷中,《石仓全集》本。

⑥ 《鳌峰集》不分卷,钞本。

⑦ 《红雨楼集·鳌峰文集》册五,《上海图书馆未刊古籍稿本》,复旦大学出版社2009年版,第209页。

⑧ 《六一草》,目录作《寿徐兴公征君》,《石仓全集》本。

那么,曹学佺《七月朔日兴公值社九仙山观赋得定光塔兴公诞辰也》,又是怎么一回事?答案是:社友在徐𤊹生辰前一日为他庆生。徐𤊹木像背雕"七月初一日生"又是怎么回事?郭柏苍生活的年代距徐𤊹去世已经两百多年,木像即便是当年之物,字迹也可能有磨损;再者,此像早已被无赖子取去,不能核对,郭柏苍单凭记忆,可能有误。

其次,看徐𤊹卒年。

卒于崇祯十二年(1639)说。此说见于《荆山徐氏谱》(引文详上)。

笔者撰《徐𤊹年谱》(未刊稿),崇祯十三年(1640)之后,徐𤊹还有许多活动和作品。略举崇祯十三年至十五年各年正月徐𤊹的事迹如下:

> 崇祯十三年庚辰(1640)徐𤊹七十一岁。正月,客漳州。有书致杨南仲,谈及张燮议梓《唐贤七十二家》,𤊹亦预校雠;致书何玄子;又致黄道周,忆二十多年前会晤;又致陈养默;又致林道鲁,盛称漳郡文风。《寄杨南仲》:"郡伯与绍和议梓《唐贤七十二家》,允为盛典,𤊹亦预校雠。此集行,亦大愉快也……庚辰正月廿四日。"[①] 友人陈衎有《徐存永招宛羽楼得庭字时兴公客游未归》:"元夕虽当荒歉后,家家箫鼓不曾停。"[②]

> 崇祯十四年辛巳(1641)徐𤊹七十二岁。正月,作《题许天开诗》,略云:"许君天开,结庐高隐,有硕人薖轴之致。居常喜吟咏,与葛震甫先生交最欢……崇祯辛巳书。"[③]

> 崇祯十五年壬午(1642)徐𤊹七十三岁。正月,元日,有书致汪然明,谈及歌姬茂生返困溪(即曹学佺处),题诗于其画之上。《答汪然明》:"此姬(按:指茂生)雅慕鸿名,遂赋一诗题之画上,寄情仁兄,得无神往乎……元日。"[④] 本月又致书曹履坦、陈冲虚,托孙钟震为儒童事。本月作《安都护同曹能始陈叔度陈昌箕陈盘生集东城看迎春共享

---

① 《红雨楼集·鳌峰文集》册四,《上海图书馆未刊古籍稿本》第43册,复旦大学出版社2009年版,第134页。

② 《大江草堂二集》卷六,弘光元年刻本。

③ 《重编红雨楼题跋》卷一,沈文倬点校《红雨楼序跋》,第51—52页。

④ 《红雨楼集·鳌峰文集》册四,《上海图书馆未刊古籍稿本》第43册,复旦大学出版社2009年版,第106页。

一东韵》(诗佚,题笔者所拟) 按:陈衎有《安都护同徐兴公曹能始陈叔度陈昌箕集东城看迎春共享一东韵》:"春风先到子城东,海色微茫雉堞雄。云里绮罗装小妓,花间旄节拥群公。龙蛇运去人方泰(自注:是年壬午),霜雪寒多岁欲丰。宝马香车纷载道,岂知今日为农功。"① 知兴公本年有是作。

以上的材料尚不足拙撰《年谱》这三年的 1/10,卒于崇祯十二年(1639)说可破,已经没有疑问。

卒于弘光元年、即清顺治二年(1645)。此说见黄曾樾先生《徐存永先生年表》。

为了证明并非卒于弘光元年、即顺治二年,必须先再次证明我本人提出的卒于崇祯十五年(1642)说。

徐𤊻的活动和作品,止于崇祯十五年(1642)十一月。徐𤊻的题跋,可考的最晚的一篇是《万印角〈游闽草〉序》,作于崇祯十五年七月②。八月之后,致友人的书信至少还有:致裴翰卿、章怙梅、李又玄、徐锡余、黄韬象、李公起。其中,以《寄李公起》最晚:"足下今年政七十,弟撰一文奉祝……有女史胡茂生,本贯天台人,能诗画鼓琴,曹能始邀之寓三山,弟为选其诗而梓之,今往一册。非床头捉刀者,其才具在敝乡天素之上也。诸客嗣布。十一月(下疑缺二字)。"③《寄李公起》可能是徐𤊻的绝笔,至少,是可以看到的徐𤊻稿本最晚的一篇书信。

曹学佺集中所记与徐𤊻的交往,止于崇祯十五年八九月。七月,徐𤊻寿辰,曹学佺作《寿徐兴公》:"岂必神仙十二楼,藏书万卷足千秋。逢年亦到山中乐,阅报空怀世上忧。何处曝衣夸比阮,几人悬榻俟南州。少府便作归休计,垂老方知不易酬。"④ 曹学佺开社,因纳新姬,社中诸子作《花烛诗》嘲之(按:此时学佺六十九岁),曹学佺作《三石亭开社喜刘浣松顾与治初至徐

① 《大江草堂二集》卷六。
② 《重编红雨楼题跋》卷一,沈文倬点校《红雨楼序跋》,第 53 页。
③ 《红雨楼集·鳌峰文集》册五,《上海图书馆未刊古籍稿本》第 43 册,复旦大学出版社 2009 年版,第 202—203 页。
④ 《西峰六九集诗》,《石仓全集》本。

兴公黄贞吉陈昌箕林祖直陪》："不知花竹催何事,久矣双星不渡河。时社中诸子咸以余纳姬作《花烛诗》相贺,末句因为解嘲。"① 秋冬之际,曹学佺往困关(即困溪,今福建古田县水口)。曹学佺于崇祯十三年(1640)在困关构筑琴峡亭、石阁巢、嵩溪草阁等建筑,此后三年间往返于省城和困关之间,在困关一住往往长达数月之久,外地朋友来往,曹学佺也将他们迎至困关,如顾梦游就曾随曹学佺到困关住了较长的一段时间。崇祯十五年秋冬之际,曹学佺在困关一直住到岁暮才返回省城(详拙撰《曹学佺年谱长编》,未刊稿)。冬,也即十一月徐𤊺作《寄李公起》之后,曹学佺在困关闻徐𤊺讣,作《挽徐兴公时予在困关》以吊之:"词场领袖失三山,所恨存亡一水间。独抱玄真归洞府,空余大翩落人寰。平安两日无书至,恸哭千秋有梦还。老泪有如冬节涧,祗将呜咽当潺湲。"② 此诗亦见《西峰六九集·诗》。曹学佺生于万历二年(1574),少徐𤊺四岁(详拙撰《曹学佺年谱长编》,未刊稿)。曹学佺六十岁后,一岁一集,《西峰六九集》,收其六十九岁的作品,刻于次年。此诗《列朝诗集》丁集下作《挽徐兴公壬午冬》。无论是从曹学佺自己所编的集子,还是从钱谦益的《列朝诗集》所编诗的角度来审视,《挽徐兴公》一诗,都作于崇祯十五年冬无疑。更具体的时间,则为十一月至十二月中旬,徐𤊺卒于此时。

除了《挽徐兴公》一诗,曹学佺七十岁,也即崇祯十六年(1643)也有两首诗足以证明其时徐𤊺已经不在人世。春夏间,曹学佺作《寄茂生兼感兴公逝世》:"嵩口闻多难,君何不解维?况逢新水涨,早过落花时。雅道因年丧,交情有古思。莫愁来往数,人世本无期。"又作《过兴公偃曝轩与陈次韦作》:"虽是落成久,径中芳草闲。四邻多树木,一幅小溪山。室在人徒叹,诗亡孰更删?惟君能管领,时见白云还。"③ 偃曝轩,徐𤊺轩名。比这两首诗更早一点,这年正月,曹学佺与诸社友集,作《春首社集感怀》,前半云:"社家寥落不成欢,虽是芳春似旧残。旧雨已将消息断,新诗那得递相看。"前此一年,社友陈宏已、徐𤊺先后凋零,故有"社家寥落",诗成不可递相看之痛。

① 《西峰六九集诗》,《石仓全集》本。
② 同上。
③ 《古稀集诗》上,《石仓全集》本。

曹学佺诗之外，我们还可以从徐𤊶的另一位友人陈衎的作品找到徐𤊶不可能卒于弘光元年、即顺治二年（1645）的证据。陈衎有《哭徐兴公》："一代征文献，千秋狎主盟。德崇天意重，学富世情轻。垂老犹勤读，甘贫不耦耕。芸香泥作壁，牙轴列为城。秘册搜前辈，幽居薄后名。八分留鸟迹，五字掷金声。池上墨纹绉，林间玉唾清。画评推顾恺，诗品擅钟嵘。风雪灞桥卫，烟花茂苑莺。登山僧接仗，扫榻妓传觞。素质娱松桂，馨闻杂杜蘅。群公趋执醥，圣主欲调羹。海内诸昆胤，闽中两弟兄。定交经累叶，欸语必班荆。手较书频借，心期句并呈。拈题多口授，忘分许肩行。元叹才非类，中郎独限明。典型嗟已失，肝胆向谁倾。永诀柔肠断，安禅至道成。南州徐孺子，天竺古先生。"① 陈衎又有《祭徐兴公》，结句云："寒梅皎月，摧咽凄其。"② "寒梅"，与徐𤊶卒于十一、十二月间契合。陈衎的《哭徐兴公》《祭徐兴公》有没有可能作于弘光元年、即顺治二年之后呢？不可能。陈衎这两篇作品见于他的《大江二集》。此书卷首曹学佺序作于"甲申岁浦月之望"，甲申，崇祯十七年（1644），浦月，即蒲月，五月。陈衎自序作于"甲申腊日"；陈衎自序后有其子涓附记云："甲申终岁，天运一更。故与诸弟浚、纶、润等谋寿之梓，用广其传云。弘光元年人日男涓顿首百拜谨识。"均足以证明《大江草堂二集》编定于崇祯十七年。

《徐存永先生年表》《明代藏书家文学家徐𤊶事略考证》③认为卒于弘光元年、即清顺治二年（1645），唯一的证据是徐𤊶子徐存永的《读礼集诗》二首其一："三十悲失怙，衷肠煎百忧。泪向眼中落，血从衣上流。乌声啼不歇，催我成白头。何时卜佳地，负土营商丘。"④ 徐存永生于万历四十二年（1614），以上两文的作者都认为，弘光元年，即顺治二年（1645），存永年三十一（按传统算法，其实已经三十二，三十一之说略有削足适履之嫌），"三十"，取其成数。既然三十二可以取其成数，崇祯十五年（1642），存永年二十九，当然更可以取其成数，更可以说"三十悲失怙"。《明代藏书家文学

① 《大江草堂二集》卷五。
② 《大江草堂二集》卷十八。
③ 《明代藏书家文学家徐𤊶事略考证》，《福建藏书家传略》，福建教育出版 2007 年版，第162—168 页。
④ 《尺木堂集·五言古诗》。

家徐燉事略考证》还说,如果卒于弘光元年、即顺治二年之前,为什么存永"在此前所作的所有诗中,均未提到其父去世之句。如果其父是在其 30 岁前去世的话,他肯定是会在这段时间中作诗示哀的"。这几句话看似很有道理,其实,前提错了,推论也就不能成立。

我们前面引用曹学佺和陈衍的作品来论证,已经足以证明徐燉卒于崇祯十五年(1642)。其实,追吊亡父之作,徐存永的作品不止《读礼集诗》二首,也不必非居泥于"三十悲失怙"不可。徐存永还有一首《访顾与治不遇》,前半云:"昔岁君游闽,先人正含殓。君来痛抚棺,执手相慰唁。始知兰苣盟,金石同不变。一死与一生,交情兹乃见。"① 顾与治,即顾梦游,江宁(今南京)人。崇祯十五年七、八月间,顾梦游自金陵入闽,与徐燉、曹学佺倡和。徐燉的《鳌峰集》止于万历四十八年(1620),钞本《鳌峰集》(藏福建师范大学图书馆),全为七律,为崇祯七年至九年(1633—1635)诗,徐燉与梦游倡酬的诗不存于此二集。为了证明梦游入闽游是在崇祯十五年(1642),我们得先引用曹学佺之诗,曹学佺有《闲奕楼招集顾与治诸君顾金陵人》②,顾梦游有《闲奕楼社集》③;曹学佺有《三石亭开社喜刘浣松顾与治初至徐兴公黄贞吉陈昌箕林祖直陪》④,顾梦游有《社集曹能始先生三石亭》,题下注:"是日主宾如竹林数。"⑤ "竹林数",七个人。曹学佺诗都见于《西峰六九集》,是他六十九岁的作品,即崇祯十五年(1642)之作,应当注意的是,在三石亭开社,徐燉和梦游都参与了。在交游中,徐燉有诗赠顾梦游,梦游作《次徐兴公征君见赠韵》云:"通家子弟喜同游,问旧凄然有泪流。住处先生在东郭,明时高士隐南州。客中白露尤愁暑,坐里清风始见秋。诗思病来全潦倒,纵逢青眼岂能酬。"⑥ "客中"二句,说入闽时已经到了白露,而暑气未销,偶有清风拂坐,始知到了秋天。九十月间,顾梦游随曹学佺往困关,曹学佺有《曾公铉顾与治集三峡亭索予书草》⑦。之后,顾梦游往泉州。

---

① 《尺木堂集·五言古诗》。
② 《西峰六九集·诗》。
③ 《顾与治诗》卷六,(清)书林毛恒所刻本。
④ 《西峰六九集·诗》。
⑤ 《顾与治诗》卷六。
⑥ 同上。
⑦ 《西峰六九集·诗》。

顾梦游从泉州回到省城福州的第二天，徐𤊽去世，梦游为自己未能及时前往探视而悔恨不已。梦游作《哭兴公》六首，其一："一见欢然有赠篇，交深惟恐上归船。谁言少别千里恨，却在春波南浦先。""有赠篇"，即上文提及的徐𤊽赠梦游诗，梦游有诗答之。"春波南浦先"，说与徐𤊽小别，自己往泉州是在冬天。其二："身入清源久不回，怀人矫首思悠哉。到来何事迟相见，隔日来过隔夜台。"自注："予至自温陵，在先生去世前一日，竟未有再面面。"①清源、温陵，均泉州之别称。存永诗"昔岁君游闽，先人正含殓。君来痛抚棺，执手相慰唁。"即写梦游到省城，次日徐𤊽卒，前往痛哭抚棺，并慰问存永事。次年，即崇祯十六年（1643）正月，梦游回金陵，曹学佺作《送顾与治还金陵》②。徐存永和顾梦游诗，都确切证明徐𤊽卒于崇祯十五年（1642）冬。徐𤊽卒于弘光、即顺治二年（1645）说，不攻自破。

徐𤊽生卒年有了结论，本文的考证工作也就完成了。但是，笔者还想借考索徐𤊽生卒年的机会谈谈作家生卒年论考证方法问题。为了阐述这个问题，我们不得不又回到《明代藏书家文学家徐𤊽事略考证》一文，这篇文章说：目前，持卒于弘光元年（1645）的说法者较多，"有《中国历代藏书家传略》《历代藏书家辞典》《中国藏书家辞典》《福建名人辞典》《中国著名藏书家传略等书"（按：原文书名之间没有顿号）。其实，我们上文还为此文的作者补充了一些例证。问题是，作家的生卒年的准确与否，并不是多数著作怎么说，而是真实情况如何，这是一个很浅显的道理。如果多数著作说得对，那是再好不过的了；如果是多数著作说得不对，对这个作家生卒年的辨证就更显得必要了。

《明代藏书家文学家徐𤊽事略考证》文章的考证，唯一用以支撑徐𤊽卒于弘光元年、即顺治二年（1645）的例证，是徐𤊽之子徐存永的《读礼集诗》二首其一，用卒者之子徐存永的作品作为例证③，这样的思路本来是可取的。问题是，作者先假设了一个前提，然后计算出存永这一年是三十一岁（当为

① 《顾与治诗》卷八。
② 《西峰六九集·诗》。
③ 《明代藏书家文学家徐𤊽事略考证》称延寿（存永）为徐𤊽次子；徐𤊽有二子，长陆，次延寿（存永），不准确。准确的说法是，有四子：长陆，生于万历十八年（1590），卒于万历四十四年（1616）；次阿室，生于万历二十七年（1599），次年卒；三子隆，生于万历二十五年（1607），万历三十一年（1513）卒；季子延寿（存永），生于万历四十二年（1614）。

三十二）以适应诗中的"三十悲失怙"。姑且说,三十二是"三十"的成数,而作者所说除了这一篇诗,此前作者就没有任何"示哀"的诗了。徐𤊻为兄𤏪编集,删汰近半,集子刊行后,仍然觉得过繁。我们今天看到的《尺木堂集》,明显也是删汰过的集子。集子不存其他"示哀"诗,不等于存永就是写了这(一题)两首诗。再者,存永的《访顾与治不遇》,前半写顾梦游在徐𤊻含殓之时抚棺恸哭,顾梦游执存永手抚慰,何以不见哀情?不过,公正地说,仅凭徐存永这两三首诗,我本人也不可能考证徐𤊻准确的卒年,因为顾梦游在闽的行踪及时间,还需要曹学佺的作品作支撑。

考证徐𤊻卒年,徐𤊻之子徐存永的作品固然是重要的,但是在作家之子的作品不能完全解决问题的情况下,我以为还应该从以下几个方面加以考索:

首先,作家本人作品的证据,看看作家自己所写的作品止于何时。徐𤊻的诗,刻本《鳌峰集》止于万历四十八年,也即隆昌元年(1620),而文集,在他生前没有刊刻过。幸运的是,《红雨楼集·鳌峰文集》稿本保留了徐𤊻大量的书信,笔者对多达八册的手稿做了编年,最终发现,稿本所录书信,最晚的一年是崇祯十五年壬子(1642),共二十多通,最后一通为《寄李公起》,作于是年十一月。因此,徐𤊻之卒,不可能早于此年的十一月,也可能就是此时或者稍晚。

其二,作家友人作品的证据。如前所述,徐𤊻之卒,不可能早于崇祯十五年(1642)十一月,可以确定;可能卒于崇祯十五年(1642)十一月或稍晚。但是,我们还可以在徐𤊻的友人曹学佺、陈衎和顾梦游的作品中找到证据。崇祯十五、十六年间,曹学佺至少有三首诗追吊或追怀徐𤊻。《挽徐兴公》(《列朝诗集》丁集下作《挽徐兴公壬午冬》),此诗又见于《石仓六稿·西峰六九集·诗》,曹学佺生于万历二年(1574),自六十岁之后,一年一集,崇祯十五年,年六十九。《寄茂生兼感兴公逝世》和《过兴公偃曝轩与陈次韦作》,见于《石仓六稿·古稀集·诗上》,《古稀集》作于崇祯十六年(1643),年七十。则徐𤊻不是卒于弘光元年、即顺治二年(1645),卒于崇祯十五年壬子(1642)十一月或十二月间,可以定论。至于陈衎和顾梦游的几篇作品,则增加了我们这个结论的说服力。

　　其三，版本的证据。陈衍的几篇追吊徐㶿的作品见于他的《大江二集》。《大江二集》虽然刊刻于弘光元年，但是结集在崇祯十七年（1644），此集曹学佺的序作于是年五月，陈衍的自序作于十一月，说明徐㶿并非卒于弘光元年、即顺治二年（1645）。

　　其四，"正史"和其他史料的采证，必须加以辨证。《福建藏书家传略》一书收入研究徐㶿的文章有三篇，一即上引《明代藏书家文学家徐㶿事略考证》，一篇是《布衣藏书话徐㶿》，另一篇是《福建藏书四百家》"徐㶿"条，后两篇的结论与第一篇同。"徐㶿"条之后分别是"张燮"条、"曹学佺"条、"王若"条。张、曹、王都是徐㶿的诗友。作者介绍张燮生于1574年，卒于1640年；介绍曹学佺生于1574年，卒于1647年；王若生卒年不详。张燮生于1574年，可能沿谢方《东西洋考·前言》①而误。张燮《神宗皇帝升遐敬托哀音聊申野哭》自注："燮以万历元年生身。"②据此，张燮自己说生于万历元年（1573）。张燮《偕徐鸣卿北上渡江游记》："孟冬念九日初度。"③据此，知燮生于是年十月二十九日。张燮《五十初度》④，作于天启二十二年（1622），逆推，亦可证燮生于万历元年。燮生于万历二年（1574），误。"曹学佺"条，曹学佺卒于1647年，亦误。《福建藏书家传略》中还有一篇《明代文学家藏书家曹学佺》，该文推断曹氏卒于1646年，则不误⑤。可能"曹学佺"条作在前，《明代文学家藏书家曹学佺》作在后。之所以推断曹氏卒于1647年，不知是否受《明史·文苑·曹学佺传》"投环而死，年七十四"的误导有关？如果曹学佺生于万历二年（1574）是确定的，年七十四，则不能不卒于清顺治四年（1647）；如果是卒于顺治三年（1646），则年仅七十三。削足适履，妥协于《明史》。此条致误的原因，是对史料没有进行仔细辨证所致。古代"正史"，是我们做研究的重要依据，但"正史"有时也会有失

---

　　① 《东西洋考》，中华书局2000年版，第6页。按：此文系用薛澄清《明张燮及其著述考》之说，《岭南学报》第4卷第2期。
　　② 《群玉楼集》卷二十四。
　　③ 《霏云居集》卷三十一。
　　④ 《群玉楼集卷》二十二。
　　⑤ 关于曹学佺的生卒年，笔者《日本内阁文库藏本曹学佺〈石仓全集〉初探》有简略考证，详《中国古代文学文献学国际学术研讨会论文集》，南京大学出版社2006年版。

误①。所以,正史资料的采证,还必须结合作家的作品和其他材料加以辨证,才能得到科学的结论。正史的材料需要辨证,野史杂抄的材料也需要辨证,上文说到的钞本《荆山徐氏谱》关于徐𤊹的生卒年不可靠,引用者没有辨证,多年来一直辗转引用,错讹相继。

《福建藏书四百家》为王若立条,是有见地的。王若,字相如,福建清流人。可惜此条没有介绍生卒年,整个条目也只有三十多个字。本文无意补写此条的内容,因为论及徐𤊹,故借此机会说两句,徐𤊹之兄徐熥卒,身后萧条,王若捐资为熥刻《幔亭集》。万历四十六年(1618)王若往游吴越,徐𤊹作《送王相如游吴》送之②。五月,徐𤊹往清流访王若,作《五日集王相如别业同邹有年曾玉立》③和《相如楼中检亡友林子真遗墨》④。夏,徐𤊹尚在清流,王若卒,徐𤊹作《清流哭王相如》吊之:"几年相别叹离群,谁道寻君便哭君。泪眼屡挥双袖湿,影堂空把束刍焚。渔沧旧社虚明月,马鬣新阡满白云。从此何人能好客,九龙山水寂无闻。"⑤知王若卒于万历四十六年(1618)。王若生年待考。"徐𤊹"条,前后还有"谢兆申"条、"郭天中"条等,没有生卒年,其实从徐𤊹的《鳌峰集》、葛一龙的《葛震甫诗集》等同时代的诗友集中都可以找到一些线索。有一位研究者说他找遍所服务的学校都找不到曹学佺《挽徐兴公壬午冬》一诗,因此怀疑曹氏此诗存在的真实性,进而怀疑徐𤊹卒于崇祯十五年(1642)的结论。且不说是否真正"找遍",即使在该校"找遍"仍然找不到,也不能随便怀疑此诗的不存在,这是一个很浅显的道理。当然,日本内阁文库藏本《石仓全集》不容易看到是事实,然而《列朝诗集》并不是僻书,1988年上海三联书店还影印过此书。因此,我们说,作家生卒年的考证工作,考证者的视野或者说阅读(相关诗文集的研读)面也是很重要的。

---

① 《明史·文苑传》记载本文提到的谢肇淛,说他是万历三十年(1604)年进士,也是错的,谢肇淛是万历二十年(1594)进士。详笔者:《福建文学发展史》,福建教育出版社1996年版,第323页。

② 《鳌峰集》卷二十。

③ 同上。

④ 《鳌峰集》卷十一。

⑤ 《鳌峰集》卷二十。

张燮年表

　　晚明作家,张燮诗文集五种,多达二百多卷,其繁富少有人可比。张燮又著有《东西洋考》,辑有《汉魏七十二家集》《初唐四杰集》(骆集一种生前未及刻)数百卷,又拟编《唐贤七十二家集》《闽中艺文志》,未竟。《东西洋考》一书,收入《四库全书》,20世纪80年代出版过标点本,为人所知。笔者搜集张燮的诗文集十余年,近年陆续读到《四库禁毁丛书补编》的《霏云居集》,藏于北京国家图书馆的《霏云居续集》、藏于河南省图书馆和台湾的《群玉楼集》,终于才明白黄道周所说雅尚高致,博学多通,不如龙溪举人张燮是怎么一回事;才明白从钱谦益开始,记载张燮子于垒卒年二十二[①],是"兄冠弟戴",卒年二十二的是于垒之兄于坛,于垒卒时年仅十八;才明白于垒并没有中举,不像郭柏苍《全闽明诗集》说的是甲午举人[②],甲午中举的是他的父亲,则是"父冠子戴";也才弄清楚张燮生于万历元年(1573)十月二十九日,卒于崇祯十三年(1640)三月初三,而不是标点本《东西洋考》所说的万历二年(1574)[③]。

---

　　①　钱谦益《列朝诗集小传》丁集下"张童子于垒"条:"年十四,绍和携之入闽,与徐兴公诸贤即席分韵,童子倚待立成,四座阁笔。已复侍绍和游吴越、三楚,所至皆有诗。年二十二而殁。"(上海古籍出版社1983年新1版,第660页)

　　②　郭柏苍《柳湄诗传》:"于垒,万历甲午举人,张燮之子……年二十二而殁。"(《全闽明诗传》卷四十一)。厦门市图书馆《晃岩集》:"张于垒(1610—1631),字凯甫,又作凯父,龙溪(今龙海市)人,张燮之子。万历举人。"(厦门大学出版社2009年版,第40页)

　　③　谢方:《东西洋考·前言》,《东西洋考》,中华书局1981年版,卷首。

　　张燮的《七十二家集》，编刻早于张溥的《汉魏六朝百三家集》，王夫之曾给予很高评价。我们初步弄清楚，此丛书并不是如有的学者所说，都是刻在建阳的①，其实，陈、隋各集，则为周起元刻之于金陵，刻于建阳的是汉魏各集；从张燮的诗文集，我也才明白《东西洋考》最后完成于海澄。张燮的交游甚广，他所作的《词盟纪咏》《续咏》及《素交篇》，所记与其交往的诗人文友百余人。何乔远、阮大铖、南思受、黄道周等先后上疏举荐。早在万历四十四年（1616）张燮已有诗赠阮大铖，天启四年（1624）张燮到怀宁山中访阮大铖，有诗倡和，后又和阮大铖有书信来往，并为之作《〈拙征堂集〉序》，诗文集中所附的阮大铖诗文，至少有四首诗、三篇书信可补入《咏怀堂诗集·诗文辑录》，《〈拙征堂集〉序》也应补入该书附录。原来阮大铖在《咏怀堂诗集》之前，还有一部《拙征堂集》。黄道周的集子，收有致张燮书信十五通，张燮的诗文集，和黄道周倡和的数十首，书信十数通，从这些诗文也可以弄清黄道周以及张、黄之间交往的一些情况，弥补当前黄道周研究之不足。张燮的诗文集附有友人的诗、文数百篇，则为辑佚之渊薮，笔者已经从中辑得徐𤊹、林古度、蔡复一及上文说的阮大铖的佚诗佚文多篇。

　　张燮值得研究的东西很多，张燮的研究寂寞太久了。博洽如（民国）《福建通志》对张燮诗集的载述，以为《群玉楼集》八十四卷、《续集》六十六卷、《霏云阁集》六十卷、《续集》二十四卷。首先，《群玉楼续集》六十六卷，未见诸家著录，不知是否另有所据？其次，"霏云阁"，应作"霏云居"。再次，《霏云阁集》六十卷、《续集》二十四卷，误；《霏云居集》应是五十四卷②、《霏云居续集》应是六十六卷③。张燮的另一部著作《闽中艺文志》（未刻），（光绪）《漳州府志》误作《闽中记》，殊不知《闽中记》

　　①　方彦寿：《张燮〈七十二家集〉刊刻地点考》，《福建史志》2003 年第 2 期。
　　②　方彦寿《张燮〈七十二家集〉刊刻地点考》误作六十卷（《福建史志》2003 年第 2 期）。王长英《福建藏书四百家》"张燮"条，既云"《霏云居集》53 卷"，又云"《霏云阁集》《霏云阁续集》24 卷"，"《霏雪居续集》66 卷"，则张燮既有《霏云居集》、又有《霏云阁集》及《续集》《霏雪居续集》（王长英、黄兆郸：《福建藏书家传略》，福建教育出版社 2007 年版，第 225 页），令人如坠五里云雾。
　　③　郭柏苍：《全闽明诗传》卷三十六"张燮"小传亦误作"二十四卷"，郭氏不曾目击《霏云居续集》及各集，至云："燮著诗文数百卷，皆散佚。"（《柳湄诗传》"张于垒"条，《全闽明诗传》卷四十一）

为福州王应山所辑。

笔者撰著《张燮年谱》三十余万字,文繁,删繁就简,成《张燮年表》一篇,先飨读者。《年表》没有详细考证,也没有更多书证。但表中各条,均依据待刊的《张燮年谱》。

张燮,字绍和,号汰沃,自称海滨逸史、石户农。龙溪(今福建龙海市)人。

《霏云居集》卷首:"闽漳张燮绍和著。"

《东西洋考》卷首:"纂修姓氏:海滨逸史龙溪张燮撰次。"

《买山》:"从此移家去,饶追石户农。"(《群玉楼集》卷二十四)。

其先宋时由潮州入漳,居锦江,称张家山。

《先大夫府君行状》:"吾家自汉貂七世而下,华胄遥矣。先宋时由潮州入漳,遂为龙溪之锦江人。"(《霏云居集》卷三十六)

《霏云居集》卷一:"闽漳张燮绍和著。"

按:锦江在今福建龙海市石码镇。

世祖讳拱;八世遁叟,七世祖不详,六世祖拱生,以子孝绰赠比部郎;

详《先大夫府君行状》。

高祖孝绰,弘治六年癸丑(1493)进士,刑部郎中。

详《先大夫府君行状》。

(光绪)《漳州府志》卷二十九:"张绰,字本宽,龙溪人,弘治癸丑进士。"

按:"绰"字前似夺一"孝"字。

曾祖主恩,邑诸生;祖师洛,诸生,以子廷栋赠行人。

详《先大夫府君行状》。

伯父廷栋，号吉宇先生。万历八年（1580）庚辰进士。承德郎礼部仪制主事。子三人，长莹、次炳、次炯。

详《先伯父承德郎礼部仪制主事吉宇公行状》（《霏云居集》卷三十六）。

父廷榜，字登材，人号春宇先生，自号丹霞一拙，又号霞南钓叟。生七日，倭奴浮川电掩。万历二年（1574）甲戌成进士。仙源令，擢贰润州，署吴江令。

详《先大夫府君行状》。

廷榜有子五人，一即燮。

详《先大夫府君行状》。

孺人郑氏；继室姓不详。

《先室刘孺人行状》（《群玉楼集》卷五十三）。
参见崇祯元年（1628）。

有子六：于堂、于坛、于域、于垒、佚名，先卒；另有一子，燮卒时尚幼。

于堂（1598—1616），卒时年十九，参见万历三十四年（1616）。
于坛（1601—1622），卒时年二十二，参见天启二年（1622）。
于域，生于万历三十六年（1608），当年殇，参见该年。
于垒（1610—1627），卒时年十八，参见天启七年（1627）。
名未详，详崇祯二年己巳（1629）。池显方《哭张绍和》八首，其七："五男先去侍阿爷，地府修文又一家。"（《晃岩集》卷九）知此儿亦先于燮卒。
幼子，燮卒时尚幼。池显方《哭张绍和》八首，其八："一儿虽幼觉峥嵘。"（《晃岩集》卷九）

女三人，长英慧，幼女阿元。

英慧（1596—1618），卒年二十三，详万历四十六年（1618）。

阿元（1618—1619），幼殇，详万历四十七年（1619）。

居所有麟角堂、群玉楼、藏真馆、招隐斋。

《家居四铭》（《群玉楼集》卷四十九）。

又有霏云居，万石山房。

《霏云居记上》："余自甲辰倦归，顿有终焉之志……盖取平子赋中'云霏霏兮绕予轮'也。"（《霏云居集》卷二十八）

蔡献臣《题张绍和万石山房》略云："眷石亦名山，深山野人居。夫君名下士，何不赴公车？卜筑万石中，旦夕亲诗书，名根尽谢却，世味淡无濡。"（《清白堂稿》卷十二）

颜继祖于南岩万石山张燮洞壑幽绝处雕字"石隐书巢"，高 34 公分，宽 124 公分（拓本。作人辑《志古遗玉》，影印本，漳州曾进兴君提供）

诗从建安，以迄三唐；文从周汉六朝，旁及稗官琐语。

蔡复一《〈霏云居续集〉序》（郭哲铭《遯庵蔡先生文集校释》第一册，金门县文化局 2007 年版）。

博学多通，过目藏心；笃于朋情，交遍天下。山水缘深，屐无遗胜。

黄道周《三罪四耻七不如疏》："雅尚高致，博学多通……龙溪举人张燮。"（《黄漳浦集》卷二）

蔡复一《〈霏云居续集〉序》："胸贮万牒，过目藏心。"（郭哲铭《遯庵蔡先生文集校释》第一册）

与蒋孟育、高克正等结玄云社；又结社霞，有"十三子"之目；又有芝山"七子"之称。

黄道周《张大夫墓表》："大夫林居益嗜古，蒋少宰、高太史、郑司农、徐职方、戴侍御时与聘君为玄云之会。"福永曰:"时汰沃已谢公车,蒋孟育、高克正、郑怀魁、徐銮、戴燝皆已休官归,结为吟社之游;而林深州德芬、陈宜兴元朋、陈伯畴、汪宗苏二山人亦与焉。"(《黄石斋先生集》卷八)

据《霞中十一子诗有序》(《霏云居集》卷二),"十一子"为:林大夫茂桂(德芬),漳浦镇海卫人;戴观察燝(亨融),长泰人;蒋太史孟育(道力),龙溪人;郑使君怀魁(辂思),龙溪人;高克正太宪(朝宪),海澄人;汪山人有洵(宗苏),龙溪人;徐司马銮(鸣卿);陈先辈翼飞(元朋),平和人;陈山人范海(伯畴),海澄人;郑先辈爵魁(瓒思),怀魁弟;吴内史宷(亮恭),漳浦人。加上张燮本人及其父,则为"十三子"。

按:(康熙)《龙溪县志》卷八:"结社芝山之麓,与蒋孟育、高克正、林茂桂、王志远、郑怀魁、陈翼飞称'七子'。"

与黄道周尤称交好。

(康熙)《龙溪县志》卷八:"与黄道周尤称交好,道周尝云文章不如张燮。一时远近钜公咸造庐式访。"

身短秀赢,不能逾中人。

《自题小像赞》:"其体不能逾中人。"(《群玉楼集》卷四十九)

蔡复一《叙张绍和〈北游稿〉》:"调之曰:绍和短小秀赢人也,而诗深殊壮。"

琅函万轴,著述满家。

《自题小像赞》:"若夫琅函万轴,斑管三余。著述满家,售较满车。"(《群玉楼集》卷四十九)

著《漳州府新志》三十八卷(与徐銮同修)。

按:《三山红雨楼集书目》卷二,钞本;又黄稷虞《千顷堂书目》卷七。

著《海澄县志》二十卷。

按:黄稷虞《千顷堂书目》卷七。

著《东西洋考》十二卷。

按：《三山红雨楼集书目》卷二，钞本；又黄稷虞《千顷堂书目》卷八；又《明史·艺文志》卷二。有《四库全书》本。

著《偶记》十卷。

按：黄稷虞《千顷堂书目》卷十二。

著《镜古录》三卷。

按：《三山红雨楼集书目》卷四，钞本；黄稷虞《千顷堂书目》卷十二。

著《迩言原始》四卷。

按：黄稷虞《千顷堂书目》卷十二；《三山红雨楼集书目》卷四，钞本，作"三卷"，误。

又按：池显方《〈迩言原始〉序》略云："予友张绍和广为四卷，自只字至一句皆溯其元。"（《晃岩集》卷十二）

著《采罋绪言》一卷。

按：《三山红雨楼集书目》卷四，钞本；黄稷虞《千顷堂书目》卷十二。

著《舫斋诗》（卷数不详）。

按：郑怀魁《〈张绍和舫斋诗〉序》（《葵圃存集》卷十）。

著《张绍和初集诗草》（卷数不详）。

按：郑怀魁《〈张绍和初集诗草〉序》（《葵圃存集》卷十一）。

著《北游稿》一卷。

按：黄稷虞《千顷堂书目》卷二十五。蔡复一有《叙张绍和〈北游稿〉》（《遁庵蔡先生文集》）。

著《藏真馆集》四卷。

按：黄稷虞《千顷堂书目》卷二十五。

著《敝帚集》（卷数不详）。

《归过轮山集蔡敬夫宅寄醉时君将就镇澧阳矣即事赋别二首》，其一："胜赏从呼白，生涯问杀青。（自注：时余刻《敝帚》。）"（《霏云居集》卷七）

著《霏云居集》五十四卷。

按：黄稷虞《千顷堂书目》卷二十五。万历刻本。邹迪光、戴燡、谢廷谅叙，戴叙作于万历四十年壬子（1612）。

又按：《霏云居集》所载诗文始于万历十三十二年（1604），止于万历三十九年（1611）。

著《霏云居续集》六十六卷。

按：黄稷虞《千顷堂书目》卷二十五。天启刻本。蔡复一有《〈霏云居续集〉序》（《遁庵蔡先生文集》，明钞本）。

又按：《霏云居续集》诗文始于万历四十年（1612），止于万历四十七年（1619）仲夏。

著《群玉楼集》八十八卷。

按：黄稷虞《千顷堂书目》卷二十五。又《明史·艺文志》卷四。有崇祯刻本。卷首有崇祯十一年（1638）燮自序。又按：《群玉楼集》诗文始于万历四十七年（1619）夏钞，止于崇祯元年（1628）冬。

著《霏云居三集》若干卷。

按：徐𤊹《寄张绍和》："兄又梓《霏云三集》，不朽盛事，惟速图之……九月朔日。"（《红雨楼集·鳌峰文集》册七，《上海图书馆未刊古籍稿本》第44册，复旦大学出版社2009年版，第121页）

又按：徐𤊹此书作于崇祯九年（1636）九月（距燮卒尚有三年半），其时《霏云居三集》可能在编辑中，也可能正在梓中。此书未见。

又按：《霏云居三集》诗文当始于崇祯二年（1628），止于张燮编刻之时。

辑校《汉魏七十二家集》三百五十一卷。

按：黄稷虞《千顷堂书目》卷三十一。

辑校《初唐四杰集》。

按：徐𤊹《寄张烃叔》（《红雨楼集·鳌峰文集》册五，《上海图书馆未刊古籍稿本》第43册，复旦大学出版社2009年版，第285—286页）。详崇祯十三年（1640）。

又按：生前已刻三杰，惟骆集未刻。

辑《芝庭瑞应卷》。

《得蔡敬夫长安书兼贻佳玉赋此寄怀》（《霏云居集》卷二）。

蔡复一致书并《题张绍和芝庭瑞应卷》（《遁庵全集·诗集》卷三）。

拟辑刻《唐贤七十二家集》。

按：徐𤊹《寄杨南仲》（《红雨楼集·鳌峰文集》册四，《上海图书馆未刊古籍稿本》第43册,复旦大学出版社2009年版)。详崇祯十三年(1640)。

又按:未刻。

拟纂《闽中艺文志》,似未竟。

按:《寄何稚孝》:"偶忆杨慎用修《蜀中艺文志》,燮亦欲纂《闽中艺文志》成一部。六代之际,落落星辰;唐人名篇,亦自不乏,将来或可少佐《闽书》一臂,惜闻见枯陋,不得密迩高坛,时共商榷耳。"(《群玉楼集》卷七十)

又按:(光绪)《漳州府志》卷二十九误作《闽中记》。

明神宗朱翊钧万历元年癸酉(1573) 一岁

十月二十九日生。

是岁,王稚登三十九岁,佘翔三十九岁,伯父廷栋三十一岁,父廷榜二十九岁,林茂桂二十四岁,何乔远十六岁,蒋孟育十六岁,郑怀魁十一岁,蔡献臣十一岁,高克正十岁,林秉汉十岁,南居益九岁,黄鳌伯九岁,程嘉遂九岁,丁启濬五岁,徐𤈷四岁。

万历二年甲戌(1574) 二岁

是岁,父张廷榜成进士。

是岁,王志道生;曹学佺生。

万历四年丙子(1576) 四岁

是岁,刘孺人生;蔡复一生。

万历五年丁丑(1577) 五岁

是岁,吴寀生、陈鸿生。

万历八年庚辰(1580) 八岁

是岁,父年三十六,自镇江同知任赋归。

是岁,伯父廷栋成进士。

是岁,林古度生。

万历十六年乙酉（1585） 十三岁

是岁,补诸生。

是岁,黄道周生。

万历十四年丙戌（1586） 十四岁

是岁,戴燝成进士。

是岁,徐弘祖生。弘祖,字振之,号霞客。

万历十四年丁亥（1587） 十五岁

是岁,阮大铖生。

万历十六年戊子（1588） 十六岁

是岁,黄以陛生。

万历十七年己丑（1589） 十七岁

是岁,蒋孟育成进士,选庶常。

是岁,伯父廷栋卒,年四十七。

万历二十年壬辰（1592） 二十岁

是岁,高克正成进士,选庶吉士。

万历二十一年癸巳（1593） 二十一岁

是岁,刘孺人来归。

万历二十二甲午（1594） 二十二岁

是岁,与郑怀魁、徐瀹、吴寀同时中举。

是岁,北上春官。

是岁,母卒。

万历二十三年乙未（1595） 二十三岁

三月,下第。同郡郑怀魁、徐鏊、吴宷、林秉汉成进士。

是岁,曹学佺、蔡复一、丁启濬成进士。

万历二十四年丙申（1596） 二十四岁

二月,生女,名英慧。以三代唯一女,故倍加疼爱。

是岁,同乡友人黄鳌伯（伯缵）卒。

万历二十五年丁酉（1597） 二十五岁

是岁,二上春官。

万历二十六年戊戌（1598） 二十六岁

三月,二下第。文名满都门。

是岁,长子于堂生。

万历二十七年己亥（1599） 二十七岁

是岁,大搉天下关税,珰高寀衔命入闽,漳民汹汹。

万历二十七年庚子（1600） 二十八岁

是岁,三上春官。

万历二十九年辛丑（1601） 二十九岁

三月,三下第。

七月,次子于坛生。诸公为赋诗,集为《秋桂重芳卷》。

九月,八日,在漳州订盟霞中社。

按:霞中社订盟名单详卷首。是岁与盟者十一人。林茂桂于次岁入盟;

高克正万历三十四年（1606）二月入盟。共计一十三人，称"霞中十三子"。

万历三十年壬寅（1602） 三十岁

九月八日，郑怀魁在镇江，有诗怀霞中社诸友。

冬，宣城沈有容渡海破倭于台湾。

是岁，林茂桂入霞中社。

万历三十一年癸卯（1603） 三十一岁

春，有诗贺沈有容将军破倭于台湾。

十月，曹学佺与徐𤊂往漳州，与徐𤊂游虎碇岩，徐𤊂有诗赠绍和。

十一月，与徐𤊂、曹学佺、林古度等集漳州顾氏园林。徐𤊂、曹学佺、林古度自闽南归。张燮四上会试过访何乔远，同宿清源洞。

是岁，郑爵魁中举。

万历三十二年甲辰（1604） 三十二岁

春，四下第。陈翼飞同时落第，作伴南返。

五月五日，偕陈翼飞过武夷，宿万年宫。稍后作游武夷诗序。

五月，过福州，与徐𤊂、陈翼飞、王昆仲、陈价夫、马歘、高景等集王宇塔影园。至家。

七月，感叹二毛。有诗寄蒋孟育。

八月，蒋孟育有书致张燮。

九月，之临汀。有诗寄何乔远。有诗纪徐銮、吴宷抗疏。又有长泰（武安）之行。

闰九月七日，陈范自京归；漳浦林茂桂、长泰戴燷不期而至，与苏有洵、郑怀爵集别界。八日九日，又集霞中社。送祝无殊山人归两华山。

秋冬间，林茂桂客福州，有书及诗。汪尔材将军之父卒，为作挽歌。

十月，初度，再叹"二毛"。

十、十一月间，张大来使君惠所刻书。故人子黄鳌伯（伯缵）之子以陛（孝翼）赠诗。

十一月，与何乔远有清源之约，不克赴，改订春期。

十一、十二月间，为从弟绍科（烃叔）题海上园亭。林茂桂归自晋安。

十二月，有长泰（武安）之行，有诗呈县令管橘。

是岁，归家后斋居，作咏古组诗。

是岁，买地拟建霏云居，有终焉之志。

是岁，父廷榜年六十。

是岁，有诗赠王稚登。

是岁，谢杰（汉甫）、张献翼（幼于）、游士濠（宗振）卒，有诗哭之。

万历三十三年乙巳（1605） 三十三岁

正月，立春，与戴燝等社集。

春，登风雅堂，怀霞中诸子。

按：风雅堂，霞中社缘起之场所。

三月，上巳，卧病谢客。

三四月间，往泉州，与何乔远游紫帽山、九日山、清源山及泉山诸岩，有诗文记游；所游诗结为《游泉诗》。何乔远为之序。

四月，自泉州归途过同安，访蔡复一，有诗纪之；复一答之。有诗贺郑怀魁擢守括州，莆田林仰诚过别界。蔡复一为作《北游草序》，并赠诗，燮有诗答之。

五月，作游泉州诸记。三日，泛舟南溪。四日，诸同社赴汪尔材招。五日社集三醉南溪，是日晴，士女云集。

作《游紫帽山记》《游九日山记》（《霏云居集》卷二十九）。

作《游泉山诸记》：“岁旃蒙大荒落仲夏记。”（《霏云居集》卷二十九）

五六月间，送管橘内征。林茂桂饷荔枝。

七月初八日，集黄氏园。陈范游吴，拟便道访郑辂思，有诗送之并问讯郑。

八月中秋，蒋孟育初度，集汪尔材宅。郑怀魁同陈范来访，有诗怀同社。

八九月间，汪尔材因醉伤病，有诗嘲之；与陈翼飞等集玄云亭。

九月初九，王昆仲来访；不久归。十一日，林茂桂抵郡，与戴燝、蒋孟育、汪有洵、陈翼飞集汪尔材宅。

九十月间,集蒋孟育园。

十月,与蒋孟育等登城南虎碙岩,因忆往昔曾于此岩居一个月又二十九日。

十一、十二月间,永春颜廷榘来漳;有诗寄秦钟震(伯起)。

十二月,除夕,有病未除。

是岁,为友人黄鳌伯(伯缵)撰墓志铭。

万历三十四年丙午(1606) 三十四岁

元月元日,与蒋孟育等集社中楼。四日,登城南石狮岩。徐銮奉使过里。又集林茂桂旅舍,兼送陈翼飞往剑津。元夕,有诗。有诗寄颜廷榘。林茂桂、戴燝、徐銮诸君集顾相国郊园;高克正将入贺;方沆来漳,同社过集,吴寀母丧还里。

二月,重修漳州霞中社。并作记。高克正初入社。送蒋孟育还朝、陈范往广东新会。霞中社之后,又有霞中后社,郑怀魁有《〈霞中后社诗卷〉序》,作年待考,附系于此。

《重修霞中社记》:"丙午二月三日,更集朝宪,时道力、鸣卿亦奉使过里,独辂思守括苍,亮恭颁诏在途,其他曩时诸子皆在,敷衽把臂,见东南才士之大全也。"(《霏云居集》卷二十八)

按:漳州霞中社兴起,见万历二十九年(1601)。

郑怀魁有《〈霞中后社诗卷〉序》(《葵圃存集》卷十二)。

三月,上巳,集陈贞铉郊集。是月始营霏云居;在霏云居构招隐斋,无复出意,而内外尽促行。诗哭冯梦祯(冯卒于去岁)。

春夏间,与林茂桂、戴燝等集顾相国郊园。吴寀奉诏归里。

四月,永春颜廷榘入漳,与戴燝、林茂桂、高克正、顾国相、汪有洵、徐銮、郑爵魁、黄朝钥集汪尔材钓璜堂。

五月一日,汪将军尔材水榭。

夏秋间,莆田方沆入漳,集戴燝宅。

七月,有书致郑怀魁,言将附徐銮舟上春官。

秋,张燮有书致蒋孟育。孟育北上,至崇安,有书问张燮何日至都。弟绍科乡试,有诗送之。沈有容将军擢浙江都阃,燮与诸闽士有诗送之。

九十月间，拟与徐銮北上，改北发之期。

十月，父驱之上春官。拟附徐銮舟，从漳州出发前过福州、闽关，渡江北上。十二日，发霞山，晚宿江东驿（在漳州东），父廷榜及同社诸子酒饯东郊。嗣后，作长诗五十韵抒怀。十三日，宿深青（今属厦门市灌口镇）。十四日，有事滞留深青。与高克正促膝交谈于旅舍。十五日，之轮山（在今厦门市同安区）；是晚追徐銮于康店。十六日，入温陵（今泉州），何乔远等同酌。十八日，入莆田，访方沆（子及）于金粟园。访佘翔不值。二十日，宿宏路（今属福清市），与徐銮小酌。二十一日，宿大田，集鸣卿署中。二十二日，渡峡，入榕城。二十三日，徐𤊹、王昆仲来访。二十四日，过访谢肇淛，谢居丧。二十五日，徐銮携榼登平远台。二十六日，出芋原登舟之水口（属古田县）。一路阻风。二十九日，初度，徐銮来集舟中。

十一月，朔日，登水口。初三，至剑州。谒观察使吴翼云；吴损饷良厚。初四，在剑州。雨注，驿卒不给。徐銮呼酒饮之。有书致戴燝（或作于此日前后）。初六，抵建州。董君谟恤部贻书，并以金见饷。十二日，出分水关。十三日，抵江西铅山，游观音岩。与徐銮邀金友瑶大令、陈贞铉邀之小集。十五日，抵广信。是日前后，有书致汪尔材、林茂桂、顾国相、陈范。十七日，次常山，驰书方应祥；入信安，与方夜坐达旦。十八日，与方应祥、徐銮游鹿鸣山。十九日，舟行。二十日，过瀔水。二十一日，过严州，经七里濑严陵钓台，与徐銮倡酬。二十三日，冬至，泊桐庐，初雪。二十四日，经富阳，水皆缥碧，急湍似箭。二十五日，入武林，集吴伯霖宅。是日或稍后，有书致林伯昭。二十六日，王观察带水、沈将军有容来过，损俸见赠。午，凌元叔招饮。二十七日，知屠隆已捐馆，有诗哭之。二十八日，陈生招游西湖。晚归，虞长孺寄诗二章；是日或明后日有答诗并书。二十九日，茂才子将来访。

十二月，朔，解维登舟。二日，过塘西。沈伯含武部招饮其家。往吴门问钱简栖。是日大雪。三日，伯含携具相送十里而别。四日，槜李道中，简栖追至，订作姑苏主人。八日，抵姑苏，往哭张献翼（幼于），其兄凤翼（伯起）封径，有书致之。访王稚登（百谷），不遇；致书王稚登，以未见为憾。游虎丘。九日，与徐銮访钱简栖；买小舟凌波以行；夜作书致钱。十一日，过武进。十三日，抵达丹阳。十五日，抵南京，入城已薄暮。策蹇诣曹学佺（能始）

署;曹留酌。十六日,与林古度集曹学佺署中。曹赠扇头。十七日,朱时表水部、秦伯起比部后先枉驾见招,辞以临发,各损饷去。是午,与林古度、林懋弟兄小集。过魏之璜、胡宗仁,散步长廊。

十八日,昧爽,出南都门,徐鎏迎于舟,遂俱渡江。作书与曹学佺别。是日或稍后,有书致黄汝亨,并附近刻。十九日至除夕三日前,至彭城。胡以惠见招,以行迫未赴;胡遣使赠酒金。除夕前二日,单车戒路,游峄山。除夕,与徐鎏至充州。

是月,作《戏为友人怀旧却寄十首》(《霏云居集》卷十八)。

是岁,作北上记游多篇。

作《游铅山观音岩记》(《霏云居集》卷二十九);《偕徐鸣卿北上渡江游记》(《霏云居集》卷三十一)、《游峄山记》(《霏云居集》卷二十九)。

是岁,屠隆卒,有诗哭之。

万历三十五年丁未(1607) 三十五岁

正月元日,在充州。人日,发高唐。元夕,在涿州。元夕后数日,入都,税驾蒋孟育所。次日,过管橘(彦怀)廷尉,留酌。蔡复一见过。

正、二月间,毕懋康(孟侯)招饮。访方应祥(孟旋)于郊寺。米万章枉驾来访不值;集米万章(仲诏)园;集徐鎏宅;集米仲诏湛园;施正之同蒋孟育、徐鎏、陈翼飞、虞公普、张公鲁、唐奉孝集城西园。与蔡复一等集林仕隆宅。崔惟承司农损俸良奢,蟫致书,拟事功毕后往易州访崔。

三月,五下第。与二三友朋作汗漫游。蒋孟育、蔡复一等访过,有诗纪之。别徐鸣卿;又集复一宅。有书致戴燝。初六,发京城南归,米万章邀集,弗赴;拟先作易州游;蒋孟育开樽马首,尽醅而别。过良乡;午,次琉璃桥。初八,抵易州,驻惟承衙斋。初十,遣仆入都报谢故人:蒋孟育、米万章、黄应兴、徐鎏、蔡复一、管橘。十三日,出易州西郊,寻泉源,登荆卿故里。十四日,置酒觉山为别。十五日,达新城。方应祥约会于新城,竟尔辽邈。十六日,旁午,抵雄县。十七日,历任丘,过河间。十八日,诘旦,冻雨骤作。阻雨,寻霁;落晚得夜行抵阜城。十九日,过景城,遂出北平界。二十日至月杪,自德州取道临邑,访邢侗,与邢及临邑诗人倡和。入济前有书先致邢子愿;发临邑后又致书子愿称谢。

四月,朔,抵彭城。二日,登云龙山及戏马台,遇方应祥,剧饮旅店。胡以惠遗舟相送渡淮;别胡后有书致之,并云欲遍搜漳州作者文,汇成一家。三日,买舟与方应祥相依行,历下邳,忆黄石公坠履处;临楚汉战场,诵阮公"时无英雄,竖子成名"之语;过淮,谒漂母祠;迫近江都,叹《文选》楼故居。致书顾起元,云乡思九回,不能溯流相访,附所刻集;去岁与曹学佺、林古度约重游金陵,至是不果赴;致书曹学佺并附香佩。初八,达广陵。晚泊瓜步。初九,早,渡江。是日前后,有书致范介儒、朱时表。十日,舟发京口。十一日,午,抵梁溪,过访邹彦吉学献。是日或稍后一二日,有书报缪昌期。十二日,集邹彦吉宅,诸敬阳、徐然明在焉。酒散,邹及诸君送还舟。十三日,留邹氏庄;晚,至姑苏。是日或稍后,有书致徐然明并诗。十四日,过吴,访王稚登。过钱简栖;与方应祥游虎丘。得曹学佺报章。十五日,过王元夫。午,王稚登招饮南有堂。十六日,在姑苏,邂逅天台林孺孚。十七日,过别钱简栖,同过王稚登。二游虎丘,与钱谦益等坐千人石,邂逅李宗谦。是日或次日,有书致钱简栖并诗。十八日,乘舟离姑苏,往武林。行三日。二十一日,抵武林,严忍公诸名士悉集。致书吴伯霖并录近诗于扇头。二十二日至二十四日,宿邹孟阳小筑;行游湖上,吴延祖同集。二十五日,称贷邹孟阳。发武林,别方应祥,下桐江。四月二十六日后,下桐江,抵信安。

五月初,度仙霞关入闽;五日,过浦城县仙阳。嗣后,下建溪,水渐平;过会城,谢肇淛、徐𤀍留小酌。过莆田前,有书先致方沆;至莆,方沆于湖园夜酌。过泉州,宿郊桥,时颜廷榘(范卿)在郡城;致书廷榘。月末,抵家。

六月,有书致吴寀;寀寄书,答寀。方沆来书,答之。有书致徐然明。

六七月间,闲居霏云居。抵里后,善病。

七月,戴燝母卒,往长泰(武安)吊。有书致林茂桂。

八月,陈翼飞至,有诗纪之。有书致吴寀。致书曹学佺,言及去岁分韵诗。又致方应祥、徐銮。得蔡复一书,寄答之。致书韩上桂(孟郁);朱完(季美)入漳。又致张约之,索其画;陈范往粤。

八九月间,有漳浦之行。往泉州访何乔远,不遇。吴寀抵郡,与高克正等集霏云居。致书郑怀魁,叙及郑曾言如燮坚不上春官则拟作绝交书。又致樊致虚、冯元成、万伯文、钟羽修。

九月,徐㷒、马歘过漳。携李朱季长归,为其集作序。有书致朱季美,以为与徐兴公等登高集,朱诗为第一。致书何乔远荐朱。霏云居毕功。

十、十一月,致书莆田方沆及佘翔。论明诗选本。致书漳浦明府。

十二月,改构藏真馆初成。自嘲有书数卷,犹未全贫。

是岁,为友人黄以陛(孝翼)集作序。

万历三十六年戊申(1608) 三十六岁

正月三日,梁山(漳浦)黄明府过访。元夕,李伯鹰招饮署中。过汪尔材宅看神坛。十七,林茂桂年六十,有诗寿之。二月某日,林茂桂集招隐斋,是日雨注。斋居,岑寂中别有幽致。

三月,上巳,得何乔远书。春尽,苦暑。

四月,卧病,高克正见过。何九转由泉入漳,留宿霏云居,问讯何乔远。

四五月间,黄道周由林茂桂介,来访,与戴燨、高克正、陈翼飞同咏,燮称其孤诣自好。五月三日,泛舟南河。四日,汪尔材招饮水榭。五日,偕儿泛舟。

夏秋间,得第三子。名于域。

秋,儿满月。往漳浦(梁山),道中有诗怀漳浦令黄应举(字宏选)。在漳浦与吴寀、林茂桂、黄应举倡酬。蔡复一奉使还里,讹闻其予告;为书及诗讯之,复一书至乃知误传。

八月中秋,邀王昆仲、黄道周集高克正斋头。时道周尚未为诸生,张燮兄弟折节相交。

九月九日,高克正招集八卦楼。与蔡复一有约过访,不果行。三子于域殇。蔡复一还朝,有诗送之。

九十月间,送陈悦之还里、送丘大行还朝。

十月二十八日,得方应祥、忍公书。

十一、十二月间,父病,先寓燮藏真馆,馆火,幸未燎,移居溪南大士阁。有诗致蔡复一,以为愁于生计,故秋天不果行。复一督以来春。游云洞。何九转卒,有诗唁何乔远。

十二月,重入漳浦。岁除前三日,燮强扶父廷榜入城市。除日,陈范自粤归,过访。

万历三十七年己酉(1609) 三十七岁

正月,元日立春,父出见诸群从;次日卧枕,不再出门。二日与陈范等集觅蠹轩。三日得蒋道力书。四日,郊行。十五,偕汪尔材、高燝观灯。

二月,有诗简高克正。

二三月间,斋居。

三月,霏云居生芝,燮以为祥瑞。

春夏间,吕尔搏赴西粤过漳。往漳浦。

五月,蒋孟育有书致燮,期盼会面。七日,父廷榜卒,年六十五。

五六月间,小园生芝。此时或稍晚,蒋孟育自京惠金并订就京税驾之约,有诗纪之。

夏,父廷榜卒。

夏秋间,有诗寄毕孟侯等。

秋,宗孟(浩然)将军过集别界。宗孟与漳州士子友善,而与张燮缠缚尤挚。

八月十七日,高克正卒,年四十六。

八九月间,方伯邕客粤过漳。

九月十六日,同社祭高克正。蒋孟育初度,有诗赠之。往漳浦访黄道周不值。晦日,林茂桂、吴寀携酌鹤松关夜同黄道周集。

十月,初度,有诗。

十、十一月间,题戴爆小斋。陈翼飞、郑怀爵北上,有诗送之。郑怀魁为论者所侵,有诗志慨。

十一月,至日,杨子声山人来谒。往武安,林伯昭招饮。

十二月,除夕,邻人失火,势且及宅,幸扑灭。

是岁,为父廷榜作《行状》。

是岁,为同安萧九奏诗作序。

是岁,郑爵魁中举。

是岁,方沆卒,有诗哭之。

是岁,校理高克正文集。

万历三十八年庚戌(1610) 三十八岁

正月初八,四子于垒生。于垒,字凯甫。戴燨抵郡。郑怀魁过集。

正、二月间,戴燨诞儿,有诗贺之。登玄云故居。

二月,集黄孝翼郊居。谢修之抵漳,集藏真馆。感叹时事。此月前后,有客饷水鸟,畜置池头,有诗纪之。

三月,上巳,邀谢修之禊集汪园;五日,与陈范等集郑怀爵宅。

闰三月,有诗赋春归。

三四月间,黄道周来访,郑怀魁招集风雅堂。集延绿亭,倡酬,有诗序。有诗记陈翼飞、钱谦益成进士。

五月四日,泛舟。五日,与戴燨等集文昌楼。十七日,闵使君初度。过戴燨。

五六月间,李伯鹰擢镇粤东,送之至江东。

六月,雨注不止。吴寀过斋头。夜过戴燨。

七月初七,吕思楙自海澄遣使贻近诗。

七八月间,蒋孟育奉使过漳。孟育修葺恬园。

八月,四明虞公普再入漳。十四日,宗孟将军招集香雪亭。

八九月间,郑怀魁诞子,诸子有诗贺之,燮为撰诗序。

九月八日,与郑怀魁、郑怀爵、蒋孟育、吴寀、陈范共六人,于玄云故址社集。九日,郑怀爵邀同蒋孟育等集霞曙楼。吴寀临发,集藏真馆,蒋孟育、汪有洵等。

九十月间,何乔远拟入漳,阻风不果。偕蒋孟育等集,虞公普醉;虞公普归四明,有诗送之。别后,为之作诗序。此时或稍后,为程长卿诗作序。长卿父程参军擢南康丞,为作送行序。宗孟将军署中观弈。

十月三十日,初度后一日饮蒋园。

十一月,戴燨等过斋头。

十一、十二月间,与戴燨等燕集。陈范自燕归。

作《冬日斋居幼儿时时向觅阿爷即事漫兴》《过蒋道力席上逢潮阳黄明经》《喜陈伯畴归自燕同过蒋道力因讯陈宜兴消息》（《霏云居集》卷七）。

作《吕大夫邀同戴观察燕集汪园》（《霏云居集》卷十二）。

十二月，得曹学佺、蔡复一书信。

是岁，因园生芝，又喜得于垒，友人题诗，辑为《芝庭瑞应卷》，有诗记之。

是岁，陈翼飞成进士。

万历三十九年（1611） 三十九岁

正月元日，偕蒋孟育集风雅堂。初三，蒋孟育等过集小园；四日，集孟育园，时潜玉初至漳。十二日，偕林茂桂等集顾国相紫芝轩。十三夜，林茂桂、蒋孟育、汪尔材、郑怀魁等燕集别界。十四夜，蒋孟育招诸君燕集。元夕，集霏云居。

正、二月间，有诗记徐銮事。王君衡侍御阅燮集自京贻诗。

二月初五，送蒋孟育还朝，燮送其之榕城。是日，发霞城；孟育临发，过集霏云居啸台。晚次江东，孟育夜阑始至。是月初或稍早，为蒋孟育恬圃作记。初六，抵深青；黄道周追至，引杯相属。初七，黄道周辞归。四明吴潜玉附车返吴。午抵同安。陈念莒与侄陈范相送至同安。陈范有诗别之。是晚，陈君席上，孟育弟任垣挟歌者助兴。初八，蒋任垣邀登梵天寺。初九，蒋任垣同诣温陵，宿康店。蒋孟育沽村酒佐饮。初十，抵温陵，谒何乔远。郑申甫大令、杨稚实进士载酒至。丁启濬来访，不遇。夜宿何乔远宅。十一日，诣丁启濬；谢修之大令来访，不遇。过蒋任垣，晤蒋仲宝先辈。午，何乔远招饮，稚实偕作主人。酒次，雨。十二日，丁启濬邀游李园，不克赴。与何乔远畅饮而去，薄暮抵洛阳桥。夜入惠安县。狂风扑人，马蹄载怯。十三日，至枫亭。吴潜玉有事先发。十四日，莆田道中，感怀方沆。抵莆，方伯邕招集金粟园，伯邕兄伯书、宋珏（比玉）来。酒酣，移步桥西，小西湖看月，引满数大白乃散。十五日，是日花朝，与蒋孟育游仙游九鲤湖，冒雨往观瀑布。孟育先归，觅路往观珠帘，转足左望，便是玉箸。此日或稍后，作游九鲤湖诗序。十六日，孟育偶倦。独将一道士踯躅瀑布、珠帘间，更前抵玉箸入湖。贾勇之石门。十七日，方伯书招小集，方伯邕、宋珏咸来问讯。十八日，蒋孟育过林尧俞，张燮先行。晚,宿蒜岭。十九日,越宏路,抵大田。二十日,渡过峡,入榕城。施正之、管橘先后来访。晚,与孟育集正之衙斋。二十二日,管橘、施正之招同蒋孟育游林氏园。夜游秉烛。二十三日,陈子潜招同集某氏园。二十四日,陈子潜挈榼之平远台,凭高俯瞰;之乌石山,道经洪园,坐邻霄台。与子潜送孟育于芋原。二十五日,晓起,陈子潜辞归。舟送孟育至古侯官,孟育觅巨舠相对,喉涩,不能竟所欲言,判袂目送而去。抵旅次,豫章喻叔虞偕徐㶳、王昆仲来访,留酌。自离漳至别蒋孟育所作诗四十一章。二十六日,往见施将军。酒次,施尽出所为诗相示。二十七日,喻叔虞偕商梅来访。二十八日,徐㶳见招绿玉斋。二十九日,集乌石山麓商家梅山园。三十日,诣管橘,管为燮延誉。挟管、喻二名刺往诣江转运,倾盖甚欢。

三月初一,集陈子潜兵署。治装,拟南归。二日,本拟朔日归漳,施正之与诸友留之;与徐㶳俱往施所。三日,上巳,与徐㶳等四人修禊施正之衙斋,有诗八首。四日,离榕城。过峡,已向晚。黄昏燃炬抵黄田。马足飘零,转思蒋孟育。五日,宿蒜岭。六日,入莆田。与方伯邕集方伯文素园。是夜,与宋珏宿林伯耕小楼。七日,晨,与方伯文共啜粥。林尧俞来访。是夜,仍宿林伯耕楼。八日,晨,与方伯文共啜粥。往谒林尧俞,赏其玉芝堂。抵莆田东山寺,据山顶,俯瞰下界。出莆田龟山,月中上人斋供。夜次枫亭。九日,抵温陵,宿何乔远自誓山斋。十日,谢修之、余可著、粘以平来;苏茂相、林仕张携具来集。晚,谢修之留止对月,遂卧何乔远天听阁上。十一日,谢修之招游欧阳洞。薄暮,赴丁启濬席。十二日,杨伯管太史来访;午后,出别丁启濬,订秋中之约。过杨瞿崃(稚实),瞿崃已烹雌击鲜待。十三日,杨瞿崃、林仕张相继订酒约,俱以临发辞;赴苏茂相招,何乔远强留之。十五日,是日或稍早,为龟山月中上人作《疏》,月中上人来索;黄昏,抵家。此行所钟情者有三。自别蒋孟育后所作诗三十余章。回漳后有诗赠吕大夫。

三四月间,登梅山寺,逢心醒上人。

四月,郡志(《漳州府志》)开局。有诗贺计明府初度。

四五月间,宗将军归自海上,作望海诗并序;燮往鹭门,集宗将军宅。宗浩然邀集戈船。蔡复一奉使过家,走使诣燮,燮致以诗,复一答之。自鹭门还漳。过徐銮斋头留酌。

五月五日,斋居,宗将军海上寄书捐俸,有诗答之。

五六月间,为张别驾题《棠鹤卷》。黄道周入漳,道周与许问甫、谢兆甫过集小园。何乔远诞儿,有诗贺之。

六月,上月末谢肇淛自京抵家;燮有诗问讯之。

七月七夕,酬林茂桂七夕见怀之作。往长泰,游天柱山;林秉汉招饮山房。宗孟将军过别界,顾国相、汪尔材在坐。

七八月间,李伯鹰自粤东贻书惠金。

八月十四日,与戴燝等集宗孟亭。中秋,蒋孟育初度,有诗纪之。

八九月间,斋居,冯启明以诗见投。

九月,与何乔远约游泉州。经同安访蔡复一后到泉州,前后计二十一天:十一日,与徐銮就道。晚宿深青,与徐銮作曲室语。十二日,午,到同安。宿陈茂才馆,馆在朝元观中。是晚,茂才置酒,徐銮、蔡复一谈京城之事。十三日,蔡复一招集刘氏水榭;水榭为同安第一。刘国夏、蔡献臣在坐;林伯昭发长泰,故迟一日到。十四日,李明府来访。午,与徐銮、林秉汉小酌。晚,同集李公署中。十五日,集刘国夏署中。十六日,蔡复一招集梵天寺。大雨,与敬夫、仁夫兄弟冒雨寻峰。晚,过蔡献臣,此会稍酩酊。十七日,蔡敬夫携具来。林秉汉、徐銮回漳;独自北向温陵。晚宿康店。十八日,诣何乔远宅,相顾而笑。何乔远另觅小斋寓燮。十九日,访丁启濬,不相值。何乔远呼余可著、粘以平来集。二十日,谢修之来访;遇徐务滋。集苏茂相斋头。二十一日,谢修之招饮游楼。集李克苍祠部水榭,泛舟看木芙蓉。二十二日,上清源山,因忆七年前、九年前游山事。二十三日,苏茂相来访。偕苏茂相集丁启濬长玉斋。二十四日,践李克苍江楼之约。二十五日,登九日山,何乔远凭高大呼,似苏门鼓吹传响。时归思已动,尚苦酬应。二十六日,赴林仕隆之招。二十七日,遍阅郡中名园,访温遴卿宅,晚集黄氏园亭。二十八日,苏茂相再贻书来别。何乔远携一壶,罄之,乃行。周伯瑾参知留酌西郊别馆,林欲栋(仕隆)等在坐。丁启濬早走使图一晤,而燮已出门。发温陵,夜宿康店。二十九日,抵同安,蔡复一问讯温陵之游诸事。三十日,集蔡复一宅。是日与复一兄弟共酣。复一擢湖广参知,将就镇澧阳。其时,燮刻《敝帚集》。夜行,宿苎溪。是日前后,作送蔡复一序。

十月初一，抵漳州舍中。是月，作温陵纪游。

十、十一月间，胡廷宴（以惠）过里以诗讯之。蒋孟育拜大司成，南来，次日过别界。有诗寄秦钟震。

十一月，夜集戴燝宅。蒋孟育夜过小酌。

十二月，郑怀魁、爵魁邀谢廷赞（曰可）集霞中社；与谢、郑怀爵等集徐銮斋头看红梅。叹卖文钱少。

是岁，为高克正作《行状》。

是岁或稍前为所交文坛友人各作诗一章，计四十章。

作《词盟纪咏引》（《霏云居集》卷二）。

是岁，为所交前辈明德君子及当时诸俊各作诗一章，计二十章。

作《素交篇》（《霏云居集》卷二）。

万历四十年壬子（1612） 四十岁

正月元日，蒋孟育过集霏云居。四日，集道力园。十七日，郑怀魁卒。

二月，蒋孟育之任留都，送至莆田，访宋珏。游广化寺。归途经泉州访何乔远。

三月，归漳。有书致蒋孟育，论郡志编纂，他日或可成《清漳风物记》单行；稍后蒋有来书二通，其一稍论张燮诗。

五月，与林茂桂、戴燝、徐銮等社集霞曙楼。黄道周过酌。为徐銮父作《寿诗序》。

秋，有诗送别黄道周省试。

八月十一日，夜集宗孟将军署中。

九月，区漳浦、陶海澄过集玄云亭。

十月，北上春官，缺盘缠，谋诸妇，以珥贳钱乃行。与林茂桂、戴燝、徐銮及族长老等别；叹家贫。过泉州，集苏茂相宅；与何乔远并辔往会城。过莆田，会黄应兴；十三日，至福清，夜饮浮蜃台；十四日，与施正之、林存古游瑞岩。有书致黄应兴。渡峡，至福州；在福州与徐𤊹、何乔远、顾彦白（王慎中外孙）、张大光等于马欻楼上观其藏书；寄书戴燝。芋源登舟，有书致苏茂相。

十一月、闰十一月间，舟至茶洋，几覆，稍后，有书致施正之。过浦城，出仙霞岭,有书致戴熺。舟过武林,有书致虞淳熙(长孺)并赠《敝帚集》。由姑苏,过访王稚登,离去后致书叙其敬仰之情。过无锡、镇江,入金陵,访焦竑。游灵谷寺。入长干里。有书致王伯谷。

十二月五日,至毗陵。附舟往金陵,京口水浅,住岸三日,登金山寺、北固楼。十二日,陆行至金陵,解装蒋孟育衙斋。十三日,迁署旁空屋。致书李本宁、焦竑,言其将访。十四日,早,访焦竑;午,李本宁来访。十五日,出聚宝门之长干里看春。十六日,致书顾起元;起元约十八日会面。午,李稚隆至。十七日,王宇见过;午,应温体仁之招,有诗;嗣后有书致温,温有报札。十八日,顾起元招饮;前此,张燮赠顾氏《敝帚集》。十九日,登鸡笼山。二十日,诣清凉亭。黄汝亨招饮邸中。焦竑来访,赠燮诸集。二十一日,顾起元来访。谒孝陵,游灵谷寺。二十二日,李本宁送来《霏云居集序》及赠诗,稍后燮有书致之。与姚次白同酌蒋孟育酒席。二十三日,料理征鞍。二十四日,黄居中来访;午,黄贞父招集斋头。二十五日,温体仁来别。焦竑、顾起元、黄汝亨有械。二十六日,与蒋孟育倾数大斗而去;孟育有别诗。除夜,谭仪若过旅舍小酌。

是岁,宗孟将军卒,有诗哭之。

是岁,戴熺北上补官。

万历四十一年癸丑(1613)四十一岁

正月元日,在池河。元夕,宿野店。二十二日,入都。绍烱弟日夜过从。

二月,在京城,与钟惺、吴之鲸、方应祥、李流芳、商梅、闻启祥集韦园。与钟惺互有书信往返。阮自华招饮。

三月三日,六下第。方应祥亦下第,意诣选人,燮力阻之。阮自华邀游天坛;有书报阮自华。南返。有诗书答王士昌。过泸沟桥、彭城。

四月,至广陵之前,有书致蒋孟育。过广陵,晤谢廷谅、谢廷赞,倡和。过太湖,游烟霞洞。十六日,往吴兴访闵翁次,值翁次客吴江,维缆雪溪馆。十七日,乌程令徐务滋来访。十八日,游清容轩;晚致书温体仁。十九日,潘曾纮来访;曾纮曾入漳结识张燮等。晚,得温体仁报书。二十日,出诣潘曾纮;知闵翁次已归,径造之。二十一日,闵氏诸少,次第咸集。二十二日,舟次清容轩晤孙昌裔。二十三日,孙昌裔来访。 二十四日,泛小艇碧浪湖。二十五日,游道场山。二十六日,书别乌程令徐务滋。二十七日,游弁山。二十八日,发吴兴。二十九日,入武林。

五月三日、四日,游杭州西湖;五日,集程孟阳宅。六日,游龙井,抵烟霞石屋,之江干。观潮钱塘江。过信安,邸福州,集施正之知由轩。过莆田,黄应兴留宿,作达曙语,为作《别业记》。过泉州别何乔远。晦日夜,过漳州江东。

六月,朔,抵漳州。集郊园,又集风雅堂。

六七月间,郡志修成,为人代作《序》。

七月七夕,有宴。

七八月间,虞公普客霞中社。

八月,集徐銮宅。

八九月间,集开元寺。有诗寄蔡复一。

九月九日,集陈翼飞阆榭;晦日,集藏真馆。

冬,陈翼飞邀社集。有梁山(长泰)之行。

十二月,施正之年五十,有寿诗。

是岁,汪尔材将军卒,年近六旬。

万历四十二年甲寅(1614) 四十二岁

正月元日,心境差可。斋居,怀吴寀。徐銮卒。

正、二月间,唐奉孝过访,汪有泂在坐。

三月三日,与王志道、陈翼飞集阆榭。同年,林秉汉卒,往长泰哭之;归后,抱病。

夏,徐㷧游霞城。燮抱病,五十余日方起色。

六月,汪尔材榇返郡,为作祭文。作林秉汉祭文。

八月十四日,同周起元等集宅上。中秋,携酌山园。往泉州访何乔远、丁启濬、苏茂相。

九月,往长泰访戴燝。

十月,生辰,戴婿为之觞。此前,女英慧出阁。

冬,徐銮卒,有诗哭之。园居。

十二月,为施正之将军作《寿序》。

是岁,为陈居一诗作序,叙今夏陈居一到漳,燮抱病与之语,为莫逆。

是岁,代作《八闽观风录》。

是岁,长女英慧出阁。婿为长泰戴燝之子利藩。

是岁,郑怀魁卒,徐𤊻至漳州吊之。

是岁,子于垒读《论语》《周易》。幼有圣童之誉。

万历四十三年乙卯（1615） 四十三岁

正月十七日,过郑爵魁,留饮。

二月,有诗寄谢谢廷谅、谢廷赞兄弟。

三月,上巳,登海澄县晏海楼;海澄令招饮。本月经泉州、仙游、莆田,往游玉融（福清）,详下。十八日,趋装即途。十九日,深青与周起元班荆晤语。二十日,宿五陵野舍。二十一日,入温陵,何乔远扫承天寺见待晚集。二十二日,破晓,过乔远,作晓供。过午,入锦田,张尚玺礼卿邀宿宅上。二十三日,抵仙游枫亭。二十四日,入莆,宿方氏园。二十五日,抵蒜岭。二十六日,至福清郑侠故里,登玉融塔。二十七日,施正之置酒高会,唐奉孝、林存古同集。二十八日,施正之来访。二十九日,作书寄曹学佺、徐𤊻。三十日,正之为流觞之会。

四月,初一日,重游瑞岩。二日,与正之谋游福庐山。三日,与施正之、林存古游福庐山。四日,由福庐返回城东。五日,施正之置酒相别。六日,夜分乃抵蒜岭。七日,入莆,解装方氏园居。八日,集莆田金粟园。莆人供沉香水浴佛,还以自澡。九日,晚集方尔琛宅。十日,林祭酒咨伯来访。十一日,方伯书招游弥陀岩。十二日,访林尧俞于莆田南溪别业。十三日,次枫亭。值吴叔嘉于逆旅。十四日,抵锦田,宿张礼卿宅。十五日,游龙湖,陵顶。仍宿礼卿许。十六日,至泉州。苏学宪弘家来访。十七日,丁启濬来访。午,赴丁之招。十八日,与何乔远等集承天寺。十九日,同何乔远等集苏茂相宅。二十日,会泉州观察韩璧哉,订后会。夜集陈宗九宅。二十一日,出别泉州诸君子。二十二日,启程回漳。二十三日,夜抵漳州东郊。二十四日,质明,抵舍。

五月,丁启濬招饮王氏郊园。

六月,泉州观察韩壁哉莅漳,张燮有诗奉讯。

七八月间,周起元招饮斋间。

八月,与周起元等泛舟海门望海澄圭峰塔。

闰八月,海澄县县令陶镕来访;应邀至海澄修《东西洋考》。

秋冬间,得蔡复一书。为海澄县县令陶镕作《建塔圭峰诗序》,以为此塔之建"非关佞佛",有"波臣纳彼细流"之功。《东西洋考》修就,别陶令,返漳州。

冬,北上春官,友人作别,林茂桂有诗赠别。过莆田,宿张礼卿宅。过福清,登石竹山,访施大将军;过福州、滩行,过叶坊、仙霞岭,至钱塘、丹阳。入金陵,访林古度。与王宇、林古度游燕子矶。焦竑招饮。除前二日渡江。

是岁,为林仪卿《史评》撰序。

是岁,有书致蒋道力;道力答之。

万历四十四年丙辰(1616) 四十四岁

正月元日,滁阳道中。初八,有诗怀四子于垒。十五日,在河间。至京城,税驾吴寀邸舍。

正、二月间,在京。阮自华邀小酌,袁中道在坐。黄汝亨损俸见饷。偕方应祥赴吴寀之招。

三月,七下第。缪昌期招饮。丁启濬过访,有诗答之。

三四月间,南返。经广陵,哭谢廷赞。过苏州,重游虎丘。

四月,过苏州,游虎丘。十五日,出武林,渡钱塘,经萧山县,至山阴,拟作天台之游。十六日,抵曹娥江,比东关买舟之姚江,是晚拟投邵世瑞。十七日,访姚江邵世卿。午后,游龙泉山。十八日,赴邵五松之招。十九日,邵孟公强作半日留,期以剧醉。世卿遣舟相送,赠饷甚奢。二十日,自姚江至明州途中。二十一日,抵明州。解装杨太使叔向樗园。二十二日,出访沈玄度兄弟及报谒杨声元。二十三日,公鲁至,午,玄度携酌来集。二十四日,与公鲁为延庆寺之行。二十五日,出泛月湖。二十六日,杨声元置酒邀玄度同集。二十七日,赴陆敬身之招。二十八日,沈玄抱移樽楼头。夜为剧醉。二十九日,朗上人来。午集,上人斋供。

五月初一日,蔡献臣移刺。二日,蔡献臣来访。三日,杨声元至明州。四日,沈玄度兄弟及陆敬身、张殷仲俱致乡物见遗;晚蔡献臣招饮屠隆娑罗园。五日,屠本畯来访。蔡献臣饷酒。六日,报谒屠田叔,因为阿育之行。七日,质明,起登山顶,最上有望海亭。八日,归自天童,屠本畯来访。九日,杨声元返斾,得杨一葵报书。十日,沈玄度招游它山堰。十一日,之佛迹巷,佛迹在峰巅。旋过冷泉巷。十二日,杨声元邀集娑罗园。十三日,蔡献臣建议张燮游普陀山。十四日,渡海游普陀山,晚登招宝。十五日,在普陀山。十六日,由普陀山回明州。十七日,出谢蔡献臣。午,屠本畯来集。体国蔡献臣见饷酒金。十八日,午,徐长卿、高象先移樽园垂,屠本畯会焉。十九日,离明州,诸交知络绎履满。二十日,抵奉化。二十一日,走七十里,之雪窦。二十二日,观赏日岭石镜台。二十三日,至宁海。二十四日,父老百余人持再麦数株来谒,乞记之。二十五日,周令张具署中。二十六日,晓发,夜宿荒村。二十七日,到达天台县。二十八日至三十日,继续游天台山。六月初一日,下山,冒雨抵新昌。二日,至剡县,宿般若台寺。三日,午,抵东山谢安故居,晚,抵曹娥驿。四日,到会稽,杨一葵扫仁王寺,为解装。五日,访禹陵。晚,一葵招饮署中。六日,游兰渚。午归,胡青莲招游镜湖。七日,往别一葵。八日,渡江。九日,入武林。

秋,抵漳州。

九月九日,周起元招集。

除前二日,长子于堂卒,年十九。

是岁,为谢廷谅诗集撰序,以为今者韵士为诗,多以树帜为事,“以师古为桎梏,按法为坑堑,跋扈为神奇”。

是岁,为方应祥母作寿序。

是岁,于垒通古文。

万历四十五年丁巳（1617） 四十五岁

春,拟往金陵。途经泉州,访何乔远,与池显方夜集。发莆田,重游九鲤湖。至福州,登平远台。至建州,访戴燝,却返。归途过福州,有诗伤徐𤊺长子陆。

三月,龙溪西浦石堤建成,代人作《碑记》。

夏,至云霄,有诗怀吴宷。

九月,至海澄,修《东西洋考》。

冬,群玉楼落成,小集。

十二月,《东西洋考》竣事,归龙溪,作《歌》,言及很多素材来源于贾商。萧基为作《引》,周起元为作《序》。

是岁,何乔远年六十,为作《寿序》。

是岁或稍早,作《词盟续咏》四十首。

是岁或稍早,又作《广素交篇》二十首。

万历四十六年戊午（1618） 四十六岁

正月元日,家宴,次子于坛有诗。人日,王起宗为作《〈东西洋考〉序》。十四日,郑怀爵招饮温园。

二月,海澄县圭屿城建成,为作《碑记》,以为圭屿为漳州门户,事关海防,一旅守之,有金汤之安。

三月,女英慧亡,年二十三。

夏秋间,沈有容将军视师海上,有诗记之。

秋,黄道周成举人,有诗贺之。

九月,游铜山（今东山县）,咏风动石,登紫阳祠。

十一月,北上春官,过同安,别蔡复一;丁启濬有诗送之。过福州曹学佺浮山堂小酌。至浦城,与黄道周同度仙霞岭。

十二月,至杭州,玉泉观鱼,重游灵隐寺。至无锡,于惠山绝顶看雪。除前一日至维扬。

万历四十七年己未（1619） 四十七岁

正月元日,邵伯舟中,有诗赠黄道周。谷日,怀幼儿于垒;元夕,怀于坛。至都。

正、二月间,集苏茂相斋看桃花。方伯邕卒,有诗哭之。

二月十九日,集俞计部宅。游西山。

三月,八下第,作诗自伤。南返,别京中知己。与郑辂魁、王子谟国行。登任城太白楼。过彭城,夜醉;又过滁州,游醉翁亭、龙潭及乐亭诸胜。

四月,雨中泛舟吴江湖上。过浒墅。过杭州,登烟雨楼,游虎跑寺,遇弟绍炯。

五月五日,次信安。夜抵铅山。又夜入分水关,游武夷山水帘洞。过福州,登于山。十七日,与徐熥集绿玉斋。十八日,往城东游鼓山,登为崛峰,寻朱熹"天风海涛"石刻。作《游鼓山记》。过莆田,至泉州,与丁启濬把臂。过同安,蔡复一留酌,与蔡献臣同剧醉。过江东桥,抵漳州。

七月,抵里之次日,吴寀至郡。黄道周抵郡,留酌。

八月十四日,王别驾招饮。

冬,幼女卒,时仅二岁。

是岁,代作《傅明府治澄德政录序》。

是岁,林茂桂年七十,为作寿序。

是岁,蒋孟育卒,年六十有二。

万历四十八年、明光宗朱常洛泰昌元年庚申（1620） 四十八岁

正月元日,有诗。人日,段用光过园。十五夜,马伯龙燕集斋头。

春,郑爵魁等集霏云居。

五月四日,游南溪。

七月七日,傅骠骑过集霏云居。

九月九日,傅将军移酌集陈贞铉郊居。十日,登芝山。又与池显方登玉屏山。晦日,林茂桂集观菊。

十月,往鹭门（今厦门）,集北谯楼登龟石;登云顶岩望圭屿。经同安,访蔡复一,时复一起家易州;与蔡献臣登梵天绝顶。初度,有诗答吴寀。有诗寄林古度。

十二月,朱参知燕集衙斋。

是岁或稍后,子于垒泛涉四部。

明熹宗朱由校天启元年辛酉（1621） 四十九岁

正月,早春,过周起元,留酌。元夕张灯。十六日,集霏云居。复一于延津寄诗及集序,燮有诗纪之。

正、二月间,有梁山（漳浦）之行,与林茂桂、吴宷燕集酬倡。

春夏间,林弘伯之粤东,过访。

五月四日,妻以分娩亡故,年四十六,作《悼内三十首》。池显方有诗慰之

七八月间,杨德周过访。

八月,黄道周致书吊慰之。

秋冬间,拟北上,以妇新亡,于坛卧疴,甚悲苦。

冬,北上赴考。过同安,晓酌蔡仁夫斋头,蔡献臣来集;过泉州,周伯瑾携酌过集。过莆田,访林咨伯南溪留酌;过福州,与曹学佺谈时事,徐𤇍有诗送之。

十二月,途中忆于坛卧疴,苦劝驾。过浦城,南朝江淹作令于此,有诗纪之。望,出仙霞关,抵武林。

是岁,池显方赠诗,答之,以为文章之事,只能留给后人评述。

是岁,蔡复一迁山西左布政使。致书张燮,燮有诗怀之。

是岁,于垒年十二,哀母丧,几不欲生;从此不从师塾。

天启二年壬戌（1622） 五十岁

正月元日,舟行。入金陵。林古度访于小楼。十五日,渡江。

二月,晦日邸中夜集。十二日,儿于坛卒,年二十二。

暮春,九下第。何乔远、马鸣起拟上书征为史局,却之。黄道周登第,每每过访。出都。

春夏间,过淮阳、过广陵,焦山、虎丘、武林;又经剡溪,台州,黄岩,海门。

五月五日,何将军招饮楼船;游雁荡。过仙居县、金华、信安、建安。

五六月间,过省城,确知仲春子于坛卒。

夏秋间,归至漳州之江东,子于垒来迎,伤于坛卒,相抱痛哭。

秋,作歌感叹骨肉凋伤。

秋冬间,郑爵魁卒,有诗哭之。有感荷兰据澎湖,出入鹭门、圭屿,海滨无复宁日,作《红夷行》。

十月,蔡复一赴阙,有诗送之。五十初度,有诗。

十二月,与林司理饮芝山。寒夜校书,儿于垒襄助。

天启三年癸亥（1623） 五十一岁

正月,元日,陈弓甫过集;四日,登霞曙楼。

春,得曹学佺《闽中名胜志》,有诗纪之。

春夏间,有泉州之行,与丁启濬、苏茂相、张维枢、吴瀚等游。有诗题张维枢天际楼。

五月五日,邓将军园小集。

七月七日,杨参和过集霏云居。

七八月间,有诗怀蔡复一。

八月,中秋杨亮闳诞辰日,招饮。

秋,阮大铖谏疏诸贤,张燮名亦在其中。

十月,蔡复一赴阙,有诗送之。

冬,海澄县令枉顾。南思益中丞自海上来,集小园。有书致徐燉,言近年骨肉凋零。后又有书致南居益,言《汉魏七十二家集》已付写,拟刻之。颜继祖过访。

十二月,立春前一日,携酌访陈贞铉郊居。李玄同见访,留酌。守岁,于垒有诗呈。

是岁,屠本畯卒,有诗哭之。

是岁,于垒十四岁,《麟角初编》所载作品自此岁始。

天启四年甲子（1624） 五十二岁

正月十日,章长舆来自甬东集小园。十三夜,蒋元实招饮文仲堂。校蒋孟育遗集。访陈贞铉楼头看花。本拟早春往苏州周起元中丞处,尚迟其行。

三月,蔡仁夫由泉入漳。

春夏间,闻阮大铖去秋有荐疏,有诗寄之。

四五月间,戴燝入贺还闽,过访,留酌。

六月二十四日,携儿于垒由漳州北上,入吴访周起元中丞。行前有诗寄别谢弘仪将军并别诸友人。颜继祖饯东郊为别。过同安,有诗简蔡献臣。

七月,出泉州,经莆田,至会城,留十余日,徐𤊺招崔征仲等集绿玉斋。马歘又招张燮、徐𤊺等饮醉书轩。南居益中丞生辰,招饮署中。与徐𤊺、郑以交等集于山。

七八月间,经水口、建阳,过武夷山。

八月,过信安。乘篮舆游杭州诸胜:昭庆寺、水心亭、玉泉观鱼、岳祠、灵隐寺、龙井坐、烟霞洞、石室。

八九月间,抵姑苏。周起元中丞夜酌。

九十月间,病,病后有诗呈周起元。

十月,在姑苏。二十八日集霞蔚馆。二十九日,周起元有诗贺其初度,并推崇《七十二家集》,拟为刻之。

十一月,周起元署中小酌。

十一、十二月间,致书魏浣初、林尧俞论《七十二家集》。有诗寄宋珏、林古度等。

十二月,在苏州守岁。自是岁起,不应公车,屡征辟不出,称"聘君"。

是岁,南居益剿红夷于澎湖。燮有《南中丞闽海献俘歌以纪之》诗记其事。

是岁,蔡复一擢少司马总督黔帅,有诗贺之。

是岁,池显方中举。

是岁,于垒十五岁,粗窥韵事,长者多赠诗。

天启五年乙丑(1625) 五十三岁

正月二日,周起元受严谴。九日,张燮风雨就道,游姑苏。十四日,在丹阳。十六日,至金陵,客博望之小楼。过林古度青疏阁,二十四日,与古度酌鸡鸣寺、瓦官寺。又与宋珏饮莫愁;同林古度梅坞看梅。张于垒参于倡酬。

二月,送周起元中丞游庐山;游皖南,访阮自华、阮大铖;与阮大铖多有倡酬。阮大铖令人迎于垒,并赠诗。入江西,在舟中,为阮大铖《拙征堂集》作序。游庐山、小孤山、石钟山,并有记。周起元取道汀州,燮由吉安、信州入闽。

春,致书李维桢、文震孟、沈珣、孙朝肃、张师绎,论《七十二家集》。赠李、文《霏云居续集》,赠沈、孙北朝集陈朝集二种,赠师绎隋集一种。

四月十八日,抵建阳,南居益助梓《七十二家集》,燮料理其事。游武夷。在建阳谒考亭书院,会陈一元。在建安会南居益,旅次,又会马歘、徐𤊹、杨道宾等。

六月,避暑武夷,游万年宫、铁板嶂、吴若容山房、活水岩、九曲放舟、登百花庄、城高岩、更衣台、虎啸岩绝顶。有书致蔡复一,并隋集一种,拟托其作《七十二家集》总序。

夏,致书贺万祚、南居益,言《汉魏七十二家集》以四月念九起工。南居益致书,请为徐𤊹《鳌峰集》作序。

六七月间,黄道周放归,奉母返乡,途经建阳,燮与之相失。

七月,雨甚,作书致蔡复一等。

七八月间,为刻《七十二家集》,有建阳之行,客书坊,余犹龙招饮别业。南居益移建州,燮有书致之,论《七十二家集》。茅参知分俸佐梓甚奢,郭、董二郡及高吴兴、傅崇安俱有捐助。《汉魏七十二家集》刻于建阳的有汉魏诸集,至此已刻强半。寓福山寺,与徐𤊹晤。于垒同行,病。

八月,卧病武夷,陪南居益游武夷夜宿天游观;中秋,驻武夷宫,病起。代中丞南居益为𤊹《鳌峰集》作序。发建阳,经建州与池显方等集;又于剑津逢蔡复一弟复心(仁夫),往福州。闻南居益曾疏荐于朝。

九月,十一日集陈一元山房,十三日又集。过泉州,苏茂相留酌。回漳。抵家后,有诗哭林茂桂。

冬,送戴婿贞砺入京。老母卒。

是岁,蔡复一卒。林茂桂卒。吴宷卒。

是岁,于垒十六岁。游南都,溯采石至池州。再至武夷,几遍三十六峰;南居益目之为"才人"。又游建州黄华山。经福州,欲往游鼓山,未果。

天启六年丙寅（1626） 五十四岁

正月早春,诗有"鸡骨偏怜瘦,幽怀不自聊"之句。

二月,庄景说奉使过漳枉顾。有诗赠李吴滋。

春,有诗致张师绎。黄道周有书致爕,并赠刻《七十二家集》金。有泉州之行。缇骑到漳州逮周起元,有堆云山麓别起元诗,抒发其愤慨之情;又有感魏珰当政,四处搜致矿税,朝廷昏暗,愤而作《感时四首》。

春夏间,黄道周抵郡,戴燝招小集;同游南岩。

四五月间,苦暑。

夏,黄大夫彭湖用兵制胜,过集。

七月,李遵过集,时于垒在坐。

七八月间,卧病园垂。

九月,与海澄刘县令订酒约。

秋冬间,夜深呼于垒共语。

十月,初度,徐定尔有来诗。

十一、十二月间,与安国贤等集。张维枢开府三秦,有诗寄之。

十二月,过戴燝斋小酌。

是岁,于垒初试,为葛学使所知,拔第三名。编《山史》。

是岁,苏茂相为张于垒《舒节编》作序。

是岁,张爕有书致古度,言子于垒编《山史》,请古度赐作。

是岁,徐㶿有书致友人,言及《汉魏六朝七十二家文集》尚未竣事。

是岁,有文祭吴宷。

是岁,周起元忤珰,二月被逮,九月死于狱中。爕作《周中丞歌》纪其初逮甚详。

天启七年丁卯（1627） 五十五岁

元月十四日,与池显方集霏云居。

春,林君俞邀燕集郊居。

夏,戴燝补蜀宪,由漳州出城,行至漳浦梁山卒。有多首诗纪之。

七八月间,有诗寄阮大铖。登石室。郑怀魁子肇中省试第三名,有诗纪之。于垒病中料理《山史》。

八月中秋,颜继祖招中庭坐月;送颜氏还朝。

八九月间,有书致曹学佺,言已寄《七十二家集》;向曹学佺索要《名胜记》全部。曹学佺秋后有报札。

九月,送刘明府赴阙。

九十月间,小集家园送徐定尔北上。

冬,有诗纪喜锄铛。

十二月,于垒病艰;二十六日,卒,年十八。

是岁,林尧俞卒。

是岁,祭周起元,并为之作传。

是岁,黄道周有书答张于垒。

崇祯元年戊辰(1628) 五十六岁

元月,元日、初八日有诗哀痛于垒;初七日,黄道周得于垒讣,有书致燮。十五日,马伯龙饷酒脯聊荐于垒座前。

春,于垒没后六十余日,燮设一榻灵座前,日与相对;黄道周有书悼于垒;徐㷒致书悼于垒,并言《七十二家集》已刻若干种。曹学佺有致书,悼于垒,并邀燮参与某部类书编纂,燮有答书。

三四月间,陈将军招登虎砼岩,历凌汉、石狮、普陀诸胜。

四月初四,徐弘祖(霞客)过访。

夏,王志道游武夷寻张于垒纪游处,吊之,有诗寄燮。

夏秋间,有诗怀南居益。

秋,迎娶新妇以期承接香火。赠谢应璠汉魏诸集。

十月,初度,谢应璠有寿诗。

冬,何乔远应允为张于垒撰碑文。王志道邀集玉泉精舍。与黄道周重游石室,开万石山诸洞,因怀于垒。

十二月,葬于垒,书写于垒墓碑。黄道周为作《墓表》,偕黄道周宿普陀岩。

是岁,买万石山,决计移家。

是岁,里门为于垒建幼清祠于芝山,池显方有诗纪之。

是岁,致书南居益,请其为于垒未竣之《山史》赐作;并言《七十二家集》已梓完六十四部,此书之行,实南居益所倡。

是岁,为于垒编《麟角集》。池显方为之序。

崇祯三年己巳（1629） 五十七岁

是岁,经营万石山房。冬,黄道周出山,过漳州南岩（万石山）,偕张燮锄山,再辟两洞。

是岁,举幼子;贻蔡献臣于垒集。

按:于垒集,即《麟角集》。

崇祯三年庚午（1630） 五十八岁

是岁,徐𤊹六十一岁,为作寿序。

是岁,与蔡献臣分别为池显方《澹远诗集》作序。

崇祯四年辛未（1631） 五十九岁

八月,茅元仪来闽,曹学佺延其住于浮山堂,亦有诗赠燮。

茅元仪有《赠张绍和征君》（《砥横塘集》卷一）。

十二月二十二日,何乔远卒。

按:十二月二十二日（西历已入 1632 年）。

崇祯五年壬申（1632） 六十岁

春,张瑞图有赠诗。

八月,曹学佺有赠诗。

是岁或稍早,自号逸民,贻诗蔡献臣,献臣有诗答之。

是岁,蔡献臣有诗贺其六十。

崇祯六年癸酉（1633） 六十一岁

五月,文震亨有漳州之行,曹学佺、陈一元有诗送之。

十、十一月间,陈元纶有漳州之行,曹学佺、徐延寿有诗送之。

崇祯七年甲戌（1634） 六十二岁

五六月间,同曹学佺倡酬。

按:曹学佺《次韵张绍和》(《西峰六一草》)。燮诗佚。

是岁,有书致徐㶿,㶿答之,言燮作有《万石山记》及《汉魏七十二家集》事。

按:徐㶿创宛羽楼在是岁,详拙撰《徐㶿年谱长编》,未刊稿。

崇祯八年乙亥（1635） 六十三岁

八月,开万石山,曹学佺有诗及之;蔡献臣有诗题之。为蒋孟育《恬庵遗稿》作序。

是岁,徐㶿有诗忆及十年前于建阳会张于垒,有诗追悼之。

是岁或稍晚,池显方合蒋熺、张于垒二奇童作《二奇童传》。

按:蒋熺,字晦之,晋江人,蒋德璟之次子,是岁卒,年十九。

崇祯九年丙子（1636） 六十四岁

九月,徐㶿有书及《题万石山诗》致张燮,言及燮刻《霏云居三集》,并劝勿出山。

岁杪,两致书,㶿答之。

徐㶿《答张绍和》:"岁杪两得兄书,乃王东里使者携至……弟有拙文二十卷,虽不足观,然欲于未死之年梓之。上元时节,便到建州谋此事。余客嗣布。十二月廿三日。"(《红雨楼集·鳌峰文集》册四,《上海图书馆未刊古籍稿本》第43册,复旦大学出版社2009年版)

是岁,蔡献臣有诗题万石山房。

是岁,丁启濬卒,年六十八。

崇祯十年丁丑（1637） 六十五岁

六月,黄道周极力向朝廷举荐,以为己博学多通不如燮。

黄道周《三罪四耻七不如疏》："雅尚高致,博学多通,足备顾问,则臣不如华亭布衣陈继儒、龙溪举人张燮。"(《黄漳浦集》卷二)

崇祯十一年戊寅(1638) 六十六岁

五月,陈肇曾(昌箕)从漳州返回福州,载《七十二家集》赠友人曾异撰。

八月,作《〈群玉楼集〉自序》,言此集得名之由来、起讫时间及体例。

《〈群玉楼集〉自序》:"草庐深处,旧有小楼,圮而更筑之,贮所畜群籍其上。曹氏之仓,陆公之厨,庶几贴宅焉。当窗散帙,雅多善本,如探群玉之山,此楼所由名也。主人霞朝星晚,坐起自娱,兴到濡毫,饶有撰著,即挂筇他往,翰墨间作,归必箧藏于此间,故亦以群玉名集云……始万历己未夏杪,迄崇祯戊辰冬,终十载星霜,几翻炉冶,而有斯集。计赋一卷,诗古近体合二十九卷,倡和诸鸿篇,附焉。近代征言诸序为多,故刷韵之文以为篇首,碑、记次之,颂、赞、箴、铭又次之,墓文及传、状、哀、诔又次之。音邮者,交道所不枯也。薄蹄几行,缔结酬酢,心曲形影,自为拈出在阿堵间。先是,见何稚孝为人立传,必取其书问,细按之,然后舐毫。李云杜集行,不载尺牍,邹彦吉屡诧为欠事,故余于寄远诸牍,务竟首尾,而来械报械,备列如右。衿契尽管如此英硕,商榷半烟霞,畏膻如焚,疾恶如枭。他年过目,可当年谱。至于启、奏,亦复连类;若乃集序之,外有题词,有书后,有引,有跋,杂曳后尘,共八十四卷矣。已开山以后,别为集,不在此限内也。"(《群玉楼集》卷首)

按:开山,即开万石山。

冬,赠黄道周《群玉楼集》,道周致书详论燮诗文。

崇祯十二年己卯(1639) 六十七岁

二月,黄道周有诗赠燮。

七月,徐𤊢有书致张燮,拟往漳州看万石山房并商略《山志》。

徐𤊢《答张绍和》:"秋杪拟到霞城,借为地主,兼看兄万石山房,商略《山志》……己卯七月。"(《红雨楼集·鳌峰文集》册四,《上海图书馆未刊古籍稿本》第43册,复旦大学出版社2009年版)

十二月,徐𤊹与孙徐钟震来访。

徐𤊹《寄黄石斋》略云:"偶访张绍和先生,寄迹霞城,用践范、张鸡黍之约,陟万古崒嵂之岩,兴尽将归,遥望海上紫气荧荧。"又:"己卯十二月。"(《红雨楼集·鳌峰文集》册四,《上海图书馆未刊古籍稿本》第 43 册,复旦大学出版社 2009 年版)

崇祯十三年庚辰(1640) 六十八岁

正月,徐𤊹登万石山,与张燮议梓《唐贤七十二家》;徐𤊹亦预校雠。

三月,卒。

徐𤊹《寄陈子潜未送》:"客漳半载……初六日,抵舍。未几,闻绍和之讣,为之仰天悲号。绍和名重一时,千秋事业,足以不朽。第家贫子幼,将来之事作何支撑,念之怆然……三月十五日。"(《红雨楼集·鳌峰文集》册四,《上海图书馆未刊古籍稿本》第 43 册,复旦大学出版社 2009 年版)

徐𤊹《寄高君鼎》:"到家数日,即闻绍和先生之讣,赍咨涕不能已已。生前才名太盛,身后遗孤太贫,万石弃去,未为失策,否则他日必为蜗角之争,反不若受价资生之为得耳。闻郡公已经纪其丧,此谊当于古人中求之,斯世鲜有其俦也。"(《红雨楼集·鳌峰文集》册四,《上海图书馆未刊古籍稿本》第 43 册,复旦大学出版社 2009 年版)

三月,曹学佺有诗论及燮。

四月,徐𤊹致书燮从弟绍科,言及曹学佺有奠仪。黄道周往漳州致哀。

黄道周《张太沃哀词》:"崇祯庚辰祓禊之月,绍和先生考终正寝,粤月朔日壬子,其友道周乃来自梁山,拊棺恸哭,为哀词以告先生。"(《黄漳浦集》卷二十七)

五月,徐𤊹致书燮从弟绍科,言及《初唐四杰集》,燮生前已完成三集,望其力梓之。

徐𤊹《答张烃叔》:"万石山经营数十载,一旦弃去,未免伤情,但令侄年幼且贫,若得多价,可以资生,不妨易主,且又是素相知者,已付托得人。昔维摩诘辋川,乃宋之问旧业,故诗云:'来者复为谁?空悲昔人有。'不无感慨系之矣。愚意以为弃之良是也。《骆集》令兄临行付弟代写,不崇朝即闻哀讣,知此局必不能终。姑缓之,今仍附还。'三杰'已完,不可少一,即郡公不能终事,而兄力为梓之,成四家可单行也……五月廿五日。"(《红雨楼集·鳌峰文集》册五,《上海图书馆未刊古籍稿本》第43册,复旦大学出版社2009年版)

六月,徐𤊸致书陈贞铉,言及爕卒,不胜怆然。

七月,徐𤊸致书池直夫,以为万石山房不如售于他人,孱儿或可资衣食。

十月,徐𤊸致书杨南仲,言及万石山房已属他姓人,为之气短。

徐𤊸《寄杨南仲》:"𤊸去年在漳度岁,绍和善饭无恙。今春偶呕血升许,三月三日遂尔长往。万石山庄已属他人,言之短气。所梓唐人文集才竣,王杨卢骆四家,余则不能终事耳……十月十日。"(《红雨楼集·鳌峰文集》册四,《上海图书馆未刊古籍稿本》第43册,复旦大学出版社2009年版)

是岁,池显方作诗哭爕。

崇祯十三年癸巳(1641) 殁后一年

十月,徐𤊸致书何模,言万石山房归何模后,得其开拓。

徐𤊸《寄何平子》:"浪迹丹霞,荷隆情无已。别复隔岁,实切天际真人想。知万石山房,属高人啸咏。唐摩诘辋川旧为宋之问蝟别业,万石一区,绍和先生创其始,仁兄拓其终。山灵因人而重,岂虚言哉!年来所收旧书,想多秘典,愿一相闻。弟虽衰残……十月廿四。"(《文集》册四,《上图稿本》第43册)

十一月,徐𤊸孙徐钟震客漳州。

是岁,徐弘祖卒。

崇祯十三年壬午(1642) 殁后二年

正月初二,张绍科招徐钟震集麟角堂,怀张爕。

十一月二十五日,徐𤊸卒。

曹学佺有《挽徐兴公时予在困关》(《西峰六九集诗》)。

按:徐钟震《先大父行略》:"先大父生于隆庆庚午年七月初二日巳时,卒于崇祯壬午年十一月廿五日午时,亨年七十有三。"(《雪樵文集》)

崇祯十七年甲申（1644） 殁后四年

是岁，黄道周为燮弟绍科集作序，言及与张燮兄弟情谊及绍科皤首从其治经之事。

黄道周《张烃叔集序》："予斤斤守经六十年矣……予今既老无成所成立，绍和已殁，而烃叔皤首方与予寻先圣之微言，考前贤之素业，澹泛夷犹于郏山诸翁之下，令绍和在，必哑然发叹，谓吾弟薄机云，而争游夏之位也。嗟乎！文质何殊，鹄素鸾青，义不相假。绍和而在，不以烃叔为晚痴可知矣。烃叔蚤岁尝类《子史奥乘》二十余卷，命予序之，予默然，遂为辍设。今烃叔集成又三十余卷，不为之序，必有疑烃叔之于予之于绍者，然烃叔之于文章，啸咏和畅，韶令自然，不以此淬其性命，虽为之降阶驰驱，可也！"（《黄漳浦集》卷二十）

明唐王朱聿键隆武二年、明唐王朱聿金粤绍武元年、清顺治三年丙戌（1646） 殁后六年

三月五日，黄道周完节于金陵，四子同时就义。

八月二十八日清兵入闽，二十九日唐王在汀州被俘，后死于福州。

九月十八日，曹学佺缢于福州西峰里第中堂。

是岁，王志道卒，年七十三。

顺治十四年戊戌（1658） 殁后十八年

是岁，徐㷀子钟震南行，感慨沧桑易变，兵燹流离，有诗追怀漳泉二郡先贤九人，作《南行九哀诗·孝廉张公》。

康熙四年乙巳年（1665） 殁后二十五年

是岁，林古度卒，年八十六。

曹学佺年表

曹学佺（1574—1646）[①]，侯官（今福建福州人）洪山里人。万历二十三年（1595）进士。南明唐王时官至尚书，加太子太保。清兵入福州，自缢而死。一生所著有《大明名胜志》《石仓十二代诗选》等数十种，千余卷；诗文集总名为《石仓集》；以日本内阁文库藏本较完备。曹氏以为释、道有藏，儒独无，倡修《儒藏》以与释、道鼎立。交游遍及八闽、吴越、楚蜀、赣粤。曹氏虽为晚明闽诗派人物，而论诗与谢肇淛、徐𤊹、徐𤏡兄弟不同，喜汉魏古诗，反对动辄七律。又以弈喻诗，颇多新见。十余年，笔者撰成《曹学佺年谱长编》百余万字（未刊），本文为《曹学佺年谱长编》之简略纲目。文中各条均不作考证，亦不一一注明出处。

曹学佺，字能始，又字尊生，号雁泽，晚号西峰；又自称石仓居士。家本平阳，侯官籍，世居侯官洪江。族微，先世居凤翔，明初入闽，居侯官县洪塘里。祖南山公，赠参政。祖母林淑人。父汲渠，尝学贾贾之道；赠参政，受三品服。生母曾氏，卒年三十二，亦洪塘里人。继母李氏。

少美容姿。生平颇得傲岸之名。万历二十三年（1595）进士，历户部主事、南京添注大理左寺正、南京户部郎中、四川右参政、按察使。天启初起广西右参议，迁陕西副使，未行。崇祯初，起广西副使，辞不就。唐王立于闽中，起授太常卿。寻迁礼部右侍郎兼侍讲学士，进尚书，加太子太保。有堂名浮

---

① 曹学佺生于万历二年（1574）闰十二月十五日，公历已入1575年。

山,有园名石仓。延吴门沈野至石仓园,题其所居曰"吴客轩"。筑僧房六所,号"六方"。晚移居西峰里。

好游山水;尤爱匡庐,有巢云之想。交游尽海内之名流。每事皆从节啬;晚岁,散财为盐商。兴复南台天宁寺,尊崇南宋李纲;崇尚气节。

在金陵,与臧懋循、陈邦瞻等结金陵社;在杭州,与吴德符等结秋社,主西湖大会;与赵世显等结芝社;入赵世显瑶华社;游漳州,郑怀魁招入玄云社。入阮自华神光大社;与俞安期等结石仓社(亦曰石君社);与王伯山等结三山耆社诗;与陈宏己等结洪江社;晚岁,又结塔江社。

著述颇富,有《大明一统名胜志》二百余卷、《石仓十二代诗选》一千七百多卷等数十种。诗文集《石仓》百余卷。其他未刻著作数十种。诗清灵婉扬、简练冲澹,以清丽为宗。不甚喜七律,以为五古最难。文旨沉以深,节纡以婉;善用短法。倡修儒藏,与释道鼎立。万历、崇祯间,与徐𤊹倡导闽中风雅。善书,尤善行草。性耽弈,喜观剧,亦能度曲。藏书极富而能读之;精于内典,多兴古刹;屡有善举,筑造桥梁。

妻龚氏,殿元用卿孙女;侧室刘氏。姬人乔氏,名玉翰。姐适林氏。弟学修。有子七人:长曰孟嘉;孟嘉妇,谢肇淛长女琰。次曰孟表、曰孟济、曰孟擢、曰孟担、曰孟秉、曰孟善。长孙名牟来。崇祯末添曾孙,四世同堂。

万历二年甲戌(1574) 一岁

闰十二月十五日(公历1575年1月26日)生。

万历七年己卯(1579) 六岁

是岁,曹学修(1579—1643)生。学修,字能证,学佺弟。

万历八年庚辰(1580) 七岁

是岁,受书,千言倒覆。

万历九年辛巳(1581) 八岁

是岁前后,母督课甚严,惧其不立也。

万历十二年甲申（1584） 十一岁

是岁，始习举子业。继母李氏是年归学佺父，年二十三。

万历十五年丁亥（1587） 十四岁

是岁，入泮。

万历十九年辛卯（1591） 十八岁

是岁，与费元禄等谈文弄藻，日以俊杰相命。受知于楚黄耿先生、金溪周圣兆先生。试郡第一。合前试邑，后试道，遂有"小三元"之称。获乡荐，名列三十八。

是岁，上春官。停车岳翁宦邸，时舅氏龚克向尚在襁褓。

万历二十年壬辰（1592） 十九岁

是岁，下第，与福清施三捷等从潞河买舟而下。归家，下帷苦读。董崇相极赏其文。

是岁，娶龚氏（鼎元用卿孙女）。

万历二十一年癸巳（1593） 二十岁

春，陈鸣鹤往游武夷，与之夜坐舟中。

十月，徐𤊂兄弟母陈孺人卒期年，招学佺享祭余。

万历二十二甲午（1594） 二十一岁

冬，赴考都下，海内名家咸以归有光身后推许之。

是岁，大父母相继以寿终。

万历二十三年乙未（1595） 二十二岁

二月，与徐𤊂、陈荐夫等集邓原岳潞河公署。

三月，高太史衷笠折简相邀。会场批"如韫玉之璞，不事雕琢，自然生辉"。廷试，二甲第五十名。

是岁，在京印《十三经注疏》并购书；与漳州徐銮称同好。

万历二十四年丙申（1596） 二十三岁

六月将望，往金溪哭周圣兆师之墓。

七月披榛游建州梅仙岩，又游归宗岩作武夷十日游，有诗赠少司马陈省。

八月，至金溪。途中所作诗结集为《挂剑篇》《挂剑篇文》。

九月，与徐𤏡、林古度往闽南。游九鲤湖、泉州。

十月，到漳州，郑怀魁邀其入霞中社，游芝山；有海氛之忧。

十一月，与何乔远等游唐欧阳詹石室，还家。南游诸作结集为《海色篇》。

是岁，与转运使屠本畯结社。

万历二十五年丁酉（1597） 二十四岁

春，赴京谒选。过吴，王稚登赠诗；访沈野于其庐；同年范长倩招往游太湖。

是岁，春，授户部主事，美丰标，都下指为神仙中人。督通州庚。分校顺天，所取士有武林张维成。取士好奇，为时所中。

万历二十六年戊戌（1598） 二十五岁

春，有潞河之役。

季春望日集于鲍庄。

秋，南迁处分将下。登潞子城。冬疑有一姬人卒，有诗悼之。胡应麟过访。新建公张位被逐，追送之舟次。

秋冬间，调南京添注大理寺正。潞河之役所作诗结集为《潞河集》。

万历二十七年己亥（1599） 二十六岁

正月，与陈道源参军出游，出芦沟，十五日，至房山。此间殇女。所作诗结集为《游房山诗》；并有《游房山记》。

正、二月间，又与友人张维诚游蓟门，壮游关外，作《游蓟门记》。

二三月间，左迁南大理寺正。

是岁，在金陵晤焦竑、李贽，为李贽所赏。有诗赠焦竑。晤意大利传教士利玛窦，赠诗。

万历二十八年庚子（1600） 二十七岁

夏，与徐燉、陈鸣鹤、沈野遥祭陈椿，徐燉作祭墓文。

七月，拟归闽，沈野同行。梅守箕、吴兆等在吴氏园、清凉台再送之。自去岁曹学佺量移南廷尉，将金陵诗友社集结集为《金陵社集诗》。

十月，归家，临哭熥殡宫，作祭徐熥文。

十二月初三，葬母曾安人于云山。与徐燉等渡江至南台看梅。

万历二十九年辛丑（1601） 二十八岁

二月，往建州，沈野同行。

三月，往将乐，游玉华洞诸胜。往清流，林光宇同游。又游上东华、回龙岩；晦前回省城。

五月，同林应起、王昆仲、陈仲溱游永福龙潭；同沈野游方广岩，有《记》。

八月，集南楼送沈野返姑苏。返金陵，作别诗多首。徐燉同行至建阳。

九月，与徐燉等登霜潭阁。重阳前一日至江西鹅湖。

十月，游武林，赴茅孝若招，过瑶山寺、九松坟，夜宴茅孝若霜鹤堂。

十一月，之天目，至白雀寺，欲于禅林习静，旋即别去。

十一、十二月间，游碧岩，于黄龙洞看太湖，夜渡碧浪湖，往归云庵吊孙一元。

万历三十年壬寅（1602） 二十九岁

正月，在檇李。雪中同胡潜、陈仲溱之武林。

二月，花朝，与吴稼澄、吴梦旸等游夹山澨。

二三月间，同范汭、陈仲溱等游太湖。木渎过黄传习宅。

三月，游太湖洞庭两山之后，渡吴门。

七月，由南棘寺归闽。

八月，与吴德符、陈仲溱等适越。在武林征集秋社，曰"西湖大社"。游会稽、游剡、天台、雁宕，至东阳，回闽。

十月，赵世显于芝园开芝社，初七，父年五十初度。父于是岁貤封廷尉如学佺。

十一、十二月，集吴客轩怀沈野。同阮自华等到藤山看梅。

万历三十一年癸卯（1603） 三十岁

正月，与赵世显、徐㶿等结芝山社。往福清送叶向高入朝，与陈宏己游瑞岩。欲游楚，未果。往福唐送叶向高，与陈振狂游瑞岩。

七月，七夕集邻霄台；屠隆入闽。八月，赵世显主瑶华社集，全闽词客四十余人皆来会，屠隆、吴兆等亦与期盟，郑怀魁撰《诗序》。

中秋，阮自华司理大会词人于福州乌石山邻霄台，曰"神光大社"，倡风雅，入社可百人；与东海屠隆、莆田佘翔、清漳郑怀魁、闽郡赵世显、林世吉并为长。结识莆田游子腾。

十月，与徐㶿、林古度往游闽南，途中游福清石竺山、黄檗山；又游泉州欧阳詹石室，达同安。往长泰、漳州。

十一月，与林古度等游长泰天柱山，有《记》及诗；与张燮、徐㶿、林古度等集漳州顾氏园林。自闽南归。

十二月，与徐㶿、林古度等藤山看梅，宿柯屿；又至竹屿看梅。

是岁，与副转运使天台王亮结社，为其诗撰《序》，论古今文体之变。

万历三十二年甲辰（1604） 三十一岁

二月，将与吴兆、林古度返金陵，同社钱别，阮自华过别。

三月，与吴兆、林古度返金陵，便道游武夷，由武夷入江西铅山。

四月，到豫章。游豫章古迹名胜。

五六月间，与梅子庚、吴兆、林古度等游匡庐，有《游匡庐记》。到九江。

八月十五日，泛彭蠡；泊舟石钟山；于皖口阴风，过阮自华宅；游齐山，登九华绝顶，作《游九华记》；过采石矶，吊李白。沿江东下，回金陵。

十一、十二月，冶城看雪，得句"万瓦似归潮"。

是岁，推粤西少参，命未下。

万历三十三年乙巳（1605） 三十二岁

二月，有诗贻焦竑，微及往事，焦竑有答。

三月，妇暴殒。四月为亡友林光宇诗集撰序。光宇生前所作诗，或学学佺之诗体，社中称"能始体"。

五六月间，以妇卒，拟乞假归，发心皈依，奈机缘之未就。林古度兄弟移居华林，有诗题之，兼及悼亡事。为亡友林光宇诗撰跋语，言己丧妻之后，内无与言，外无与笑，孑然一丈夫也。行至武林寄妇椁，返金陵。

九月，朔日过胡彭举园圃看菊。九日，与谢肇淛、臧懋循等集清凉寺。

十二月，客武林。

万历三十四年丙午（1606） 三十三岁

正月，在杭州。过访若公兰若、访海潮禅院。

二月，春日过冯开之孤山别墅。不得护送妇灵柩回闽，感念而作《江上送亡内归乡五十韵》。

三月，以计部重入金陵。拟入京，似未果行。秋，徐𤊶于学佺公署跋《题龙筋凤髓判》。叶向高入阁，送之。爱菊，董应举有诗嘲学佺。

是岁，为叶向高《苍霞草》撰序，并论明二百年文章之弊。与庄征父、董崇相、陈勋称"户曹四贤"。

万历三十五年丁未（1607） 三十四岁

正月，上元观灯，集桃叶渡。

二月，与焦竑等到吉祥寺看梅。

十、十一月间，与袁宏道游吉祥寺。

是岁，在金陵。叶向高入阁，有《序》送之。张燮下第过淮，遣小力致书学佺，问讯起居，并附香佩；言及蔡复一读《石仓集》几欲焚砚。

万历三十六年戊申（1608） 三十五岁

三月，新移公署，感叹一官久不调。

四月,闽婢卒。

秋,沈野卒,有诗哭之。十月,蜀藩命下;同社送别。

十一、十二月,溯江往蜀,登太白楼,经芜湖、铜陵、池州,于皖城访阮自华。姜卒于湖口。少泊浔阳,住四旬而后解维。

是岁,在金陵造经藏一部。

万历三十七年己酉（1609） 三十六岁

正月在江州,等待家眷。

正月、二月间,由江州往蜀。继续沿江西行,经公安,访袁中郎不值。

三月,三日与袁中道等修禊。访钟惺,不遇,有诗寄之。寒食至沙市,与刘元定游,为其诗集撰《序》,论诗以情志为本,而以成声为节。晦日,到嘉陵。与吴明仲相见即欢。

四月初三,入锦城。

冬,亡妾卒周年,怀之。初度,有"房帷无旧人"之痛。岁暮,《蜀草》结集,撰《小叙》。

是岁,有书复邓渼(远游),论作诗本于古风。寄臧懋循《蜀草》并致书,书中有修《蜀志》之意。稍晚,懋循答之,提及曹学佺在蜀中抄《中晚唐诗》事。

万历三十七年庚戌（1610） 三十七岁

正月、二月间,游武侯祠、石犀寺、金沙寺。此间曹学佺父往蜀就养。

二月十五日,青羊宫宴集。

三月,上巳,云台宴集。

秋,有诗致邓渼,言入蜀之后一年半,无古诗之作。立秋,生子,一周之后卒。王若游峨眉,有诗送之。亡妾已由浔阳移丧秣陵。

冬,弟学修来蜀中。有归隐庐山之想。官署中校书。

是岁,在蜀刻《陈子昂集》,梓《薛涛集》。

是岁,有书致徐㷬,徐㷬寄答。答书言及曹学佺曾辑《中晚诗纪》、校《文心雕龙》,并请曹氏在蜀访宋张文潜《柯山集》。

万历三十九年辛亥（1611） 三十八岁

三月,此时,曹学佺身边三女,均尚未成人。启程入贺,便道游峨眉山,有《记》。

四五月间,于沙市哭袁宏道;于浔阳送叔汝载归闽。

五六月间,入都,董应举迎于功司。

七月,赍奉还,爱匡庐山水,至浔阳,择雪桂轩,拟居之;后未果。浔阳期间所结集为《雪桂轩草》。

九月,拟归闽。秋冬间,蔡复一擢湖广参知,过江州,晤学佺。

十一、十二月间,疑晋宪长之命至,归闽未能成行。

十二月,次子生。

是岁,徐𤊟撰《〈石仓集〉序》,言及此集之前,曹学佺还刻过《蓟门》《金陵》《芝社》《入蜀》等集。按:《蓟门》集今未见。

万历四十年壬子（1612） 三十九岁

正月,在江州。新楼成,题之,拟归田后居于此。

二月,将别喻应襄,为《文心雕龙》作《序》,疑僧祐《高僧传》乃飐手笔。春夏间,再入蜀。俞安期抵浔阳访未果,徘徊新楼下,以《云笈七籤》留寄而返。

夏,在蜀。与比丘惟净坐夏,捐赍百金为峨眉万年寺海会堂置常住田。

六月,于桐城访阮自华之不遇。过舒城与梅子庚倡和。

七八月间,至都并回返。

九月,泛冈头湖到彭城,过滁阳,作览古诗。

十月,回蜀。被诿获谤。诵《普门品》;问五龙庙神,有灵。斋素。

十一月、闰十一月,削两级归。归之日,蜀人遮道扳留,数日不得发。发成都,于眉州谒三苏古榆书院。

十二月,途中,撤斋素。

万历四十一年癸丑（1613） 四十岁

正月,至渝州。

二三月间归家。父卒,居丧,为父重修福州法海寺弥陀殿,又为卜地北郊。摹晋人帖赠双林上人。

是岁,构石仓园;转运使蒋希禹至,乃与诸子倡酬。

万历四十二年甲寅（1614） 四十一岁

正、二月间,读礼洪江。经营别业。

三月,张燮有书并诗寄学佺。

春夏间,作《拟古诗》二首以抒怀。

夏,金仲粟等过浮山堂。

是岁,为陈第《补诗经古音考》撰《序》。

是岁,钟惺过浔阳学佺庐下,有诗怀之。

是岁,陈荐夫卒,年五十八。

万历四十三年乙卯（1615） 四十二岁

夏,为陈荐夫诗文集撰序,言荐夫于诗之道负俊才而专一志;并言荐夫临终愿以魂魄依学佺。于临赋阁怀父。

八月,俞安期至,寓于石仓园。

九月九日,首举石仓社,共十二人,论诗;此外还有乔姬玉翰、董姬小双。此时或稍早,乔姬归学佺。

九月十二日,再举石君社。十五夜社集高景宅。石仓有园池林水之胜。

十月二十三日,又举石君社。

是岁,曹学佺盛赞漳州陈翼飞,以为轩冕之荣,禄位之高,庸众人视之若膻,陈翼飞即一令挂冠,亦不为辱。

万历四十四年丙辰（1616） 四十三岁

四月,胡梅归长洲,有诗送之,此时或稍早为其《闽游草》撰《序》,以为作诗"七有""三尚"可以避俗。后钱谦益读曹学佺之序,以为曹氏知诗。

五月十三日,竹醉亭落成。

五六月间,石仓园荔阁初成。

七月,七夕,荔阁听琴。

七八月间,于荔阁后开池,得泉;又于荔阁后筑坡,种菊。

冬,林和璧居士与弟存甫过访浮山堂;宁化丘德长来石仓。

万历四十五年丁巳(1617) 四十四岁

正月初九,集林必全宅。

春,韩璧哉使君造访。

四月,有诗送喻应襄。听泉阁成。听泉阁内有小景二十处。辟岩扃、荒亭。

五六月间,李痴和为写照。丁启濬与其仲氏过石仓宿。

七月,七夕,商梅过浮山堂。

秋冬间,甫东应臬到石仓。

是岁,同年友徐銮卒,撰《祭文》,言及徐銮激赏《蜀中广记》。

是岁,林世吉卒,陈第卒、陈勋卒,徐𤊽长子陆卒。

万历四十六年戊午(1618) 四十五岁

三月,应叶向高邀,游福庐(在今福建福清)。叶向高导游,范穆其、林异卿同游。福清薛君、施君、何君叔侄辈作陪。作《游记一首》。

夏,晋江苏茂相过石仓园。同丁启濬北楼避暑。

六月十八日,立秋,集陈一元斋头,夜光堂成。

冬,张燮北上,过浮山堂小酌。与陈宏己等集夜光堂;谢肇淛参藩滇南,有诗送之。藩臬诸公到石仓。叶机仲宿别石仓园。有诗赠沈有容将军。

是岁,倡重兴涌泉寺,作《重兴鼓山涌泉寺疏文》;林古度刻曹学佺《蜀中名胜记》,钟惺为之序。

是岁,妻龚氏之母李氏卒,年七十五。

万历四十七年己未(1619) 四十六岁

正月,临帖。正月、二月间,平和陈翼飞(元朋)到石仓园。

春夏间,岳和声为听泉阁题匾。汪善卿过别石仓园。

七月,王宇招宴新楼;宇自署其楼“轩轩霞举”。

八月,集山池,诸社友宿夜光堂,主客十四人;社集,谈辽事。

九月,登高石仓憩妙峰寺。谭元春寄诗闽中,答之。王宇过石仓园。生孙。

十月,徐𤊽入滇前过访,宿山斋。吴兴茅维(孝若)到石仓园。

十、十一月间,题茅维像;社集薛老庄、平远台。

十二月初一,商梅阻风过浮山堂。

是岁,募缘重修九仙观,撰《疏文》,言及寥阳殿,乃中山国王捐资所造。

万历四十八年庚申(1620) 泰昌元年(八月之后) 四十七岁

五月,谈闽俗端午于前一日度节。跋沈仲含《游闽诗》;约于此时,为仲含兄伯含诗撰《序》,称仲含为知己。

五六月间,纳轩、森轩先后成。沈有容将军总戎登莱,有诗送之。

七月,神宗薨,停社。

八月初七,集平远台。

九月九日,自石仓移舟,登高。

秋冬间,为吴光卿《长溪小草》撰《序》。

十一、十二月间,安国贤署南日寨,学佺有诗赠之。

是岁,张燮有致书曹学佺,赞其《天下名胜志》。

天启元年辛酉(1621) 四十八岁

正月,蔡复一往易州任,过石仓园。

二月,辽左征战舰八十艘于闽,颇忧虑。

春夏间,鼓山涌泉寺落成,夜宿灵源。时闻辽报危急,生愁,与叶向高倡答。

五六月间,董应举廷尉、叶向高相公被召还朝,有诗送之。对时局颇忧虑,有"虽然一战败,何异拱手送"和"即今薄海内,十室而九空"之句。

七八月间,往古田水口,于小武当送别叶向高。

秋冬间,石仓园与友朋观赏所藏书画。

十一、十二月间,陈鸿宿森轩,林亭初成。

十二月,初度日,徐𤊹有诗赠之,作答诗。崔世召过访。张燮过访因谈时事。碉室初成。

是岁,书致董应举;以为不可弃广宁以守山海,赂西虏以攻奴酋。为李玄同《西湖游草》撰《跋》;言及三山同社开口喜作七言律。徐𤊹称曹学佺园池甲于闽郡;曹学佺日在歌舞场中,津津有味。

天启二年壬戌(1622) 四十九岁

正月、二月间,蔡复一迁山西布政使,住石仓园。

二三月间,筑僧房六所,号"六方",郑邦祥有诗纪石仓,和之。

三月,修禊西湖晚归城中观杂剧。钟惺为福建提学佥事,入闽过浔阳访曹学佺所住,有诗寄之。

四五月间,钟惺访曹学佺并赠诗,学佺答之。曹学佺招陈彦质游石仓,泛江观竞渡,宿淼轩。

五六月间,生儿。

夏秋间,为钟恮诗稿撰《序》,言及与钟惺兄弟结识过程及情谊。

七八月间,有侍儿名宛秋,常随从游憩石仓。

八九月间,林尧俞过浮山堂。闻钟惺父卒,为撰《挽章》,言及与钟氏三兄弟之情谊。

十二月,台江泛舟到藤山看梅夜宿天宁寺;与二儿守岁。是冬,起广西右参议,屡辞,不果。

是岁,募修桐口桥,为撰《疏文》,以为目今公帑告诎,桥资来源有三途。

天启三年癸亥(1623) 五十岁

二月,钟惺以父忧归楚,曹学佺有书致谭元春托之。四月之前,日与施泰然等所结琴香社,以曹学佺赴湘西,散社。

四月,往湘桂,吴拭(去尘)、郑邦祥(孟麟)同行。徐𤊹送至邵武。

七月初一日,抵平乐府。初二日,抵阳朔县。初三日,抵羊角堡。初四日,抵八桂公馆。初五日,黎明,谒城隍之神。入布政司祭仪门。初六日,入署。分守桂平道。游历桂林山水。

八月,王昆仲自闽至。继续游历桂林山水。

九月,泛舟灵渠观湘漓分流处,与郑邦祥宿于兴安。

十、十一月间,与布政使谢肇淛再游逍遥楼。

十二月,冬日南熏亭落成。

是岁,于往粤西途中作《闽中通志杂论》。在桂林为中丞何氏撰《〈西宁草〉序》,叙起家粤西之始末。谢肇淛刻曹尧宾、曹邺二家诗为《二曹集》,学佺为之序。

天启四年甲子（1624） 五十一岁

正月,元日,有诗奉和谢肇淛;人日,集逍遥楼;上元,集榕树楼观灯。

春夏间,闻报,量移备兵秦州,后未能赴;登柳州城楼,罗池吊柳宗元。被留,回省。

五月,王心抑招游印山观竞渡。

九月,送谢肇淛等入觐。重修唐代诗人曹邺祠堂竣,为撰《记》。为南居益《瀑园记》作《序》并诗。

十月,谢肇淛卒于江萍乡。肇淛卒前,作书与曹学佺等永诀。

冬,弟学修至,同守岁。

是岁,郑邦祥卒。

天启五年乙丑（1625） 五十二岁

春,学修归闽。

夏,于署中搭松棚避暑。訾家洲亭落成,漓江书院落成。

七月,七夕,游木龙洞;泛舟西溪到象鼻山。

八月十四日,集木龙洞新亭。

八九月间,雉山青萝阁落成。

十月,陈鸿、弟长生及子孟嘉至。得善本菊花。

十二月,至此岁,曹学佺共育有四子,三子在粤西,一子在家。

是岁,大计,以为“委宜优撰”。

是岁,钟惺卒。

天启六年丙寅（1626） 五十三岁

正月初二,游栖霞洞、木龙洞。初七,方伯招游省春岩。十一日,靖藩鳌山灯宴。元夕,江楼开社。

二月,孟嘉归。

春夏间,送弈者卢生归南海。游七星岩。

九月,过漓江,登雉岩,再游刘仙岩,泛舟下訾家洲新庵,榕树楼,过虞山庙。

秋,迁陕西副使,未行。

十月,送陈鸿、兄能永归闽。望后,粤西有不悦学佺者致于逆珰,故被难;下石者比比;稍稍平息,却重拂上官之意。子孟嘉千里来粤。陆续遣家人归,惟妻乔氏、二姬、长男孟嘉在旁,油然而生生离死别之慨;以著《〈野史外纪〉序》贾祸,削籍,台追书板;宾州守江夏黄某求所著书,力为匿藏,颇慷慨感激。

十一月,至日,坐空署中,雷遇绕庭。

十二月,获严谴,放归,抱头而窜。初七,途中继母李氏卒。

是岁,构江月轩。

是岁或稍前,在桂所构所修复的亭观楼阁、所架桥梁可考者还有:重修虞山帝舜庙、构松风堂;创兴文祠,名其堂为“观象”;架皇泽桥;构玄帝祠榭;构民间数椽为漓江书院;复訾家洲宴亭;于雉山复青萝阁,修磴道,构雉岩亭。在粤西继续辑《大明舆地名胜志》(即《大明一统名胜志》),仓卒中,犹抱此书而出。

天启七年丁卯（1627） 学佺五十四岁

二月,初还家,不敢出户通宾客。守母丧,叶向高来唁。作《还家杂咏》《忆昔诗十首》记去冬罹难至还家之事。

二三月间,为母李淑人于开元寺药师殿诵经一千部,为撰《拜忏文》。春夏间,在石仓,撰《石仓园记》。

四月八日,于法海寺礼阿育大塔。艾儒略造谒叶向高,适曹学佺在座,相与论学,艾儒略赠《圣经》。后艾儒略撰成《三山论学》一书。

七八月间,王龙光来宿森轩;郑长白、朱湘伯、李子尹过访;访曾鲸、周之夔招宴集渭南祠。

八九月间,游雪峰。

九月,有福清之行。

秋冬间,宿北禅庵、宿神光寺僧房弈、过李明六山房、琴香社看月;孝廉张范之再过浮山堂话别。

十月,迎博山无异禅师于鼓山。

是岁,补撰《桂林山水可游记》。《大明舆地名胜志》竣事。长子孟嘉举乡闱。倡重修洪山桥,学佺重修此桥四次矣。将所作诗编为《更生篇》上,作者更生,存稿亦更生;又将京师所作旧稿两组及《金陵集戊申稿》编入《更生篇》下。徐𤊻致书彭次嘉,论当今诗坛,称曹学佺为海岳之精英,人中之麟凤。

崇祯元年戊辰(1628) 五十五岁

正月,崔世召过石仓求《归秋谷序》。

三月,苏幼霞过访石仓,刘孔门见访。

春夏间,孟嘉与许豸俱下第,许豸为钟惺刻集以传,学佺亦寓目。

夏,博山无异禅师过别石仓园浮山堂;无异禅师曾为曹学佺撰《赞》。徐霞客索题;王而弘过石仓;内弟龚克广招游槎园。

八月,朔日,饮郑维宁草堂;八日,招义乌龚玄之。邓庆寀自金陵归省墓。集樵川守阮自华于浮山堂。

九月,为次儿毕婚。

十月,冒宗起见访。

十一月,邓原岳仲子邓庆寀由金陵返乡园祭扫先君子墓茔,与社中诗友倡和,刻《还山草》,为之序。

是岁,友人崔世召自崇仁至宁德秋谷,为撰《送崔征仲归秋谷序》。首倡修水口朝天桥、潘渡桥。

崇祯二年己巳(1629) 五十六岁

正月初八,会葬徐𤊻,𤊻墓曹学佺捐金所筑。

二月,北游连江。作《北游记》。

二三月间,题康季鹰研山楼。

三月,与赵珣(十五)等集蒋道圭斋头。

五月,邵武守阮自华集石仓园。

五六月间,撰《闽省堪舆记略》论山川形胜水利与闽文运,董应举继而广之。

七八月间,长子孟嘉卒,学佺凡七昼夜胁不沾席。学佺次子幼子,或仅厕青衿,或未辨菽麦。日修头陀,以求忏悔。

九月,萌生修头陀苦行之想。秋,海上多虞,以为防御之事,宜宽于内而严于外;又当防奸细夹杂,防人心动摇。报起用粤西。适遭长子卒,遂罢。

十、十一月间,晋江令桐城姚心甫来访。

十二月,海防谢郡丞见访,忧虑时局。冬,撰《〈元诗选〉序》。以为元亦尚气,补广西按察司副使,以病不赴;明为起之,实锢之也。

是岁,《五经解》《宋元诗集》渐次就梓。姬乔氏学为梵行。

崇祯三年庚午(1630) 五十七岁

正月十六日,集陈一元宅。怀亡儿孟嘉。

四月,撰《〈大明舆地名胜志〉序》。

五月端午日,邀友人石仓园泛舟,又于金山观竞渡。

八月,中秋后一日开社神光寺。

秋,撰《〈宋诗选〉序》,言及己选古诗、唐诗始于金陵之时,并以为宋、元自有宋、元之诗,而各擅其一代之美。

十月,作《〈明兴诗选〉序》(钞稿本作《〈明诗选〉序》),言共四集,此集为初集;移居西峰里,有避祸远害之想。

十二月,诸子过集西峰草堂。集东郊看梅。

是岁,当局再差使催促赴任,乃不赴。手勒《省城堪舆纪略》一纸,观者皆以为可行而易举。为许豸撰《经义序》,言及钟惺入闽衡文,豸冠侯官庠。

崇祯四年辛未(1631) 五十八岁

正月,望日,为陈鸿《秋室编》撰《序》,以为不知诗者,以诗之工、拙何预人事。

三月,宿天宁寺,忆及李纲,撰修理《疏》。撰《〈古诗选〉序》,论古诗三体,代与体变。

五月,撰《〈唐诗选〉序》。

夏秋间,黄伯雄、严子如寓石仓,为作壁画。

七月,茅元仪过宿石仓园浮山堂。

八月四日,与孙昌裔、陈一元等集荷亭,为茅元仪庆生。

九月,陈一元值社,演《彩毫记》。

十、十一月间,送茅元仪。《题吴中秘册》诗提及为《野史纪略》作序被谴几殆。

十一月,送茅元仪至小金山。

十二月,病足。

是岁,何乔远卒 ①,李时成卒。

崇祯五年壬申(1632) 五十九岁

春,延请博山雪关智闇禅师演法鼓山。

二月,有诗赠大西洋绵嘉饶巴礼华石国师。

三月二日,弟学修值社西湖,有诗。

四月,商梅迁新居,访之。自叹年来病足。

五月,陈一元等助曹学佺兴复桥梁。金山塔平坪落成。

八月,于西峰里建石亭;又有斋名"自怡"。

九月,甬东周爱粲、豫章朱安仁至;禅纳照公自尤溪松山来。

九十月间,在困关,省朝天桥。

十、十一月,姑苏顾君药、薛楚材过西峰草堂,题壁。

十二月,与周婴等访绿玉斋。选"七子"诗入《明诗选》五集之首,并作《序》。

是岁,为桐城吴汤日诗撰《序》,论李攀龙乐府点窜古人。里中结洪江

---

① 何乔远卒于十二月二十二日,公历已入 1632 年。

社,为撰《洪江社草小记》;致书建阳书坊余犹龙,以为释、道二氏有藏,而儒家独无藏,以为《儒藏》卷帙浩繁,或可详节,或可品节;拟与余犹龙合作,或历数代可竣。

崇祯六年癸酉（1633） 六十岁

正月,与雪关禅师过绿玉斋。

二月,曾捐金修神光寺二楼。十三日,开社阆风楼。

四月,邀文震亨入洪江社。

五六月间,题许湘畹香雪斋梦研图,又李玄白题北岩奇树图,并作《小引》;凌蒙初入闽,赠之诗。

七八月间,独树轩落成。

九月,林古度自金陵归,曹学佺招集西峰草堂。与慈溪周国手对弈。

十月、十一月间,柴一德宿听泉阁。

十一、十二月间,营造墓亭落成。

十二月,望日,诸诗友为曹学佺寿,演《蔡端明传奇》。除夕,与周爰粲守岁,优人度《王昭君》曲。

是岁或次岁,为柴一德《洪江诗草》撰序。

崇祯七年甲戌（1634） 六十一岁

正月,崔世召升任连州,有诗送之。

三月,访永觉禅师。

四月,藏公还匡庐,送之;有诗寄王任思,忆昔匡庐置产事。

闰八月,沈朗倩自吴门来,集君节园馆。与孙昌裔、沈朗倩等结三山月社。

九月,集闻钟馆观剧;与崇安黄帅先订终隐武夷之志。

十月,同林古度等过邵肇复园;捐建徐𤋮新藏书楼落成,名之“宛羽”。

十一月,瓯宁令詹兆恒、建阳令沈鼎科来游石仓园。

十二月,拟六十一岁之后每岁编一集。

是岁,为郑善夫《郑少谷先生集》撰《序》。为张子环集作《叙》,感叹子环已跻九列,而己则再踬于蜀、粤,辱在泥涂。郡丞沈玉麟解官,曹学佺延其住西峰里、石仓园。為莆田陈季琳作《寿序》,言海内文献莫盛于吴之太仓、昆山,越之鄞县,闽之闽县、莆田。论海事三事,其一以为海坛位置之重要;其二力主卫、所加强防备,以为非守则不可以战;其三论双龟铳城、五虎游、梅花所、福海渔船之事。

崇祯八年乙亥（1635） 六十二岁

三月三日,开社,西湖修禊,客计二十四人;游闽安镇、龙城、双龟铳城、梅屿、壶江。忆粤西罹珰祸,以为甚于撄龙鳞。

四月,幼子生。

五六月间,灵山弈会、林性端招游湖舫弈会。此时或稍早,与胡莲较书开始交往。

六月,与大令、观察视察福州台江江堤。

八月,集宛羽楼;作《南台嵣头筑堤防水疏》,论筑堤之功用。

九月,茅元仪重过浮山。

十一月,悼侍儿文姬;诸社友送茅元仪远征中原。

十二月,徐𤊹游建州,腊尽垂橐返,幸得曹学佺贷,方克卒岁。

是岁,为胡莲《卷香集》作《序》,以为人有真好尚,则必有真才情以副之。福州南台筑防水堤,为作《疏》,论筑堤之必要。为修理洪山寺作《疏》《疏茶记》,言己每事皆从节啬。古田县大水,而所修朝天桥安然无恙,众归誉于学佺。

崇祯九年丙子（1636） 六十三岁

正月,同陈鸿游灵山草堂,感慨时局。

三月,徐𤊹致友人书言及曹学佺著作日富,精神日王。

四月,谢彦安招集龙首亭。

五月,湖舫对弈。

五六月间,集闲弈坪。有草亭构于灵山。

七月,同王志道访徐𤊹鳌峰别业;魏季玄过集。

八月,陈鸿六十诞辰,有寿诗。

九月九日,芋源送沈中丞北上入援。

十月,值社,谈海事。

十、十一月间,社集又谈海事。

十二月,感慨物力拮据。

是岁,为洪江里周崇斋诗作《序》,言己自少诗与弈,盖两耽之。武平令尹长庚慕石仓之胜,留宿浮山。武平治内师生辈数人求曹学佺为作《〈荣荐纪绩〉序》,曹氏因忆及为长庚父尹伸《尹恒屈诗》作序之事;并以弈论诗文,以为渐老愈趋于平淡。选闽郡林氏诗,并为之《序》。徐𤊹称曹学佺游道甚广。

崇祯十年丁丑(1637) 六十四岁

正月元日,过访徐𤊹,作诗慰其积书被盗。

三月,仇范值社面湖新亭。天镜岩僧惠新茶。

四月、闰四月间,集绿玉斋听游元藻谈流寇;往古田、竹岐舟次阅《楞严经》,赠别冯梦龙。

五六月间,游赏困关,嵩溪阁新亭。

七八月间,集雍伯舆指挥使北楼客为甬东周爱粲、清漳廖又菁、清流伍化臣、修臣、霍童陈倚玉、长溪刘荐叔,予社徐兴公、倪柯古、高景倩、陈叔度、郑尔调、陈盘生、安芮卿、林懋礼,主人则伯舆氏及学佺。徐𤊹有书致李峻,叙曹学佺编《明诗选》分各省、各府,今冬可完成。

八月,与王伯山、陈仲溱、陈宏己、董应举、马歘、杨载蕚、崔世召、徐𤊹结"三山耆社",集芝山龙首亭。

十月,高景卒,有诗挽之。

十一月,先后往梅坞、冶园、龙首亭、古杏轩、薛老庄、冶庄看梅。

十二月,频繁与客对弈,自言晚来耽弈。除夕感叹时事多艰。

是岁,为徐𤊹宛羽楼作《记》,以为佛、道有藏,儒独无,当建儒藏为补阙典。

崇祯十一年戊寅(1638) 六十五岁

正月初二,社集湖上。

三月,禊日,送陈肇曾之漳州。

四月,徐𤏳为学佺醉竹亭画壁。

五月,藤山天宁台落成。

六月,集灵山堂;有诗寄陈继儒,忆及去岁耆旧社。

七月,与弟学修西园观剧;集津门楼。

八月,中秋开社,大半为吴越之客。今岁得双男,计已有七男,陈宏已有诗贺之。

九月,集利津楼。

十月,张泰符等过石仓园,自移居西峰里之后"不意凋残后",不期"俄然冠盖趋"。

十二月,有烽火逼近之忧。

是岁,读《大学》作《论》,以为身心家国,本于修身;修身必正心;读《中庸》作《论》,以为中,是体;庸,是用。为张经《半洲集》作序,认为张经诗志意和平,音律铿锵而步唐作。

是岁,为王思任集作序,论人之才情,相去远甚。所编选《十二代诗选》陆续梓行。为徐𤏳孙钟震刻《咏梅》诸诗。

崇祯十二年己卯(1639) 六十六岁

正、二月间,王瓒有诗见赠,答之。决意继续编儒藏。

三月,游永阳方广岩、蔼岭。

四月,作《追和先辈朱克诚辕门十咏》。答林若抚诗忆及珰难;有诗论钟、谭诗无意味。

七月,出所选宋元诗集示陈衎。徐𤏳致书杨能玄言及曹学佺《明诗选》泛漫无统。

八月中秋,集徐𤏳宛羽楼;题金薯亭。

十月,有诗简黄道周。

十一、十二月间,移硐室于竹醉亭西;复居石仓园浮山堂;学宪孙昌裔等拟为学佺十年前捐建潘渡桥立碑;病足,屡集西峰,耽弈;有诗赠钱谦益。

十二月,添曾孙,有四世同堂之喜。

是岁，为《四唐诸家集》作《序》，以为选四唐诗，不在于人多，而在于选其体与调合于四唐者。为闺秀沈宜修《午梦堂集》作《序》，言及选《明诗》闺秀事。为募修水口朝天桥，亲往水口。在水口营建琴峡亭。为徐𤊹子延寿、孙钟震刻集，合为《二徐诗选》。《明诗选》已完成，明岁拟选《明文》。

崇祯十三年庚辰（1640） 六十七岁

正月，初四，长乐令夏允彝过访，谈时事。初五，弈会。

闰正月，往困关，琴峡亭落成，疑于困关纳新姬。

二月，清明，嵩溪阁演剧。

三月，有诗答黄道周；浚雪峰醮月池。

四五月间，往困关，石阁巢落成。

五六月间，漳郡丘克九流连于困关。此时或稍早生季女。

七月，选《明文》，才及洪、永之季。

八月，嵩溪草阁落成。

十月，徐𤊹致有书致杨南仲等，言及曹学佺编选《明文集》，著作浩繁，又叙及曹学佺散财为盐商事。

十一、十二月间，叹老病。

是岁，撰《五经困学》，并作《自序》，言及治《经》之病及取名"困学"之由。为吴门袁令昭刻郑思肖《心史》撰《序》。

是岁，为戴叕长《历代史文抄》作《叙》，以为文与史相传者，不可析而为二。并论及自己编史之体例。倡筑台江堤、重修潘度桥。选明朝文，已刻洪武三十家。

崇祯十四年辛巳（1641） 六十八岁

正月二日，集三石亭送应枭归甬东。

二月，此月或稍早，嵩溪千山阁落成，发舟抵之。

三月，在困溪，陈衍有诗怀之。

夏，初结塔江社；游积翠寺、白云廨院、涌泉寺、天镜岩。

六月，徐𤊹致书友人言胡檗山为能始所选《明诗六集》作《诗评》；又叙在建州《明文十家》未能刻成。

七八月间,省视新亭。建阳令、欧宁令先后来访。

九月,漳州郡守曹元宰临徐㸌家。曹元宰至三石亭。

十月,携较书茂生再至困关。重谒文公祠。重到三峡。陆无荣、徐钟震过访。作嵩溪、青山道院组诗。为漳州友人书"墨庄"扁,徐㸌称曹学佺言重泰山。

十一月十九日,冬至,嵩溪招许天闻、翁子京、金道深、胡莲小酌。

十一、十二月间,送陈仲谋北上。往石仓园访林宏衍不值,因坐超尘禅室。

十二月,望前一日社集石林看梅,社友为曹学佺祝寿。集兴公宛羽楼看梅。西峰池亭邀吴遵生、戴实伯、陈鸿,再送胡莲因题其册子。集丁戊园。洪江又送胡莲。

是岁,选刻长溪缪氏诗,以为选当代诗,往往复汇其家世之诗;论地域与家族文学。为社中郑孝直选诗,以选古风为多;论诗贵古风。为夏允彝《长乐县志》撰《序》,以为新修方志以风俗、赋税、户口、兵防最为关切;记近事,重于记往事。福清海口天妃宫重修,为撰《募缘重修疏》,以为妃之神固无所不之,庙为香烟所栖托,而商舶乞灵者咸走集焉。

崇祯十五年壬午(1642) 六十九岁

正月初二,曾异撰集友人于纺授堂,曹学佺不在其中。初三,曾异撰访曹学佺。初五,立春,安国贤值社东城楼,与徐㸌、陈鸿、陈肇曾看春。人日立春与陈鸿、曾异撰、林垈(子野)等集西园。上元夜陈云生宅上观灯;此日,林用始等集于曾异撰纺授堂。

二月,有诗送陈元纶之循州、陈昌箕之漳州。

三月,携胡莲校书往水口(即困关)。徐㸌为胡姬选诗并重梓,有序四篇,其中当有曹氏一篇。

三四月间,先是,与胡莲在困关。返回福州之后,又发洪江往困关,复到嵩阁。郑立衡到三峡楼,学佺孙牟来侍。再返福州后,往龙首亭、灵山。

五月二日,与孙昌裔、徐㸌、曾异撰等双桥观竞渡。陈冲虚求《名胜志》。又允汪然明为天素诗作序。

五六月,家居,为胡莲题《画兰赠周紫髯》、又题胡《小影》。

七月初二,徐𤊻诞辰,有诗寿之。七夕,风雨,与陈鸿等集绿玉斋。八郡求书法、求匾、求著作者充斥门堂。

七八月间,此时或稍早又于塔江社傍建一小轩。三石亭开社,主宾七人。顾梦游自金陵至。纳新姬,诸同社作《花烛诗》相贺。与陈鸿等琼楼社集。

八月八日,举子首场试。倪范七十诞辰。中秋,与刘浣松、顾梦游等九人三石亭观胡莲《白菜图》。

八九月间,与孙本芝、顾梦游集塔江亭子。陈宏己卒,有诗挽之。塔江社与客手谈,随即往困关。夜坐千山阁。憩大谷亭。三峡桥听泉待月。制止砍伐青山书院松林。有诗挽夏允彝之母顾氏。钱孺愿过访。林崇本、张子㹜、林缙之三孝廉见访。同三兄与胡莲到三峡亭。吴国琦往漳州任司理,有诗送之,并为其《怀兹堂集》撰《序》,赞其诗文为真诗文,其品为真品。

十一月,在困溪,去会城二百里。徐𤊻致友人书言及曹学佺邀女史胡莲至会城,己为刻诗之事,二十五日,徐𤊻卒。陈鸿至困关。三十日,至日,集郑燠等。

闰十一月、十二月间,在困关;岁暮归。

是岁,重编《史记》《汉书》成,为《史汉重编》,并撰《自序》,略叙其体例。杨昌祚为宣城梅守箕刻诗,曹学佺为撰《序》;以为诗以感遇为尚,以自然为宗;梅氏诗以古风为主,其性情当与古风为近,语渐入于自然。支提山大兴上人募修佛殿,为撰《疏》,以未至支提为憾事。洪山桥坏,学佺以己为里人,其责难于推诿。

崇祯十六年癸未（1643） 七十岁

正月,社集,去岁陈宏己、徐𤊻卒,颇惆怅。顾梦游返金陵,有诗送之。谷日,送李少文侍御还朝。元夕,值社,主客凡十八人。儿孟济(子康)值社西峯池馆,客有陈衎、徐存永、陈鸿等。

正月、二月间,为洪江社《四咏》作序。同陈鸿、有美过吴仲纬新居。与林弘衍、叶君节、叶益苏过石仓园森轩。登河上楼。过林逢经斋头。孟济携樽别宅招陈鸿、叶君节。误传洪承畴战死,有诗挽之并慰其父。

二月,花朝社集许友石林。是月,钱谦益为陈遹诗作序,言及学佺采遹诗入《石仓十二代诗选》及邂赠学佺诗。有诗和林崇孚。

三月,上巳,李子素值社城楼,时莆田、光泽有警;学佺阅视各城雉堞。玉皇阁祷雨。社集薛孟笃斋头。刘中藻出使云中,社友有诗送之。吴阶平过谈。黄基玉开社山楼。感慨徐㷆逝世。洪山桥同花雨法师散步,到塔江社。题黄逢祺迎潮亭。

四月,至叶君节东望亭,宴君节馆。客集西园。集陈衍榕阴水阁,食麦饼。上清宫羽士三益过谈豫章近事。再集陈衍池馆。

五六月间,五日,集西峰池馆。有诗赠夏振国,言及选《十二代诗》曾借书于夏。往困关,同周英咏朱子祠。重建三峡楼。同黄逢祺等到三峡桥避暑。嵩台同西居长老坐月。弟学修卒。由困关返,过徐㷆偃曝轩。

七月,同姜鼎卿、蔡无能集塔江社。过邹庙,到极乐庵。又往困关,同李卫瞻、刘熙伯大谷亭观瀑。陈可卿、林可南过访。集吕福生、姜廷枚大谷亭,次日邀吕福生、姜廷枚同陈孔偲、李汝大到三峡桥。姜廷枚、陈孔偲招饮石溪。周胤侯同诸友登曝台。陈鸿、黄逢祺、徐存永访于朱子祠。忆及诗社已廿五春矣。

八月,同徐延寿、徐钟震、黄逢祺由困关返回会城塔江社。中秋,游克全招饮园馆。姜廷枚、黄逢祺、徐存永集塔江。

八九月间,发芋原驿,由故怀安县之侯官,泊侯官市,稍憩崇福庵,抵白水沙水驿,过梅溪口,抵达困关。谒文公祠。石溪楼斋会。孙墨林招饮江楼。

九月初八,到三峡桥。九日,璧姬携具大谷亭。同刘觉我、黄逢祺、刘熙伯嵩阁夜坐。玉生丽人携具酌三峡楼。集汪君照新居。王兰香携具三峡。二十六日立冬,二十八日,子修招集江楼。

十月,发嵩台到梅溪(闽清)。到甘右民园馆。游端甫值社。池显方赠《晃岩集》。林元直招集池馆。集倪献子筝园。熊雨殷左迁闽臬见顾。安国贤值社署中。周屿沙过访三石亭。夜泊塔桥、发舟嵩渚、到三峡桥。招李芳生饮三峡楼。李卫瞻招饮千山阁。邀周元修饮三峡楼;周元修招集石经阁。

十一月十二日冬至,陈子健携酌江楼。千山阁同黄逢祺夜坐谈及城守事;催返。同元修、子健到大谷亭。

十二月,七十生辰,陈衍等有寿诗。二十六日,立春,有迎春诗。

是岁,莆阳司理周胤侯再造访西峰三石亭,学佺为其集撰《序》。为夏允彝仲子完淳(古存)《代乳篇》撰《序》,以为其诗文虽出天授,而实若缊攻苦以陶练之者。赞赏芝城(今建瓯)练元素篆刻。

崇祯十七年、福王弘光元年、清顺治元年甲申(1644)七十一岁

正月,陈衎为陈鸿《秋室编》撰《序》,言及往昔曹学佺为陈鸿筑舍居之。

三月,会城有禊事。疑亦与其事。

五月十五日,为陈衎《大江草堂二集》撰《序》。

中秋,为同社林崇孚《洪江社集》撰《序》。

是岁,甲申变,不食,投水,家人救之而苏。

是岁或稍晚,为徐㶿撰《墓志铭》。

唐王朱聿键隆武元年、清顺治二年乙酉(1645) 七十二岁

五月,福王朝廷覆亡。

闰六月,唐王朱聿键立于福州,改元隆武。授曹学佺太常卿。寻迁礼部右侍郎兼侍讲学士,进尚书,加太子太保。

九月,邀集陈鸿等登钓龙台。

明唐王朱聿𨮁绍武元年、清顺治三年丙戌(1646) 七十三岁

三月五日,黄道周完节于金陵,四子同日就义。

春,徐孚远上水师合战议,学佺以为徼天之幸,在此一举,捐饷万金;为郑芝龙所阻,学佺知事不可为。

四月,唐王朱聿键在延津,学佺上书言四事,皆从之。浴佛节,林崇孚与洪山社诸子游妙峰寺,有"胜友不数人"及"遯世"之慨,此时学佺从唐王在延平(今南平)。黄景昉有诗别之,并劝学佺及时退身。

八月十八日,唐王亲征。学佺署翰林院事国史总裁专,设兰台馆以处之。疏《陈驾驻延津所有关切四事》,王嘉之。二十八日清兵入闽,二十九日唐王在汀州被俘,后死于福州。

九月十八日，缢于西峰里第中堂。四海购其遗稿，千人闻哭声。

是岁，赵珣卒，王志道卒。

明桂王永历元年、顺治四年丁亥（1647） 殁后一年

正月二十八日，移枢湖滨。通家子徐延寿，赋挽章《大宗伯曹能始先生挽章一百八十韵》云："好似岳公崇祀日。"

九月十八日，曹学佺周年，子曹白焚香顶礼，有诗；学佺殁后，曹白等被迫迁出西峰里宅第。陈鸿有诗怀曹学佺。霜夜，陈鸿与友人集风雅堂，心怀幽愤。

是岁或之后，林崇孚有诗题曹学佺遗像。

明桂王永历二年、顺治五年戊子（1648） 殁后二年

九月，钱谦益与林古度剧谈曹学佺，见学佺所制古度寿序，因作《题曹能始〈寿林茂之六十〉序》。一则赞学佺、古度之为人，再则自愧自恨。

是岁，陈鸿见焆遗像，有诗追怀。陈鸿卒。曹孟表等撰学佺《行状》之板毁于寇荒。周亮工与徐钟震论诗，以为曹学佺选明诗失之宽。

明桂王永历四年、顺治七年庚寅（1650） 殁后四年

九月，广陵罗霆章寓三山，为陈鸿刻《秋室编》并撰《序》，言及曹学佺开社，陈鸿辄螫弧先登。同里陈肇曾亦为《秋室编》撰《序》，言曹学佺、徐焆评骘人诗往往外宽而中严。

是岁或稍后，林崇孚有诗并《引》叙及石仓园兴废及文运，颇多感慨。石仓园复归故主。

顺治八年辛卯（1651） 殁后五年

是岁，林宠卒。

顺治十年癸巳（1653） 殁后七年

是岁，谢尔玄孝廉在会城访得曹学佺《明诗选》，仅得十之二三，大半已被焚毁。

按:详黄景昉《谢尔玄孝廉自三山寄到曹石仓明诗选仅什二三询之业半被焚毁抚卷怆然》二首(《瓯安馆诗》卷二十六)。

顺治十二年甲午(1654) 殁后八年

是岁,林崇孚宦粤,有诗怀石仓园。

是岁,林崇孚弃官回洪山里,因忆洪山衣冠人物,少从曹学佺游诸事;叙及石仓园兴废及文运,颇多感慨。

顺治十二年乙未(1655) 殁后九年

是岁,徐钟震往游吴越,过古田困溪,怀曹学佺。

是岁,佟大器为曹学佺补刻《西峰字说》并为之序。

顺治十四年戊戌(1658) 殁后十二年

是岁,林向哲为徐钟震《南行诗集》作序,感慨曹学佺书仓毁为健儿弓帐。

顺治十六年己亥(1659) 殁后十三年

是岁,余飏为徐钟震集作序,论及诗曹学佺足以与嘉、隆七子颉颃。

是岁,石仓镂书锓版,片叶不存,而徐氏宛羽仍岿然无恙。

顺治十七年庚子(1660) 殁后十四年

是岁,灵柩葬于鼓山魁岐之阳,林太仆为撰《墓志铭》。

是岁,林崇孚北游归,过石仓园,颇多感慨。

是岁,朝廷拟修《明史》,征集学佺事迹。

是岁,曹孟善撰《明殉节荣禄大夫太子太保礼部尚书雁泽先府君行述》。

清圣祖玄烨康熙元年壬寅(1662) 殁后十六年

是岁,徐延寿客死湖南善化。

康熙三年甲辰年（1664） 殁后十八年

三四月间,林崇孚过于浮山堂试茗,憶及曹学佺。

康熙四年乙巳年（1665） 殁后十九年

五月,学佺子曹孟济（深芦）生辰,林崇孚为之寿。

是岁,林崇孚七十岁,小金山社集,因忆及二十年前曹学佺为社长。

是岁,林氏将石仓园复归还曹氏。

是岁,林古度卒,年八十六。

康熙六年丁未年（1667） 殁后二十一年

是本年,林崇孚七十二岁,忆洪江旧游,因及五十四年前束发于石仓园荔阁论文事。

康熙七年戊申年（1668） 殁后二十二年

是岁,林崇孚为曹孟济《钓隐图》(《瓿余·焚砚斋稿》)题诗。

是岁,曹孟济往即墨访弟孟擢（子上）,孟擢时为即山东即墨令;林崇孚有诗送之。

按:孟擢,清顺治四年（1648）举人,即墨令（《洪塘小志·人物》）。

是岁,林崇孚年七十三,有诗题曹学佺遗像。

附录:(一)曹学佺与僧道交往表

简要说明:

曹学佺虽然感叹释道有藏,吾儒则无,立志建《儒藏》,然其一生与释子交往十分密切,甚至引僧入住石仓园,为其建造居所。本表将曹学佺与僧道之交往,逐一编年,考僧道名号、交往时间、地点、事由,并简要列曹学佺本人和他人作品为证。

本表为曹学佺与僧道交往表,曹氏不甚喜道人,故表中仅有二三条而已。

表中僧道,均为实有其人者,非通常作为诗料之释子道人;少数缺名,则以"某"称之。

地点为交往之具体地,如请疏乞文之类,虽多数作于家园公署,亦称"不详"。

文集中有少数几篇作品系年俟考。

僧道名	时　间	地　点	事　由	曹学佺作品及说明	其他依据
权上人	万历二十四年(1596)	建州	过访	《访权上人山房》(《桂剑篇诗》)	陈鸣鹤《口别权上人》(《泡庵诗选》卷五)
慧上人	万历二十四年(1596)	建州	过访	《赠慧上人》(《桂剑篇诗》)	
晓天上人	万历二十四年(1596)	建州	僧索赠	《晓天上人索赠用其法名》(《海色篇》)	
天界寺栖松、交芦、普权	万历二十七年(1599)	南京天界寺	同僧倡酬	《初冬三日天界寺同诸上人作》(《金陵初稿》)	
僧孤松	万历二十八年(1600)	南京鸡鸣寺	雅集	《鸡鸣寺》(《金陵初稿》)	梅守箕《曹能始招集鸡鸣山同柳陈父藏晋叔陈惟秦魏颖超陈延之王日常汪肇郢僧孤松子马顾所建》(《梅季豹居诸诗二集》诗卷三)
于山平远台圆明院普光上人	万历二十八年(1600)	于山平远台圆明院	捐资助修		陈祥夫《重兴圆明院疏代》(《文集》册九,《上图稿本》第44册,第313—315页)
高盖山僧(名不详)	万历二十八年(1600)	福州高盖山	出游寻访	《高盖山》、《寺中访僧不值见其壁上悬有洞萧作此》(《藤山看梅诗》)	
鹅湖山寺僧(名不详)	万历二十九年(1601)	江西铅山鹅湖	行旅过访	《鹅湖山寺别僧》(《茗上篇》)	
静安上人	万历二十九年(1601)	地点不详	偶遇	《福唐塔寺喜遇静安上人话旧》(《福庐游稿》)	
宁德支提寺僧明启	万历三十年(1602)	自宅	僧求序	《支提山华盖寺藏重兴大雄宝殿疏引》(谢肇淛《支提寺志》卷四)	

续表

僧道名	时间	地点	事由	曾学佺作品及说明	其他依据
上人智全	万历三十一年（1602）或稍早	南京	上人嘱疏	《水陆疏》（《石仓文稿》卷四）	
五台僧颛愚	万历三十年（1602）	天台华顶	游历结识	《华顶僧募缘疏》（《石仓文稿》卷四）	
大壑禅师	万历三十年（1602）	杭州永明寺禅师舍利塔院	为禅师作疏	《永明寿禅师舍利塔院疏》（《石仓文稿》卷四）	
上人智全	万历三十一年（1603）或稍早	南京	上人嘱疏	《水陆疏》（《石仓文稿》卷四）	
天台华顶上人	万历三十一年（1603）	福州北楼	僧募缘	《华顶僧募缘疏》（《石仓文稿》卷四）	
芝山寺慧上人	万历三十二年（1604）	芝山寺	过访	《夜过芝山》（《春别篇》）	徐𤊹有《芝山寺过慧上人房》（《𤊹峰集》卷十一）
绝尘庵僧，名不详	万历三十二年（1604）	福州绝尘庵	出游	《绝尘庵滇中人》（《春别篇》）	
匡庐僧道安、永明、素见	万历三十二年（1604）	豫章	僧见过订游庐山	《道安永明素见过因与匡僧订游》（《豫游稿》）	
九华上人，名不详	万历三十二年（1604）	九华山	僧乞疏	《九华饭僧疏》（《石仓文稿》卷四）	
石头庵释如愚	万历三十二年（1604）	南京石头庵	过宿石头庵	《宿石头庵》（《金陵集》上）	释如愚《归自正定庵曹能始吴非熊洪仲韦梅月邦林茂之过宿石头山居分赋》（《石头庵室善堂诗集》卷二）
鹫峰寺云上人桂真	万历三十三年（1605）	南京鹫峰寺	僧为寺经人诵经僧疏	《鹫峰寺前修路疏》（《石仓文稿》卷四）	

续表

僧道名	时　间	地　点	事　由	曹学佺作品及说明	其他依据
志宣上人	万历三十三年（1605）	南京	上人嘱草疏	《显灵庵疏》（《石仓文稿》卷四）	
性安上人	万历三十三年（1605）	南京	为上人作募疏	《五老庵方广庵募疏》（《石仓文稿》卷四）	
高座寺主僧某	万历三十三年（1605）	南京	为作募田疏	《高座寺禅堂募田疏》（《石仓文稿》卷四）	
鹫峰寺云栖上人	万历三十三年（1605）	南京鹫峰寺	僧求疏	《鹫峰寺募田疏》（《石仓文稿》卷四）	
双桂庵访竹壑老僧	万历三十三年（1605）	南京双桂庵	住寺访僧	《双桂庵访竹壑老僧》（《金陵集》上）	林古度《夏日访禁足竹壑老僧》（《林茂之诗选》上）
孔雀庵僧韫辉	万历三十三年（1605）	南京孔雀庵	过庵夜宿	《同前袭长吴非熊林子丘茂之吴明远宿乌龙潭》《僧过孔雀庵访韫辉夜宿乌龙潭》（《金陵集》上）	林古度《过孔雀庵访辉上人》（《林茂之诗选》卷上）吴兆《与曹能始林茂之过孔雀庵访韫辉上人》《吴非熊集》《新安布衣诗》，陈衍《夏日过韫辉上人孔雀庵》（《大江草堂集》卷二）
双桂庵竹壑老僧	万历三十三年（1605）	南京双桂庵	过访	《双桂庵访竹壑老僧》（《金陵集》上）	林古度《夏日访禁足竹壑老僧》（《林茂之诗选》上）
吉祥寺沧公	万历三十三年（1605）	南京吉祥寺竹房	同韫公、竺公同访	《立秋日到吉祥寺》（《金陵集》上）	林古度《立秋日同曹廷尉子丘兄韫公竺公过吉祥寺沧公竹房》（《林茂之诗选》上）
峨眉松谷上人	万历三十三年（1605）	南京	为上人作歌	《峨眉山歌为松谷上人》（《金陵集》上）	
庐山五老峰守心上人	万历三十三年（1605）	南京	上人见访	《五老峰上人见访即别》（《金陵集》上）、《庐山五老峰结社疏》（《石仓文稿》卷四）	林古度《送五老峰守心师募缘开山》（《林茂之诗选》上）

续表

僧道名	时间	地点	事由	曹学佺作品及说明	其他依据
圣果寺戒山上人	万历三十三年（1605）	杭州	过访	《腊月朔日圣果寺访戒山上人》（《武林稿》）	
云居寺（庵）益公	万历三十三年（1605）	杭州云居寺（庵）	过访	《同德符吴非熊林茂之到云居寺非熊茂之旋寓僧房》《立春日过云居庵访非熊茂之益公》（《武林稿》）	林古度《同曹能始廷尉吴德符非熊符卜寓公房》（《林茂之诗选》卷上）
庐山金竹坪一宗上人	万历三十三年（1605）	杭州	为上人撰疏	《庐山金竹坪阅藏疏》：（《石仓文稿》卷四）	
栖下山白雀寺秀公	万历三十三年（1605）	杭州栖下山白雀寺	为上人撰疏	《秀公住山疏》（《石仓文稿》卷四）	
海潮禅院访若公（广询上人）	万历三十四年（1606）	杭州海潮禅院	过访	《人日同吴非能符胡仲修徐兴公宗上人林茂之过访若公若公》（《武林稿》）	徐𤊹《人日同德符非熊能始茂之过海潮禅院访广询上人丙午》（《鳌峰集》卷十一）
无劳上人	万历三十四年（1606）	杭州	偶遇	《遇无劳上人因忆去年雪浪之游》（《武林稿》）	
月潭上人	万历三十四年（1606）	昆陵舟中	过从	《过昆陵同月潭上寻永庆寺不遇》（《武林稿》）	林古度《昆陵舟中和月潭上人韵》（《林茂之诗选》卷上）
月潭上人	万历三十四年（1606）	南京署园	上人过署园	《放鹊诗得阳字》（《金陵集》中丙午）	
关中僧	万历三十四年（1606）	杭州松陵	偶遇	《松陵遇关中僧一绝》（《武林稿》）	
瞿上人	万历三十四年（1606）	南京华山	同游	《同瞿上人住华山上》（《金陵集》中丁未上）	

续表

僧道名	时　间	地　点	事　由	曹学佺作品及说明	其他依据
庐山二上人	万历三十五年（1607）	南京	送别	《送庐山二上人归》（《金陵集》中丁未上）	
密印上人	万历三十五年（1607）	鹫峰寺	同上人晚步	作《同喻宣仲叔虞密印上人晚步鹫峰寺后》（《金陵集》中丁未上）	
匡庐云上人	万历三十五年（1607）	南京	送别	《送喻宣仲匡云上人归像章》（《金陵集》下丁未下）	林古度《送匡云上人还庐山诗选》《林茂之诗选》卷上）
双林上人	万历三十五年（1607）	南京	夜同上人看雪	《夜静同双林上人看雪》（《金陵集》下丁未下）	
澹居上人	万历三十六年（1608）	南京	送别	《送澹居上人归浮渡》（《金陵集》戊申稿，《更生集》下录）	
双林上人	万历三十六年（1608）	南京莲花井	过访	《莲花井访双林上人即法眼祖师道场,此宗为高丽所传》（《金陵集》戊申稿,《更生集》下录）	
瓦官寺高原上人	万历三十六年（1608）	瓦官寺	过访	《上瓦官寺访高原上人凤皇台在其中》（《金陵集》戊申稿《更生集》下录）	
庐山僧	万历三十六年（1608）	江州	临别	《发江州别庐山僧》（《戊己江上诗》,《雪桂轩草》录）	
石犀寺离微上人	万历三十九年（1611）	成都石犀寺	上人见过	《石犀寺离微上人见过》（《蜀草》中）	
比丘惟净	万历四十年（1612）	不详	与比丘夏坐,为比丘撰田碑	《峨眉万年会堂常住田碑》："予王子岁与其比丘惟坐夏。"（《石仓文稿》卷四）	
洽平寺龙藏上人	万历四十一年（1613）	巴县洽平寺	同上人散步	《洽平寺同方次卿范东生龙藏上人散步时予将发渝州》（《巴草》）	

僧道名	时间	地点	事由	曹学佺作品及说明	其他依据
灵石寺同我上人	万历四十一年(1613)	不详	闻上人名	《修灵石古寺疏文》:"癸丑自西蜀归……然耳根水有同胶之名。"(《石仓文稿》卷之《浮山》)	
普陀一僧	万历四十二年(1614)	福州法海寺	为作檀越		徐㶿《与施大将军》(《文集》册六,《上图稿本》第43册,第349—350页)
双林上人	万历四十二年(1614)	家园	为临晋帖		徐㶿《为双林上人题曹能始所临晋帖》(《鳌峰集》卷八)
匡云上人	万历四十四年(1616)	石仓园	上人过别	《匡云上人过山池别之鹰谷》(《浮山堂集》)	
某僧	万历四十四年(1616)	福州	为题画	《题画赠僧》(《浮山堂集》)	
洪山寺一径上人	万历四十四年(1616)	洪山寺	偶遇	《洪山寺遇一径上人林异卿全看施茶》(《浮山堂集》)	
匡云上人	万历四十四年(1616)	家园	送上人归庐山	《送匡云上人》(《浮山堂集》)	陈鸿《送匡云上人归匡庐》(《秋室编》卷三)
一天上人	万历四十四年(1616)	家园	寄赠	《寄赠一天上人》(《浮山堂集》)	
太如上人	万历四十四年(1616)	家园	送别	《送太如上人》(《浮山堂集》)	
同我禅师	万历四十四年(1616)	石仓园	为作募疏	《灵石寺圆满募疏再疏》:"万历丙辰岁,住持长老同我禅师惠访石仓,曾为之作《疏》导缘。"(《石仓三稿文》卷七)	
福清塔寺静安上人	万历四十六年(1618)	福清塔寺	偶遇	《福清塔寺喜遇静安上人话旧》(《福庐游稿》)	

续表

僧道名	时 间	地 点	事 由	曹学佺作品及说明	其他依据
瑞光上人、心和上人	万历四十六年（1618）	家园	送别	《用箕山体送瑞光、心和二上人参方》（《听泉阁近稿》）	
一斋上人	万历四十六年（1618）	挂月兰若	同住	《同一斋上人到挂月兰若》（《听泉阁近稿》）	
厚峰上人	万历四十六年（1618）	家园	为上人作寿文	《厚峰上人七十寿文》（《石仓文稿》）之《听泉阁》	
妙峰寺木公、珠公	万历四十七年（1619）	施太然池馆	同住	《木公珠公汝翔同到施太然池馆》《山木已订结夏闻其师兄病滴鹅湖赋归省视作此送之》（《听泉阁近稿》）	
一斋上人	万历四十七年（1619）	挂月兰若	同住	《同一斋上人到挂月兰若》（《听泉阁近稿》）	
山木上人、珠泉上人	万历四十七年（1619）	妙峰	同住	《二月十一日同山木珠二上人到妙峰新灯住持》（《听泉阁近稿》）、《妙峰寺募化钱粮棒诵华严经疏》："因与山木、珠泉二上人造其寺而访焉。"（《石仓文稿》卷之《听泉阁》）	
尔清上人	万历四十七年（1619）	夜光堂	泛舟山池	《中秋夜招集诸子泛舟山池因宿夜光堂分得五言排律体四豪韵》题下自注："客为陈汝翔、陈振狂、王粹夫、张振徂、崔征仲、徐烷、高景情、赵子含、李明六、吴明远、张粤胧、尔清上人。"（《夜光堂近稿》）	李时成《中秋曹能始观察燕石仓池同张维城明府崔征仲孝廉陈汝翔陈振狂粹夫徐兴公陈轩伯赵子圆宗才圆宗人张粤胧高景情秀才明远山人张得落字限五言古》（《白湖集》卷四）
某僧	万历四十七年（1619）	石仓园长至台	同宿	《石仓园记》其七："长至台……余曾宿台上，与一僧俱。"（《石仓三稿》卷之六）	

续表

僧道名	时　间	地　点	事　由	曹学佺作品及说明	其他依据
支提二僧	万历四十七年（1619）	听泉阁	来访		《听泉阁送蓼醇之归九龙值支提二僧至共享泉字》（《那庵诗选》卷二十二《秀情居》二）
某僧	万历四十七年（1619）	听泉阁	夜坐	《除夕同僧坐听泉阁夜归》（《夜光堂近稿》）	
定闻上人、华茂上人	万历四十七年（1619）	听泉阁	送他客	《听泉阁送淳之共享泉字时定闻华茂两上人至》（《夜光堂近稿》）	
匡卢僧慧	万历四十七年（1619）	法海寺	为作募化疏文	《法海寺募化塑佛疏文》（《石仓文稿》卷之《夜光堂》）	
九仙住持吴建章	万历四十七年（1619）	九仙观	请重修疏文	《募缘重修九仙观疏文》：“兹九仙住持吴建章循例以请。”（《石仓文稿》卷之《夜光堂》）	
匡卢僧恒度、羽士卧云	万历四十八年（1620）			《九日石仓移榻登高同廖淳之陈叔度高景倩林异卿邓道叶僧恒度羽土卧云美人芝卿小苏各赋七言数绝句任筋客之自如，信色空之不，用卜其夜谁悲此秋》（《夜光堂近稿》）	
洪山惺公	万历四十八年（1620）	洪山寺	造访	《愬洪山寺访惺公》（《夜光堂近稿》）	
普陀僧海谷	万历四十八年（1620）天启元年（1621）	石仓园	由赣来访		徐𤊹《答屠田叔》（《文集》册七，上图稿本）第44册，第24—26页）
水口山寺法光上人	天启元年（1621）	古田水口山寺	倡酬	《水口山寺同法光上人》（《森轩诗稿》）	

续表

僧道名	时间	地点	事由	曹学佺作品及说明	其他依据
憨山德清	天启元年（1621）	不详	寄诗酬谢及作像赞	《寄酬憨法师为予小像题谶因次前韵》（《蔡轩诗稿》）、《憨山大师赞》（《石仓三稿文》卷七）	
某僧	天启元年（1621）	不详	夜坐	《七夕同僧夜坐》（《蔡轩诗稿》）	
支提超宗上人	天启元年（1621）	不详	送上人还山	《超宗上人建六度堂于支提之说法台欲招同志入社顷予去生盂和仙客一甫共上人正满其数忻然有合因作五言古风送之还山子得杜字》（《蔡轩诗稿》）、《支提山说法台超宗上人募建六度堂引》（《石仓文稿》卷之《蔡轩》）	
八佛	天启元年（1621）	听泉阁	斋公剃度为僧	《听泉阁僧制度募缘疏》（《石仓文稿》卷之《蔡轩》）	
卢山兹明上人	天启元年（1621）	石仓园	来闽冀得布施		徐𤊹《答喻宣仲》（《文集》册七，《上图稿本》第44册，第28—29页）；又《答喻宣仲》（第38页）
超公	天启元年（1621）	浮山堂	说法		商梅《浮山堂同诸友分韵送超公重兴说法》（《那菴诗选》卷二十五《采隐篇》）
山木上人	天启二年（1622）	家园	上人过别	《山木上人结茅武夷过别》（《林亭诗稿》）	
雪峰僧	天启三年（1623）	雪峰山下江船	请募缘疏	《重修雪峰寺募缘疏》（《石仓三稿文》卷九）	

续表

僧道名	时间	地点	事由	曹学佺作品及说明	其他依据
章山寺僧	天启三年（1623）	江西盱江	请藏经疏	《江西建昌府章山寺僧请藏经疏》（《石仓三稿·文》卷十）	
茂上人	天启三年（1623）	粤西	寄诗	《寄茂上人》（《桂林集》中）	
应公	天启六年（1626）	粤西訾家洲新庵	同泛舟	《到禅丸省工遇乡僧应公因同泛舟下訾家洲新庵招宣仲谈茶至暮而归》（《桂林集》下）	
保福寺僧真度	天启六年（1626）	粤西	重兴古刹		徐熥《寄谢元戎》（《文集》册八，《上图稿本》第 44 册，第 210—211 页）
开元寺药师殿圆览	天启七年（1627）	开元寺	圆览为曹母颂经	《谴归为先慈李淑人拜忏文》（《石仓三稿·文》卷九）	
神光寺照上人	天启七年（1627）	神光寺	话旧	《述神光寺与照上人话旧》（《更生篇》上）	
升山善生上人	天启七年（1627）	升山	茗话	《升山全善生上人茗话》（《更生篇》上）	
西禅寺续乘上人	天启七年（1627）	西禅寺	赞修西禅寺	《西禅寺创自唐咸通八年沩山大安禅师主之沩者续乘上人亦自楚别山来号别山长老睹其荒废因谋兴复余与马季声徐兴公林慈礼林异卿黄三卿诸子力赞其事因作此以记之》（《更生篇》上），《西禅寺兴复募缘疏》（《石仓三稿·文》卷九）	
融上人	天启七年（1627）	妙峰寺	同住	《全融上人雨后到妙峰寺》（《更生篇》上）	

续表

僧道名	时间	地点	事由	曹学佺作品及说明	其他依据
西隐寺源上人	天启七年（1627）	西隐寺	过访	《西隐寺访源上人》（《更生篇》上）	
印初上人	天启七年（1627）	家园	送行	《印初上人之浙求造晦檀佛像诗以送之》（《更生篇》上）	
自性,心融诸上人	天启七年（1627）	琴香社	看月	《全自性心融诸上人琴香社看月》（《更生篇》上）	
浪云上人、瑞谷上人	天启七年（1627）	过浮山	别客作陪	《孝廉张范之再过浮山堂话别时浪云瑞谷二上人陪》（《更生篇》上）	
越山上人	天启七年（1627）	越山	题室	《题越山上人静室》（《更生篇》上）	
云门湛法师	天启七年（1627）	不详	祭文	《祭云门湛法师人塔文》（《石仓三稿文》卷八）	
匡山比丘慧敏,号真实	天启七年（1627）	不详	募化	《为匡山比丘慧敏募募化僧疏》（《石仓三稿文》卷九）	
法海寺住持悟宗	天启七年（1627）	法海寺	为母李先淑人拜杆文	《谯旧为先慈李淑人拜杆文》（《石仓三稿文》卷九）	
照上人	天启七年（1627）	神光寺	话旧	《述神光寺与照上人话旧》（《更生篇》上）	
博山无异禅师	天启七年（1627）	鼓山涌泉寺	请禅师主鼓山	《游鼓山涌泉寺再订博山无异禅师》（《更生篇》上）	
善生上人	天启七年（1627）	升山	茗谈	《升山全善生上人茗话》（《更生篇》上）	

续表

僧道名	时间	地点	事由	曹学佺作品及说明	其他依据
续乘上人亦号别山长老	天启七年(1627)	西禅寺	兴复西禅寺	《西禅寺创自唐咸通八年沩山大安禅师主之顷者续乘上人亦自楚别山来号别山长老睹其荒废因谋兴复余与马季声徐兴公林懋礼林异卿黄三卿诸子力赞其事因作此以记之》《更生篇文上》、《西禅寺兴复募缘疏》(《石仓三稿文》卷九)	
融上人	天启七年(1627)	妙峰寺	同行	《全融上人雨后到妙峰寺》(《更生篇》上)	
源上人	天启七年(1627)	西隐寺	造访	《西隐寺访源上人》(《更生篇》上)	
印初上人	天启七年(1627)		送别	《印初上人之浙求造旃檀佛像诗以送之》(《更生篇》上)	
无异禅师	天启七年(1627)	鼓山涌泉寺	迎师及访师	《到涌泉寺呈博山无异大师》(《更生篇》上)	陈衎有《涌泉寺展谒无异大师》《《玄冰集》卷一》、陈一元《贺博山大师寿序》(《漱石山房集》卷十二)
越山上人	天启七年(1627)	越山	题诗	《题越山上人静室》(《更生篇》上)	
自性心融	天启七年(1627)	石仓园	琴香社看月	《仝自性心融诸上人琴香社看月》(《更生篇》上)	
浪云、瑞谷	天启七年(1627)	浮山堂	送友话别	《孝廉张范之再过浮山堂话别时浪云瑞谷二上人陪》(《更生篇》上)	
采公上人、浪云上人	天启七年(1627)	石仓园	行游	《岁除日仝采公》、《岁除仝采公浪云上人历园内诸庵》(《更生篇》上)	

续表

僧道名	时　间	地　点	事　由	曹学佺作品及说明	其他依据
悟宗上人	天启七年（1627）	不详	挽诗	《挽悟宗上人二首》（《更生篇》上）	
心融上人	崇祯元年（1628）	不详	上人以笺索赠	《心融上人以笺索赠》（《赐环篇》上）	
悟宗上人	崇祯元年（1628）	法海寺	伤吊	《人日到法海寺伤悟宗上人》（《赐环篇》上）	
和济上人	崇祯元年（1628）	石仓园	上人到园	《首夏陈倚王以支提若高楚白以所画雨景竹见贻仍全陈有美和济上人到园余为赋诗一首》（《赐环篇》上）	
无异禅师	崇祯元年（1628）	漱石山房	社集送别	《浴佛日送无异禅师还博山》（《赐环篇》上）	陈一元《浴佛日社集漱石山房送无异大师还博山》（《漱石山房集》卷五）陈仲溱《浴佛日集漱石山房送无异禅师自涌泉寺还博山》（《响山集》）《石仓十二代诗选》之《社集》），李岳《浴佛日集漱石山房送无异大师还博山共享一东韵日集日集十二代诗选》之《社集》，陈衎《社集漱石山房送无异大师还博山同用一东韵》（《玄冰集》《大江集》卷九，又《大江集》卷六）崔征仲《浴佛日社集送博山禅师归共限东韵七言律》（《秋谷集》下）
无异禅师	崇祯元年（1628）	浮山堂	过别，互作赞	《无异禅师过别浮山》（《赐环篇》上），《博山无异禅师赞》（《石仓三稿文》卷七）	

续表

僧道名	时间	地点	事由	曹学佺作品及说明	其他依据
浪云上人	崇祯元年（1628）	家园	送别	《浪云上人往温陵谒张相国》（《赐环篇》上）	
灵石寺和静、和济	崇祯元年（1628）	不详	为作募疏	《灵石寺圆满募疏再疏》（《石仓三稿文》卷七）	
玉华洞上人	崇祯二年（1629）	连江玉华洞	赠诗	《玉华洞赠持上人》（《赐环篇》下）	
藏公、浪云上人	崇祯二年（1629）	家园	送别	《送藏公还庐山》《送浪云上人游武夷》（《赐环篇》下）	
不疑上人	崇祯三年（1630）	石仓园	临泛	《午日邀饶得得不疑上人石仓临泛》（《赐环篇》下）	
鼓山白云觧院僧	崇祯三年（1630）	鼓山白云觧院	索书	《余归白云觧院僧家以纸索书因口占数绝应之亦述所闻见而已》（《赐环篇》下）	
藏上人	崇祯三年（1630）	家园	题寿意	《题藏上人寿意》（《赐环篇》下）	
博山禅师	崇祯三年（1630）	不详	为禅师作祭文	《祭博山禅师文》（《石仓三稿文》卷八）	
真公	崇祯四年（1631）	真公禅房	看海棠	《同徐兴公诸子过真公禅房看海棠共掌花字》（《西峰集诗》上）	
茂上人	崇祯四年（1631）	不详	挽诗	《挽茂上人》（《西峰集诗》上）	
履征上人	崇祯四年（1631）	鼓山上院法堂台前	登高	《鼓山上院法堂台前登高仝兴公汝交攀礼器之,履征上人》（《西峰集诗》上）	

续表

僧道名	时 间	地 点	事 由	曹学佺作品及说明	其他依据
天宁寺印上人	崇祯四年（1631）	天宁寺	赠诗	《宿天宁寺赠印上人》（《西集诗》上）	
东林无外上人、觉圆上人	崇祯五年（1632）	家园	送别	《送东林无外觉圆二上人归》（《西峰集诗》中）	
雪关长老	崇祯五年（1632）	家园	寄次韵诗	《次韵兴公寄雪关长老》（《西峰集诗》中）	
灵石和静、和济	崇祯五年（1632）	灵石寺	二僧招游	《灵石和静和济二僧招游答之》（《西峰集诗》中）	
杜言禅师	崇祯五年（1632）	金山	观竞渡	《邀杜言禅师到金山观竞渡风雨大作仍用前韵》（《西峰集诗》中）	
杜言上人（即杜三策）	崇祯五年（1632）	临赋阁	杜出使归国送之归甬东；为作诗序	《送杜言上人》《临赋阁宴集送商孟和林履基之灵下杜言上人之甬东》（《西峰集诗》中）《杜言上人诗草序》（《西峰集文》中）	陈一元《漱石山房集》卷六》，陈鸿《送杜言上人归四明观音寺》《送杜言上人归四明》《秋室编》《秋云》卷四）浪云《秋日集》送杜言上人还甬东临赋阁赋之吴越未安仁陈鸿适至分得五做韵》（《云游草》一集）
尤溪松山僧照公	崇祯五年（1632）	石仓园听泉阁	不详	《季秋听泉阁杂咏十首》引）（《西集诗》中）	
心空	崇祯五年（1632）	不详	赠诗	《赠主持心空》（《西峰集诗》下）	
古冰上人	崇祯五年（1632）	不详	上人索题册子	《古冰上人蓥头居册子索题》（《西峰集诗》下）	

僧道名	时间	地点	事由	曹学佺作品及说明	其他依据
浪云上人	崇祯五年（1632）	金山寺	与上人结社	《洪江社草小记》："以浪云上人为之社主……里之好事者诗咸稿之。"（《西峰集文》中）	
济兴庵惟石上人	崇祯五年（1632）	济兴庵	赠诗	《济兴庵赠惟石上人》（《西峰集诗》下）	
雪关禅师	崇祯六年（1633）	浮山堂	禅师见访	《雪关禅师过浮山堂正月十一日也余里洪江上灯时遇雨因成两绝》（《西峰集诗》下）	
雪关禅师	崇祯六年（1633）	徐氏绿玉斋	同过绿玉斋为之书字	《过绿玉斋为雪关上书字》（《西峰集诗》下）	
雪关禅师	崇祯六年（1633）	不详	送别	《答雪关禅师》《送雪关禅师还山次韵》（《西峰集诗》下）	陈一元《送雪关归博山》（《冢石山房集》卷六）
双林上人、似愚上人	崇祯六年（1633）	石仓园同浮山堂	社集	《文启美人洪江社雨中临眺石仓同双林似愚上人集浮山堂共柬人韵》（《西峰集诗》下）	
松山持上人	崇祯六年（1633）	不详	为其《心经》作疏	《松山持上人解心经疏》（《西峰集文》下）	
鼓山永觉禅师	崇祯七年（1634）	鼓山	拜访禅师，有赠答	《仝亮刘渔仲平子访永觉禅师》（《西峰集六一草》）	元贤《谢曹能始茇长来山见赠》（《鼓山志》卷十《艺文》）（黄任）
匡庐藏公	崇祯七年（1634）	不详	送别	《送藏公还匡庐》（《西峰集六一草》）	
浪云上人	崇祯七年（1634）	小金山	与上人看望社中诸子	《浪云上人自双峰归金山同社诸子看之》（《西峰集六一草》）	

续表

僧道名	时间	地点	事由	曹学佺作品及说明	其他依据
水月上人、祖绎上人	崇祯七年(1634)	不详	送别	《送水月祖绎二上人还甬东》(《西峰六一草》)	徐㷆有《送公绪上人归四明延庆寺》(钞本《鳌峰集》,并附祖绎《诗》)
娄征上人	崇祯七年(1634)	不详	上人持曹能始疏谒东里翁求住漳州		徐㷆《寄陈南丘》,略云:"娄征上人持曹能始疏谒东里翁,……"(《文集》册三,《上图稿本》第42册,第372页)
法际禅拙上人	崇祯八年(1635)	不详	赠诗	《赠法际禅拙上人并简颜缉其绘谏》(《西峰六一草》)	
備生上人	崇祯八年(1635)	不详	赠诗	《答備生上人》(《西峰六一草》)	
洪山寺僧圆滧	崇祯八年(1635)	不详	僧以册邀言	《洪山寺施茶疏记》(《西峰六二集文》卷三)	
灵隐妙香上人	崇祯九年(1636)	不详	送别	《送妙香上人归灵隐》(《西峰六三草》)	
古石上人	崇祯九年(1636)	不详	赠诗	《赠古石上人》(《西峰六三草》)	
鼓山宿禅师	崇祯九年(1636)	鼓山	问讯宿师	《而弘兴公游鼓山子病不赴讯宿禅师》(《西峰六三草》)	
华(花)雨禅师	崇祯九年(1636)	西禅寺	遇禅师并为作寿序	《寿华雨禅师六袠序》(《西峰六三集文》卷一)	
吴郡尧山比丘之兑成	崇祯九年(1636)	不详	比丘来闽募缘	《尧山募缘起建藏经阁记》(《西峰六三集文》卷三)	

续表

僧道名	时间	地点	事由	曹学佺作品及说明	其他依据
丁禅寺花雨一人	崇祯九年(1636)	不详	为上人作修路疏	《西禅寺起经修路疏》《西峰六三集文》卷三	
古田曹山寺心空上人	崇祯九年(1636)	不详	为上人作重兴记	《古田曹山寺重兴记》《西峰六三集文》卷三	
天镜品僧	崇祯十年(1637)	不详	僧赠茶	《天镜品僧惠茶》《西峰六四草》	
匡庐鹫峰诸上人	崇祯十年(1637)	西隐寺	社集	《同黄元常范石生洪汝如陈季长林公匡庐鹫峰诸上人集西隐寺》《西峰六四草》	
匪石上人	崇祯十年(1637)	不详	过访	《过匪石上人》《西峰六四草》	
清流叶上人	崇祯十年(1637)	龙首亭	社集	《至日社集龙首亭陈昌箕北归》《西峰六四草》	曾异撰《至后流叶上人至陈昌箕公交车娄归小酌纺授堂次昌箕韵》《纺授堂二集》卷五
匡庐双剑庵上人	崇祯十年(1637)	不详	为上人作疏	《匡庐双剑庵接待十方疏》《西峰六四集文》	
升山僧	崇祯十一年(1638)	不详	僧赠茗	《升山寺僧茗》《西峰六五草》上	
峨眉、支提二上人	崇祯十一年(1638)	龙山	邀集	《夏日邀陈无功献可新安揭之毕伏公峨眉支提二上人集龙山作》《西峰六五草》上	
达权禅师	崇祯十一年(1638)	不详	听禅师谈道	《听达权禅师谈道口占》《西峰六五草》上	

续表

僧道名	时间	地点	事由	曹学佺作品及说明	其他依据
上人集	崇祯十一年（1638）	薛老庄	看梅	《薛老庄看梅》（《西峰六五草》下）	陈鸿《能始招同桢上人集薛老庄看梅》（《秋室篇》卷四）
嘉善幽澜寺月川上人	崇祯十一年（1638）	不详	上人走千里请僧募疏	《幽澜寺月川上人募缘疏》（《西峰六五集文》）	
匡庐双林上人	崇祯十一年（1638）	不详	为上人作施茶疏	《双林上人施茶疏》（《西峰六五集文》）	
灵山铁佛殿比丘性赞	崇祯十一年（1638）	不详	为上人作募化疏	《铁佛殿募化普疏》（《西峰六五集文》）	
西隐寺比丘僧某	崇祯十一年（1638）	不详	上人向同募化疏	《西隐寺募化普度缘疏》（《西峰六五集文》）	
苏州茗峰寺了然上人	崇祯十二年（1639）	不详	助募化杉木		徐𤈟《寄桢言上人》（《文集》册四，《上图简本》第 43 册，第 17 页）
野雪上人	崇祯十二年（1639）	不详	书来赋答	《吴二辰以野雪上人书来赋答》（《西峰用六集诗》）	
万岁寺住持静安长老	崇祯十二年（1639）	不详	为作寿文	《万岁寺住持静安长老寿文》（《西峰用六集文》）	
雪峰寺石雨法师	崇祯十二年（1639）	不详	为僧募缘	《重兴雪峰寺募缘疏》（《西峰用六集文》）	
鼓山白云巘院慈中上人	崇祯十二年（1639）	白云巘院	为僧募缘	《白云巘院乐上房募缘养老斋僧疏》（《西峰用六集文》）	
成都万福寺僧觉宗	崇祯十二年（1639）	不详	僧人闽求疏	《成都万福寺僧募缘造像请经疏》（《西峰用六集文》）	

续表

僧道名	时 间	地 点	事 由	曹学佺作品及说明	其他依据
心恒上人	崇祯十三年（1640）	不详	柬	《病柬心恒上人》（《西峰六七集诗》）	
石雨	崇祯十三年（1640）	雪峰寺	与僧酬倡	《石雨为予夜雪峰醮月池以诗见示次答》（《西峰六七集诗》）	
客僧	崇祯十三年（1640）	不详	复客僧	《偶书复客僧》（《西峰六七集诗》）	
古田西峰寺慈光比丘	崇祯十三年（1640）	不详	为比丘撰疏文	《古田西峰寺疏文》（《西峰六七集文》）	
茶山寺僧	崇祯十四年（1641）	茶山寺	题僧	《题僧茶山寺》（《西峰六八集诗》）	
悟空上人	崇祯十四年（1641）	积翠庵	游寺怀僧	《游积翠庵怀悟空上人》（《西峰六八集诗》）	
觉浪上人	崇祯十四年（1641）	鼓山涌泉寺	访上人谈时事	《涌泉寺访觉浪上人因谈吴楚事》（《西峰六八集诗》）	
本智上人	崇祯十四年（1641）	不详		《本智上人法腾》（《西峰六八集诗》）	
天镜岩腾山上人	崇祯十四年（1641）	天镜岩	访僧	《天镜岩访腾山上人》（《西峰六八集诗》）	
普闻上人	崇祯十四年（1641）	不详	赠诗	《赠普闻上人》（《西峰六八集诗》）	
彻凡禅师	崇祯十四年（1641）	不详	次答禅师来韵	《次答彻凡禅师来韵》（《西峰六八集诗》）	

续表

僧道名	时间	地点	事由	曹学佺作品及说明	其他依据
蜀一钵僧	崇祯十五年（1642）	不详	送别	《送一钵僧归蜀》（《西峰六九集诗》）	
支提山大兴上人	崇祯十五年（1642）	不详	为上人作募修佛殿疏	《支提山大兴上人募修佛殿疏》（《西峰六九集文》）	
雪航上人	崇祯十三年（1643）	湖州道场山	送别	《送雪航上人三绝》（《西峰古稀集诗》上）	陈衍《送雪航上人归道场山》（《大江草堂二集》卷六）、陈鸿《送雪航上人归道场山》（《秋室编》卷六）
西禅寺花雨上人	崇祯十三年（1643）	西禅寺	为上人作修路建亭疏	《西禅寺修路募缘疏》《西禅寺修路建亭疏》（《西峰古稀集文》）	
三觉上人	崇祯十三年（1643）	洪塘路同逸亭庵	为上人题施茶疏	《同逸亭施茶疏》，而书其与时事相关切者如此。（《西峰古稀集文》）	
明定（僧明	崇祯十三年（1643）	定光寺	同铭塔顶	《定光塔顶铭》（《福州定光寺志》卷二）	
古航上人	崇祯十三年（1643）	不详	为僧作寿文	《古航上人六十寿文》（《西峰古稀集文》）	

附录：（二）曹学佺听曲度曲一览表

简要说明：

曹学佺喜听曲，能度曲，诗论时或以曲喻诗，故制作"听曲席度曲表"以见其生平。

本表以时间前后为序，列其听曲度曲之时间、地点、曲目、演唱者（度曲者）、听曲者，并有相关作品为证。

听曲与演剧观剧，是两种不同类型的艺活动；我们另制有《观剧表》。

时 间	地 点	演唱或度曲者	曲 目	听曲者	作品的记载
万历二十一年（1593）	宅第		鸾凤曲、金缕曲	曹学佺、徐𤋮、徐𤏭	徐𤋮《七夕曹能始宅上观妓》："娇声宛转莺凤曲，媚眼低回乌鹊桥。"《暖姝亭集》卷三），徐𤏭《七夕曹能始宅上观妓》："桃叶传情金缕曲，拓枝翘趣罗罗衣。"《鳌峰集》卷十三）
万历二十四年（1596）	福州西湖		采菱词、凤凰调	曹学佺、屠本畯、徐𤏭、陈荐夫、陈汝翔、钱叔达、陈彦宗、王玉生、陈惟秦、王粹夫、陈正夫、林子真	陈荐夫《四月晦日邀屠田叔及同社集西湖观竞渡分得四支韵》："方舟文桂楫，艳曲采菱渡楼"《鳌峰集》卷四），徐𤏭《屠田叔四月晦日西湖观竞渡得凤飘字》："玉杯鹦鹉酌，艳曲凤凰调。"《鳌峰集》卷十二）
万历三十年（1602）八月初六	杭州西湖			曹学佺、冯梦祯、屠隆、吴充	冯梦祯《日记·壬寅》："（八月）初六……午邀曹能始、屠长卿、吴德符小叙，听曲，能始先作闻歌诗。"《快雪堂集》卷五十九）
万历三十年（1602）八月十六				曹学佺、冯梦祯、屠隆、景情、袁长	冯梦祯《日记·壬寅》："（八月）十六……诸君子再集西湖之会以答长卿。能始。作使于舟中。席散，同景、麦长、诸素君憩中桥听曲。"《快雪堂集》卷五十九）
万历三十一年（1603）八月	林世吉宅	莲姬、奇姬	金缕曲	曹学佺、林世吉、陈价夫、袁敬烈、徐𤏭	徐𤏭有《同陈伯孺衰无竞曹能始集林天昶宅上听莲歌二姬天昶即席赠诗赠二姬戏和一首》："檀板共翻金缕曲，兰膏双照玉管随。漫吹玉管误使君。"《鳌峰集》卷十五）
万历三十一年（1603）八月	福州乌石山邻霄台		艳曲	曹学佺、阮自华、陈荐夫、屠隆、奈翔、谢兆申、郑怀魁、赵世显、林世吉、游子腾、陈荐夫、林古度、王宇、邹时丰、陈益祥	邹时丰有《阮司理大集邻霄台》："密坐乐所同，艳曲陈谀歔。艳曲度悲清，杂伎陈谀歔。"《二雅分庭音答歔》篇）《石仓十二代诗选》之《社集》

续表

时　间	地　点	曲　目	演唱或度曲者	听曲者	作品的记载
万历四十三年（1615）九月月初九	曹学佺石君社	采菱	乔姬王翰、董姬小双	曹学佺、俞安期、胡梅、陈诚夫、郑汝交、赵煦、李季美、李明六、陈可权、曹能证、甫	俞安期《九日登高首集曹能始石君社，因与同社诸君子论诗，共享登字，时享登字》："荷曲工吹竹，台洞拟呼鹰。词客含毫惯，姬人织字能。赋成有则，调变乃无恒。莫涉当时体，微伤尔异称。"《荽荽堂全集》卷二十一》俞安期《文代董姬小双得字字》："曲误从劳顾，恋多不为怜。西郊窥未敢，下里和难传。雕管鸳鸯谱，钿筝蛱蝶弦。"《荽荽堂全集》卷二十一
万历四十四年（1616）七夕	石仓园荔阁		文娟、王翰、董小双		曹学佺《七夕荔阁上听施长卿弹琴文娟王翰小双三姬度曲》："理曲复鸣琴，无非写此心。"《浮山堂集》》
万历四十六年（1618）七夕	石仓园		祥姬、近姬、阿琼		《七夕山池宴集有赠》，题下自注："客为孙还初、洪汝含、龚兄广、薛君和、蒋子良、林阜卿、邓道叶、叶道节。君鬃二姆，祥姬、近姬、阿琼俏赂，余赠其少者。"诗云："牙尊迎翠霭，度曲见秋萤。"《听泉阁近稿》》
万历四十七年（1619）春夏间	石仓园			曹学佺、汪善卿	曹学佺《汪善卿过别山园观妓听曲尽兴而去》："清蛾鱼影沉，丽曲鹤声接。"《听泉阁近稿》》
万历四十七年（1619）夏	石仓园浮山堂		德孚	曹学佺、陈鸿	曹学佺《陈叔度过宿浮山堂听德孚曲》《听泉阁近稿》》
万历四十七年（1619）十一月间	薛老庄		卓长君、卓小姬、刘姬	曹学佺、茅维、陈一元、洪汝含、郑惟宁、薛君和、邓庆采、吴汝鸣、蒋子才、曹能证、林阜卿、龚兄广	曹学佺《社集薛老庄邀吴茅若各赋排律，分得八庚韵，是日主客十四人，姬子三人。季札之鲁，漫云周礼在兹；谢博登山自觉，晋风未迈》："论交非一日，度曲有双声。"《夜光堂近稿》茅维《冬日陈泰始侍御招同洪汝含、郑惟宁、薛君和、郑汝交、曹能证、林阜卿、龚兄广并伎卓姬刘姬社集薛老庄分得六殊》："屏曲传歌细，灯辉征坐迟。"《十赉堂丙集诗》卷四

续表

时 间	地 点	曲 目	演唱或度曲者	听曲度曲者	作品的记载
万历四十七年(1619)十、十一月间	平远台		卓长君、卓小姬		曹学佺《次日再集平远台,时主人稍有增减,客子亦动离怀。卓氏长君香车独步,定生野树供酒钟。是集也,燕夏方新,喜朋樽之饯蕨。请以逍遥,请更投签,仍题渔字,子得渔字》《夜光堂以逍遥。请更投签,仍题渔字,子得渔字》孝维,高景倩,邓道协,吴道鸣,陈推泰,高景倩,陈叔度,陈振狂,释定住并伎卓姬社集平远台,得四支人韵》《十斋堂丙集诗》卷四)
万历四十七年(1619)十二月	石仓园		乔氏诸姬	曹学佺、骆以狂、陈鸿、林宠、吴汝鸣	《腊日同骆以狂、陈叔度、林异卿、吴汝鸣饮乔氏诸姬向花间度,分得云字》:"曲向花间度,分得云字。"(《夜光堂近稿》)
万历四十七年(1619)	石仓园		芝卿		曹学佺《洪江诗草序》:"余忆昔年有女郎芝卿者,亦高子石仓,相与度曲。"(《西峰文集》上)
万历四十八年(1620)三月	石仓园琴香树、夜光堂		卓长君	曹学佺、华大生、黄维良、骆以狂、徐㶿、陈一元、陈鸿、李子山、陈衍、吴汝鸣、林异卿、商梅	曹学佺《吴兴华大生、清章黄维良、广陵骆以狂及社中徐兴公、陈泰始、陈叔度、李子山、陈鸿、吴汝鸣、林异卿、商孟和女郎长君再集石仓、初憩琴香树、泛舟夜光堂、分得径字》《夜光堂近稿》,陈一元《春春五日同华大生、黄维良、徐推起、李木茗相应》《嵩石山房集》卷一),陈衍《曹能始石仓、泛舟次琴限韵》;"惟弹花下琴,石仓远近相应。"(《大江集》卷二)
万历四十八年(1620)五月	石仓园临赋阁		芝卿、卓长君		曹学佺《临赋阁小集同芝卿、长君赋》:"佳人饮初度曲,催向板桥东。"(《夜光堂近稿》)

续表

时　间	地　点	曲　目	演唱或度曲者	听曲者	作品的记载
天启二年（1622）五月	洪江舟中、小金山		小双、宛秋、文娟	曹学佺、吴元翰、陈惟秦、陈鸿、林懋礼、林异卿、陈子行、郑孟麐、李克广、康仙客	曹学佺《端阳后二日泛舟洪江,登小金山观竞渡,风雨大作各赋排律,用七阳韵》:《回舟承连曲,底事复迎郎。》自注:"客为吴元翰、陈惟秦、陈鸿、林懋礼、林异卿、陈子行、郑孟麐、李克广、小双、宛秋、文娟三姬。"（《林亭诗稿》）
天启四年（1624）正月十七日	桂林			曹学佺、吴宪伯	曹学佺《十七夜吴伯招集箫头听曲》:"醴酒若为知己设,雅歌情赏音难。"（《桂林集》卷中）
崇祯元年（1628）九月初七	石仓园浮山堂		王姬、阙姬	李玄玄、龚而雅、洪汝、邓元元、李少至、邓、李、周婴	曹学佺《重阳前二日邀李玄玄、龚而雅、洪汝如过浮山,适邓元少至、邓、李、龚皆樵溪人也。余前约莆中周方叔亦以是日至,因同南城王姬、阙台阙姬衔杯度曲,颇称尽兴》:"苦乐相寻何者是,著书听曲尽忘眠。"（《赐环篇》上）
崇祯元年（1628）十二月	陈一元漱石山房			曹学佺、陈一元、邓庆寀	陈一元《冬抄集同社于漱石山房,为曹能始称觞》:"满堂丝竹红妆艳,一曲云璈舞队喧。"（《漱石山房集》卷五）、邓庆寀《腊月十五日曹能始先生初度,社集漱石山房看梅》:"满社故人争揭管,行厨新酒共称觞。纤歌婉转年年乐,檀板声中夜未央。"（《还山草》）
崇祯二年（1629）正月廿二日	陈一元宅			曹学佺、陈一元、周之夔、邓庆寀	周之夔《元夕后京兆陈太始先生宅集观放烟火,分得支韵》:"宴酣露湛仙人掌,歌舞风生京兆眉。"（《弃草集》卷五）、邓庆寀《灯夕社集陈泰始宅观火树树棚偏今日,时余返寓白门》:"火树高棚偏今日,风流新曲易销魂。"（《还山草》）

续表

时 间	地 点	曲 目	演唱或度曲者	听曲者	作品的记载
崇祯四年（1631）十一月	郑汝交南园	吴趋曲		曹学佺、郑汝交、赵孟迁、杨能玄、崔玉生、徐𤊹、陈鸿、林异卿、陈有美	作《郑汝交南园新居落成，余携具至，全集者会稽赵孟迁，同安杨能玄、霍童崔玉生、社中徐兴公、陈叔度、林懋礼、陈有美诸子分得八庚韵》："雅奏吴趋曲，言寻越社盟。"（《西峰集诗》上）
崇祯五年（1632）五六月间		双栖曲	昆玉美人	曹学佺	曹学佺《昆玉美人粤西人，闻子秦诗》："一唱双栖曲，宁论十五城。"（《西峰集诗》中）
崇祯六年（1633）花朝后一日	曹学佺西峰草堂	铜鞮曲		曹学佺、申绍芳、顾君药、薛楚材	徐𤊹《癸西花朝后一日，曹能始招陪申完伯集西峰草堂，分得字》："新翻乐府莺喉转，屡换宾筵凤蜡烧。醉后山公扶上马，铜鞮一曲听歌谣。"（钞本《鳌峰集》）
崇祯六年（1633）四月	陈一元元弟更生宅	郁金香		曹学佺、文震亨、陈更生、徐𤊹	曹学佺《文启美集陈京兆弟更生新宅，共享十二叟韵》："君家有弟秦虔金，堂构新成拟郁金。"（《西峰集诗》下），陈一元《更生弟新居成社集，文启美曹能始、徐惟起诸公共用十二叟》："红妆度曲人如玉，白社论文谊断金。"（《漱石山房集》卷六）
崇祯六年（1633）十二月	西峰里第	王昭君	严陵优人	曹学佺、周爰粲	《爰西陵夕同能始东周爰粲守岁》，"曲度明君辞凤辇，声传严濑杂渔歌。"自注："时有严陵优人度《王昭君》曲。"（《西峰六一草》）
崇祯七年（1634）谷日	陈一元华堂	子夜	白璧	曹学佺、陈一元、徐𤊹	曹学佺《立春日陈秦始值社华堂妓仍用寒字》（《西峰六一草》），徐𤊹《立春社集秦始宅，听美人白璧度曲，同用寒字》："百戏才从九陌观，今朝生菜芥春盘。晴占谷日熏微暖，喜报花风吹第一寒。王历始看春帝朔，翠钗偏爱挂臣冠。歌闻子夜新声变，香气吹来更胜兰。"（钞本《鳌峰集》）

时　间	地　点	曲　目	演唱或度曲者	听曲者	作品的记载
崇祯七年（1634）正月十五	西峰草堂			曹学佺	《十五夜雨社集西峰草堂同用才名二字》二首，其一："传中传觞政，伶人奏伎才。"其二："舞态疑回雪，灯辉欲彻明。"（《西峰六一草》）
崇祯七年（1634）五月	福州西湖舟中	李药师渡江曲		曹学佺	曹学佺《甲戌岁五月西湖观竞渡廿首，其十："鹢画旌旗鹭作涛，宁斯裘马五陵豪。当筵已有任公子，檀板依然拍巨鳌。余舟中歌李药师渡江曲。"（《西峰六一草》）
崇祯七年（1634）五月	福州台江			曹学佺、邵捷春	《邵肇复招游琼河之台江观竞渡十首》，其六："珠帘高挂画楼滨，唤伎征歌属后尘。"（《西峰六一草》）
崇祯八年（1635）		清平调	黄姬	曹学佺	曹学佺《即席赠黄姬四绝系平子携到者》其二："合前席上两红妆，曲调清平出尚方。"其四："个中一点灵犀透，只许檀郎领略时。"自注："姬不通正音，故云。"（《西峰六一草》）
崇祯十一年（1638）七月	竹醉亭			曹学佺	曹学佺《竹醉亭纳凉淑姬共饮》："酒禁宽觞戒，时姬歌喉写性灵。"（《西峰六一草》下）
崇祯十二年（1639）八月			二珩美人	曹学佺、陈鸿	曹学佺《赠二珩美人》："少小年时曾弄曲，至今垂老数知音。"《西峰用六篇诗》陈鸿《赠叶二珩美人》："纤歌庆作缘梁声，只爱逢郎奏诗句。"（《秋室编》卷三）
崇祯十二年（1639）十月			二珩美人	曹学佺、徐㷆、陈鸿、陈祈、林宠、陈肇曾	曹学佺《送徐兴公之潮阳，陈叔度之丰邑》《西峰用六篇诗》陈祈《送徐兴公之丰邑，林旱卿之金陵，陈昌箕北上春官，一同祖道，二珩美人度曲》："骊歌新调合梁州，南北离弯系舟。"（《大江草堂二集》卷六）

续表

时　间	地　点	曲　目	演唱或度曲者	听曲者	作品的记载
崇祯十三年（1640）正月	琴亭峡			曹学佺、陈永叔	陈永叔《原倡》，题下自注："曹雁泽先生招饮三峡亭，美人侑觞赋谢。"其二："山势开屏障，泉声入管弦。"（琴峡亭次韵和陈永叔》附《西峰六七集诗》）
崇祯十三年（1640）	古田县闽溪			曹学佺、袁令昭	曹学佺《为袁令昭觞其姬，时中秋后二日闽关舟次》："自有清音调绿绮，莫愁新涨满归舟。"（《西峰六七集诗》）
崇祯十四年（1641）十月	往闽溪舟中			曹学佺	曹学佺《舟中奏曲》："江干为乐府，竞响出房中。触石皆成韵，沿波去不穷。鱼龙浮泛听，乌鹊逐枝通。在己谁能异，于人乐亦同。"（《西峰六八诗》）

附录:(三)曹学佺弈棋活动表

简要说明:

曹学佺喜弈棋,少年时因耽于棋,受责于其母;终其一生,棋未尝废,晚岁时或与国手交锋。曹学佺以弈喻诗,有独到见解。故作此表以见其生平。

本表以时间前后为序,列弈棋时间、地点、主、客,并有相关作品为证。

听曲与演剧观剧,是两种不同类型的艺活动;我们另制有《观剧表》。

时　间	地　　点	主	客	曹学佺作品	相关作品
万历四十年(1610)	尹伯曲园亭	尹伯曲	曹学佺	《再过尹伯曲园亭》:"薜萝团翠色,棋局换更声。"《巴草》	
万历四十六年(1618)三月	福清石隐山房	叶向高	曹学佺	《宿相公石隐山房》:"夜雨棋将罢,春云榻更连。"《福庐游稿》	
万历四十六年(1618)六月	北楼	曹学佺	周赓卿、范穆其、孙还初、丁亨大、龚克广、薛念顺、叶伯英、曹学修	作《夏日同周赓卿范穆其孙还初丁亨大龚克广薛念顺叶伯英楼避暑》:"掌挂斜阳薄,棋敲翠霭残。"《听泉阁近稿》	
天启六年(1626)九月	桂林榕树楼	徐大将军	曹学佺、兑绍宗侯	《榕树楼兑绍宗侯携酌同喻宣仲观徐大将军使剧》:"绕林未半石阶尽,对局方终更漏初。"《桂林集》下	
崇祯元年(1628)七月	曹学佺宅	曹学佺	美人	《咏美人习弈》《社集西园观美人对局拈得一东二冬韵》《赐环篇》上	
崇祯五年(1632)三月二日	西湖	曹学修	曹学佺、陈仲溱、马毅、陈二元	《三月二日舍弟能证西湖值社分得十三覃》:"家有棋枰颇适主,手携棋局当清谈。"《西峰集诗》中	
崇祯五年(1632)七月	曹学佺宅	曹学佺	陈衎	《客过对弈书赠胜者》《西峰集诗》中	陈衎有《弈棋赌得曹能始生汉玉章晷基却赋并谢》《大江集》卷二
崇祯五年(1632)八月	浮山堂	曹学佺	诸社友	《浮山堂社集·小引》:"八月十五日,宴集浮山堂……对客围棋,界路有如白日;情人分韵,机关微露红妆。"《西峰集诗》中	

续表

时间	地点	主	客	曹学佺作品	相关作品
崇祯五年（1632）九月	听泉阁	曹学佺	周爰榘、朱安仁、林有道、周君章	《季秋听泉阁杂咏十首》其九："秋叶时纷纷，午逐棋声落。此际为手谈，居然有胜着。"（《西峰集诗》下）	
崇祯六年（1633）五六月间	维摩室	郑邦祥	曹学佺、陈一元	《郑汝交维摩室避暑，何似杜陵翁。"（《西峰集诗》下）	
崇祯六年（1633）九月	独树轩	曹学佺	不详	《独树轩对菊十咏》其七："躭幽幽恒护惜，对局亦矜情。残英虽不落，下子未来轻。"（《西峰集诗》下）	
崇祯六年（1633）九月望后	挂月兰若	陈一元	曹学佺、慈溪周国手、徐𤊹	《集陈京兆山房》（《西峰集诗》下）	徐𤊹《九月望后陈泰始集挂月兰若》自注："时曹能始与慈溪周国手对弈。"（钞本《鳌峰集》）
崇祯六年（1633）至日	南园	龚克广	曹学佺、陈鸿	《至日龚克广值社南园分得生字》："改席行吟适，谈棋坐隐成。"（《西峰集诗》下）	陈鸿有《长至龚克广携具南园，招同柴吉民（陈元亮）烧烛棋方赌，张屏席要遮。"（秋室编》卷五）
崇祯六年（1633）十二月二十二日	子房溪庄园	曹学佺	不详	《子房溪庄园小憩时对客奕，有僧以灵石茗见寄》（《西峰集诗》下）	
崇祯七年（1634）正月十二日	曹学佺宅	曹学佺	陈衎、李子山、仲阉仲纬、张尔星	《十二日同盘生子山阉仲纬尔星试灯观弈》："棋局朝朝换，灯光岁岁新。"（《西峰集诗》下）	
崇祯七年（1634）正月十三日	曹学佺宅	曹学佺	洪汝如	《十三夜洪汝如过弈时有武夷之行》（《西峰集诗》下）	

续表

时间	地点	主	客	曹学佺作品	相关作品
崇祯七年(1634)五月	西湖	曹学佺	不详	《甲戌岁五月西湖观竞渡甘首》其八:"委棋情兴卷疏帘,坐隐行游信得兼。"《西峰六一草》	
崇祯八年(1635)正月初二	曹学佺宅	曹学佺	张士振、万献之、吴仲暗	《初二日复雨张士振万献之吴仲暗过观弈》《西峰六一草》	
崇祯八年(1635)正月初八	曹学佺宅	曹学佺	不详	《谷日试灯同客观弈》《西峰六一草》	
崇祯八年(1635)三月二日	西湖	曹学佺	张尔星、杨商濬、孙子长、林伯武、王二南、张星	《三月二日邀杨商濬孙子长林伯武王二南张星游西湖时余与尔星观弈》《西峰六一草》	
崇祯八年(1635)四月	西湖	潘燮若	曹学佺	《潘燮若招游西湖》,略云:"璧人争欲看,棋友亦须携。"《西峰六一草》	
崇祯八年(1635)五月	灵山	张道光、道显	曹学佺、戴思、任云从、吴仲暗、林性端、陈尔龙、张尔星、曹允登	《灵山奕会全戴思、任云从、吴仲暗、林性端、陈尔龙、张尔星、曹允登,主人张道光、道显》《西峰六一草》	
崇祯八年(1635)五月	湖舫	林性端	曹学佺	《林性端招游湖舫奕会》《西峰六一草》	
崇祯九年(1636)四月	神光寺东轩	王贞奇	曹学佺、周爰桑、吴仲纬、刘孔门、曹学修	《夏日过神光寺东轩王贞奇携具至同周爰桑吴仲纬刘孔门能证》二首其一:"茶罨即长廊,棋罢亦清课。"《西峰六一草》	

续表

时　间	地　点	主	客	曹学佺作品	相关作品
崇祯九年（1636）五月	湖舫	陈尔龙	曹学佺	《陈尔龙招游湖舫朗对弈》（《西峰六三草》）	
崇祯九年（1636）五月	龙首亭	陈克雨	曹学佺、夏氏松等	《陈克雨招龙首亭委会，仝夏氏松君作》（《西峰六三草》）	
崇祯九年（1636）五月	洪江闲奕楼	曹学佺	不详	《闲奕楼作》（《西峰六三草》）	
崇祯九年（1636）五月	洪江闲奕楼	曹学佺	康当世、徐𤊹	《闲奕楼同康孟招徐兴公作》（《西峰六三草》）	
崇祯九年（1636）九月	林履基宅	林履基	曹学佺、周黄老	《过林履基与周黄老弈》（《西峰六三草》）	
崇祯九年（1636）九月	林履基宅	林履基	曹学佺、宪武、周黄老、曹汝孙	《再过履基看菊同宪武黄老叔氏汝孙》（《西峰六三草》）	
崇祯九年（1636）十二月	孙墨林宅	孙墨林	周爱蓁、吴仲纬、陈永和	《冬夜孙墨林招宴观妓同爱蓁仲纬永和赋得七阳韵》：“老去苍生谁注望，祇将棋局付行藏。”（《西峰六三草》）	
崇祯九年（1636）十二月	藤山	曹学佺	不详	《藤山看梅杂兴》十首其九：“东风太峭将寨意，烧烛围棋复暖轻。”（《西峰六三草》）	
崇祯九年（1636）十二月	嵩山草堂	林孔升	曹学佺	《林孔升招饮嵩山草堂》：“霜浓着瓦俱成色，日暖围棋渐有声。”（《西峰六三草》）	

续表

时　间	地　点	主	客	曹学佺作品	相关作品
崇祯九年（1636）除夕	曹学佺宅	曹学佺	吴仲纬、周爰粲、陈鸿	《除夕同周爰粲陈叔度吴仲纬守岁》自注："时有妆桂之患，且与仲纬弈。"(《西峰六三草》)	
崇祯十年（1637）四月	竹园	魏仁者	曹学佺、周爰粲、陈鸿、龚冠广	《四月朔日同周爰粲叔度兄广集魏仁者竹园》："把酒熏花气，敲棋应竹声。"(《西峰六四草》)	
崇祯十年（1637）四月崇祯十年（1637）四月	陈荣子斋头	陈荣子	曹学佺、林宠、陈衍、吴仲纬	《陈荣子斋头全林异卿陈盘生吴仲纬》："客来无别侣，棋罢不妨禅。"(《西峰六四草》)	
崇祯十年（1637）四月	西隐寺	曹学佺	黄元常、范石生、洪汝如、陈季长、林公匡庐、鹫峰诸上人	《同黄元常范石生洪汝如陈季长林公匡庐鹫峰诸上人集西隐寺》："风来棋墅爽，雨霁墨池鲜。"(《西峰六四草》)	
崇祯十年（1637）五月	舟中	刘南征	曹学佺	《刘南征招饮舟中仝永和赋》："马步周棋疾，鱼罾昕曲终。"(《西峰六四草》)	
崇祯十年（1637）十二月	朱心见宅	朱文心见	曹学佺、顾果卿、吴大真、林宠、吴仲纬、张以升	《雨后朱文心招集山阁同顾果卿吴大真林异卿吴仲纬张以升弈》："阁峻论碁品，池平注篆纹。"(《西峰六四草》)	
崇祯十年（1637）十二月十五日	曹学佺宅	曹学佺	不详	《丁丑初度对弈宴客》："浮世六句四甲子，胜情三百着怕碁。"(《西峰六四草》)	

续表

时间	地点	主	客	曹学佺作品	相关作品
崇祯十一年（1638）三月	三石亭、灵山	潘楷生	曹学佺、陈衎	《潘楷生少集三石亭仍之灵山》（《西峰六五草》上）	陈衎《灵山曹能始先生社集次韵》："棋声分座角，梵唱隔邻听。"（《大江集》卷四）
崇祯十一年（1638）八月	龙首亭	曹学佺	李辑五、冯茂之、庄君素、李浑伯	《秋日冯茂芝庄君素二李廉李辑五浑伯集龙首亭》三首，其三自注："时子与辑五奕，因问浑叔奕重近日此典何如。"（《西峰六五草》下）	
崇祯十一年（1638）八月	不详	曹学佺	李辑五	《辑五将返武林作此之送二首》："对局谈兼隐，逢僧醉亦禅。"（《西峰六五草》下）	
崇祯十二年（1639）正月初五日	龙惜阴轩	曹学佺	吴仲纬、龚克兆、陈克雨	《初五日集吴仲暗仲纬龚克广陈克雨以龙惜阴轩对弈》（《西峰用六篇诗》）	
崇祯十二年（1639）七月	不详	曹学佺	过文年	《赠过百龄国手》（《西峰用六篇诗》）	过文年，字百龄。陈衎《嘉客记》："工奕，国手也。其奕平正抗眼，天下终无与抗衡者。"（《大江草堂二集》卷十三）
崇祯十二年（1639）七月	竹醉亭	曹学佺	陈衎	《竹醉亭避暑》（《西峰用六篇诗》）	陈衎《纳凉曹能始竹醉亭示所选宋元诗二集》："余兴销棋局，遗编属典型。"（《大江集》卷四）
崇祯十二年（1639）七月	不详	曹学佺	包歈初	《答包幼白》："间谱无声诗，眼对玄机奕。众技何优优，神明非役役。"（《西峰用六篇诗》）	陈衎《嘉客记》："包歈初，字幼白。永嘉人。奕、署书、墨竹俱入佳品。"（《大江草堂二集》卷十三）

续表

时　间	地　　点	主	客	曹学佺作品	相关作品
崇祯十二年（1639）十二月	曹学佺宅	曹学佺	过文年、龚克广、陈盘生、陈云年、孙献吉	《曾孙三朝集过百龄龚克广陈盘生周必年陈云年孙献吉诸客谈弈》（《西峰用六篇诗》）	
崇祯十二年（1639）十二月	曹学佺宅	曹学佺	吴道荣、苏启先、李汝大、过文年、周必年	《初度吴遵生苏启先李汝大过集西峰》二首，其二："举酒话忘始，围棋慎局残。"（《西峰用六篇诗》）	
崇祯十二年（1639）十二月除夕	三石亭	曹学佺	陈伯纶、吴仲暗、吴二辰、过文年、戴实伯、吴道荣	《岁除日集陈伯纶吴仲暗吴二辰启先过百戴实伯吴遵生三石亭，因怀徐兴公陈叔度陈昌基周章甫林异卿》："老年敦弈更如何，忘却山中已烂柯。"（《西峰用六篇诗》）	
崇祯十三年（1640）正月初三	曹能修宅	曹能修宅	曹学佺	《初三日能证弟招饮谈弈》："枯棋定发新年思，浊酒应陶旧性灵。"（《西峰六七集诗》）	
崇祯十三年（1640）正月初五	不详	吴仲纬	曹学佺	《初五日吴仲纬弈会》："入春棋局兴逾颠，日暖应于下子便。"（《西峰六七集诗》）	
崇祯十三年（1640）正月	叶子翼东第	叶子翼	曹学佺	《集叶子翼东第》："围棋方坐稳，棋独复行游。"（《西峰六七集诗》）	陈鸿有《过叶子翼东望亭编》（《秋室》卷八）
崇祯十三年（1640）闰正月	洪江至图关中	曹学佺	不详	《雨发洪江明晨放弈之图关则已信宿逾成人绝句》其一："问子何用恋棋样，自是棋声故雨声。漫道客舟无一事，底如残局费经营。"（《西峰六七集诗》）	《秋室》

续表

时　间	地　点	主	客	曹学佺作品	相关作品
崇祯十三年（1640）五六月间	灵山堂	曹学佺	郑章甫、曹能修、过文年、吴仲暗	《灵山堂集郑章甫太守同能证弟过百龄吴仲暗诸君斋》（《西峰六七集诗》）	
崇祯十三年（1640）六月	甘右民山亭	甘右民	曹学佺、陈宏己	《同陈振狂集甘右民山亭时与客斋》（《西峰六六集诗》）	
崇祯十三年（1640）六月	曹学修宅	曹学修	曹学佺、李汝大、过文年、陈鸿	《同李汝大过百龄陈叔度集弟参证》："饮酒犹名理，围棋较静功。"（《西峰六七集诗》）	
崇祯十三年（1640）十月	闽溪大谷亭	曹学佺	徐复生、过文年、包厥初	《徐复生访余大谷亭与过百龄包幼白对斋》（《西峰六七集诗》）	
崇祯十四年（1641）正月初三	曹学佺宅	曹学佺	不详	《三日季会闽安营署定海水标启行因以送之》（《西峰六八集诗》）	
崇祯十四年（1641）七八月间	曹学佺宅	曹学佺	二黄、郑圣仪	《郑圣仪以诗见示仍与二黄国手斋》（《西峰六八集诗》）	
崇祯十五年（1642）	曹学佺宅	曹学佺	曾异撰		曾异撰《开正三日过曹能始先生共话有感》："五句添二又三日，惯着棋懒计枰。"（《纺授堂二集》卷六）
崇祯十五年（1642）七八月间	闲莱楼	曹能始	顾梦游	《闲莱楼招集顾与冶者顾金陵人》："客乘凉处斋，心与手俱闲。"（《西峰六九集诗》）	顾梦游《闲莱楼社集》《顾与冶诗》（卷六）

续表

时　间	地　点	主	客	曹学佺作品	相关作品
崇祯十五年（1642）八九月	塔江社	曹学佺	不详	《塔江社与客手谈因之江上》四首（《西峰六九集诗》）	
崇祯十六年（1643）正月十五	李子素河上居	李子素	曹学佺等十七人	《癸未元夕值社李子素河上居主客凡十八人》，其《序》："或飞觞而送谑，或对局而深谭。胜固欣然，败亦足喜。"（《西峰古稀集诗》上）	
崇祯十六年（1643）四月	榕阴水阁	陈衍	曹学佺	作《再集盘生池馆》，略云："棋局任翻旧，盘餐喜食新。其时麦熟，以蒸饼饷客。"（《西峰古稀集诗》上）	陈衍有《诸子集后池以麦饼作供却赋》："小鸟惊棋局，游蜂触钓轮。"（《大江草堂二集》卷又四）
崇祯十六年（1643）十月	图关三峡楼	曹学佺	周元修、刘觉我、陈子健、吴仲纬，二侄	《冬日邀周元纬饮三峡楼时刘觉我陈子健吴仲纬在座子二侄》："丁东院满疑方响，剥啄门稀任弈基。"（《西峰古稀集诗》下）	

蔡复一年表

　　蔡复一（1576—1625），字敬夫，人称元履先生，号遯庵。福建泉州府同安县之浯屿（今金门县）人。万历二十三年（1595）进士，年仅二十。居郎署十七年。为宦家居，称贷佐朝夕，至嫁女治奁无资；于邑外葺数楹，名"壶隐山房"。晚岁以兵部右侍郎为贵州巡抚，擢少司马总督黔帅。于军中病卒，年五十；赠兵部尚书，谥清宪。有《遯庵全集》《遯庵蔡先生文集》《督黔疏草》等。学博才高，下笔千言。书牍、奏议之文，慷慨谈天下事。尤工四六，诗出入汉魏、晚唐间。同门中，漳州张燮友情最笃；自谦弗如燮者有五。与钟惺、谭元春游；谭执贽称弟子。其著述示谭改定，然与竟陵亦有别。年表简略钩略谱主的生平事迹，不作考证，亦不详注出处。详细考证及出处可参笔者将来发表的《蔡复一年谱》。

蔡复一，字敬夫，人称元履先生，号遯庵。福建泉州府同安县之浯屿（今金门县）人。

　　蔡复一（以下引蔡复一文，概省其姓名）《封承德郎刑部员外郎乐至县知县淮府审理正见南府君洎配封安人陈氏行实》（以下简称《府君洎配封安人陈氏行实》）："吾蔡自唐季入闽，卜居同安之浯屿，二十余传矣。"

　　详张燮《明总督贵州等处兵部右侍郎兼都察院右佥都御史赠兵部尚书谥清宪蔡公行状》（此文以下简称《行状》）。

谭元春《送少师马蔡师樑文》："忆公万历己庚间,公已拂衣归乡,自号遯士。"

《故乡浯屿海水四环余家负海印山上多名迹秋归旬日仅一陟其巅匆匆无暇聊一诗志之俟他日悉赋也》略云："仙屿孤悬雪浪春,桑麻旧话课乡邻。"

高祖彝舒,为永春县掾吏。曾祖环碧,举明经不仕。祖秀钟。

《府君洎配封安人陈氏行实》："高大父素庵公,晦于永春功曹,以絜法佐其令,令阅狱用他请,欲挠平,公争弗得,径投笔归卧……曾大父宾山公,明经矩行,学者宗之,应贡不仕,年九十二而终,庠序推为耆儒。大父毓昆公,事宾山公恂恂孺慕。"

父霁,字用明,以字行。万历七年（1579）举人,官乐至令。

《府君洎配封安人陈氏行实》："己卯,举于乡……乙未,孤某省府君都门,幸成进士,予假,而府君归守故官。冬,升潼州乐至县。"

母陈氏,陈廷典之女弟。

《府君洎配封安人陈氏行实》："配吾母陈安人,邑弟子员英江公女,而向所云陈克俞讳廷典之妹也。"

万历二十二年（1594）举人,次年成进士。

按:详各年。

体羸,不耐劳。

池显方《蔡敬夫先生传》："体素羸,不耐劳。"

张燮《温陵二友诗·蔡比部敬夫》略云："历落含香曹,尘稀貌亦瘦。"

为宦家居,称贷佐朝夕,至嫁女治奁无资;于邑外葺数楹,名"壶隐山房"。

按:参见万历三十九年（1611）、天启元年（1621）、万历四十八年（1620）。

晚岁以兵部右侍郎为贵州巡抚，擢少司马总督黔帅。于军中病卒，赠兵部尚书，谥清宪。

按：详各年。

葬小盈之大房山。

按：小盈大房山，原属同安县，今属厦门市翔安区。

有著作若干卷。

张燮《行状》："公文先行者《爨余骈语》五卷、《崟山记》一卷、《楚愆》二卷、《弥变录》二卷、《归牍》一卷、《旅吟》一卷，仲氏梓行者《督黔疏草》七卷、《近诗》二卷，其全集若干卷杀青未竟。"

按：复一婿林文昌为编《遯庵全集》。

又按：又有《遯庵蔡先生文集》，明绣佛斋钞本，今存。

学博才高，下笔千言；尤工四六，诗出入汉魏、晚唐间。

蔡献臣《清宪蔡公遯庵全集序》："公学博才高，下笔千言。弱冠尤工四六，其诸著作皆崇论宏议，涵古茹今。至书牍、奏议之文，慷慨谈天下事，切劘豪贵，披吐肝胆，无所避忌。而诗则出入汉魏、盛晚唐之间，盖居然一代名家。"

同门中，漳州张燮情谊最密；自谦弗如燮者有五。

张燮《〈温陵二友诗〉序》："敬夫于同门中最附姜桂。敬夫后余三岁，然知见十倍余。余心兄事之，敬夫则以为其友也。"

按：蔡复一、张燮，同为万历二十二年（1594）举人。

又按：复一以为弗如燮者有五，详《〈霏云居续集〉序》。

与钟惺、谭元春游；谭执贽称弟子，复一著述示谭改定。

张燮《行状》："闻竟陵诸生谭元春名，檄竟陵令式庐礼请谭之至署，虽执贽称弟子，然公出所著述示谭，谭每效其他山，应时改定，虚己折节。"

谭元春《送少师马蔡师榇文》:“昔公之知春也,初亦以亡友钟子,而春独以肝胆受知,则似乎不因人而自仲于知己。其间劲节无回之气,精微无漏之学,与孤节无染之品,一见一回深,一书一番入,而春亦能细察其所以。”

谭元春《奏记蔡清宪公前后笺札》其四:“窃以为赠送冯观察先生之作,犹有必于满四律之意,如‘夜雨归心三丈水’,不可多得也。‘四十明朝是’三首,长庆多用此调。愚窃谓调未甚高,幸第七句尚不同欵耳。‘酒户病乘除’,则未免以太巧得俚,《守岁诗》妙矣,而念‘故之下故园,故人故年泥’之更妙。《元日对雨》妙矣,而‘花鸟’以下六句删之更妙。”

与钟、谭倡酬,然其诗与竟陵亦有别。

朱彝尊《〈胡永叔诗〉序》:“公安袁无学兄弟矫嘉靖七子之弊……景陵钟氏、谭氏从而甚之,专以空疎、浅薄,诡谲是尚,便于新学。小生操奇觚者,不必读书识字,斯害有不可言者已。于时秦有文天瑞、越有王季重、闽有蔡敬夫,争相效尤。”

按:《闽中录》:“敬夫宦游楚中,召友夏致门下,尽弃其学而学焉。”

又按:朱彝尊《静志居诗话》卷十六“蔡复一”条[①]:“景陵之邪说行,率先倒戈者,蔡敬夫也。”

又按:尽弃其学而学竟陵之说,过矣;复一本不尽学竟陵,故不必有倒戈之举。[②]

仲弟复心,字仁夫。

按:详《府君洎配封安人陈氏行实》。

有一女;婿林文昌,字观曾。

按:详张燮《行状》。

---

① 《静志居诗话》卷十七(人民文学出版社 1990 年版,第 483 页)“蔡复一字敬夫”,点为“蔡复,一字敬夫”,误;“蔡复一”条,误作“蔡复”条。卷首目录,“蔡复一”亦相应误作“蔡复”。

② 蔡敬夫与竟陵之关系,别详拙文:《蔡复一的本来面目——钟惺谭元春周边人物论之一》,《东南学术》2015 年第 5 期。

万历四年丙子（1576） 一岁

十一月,二十四日生。

张燮《行状》:"生于万历丙子冬中念四日。"

是岁,何乔远、蒋孟育十九岁,蔡献臣十四岁,丁启濬八岁,徐熥七岁,张燮四岁,曹学佺三岁,钟惺三岁。

万历七年己卯（1579） 四岁

是岁,父举乡试。

万历八年庚辰（1580） 五岁

是岁,林古度生。

万历十三年壬午（1582） 七岁

是岁,夫氏李氏生。

万历十四年丙戌（1586） 十一岁

是岁,父上春官不第。

是岁,谭元春生。

万历十五年丁亥（1587） 十二岁

是岁,依纺车下诵《史记》。作《范蠡传》万余言。

万历十七年己丑（1589） 十四岁

是岁,父补玉田县教谕;大父卒。

万历二十一年癸巳（1593） 十八岁

是岁,就试,学使擢为第一。

万历二十二甲午（1594） 十九岁

是岁,成举人。父贻书戒以谦厚谨约。

是岁,父聘同考官试湖广。

万历二十三年乙未（1595） 二十岁

是岁,殿试二甲第七名,年最少,才与曹学佺相埒。请假还娶。

张燮《行状》:"举南宫第七人,黄太史辉得公闱中牍,大奇之。比彻棘,甫弱冠,则已称日下无双矣。时李夫人尚未归,登第后请假还娶,里人荣之。"

沈德符《万历野获编·补遗》:"闽中更有蔡敬夫户部,年最少,其才亦与尊生伯仲,但貌不逮耳。时予未之识。蔡与曹同是科会魁,又与之同乡榜。"

按:曹学佺,字能始,一字尊生,侯官人。

是岁,父迁蜀之乐至令。

万历二十四年丙申（1596） 二十一岁

是岁,娶李氏。

是岁,拜比部郎。

万历二十五年丁酉（1597） 二十二岁

是岁,阮大铖生。

万历二十七年己亥（1599） 二十四岁

是岁,奉母南归。

万历二十七年庚子（1600） 二十五岁

是岁,父病归。敬夫以使事过家。

万历二十九年辛丑（1601） 二十六岁

是岁,乃在京为郎官;再请急归侍。秋游漳州长泰县,访故友,月余而归。

《祭许钟斗太史》:"见之辛丑,余郎在京。"

按:《府君洎配封安人陈氏行实》:"辛丑……秋游长泰,坊(当作访)知友道故,欢饮月余归。"

是岁,萧大亨年七十,为撰寿序。

作《寿官保大司寇岳峰萧公七袠序》。

按:萧大亨,字夏卿,号岳峰。大亨生于嘉靖十一年(1532)。

是岁,金门同乡许獬会试第一,殿试二甲第一。

万历三十年壬寅(1602) 二十七岁

正月,为同安教谕姚全作《姚敬庵博士遗教碑记》。

按:姚全,号敬庵,湖广人。曾任同安教谕。

十月,父卒;母相继殁。踊躃欲绝,疏请终六年服。

是岁,代人为同安令洪世俊考最作《赠邑侯洪含初父母六年考最序》。

按:洪世俊,字含初,万历二十五(1597)年任同安县令。

万历三十一年癸卯(1603) 二十八岁

是岁,在家乡居丧。

万历三十二年甲辰(1604) 二十九岁

是岁,在家乡居丧。为父及母陈氏作《府君洎配封安人陈氏行实》。

万历三十三年乙巳(1605) 三十岁

夏,张燮自泉州访何乔远归漳州,归途过同安访复一,有诗纪之;复一有诗答之。

作《次韵答张绍和》二首。

按:张燮《过轮山蔡敬夫招饮即席》。

夏秋间,为作《叙〈张绍和北游稿〉》,并赠诗,燮有复函及答诗。赞其文"负大力而镕以慧心"。

张燮《寄蔡敬夫比部》略云:"弟每叹蔡敬夫文,离处能合,断处能缝,险处能夷,织处能巨,盖负大力而镕以慧心,宜其远矣。"

张燮有《寄蔡敬夫用原韵三首》。

是岁,赴阙补驾部郎。

万历三十四年丙午（1606） 三十一岁

秋,北上,补驾部郎,过安徽灵璧,会同乡张日益,为作《治璧瑟言序》;过山东滋阳县新嘉驿,有诗。又过河间府、泰岳。

作《过固镇灵璧张春斗枉驾八十里出会时君中谗左迁王官》《新嘉驿》《己亥奉先慈南归过新嘉驿爱其清胜今八年矣追旧增怆》。

按:池显方《蔡敬夫先生传》:"丙午,补驾部,每陈筹边事宜,司马采以入告。时资望深耸,例擢藩臬,启事十余,上辄留中。"

是岁,许獬卒,作《祭许钟斗太史》。

万历三十五年丁未（1607） 三十二岁

春,与张燮等集林仕隆宅。

张燮有《春日初雨集林仕隆司农宅偕蔡敬夫及其阿季仕张同赋》。

暮春,与蒋孟育等访张燮,时燮下第。邀燮集宅。曹学佺有诗寄之。

张燮有《落第之日道力鸣卿携酌见过敬夫亦至是日雪晦偕元朋及徐务滋剧饮夜分乃散用敬夫韵》《集蔡敬夫宅分得其字》。

曹学佺有《寄答蔡敬夫库部十韵》。

闰六月,望,集张园玩月。

作《闰六月望立秋集张园玩月时积雨新霁》。

夏秋间,有书致张燮。

张燮有《喜陈元朋至兼得张孟奇蔡敬夫米仲诏书》。

秋,忆弟,感叹官冗。

作《对月忆舍弟》四首。

是岁,李长青卒,代人作《祭李宗伯代》。

按:李长青,字符甫,号棠轩,四川富顺人。隆庆进士,选庶吉士。累官礼部尚书。有《棠轩诗文集》。

万历三十六年戊申（1608） 三十三岁

夏秋间,奉使还里,讹传予告;张燮为书及诗讯之,复一书至乃知误传。

张燮《寄蔡敬夫》,题下自注:"时误闻其予告。"

张燮有《讹闻蔡敬夫予告还里诗以讯之四首》《敬夫奉使过里余讹闻其予告已为书及诗讯之比敬夫书来乃知其误因韵四首却寄自嘲》。

张燮《答蔡敬夫》:"偶阅季春邸报,误书兄辞朝为得请,以兄旧有请告癖,遂遽信为真,比仆旋,始自悔其卤莽甚。勉次其前韵四首,聊以自赎。"

秋,张燮约过访,不果行。详下。

冬,张燮有书、诗致复一,以季秋丧儿及愁于生计,故未果行。复一督以来春。

作《张绍和许秋见过不果寄二诗次答兼督来春之约》四首。

张燮有《余与蔡敬夫有命驾之约竟未果行述怀却寄二首》。

张燮《寄蔡敬夫》:"季秋顿丧怀抱间物,勃郁胜情,索然都尽……二律奉怀,苦无佳语。"

是岁,读同年曹学佺《石仓集》,几欲焚砚。

张燮《寄曹能始》:"蔡敬夫读《石仓集》,几欲焚研。"

万历三十七年己酉（1609） 三十四岁

春,与张燮书信往返,有游天柱山（在今福建永泰县）之约。

张燮《答蔡敬夫》:"天柱之约,能终绝我山灵乎! 弟懒于出门,良负诺责,然尚望兄之能为我来也。"

张燮《答蔡敬夫》:"我辈为别已久,贪一把臂,弟即不往兄,尚能来敬夫。天之快人,或不妒其远兴。"

春夏间,张燮以父卒,致书陈情,言及敬夫乃有情人。

秋,传分部澧州,未即真（详次岁）。

张燮《寄蔡敬夫》:"离居之感,顾影逾寒,念兄计日偰装,六翮博云,未卜后会当在何处。"

曹学佺有《寄答蔡敬夫时分部澧州》。

万历三十八年庚戌（1610） 三十五岁

立春前一日，（此前）有书致张燮，燮得之，有诗纪之。

张燮《立春前一日得曹能始蜀中书继得毕孟侯蔡敬夫长安书》。

是岁，张燮园生芝，得子于垒，复一自京城致书并诗。

作《题张绍和芝庭瑞应卷》三首。

张燮有《得蔡敬夫长安书兼贻佳玉赋此寄怀》。

是岁，王汝训卒，作《祭王弘阳侍郎》。

按：王汝训，字师古，号弘阳，山东聊城人。隆庆进士。

是岁，仍在京城，与海澄陈翼飞于喁相应。敬夫老曹郎，至是冬，建牙之擢，未即真。似有越藩之行。

按：陈翼飞，字符朋，海澄（今属福建龙海）人，是岁成进士。

万历三十九年辛亥（1611） 三十六岁

春，启程归里。张燮致书，言仲春过同安以不得握手为恨事。

张燮《答蔡敬夫》："仲春送蒋道力之榕城，所过新旧欢，促席良快，独轮山之巅不得握敬夫之手，殊自惘然。"

按：燮送蒋孟育榕城，详其《榕城游记》。

四月，钟惺入蜀，有诗送之并问讯曹学佺。

作《别钟伯敬时伯敬有蜀行将晤曹能始故末及之》。

夏，奉使归，居先人敝庐；葺数楹，名"壶隐山房"。走使诣燮，燮致以诗，复一答之。

作《壶隐山房》四首。

作《答张绍和次韵》四首。

张燮有《蔡敬夫再奉使过家诗以访之敬夫先己走使诣余矣四首》。

池显方有《蔡敬夫先生传》："邑外东山颇静，公葺数楹，名'壶隐山房'，仅容榻，莳蔬种卉，咏读其中，不闻外事。"

七月，张燮致书，再邀游天柱。

张燮《寄蔡敬夫》："兄天柱之兴，定是何若，能使弟辈先下一榻，尤是快事"

秋,张燮赴同安与之游,登梵天寺。燮有诗纪之。

张燮有《入轮山访蔡敬夫解装郊馆漫兴》《蔡敬夫招同徐鸣卿集刘氏园偕刘国夏蔡体国在坐薄暮林伯昭后至》《李明府邀同林伯昭徐鸣卿刘国夏蔡敬夫宴集赋赠》。

秋冬间,擢湖广参知,得备兵,称贷以资斧。复一居郎署十七年。张燮建议取道汀州,则可过漳握手;并关注复一子嗣。复一入楚:经福州、建溪,至九江,晤曹学佺,登江州城楼,至黄梅。在澧阳,凡民请命者,毕力为之。

张燮有《归过轮山集蔡敬夫宅寄醉时君将就镇澧阳矣即事赋别二首》。

张燮《行状》:"擢湖广参知,开镇澧阳。"

张燮《寄蔡敬夫》:"南北辕不知何属……询子敞乡人,云:取汀州甚便。"

张燮《送蔡敬夫擢湖广参政之澧沣州序》略云:"盖楚大国也,而澧阳故称名镇。"

蔡献臣有《送蔡敬夫大参入楚》二首。

作《三山遇谢曰可》《建溪读谢武林陈季琳题壁间诗和之》《久不晤曹能始年兄江州邂逅即当乖别情见乎辞》。

按:曹学佺此时在江州,爱其山水,有终焉之志。

作《登江州城楼》《闻雁寄舍弟》《发江州至黄梅》《武昌寄钟伯敬》二首。

池显方《蔡敬夫先生传》:"擢参知湖广,部澧阳。楚粮负民困,吏玩兵骄。公至即清积逋,核虚冒,加革派,足军糈,严保甲,禁驿骚,杜参谒。凡为民请命者,毕力为之。""时湖北三道并缺主者,檄公署篆。"

冬,钟惺致书,言及复一赠诗,并荐谭元春。

钟惺《报蔡敬夫大参》:"吾邑谭元春字友夏者,异人也。比于某,真所谓十倍曹丕。读公之诗,知其人。今寄其《简远》《虎井》二集,当自知之。谭生今年二十六,尚为诸生。其时议可入嘉宾、子逊,砥砺名行,老成简练,他日有用武之材也。有此异人,不可不使公知之。"

是岁,李化龙卒,作《公祭李霖寰大司马》。

按:李化龙,字于田,号霖寰,河南长垣县人。万历二年(1574)进士,累官兵部尚书,卒于是岁。

万历四十年壬子(1612) 三十七岁

四月,登岳阳楼,临洞庭湖,有诗和孟浩然、杜甫。

作《四月登岳阳楼和孟襄阳韵》《和杜子美韵》《君山》。

是岁,与钟惺登崟山。

按:参见万历四十三年。

是岁,钟惺还朝,有诗送之。

作《遥送钟伯敬还朝》五首,其五略云:"人生惟师友,千古艰一遇。子有雷何思,吾有黄昭素。"

按:黄辉,字平倩,一字昭素,号慎轩,万历十七年(1589)进士。万历二十三年主考,复一为此榜进士。蔡复一有《祭黄慎轩座师》。

万历四十一年癸丑(1613) 三十八岁

夏,江决,复一多方赈恤。

是岁,有诗答钟惺(去岁钟惺还朝,复一有诗送之,惺有书答)。

作《钟伯敬书问予近状近作赋此答之》四首。

按:此诗可见湖广参知兵事生活之一斑。

是岁,擢楚观察使分镇湖北。

张燮《寄蔡敬夫时擢楚观察使分镇湖北》。

万历四十二年甲寅(1614) 三十九岁

十月,在辰州见早梅,有诗三首。

作《行园见早梅一花十月》三首。

十一月,有书致钟惺并《行园见早梅一花十月》诗。详下岁。

十二月二十八日,又作梅诗四首。除夕,有感明日即四十岁,作诗二首。

作《廿八日梅又一花夜雨微雷》《除夕感杜甫四十明朝是之句即用除字为韵》。

冬,钟惺致书并附莆田陈昂《白云集》,论及《诗归》。

钟惺《与蔡敬夫》略云:"又曾于南都搜得白云先生陈昂五言律七百首,刻而传之。其诗其人其行径,为明布衣第一,孙太白、宋鹅池,竖子耳。"

按:未和之诗即《行园见早梅一花十月》。

万历四十三年乙卯（1615） 四十岁

正月,在辰州。改岁,有诗寄弟。三日,钟惺得复一书并梅诗,有书诗答复一。得谭元春诗,二十七日,梦之。致书谭元春,论《诗归》。

作《岁又改矣归计未成苦忆舍弟有诗》十首。

钟惺《再报蔡敬夫》:"冬春间一月之中,千里之外,得书及诗者三,亲遣使者二,此非寻常交游也……来论所谓去取有可商处,何不暇时标出,乘便寄示……前寄《早梅》诗佳甚,偶未能答。而所寄谭生扇头《梅》诗又进于此。与谭生各和一诗,书扇奉寄。三诗似各有一段光景也。"

钟惺《蔡敬夫仲冬书至云辰州十月已见梅花寄诗三首予未之答及兹再遣书使已是献岁三日此地梅未匝辄书所见以报前诗》《和蔡敬夫先生梅诗》。

谭元春《奉答大参蔡公札子》其二:"乃蒙先示《梅诗》,拜手寒香,复论诗禅之理甚微。"

作《正月二十七日之夜梦谭友夏余实未识面也晨兴微雪得友夏书若诗答寄》五首。

作《致谭元春》(题笔者所拟),其略云:"《诗归》中有太尖而欠雅厚者,宜删去一二。""情艳诗,非真深远者勿留,不喜人于山水花木著妇女语。"

二月,谭元春求为母五十寿文,并序其《寒河集》。

谭元春有《求母五十文说》。

春,弟复心致书,时所部闻警。

张燮有《蔡仁夫留酌承天寺作书寄书伯氏敬夫是时所部闻警》。

闰八月,钟惺返京,过辰州,晤蔡复一,有诗。钟惺过里,转致元春复一书及《骈语》。元春马上成三诗寄答。

谭元春有《月夜郧归道中得蔡敬夫先生札子约至辰州且问成均消息盖公曾有梦予诗又索鲁文恪墨迹将以所书陶集归之缀其事于马上成三首随笔

奉答》。

冬,别钟惺、谭元春。钟惺选复一诗讫,有诗报复一。

作《别钟伯敬兼及谭友夏》三首。

钟惺有《选蔡敬夫诗讫寄示三律》。

万历四十四年丙辰（1616） 四十一岁

正、二月间,在辰州。谭元春发竟陵至辰州访复一。元春读复一《助谢少连归葬檄》,有诗纪之;复一与元春游辰州诸胜。泛舟送谭元春游西山诸胜而别,有诗纪之,并赠以犀杯及诗。元春有书札。

正、二月间,与谭元春倡酬。

作《喜谭友夏至辰阳用见投韵二首》。

谭元春《辰州呈蔡敬夫使君》。

作《饮谭友夏于虎溪山友夏留宿诗往问之》《与友夏舟览即以为别》《贻友夏犀杯》《送友夏寻西山诸胜》《玉华洞虽余旧游》《大酉山钟鼓洞口是秦人藏书处》《玉田洞》《玉兰败于雪谓稚者不复能开也乃今亦开较初花四十许日》。

谭元春有《新岁赴蔡使君辰州》《读蔡敬夫使君助谢少连归葬檄》《敬夫先生相饮于虎溪山予先往后宿垂诗见问率有此答》《从蔡敬夫先生泛舟登塔至别日作三首》《将发答蔡使君贻犀杯诗》《敬夫先生折玉兰花见贻》《敬夫又见示斋中桃信》《玉田洞和敬夫见送》。

谭元春《奏记蔡清献公前后笺札》其六:"递中垂赠《犀杯诗》、黄字跋,如日月星辰入怀,如江淮河汉行地,得之惊喜。"

春,谭元春游参,作《衡参同异寄报蔡敬夫朱无易二公》诗报复一。

春夏间,谭元春游岳麓,有诗赠复一;南岳回后,有书报复一,言及复一为作母五十寿文及为稿序。

谭元春有《游岳麓寄敬夫先生》。

谭元春《奏记蔡清献公前后笺札》其八:"春去年六月,奉先生醴陵书,并拜名篇母氏五十之文,又为春序其稿,兄弟聚观,母子色喜。"

夏,自解,自辰州归闽。

谭元春《少司马蔡公抚黔文》:"当万历乙卯、丙辰间,公在辰阳,辰与黔,兵食相及,有欲用民力于苗者,公执不可,因自解归去,而皋皋訿訿者,亦适自起灭。"

六月,蔡复一自澧陵致书谭元春并谭母《五十寿序》《〈寒河集〉序》。

夏秋间,过武夷。

作《山凉》《泛武夷》《大王峰》《止止庵》《宿武夷观》《从四曲取间道过灵岩一线天僧院坐雨》《叶坊七夕》。

夏秋间,谭元春遗使入闽候蔡复一,赠诗寄怀。

谭元春《遣使入闽候蔡敬夫先生寄怀一章》。

秋,过曹学佺石仓园。又过常思岭、蒜岭、枫亭,进入泉州府界,归家。

作《过常思岭》《讯俞宪乔年丈因约游九鲤》《出蒜岭》《夜走枫亭》。

秋冬,还里,有诗赠张燮。

作《寄张燮》(题为笔者所拟):"我爱张公子,闭门惟草玄。一生傲江海,万户富诗编。"

张燮《蔡敬夫寄诗见讯用韵答之》《蔡敬夫弃官还里走使寄怀二首》。

是岁,上记乞身。

张燮《行状》:"公体素羸,遂上记乞身,时已擢河南方伯。楚人留公于朝,请加秩仍莅所部……公归志逾坚,联络满纸,不能挽也。"

是岁,李廷机卒,作《祭李九我相公》。

按:李廷机,字尔张,号九我,福建泉州人,万历十一年(1583)会元、榜眼,累官礼部尚书。有《李文节集》。

万历四十五年丁巳(1617) 四十二岁

是岁,家居。

是岁,张燮过复一宅饮。

按:张燮有《轮山过蔡敬夫夜酌》。

万历四十六年戊午(1618) 四十三岁

是岁,家居。有书致张燮。有诗寄钟惺;有诗赠张燮、怀婿林文昌

（观曾）。

张燮《俞清甫入漳招饮共享长字余既后成遂得四首俞挟蔡敬夫书诣余故中多忆蔡之言》。

作《寄钟伯敬》《张绍和偕计北上过轮山赋赠》《归途有怀寄观曾林婿订其来期》。

万历四十七年己未（1619） 四十四岁

是岁,家居。

是岁,张燮下第过其门,别后致书,以为复一边望正隆。

张燮《寄蔡复一方伯》:"兄边望日隆,非久林壑间住也。"

是岁,钟惺为复一父蔡霁撰《蔡先生传》,谭元春书之。复一有诗寄之。

作《寄钟伯敬》,题下自注:"时先人《传》至,并示《史怀》。"

钟惺《蔡先生传》:"伯子（按:即复一）少惺二岁,才德命世,年未四十,为方伯。其人严冷深情,事事有法。交惺十年,爱若兄弟。"

是岁,应竟陵徐惕、谭元春之请,为徐成位撰《中宪大夫都察院右佥都御史中庵徐公墓志铭》。

按:徐成位,字维得,别号中庵。

是岁,蒋孟育卒。致书张燮,谈搜集蒋文事。

作《致张绍和》（题笔者所拟）:"遗文尝急为料理,此自兄事,想不至散佚其家。"

张燮《答蔡敬夫》:"道力少宰,顿尔乘箕,通漳无雅俗贵贱都为惋叹。"

按:蒋孟育,字道力,号恬庵。同安县金门籍,随父移居龙溪。

万历四十八年、泰昌元年庚申（1620） 四十五岁

春,典尽案间清玩以嫁女。有书二通致张燮,言室如悬罄,拟四月逐妇归。

作《致张绍和》（题笔者所拟）:"弟仅一女耳,治奁无资,供婿无费,拟四月逐妇归,大为所苦。乃知阮孝绪、阳亢宗辈,生不婚宦,免却妻儿缠缚。"

作《又致张绍和》（题笔者所拟）:"痛饮读《离骚》,而室如倒悬……弟欲舍宅卖药,又苦无药资。惟《逐贫》《送穷》二赋,时发浩叹而已。"

张燮《答蔡敬夫》:"近兄了却嫁女债,闻遂典尽案间清玩。"

按:赴易州在次岁。详下。

秋冬间,归里,张燮致书。与张燮、池显夫、蔡献臣游。经营家祭;张燮赠邹彦吉画并乞序,复一有复札。

张燮《寄蔡敬夫》:"偶乘兴作鹭门游,欲取道轮山,诣兄促膝。"

张燮有《访蔡敬夫招登梵天寺同蔡体国诸公剧醉是时敬夫起家易州》《蔡体国招饮同蔡敬夫在坐》《临发轮山敬夫携酒来集再用元韵》。

作《答张绍和》(题笔者所拟)。

按:张燮《寄蔡敬夫》:"邹彦吉画一幅附往,兄瑶械万轴,得无讶辽东豕乎!所乞玄宴,何时掷惠?"

是岁,为蔡献臣母年作《寿蔡母黄太淑人八袠序》。

天启元年辛酉(1621) 四十六岁

春,赴易州,蔡献臣有诗送之。时与献臣齐名,称"二蔡"。过曹学佺石仓园;过武夷、分水关、弋阳、南昌。黄田舟中,为张燮《霏云居续集》作序,以为爱燮几于疾而畏,其弗如燮者有五;又有书致燮。

蔡献臣《步韵送蔡敬夫方伯赴召之易州天启辛酉》。

作《过曹能始石仓园》七首。

按:前过石仓在万历四十四年(1616)丙辰。

作《过分水关》《旅叹困铅山》六首、《晚过弋阳遂发》《东乡县》《南昌晤林仕隆方伯》。

作《途中致张绍和》:"弟此行以装谁,百凡侳遽,不能遣人别见,殊为卤莽……怀抱不佳,集序意欲待,而恐兄见谓弟缓之,乃于黄田舟中了此债。"

按:"了此债",即为《霏云居续集》作序。

张燮《寄蔡敬夫》:"分手以来,枯原落倩,嗣而繁蕤又催发矣……承许大序,序脱草已久,只乏轻邮,遂使贫家垂涎喉间,几度作渴。"

夏秋间,在易州出俸缗募敢死士。起故官,迁山西左布政使。致书张燮,颇以天下事为忧。张燮致书劝其料理征兰之梦。

十月,南归。

十二月,出武林。

作《致张绍和》:"辽藩陷时,实拟拚此七尺,为勤王之计,捐俸假贷数百金,收罗豪勇,竟供人冷齿,掣肘之画,当门之芬,世法中无一可者,身名出处,俱小耳。"

张廷玉等《明史·蔡复一传》:"光宗立,起故官,迁山西左布政使。"

按:《致张绍和》(题笔者所拟):"十月天津放棹南下。"

张燮《答蔡敬夫》:"残腊入武林,晤中丞公席上,云:蔡敬夫在此,想未解维,次早遣力之江干,则南下已两日矣。"

天启二年壬戌(1622) 四十七岁

正月、二月间,寓曹学佺石仓园,互有赠答。

作《简曹能始》。

曹学佺有《答蔡敬夫见简原韵时住石仓》。

作《与孟和》。

商梅有《答蔡敬夫方伯之晋二首》。

按:商梅,字孟和,闽县人。万历诸生,有《那庵诗选》。

作《石仓步月》二首、《再与曹能始步月》。

曹学佺有《同蔡敬夫步月》。

作《移寓石仓园》《戏简》《归夜光堂》《次夕迟月》《偕邻僧至山顶》《酬曹长生用来韵》二首、《过听泉阁试新茶》《曹子兴以扇索书信笔奉赠》《答别曹能始》二首。

曹学佺有《送蔡敬夫方伯之晋》二首

作《答别陈叔度》二首、《答李玄同》《寄别陈振狂》。

陈鸿有《送蔡敬夫方伯之太原》。

按:陈鸿,字叔度,闽县人。布衣,有《秋室编》。

三月,钟惺入闽赴督学任,谭元春有诗送之兼寄复一。

谭元春《再送伯敬入闽兼寄蔡敬夫先生》。

春,谭元春有感时诗寄复一。洪春寰解官,来访。

谭元春《天启壬戌岁感时寄敬夫先生》。

夏秋间,有书致张燮,言及阮大铖欲以修史之席致燮;并言明春拟作拂衣计。燮有答书,以为拂衣之言,未敢闻命。

作《致张绍和》(题笔者所拟):"得绵贞兄书,欲以修史一席致绍和,此君可谓热肠,恨弟不得与朝议,以口舌为助。"

张燮《答蔡敬夫》:"京輦缙绅,倚兄为金城,三晋藩条,聊尔寄足。一旦有急,旗降天而甲耀日者,即敬夫也。拂衣之言,未敢闻命。"

是岁,力疾之晋,上《蠲增饷》《抵京运》。

是岁,以右副都御史抚治郧阳。

天启三年癸亥(1623) 四十八岁

是岁,在陨阳。有书致张燮,并寄辛酉所作《旅吟》一册,以及去岁寓曹学佺石仓,友人洪春寰来访共游所作。再致书张燮(书佚),赠鏐,邀游七十峰,燮答之。三致书张燮,邀其入陨,并允助燮京考车马之资;并言易水治装债未偿。

作《致张绍和》(题笔者所拟):"《旅吟》一册,辛酉北行草也。自后作诗甚少。壬戌春寓石仓,友人解官见过,共泛舟有赠。"

作《洪春寰访予石仓因与之游君方解官而谈笑甚暇予媿作旅人也赋赠兼贻轮山社诸君子》。

按:友人,即洪春寰。

张燮有《寄蔡中丞》:"去岁答兄书数日,已得开府之报。"

张燮《答蔡中丞》:"新诗别有点窜,化工手非寻常铤铗可到……七十二峰见邀,便令人欲生羽翰,明春拟从吴入楚。"

作《三致张绍和》(题笔者所拟):"自郧途京,弟当为具车马,岂有意乎?弟宦久,而谋家愈拙。赴易水治装之负,至今未偿,竟不知此生逃责台在何所?"

是岁,池显方致书,赞复一 "贯石精神,铸钢肝胆"。

闰十月,熹宗皇子生,为作贺表。

作《贺皇子诞生表》。

是岁前后,与夫人李氏怒却金皿,以为李氏可共励清操。

林炳宪、林炳经《明累封夫人清宪蔡先生元配慈节李氏墓志》："一日，适宾馆延客，有传进华阳王所馈酒。夫人见封口甚固，疑有异，发出，白公，当厅启视，则金皿也。公既怒，却之。回内署甚悦，谓是能与我共励清操。"（碑藏厦门同安区博物馆）

天启四年甲子（1624） 四十九岁

正月元日，有诗。以兵部右侍郎代王三善为贵州巡抚。

作《甲子元日试笔》，自注："阴阳署中二首。"

二月，招谭元春至郧阳。谭元春有诗赠复一弟复心，复一代答，元春再奉和；谭元春赠小三物，有诗纪之。

作《花朝喜谭友夏至郧》。

谭元春《蔡先生开府郧阳遣信招至承天相作》二首、《寄蔡仁夫》《寄怀仁夫诗蔡先生得之郧阳代和四首再奉和答二首》。

张燮又有《寄蔡敬夫司马中丞》。

按：张燮此书作于复一为贵州巡抚之后。

春，张燮有书答之。

张燮《答蔡中丞》："屡荷损饷，当由欲者过奢，乃使与者忘频耶？"

四月，擢少司马总督黔帅。谭元春为作《抚黔文》；张燮有诗贺之。

谭元春《以小三物别元履师抚黔各咏以一诗》。

按：三物为：汉小铜瓶、独酌壶、罗小华墨。

谭元春《少司马蔡公抚黔文》："初下黔，命春适见于郧中。公虚心省躬，遍问人所以往黔者。"

张燮《蔡敬夫擢少司马总督黔帅小诗奉寄》。

七月，驻沅州。入黔。有诗赠丘毛伯。

作《赠督饷待御丘毛伯》，题下自注："余入黔毛伯饯余习家池，有诗枉赠，率尔奉酬二首。"

八月，张燮在姑苏依周起元所致书，以为将才最急。

张燮《寄蔡敬夫》："方略指麾，在兄自有成局，但将才最急。"

秋冬间，发兵通盘江路，有盘江、汪家冲之捷；直抵织金，横扫贼巢。病增剧。

十一月,直抵织金,横扫贼巢。

十二月,致书张燮,言九、十两月病况。又言结荡平局关键在粮饷。

作《致张绍和》(题笔者所拟):"黔最善病人。弟九、十两月,敛身药榻,几为二竖所笑,幸而自活……腊月中瀚复一顿首。"

按:张燮上春官,此书寄自京城。

是冬,命广西、云南、四川诸郡邻贵州者悉听复一节制。

是岁,张燮又致书,称复一为真英雄。

张燮《寄蔡敬夫》:"世间重大担子,全仗真英雄主张之;世间破碎局面,全仗真英雄收拾之。敬夫节下耿天长剑,劳苦夜郎可念也。"

天启五年乙丑(1625) 五十岁

正月,诸营溃,死者数千人。

三月,以诸将兵败自劾。朝廷着敬夫回籍听勘,朱燮元往代其任。

四五月间,卧疴。候代,而军声复振。

六月,钟惺卒。

谭元春《武陵侍少司马中丞师祭公黔榇五首》,其二自注:"伯敬以六月先亡。"

秋,致书张燮,言入黔胜败、卧病及放归之事。张燮有书致蔡复一,并隋集一种,拟托其作《七十二家集》总序;并言将候其归于轮山。

作《致张绍和》(题笔者所拟):"弟七月入黔,至正月半载耳。而四月卧疴,两月邻鬼,此奇病也。自监司至将领,无一得力人,中无系援,请饷请用人,如石投水,此奇困也。犹为之平凯里,复普定,通滇道,扫外水,三破入寇之贼,积功级八九千,最后以饷尽,懵帅违令,士兵叛逃,结果一跌,损失三四千人,遂与房管、殷浩同传矣。"

张燮《寄蔡敬夫》:"隋集一部寄呈览笑,他日将以《七十二家集》总序为累也。"

八九月间,病中,犹檄诸将分路进剿。扶病至平越。

十月,朔日,发《疏》;四日,卒。后赠大司马,谥清宪。张燮有诗文挽之。

池显方《蔡敬夫先生传》:"十月朔日,发《疏》,不能拜,叩首床上。越四日,犹手自批答,端坐而化,语不及私。"

张燮有《祭总督少司马蔡敬夫文》《挽蔡敬夫司马》。

蔡献臣有《清献蔡公遯庵全集序己巳》《挽蔡敬夫总督三首丙寅》《追荐蔡敬夫疏》。

池显方有《哭少司马蔡敬夫》四首。

是岁,谭元春于武陵侍复一榇。谭元春等有诗吊之。

谭元春有《送少司马蔡师闽榇文》《武陵侍少司马中丞师祭公黔榇五首》《丧钟蔡二化得陈镜清书感答之》《敬夫师易名祭葬后未即入闽展拜伤怀作歌寄仁夫兄》《乙丑岁除夕感蔡敬夫钟伯敬二公之亡赋十二韵示弟》。

天启六年丙寅（1626） 殁后一年

是岁,弟复心护送复一榇归。丧还里门,知与不知,皆为洒涕。

蔡献臣有《送蔡仁夫往迎令兄司马归榇》。

是岁,邑乡绅奠祭之。蔡献臣有祭文祭诗。

蔡献臣有《祭司马总督蔡元履文丙寅》《邑乡绅奠祭元履总督文丙寅》《挽蔡敬夫总督三首丙寅》。

是岁,弟复心为复一编《遯庵全集·奏议》。未竣事,卒。

池显方有《哭蔡仁夫》。

天启六年丁卯（1627） 殁后二年

是岁,赠兵部尚书,赐谥清献。

池显方《蔡敬夫先生传》:"诏赠大司马,荫一子,赐谥'清献'。廷议欲谥以'忠',避魏珰名也。"

崇祯二年己巳（1629） 殁后四年

是岁,蔡献臣为复一《全集》作序。

蔡献臣《〈清献蔡公遯庵全集〉序己巳》。

是岁,谭元春为复一《〈蔡清宪公全集〉序》作序。

是岁,何乔远作《〈蔡清献公文集〉序》,郑之玄作《〈蔡清献公集〉序》。

按:何乔远等序无作年,当亦作于是岁前后。

是岁,下葬。

蔡献臣有《哀蔡敬夫大葬戊辰》二首。

张瑞图为撰《墓志铭》。

崇祯九年丙子（1636） 殁后十一年

是岁,徐𤊹致友人书言及蔡复一著作册数及板在泉州。

清顺治九年壬辰（1652） 殁后二十七年

是岁,妇李氏卒。

林炳宪、林炳经《明累封夫人清宪蔡先生元配慈节李氏墓志》:"卒于清顺治壬辰十一月廿三日卯时,享年七十有一。"

林古度年表

林古度，字茂之，一字那子，人称乳山道士，福建福清人。

林古度,字茂之,福建福清人。(《清史列传》卷七十)

王士禛《香祖笔记》卷七:"《左思赋》:'古度君迁。'《北户录》云:'古度树,一呼那子。'故闽清林先辈茂之,名古度,字那子也。"

钱谦益《乳山道士劝酒歌》,题下自注:"道士,闽人林古度茂之。"(《有学集》卷十)

自幼随父居金陵。

《秣陵怀古诗叙》:"予自童年徙居秣陵为长养之地,山川名胜无不登临,往往游目兴怀,可胜感慨。"(《林茂之文集》)

居华林侧,乳山其别业;明亡,卜居真珠桥南。

《江南通志》卷十一:"乳山,在溧水县西三十里。岩石巉削,山下有玉乳泉,渟注澄澈,味极佳。明末闽人林茂之隐此。"(文渊阁《四库全书》本)

《明史列传》卷七十:"旧家华林园侧,有亭榭池馆之美。明亡,胥化为车库马厩,别卜居真珠桥南,陋巷窭门,贫甚。"

与纪映钟齐名。

《清稗类抄·隐逸类》:"纪映钟,字伯紫,一字檗子,号戆叟,上元人,自称钟山遗老,与方文、林古度齐名。"

儿时一万历钱,终身佩之。卒,葬钟山。

详《清史列传》卷七十。

善画,钟惺五弟师焉。

钟惺《书茂之所藏谭二元春五弟快手札各一道纪事》:"吾弟画手入妙,曾师事茂之。"(《隐秀轩集》卷三十五)

有《茂之集》。遗诗将万首,清王士禛编有《林茂之诗选》。

《家集成拜墓告亲文》(《林初文集》卷首)版心有"茂之集"三字,疑古度生前刻有《茂之集》。

方文《岁暮哭友五首·林茂之国老》:"遗诗将万首,精选自应传。"(《涂山续集》卷四)

父林章,名春元,字寅伯,后更名章,字初文。万历元年(1573)举人。

据徐𤊹《林初文传》(《林初文全集》卷首)。

兄懋,又名君迁,字子丘。

(乾隆)《福清县志·人物志》:"(林章)子懋、古度,俱有文名。"

妹玉衡,能诗。

详钱谦益《列朝诗集小传》闰集"林玉衡"条。

有子、侄六人，曰：诰、谕、谏、谭、诏、志。

《家集成拜墓告亲文》："今月日，同兄君迁、诸孙男诰、谕、谏、谭、诏、志，赍赴墓前，百拜泣告。"（《林初文全集》卷首）

万历八年庚辰（1580） 一岁

正月，生。

是岁，徐熥二十岁，谢肇淛十四岁，徐㶿十一岁，张燮八岁，钟惺七岁，曹学佺七岁，蔡复一五岁。

万历十年壬午（1582） 三岁

是岁，钱谦益生。

万历十一年癸未（1583） 四岁

是岁，父林章五下第。

万历十四年丙戌（1586） 七岁

是岁，父林章六上春官，闱中已入彀，而卷为烛所毁。

是岁或稍后，林章作《观灯记》。

是岁，谭元春生。

万历十八年庚寅（1590） 十一岁

是岁，邢昉生。

万历二十六年戊戌（1598） 十九岁

春，徐㶿有诗赠古度父林章。

万历二十七年己亥（1599） 二十岁

是岁，父林章上《奏停矿税疏》，因沈一贯迎合税监，下狱，卒。

是岁,徐熥卒,年三十九。

万历三十年壬寅（1602） 二十三岁

是岁,作《知载斋赋》。

是岁,归闽。

万历三十一年癸卯（1603） 二十四岁

元旦,客清流,作《龙饮赋万历丁未元旦为俞容白先生赋》《九龙滩赋》（《林茂之文集》）。

按:清流在九龙江上游。

八月,与曹学佺、吴非熊、谢耳伯等集荷亭,作《荷亭小集》诗（诗佚,题笔者所拟）。

曹学佺有《荷亭小集》,原注:"同吴非熊、谢耳伯、周方叔、王相如、徐兴公、林子真、林茂之诸子分赋五言古体得飞字。"（《芝社集》）

八月,中秋,阮坚之司理大会词人于福州乌石山邻霄台。古度为作《挝鼓歌》（诗佚）。

八月,与吴兆过宿曹学佺宅。约于此月前后吴兆还家,有诗示古度。

九月,与曹学佺等由琼河泛舟至鼓崎,作《琼河夜泛至鼓崎舟中限韵刻烛成五言绝句十首》（诗佚,题笔者所拟）。

曹学佺有《琼河夜泛至鼓崎舟中限韵刻烛成五言绝句十首》,原注:"吴非熊、谢耳伯、徐兴公、林茂之同赋。"（《芝社集》）

秋,作《雨雹赋》。

十月,与曹学佺、徐㷇、王宇往游闽南,过峡江,途中游石竺山、黄檗山;往漳州、长泰天柱山。

作《峡江》（诗佚,题笔者所拟）。

徐㷇有《次峡江次茂之韵》（《鳌峰集》卷十）。

作《游石竹》（乾隆《福清县志》卷十二）。

作《麦斜岩同能始徐㷇游》（诗佚,题笔者所拟）。

徐㷇有《麦斜岩同能始茂之游》（《鳌峰集》卷十二）。

作《江东驿别兴公》（诗佚，题笔者所拟）。

徐𤊻有《江东驿别能始茂之之海澄》（《鳌峰集》卷十）。

十一月，与张燮、曹学佺、徐𤊻等集漳州顾氏园林，有诗。自闽南归。集曹学佺小园听妓，又集罗山法海寺。

作《夜宿楼上同戴利溥曹能始分赋》（诗佚，题笔者所拟）。

曹学佺有《夜宿楼上同戴利溥林茂之分赋得观字》（《天柱篇》）。

作《汪尔材总督陈元朋张绍和二孝廉招集顾氏园林同郑辂思民部陈贞兹孝廉曹能始徐兴公分韵》（诗佚，题笔者所拟）。

徐𤊻有《汪尔材总督陈元朋张绍和二孝廉招集顾氏园林同郑辂思民部陈贞兹孝廉曹能始林茂之分韵》（《鳌峰集》卷四）。

作《长至夜同非熊元朋贞铉兴公集能始宅听妓奇奇弹筝》《冬日邀吴非熊陈元朋丘伯几曹能始林子真徐兴公集法海寺得边字》诗（诗佚，题笔者所拟）。

徐𤊻有《长至夜同非熊元朋贞铉茂之集能始宅听妓奇奇弹筝》（《鳌峰集》卷十）。

吴兆有《冬日同陈元明丘伯几曹能始徐兴公林子真茂之集罗山法海寺》（《吴非熊集》，《新安二布衣诗》卷二）。

十二月，与曹学佺等往福州藤山看梅，宿柯屿；又东郊、竹屿看梅；过华林寺。拟归金陵，徐𤊻有诗送之。

作《同非熊能始兴公宿藤山馆》《除夕前二日同非熊能始兴公过华林寺》诗（诗佚，题笔者所拟）。

曹学佺有《同非熊茂之宿藤山馆中得空字》（《鳌峰集》卷十）。

徐𤊻有《除夕前二日同非熊能始茂之过华林寺得风字》（《鳌峰集》卷十五）。

徐𤊻有《送林茂之还金陵》（《鳌峰集》卷十五）。

除夕，作《除夕酬非熊彦先能始赋》（诗佚，题笔者所拟）。

吴兆有《除夕曹能始宅林茂之弟彦先同赋癸卯》（《列朝诗集》，集卷十四）。

是岁，莆田诗人陈昂卒于金陵，古度兄弟得其五言今体一佚。

万历三十二年甲辰（1604） 二十五岁

元月,元夜,集乌石山。

作《甲辰元夜曹能始招同屠纬真阮坚之吴非熊徐兴公洪汝含集乌石山》诗（诗佚,题笔者所拟）。

徐𤊻有《甲辰元夜曹能始招同屠纬真阮坚之吴非熊林茂之洪汝含集乌石山》（《鳌峰集》卷十一）。

二三月间,与曹学佺、吴兆返金陵,发芋江。王宇有诗送之。

作《芋原驿夜泊同非熊振狂能始分得深字》《未发》（《林茂之诗选》卷上）。

作《夜同能始坐石上》（诗佚,题笔者所拟）。

曹学佺有《夜同茂之坐石上》（《春别篇》）。

三月,同曹学佺、吴兆溯江,至建州,游芝山寺、杨氏花园。便道游武夷,由武夷入江西铅山,游费元禄所居鼍湖,费氏称古度风气足散人怀,才情逸隽。

作《寒食芋江发舟同吴非熊曹汝载能始分得寒字》（《林茂之诗选》卷上）。

作《大雨到芝山寺》（诗佚,题笔者所拟）。

曹学佺有《大雨憩芝山寺吴非熊周方叔林茂之到》（《春别篇》）。

作《刘使君招游杨氏花园》《与非熊方叔能始再到杨园》（诗佚,题笔者所拟）。

曹学佺有《刘使君招游杨氏花园》《与非熊方叔茂之再到杨园》（《春别篇》）。

作《茶洋驿沸雪桥》《兴田山馆闻莺戏题壁》《游武夷万年宫》《泛九曲》《金鸡洞》（《林茂之诗选》卷上）。

作《武夷小桃源访刘道人》（诗佚,题笔者所拟）。

吴兆有《武夷小桃源访刘道人》,自注:"甲辰暮春,能始,茂之同游。"（《列朝诗集》丁集卷十四）

作《三月晦日同曹能始吴非熊集费无学鼍湖分赋》（诗佚,题笔者所拟）。

费元禄《三月晦日曹能始同林茂之吴非熊集鼋湖分赋》(《甲秀园集》卷十五）。

曹学佺有《费无学招游所居山水因答吴非熊》(《春别篇》）。

夏，同曹学佺、吴兆至贵溪，而进贤，到豫章，又至九江。与曹学佺等游匡庐。又与曹学佺别，沿江东下，回金陵。

作《登五老峰望彭蠡湖》诗（诗佚，题笔者所拟）。

曹学佺《游匡庐》自注："甲辰夏日同梅子庚、吴非熊、喻宣仲、林茂之、安公、慧公、霞公。"(《石仓文稿》卷三）

作《到九江同喻宣仲曹能始陆赤侯鹤闻湖散步》《东下舟中作》(魏宪《诗持二集》卷三）。

作《入白门》(《林茂之诗选》卷上）。

秋，在金陵，集水阁、鸡笼山。

作《与能始夜坐》（诗佚，题笔者所拟）。

曹学佺有《与茂之夜坐》二首（《江上篇》）。

作《洪仲韦水阁》《芳草》《遗扇诗》《饮黄四园中》《周汉冲携酌鸡笼山》(《林茂之诗选》卷上）。

作《霜降日同胡彭举过曹能始小斋看菊》（诗佚，题笔者所拟）。

曹学佺有《霜降日胡彭举林茂之过小斋看菊分得秋英二字》(《金陵集》上）。

闰九月，与曹学佺等过宿释如愚石头庵。闰重九，雨花台赏菊。

作《与曹能始宿石头庵》（诗佚，题笔者所拟）。

释如愚有《归自正定庵喜曹能始吴非熊洪仲韦梅月邦林茂之过宿石头山居分赋》(《石头庵宝善堂诗集》卷二）。

作《闰重九日同梅子马曹能始胡彭举吴非熊洪仲韦登燕子矶共享寒字》(《林茂之诗选》卷上）。

冬，同曹学佺、释如愚往牛首山；如愚先下山。曹学佺招集乌龙潭。移居华林园。

作《天阙道上同曹能始释如愚》（诗佚，题笔者所拟）。

释如愚有《天阙道上同曹能始诸公作二首》(《石头庵宝善堂诗集》

卷二）。

作《牛首寺》（《林茂之诗选》卷上）。

作《孟冬曹能始廷尉招同梅月邦李嗣宗吴非熊释如愚集乌龙潭道院分韵得轻字》（诗佚，题笔者所拟）。

释如愚有《孟冬曹能始廷尉招同梅月邦李嗣宗吴非熊林茂之集乌龙潭道院分韵得轻字》（《石头庵宝善堂诗集》卷二）。

作《幽栖寺》《献花岩》《谢公墩同曹能始吴非熊郭圣胎洪仲韦姚园客诸子赋》《臧晋叔至同集清凉台看残雪》《移居》《甲辰除夜》（《林茂之诗选》卷上）。

万历三十三年（1605） 二十六岁

春，在金陵。人日，访王德载墙东不值。上元夜，集洪仲韦水阁。

作《乙巳元旦》《人日访王德载墙东不值》《上元夜集洪仲韦水阁》（《林茂之诗选》卷上）。

夏，与曹学佺等游。曹学佺、谢肇淛等题其新居。

作《秦淮新涨》《客来》《看杏花歌》《与辉公夜话》《题胡可复淮上居》（《林茂之诗选》卷上）。

释如愚有《暑中过曹能始廷尉同吴非熊坐林茂之昆季新居赋赠》（《石头庵宝善堂诗集》卷二）。

曹学佺有《题林子丘茂之兄弟新居》（《金陵集·甲辰乙巳稿》）。谢肇淛有《题林子丘茂之新居》（《小草斋集》卷九）。

作《过孔雀庵访辉上》《吴延美招集乌龙潭园亭》《夏日过胡彭举原上居》《灵谷寺避暑》《普德寺前松岭坐月》《夏日访禁足竹壑老僧》（《林茂之诗选》卷上）。

秋，频繁游集。九日集乌龙潭有二十三人之多。

作《立秋日同曹廷尉子丘兄韫公竺公过吉祥寺沧公竹房》《送敏公还庐山金竹坪》《赠月峰禅师》《夜登庐龙观后山坐月同吴非熊曹能始》《秋草送别》（《林茂之诗选》卷上）。

作《同谢在杭曹能始梅子马殳质甫集臧晋叔寓楼》（诗佚，题笔者所拟）。

谢肇淛有《同曹能始梅子马叟质甫林茂之集臧晋叔寓楼》（《小草斋集》卷十四）。

作《中秋雨后见月集秦淮水阁分赋》《残菊》《送五老峰守心师募缘开山》《送双林上人请藏经还庐山》（《林茂之诗选》卷上）。

作《同曹能始俞羡长吴非熊林子邱兄吴明远庐山僧过孔雀庵访韫道辉夜宿乌龙潭》（诗佚，题笔者所拟）。

曹学佺有《同俞羡长吴非熊林子邱茂之吴明远庐山僧过孔雀庵访韫道辉夜宿乌龙潭》（《金陵集·甲辰乙巳稿》）

作《九日霜降乌龙潭登高送尹恒屈方子及归喜谢友可汪仲嘉曾端甫至共赋五言排律》（诗佚，题笔者所拟）。

谢肇淛有《乙巳九日清凉台征会登高遂至乌龙潭吴园时方子及还闽尹恒屈还蜀汪仲嘉自新都至谢友可自燕至鲁端甫自豫章至同坐者柳陈父臧晋叔曹能始俞羡长吴嗣仙梅子马陆长康方子公姚园客汪肇郜程彦之诸德祖吴非熊洪仲韦林茂之王彦伦吴明远共二十有三人分得深字》（《小草斋集》卷十六）。

作《同焦弱侯臧晋叔曹能始俞羡长吴非熊吴明远到吉祥寺》（诗佚，题笔者所拟）。

曹学佺有《同焦弱侯臧晋叔俞羡长吴非熊林茂之吴明远到吉祥寺》（《金陵集·甲辰乙巳稿》）。

冬，曹学佺拟归省，古度随学佺经真州往武林。

作《龙江关曹能始吴非熊吴明远宿别共韵》（诗佚，题笔者所拟）。

曹学佺有《龙江关吴非熊林茂之吴明远宿别共韵》（《武林稿》）。

作《过潘稚恭真州园馆分韵》《鹫峰寺前残柳别诸故人》《程敬敷画竹歌》《新雪》《候潮歌》《真州咏潘稚恭纳新姬》《江上逢何元修言别》《雪后晓登丹阳城楼》《吕城夜泊》（《林茂之诗选》卷上）。

十二月，客武林，与曹学佺、徐𤊹过吴山云居寺，有诗。除夕，曹学佺有诗柬古度。

作《同曹能始廷尉吴德符非熊过云居卜寓智公房》（《林茂之诗选》卷上）。

万历三十四年丙午（1606） 二十七岁

元月、二月,在杭州。

作《元旦寓云居寺同吴非熊作》（《林茂之诗选》卷上）。

作《人日同吴非熊吴德符胡仲修徐兴公宗上人曹能始过访若公兰若》（诗佚,题笔者所拟）。

曹学佺有《人日同吴非熊吴德符胡仲修徐兴公宗上人林茂之过访若公兰若》（《武林稿》）。

作《咏墨纱灯同吴允兆胡仲修吴德符吴非熊曹能始分韵》（诗佚,题笔者所拟）。

曹学佺有《咏墨纱灯同吴允兆胡仲修吴德符吴非熊林茂之分得十灰韵》（《武林稿》）。

作《春日西湖临眺四首同曹能始吴允兆非熊德符胡仲修休仲张德懋赋》（诗佚,题笔者所拟）。

曹学佺有《春日西湖临眺四首同吴允兆非熊德符胡仲修林茂之胡休仲张德懋赋》（《武林稿》）。

作《与回岩主僧夜话》《同吴非熊散步湖上》《湖上逢曹汝载话旧兼即言别》《运公看桃花即别》《西湖竹枝词》五首（《林茂之诗选》卷上）。

二三月,在武林。经姑苏、锡山、丹阳,回金陵。

作《语溪舟中寒食同曹汝载诸子分韵》《史辰伯招泛胥江共赋排律俱用吴门古迹》《昆陵舟中和月潭上人韵》（《林茂之诗选》卷上）。

三月,在金陵,与曹学佺、徐𤊹游。游瓦棺寺。有诗送曹汝载还闽。

作《同曹民部过祈泽寺》《过宿鹫峰禅房与兴公言别》（《送曹汝载还闽》《林茂之诗选》卷上）。

夏,与诸友游朝天宫、西华门、鹫峰。与谢肇淛、徐𤊹、曹学佺作金陵怀古诗;又与之分别作四祠诗。

作《雨后登张后之阁上晚眺分得河字》（《林茂之诗选》卷上）。

作《同能始仲嘉过兴公鹫峰寺分韵》（诗佚,题笔者所拟）。

徐𤊹有《能始过鹫峰寺夜谭同仲嘉茂之分得吟字》（《鳌峰集》卷

十一）。

作《咏钟山一人泉同子马能始兴公》（诗佚，题笔者所拟）。

徐𤊿有《咏钟山一人泉同子马能始茂之》（《鳌峰集》卷十一）。

作《同子丘兴公过朝天宫是古冶城地》（诗佚，题笔者所拟）。

徐𤊿有《同子丘茂之过朝天宫是古冶城地》（《鳌峰集》卷十一）。

作《初夏同梅子马曹能始徐兴公过西华门慈光寺观浴佛分赋》（《林茂之诗选》卷上）。

作《初夏同曹能始喻宣仲叔虞俞仲茅许无念到方山》（诗佚，题笔者所拟）。

曹学佺有《初夏同喻宣仲叔虞俞仲茅许无念林茂之到方山四首》（《金陵集·丙午稿》）。

作《六朝怀古》六首（《林茂之诗选》卷上）。

作《秣陵怀古诗叙》："万历丙午，考之古今逸史，取六朝逸事与曹能始民部倡为六朝怀古诗。吴晋宋齐梁陈各赋七言律，和者云集。"（《林茂之文集》）

作《夜过鹭峰访仲嘉兴公与能始同赋》（诗佚，题笔者所拟）。

曹学佺有《夜过鹭峰访仲嘉兴公与茂之同赋》（《金陵集·丙午稿》）。

作《夏日秦淮泛舟臧晋叔谢在杭徐兴公吴皋倩梅子马曹能始限刻成诗》（诗佚，题笔者所拟）。

曹学佺有《夏日秦淮泛舟臧晋叔谢在杭徐兴公吴皋倩梅子马林茂之限刻成诗》（《金陵集·丙午稿》）。

作《四祠诗》（分咏郑一拂、方正学、黄侍中、胡樵夫）今仅存《黄侍中祠》一首（《林茂之诗选》卷上）。

冬，与臧懋循等集秦淮水阁。

作《冬日同臧晋叔陈从训吴非熊曹能始过玄佑秦淮水阁》（诗佚，题笔者所拟）。

曹学佺有《冬日同臧晋叔陈从训吴非熊林茂之过玄佑秦淮水阁》（《金陵集·丙午稿》）。

十二月十六日，与张燮集曹学佺署中，并约次岁过金陵造访。十七日，与兄懋邀张燮小集。除夕与曹学佺、吴兆等倡酬。

作《除夕曹能始吴非熊喻叔虞郑翰卿汝载叔同赋五言律得烟字》(诗佚,题笔者所拟)。

曹学佺有《除夕吴非熊喻叔虞郑翰卿林茂之汝载叔同赋五言律得烟字》(《金陵集·丙午稿》)。

万历二十五年丁未(1607) 二十八岁

春,元旦,为俞容白先生赋《龙饮赋》。

作《龙饮赋万历丁未元旦为俞容白先生赋》(《林茂之文集》)。

作《立春日柳陈甫吴非熊喻叔虞曹能始曹女载同赋七言律分得微字》(诗佚,题笔者所拟)。

曹学佺有《立春日柳陈甫吴非熊喻叔虞林茂之家叔女载同赋七言律分得微字》(《金陵集·丁未稿》)。

作《上元夜李长卿吴非熊喻叔虞曹能始郑翰卿曹女载同咏夹纱灯屏分得明字》(诗佚,题笔者所拟)。

曹学佺有《上元夜李长卿吴非熊喻叔虞林茂之郑翰卿家叔女载同咏夹纱灯屏分得明字》(《金陵集·丁未稿》)。

作《晦日非熊叔虞茂之同用雪字》(诗佚,题笔者所拟)。

曹学佺有《晦日非熊叔虞茂之同用雪字》(《金陵集·丁未稿》)。

作《春夜同陆不淄尤时纯子丘兄赋新月》《柬周用晦索梅花》《吉祥寺古梅》(《林茂之文集》)。

三月,乌龙潭修禊。与曹学佺等游台城、江阁、江矶、摄山、大堤、后湖、钟阜。

作《三日乌龙潭修禊》(《林茂之诗选》卷上)。

作《纪游八首同吴允兆喻叔虞曹能始固公顺公作》(诗佚,题笔者所拟)。

曹学佺有《纪游八首同吴允兆喻叔虞林茂之固公顺公作》(《金陵集·丁未稿》)。

作《送大象弟之京》《同喻宣仲泛舟入华岩寺汲江水纪兴》(《林茂之诗

选》卷上）。

四月,张燮落第,南返,迫近江都,遗仆辞去岁再游金陵之约。

按:详张燮《偕方孟旋发彭城至武林出关游纪》(《霏云居集》卷三十一）。

夏,作《咏虹六韵与兴公能始立刻限韵》(诗佚,题笔者所拟）。

曹学佺有《咏虹六韵与兴公茂之立刻限韵》(《金陵集·丁未稿》)。

作《同宣仲密印用晦过吉祥寺沧公竹房》(《林茂之诗选》卷上）。

七八月,牛首山寻怡公不值。鹫峰寺楼听秋莺。登清凉台。

作《新秋日同喻叔虞重寻牛首怡公不值》《同宣仲鹫峰寺楼听秋莺》《尤时纯选刻先人遗稿感赋》《秋日同时纯登清凉台》《秋雨》《送陈道源参军还闽歌》《宣仲载菊舟中》《同曹民部李虎臣子丘兄过胡彭举看芙蓉时虎臣将别赋诗》《永兴寺曹能始民部招同方驾部彭民部汪仲嘉胡彭举滕太常》《韩求仲自茗川过白门纳姬》(《林茂之诗选》卷上）。

作《秋夜谢修之喻宣仲曹能始同集》(诗佚,题笔者所拟）。

曹学佺有《秋夜谢修之喻宣仲林茂之同集分得二冬韵》(《金陵集·丁未稿》)。

九月,暮秋与曹学佺等过虚野王孙山亭。

作《暮秋同韩求仲喻宣仲李虎臣柯谟伯唐然仲曹能始过虚野王孙山亭》(诗佚,题笔者所拟）。

曹学佺有《暮秋同韩求仲喻宣仲李虎臣柯谟伯唐然仲林茂之过虚野王孙山亭》(《金陵集·丁未稿》)。

冬,同曹学佺过江。

作《同曹能始渡江》《送喻宣仲还江西》《送匡云上人还庐山》(《林茂之诗选》卷上）。

作《同曹能始民部袁中郎仪部郭圣仆唐然仲周用晦翁自修固公过乌龙》《送宣仲不及》(《林茂之诗选》卷上）。

作《隔雪美人》(诗佚,题笔者所拟）。

曹学佺有《隔雪美人和茂之》(《金陵集·丁未稿》)。

万历二十六年戊申（1608） 二十九岁

春，在金陵。与曹学佺集董崇相宅第。

作《上元夜集董宗相陈元恺郑翰卿曹能始赋得纸灯一律》（诗佚，题笔者所拟）。

曹学佺有《上元夜集董宗相陈元恺郑翰卿林茂之赋得纸灯一律》（《金陵集·戊申稿》，《更生篇》下录）。

三月，自毗陵归，过访曹学佺；晦日，过宿听雨。

曹学佺有《喜茂之到》（《金陵集·戊申稿》，《更生篇》下录）。

曹学佺有《三月晦日梅子庚林茂之过宿听雨》（《金陵集·戊申稿》，《更生篇》下录）。

夏，曹学佺移新署，种竹，古度有诗。陈存夫至，有诗纪之。

作《曹能始新居种竹》（诗佚，题笔者所拟）。

曹学佺有《新居种竹和子庚茂之》（《金陵集·戊申稿》，《更生篇》下录）。

作《喜陈幼孺至同子庚能始女载赋》（诗佚，题笔者所拟）。

曹学佺有《喜陈幼孺至同子庚茂之女载赋》（《金陵集·戊申稿》，《更生篇》下录）。

秋，有诗送陈荐夫往芜湖，荐夫答别。

作《送陈幼孺之芜湖》（诗佚，题笔者所拟）

曹学佺有《送陈幼孺之芜湖》（《金陵集·戊申稿，《更生篇》下录）。

陈荐夫有《将之鸠兹别汝载能始茂之》（《水明楼集》卷三）。

十二月，曹学佺参蜀藩，疑古度有诗送之。

万历三十七年己酉（1609） 三十岁

是岁，与钟惺晤于金陵。

钟惺有《书所与茂之前后游处诗卷》："予己酉与茂之晤金陵也，予往。"（《隐秀轩集》卷三十五）

三月，与兄君迁等邀钟惺游天界寺，宿僧善权庵二日，拈韵赋诗。钟惺二十八日过古度,次日,弟快所书牛首古诗与古度。

七八月间,谢兆申、吴兆、钟惺、梅子庚先后过访,或夜谈,或留宿。

谢兆申有《林茂之庭中夜谈》三首、《于茂之庭中遇吴非熊》《访钟伯敬时伯敬舍茂之所》《与梅子庚吴非熊宿茂之宅钟伯敬共谈》(《谢耳伯先生全集》卷七)。

八月中秋,谢兆申等来集庭中。

谢兆申《中秋汪永叔吴非熊钟伯敬居易集子丘茂之庭中》(《谢耳伯先生全集》卷七)。

九月,与钟惺、惺弟快等游灵谷。

冬,徐𤊹在豫章有诗怀古度。

是岁或稍后,张燮有诗赞之。

张燮《词盟纪咏·林文学茂之》(《霏云居集》卷二)。

万历三十八年庚戌(1610) 三十一岁

是岁,入燕晤钟惺。与钟惺谋刻陈昂诗集。

四月,作《冬青赋》。

六月,于燕都,钟惺乞其师雷思霈(何思)太史手书。

钟惺有《跋先师雷何思太史书卷》:"此卷盖庚戌六月,先生将出都,予为林茂之乞书也。"(《隐秀轩集》卷三十五)

邢昉有《观林茂之所藏雷何思太史草书〈虾蟆石研歌〉钟伯敬先生书跋作歌以贻茂之》(《石臼前集》卷三)。

秋,钟惺作《隙月诗》,古度作《隙月赋》;继又作《后隙月赋》。曹学佺有诗寄之。先是,曹氏入蜀,曾邀古度入署。

秋,于燕都与钟惺等作联句诗,又作赋。又与钟惺等倡和。

作《灯花赋》(《林茂之文集》)。

冬,南归,钟惺有诗送之。

钟惺有《送茂之南归》二首(《隐秀轩集》卷六)。

是岁,钟惺据古度所述,作《白云先生传》,其中叙古度兄弟得陈昂诗事亦详。

是岁,于燕都逢谢肇淛,谢屡有赠诗。

谢肇淛有《长安逢林茂之感赠》(《小草斋集》卷十五)。

是岁,王象春有诗记林古度与钟惺在京的游览倡和活动。

万历三十九年辛亥（1611） 三十二岁

八月,至江州,与曹学佺倡和。

曹学佺有《喜茂之至》(《雪桂轩草》)。

九月,在江州,继续与曹学佺等到倡和。

作《和吴明远霜降日忆内同能始赋》(诗佚,题笔者所拟)。

曹学佺有《和吴明远霜降日忆内同茂之赋》(《雪桂轩草》)。

十月,在江州,继续与曹学佺等到倡和。

曹学佺有《浔阳南湖同喻宣仲林茂之陆亦侯散步》(《雪桂轩草》)。

十二月,往金陵。至金陵后,钟惺过访,同作《瓶梅》诗。

是岁,曹学佺由蜀入都,拟南归家,徐𤊹致书请携古度同行。

万历四十年壬子（1612） 三十三岁

春初,谭元春抵白下寻古度。与谭元春、胡宗仁及兄懋等出游。

谭元春有《抵白下寻林茂之》(《谭元春集》卷五)。

谭元春有《同彭举子丘茂之看春遇雨》(《谭元春集》卷五)。

二月十八日,与谭元春、胡宗仁葺理吴圣初园;十九日,兄懋送谭元春入住其园。

谭元春有《二月二十八日彭举茂之同予葺理园林其明日子丘送予入园》(《谭元春集》卷五)。

春,题商梅为谭元春所画山水,谭作歌纪之。

谭元春《商孟和为予画山水林茂之题其上余并作歌》(《谭元春集》卷四)。

四月一日,与谭元春等约游,负约,元春恼之。

谭元春有《四月一日恼彭举时纯茂之负约》(《谭元春集》卷十)。

五月,与康惟明、谭元春、胡耀昆等游灵谷诗,有诗。谭元春与商梅来坐斋中。

作《重游灵谷寺同康虞友夏昌昱作》(《林茂之诗选》卷下)。

夏秋间,与谭元春等游。

谭元春有《同茂之九雏钟楼冈看月》《病中同茂之寻菩提场》《康虞同子丘茂之过永宁寺》《雨中过茂之洗儿同百雏孟和》(《谭元春集》卷五)。

秋冬间,与钟惺、商梅往楚,经九江,过曹学佺草堂。

作《九江过曹宪长匡山草堂》(《林茂之诗选》卷下)。

冬,在楚。住钟惺小园,钟氏新理山斋,移居其中。钟惺北上之京,古度有送别诗。钟惺读古度所藏陈昂诗集,有诗赠之。古度集与钟惺前后游处诗,钟惺为之题卷。过谭元春湖上,商梅为谭元春作山水画,古度题其上;又与谭元春回钟惺所。

作《伯敬友夏孟和叔静同坐河上》(诗佚,题笔者所拟)。

谭元春有《伯敬孟和茂之叔静同坐河上》(《谭元春集》卷五)。

作《将过友夏南湖和别伯敬伯敬当还朝予归白下》(《林茂之诗选》卷下)。

钟惺有《孟和茂之将过友夏湖上》(《隐秀轩集》卷十)。

作《钟惺偕孟和之燕时予将南归留别》(诗佚,题笔者所拟)。

钟惺有《之燕留别茂之时孟和偕予往茂之南归》(《隐秀轩集》卷六)。

钟惺有《书所与茂之前后游处诗卷》(《隐秀轩集》卷三十五)。

作《冬日弥陀庵同友夏孟和作》(诗佚,题笔者所拟)。

按:谭元春有《冬日弥陀庵同茂之孟和作》(《谭元春集》卷五)。

作《山夜闻鸦同伯敬友夏诸子分得辛字限即成》(《林茂之诗选》卷下)。

作《六龙歌》(《林茂之诗选》卷下)。

按:谭元春兄弟六人,故云。

作《友夏孟和同过南湖道中》(诗佚,题笔者所拟)。

谭元春有《孟和茂之同过南湖道中》(《谭元春集》卷五)。

作《题商孟和为友夏画山水》(诗佚,题笔者所拟)。

谭元春有《商孟和为予画山水林茂之题其上余并作歌》(《谭元春集》卷四)。

作《与孟和至湖上作》(诗佚,题笔者所拟)。

谭元春有《茂之孟和至湖上作》(《谭元春集》卷六)。

作《冬月可受将赴伯敬招与友夏茂之彦先诸子赏焉》(诗佚,题笔者所拟)。

谭元春有《冬月可受将赴伯敬招与孟和茂之彦先诸子赏焉》(《谭元春集》卷三)。

作《同伯敬孟和榻上》(诗佚,题笔者所拟)。

谭元春有《同伯敬孟和茂之榻上》(《谭元春集》卷三)。

作《伯敬将还朝始同友夏孟和往湖上》(诗佚,题笔者所拟)。

谭元春有《伯敬将还朝始同孟和茂之往湖上》(《谭元春集》卷七)。

闰十一月,钟惺还京;古度归金陵,谭元春有送别诗。别后,又有诗念之。

钟惺有《友夏再至晤商林二丈与予兄弟山居旬余将归》(《隐秀轩集》卷十)。

谭元春有《送茂之南还三首》(《谭元春集》卷五)。

是岁,周亮工生。

万历四十一年癸丑(1613) 三十四岁

春,商梅读钟惺、林古度所刻《白云集》,感而系之于诗。

秋,在九江。

商梅有《客子丘宅时茂之在九江》(《那庵诗选》卷七)。

十月,病,致书谭元春,赏其《秋寻草歌》;谭答诗忆旧年之游。

谭元春《雪朝得茂之书及读余〈秋寻草歌〉》(《谭元春集》卷四)。

十二月,钟惺自燕都至金陵,古度与之游集。除夕与兄子丘,及钟惺、商梅等守岁。

钟惺有《至金陵过林古度宅》《雪集茂之馆》(《隐秀轩集》卷七)。

钟惺《立春日同商孟和弟居易子丘茂之宅十二月二十七日》《除夕守岁子丘茂之宅时子丘与孟和居易归自吴门》(《隐秀轩集》卷七)。

万历四十二年甲寅(1614) 三十五岁

正月元日,集鸡鸣寺。二日,与钟惺、惺弟快、吴惟明、商梅、僧无息往摄山,并题其石。与钟惺、惺弟快等游灵谷。钟惺于古度藏林馆观陆治为溪阳先生写《溪山余霭卷》,并题其后。钟惺索古度书刘眘虚诗册,题之。古度藏宋搨《黄庭》,钟惺为之题后。

作《元日集鸡鸣寺塔下亭》(诗佚,题笔者所拟)。

钟惺有《元日集鸡鸣寺塔下亭》(《隐秀轩集》卷七)。

作《摄山道中》(诗佚,题笔者所拟)。

钟惺有《摄山道中》,题下自注:"甲寅正月二日,同吴康虞、商孟和、林茂之。"(《隐秀轩集》卷七)

钟惺有《题茂之所书刘眘虚诗册序》(《隐秀轩集》卷二)。

钟惺有《题溪山余霭卷》(汪砢玉《瑚网卷》四十一)。

钟惺有《题茂之所藏宋搨黄庭后》(《隐秀轩集》卷三十五)。

作《赋伯敬古鼎》(诗佚,题笔者所拟)。

钟惺有《予有古鼎茂之赏而赋焉和之》(《隐秀轩集》卷二)。

作《和伯敬省鹤》(诗佚,题笔者所拟)。

钟惺《省鹤示茂之和》(《隐秀轩集》卷二)。

二月,与钟惺、程胤兆游浮渡山,刻诗壁上(诗佚)。钟惺书《再至金陵》诗若干首于乌丝笺,赠古度;并别书古度所作《舟中》《鹊巢赋》(今佚)于宋纸卷。

作《归舟回望浮渡》(魏宪《诗持二集》卷八)。

钟惺有《游浮渡山记》(《隐秀轩集》卷二十)。

钟惺有《题所书再至金陵诗与茂之于乌丝笺册后》(《隐秀轩集》卷三十五)。

春,钟惺返楚,古度有诗别之。古度附钟惺舟同往,至濡须口而别。谭元春有诗纪之。

作《别钟伯敬之楚》(诗佚,题笔者所拟)。

钟惺有《濡须口阻茂之别二首》(《隐秀轩集》卷二)。

九月,林懋有诗赠商梅,商梅答之。

是岁,为钟惺刻《隐秀轩集》于金陵。

万历四十三年乙卯(1615) 三十六岁

春岁,徐𤊹致书林古度,劝其"毋恋恋帷房间",并云有曹学佺在,古度归闽必不落寞。

九月,手录邵文庄诗,并作《邵文庄公诗选序》。

作《邵文庄公诗选序》(《林茂之文集》)。

九十月间,林慭登雨花台吊商梅小姬杨烟墓。

十二月,张燮北上赴考,过访。

张燮《金陵驱车北指林子丘茂之过旅舍别林茂之密解数钱酤酒立浮三大白然后就道漫兴四首》(《霏云居续集》卷二十一)。

是岁,母卒。

春,徐𤊶致书林古度,劝其"毋恋恋帷房间",并云有曹学佺在,古度归闽必不落寞。

万历四十四年丙辰(1616) 三十七岁

元月至六月,在燕都,晤钟惺。

七月,在燕市,有诗。十五日,与钟惺夜坐;二十日,钟惺书茂之所藏谭元春、钟快手札各一道纪事。二十五日,与钟惺南行。二十六日次潞河。

作《七月十五夜月》(诗佚,题笔者所拟)。

钟惺有《七月十五夜月同茂之赋》(《隐秀轩集》卷三)。

钟惺《书茂之所藏谭二元春五弟快手札各一道纪事》(《隐秀轩集》卷三十五)。

八月十五,与钟惺步月。

九月,舟泊天津,有诗。又饮于水楼。

作《九月五日天津舟泊见岸女簪菊之作》(诗佚,题笔者所拟)。

钟惺有《九月五日天津舟泊和茂之见岸女簪菊之作》(《隐秀轩集》卷十)。

十月,与钟惺、吴惟明、吴勔念登岱,各有诗锓石;题众石曰"笋城"。与钟惺、吴惟明作联句诗镌于石。又谒阙里孔庙、孔林。

《〈鲁游草〉序》:"万历丙辰予与钟伯敬、吴康虞同登泰山,各有诗锓石。"(方文《涂山续集·鲁游草》卷首)

钟惺有《岱记》《阙里碑铭略记》(《隐秀轩集》卷二十)。

是岁,自前年为钟惺刻《隐秀轩集》之后,无日不责钟氏为集作自序;钟惺自为序成。

万历四十五年丁巳（1617） 三十八岁

正月,初二与钟惺、王宇集雨花台。二十八日,灵谷寺看梅。

三月,与王宇、兄懋、钟惺等游牛首,观万代祖师画像百幅。

春夏间,商梅过访,时钟惺在古度家。

商梅有《暮雨至子丘茂之家晤伯敬》（《那庵诗选》卷十九）。

十月,与钟惺十三夜步月。二十日往花山雨宿道中。

是岁,钟惺跋古度所藏雷思霈太史书卷。

万历四十六年戊午（1618） 三十九岁

元日,钟惺过访,不值。

二月初八,同兄子丘及钟惺灵谷看梅。

三月十一日,钟惺拜古度父林章墓,有诗。墓在金陵牛首山高村。

七月,集茅元仪乌龙潭新居。

十二月,葛一龙（震甫）邀集齐王山居。

是岁,有诗怀葛一龙（诗佚）,一龙答之。

葛一龙有《次答林二茂之见怀兼呈俞大光禄》（《葛震甫诗集·旅声》）。

是岁,刻曹学佺《蜀中名胜记》,钟惺为之序。

是岁,吴嘉纪生。

万历四十七年己未（1619） 四十岁

仲春,泛舟赤石矶。

四月,病。钟惺有诗问慰之;谭元春探视之。

四五月间,谭元春过宅,卧床仍不起,谭氏有诗纪之,钟惺和之。病起,葛一龙有诗纪之。

六月,与钟惺、谭元春,周楷游牛首山,礼画祖像。又过青海林塘,有诗。

七月,晤范漫翁;与钟惺、谭元春、茅元仪及兄君迁等游乌龙潭。

八月十一日,泛乌龙潭,与钟惺、范迁、周楷、谭元春、吴鼎芳、茅元仪联句。

茅元仪有《八月十一夜泛潭上联句钟惺、林古度、范迁、周楷、谭元春、吴鼎、芳元仪》（《石民赏心集》卷五）。

秋,有诗寄王宇（永启）与钟惺往吴兴访韩敬,泛舟碧浪湖。谭元春生日,有诗柬古度。

秋冬间,谭元春往无锡,古度作《怀友夏》诗（今佚,题笔者所拟）。

谭元春有《无锡答茂之见怀即以为别》（《谭元春集》卷五）。

十月,与钟惺等观周令滋米、赵二石,并揭之。

冬,与钟惺游三吴许玄佑之梅花墅。谭元春有诗寄之。

作《寄王永启》（诗佚,题笔者所拟）。

王宇《和茂之寄怀》有（《乌衣集》卷四）。

十二月,自毗陵归金陵,钟惺有诗送之。

万历四十八年、泰昌元年庚申（1620） 四十一岁

五月五日,钟惺三弟恮卒。

冬,张燮有诗寄古度。

张燮《走笔寄林茂之四首》（《群玉楼集》卷二十五）。

天启元年辛酉（1621） 四十二岁

是岁,谭元春过访。古度已迁新巷,有赠答。葛一龙过古度新居,古度外出。

作《赠友夏过访新巷》（诗佚,题笔者所拟）。

谭元春有《寻林茂之新巷答其诗》（《谭元春集》卷五）。

葛一龙有《雨过茂之新居俱值他出》（《葛震甫诗集·弄闲草》）。

是岁,钟惺忆万历四十七年与古度游梅花墅并允诺作记事。

天启二年壬戌（1622） 四十三岁

春,张燮过金陵,古度携酌访于小楼。

春夏间,与兄懋于金陵市上购得葛一龙失去三十余年之稿《林中草》,一龙索观,有诗纪之。

夏,访葛一龙,并与诸客游清溪;又同兄懋、葛一龙游青疏阁。

作《同漫公伯彭公亮访震甫客舍因同雨中泛青溪暮酤分棹各有所赋》（诗佚,题笔者所拟）。

葛一龙有《漫公茂之伯彭公亮访予客舍因同雨中泛青溪暮酣分棹各有所赋》(《葛震甫诗集·弄闲草》)。

葛一龙有《夏日子丘茂之青疏阁即事同圣仆昭质》(《葛震甫诗集·弄闲草》)。

天启三年癸亥（1623） 四十四岁

元日，董其昌来借《焦氏易林》，贻以福橘。

作《癸亥元日董玄宰借焦氏易林贻以福橘五颗》(诗佚，题笔者所拟)。

董其昌有《癸亥元日与林茂之借焦氏易林贻以福橘五颗茂之有作依韵和之》(《容台集》卷四)。

董其昌有《余既有院长之命茂之以诗见投依韵答之》："廿载冥心骨相宜，永衔何意累明时。稚珪无意山庭勒，向长惟将损挂推。杯酒横陈看佐吏，麈谈垂堕待偏师。白门来往蓬蒿径，清梦犹能数访之。"(《容台集》卷四)

是岁，陈鸿北游南返过金陵访古度。

作《陈叔度北游南返过访》(诗佚，题笔者所拟)。

陈鸿有《白下过林茂之楼上》(《秋室编》卷四)。

天启四年甲子（1624） 四十五岁

秋，游虞山。

十二月，客苏州，张燮有诗寄之。

是岁，作《白鹿诗》(今佚)、《白鹿赋》(《林茂之文集·赋草》)。

是岁，徐𤊹有书寄之，忆漳南、秦淮同游；古度有寄书(今佚)，徐𤊹又有书答之。徐𤊹盛称林章《观灯记》。

是岁，蔡应麟为古度父林章文集作序。

是岁，徐𤊹为林章文集作序。又称其为不朽之盛事。

天启五年乙丑（1625） 四十六岁

正月，十六日之后。张燮过访青疏阁。与张燮、张于垒游灵谷寺，往长春坞看梅，感叹流寓已久。于鸡鸣寺、瓦官寺同张燮小酌；又与宋珏、张燮饮于莫愁湖快圃。与宋珏访张燮酌于小楼。

作《看梅歌同绍和乔梓赋》（张燮《梅花坞看梅歌用林茂之韵》附，《群玉楼集》卷六）。

作《宋比玉张绍和及凯甫诸君集于莫愁湖之快圃同赋》（诗佚，题笔者所拟）。

张燮《宋比玉携酌莫愁湖之快圃林茂之及垒儿同赋》（《群玉楼集》卷十八）。

宋珏《集张绍和社长及凯甫茂之诸君于莫愁湖之快圃共享湖字》（张燮《宋比玉携酌莫愁湖之快圃林茂之及垒儿同赋》附，《群玉楼集》卷十八）。

张燮《宋比玉林茂之见访小楼留酌值许令饷酒漫成三绝》（《群玉楼集》卷二十六）。

是岁，钟惺卒于竟陵皂市。年五十二岁。古度有祭钟伯敬文（今佚），似有恩怨语。

是岁，蔡复一卒。

天启六年丙寅（1626） 四十七岁

是岁，为父林章刻《林初文全集》成。

是岁，李际明为林章疏草题辞。

是岁，徐𤊻曾作《林初文传》，古度增益大半。𤊻致书邓庆寀，议此事。又致书古度，非之。

是岁，陈衎有诗寄之。

是岁，张燮有书致古度，言子于垒编《山史》，请古度赐作。

天启七年丁卯（1627） 四十八岁

四月，为邓庆寀重刊其父邓原岳《西楼集》作序。

作《〈重刻西楼全集〉序》（邓原岳《西楼集》，天启重刊本，《林茂之文集》文字略有不同）。

崇祯元年戊辰（1628） 四十九岁

秋,作《甘雨赋》(《林茂之文集·赋草》)。

秋,邓庆寀还闽,古度作诗送之。

作《送邓道协还山道协时欲之黄山》（原无题,题笔者所拟）(邓庆寀《答别林茂之时欲之黄山不果》附,《还山集》)。

邓庆寀有《答别林茂之时欲之黄山不果》(《还山集》)。

是岁,陈肇曾为林章《十二草》作序,古度作《重刻十二文》诗。

崇祯二年己巳（1629） 五十岁

秋,邓庆寀自闽回金陵,古度赠诗。

作《邓道协重至白门诸同社夜集》（原无题,题笔者所拟）(邓庆寀《重至白门诸同社过访夜集》附,《还山草》)。

邓庆寀有《重至白门诸同社过访夜集》(《还山草》,崇祯本)。

崇祯三年庚午（1630） 五十一岁

九月,与黄居中、黄宗羲在金陵凤凰台作重九会。

崇祯四年辛未（1631） 五十二岁

是岁,佐邓庆寀撰采《闽中荔枝通谱》,并为《闽中荔枝通谱》作序。

是岁,谭元春读古度数年诗。

谭元春有《夜静阅茂之诗》(《谭元春集》卷十七)。

崇祯六年癸酉（1633） 五十四岁

九月,携其郎君自金陵归来就试。过吴,王稚登有诗送之。至闽,有诗赠徐𤊻;曹学佺招徐𤊻与陈鸿同集西峰草堂。九日,与曹学佺、徐𤊻等集神光寺。又过徐𤊻山斋,夜话。

王稚登《送林古度还闽》(《南有堂诗集》卷四)。

作《自秣陵归里赠徐兴公》（原无题,题笔者所拟）(徐𤊻《林茂之自秣陵归里以诗见贻次韵奉答》附,钞本《鳌峰集》)。

徐㶿有《林茂之自秣陵归里以诗见贻次韵奉答》(钞本《鳌峰集》)。

作《归自白门九日景倩异卿懋礼昌基社集神光寺时陈元者自吴门至同用归字》(诗佚,题笔者所拟)。

徐㶿有《九日景倩异卿懋礼昌基社集神光寺时陈元者自吴门至茂之自白门归同用归字》(钞本《鳌峰集》)。

作《秋暮过宿徐兴公山斋夜话》(原无题,题笔者所拟)(徐㶿《暮秋林茂之过宿山斋次韵》附,钞本《鳌峰集》)。

徐㶿有《林古度秋暮过山斋夜话次韵》(钞本《鳌峰集》)。

九十月间,晋江张之奂过会城,古度有诗投之,之奂有和诗;张群玉明府招酌薛家园。

作《赠张无美》(诗佚,题笔者所拟)。

张之奂有《林茂之词丈同赴张群玉明府之招翌辰以诗见投次韵为和》(《汗漫唅》七集《转逢草》)。

作《张群玉招同徐在庵张之奂酌薛家园亭却赋》(诗佚,题笔者所拟)。

张之奂有《张群玉招同徐在庵林茂之酌薛家园亭却赋》三首(《汗漫唅》七集《转逢草》)。

十月,请徐㶿题父林章《墓志卷》。徐㶿为所藏诗卷题诗。

十一月,集林茂礼半塔轩。

作《仲冬九日同柴吉民集茂礼半塔轩共享家字》(诗佚,题笔者所拟)。

徐㶿有《仲冬九日同柴吉民集茂礼半塔轩共享家字》(钞本《鳌峰集》)。

作《仲冬十日邀柴吉民陈元者叶机仲徐兴公于高景倩松云馆同用梅字》(诗佚,题笔者所拟)。

徐㶿有《仲冬十日邀柴吉民陈元者叶机仲林茂之于高景倩松云馆同用梅字》(钞本《鳌峰集》)。

作《陈盘生过斋头各赋回文一首时予将往福唐》(诗佚,题笔者所拟)。

陈衍有《过林茂之斋头各赋回文一首时茂之将往福唐》(《大江集》卷六)。

十二月,徐兴公园中看梅。启程返金陵,访陈宏己;又访曹学佺,不克偕,有诗寄之。

作《陈玄度招同元者柯古茂礼集徐兴公园中看梅共享声字》（诗佚，题笔者所拟）。

徐𤊹有《陈玄度招同元者柯古叔度茂礼集园中看梅共享声字》（钞本《鳌峰集》）。

冬，有诗赠韩锡。

作《赠韩晋之》（诗佚，题笔者所拟）。

韩锡有《答赠林茂之》（《弃草集·癸酉集》）。

崇祯七年甲戌（1634） 五十五岁

九月，与子祖直返福州，此行一为携其郎君就试，二为迁祖坟，三议巡寨（参见下年八月）。九日与曹学佺试其新舟。

十月，林古度与徐𤊹、曹学佺等过邵肇复园。曹学佺捐建徐𤊹新藏书楼落成，名之"宛羽"。

作《同社合邀福清古田费杨二令君于邵观察园亭》（诗佚，题笔者所拟）。

徐𤊹有《同社合邀福清古田费杨二令君于邵观察园亭次茂之韵》（钞本《鳌峰集》）。

作《灯下瓶中白菊同陈盘生陈有美即席赋》（诗佚，题笔者所拟）。

陈衎有《灯下瓶中白菊同林茂之陈有美即席赋得七阳》（《大江集》卷六）。

十二月，与曹学佺等守岁。

曹学佺有《甲戌除夕仝黄安耿克励甬东周宣哲陈叔度林茂之祖直儿孟济孙牟来守岁》（《西峰六二集诗》）。

是岁，作《甘雨赋有序》（《林茂之文集》）。

是岁，邹德基为林章文集作序。

崇祯八年乙亥（1635） 五十六岁

元月，人日，集徐𤊹宛羽楼。元夕，与赵十五等集曹学佺西峰池馆；又与曹学佺等观灯。

作《人日兴公招豫章张士振黄州耿克励四明周宣哲及曹能始林异卿小

集新楼次能始韵》(原无题,题笔者所拟)(徐𤊹《人日招豫章张士振黄州耿克励四明周宣哲及曹能始林茂之异卿小集新楼次能始韵》附,钞本《鳌峰集》附)。

徐𤊹有《人日招豫章张士振黄州耿克励四明周宣哲及曹能始林茂之异卿小集新楼次能始韵》(钞本《鳌峰集》)。

七月,与曹学佺过张丈园;十六日游西湖。将返金陵,天根有诗送之,曹学佺和之。

作《同能始过张丈园八绝》(诗佚,题笔者所拟)。

曹学佺有《同茂之过张丈园八绝》(《西峰六二集诗》)。

作《三妇移居诗赠能始》(诗佚,题笔者所拟)。

曹学佺有《茂之见赠三妇移居诗酬其原韵》(《西峰六二集诗》)。

八月,返金陵,曹学佺等再送之;十三日,与曹学佺之法云寺之南亭;十四日,与茅元仪、陈衍小酌。

作《还金陵别曹能始》(诗佚,题笔者所拟)。

曹学佺有《送林茂之还金陵四首》(《西峰六二集诗》)。

作《回金陵再别曹能始》(诗佚,题笔者所拟)。

曹学佺有《病中走笔再送茂之》(《西峰六二集诗》)。

九月,自闽还,邢昉过访。

崇祯九年丙子(1636) 五十七岁

秋,作书致邢昉并附诗;冬,邢有和诗,言古度"尪羸极";又称品题颜某,山泽有光辉。

作《新秋夜坐回文诗》(诗佚,题笔者所拟)。

邢昉有《得林茂之书及新秋夜坐回文诗寄怀五首》(《石臼前集》卷四)。

冬,长子成婚。病,病中送邢昉还里。

作《病中送邢孟贞还里》(诗佚,题笔者所拟)。

邢昉有《答林茂之病中送予还里》(《石臼前集》卷四)。

是岁,温陵丁启濬(哲初)卒。启濬生前,古度曾与之游,诵其诗。

崇祯十年丁丑（1637） 五十八岁

春，流寇陷六合，有诗纪之。

作《流寇陷六合纪事》（诗佚，题笔者所拟）。

邢昉《流寇陷六合纪事次茂之韵呈越卓凡先生丁丑》（《石臼前集》卷四）。

是岁，谭元春卒。

是岁，子祖直在福州。

崇祯十一年戊寅（1638） 五十九岁

正月，子祖直由福州往古田。曹学佺有诗送之。

二月，为福清林邦鼐诗作序。

春夏间，徐𤊹有书致古度。

作《〈宗简斋诗〉叙》（《林茂之文集》；又日本内阁文库藏崇祯刻本《宗简斋集》卷首）。

是岁，作《白兔赋》（《林茂之文集·赋草》）。

是岁，家中之书尚满囊。

是岁，邢昉抵金陵，过访。

崇祯十二年己卯（1639） 六十岁

三月，金陵傅苍郎入闽，有书致曹学佺，学佺有诗寄之。

秋，邢昉月夜来访，不值。

作《月夜闻鹤》（诗佚，题笔者所拟）。

邢昉《月夜闻鹤》，题下注："同茂之作。"（《石臼前集》卷四）

十月，祖直落第，还金陵，曹学佺有诗送之并祝古度寿。

是岁，年六十，曹学佺为作六十寿文。

作《六十自述诗》（诗佚）。

徐𤊹有《有寄林茂之》："翁自修至，拜手札及《白兔赋》《六十自述诗》，笔花犹然燿灿，足征神王，漫赋一诗为祝，聊见远情。"（《红雨楼集·鳌峰文集》册四，《上海图书馆未刊古籍稿本》第43册，复旦大学出版社2009

年版,第 108 页)

是岁,致书徐𤊹;𤊹赞其诗及赋,赠诗,并乞七十寿序。子祖直归乡应举,落第。

崇祯十三年庚辰（1640） 六十一岁

春,叶益苏（雁湖）等刻郑思肖《心史》,古度为之序。曹学佺亦有序,称古度《序》言之已详。

夏,为陈昂诗作序。

是岁,兄懋卒。徐𤊹有书吊之;邢昉有诗吊之。

崇祯十四年辛巳（1641） 六十二岁

是岁,杜浚东游鹿城,古度与诸名士送于燕子矶;古度当有诗送别。

崇祯十五壬午（1642） 六十三岁

春,邢昉往青田,有诗别古度。

作《别邢孟贞往青田》（诗佚,题笔者所拟）。

邢昉《白门与茂之别再往青田》（《石白前集》卷四）。

是岁,子祖直返乡应举,落第,与徐𤊹、曹学佺等游。

十一月,徐𤊹卒。

崇祯十六年癸亥（1643） 六十四岁

十月,曹学佺有诗赠古度。

是岁,问讯邢昉;又读邢昉《欧东诗》,有赠诗。

作《问讯邢孟贞》（诗佚,题笔者所拟）。

邢昉有《答林茂之见讯》（《石白前集》卷四）。

作《读邢孟贞〈瓯东诗〉有赠》（诗佚,题笔者所拟）。

邢昉有《酬茂之读予瓯东诗见贻之作》（《石白前集》卷四）。

顺治二年乙酉（1645） 六十六岁

是岁,南都陷落,窜身山泽;有书致邢昉。乱后回金陵,邢昉过访。

邢昉有《过林茂之》（《石臼后集》卷一）。

是岁，乱后，陆宝入白下，有诗寄之。

陆宝有《乱后入游白下以诗代书寄林茂之》（《恬香集》卷二十五）。

是岁，书几卖尽，转而卖砚度日。

作《卖砚诗》（诗佚，题笔者所拟）。

邢昉有《过林茂之》（《石臼后集》卷三）。

是岁，无锡许仪离家往金陵乳山依古度。

顺治三年丙戌（1646） 六十七岁

是岁，龚贤作《赠林古度》一首。

是岁前后，陈鸿过金陵，别古度有诗。

作《送陈叔度归闽》（诗佚，题笔者所拟）。

陈鸿有《别林茂之》（《秋室编》卷四）。

是岁，曹学佺缢于福州西峰里第中堂。

是岁，子祖直由闽归金陵，陈鸿有诗赠之并问讯古度。

顺治四年丁亥（1647） 六十八岁

是岁，数年来，卖书卖砚，仅存残书，家人饿色如土。

邢昉有《卖书行赠林茂之丁亥》（《石臼后集》卷二）。

顺治五年戊子（1648） 六十九岁

八月，作《戊子中秋白门寓舍待月之作》《戊子秋重晤牧斋有感》《次韵牧斋用他韵》五首（诗均佚，题笔者所拟）。

钱谦益有《次韵林茂之戊子中秋白门寓舍待月之作》《次韵茂之戊子秋重晤有感》（《有学集》卷一）。

九月，与钱谦益剧谈曹学佺，谦益又见曹氏所制古度寿序，因作《题〈曹能始寿林茂之六十序〉》。

钱谦益有《题〈曹能始寿林茂之六十序〉》（《牧斋外集》卷二十五）。

秋冬间，钱谦益观林章画像，有诗赠古度。

钱谦益有《观闽中林初文孝廉画像读兴公传书断句二首示其子遗民古度》（《有学集》卷一）。

秋冬间,钱谦益有诗赠古度邻人盛斯唐（集陶）,盛与古度皆目疾,故兼及古度。

钱谦益有《次韵答皖城盛集陶内赠二首盛与林茂之邻居皆有目疾原次首戏之》（《有学集》卷一）。

冬,钱谦益过古度,见架上林章残帙,再次、三次、四次用申字韵赠诗古度。

钱谦益《岁晚过茂之见架上残帙有感再次申字韵》《有喜三次申字韵示茂之》《四次韵赠茂之》（《有学集》卷一）。

冬,作《偶成》（诗佚,题笔者所拟）。

钱谦益《次韵那子偶成之作》（《有学集》卷一）。

是岁,陈鸿卒。

顺治六年己丑（1649） 七十岁

正月,七十初度,钱谦益赠诗。

钱谦益《林那子七十初度》（《有学集》卷二）。

邢昉有《林茂之七十》（《石臼后集》卷五）。

二三月间,钱谦益戏作长歌以记古度作诗之状。

钱谦益《戏为天公恼林古度歌》（《有学集》卷二）。

顺治七年庚寅（1650） 七十一岁

八月,与邢昉等先后集顾梦游新斋、余怀丛桂园,分韵作诗。

作《十六夜月同邢孟贞张群玉陈澹仙朱汉生何寀明余澹心集与治新斋》（诗佚,题笔者所拟）。

邢昉有《十六夜月同林茂之张群玉陈澹仙朱汉生何寀明余澹心集与治新斋次群玉韵》（《石臼后集》卷五）。

作《陈澹仙邀集邢孟贞张群玉朱汉生何寀明顾与治余澹心于丛桂园共赋》（诗佚,题笔者所拟）。

邢昉有《陈澹仙邀集林茂之张群玉朱汉生何寤明顾与治余澹心于丛桂园共赋分八齐》(《石臼后集》卷五)。

是岁,目眚,奇贫,炊烟莫继,有诗赠邢昉。目眚程度有短暂减轻。

作《赠邢孟贞》(诗佚,题笔者所拟)。

邢昉有《林茂之目眚奇贫炊烟莫继贻予诗有所争惟易箦之句作此答之》(《石臼后集》卷三)。

邢昉有《访茂之值他出知其目瞖渐除志喜》(《石臼后集》卷一)。

是岁,仍居乌衣小巷。有诗赠徐燉子延寿,延寿答之。诗言古度叙及曹学佺忽然口不能言,双泪龙钟,欲于石仓招其忠魂。

作《赠徐存永》(诗佚,题笔者所拟)。

徐存永《答林茂之》(钞本《尺木堂集·七言古诗》)。

顺治八年辛卯（1651） 七十二岁

元月,时局初定,与顾梦游、何煜、余怀等集黄位中斋中。

顾梦游有《辛卯元六日集黄眉房斋中时风波初定卜寓白门坐中茂之季公同为寓公而余与寤明澹心游踪未定慨然有赋》(《诗观初集》卷五)。

王位中《辛卯元六日雪中茂之与治寤明元孺澹心过斋头小饮即席分韵》(姚佺《诗源初集·吴二》)。

按:王位中,当为黄位中之误。

三月,与邹讦士、董以宁、陈维崧饮牡丹下。

顺治十年癸巳（1653） 七十四岁

是岁,邢昉有诗问讯古度。

邢昉有《讯茂之》(《石臼后集》卷一)。

是岁,邢昉卒。

顺治十三年丙申（1656） 七十七岁

是岁,访钱谦益,叙及徐燉藏书楼迭架炮车。

是岁,纂《高淳县志》十八卷竣事。

是岁,与华亭陶悰在松江立恒社,刊行社稿《棠溪诗选》。

顺治十六年己亥（1659） 八十岁

是岁,古度年八十。诗友有贺诗。

作《自纪八十岁韵》（诗佚,题笔者所拟）。

黄虞稷有《次林茂之先生八十自纪韵》（魏宪《诗持二集》卷十,又沈德潜《清诗别裁集》卷七）。

钱谦益《乳山道士劝酒歌》,题下自注:"道士,闽人林古度茂之。"（《有学集》卷十）

是岁,山阳丘象随作《闻石城围》诗怀古度等友人。

顺治十七年庚子（1660） 八十一岁

是岁,与施闰章、黄虞稷等集于寺。施闰章有诗纪之。

施闰章《茂之尔止野遗阇公俞邰晚集集寓》（《施愚山集·诗集》卷二十七）。

是岁,自作生圹曰"茧窝"。施愚山、顾梦游等有诗纪之。

施愚山《林茂之自作生圹曰茧窝索诗纪之》（《施愚山集·诗集》卷十七）。

顾梦游《题林茂之茧窝生圹也》（《顾与治诗》卷三）。

是岁,有诗答顾炎武。

作《奉答宁人先生赠诗次韵》（顾炎武《赠林处士》附引《同志赠言》,《顾亭林诗集汇注》卷四）。

顾炎武有《赠林处士》（《顾亭林诗集汇注》卷四）。

顺治十八年辛丑（1661） 八十二岁

是岁,始与王士祯游。

王士祯《池北偶谈》卷十三:"辛丑、壬寅间,予在江南常与林茂之古度先生游。"

是岁,施闰章闻古度无蚊帐,作诗赠之。

施闰章《赠林茂之》,题下自注:"时坐客言先生贫无蚊帐。"(《施愚山集·诗集》卷三十六)

是岁,为方文《鲁游草》作序。

康熙元年壬寅（1662）　八十三岁

是岁,有饘粥之艰。施闰章致书,并请方文转致二金。

施闰章有《与林茂之先生》(《施愚章集·文集》卷二十八)。

是岁,作《冬衣》诗,叹冬无被。施闰章寄以纻帐并题诗其上。一时和者甚众。

详施闰章《〈贻林茂之纻帐〉序》(《施愚章集·诗集》卷四十七)。

是岁,王士禛致书程昆仑,倡刻古度诗集,惜应者寥寥。

王士禛《与程昆仑》(周亮工《尺牍新钞》)。

是岁,两裸患创癣,周亮工劝用楮桃叶治之,方文有诗纪其事。

方文《柬林茂之先生》(《涂山续集·西江游草》)。

康熙二年癸卯（1663）　八十四岁

十一月,致书周亮工,请其为汪生伯作六十寿序。

周亮工《寿汪生伯六十序》:"生伯汪君以甲辰正月二十六日六十初度,先是癸卯仲冬,福清八四老人林那子从予子家邮中致予函曰:'生伯汪君明年六十,同学诸子虽不言,观其意,意在先生一言。'"(《赖古堂集》卷十六)

康熙三年甲辰（1664）　八十五岁

是岁,数过扬州访王士禛。春,与诸诗友集扬州红桥修禊,赋诗。陈鹄作图,陈维崧作记。吴嘉纪、汪楫等诗友为赋《一钱行》。

作《和王贻上冶春绝句》(原诗佚,题笔者所拟)。

王士禛《冶春绝句十二首》,题下自注:"同林茂之、杜于皇、孙豹人、师六修禊红桥,酒间赋《冶春》诗。"(《渔洋菁华录集释》卷三)

吴嘉纪有《一钱行赠林茂之》(《吴嘉纪诗笺校》卷二)。

夏,题九青小照。

作《题九青小照》(《九青图咏》,汪本注:"甲辰初夏,为其老道兄题九青小照")。

是岁,与布衣胡宗仁晤,宗仁有诗纪之。

胡宗仁《晤林茂之时年八十五矣》(《清诗别裁集》卷一)。

是岁,致书王士禛,王氏答书赋并附诗。

据王士禛《癸卯除夕得林茂之金陵书适读虞山〈列朝诗〉载新安吴非熊万历甲辰同翁游武夷山诗至今甲辰六十年感成一首附书为答》(《渔洋菁华录集释》卷二)。

是岁,携万历甲辰以后诗至广陵,请王士禛为定文字。

是岁,日贫病,眼昏、便秘,施闰章为斟酌药方;县吏追税,施氏又代输田赋。方文有诗纪之。

方文有《施愚山少参加惠乳山林翁不一而足诗以纪之》(《涂山续集》卷二)。

冬,雪后方文怀之,有诗。

方文《雪后怀林茂之先生》(《涂山续集》卷五)。

是岁,钱谦益卒。

康熙四年乙巳(1665) 八十六岁

春,陈维崧忆去岁红桥之游,其《定风波》词有"风光虽似旧游非"之句。

陈维崧有《定风波》词,《小序》:"怀颍川刘公戭,记与茂之、公戭小饮红桥,几历一年矣,故有此作。"(《全清词》顺康卷第7册)

是岁,两目失明,王士禛为之垂涕。王士禛为选清新婉缛诗百五六十首。

王士禛《池北偶谈》卷十三:"乙巳,予见之(古度)金陵时,两目已失明,垂涕而别。时林方携其万历甲辰以后六十年所作,属予论定。予谓先生昔能传一陈白云,吾独不能传先生乎?因为披拣得百五六十首,皆清新婉缛,有六朝初唐之风。'"

秋冬间,卒。

方文《哭林茂之先生》(《涂山续集》卷四)。

方文《岁暮哭友五首·林茂之国老》(《涂山续集》卷四)。

袁绍《挽林茂之先生》(魏宪《诗持》三集卷五)。

康熙六年丁未（1667） 殁后二年

约于是岁，王士禄作诗伤古度尚未能葬。

王士禄《闻友人言林茂之先生尚未能葬》（《清诗别裁集》卷三）。

康熙七年戊申（1668） 殁后三年

是岁，九月，王士禛读《白云集》，因忆辛丑、壬寅间与古度交游。

王士禛《池北偶谈》卷十三："戊申九月十六日，偶过陈翰林子端廷敬，所出手抄白云先生陈昂五言律二卷读之。因忆辛丑、壬寅间，予在江南常与林茂之古度先生游，为言白云出处，甚奇。"

康熙八年己酉（1669） 殁后四年

是岁，王士禛选古度诗为《林茂之诗选》，谋梓之，未果。

王士禛《林茂之诗选》："己酉奉使淮南，检此本，适在箧，衍谋为雕布，所以瞑翁目者。"（《林茂之诗选》卷首）

康熙九年庚戌（1670）殁后五年

是岁，王士禛作《〈林茂之诗选〉序》（《林茂之诗选》卷首）。

康熙十年辛亥（1671）殁后六年

是岁，葬于钟山。王士禛有诗纪之。

王士禛《闻林茂之先生已葬钟山》（《渔洋菁华录集释》卷四）。

按：古度下葬，周亮工有力焉。周在浚《行述》："为林古度营窀穸于金陵。先大夫不忘故旧，笃于亡友者，大卒如此。"（《赖古堂集》附录）

康熙四十九年庚寅（1710）殁后四十五年

是岁，王士禛谋刻《林茂之诗选》成，并作《后序》（《林茂之诗选》卷首）。

是岁，程鸣（松门）应王士禛请，刻古度《挂剑集》二卷。

张于垒年谱稿

　　张于垒,字凯甫,张燮之子,龙溪（今福建漳州）人。晚明诗人,名列《列朝诗集小传》,年最少,钱谦益称其"张童子",七岁通古文,能诗。十五岁,随父入泉州、莆田、福州,与老成诗人分韵赋诗,立成,四座阁笔。随父燮游越、吴、金陵、皖、赣,又遍游武夷。十八岁卒,里人为建幼清祠。著有《麟角集》,又纂《山志》,未竟。或由于文献散佚之故,明清之际以来,载述于垒生卒年、年龄、事迹多讹误,不能不辨。于垒父张燮的事迹,本谱较略,别见《张燮年表》。

　　张于垒生于万历三十八年（1610）正月八日①,卒于天启七年（1627）十二月二十六日②,年仅十八。父张燮,字绍和,万历二十二年（1594）举人,著有《东西洋考》及诗文集数百卷。张于垒自来无谱,为之作谱,有两个原因,一是钱谦益所辑《列朝诗集》,张于垒是年纪最小的一位,《小传》的条目"于垒"前冠有"张童子"三字,评云:"绍和携之入闽,与徐兴公诸贤即席分韵,童子倚待立成,四座阁笔。"③张于垒十四五岁诗已经写得相当好。其次,由于龙溪地理位置偏于东南,加上文献的散失,这样一位青少年诗人,学界对

---

① 万历三十九年（1610）正月八日,公历为1610年2月1日。
② 天启七年（1627）十二月二十六日,公历为1628年1月31日。
③ 《列朝诗集小传》丁集下。

他了解很少,表述时常常出现错讹,如钱谦益说他"年二十二而殁"①,郭柏苍说他是甲午举人②。最近有一部著作甚说于垒是明初龙溪林弼(1325—1381)之子③,张于垒与林弼,一姓张,一姓林;一明末,一明初,张于垒如何成了林弼之子?

张于垒,字凯甫,举止类老成人,人呼为凯公,小名晋,故亦称晋公云。其先宋时由潮州入漳,居龙溪锦江,称张家山,遂为龙溪人。世祖讳拱;九世祖遁叟,八世祖不详,七世祖拱生,以子孝绰赠比部郎;六世祖孝绰,弘治六年癸丑(1493)进士,刑部郎中。高祖主恩,邑诸生;曾祖师洛,诸生,以子廷栋赠行人。祖廷榜,字登材,人号春宇先生,自号丹霞一拙,又号霞南钓叟,万历二年甲戌(1574)进士,仙源令,擢贰润州,署吴江令,有《布鼓初声》《盥耳吟》《梦醒话》。伯祖廷栋,号吉宇先生,万历八年庚辰(1580)进士,承德郎礼部仪制主事。父张燮,万历二十二年(1594)举人,有《东西洋考》《霏云居集》《霏云居续集》《群玉楼集》,又辑校《七十二家集》。伯兄于堂(1598—1616),卒时年十九;仲兄于坛(1601—1622),字升甫,卒时年二十二;叔兄于域,生于万历三十六年(1608),当年殇。弟二人,一生于崇祯二年己巳(1629),名不详,先父燮卒;幼弟,生卒年皆不详,燮卒时尚幼。姐英慧(1596—1618),卒年二十三;妹阿元(1618—1619),生后次年卒。

万历三十八年庚戌(1610) 一岁

正月,谷日(初八),于垒生。同社题《芝庭诗》,张燮因题其卷末。

张燮有《正月八日诞儿同社题芝庭诗见赠谓去夏小园生芝之应也喜附数语末简》:"去岁园生芝,斐亹云来往。当彼寂寞时,日月亦开朗。伸眉望

① 《列朝诗集小传》丁集下。按:于垒伯兄于坛(1601—1622),卒时年二十二。于坛、于垒都早逝,钱谦益误记兄弟卒时年岁。考证见笔者:《〈列朝诗集·张童子于垒〉发微》,《中国典籍与文化》2011年第2期。
② 《全闽明诗传》卷四十一:"张于垒,字凯甫,燮子。甲午举人。"万历二十二年(1594)甲午,是岁于垒之父张燮成举人,而于垒尚未出生。
③ 《闽南文学》第三章"明清时期漳州文学"第一节"明代漳州文学":"林弼的儿子张于垒是明代的神童……只在人间活了22年。"(厦门大学出版社2008年版,第159页)林弼(1325—1381),生在元末,活到明初。

见之,登台注遐想。母乃茵席花,从兹拂檐幌。今岁春谷日,生儿气遒上。还顾怀抱中,明珠大于掌。阿姊向小郎,裂锦裁宝褓。阿兄向小郎,竹马俨双敲。客持牛酒来,篱边停鹤氅。问主何苦贫,兰玉阶头广。主人前致词,南山桥愧仰。是儿足家声,弧悬供清赏。三日解顾盼,七日怡笑爽。十日颇有余,解迎人意晃。以此风领佳,但祝毛羽长。七叶冠未珥,三篚记或疆。客醉坐莫辞,缀属多清响。好风东南来,紫气浮千丈。三秀觅山间,因之话畴曩。"(《霏云居集》卷二)

按:张燮《芝园记》:"庚戌元正谷日,而于垒生。风领毛骨,大异凡儿。翩翩凌云,作掌上舞。"(《霏云居集》卷二十八)

按:《亡儿茂才凯甫行状》:"儿名于垒,字凯甫。侪辈以其举止类老成人,呼为凯公。小名晋,故亦称晋公云。儿方孕时,小园台上有吐芝之瑞,生而警悟不坠凡儿。"(《群玉楼集》卷五十四)

夏、秋,保母指壁间字示之,辄笑。

池显方有《二奇童传》:"孕时园产芝,生数月,保母指壁间字示之,辄笑;遇啼以字示之,辄止。"(《晃岩集》卷十三)

冬,已能觅阿爷。

张燮有《冬日斋居幼儿时时向觅阿爷即事漫兴》:"枝老寒禽集,殊毛好是鹇。径深能识路,洞转屡呼门。促笔手题字,牵衣背负喧。楂梨应谩争,百果但教繁。"(《霏云居集》卷七)

是岁,因园生芝,喜得于垒,友人题诗,张燮辑为《芝庭瑞应卷》,有诗纪之。

张燮有《芝园记》(《霏云居集》卷二十八)。

是岁,蔡复一致书张燮并《题张绍和〈芝庭瑞应卷〉》诗,燮有诗答之。

蔡复一《题张绍和〈芝庭瑞应卷〉》三首,其一:"宝树应标桂,祥云又结芝。滔应夸作父,浑果慰生儿。母意偏怜少,兄难喜更奇。试啼犹晚矣,英物世家知。"(《遁庵诗集》卷三)

张燮有《得蔡敬夫长安书赚贻佳玉赋此寄怀》,略云:"鲤尾来双鱼,长江漫浩浩。惠我款诚音,投我玛璠宝。"(《霏云居集》卷二)

是岁,蒋孟育(1558—1619)五十三岁,何乔远(1558—1632)五十三岁,马歘(1561—?)五十岁,蔡献臣(1563—1641)四十八岁,丁启濬

（1569—1636）四十二岁，徐𤏖（1570—1642）四十一岁，张燮（1573—1640）三十八岁，曹学佺（1574—1646）三十七岁，王志道（1574—1646）三十七岁，池显方（1588—？）二十三岁，姐英惠（1596—1618）十五岁，伯兄于堂（1598—1616）十三岁，仲兄于坛（1601—1622）十岁。徐钟震生。

万历三十九年辛亥（1611） 二岁

二月，父燮送蒋道力往福州，于垒依依不能别。

张燮有《将送道力之榕城幼儿依依似不能别口占示内》："频年踪迹鹿门幽，忽漫辞家逐胜游。掌上有珠贫自媚，阶前生玉老相收。经心惝恍关离别，解语分明鲜唱酬。去路暂长归路急，未烦重数大刀头。"（《霏云居集》卷十三）

按：幼儿，即于垒。

又按：张燮《榕城游记》上："兹岁孟陬，道力方选石作山，适省中信至，恚甚。趣治装矣……二月乙亥，发霞城。"（《霏云居集》卷三十二）

三月，父燮送蒋孟育，归家对之。

张燮有《薄暮抵家对幼儿漫兴》："车驱入暮税劳薪，蜡凤妆成辟旅尘。别去踉跄偏忆汝，到来嬿婉倍依人。乱翻赋草囊皆满，笑指灯花影渐亲。半世生涯从寂历，膝前闻拥石为麟。"（《霏云居集》卷十三）

是岁，从阿父授奇字。

按：《亡儿茂才凯甫行状》："稍解语，辄从阿父授奇字，以为常。"（《群玉楼集》卷五十四）

万历四十年壬子（1612） 三岁

正月，家宴，父张燮与子共风前舞。

张燮有《元夕家宴》："石指峰枝低映碧，灯分云水湛浮清。呼儿且共风前舞，杯索郎尝酒再行。"（《霏云居续集》卷十二）

十月，父张燮北上春官，缺盘缠，谋诸妇，以珥贳钱乃行。时于垒索抱，欲偕行。

张燮有《出门行》："入山苦不遂，辄复巾其车。囊钱苦不足，囊草苦有余。谋妇殷勤出簪珥,质钱持诣富人子。待此聊支数日粮,直北生憎万余里。胸中万卷不谋身,却负须眉愁向人。敝裘补遍烦刀尺,抽线绪乱良苦辛。磨刀霍霍烹伏雌,薄佐酡颜曲米春。浅酌相看泪暗垂,个中别意难具陈。泣拜北堂从此别,白头老人惊离折。男儿女儿萦膝间,顾盼牵衣递成列。大儿问阿爷,行行飞上天。千金装宝刀,刀头归何年。次儿问阿爷,行行飞上天。家贫待寄资,宫中买赋钱。幼儿双双娇学语,千人百人称玉举。依怀嬷婉不识愁,右手红柑左粗粝。见说阿爷起长征,索抱偕行相对舞。叮咛嚼乳勿复啼,归向中堂雷大鼓。女儿含涕拭阿娘,中厨糜熟换爷尝。阿爷姓字人争识,纸贵新闻重洛阳。日高亭午频催发,老马嘶风声未歇。慷慨登车重回首,腰间剑吼神飞越。"(《霏云居续集》卷四)

是岁,里巷目为璧人。父党中,最为戴燿、蒋孟育所知,蒋称其为"小友"。

按:《亡儿茂才凯甫行状》:"三四岁时,制一小车,二童子舁之出游,里巷观者目为璧人。好事或迎致其家,从车中与主人酬酢,风领毛骨,迥然异也。其在父党,最为戴观察亨融、蒋少宰道力所知。蒋为宫僚,奉使过里,赠儿诗,云:'他日孔公应设拜,白头小友重相亲。'其为名流所钦如此。"(《群玉楼集》卷五十四)

万历四十年癸丑(1613) 四岁

是岁,父张燮落第。

万历四十二年甲寅(1614) 五岁

冬,父燮呼之园庭,已见风气凌霄风概。

张燮有《呼幼儿即事》:"墙角朝暾起,儿来破寂寥。叶分慈母竹,花发美人蕉。架石能成屋,移薪好类樵。羽毛犹未长,风气欲凌霄。"(《霏云居续集》卷七)

是岁,读《论语》《周易》。幼有圣童之誉。

按:《亡儿茂才凯甫行状》:"五岁读《论语》《周易》。日所讲习,归,每向阿父诵之。于塾师旨授多所旁畅……圣童之称,籍籍矣。"(《群玉楼集》卷五十四)

又按：张燮《先室刘孺人行状》："于垒幼有圣童之目。"（《群玉楼集》卷五十三）

万历四十三年乙卯（1615） 六岁

三月，父张燮客会城，于垒送别。

张燮有作《将客榕城幼儿相送前路漫兴为别》："念尔依怀惯，妆成蜡凤肥。学书翻故纸，送别检新衣。红蕊斜分插，青山数问归。未缘携共去，暂觉鹿门违。"（《霏云居续集》卷七）

冬，父张燮北上春官，仙霞道中，忆儿颇欣慰。

按：张燮《仙霞道中寄内》："貌瘦慵披镜，家贫强贳钱。宁馨儿自可，呼对夕阳边。"（《霏云居续集》卷八）

万历四十四年丙辰（1616） 七岁

正月，初八日，于垒初度，张燮上春官道中，有诗怀之。

张燮有《谷日早行值雪有怀幼儿二首是日其初度之辰》，其一："五更乡梦转，忆尔到江天。帖胜之明日，悬弧甫七年。书来赊雁后，业就定骊前。飘泊怜余老，晴阴处处牵。"其二："南中不见雪，寒色晓应同。强饭春新白，更衣拭浅红。箭储依母竹，瑟试中孙桐。灯事春霄接，银花觅向东。"（《霏云居续集》卷八）

十二月，除前二日，伯兄于堂卒，年十九。

张燮有《哭堂儿三十首》，其六："閟景甘萧索，寒年近逐除。身随残腊尽，事到早春虚。（自注：兄以除前二日亡，除日立春）奠是椒花酒，囊存柿叶书。楚囚相对泣，蚕室与田居。"其十六："弃世三千界，生天十九年。巷须推马粪，剑未试龙渊。好洁真成癖，持斋或近禅。风流兹顿尽，空订理延绵。"（《霏云居续集》卷九）

是岁，通古文，有诗句传世。

池显方《二奇童传》："（于垒）七岁通古文。每夜必录《世说》并诸史数十则诵之。"（《晃岩集》卷十三）

钱谦益《列朝诗集》丁集第十六《张童子于垒小传》："童子年七岁，赋诗有'明月小池平'句。"

万历四十五年丁巳（1617） 八岁

春，父张燮将抵金陵，至建州却返。张燮途中梦牵儿坐竹间。

张燮有《归思》："离家方一月，归路尚千山。屡齿游初换，刀头叩未还。莺鸣深树洽，花发故园闲。少睡缠乡梦，牵儿坐竹间。"（《霏云居续集》卷九）

是岁，歌咏酬客。

按：黄道周《张凯甫墓表》："八、九岁歌咏酬客，浏览百氏。"（《黄漳浦集》卷二十六）

万历四十六年戊午（1618） 九岁

正月元日，二兄于坛有诗。

张燮有《元日家宴坛儿以诗来呈作此示之》："但说楂梨也未惭，年华初换句新探。东风荡户云催暖，晓曙笼花鸟欲酣。老去生涯余篆素，贫来胜事在青蓝。世情多少缤纷处，总付稽生七不堪。"（《霏云居续集》卷十八）

三月，姐英慧亡，年二十三。

按：张燮《亡女慧孺人行状》："没于戊午，年甫二十有三……上巳日也……余作五言诗三十章哭之。"（《霏云居续集》卷四十六）

是岁，能作大书。

按：《亡儿茂才凯甫行状》："九岁，能作大书。适里社数人持纸乞字，儿对客挥毫。数十人围而观之，了无改色，人人惊叹，持去。"（《群玉楼集》卷五十四）

是岁，妹阿元生。

按：详次岁。

万历四十七年己未（1619） 十岁

正月，谷日，张燮于上春官途中有诗怀幼儿于垒；元夕，张燮怀于坛。

张燮有《谷日有怀幼儿是日其初度之辰二首》其一："倏忽离家两月余，关心冬老又春初。桑逢渐益韶华长，冰水逾寒媚景舒。地远难将杯里物，家贫惟杖箧中书。誉儿莫讶余仍癖，麈尾提携玉不如。"其二："北来音问转悠悠，回首珠光天尽头。酺面桃花生气色,似人杨柳较风流。故园鱼鸟频通梦,逆旅舟中总倦游。知尔母兄相对处,也因忆我共登楼。"(《霏云居续集》卷十九)

张燮有《元夕宿高唐道中忆坛儿二首》其一:"良夜偏从客里过,思家不见奈愁多。行逢宿处尘皆满,春到深时景渐和。北阙斋坛遥尚尔,南天灯事近如何。孤村十里高唐路,齐右虚言有善歌。"其二:"天入平沙旅雁猜,杖藜瞻远却徘徊。十千已付澄醪尽,三五还邀满月来。捃麦何曾邻便杂,传柑几处会频开。春华努力应须爱,缣素随宜好自裁。"(《霏云居续集》卷十九)

是岁,涉《四部》,下笔滔滔。

按:《亡儿茂才凯甫行状》:"稍过十岁,便泛涉《四部》,恣其畋渔。"(《群玉楼集》卷五十四)

又按:池显方《二奇童传》:"十岁泛涉《四部》,下笔滔滔。"(《晃岩集》卷十三)

是岁,妹阿元卒,仅二岁。

张燮有《哭幼女阿元四首》,其二:"前身疑谪自瑶台,天帝传宣两载回。"其四:"老去频年骨肉悲,全凭少女破愁颜。"(《群玉楼集》卷十三)

万历四十八年、泰昌元年庚申(1620) 十一岁

是岁,父张燮屡叹贫。

张燮《初度答吴亮泰用元韵四首》其二:"窭籔衔同容穴鼠,束修牵得借书羊。"(《群玉楼集》卷十四)

天启元年辛酉(1621) 十二岁

五月四日,母亡故,年四十六。

张燮有《悼内三十首》,其四自注:"内子以娩身而亡,时为五月四日。"(《群玉楼集》卷十四)

冬,张燮北上春官,途中念及于坛之病;先是,于坛已卧病,乃劝燮北上,故忆之凄然。

张燮有《坛儿卧病苦苦劝驾勉为一出别绪凄然》:"子病父焉往,何哉促上征。重违欹枕意,勉作担簦行。药裹生涯苦,音邮旅思萦。童奴谁护主,弟

妹各依兄。镜破尘封久,衣单带缓横。清霜欺鬓短,小鸟斗身轻。青玉案何许,紫金丹未成。文无吾自许,回首望乡情。"(《群玉楼集》卷二十一)

是岁,于垒十二岁,哀母丧,几不欲生;佐张燮编选诸编。

按:《亡儿茂才凯甫行状》:"年十二丧母,几不欲生,虑增父悲,乃稍节泣。从此不复从塾师游,悉与阿父片榻相对,一知一解,无不相通。余所纂定诸编,功仅十七,儿有力者十之三焉。"(《群玉楼集》卷五十四)

又按:池显方《二奇童传》:"十二岁丧母,哀毁几不欲生。从此不从塾师,惟就学于父。凡孝廉所诠选诸编,佐十之三。自是学益进,吟益工。"(《晃岩集》卷十三)

天启二年壬戌(1622) 十三岁

二月,十二日,仲兄于坛卒(详下)。于坛困顿,家中诸事皆由于垒操持;于坛卒后,于垒茹痛襄事。

按:《亡儿茂才凯甫行状》:"时仲兄卧床,家政无大小,悉儿操之。延医课药,已无宁晷。仲兄即世,茹痛襄事,家如悬磬,以一童牙营综其间。"(《群玉楼集》卷五十四)

三月,张燮落第。

五月,张燮行至会城,得知于坛卒讯。详下。

六月,张燮归,至漳州之江东,于垒迎之,伤于坛卒,父子相抱痛哭。

张燮有《归至江东垒儿来迎抱至车中谈阿兄丧亡及家门近事悲慰交萦口占漫纪》:"相看浑隔世,乍见各沾巾。无数意中事,翻惊梦里人。昨宵遥剑锷,此际共车裀。腕弱综家柄,形孤理俗因。鸰原当日事,乌鸟向谁陈。聚处偏怜散,欢来却带颦。隙驹随电闪,骇鹿碎琼尘。无米炊应苦,有丹方未真。生憎万里道,早结百年身。感往何聊赖,逃虚但主臣。首丘狐尚活,汗血骏疑神。着膝前村迹,榕阴转自亲。"(《群玉楼集》卷二十二)

按:《亡儿茂才凯甫行状》:"(垒)儿迎我于江东驿亭,相抱而泣。"(《群玉楼集》卷五十四)

又按:张燮《归入霏云居哭坛儿三十韵序》:"儿名于坛,字升甫,以辛丑七月生。吾社为赋'秋桂重芳卷',祖爱之甚,幼而愿督以应世业,非其好也,弃而学诗,诗辄成。每取名人画拟之,辄穷其致。学书,书法遒劲,以故诸公间有清赏之目。稍长,娶妇之外舍,妇翁为林侍御伯昭,伯昭已捐馆外,舍人无老少,咸推诚缔欢,盖服其婉至矣。儿体屡弱,然好大义,刑鸡之盟,风雨不渝。恒橐中无一钱,顾能称贷以赈人之乏。余尝讶其不节,然不甚禁也。服御精好,不屑瓮牖语人。酒力不强,而笃喜酒中趣;琴心无分,顾喜觅丝桐置坐隅。课鱼嘲鸟,陶然适也。辛酉夏仲,阿母以娩身忽弃诸孤,儿号恸垂绝。既卒,哭诣海上谢诸族人枉吊者。值有先祠之役,生平见公家事,负担靡辞。至是鸡骨亦强相料理,归而喀喀,遂呕血,不可复制。余时局踳,无踔风理,儿固向所亲曰:'阿爷远征,病身才有活趣,如共株守,早隔轩轾,殆郁郁无能久存。'余不得已,勉脂其车,初意画陇指白门为天尽,故人方孟旋又苦曳以北向,音信既隔,肝肠辘轳,遄兼程南下,抵武林,好事者绐我之海门,云:'奴子至自漳,得君家近耗,良晢君来,当自知之。'纡道往访,竟匿不相报。雁山遄返,五内如煎,策马冲泥,亦遂有呕血之疾,幸未遽填沟壑耳。榕城道上,知儿以仲春十二日化去,年过弱冠仅可二年,岂不痛哉!先是一女,甫三岁,至是复生一女,去阿父没仅七日。妇濒死者再。人生至此,天道何论乎!解装过招隐斋,遗像颓然,遗枢凄然,儿已万万不及诀矣!悠悠长夜,云胡可支,洒泪和墨,歌以当哭。穿综始末,用凑前驱。儿之行略,亦差尽其大凡矣。"(《群玉楼集》卷二十三)

是岁,穷百氏之籍。作诗趋成熟。

苏茂相《张凯甫叹》:"十三载籍穷百氏。"(《苏大司寇以先凯叹见贻次元韵奉》附,《群玉楼集》卷六)

按:黄道周《张凯甫墓表》:"十三岁而诗成,十六岁而成其文章,自吾所见,道艺之就未有若是之迅者也。"(《黄漳浦集》卷二十六)

天启三年癸亥(1623) 十四岁

十二月立春,随父携酌访陈贞铉;有诗呈父燮。

作《立春前一日携酌访陈贞铉先生郊居同用春字》(诗佚,题笔者所拟)。

张燮有《立春前一日携酌访陈贞铉郊居偕高君鼎烃叔弟及垒儿在坐同用春字》:"霜林初霁奠花裀,绕径梅开欲破春。渚曲鸥群偏识侣,风前燕子

倍依人。豪华不到登山屐,节序翻宜漉酒巾。携手乱穿村坞去,隔墙葱蒨望西邻。"(《群玉楼集》卷十七)

作《守岁》(诗佚,题笔者所拟)。

张燮有《守岁垒儿以诗来呈余亦漫兴》:"尽日呼儿共钓竿,轻阴鹤和不濡翰。灶间久谢因人热,笔里还堪结岁寒。杯事傲霜裘屡赏,鬓华疑雪镜稀看。逐除遍醉家家舞,一曲阳春奏羽难。"(《群玉楼集》卷十七)

是岁,所著《麟角初编》,所作诗存于是集自此岁春始。

按:《亡儿茂才凯甫行状》:"儿自幼为诗多致语,然辄弃不留。其留稿者,以癸亥春始,是为《麟角初编》。盖于是,儿年十四矣。向学逾笃,每夜卧,辄忆世间某字当与某字作骈偶。余常枕间问:'金楼子应对何物?'儿隔壁应声曰:'石户农。'其敏捷类然也。"(《群玉楼集》卷五十四)

又按:池显方《二奇童传》:"十四岁刻《麟角初编集》。"(《晃岩集》卷十三)

是岁,骚赋掩六朝。

按:苏茂相《张凯甫叹》:"十四骚赋掩六朝。"(《苏大司寇以先凯叹见贻次元韵奉》附,《群玉楼集》卷六)

天启四年甲子(1624) 十五岁

正月,十三夜蒋元实招饮,有诗。

作《十三夜蒋元实招饮文种堂同汪宗苏赋》(原无题,笔者所拟)。

张燮有《十三夜蒋元实招饮文种堂同汪宗苏及垒儿赋用林字》:"地辟新苔径,人依旧竹林。张灯窥木末,扫石踞峰阴。小霁云争驶,兼春花自深。兴携三雅去,得意便行吟。(自注:夜深携酌看灯,道旁剧饮,故末及之。)"(《群玉楼集》卷九)

六月二十四日,随父由漳州北上,拟入吴访周起元中丞。过同安、泉州,有诗(今佚);何乔远、苏茂相、丁启濬盛赞于垒。

按:张燮《寄周仲先》:"自六月念四日携儿就道,绿榕一片。"(《群玉楼集》卷六十七)

张燮有《何稚孝司徒得请还山挟垒儿过访留酌限韵》:"屡疏东都渐挂冠,

故山猿鹤喜相看。为添林密穿皆好,笑指河清俟者难。禽语不关云去住,风声频报竹平安。亭垂履满觥筹乱,醉起翻疑乘舞鸾。"(《群玉楼集》卷十八)

何乔远有《新秋绍和兄携佳郎顾我山中即席赋呈兄已赋牧犊子矣》:"山箱初贮进贤冠,不远佳人对坐看。老凤将雏真得意,炎天求友故无难。曾希狗监称司马,祗见雁门访士安。早晚鸣皋闻海鹤,何愁影镜罢飞鸾。"(张燮《何稚孝司徒得请还山挟垒儿过访留酌限韵》附,《群玉楼集》卷十八)

按:《亡儿茂才凯甫行状》:"壬子早秋,偕余赴吴越间游,经温陵,何司徒稚孝、苏太博弘家、丁太常亨文,盛有'阿戎'之叹。"(《群玉楼集》卷五十四)

又按:壬子,万历十二年(1612),于垒仅三龄。游吴越在是岁。"壬子",应作"甲子"。

作《亨文太仆招同子环方伯弘家司徒朗斋燕集是时亨文予告初归分得然字》(诗佚,题笔者所拟)。

张燮有《亨文太仆招同子环方伯弘家司徒朗斋燕集垒儿与焉是时亨文予告初归分得然字》:"清时赐沐主恩偏,修径浓花自在妍。云意送鸿归日下,露华零叶到秋先。文坛自信忘荣瘁,狂药何妨中圣贤。独笑倦游仍作客,萍风飘荡转依然。"(《群玉楼集》卷十八)

张维枢有《丁亨文招集朗斋同绍和弘家凯甫凯甫即绍和阿郎也分得庐字》:"一自抽簪世态疏,况开清宴值秋初。交从鸡社襟期合,种出龙门气象舒。白堕杯传饶遗典,青藜架映便翻书。若非圣主容丘壑,那得身闲此结庐。"(张燮《亨文太仆招同子环方伯弘家司徒朗斋燕集垒儿与焉是时亨文予告初归分得然字》附,《群玉楼集》卷十八)

苏茂相有《丁太仆招同张子环张绍和及其贤子凯甫集朗斋时绍和桥梓自漳至分得年字》:"名园梧竹趁秋妍,散朗长看卿月悬。客有相思能命驾,吾贪少日快周旋。花前泛斝觞初急,坐上将雏曲已传。莫是张星容易聚,东行即是颍川年。"(张燮《亨文太仆招同子环方伯弘家司徒朗斋燕集垒儿与焉是时亨文予告初归分得然字》附,《群玉楼集》卷十八)

作《集苏司徒最近楼同丁太朴》(诗佚,题笔者所拟)。

张燮有《集苏司徒最近楼同丁太朴及垒儿分得人字》:"北望犹悬恋阙

身,楼头风物渐栖真。山临树隙朝皆舞,鸟到云深语渐亲。静几探棋看世局,闲亭拂席礼骚人。中空凉雨清宵急,相送斜敧折角巾。"(《群玉楼集》卷十八)

按:苏茂相有《张凯甫叹》,其《序》云:"清漳张凯甫,友人绍和先生之子也。生而凤慧,绍和邺架万卷,过目成诵,有韵之文,清新俊逸。年十五,尝从绍和坐予最近楼上,赋诗三首,诸公见者,共叹鲍、庾复生,为之阁笔。"(《苏大司寇以先凯叹见贻次元韵奉》附,《群玉楼集》卷六)

作《发温陵留别诸先生》(诗佚,题笔者所拟)。

张燮有《发温陵留别诸子》:"拄笻欲往且淹留,阅尽诗筒到酒筹。张楷何心居有市,阿融在处岸移舟。星驱岫色偏连晓,暑逗榕阴已透秋。欲问前林相忆处,月斜吹笛最高楼。"(《群玉楼集》卷十八)

张维枢有《别绍和兄携阿郎凯甫远游》:"山色苍茫澹暮云,怀人离别思纷纷。已驯龙性难坚卧,新长凤毛更不群。到处仍传张绪柳,何人不慕曲江文。今宵且醉楼头酒,风雨秋中倍忆君。"(《发温陵留别诸子》附,《群玉楼集》卷十八)

丁启濬有《绍和词丈赴吴诗以送之》:"吴门高士有奇踪,访古曾传虎下春。莫乐相知轻桂楫,耐他秋色老芙蓉。尘分鹿苑千人座,帆落枫桥半夜钟。寄语剑南严节度,不劳闺帖信从容。"(《发温陵留别诸子》附,《群玉楼集》卷十八)

七月,随父出泉州,经莆田,至会城,留十余日,徐𤊯招崔征仲等集绿玉斋。马歘又招张燮、徐𤊯等饮醉书轩。南居益中丞生辰,招饮署中。与徐𤊯、郑以交等集于山。

张燮有《黄若木以诗赠行少驻湖园用韵为别》(《群玉楼集》卷十)。

黄光有《送绍和盟长暨凯甫世丈游吴》:"三千里外将雏行,一望兼葭野色平。命世长持骚雅柄,问船欲避孝廉名。秋烟驿路枫犹翠,夜月江关雁几声。珍重阿戎谈更胜,吴儿谁许抗前旌。"(《黄若木以诗赠行少驻湖园用韵为别》附,《群玉楼集》卷十八)

作《徐兴公招同崔征仲陈泰始集绿玉斋用平字》(诗佚,题笔者所拟)。

张燮有《徐兴公招同崔征仲陈泰始集绿玉斋垒儿偕赋用平字》:"护径青岚帚,高低屐转清。忽疑披小酉,兼许及长庚。烧叶山炉沸,编荷野制成。

惭无机石至,何以问君平。"(《群玉楼集》卷十)

作《马季声招饮醉书轩同徐兴公崔征仲陈泰始郑与交陈叔度高景倩同用开簧二字》(诗佚,题笔者所拟)。

张燮有《马季声招饮醉书轩同徐兴公崔征仲陈泰始郑与交陈叔度高景倩及垒儿在坐同用开簧二字》二首,其一:"径仄壶中入,翳然林水隈。携将新酿熟,传得赐书来。芝以焚枯折,花因梦笔开。相期酣韵事,漫遣玉山颓。"其二:"诸马眉皆白,如君定最良。一官贫小草,有赋盛长杨。岸帻临高树,移杯近众芳。何烦丝与竹,坟典自笙簧。"(《群玉楼集》卷十)

作《南中丞初度招饮衙斋同汪明生徐兴公崔征仲郑以交用中丞韵》(诗佚,题笔者所拟)。

张燮有《南中丞初度招饮衙斋同汪明生徐兴公崔征仲郑以交及垒儿在坐用中丞韵》(《群玉楼集》卷二十三)。

南居益《甲子生朝绍和世兄以诗见赠是日招集署中作此奉酬有序》,《序》云:"伊余初度,届此清秋,绍和世兄爱携令器,命驾清漳,眷言致颂,属明生既至,征仲、与交方临,并邀兴公入坐。会海警之告沈,兼饮至而命爵。蓬桑借色,铙吹增雄,诸公有作,勉为酬谢。虽词惭和雪,而谊托扬风,不知其形之秽矣。"诗云:"大火驰西陆,浮生降此辰。蒲零秋月署,桑挂海天振。万里违乡国,频年去懿亲。不图三益友,还轫四筵宾。命醴分清潋,充庖足细鳞。豆兼秦味远,声变越吟新。明月飞霜夜,流商度雪春。石花聊点缀,松竹亦纷纶。舞剑军中乐,投戈化外驯。但驱烟岛鳄,敢望海山神。嘉颂非吾有,深衷缔友真。铙歌劳鲍孟,雅会集陈荀。小友看文若,颓颜媿丈人。具知太史奏,星聚口南垠。"(《南中丞初度招饮衙斋同汪明生徐兴公崔征仲郑以交及垒儿在坐用中丞韵》附,《群玉楼集》卷二十三)

七八月间,过武夷,徘徊不忍去。嗣访烂柯山、钓台、两高、三竺,各有咏(诗佚)。

作《武夷泛舟》(诗佚,题笔者所拟)。

张燮有《武夷泛舟四首》(《群玉楼集》卷八)。

按:于垒次岁夏有《重泛武夷穷九曲之胜》(衷仲孺《武夷山志》卷十一),知先前曾泛舟武夷并有诗;又据张燮诗,知于垒有是作。

又按：池显方《二奇童传》："甲子，随孝廉远游。至会城，南中丞邀与同席。至武夷，大叫奇绝，恍若故乡，徘徊不忍去。嗣访烂柯山、钓台、两高、三竺，各有咏。抵吴门，周中丞邀入署中。"（《晃岩集》卷十三）

八九月间，随父到姑苏，抵苏松巡抚周起元。酒筹诗帙之外，都无所关。

按：《亡儿茂才凯甫行状》："其入署驻蔚霞堂，酒筹诗帙之外，都无所关。仲先每叹郎君言简而远，人温而栗云。"（《群玉楼集》卷五十四）

九月，在姑苏，随父燮与周起元中丞集。

作《九日周中丞来鹤楼宴集》（原无题，笔者所拟）。

张燮有《九日仲先中丞来鹤楼宴集同孝翼垒儿赋分得三字》："连天秋色大江南，胜序黄花杯事酣。啸处长携鸾作对，行时频报马成三。半城笳鼓澄波霁，百道风烟远岫含。漫向龙山推胜事，角巾欹侧发毵毵。"（《群玉楼集》卷十八）

冬，在姑苏。周起元为张燮刻《七十二家集》。

是岁，窥韵事，长者多赠诗。

按：张燮《简黄贞父》："豚儿年十五，精窥韵事，挟以俱行，而名长者多赠之诗，欲求黄先生为书'长霄和鹤'四字，置卷首。"（《群玉楼集》卷六十七）

天启五年乙丑（1625） 十六岁

正月二日，周起元受严谴。八日，初度，张燮有诗纪之。九日，随父燮风雨就道。十六日，至金陵，与林古度、宋珏等游。

按：《亡儿茂才凯甫行状》："开春二日，仲先忽奉严谴，又未忍遽言去。以九日就道，风雨凄然。明日作虎丘游，欲往虞山访孙功甫，不果。抵留京，则元夕后之一夕也。客傅望之小楼，因觅林茂之为儿游导。"（《群玉楼集》卷五十四）

张燮有《谷日垒儿初度》，略云："好忆逢悬矢，相期荷折薪。缥囊行处满，散帙未全贫。"（《群玉楼集》卷七）

按：张燮《灵谷寺志》："今年春拉小儿于垒，偕林茂之挈榼重游，既抉松籁以入，而又塞梅梢以出都。"（《群玉楼集》卷四十五）

作《入金陵过傅望之留酌》（原无题，笔者所拟）。

张燮有《入金陵过傅望之留酌同阿季远度及垒儿赋》："黄昏驱马帝城隈，晓起投君破绿苔。风雨顿教春事减，溪山犹许酒人来。张家剩有楂梨戏，傅氏元推伯仲才。促席相将忘世法，愁肠强复片时开。"（《群玉楼集》卷十八）

作《与宋比珏集莫愁湖之快圃共用湖字》（原无题，笔者所拟）。

张燮有《宋比玉携酌莫愁湖之快圃林茂之及垒儿同赋共用湖字》："波心水鸟惯相呼，解报佳人是姓卢。遂有亭台盘岸出，不妨花柳倩云俱。芳郊落照偏含岫，小艇清歌欲上蒲。漫问褰裳深浅水，樽浮五石狎江湖。"（《群玉楼集》卷十八）

宋珏有《集张绍和社长及凯甫茂之诸君于莫愁湖之快圃共享湖字》："秦淮春水来还未，长浸钟山在此湖。城郭斜连避暑殿，人家半入辋川图。莫歌莫舞诗千首，愁月愁花酒百壶。柳眼已青桃欲放，斜阳归路倩人扶。"（《宋比玉携酌莫愁湖之快圃林茂之及垒儿同赋共用湖字》附，《群玉楼集》卷十八）

二月，随父燮游皖南，访阮自华、阮大铖；阮大铖令人迎至垒，并赠诗。随父游庐山、小孤山、石钟山，并有记。周起元取道汀州，燮由吉安、信州入闽。

阮自华有《张绍和征君以子凯甫自闽来访见赠赋答》，略云："为说何人较天禄，无言挟子入名山。"（《过阮坚之使君留酌》附，《群玉楼集》卷十八）

作《庐山看云》（《全闽明诗传》卷四十一）。

按：《亡儿茂才凯甫行状》："二月渡江，登三山矶，俯白鹭洲，如横襟带行。遡采石，乱流而渡至池，望九子于江中，遥青欲擘，挂筇齐山，遍穿皆美。昔人言可望不可登，可登不可望，或然也。比抵皖城，阮坚之使君来访，邀饮宅上。集之卜居龙山，因走数十里诣之。集之问儿胡不偕来，余曰：'倦卧舟中耳。'坐良久，出儿近诗相示，集之大叫绝倒，急令人觅舆迎儿，先作一诗为儿赠。其为远道名流所钦又如此……至宿松，及仲先舟，五两临风，朋共飘荡。二日，石钟山；五日，匡庐；半日，滕王阁……"（《群玉楼集》卷五十四）

又按：苏茂相《张凯甫叹》，其《序》："侍绍和游楚、越、三吴，入金陵，观高皇帝宫阙，归而屈才习制举义学。使者觉牍，诧其奇古，拔冠诸生。一时，宇内宗工大老辄忘年与交，引为小友。凯甫眉目韶秀，体文弱不胜衣。酷嗜坟索，言谈举止，清远绝俗。或有言其早成不为重器者，余引李宾之、王元美诸前辈解之。"（《苏大司寇以先凯叹见贻次元韵奉》附，《群玉楼集》卷六）

四月十八日,随父抵建阳,南居益持资助镌梓《七十二家集》,助父料理其事。

按:《亡儿茂才凯甫行状》:"既入潭阳,南中丞闻余当入闽,所遣使持梓资迎余,亦以是日同至。署篆者扫福山寺待客,梨枣既集,鱼豕烦人,父子并力如偿逋,惟恐不给。"(《群玉楼集》卷五十四)

又按:潭阳,即建阳。

六月,避暑武夷山,几遍三十六峰,作记万言,有终焉之志;南居益目之为"才人"。 拟游玉华洞,适至,遂于徐周旋数日;徐𤊹拟卜隐武夷,有诗赠之。

作《换骨岩》(衷仲孺《武夷山志》卷九)。

作《重泛武夷穷九曲之胜》《七曲登百花庄六曲城高岩五曲更衣台宿焉》《游事将终归抵万年宫小酌》(《武夷山志》卷十一)。

张燮有《七曲登百花庄六曲登城高岩至四曲登更衣台追赋二首》《虎啸岩绝顶》(《群玉楼集》卷十一)。

作《登铁板嶂吴若蓉山房》(衷仲孺《武夷山志》卷十二)。

作《武夷纪游》五首(衷仲孺《武夷山志》卷十二)。

作《武夷游记》(衷仲孺《武夷山志》卷十七)。

作《武夷杂记》(衷仲孺《武夷山志》卷十八)。

作《虎啸岩巅》(郭柏苍《全闽明诗传》卷四十一)。

张燮有《登铁板嶂吴若容山房》《虎啸岩巅》(《武夷山志》卷十二)。

按:《亡儿茂才凯甫行状》:"六月,避暑武夷,殆遍三十六峰之胜。儿体羸弱,然登陟欲飞,世所矜险绝处,等闲过之,如履坦用能,穷幽极幻。世人仅泛五曲,蹑天游,高者至攀接笋,问小桃源,便谓武夷尽此。何知万山深处哉! 儿至是便有终焉之志,归作记近万言。阅之,如河汉之无极也。"(《群玉楼集》卷五十四)

又按:池显方《二奇童传》:"再至九曲,喜而欲狂。体素弱,然搜幽括奥,攀陟若飞,几遍三十六峰。撰一《记》,近万言,观者惊河汉之无极也。时别驾署县,谒中丞。中丞语以'两才人在贵治,君知之乎?'别驾询为绍和父子,急访之。凯甫曰:'此因人知者,岂人知哉!'竟避不见,前至建州。予适在寓中,因同游黄华山。阅予《南参集》,语孝廉曰:'读池先生诗,如泛

九曲也.'遂别."(《晃岩集》卷十三)

七八月,寓建阳。南还,与父游建州黄华山。经福州,往游鼓山,父张燮有诗问山灵导乎先路。见陈一元。过泉州,苏茂相录其诗于扁置楼头。

张燮《将之玉华南中丞已赠符矣适徐兴公抵建安垒儿贪与数日周旋遂辍山游之兴志慨二首》(《群玉楼集》卷二十九)。

作《徐兴公将卜居武夷以诗决之》(衷仲孺《武夷山志》卷十二,又郭柏苍《全闽明诗传》卷四十一)。

张燮同时作有《徐兴公将卜居武夷以诗决之》(《群玉楼集》卷二十三)。

徐𤊱《予以天启乙丑之秋客潭阳访郑别驾时潭友詹鼎卿丘文举郑侨也徐试可江仲誉江毅甫李君宸李培之传希丙萧飞卿僧自西相欸欢甚而清漳张凯甫寓福山寺中俯仰才逾一纪故人凋谢殆尽追感往事不胜怆然》(钞本《鳌峰集》二十七)。

张燮有《垒儿将之鼓山余已剧冗不克赴薄次旧游寄讯山灵因为垒儿先路》:"忆昔凌峰游,石磴苔纹老。灵源壁十寻,尘襟对如扫。少焉崱屴峰,采真穷探讨。天风撼海涛,浓烟漫浩浩。归路雨倾盆,遍湿忘苦恼。经今八九年,长峦旷幽抱。殿宇增辉煌,当阶横瑶草。孺子耽挂筇,神姿凌苍昊。选胜恣攀跻,就中兼访道。绝顶值晴明,四望通遥岛。别有云深处,天门神所造。何必慕骖鸾,适意振其藻。余惫莫能从,衣裳屡颠倒。山灵应见痴,卧游亦太早。"(《群玉楼集》卷四)

按:《亡儿茂才凯甫行状》:"余尝满拟之玉华,行有期矣,值徐兴公、马季声于旅舍,儿因阻余无行。生平好游,却为朋情所夺,亦其真至处耳。入建州,则游黄华,而习杨学宪稚实……入榕城,则登鼓山,而习陈京兆泰始。榕城而下,余闻先宜人有霜露之疾,兼程夜趋,然温陵犹及见子环、弘家、亨文,披襟道故。苏公最近楼献诗无虑千百,其录扁置楼头者,仅余父子诗数章而已。"(《群玉楼集》卷五十四)

九月,抵漳。

十月,父张燮初度,有诗寿之;燮用其韵答之。

作《父初度寿诗》(诗佚,题笔者所拟)。

张燮有《初度示儿用儿韵》："老眼容添白,枯颜不驻红。云山来自迥,坛坫事仍崇。几处移征雁,随宜共蠹虫。傥成鹖冠子,间值鹿皮公。车笠朋情外,筇铙客思中。韶华增马齿,音驿阻鱼筒。挟得毛疑凤,仪将羽作鸿。菊余餐冷蕊,桂老醉寒丛。素业还家宝,玄心足父风。老人生计拙,不必问昭融。"(《群玉楼集》卷二十三)

按:张燮诞辰日为十月二十九日。

是岁,善病,父燮忧之。

张燮有《垒儿善病率示短章》："售方较药懒登台,书签犹向石屏开。文禽啸树断还续,舞蝶穿云往又回。清虚日来亦自好,但愿真身无苦恼。串凭文囷代萱苏,隐几息机吾将老。"(《群玉楼集》卷七)

天启六年丙寅(1626) 十七岁

七月,李遵廷尉过集张燮斋,时于垒在坐。

张燮有《李于鸿廷尉过集二首》(《群玉楼集》卷十二)。

李遵有《同吴潜玉过绍和先生斋中时长公凯甫在坐赋纪二首》,其二:"姓字名居逸,风流容颇狂。但将科散意,羽翰亦无妨。豹隐时深雾,龙腾日以藏。怜君深父子,星聚复吾乡。"(《李于鸿廷尉过集二首》附,《群玉楼集》卷十二)

秋,张燮有建阳之行,于垒同行。寓福山寺,与徐𤊹晤。病。

徐𤊹有《予以天启乙丑之秋客潭阳访郑别驾时潭友詹鼎卿丘文举郑侨也徐试可江仲誉江毅甫李君寔李培之传希丙萧飞卿僧自西相款欢甚而清漳张凯甫寓福山寺中俯仰才逾一纪故人凋谢殆尽追感往事不胜怆然》："借宿僧寮十载过,流光如水易蹉跎。旧交屈指凋零尽,往事伤心涕泪多。山下丛林更鼎盛,阶前老树故婆娑。昔年稚子今俱长,笑指衰翁鬓未皤。"(钞本《鳌峰集》)

秋冬间,父燮夜深呼之共语。

张燮《夜深梦觉隔壁呼垒儿共语口占志之二首》其一:"窸窣偏怜汝,献酬独起余。笑来蝶梦转,替作鲤趋时。"其二:"竖义发前踪,应声随后劲。刘琎嫌太迁,束带犹待竟。"(《群玉楼集》卷二十七)

冬:祖母卒。

按:详下。

是岁,初试,为葛学使所知,拔第三名。编《山史》。

张燮有《垒儿见知主者拔置前茅评其文曰布景处可分骚坛片席因成二首》,其一:"出世元偕隐,投入忽见收。胸中容半豹,目下倘全牛。剑拭星先射,珠明月自流。从兹帷下日,未暇远行游。"其二:"储来非白幓,选去足青钱。取履桥边路,弃繻关外阡。高坛存小草,尺幅见芳荃。转忆区中业,于今莱尔传。"(《群玉楼集》卷十二)

按:《亡儿茂才凯甫行状》:"儿于应世业,雅能自辟堂奥,古而多姿,侪辈推为法物。学使者钱塘葛公擢第三人,评其文曰:'叙景处足分骚坛片席。'"(《群玉楼集》卷五十四)

张燮有《寄林茂之》:"纡入幔亭,勾当锒事,比返故山,已逢秋老矣。残冬先慈见背……垒儿初试幸为学使所知,然卧病经时,赢形转甚,既戒其述作,然披阅竟自难废,因取名'山记',下上之,聊有散怀,便欲精择,汇成《山史》一书,以传于后。大旨悉载《募文疏》中。茂之杖履所都,定多写照,在阿堵之上,所望倾筐掷示,振采群峦,不亦快乎!"(《群玉楼集》卷七十二)

是岁,苏茂相为张于垒《舒节编》作序。

张燮有《苏弘家为垒儿作〈舒节编〉序见寄赋此志怀》(《群玉楼集》卷二十四)。

天启七年丁卯（1627） 十八岁

春,旧疴复作,决意不就省试。

按:《亡儿茂才凯甫行状》:"入春,于帖括事故欲太励,旧疴复作,遂决意不令就省试。"(《群玉楼集》卷五十四)

夏、秋间,清赢日甚,屏绝墨庄。

按:《亡儿茂才凯甫行状》:"夏秋之界,渐尔勿药,然清赢日甚。医云宜屏绝墨庄,因罢弃一切,惟徐取古今名山记阅之,以替卧游。"(《群玉楼集》卷五十四)

八月中秋,父燮病疮,与族兄弟探视之。

张燮《中秋夜余正病疮垒儿与诸侄中庭小酌余卧而观之漫兴二首》，其一："凉侵病骨恰分秋，卧对空阶月自流。坐上弘微谁独步，但言人是乌衣游。"（《群玉楼集》卷三十）

冬，病艰，父燮甚忧之；朱延之使君出医方见贻。

张燮有《口占示儿三章儿稍病困聊用自遣》，其一："忙中何所事，药裹与书签。乱帙有时理，丹方何日恬。"其二："劲松托山巅，新枝亦太瘦。雨露百不须，经冬乃弥茂。"其三："中庭步月华，颇挟微霜泠。帘垂户限间，幽悰时耿耿。"（《群玉楼集》卷二十七）

张燮有《垒儿卧疴艰于假寐朱延之使君出医方见贻兼饷乡物占谢四首》，其一："巢低弱羽杳难骞，展转霜深苦未眠。幸矣凤凰遗竹实，也应稳帖卧寒年。"其二："惠泽平分接海涛，愁人侧耳慰牢骚。枕中鸿宝方仍秘，乞作幽凄续命膏。"其三："玉版禅师路许长，如瓜之枣几人尝。桂薪不斧丹将熟，题识依然出尚方。"其四："吸取中霄日月华，上池水满浸流霞。葆神却透长生诀，宴息先教集候嘉。"（《群玉楼集》卷三十）

十一月，不眠，一夜数起。病中点定《武夷记》，刻之。

按：《亡儿茂才凯甫行状》："入仲冬，良苦不眠，一夜数起……病中点定《武夷记》，刻之，又倩友人录一小本，寄往山中。"（《群玉楼集》卷五十四）

十二月，病中料理山史。念六日，卒。于垒生前，与转运郑龙屿女有婚约，未娶。

张燮有《垒儿病中料理山史时共商榷戏以问之》："掩关瘦骨太凄清，谈义风从耳后生。每从卧游综野史，却以舌学补山经。个中阡陌容驱遣，无数烟霞欲送迎。孰是真长教尔药，依然峰意及文情。"（《群玉楼集》卷二十一）

按：《亡儿茂才凯甫行状》："嘉平近半，始获安枕，然体稍愈。医者言脉已愈，意睡足便佳耳。夜醒稍仿佛，多认梦为真，然食饮坐起俱如常。垂及易簀，医者犹云脉佳也……儿生万历庚戌谷日，逝于天启丁卯臘月念六日，年止十八。"（《群玉楼集》卷五十四）

又按：十二月二十六日，公历为1628年1月31日。若以公历计算，则年十九。

又按：张燮《亡儿茂才凯甫行状》："儿始聘中丞王玉沙公女，女以哭父致疾，稚齿而捐。久之，聘转运郑龙屿女，未娶而儿又捐。"（《群玉楼集》卷

五十四）

又按:张燮《为垒儿与郑转运婚启》(《群玉楼集》卷七十八)。

是岁,黄道周有书致于垒。

黄道周《答张凯甫》:"寇攘纵横,窀岁未毕。每及霜露,百草衰威,顾望累邛,倚锄洒血。今方经营,合兆胼胝,未能笔研之缘,既非荒顿所安,兼又牢骚不副。仰诵鸿文,循环来翰,字削蜀桐,言锵泗磬,使钱铿二子,结其簧中;魏骞诸孙,绣其鱼网,赞则不逮,诵之何为,所以跨踏选隙,掩哑避才,叹截锦之蚕还,伤秉烛之滞晚者也。兄体清思邈,昕夕神劳,诚宜观息牝谷之元,塞却鸡坛之下,一进缔义,陶然花鸟。文致虽多,经心耀火;拣阅诸务,赢弊愈多。何者?咏作则慧茧独抽,拣阅则明膏四射。茧独抽者尚锦,膏四射者易竭,所以先罢追古之辕,次停驰今之趣,亦尊公之极情,良朋之宏致也。文虽饶兴,乐亦殊方,鹄白虫华,俱有皋响,松青蕙秀,咸属芬科,而览者狎蕙以私松,听者遗虫而采鹄,亦原本自然,逍遥玄旨,非独魏武忧其损年,杨云叹其灭性也。城阿阻遏,形怀萦邈,聊此贡素,不悉言思。"(《黄漳浦集》卷十五)

按:庄起俦《漳浦黄先生年谱》卷上:"(天启)七年丁卯,先生四十有三,时海寇屡警,摽掠肆行,郭外邻里,远近为墟。先生独营坟不辍。诸暴客亦相戒无扰。腊月乃葬太夫人于北山"(《黄漳浦集》附)道周作此书时其太夫人坟尚在经营中,腊月坟成,于垒亦病亡矣。又此"钱铿二子"、"魏骞诸孙",为武夷山常典,于垒前岁、次岁游武夷,有记游及诗多篇,故此书有"仰诵鸿文"之语。

崇祯元年戊辰(1628) 殁后一年

元月,元日、初八日,张燮有诗哀痛于垒。初七,黄道周得于垒讣,有书致燮。

张燮有《戊辰元日先垒去已六日矣歌以佐哭三首》,其一:"东风昨夜到菰蒲,敬豫于今不可呼。久拟大年成大隐,谁知生菜夹生刍。千行作赋缠文苑,万里看山阅画图。谩说有丸能却鬼,但愁才鬼影糊模。"其二:"鱼龙百戏幻苍穹,十八年华局已终。不管身先蓝尾酒,谁怜亲是白头翁。桃花手植犹难待,柏叶为铭久自工。错忆去年逢此日,舐毫相顾乐融融。"其三:"谁家恸哭倚林阿,箫鼓城中遍浩歌。杖即游仙嫌太早,酒难辟恶奈如何。武夷记后

云皆满,庐岳归来瀑已过。强起辛盘聊共榻,乍疑遗像已微酡。"(《群玉楼集》卷二十一)

张燮有《谷日为先垒诞辰悄恍以为犹生也口号二首以告几筵》,其一:"阅世无多日,生天自一时。谓膺金简锡,诅赴玉楼期。草露移丹鼎,花风荐酒卮。不堪人睡去,应遣梦中知。"其二:"远算真难料,浮生不自由。山装支五岳,笔冢预千秋。何计延青鸟,虚言骋紫骝。年年逢此际,春事唱还酬。"(《群玉楼集》卷十二)

张燮有《遣愁》:"此生三万六千场,花谢花开枉自伤。云锦自华还早散,日车少驻故难长。虚凭庄叟能齐物,安得公荣数举觞。林影参差喧度鸟,可容峰半少回翔。"(《群玉楼集》卷二十一)

黄道周《答张汰沃》:"人日闻凯甫之信。惊悼不可忍。人间可哀,真为二筏缑岭不还,恰临子晋矣。如此人乃不得二十,使颜回自为尊宿,卫玠亦据彭年,我辈视之《黄鸟》鸣哀,不知汰沃如何辛楚!"(《黄漳浦集》卷十五)

三月,于垒没后六十余日,张燮设一榻灵座前,日与相对;黄道周有书悼于垒;徐𤊹致书悼于垒。曹学佺有致书,悼于垒。

按:《亡儿茂才凯甫行状》:"儿没之六十余日,余设一榻,坐起灵座前,枥沐饮吃,日与相对,每翻阅有得,缀属有就,辄陈香案上,呼儿质之,如其犹生。"(《群玉楼集》卷五十四)

张燮有《得黄幼玄书感怀怜先垒也》:"交知连玉海,书札自铜山。怜却童乌去,疑同赢博间。乾坤浑是幻,神理杳难攀。藻坫留千古,丹方失九还。愁肠心倍素,短算鬓从斑。花到春经眼,鸟因风破颜。合离遥自失,悲喜最相关。梦起憎迷路,怀人何日闲。"(《群玉楼集》卷二十三)

徐𤊹《答张绍和》:"传云郎君腊月赋玉楼矣。天乎,何夺才士之速也!自古文人不寿者亦多,然未有不及二十而遂玉折、且婚媾未谐,绝无血胤,尤堪痛悼。昨得手书,开缄展读,不及终篇,有泪盈掬……仁兄迭罹此祸,何能为情。"(《红雨楼集·鳌峰文集》册八,《上海图书馆未刊古籍稿本》第44册,复旦大学出版社2009年版)

张燮有《答曹能始》:"亡儿无他嗜好,只有读书看山,临没所为诗文,殆无一字轻掷。忽焉长逝,如何可言……弟今年来置一榻于小儿灵座旁,一知一解,辄以相告,未忍便尔离别。容嗣图之。儿病中汇次《山史》,功甫及半,顿尔弃捐。今须代为成就。"(《群玉楼集》卷七十三)

曹学佺《元书》:"顷闻郎君仙逝,寂寞斯人,丧其国宝。凡在同声,莫不凄恻。兄又何以为情也! 其或行游于外,以散之乎寓内。"(《答曹能始》附,《群玉楼集》卷七十三)

十二月,黄道周为作《墓表》。与黄道周重游石室,开万石山诸洞,因怀子于垒。葬于垒,书写于垒墓碑。

张燮有《重游石室同黄幼玄赋共享关通二字》,其一:"此生忽如寄,值胜且跻攀。野鸟仍窥槛,山云屡护关。翳空添树密,溜石引泉还。鸾啸千林起,山装澹蔼间。"其二:"重来犹失路,洞穴巧相通。时比五丁凿,翻疑竖亥穷。法坛烟树杪,曲室雨花中。未忍下山去,随缘命酒筒。"(《群玉楼集》卷十二)

黄道周有《汰沃卜居万石余因之欲往云洞口冬日同过石室携凯甫记将勒寺中共享通关二字》,其一:"倦翮岂能稳,征途适未穷。麋群新接径,鸿爪旧书空。选石安奇字,绷巢试鬼工。未应疑客子,穿窦与云通。"(《重游石室同黄幼玄赋共享关通二字》附,《群玉楼集》卷十二)

张燮有《黄幼玄来驻山中共开诸洞有怀先凯二诗见贻辄用来韵》(《群玉楼集》卷十二)。

黄道周有《开万石诸洞有怀凯甫呈汰沃先生二首》,其二:"一丘亦物禁,绝壑为谁开。宛委崇朝合,灵威白日来。笙寒驾鹤峤,鸟尽呼鹰台。犹忆幔亭上,钩梯共几回。"(张燮《黄幼玄来驻山中共开诸洞有怀先凯二诗》附,《群玉楼集》卷十二)

张燮有《先垒送葬作短章挽之以好语易其哀音聊与逝者粗相慰也十首》(《群玉楼集》卷二十七)。

按:张于垒葬于漳州市南万石山,墓碑正文为"明邑文学圣童祀特祠张凯甫之墓",右书"崇祯元年嘉平吉日",左书"汰沃老人绍和立石"。(拓本。碑文为隶书,高66公分,宽38公分。详作人辑《志古遗玉》,影印本,漳州曾进兴君提供)

黄道周《张凯甫墓表》:"张凯甫卒其明年,且葬,其父汰沃为之述其《状》,其友史周为之表其墓,盖凯甫之名,生著十八年矣。天下多慕凯甫者,然生见凯甫，不悟其为回献，无为死而诵回宪矣。凯甫生时，吾沐浴其家，亲见其褓襁别识行墨，八九岁歌咏酬客，流鉴百氏，自是长进，动与道叶。十三岁而诗成，十六岁而成其文章，自吾所见，道艺之就未有若是之迅者也。呜呼！凯甫不死，明无徐、李；凯甫不亡，唐无王、杨。自凯甫之死，而家哭颜子；凯甫之亡，而吾哭董常。虽然，凯甫则故不死。题石而号之曰：嗟尔麟也，胡为乎来哉！不来则尔思，来则尔灾。呜呼，张生云何不哀！"（《黄漳浦集》卷二十六）

是岁，苏茂相有诗叹于垒早逝。

苏茂相有《张凯甫叹》："霭云长聚兰不凋，天地何从见息消。适去适来寻常事，不祥宁尽美好招。君不见，清漳张凯甫，珠胎玉芽发垂髫。十三载籍穷百氏，十四骚赋掩六朝。登我小楼留赠句，清词俊气倚云霄。随亲万里壮游遍，丽藻江山助益饶。习策明经期应制，服膺王佐赋鹡鸰。倏然玉楼应召去，冥冥天路谁能邀。住世春秋十八耳，厥材惜不见惟乔。云灭兰萎人所叹，白头悲翁岂自聊。吾请为翁下转语，贾傅终童古如此。麟趾凤毛乍览辉，肯豢尘寰长栖止。又请为翁说逍遥，大椿千岁菌崇朝。性命各正何修短，彭殇神理同沉寥。愿翁爽然且自宽，偶犯人形勿控搏。遗言不朽藏名山，凯甫千秋在人间。"（《苏大司寇以先凯叹见贻次元韵奉》附，《群玉楼集》卷六）

是岁，里门为于垒建幼清祠于芝山，池显方有诗纪之。

张燮《里门士绅为先垒建祠芝山之半远近慕义差慰存没》，略云："群公匀插翩，当路许腾骧。卜筑千林树，流芬一瓣香。螭肠从石化，马骨或台偿。道业乾坤古，文心云汉章。就中堪老大，到底未凄凉。异世存兰佩，宗风预桂浆。"（《群玉楼集》卷二十四）

曹学佺有《寄题张绍和令子幼清祠》："祠成何必着辉煌，文焰遥看百尺长。漳水有清无浊处，伊人宛在此中央。甚难割爱头垂白，太不怜才憾彼苍。我亦有儿曾举选，年悭三十梦炊粱。"（《赐环篇》下）

按："年悭三十"，曹学佺子孟嘉卒时年近三十岁。

池显方有《张凯父幼清祠》二首，其一："奇人当异数，苹藻荐文章。生受圣童号，没为才士光。遗编嫌语少，下拜愧须长。似子年斯慧，古今谁可方？"其二："自是青箱种，乃翁不任功。童真忘嗜欲，肺腑蓄鸿蒙。香火两山顶，精神九曲中。晨昏闻梵呗，心地夙圆通。"（《晃岩集》卷四）

蔡献臣有《寄题张凯甫幼清祠》:"童乌不与子云玄,凯甫兰摧欲问天。诗古千言供即席,记成九曲便登仙。而翁今许文章伯,孺子早遗麟凤篇。香火青荧长不灭,时闻笙鹤过山前。"(《清白堂稿》卷十二下)

是岁,王志道游武夷,寻于垒纪游处,凭吊之,有诗。

张燮有《王而弘游武夷觅先凯纪游处吊之作二诗见寄依韵奉和》,其一:"丹梯千尺绝尘氛,按籍仍追白鹿群。杖到成龙怜物化,笙于控鹤定平分。风清自尔思玄度,路绝凭谁御李君。紫幔宾云新度曲,也应凄切不堪闻。"其二:"达者宁论亏与成,但言殇子等镆铘。源深似带胡麻去,坛古非关汉祀荣。蜕骨不随蓬海变,道身全觉紫霄轻。定有双童为导从,大王峰顶更书名。"(《群玉楼集》卷二十一)

王志道有《武夷寻张凯甫纪游处吊之寄绍和先生二首》,其一:"换骨岩头岂世氛,翻从鸾鹤怨离群。彩茵空望霓千尺,仙掌曾垂足二分。碧落有怀携谢客,丹山无语待夫君。谁家铁笛倍寥亮,应否玉楼高处闻。"其二:"文苑千秋谁凤成,如君真足夭镆铘。世上漫悲兰玉折,人间已厌艾萧荣。他日纪游知价重,当时济胜斗身轻。寄语子云休寂寞,童乌长共草玄名。"(《王而弘游武夷觅先凯纪游处吊之作二诗见寄依韵奉和》附,《群玉楼集》卷二十一)

是岁,何乔远拟为于垒撰碑文。

张燮有《何稚孝书来将为先垒作碑诗以促之》,略云:"倘容死马还收骨,长遣文禽欲护枝。曲政余酣催速藻,龙宾导从莫教迟。"(《群玉楼集》卷二十一)

是岁,有书致阮大铖,言为于垒编《遗草》,并请其为于垒《遗草》(后改名《麟角集》,详下)作序。

张燮有《寄阮集之太常》:"承许《舒节篇序》,幸无相忘。或移序《遗草》尤感。《遗草》诗二卷,文二卷,诗视昔又转一境界矣。遇昔童乌预玄,岂无撰述可垂于后,特同时刘子骏诸公不为表章,遂泯泯烟埋耳。仁兄高谊定过古人,愿惠珠琳以文枯树,此不朽之托也。《遗草》甫刻数帙,并《武夷记》呈政,一绮一箴,附致相思。"(《群玉楼集》卷七十三)

是岁,致书南居益,请其为于垒未竣之《山史》赐作。

张燮有《寄南思受》:"《山史》功甫及半,会须补足之。明公生平所届定多名制,点缀山灵,勿惜倾筐,为兹编琬琰,是其所望也。"(《群玉楼集》卷

七十四）

是岁,黄道周为张于垒作《墓表》。

黄道周有《张凯甫墓表》:"张凯甫卒,其明年且葬,其父汰沃为之述《行状》,其友道周为之表其墓。盖凯甫之名生着十八年矣。"(《黄漳浦集》卷十七)

是岁,张燮为于垒编《麟角集》,池显方为之序。

池显方有《〈麟角编〉序》略云:"丹霞张君绍和,今世之麟凤也,其才学已踞大历、西京以上。子于垒,字凯甫,幼能诗文,一览辄记。垂髫思日精,语日奇,而时发之山水,著《麟角初编》。比十有五,从父游吴越,诗益灵秀冲夷,有王龙标、储泣水之致,老宿家所不能道。《九曲》一记,足敌千古。闽、浙、吴三中丞皆引为上座。诸父执风雅之流,莫不逡巡避席,称为神童。复著《舒节编》。初试即冠诸生,而凯甫不屑也,梦寐惟萦山水间。使假以数年,六岳奔而七子泣矣。乃以呕心减粒,仅十八而化。惜哉!今合二集观之,其诗文则渊实而非浮漫也,浑含而非刻削也;其人则沉静而非轻佻也,恬淡而未尝耗其精气也。竟不测其无年之故,或者麟凤并萃一家,造物忌之。然子山、长吉、惠连辈,年尚廿余,未闻有十八龄者。"(《晃岩集》卷十一)

按:合《麟角初编》《舒节编》二集为《麟角集》。

崇祯二年己巳(1629) 殁后二年

是岁,张燮贻蔡献臣于垒集;于垒五弟生。

蔡献臣有《张绍和贻凯甫集己巳》二首,其一:"我读圣童诗,如游四杰时。岂缘心呕得,要自赋来奇。青紫何难拾,乔松未可期。玉楼征李贺,千载有同悲。"其二:"宇宙才名久,可儿更出群。通家未识面,总角已凌云。仙室存灵气,遗编见古文。再来应有意,却喜慰严君。(自注:时举幼子。)"(《清白堂稿》卷十二上)

按:张于垒集,即《麟角集》。

又按:于垒此弟先于父燮卒。池显方《哭张绍和》八首,其七:"五男先去侍阿爷,地府修文又一家。"(《晃岩集》卷九)可证。

又按:于垒又有六弟,生卒年不详,父燮卒时尚幼。池显方《哭张绍和》八首,其八:"一儿虽幼觉峥嵘。"(《晃岩集》卷九)

第三编　诗文辑考

徐𤊹《红雨楼序跋》补遗考证

徐𤊹（1570—1642），字惟起，又字兴公，闽县（今福州）人。著有《鳌峰集》《红雨楼集》《榕阴新检》《笔精》等数十种。《红雨楼集》未刊。《红雨楼集》稿本在传世过程中，其题跋、序跋向为文献学家所重，清林佶辑有《红雨楼题跋》、郑杰辑有《红雨楼题跋初编》、缪荃荪辑有《重编红雨楼题跋》。1993 年，沈文倬教授据稿本覆勘，重加校定，名为《红雨楼序跋》，由福建人民出版社出版，是迄今最完备的红雨楼题跋、序跋集①。近笔者辑得徐氏序跋 12 篇，并略加考证，为《〈红雨楼序跋〉补遗考证》。

一、九日游鼓山宴游序

白帝司权，黄菊篱边呈色；金商转候，紫萸囊里生香。兹当九日之辰，共作登高之乐。江南王谢，邺下陈徐，遂挟青尊，同寻白社。小舟可买，溯几百

---

① 《红雨楼序跋》有《〈闽中诗选〉序》一文，按：该文为徐𤊹兄熥所作。熥编选《晋安风雅》（万历刻本），《〈晋安风雅〉序》下题"郡人徐熥惟和撰"，非徐𤊹撰甚明；题亦非《〈闽中诗选〉序》。熥既编选《晋安风雅》，"风雅堂"之堂名也必为其堂之名，而断非𤊹之堂名（万历三十一年，徐𤊹有《元夕同社枉集风雅堂咏走马灯》，《鳌峰集》卷十五；赵世显有《元夕社集徐兴公风雅堂咏走马灯》，《芝园稿》卷二十三，则为熥身后事）。又按：(民国)《福建通志·艺文志》卷七十有《闽中诗选》条，以为𤊹辑有《闽中诗选》，并引𤊹《红雨楼题跋》文为证，𤊹文即熥此序。不免亦张冠李戴。熥亦无《闽中诗选》之辑。

里之鲸波;双屐堪携,历千万层之鸟道。晓攀垒嶂,千头古木撑云;夜渡石门,四壁垂萝挂月。崔嵬覆岭,岚光松影交青;幽翳丛林,蝉咽籁声斗响。遥观大海,蜃气成楼;俯瞰长江,马头如带。北拱已低莲萼,西来又隘旗丘。蕞尔一区,隐隐无诸城郭;渺然数点,茫茫天外琉球。洞中流水去何方,法祖诵经喝绝;山半祇林遗故址,樵夫举火烧残。借宿虚龛,对高僧参禅演偈;采真深洞,与坐客酬酒赋诗。狂游遍灵迹之中,意气超形骸之外。兹游特妙,胜事堪传。何必登戏马之台,不让陟龙山之顶。故人生贵适志,几人能共此烟霞;而行乐须及时,尔辈当坚盟泉石。凡我同志,请各摛辞。(《红雨楼集·鳌峰文集》册一,《上海图书馆未刊古籍稿本》第42册,复旦大学出版社2009年版,第123—124页)

［考证］

此篇作于万历十八年(1590)。

陈宏已《游鼓山记》:"石鼓山,出城东三十里,其绝顶去地又十五里而遥,都人率惮不游;即游,不宿。余居江南之山,差近,盖求水而东也,故游者多从舟便。万历庚寅九月七日,社友谢在杭同钱塘胡德长过余庐中矶,约以九日登绝顶,余跃然报可。独徐孝廉惟和以旦日期陈女大登于山,辞。次日,日中,在杭乃与德长、徐惟起策款段累累来,入余花阴中,饭。饭已,趣买舟治具,而王玉生亦追至。薄暮,相与登舟,发白龙江,出万寿桥,停竹林下。良久,月隐隐出労崱峰。江光如镜,亟呼数十大白浮之。胡生雅善吴歌,歌安仁《秋声》,赋声入水,水云尽兴。余恐惊白龙眠,止之。因各刻烛为韵,烛跋,报已抵山下。开蓬望労崱,如在天上,然其翠色往往欲压余舟。寻泊港口,待潮,宿。在杭诗未就,枕畔若寒蝉吟,时时蹴余。报所得句,余悉从唫呓中赏之。五鼓,潮生,进舟山前大松树下。"(黄任《鼓山志》卷八)鼓山在福州城东三十里。据陈宏已(振狂)《记》,游鼓山的缘起,陈宏已有庐在福州南台闽江边。九月初七,谢肇淛(在杭)和钱塘胡时骥(德长)过宿陈氏庐,相约九日登鼓山。报名者还有王昆仲(玉生)、徐𤊹(惟起)等。徐𤊹兄徐熥(惟和)因与另一诗友陈椿(女大)有约在前,拟于九日登福州于山,故不果游石鼓。八日,𤊹等"策款段累累来"。薄暮,陈宏已一行买舟东下,抵山下,宿于舟中。九日,登山。据《记》,此行"凡五日,得诗若干首"。谢肇淛将诸游友所作诗汇成一帙,请徐熥作序,熥《游山集序》略云:"今年九日陈振狂、王玉生、谢在杭、仲弟惟起,将买舟邀游,邀余同往,适余与陈汝大有于山登高之约,不果。语在振狂《记》中……兹游也,翩翩同调,倡和诗文烂然成帙,足以不朽,而余复不得与快然于怀。在杭既汇集游稿,杀青以传,而属余序其简首,庶几当卧游之一助耳。万历庚寅重阳后二日题。"(《幔亭集》卷十六)除了诗,此行谢肇淛还作《鼓山赋》(《小草斋集》卷一)。此《序》虽以"游宴"名,序结以"凡我同志,请各摛辞",实亦一篇游山诗序。

二、《荔枝谱》小引

荔枝自宋蔡忠惠公《谱》录,而其名益著。世代既遐,种类日多;骚人韵士,题品渐广。然散逸不收,则子墨之失职,而山林之旷典也。惟时朱夏,侧生斯出。名题于西川,贡珍于南海,吾闽所产,实冠彼都,可谓庐橘惭香,杨梅避色者也。爰仿蔡书,别撰兹《谱》,状四郡品目之殊,陈生植制用之法,旁罗事迹,杂采咏题。品则专取吾闽,事乃兼收广、蜀,物非旧存,品惟今疏。愧闻见未殚,笔札荒谬,博雅君子,将罣挂漏之讥,予小子何敢辞焉。

万历丁酉,晋安徐𤊹兴公记。(徐𤊹《荔枝谱》一,邓庆寀《荔枝通谱》卷八,崇祯刻本;又《说郛续》四十一)

[考证]

此篇作于万历二十五年(1597)。

荔枝有谱,自蔡襄始,蔡襄《荔枝谱》一卷,凡七篇:一曰原本始,二曰标尤异,三曰志贾鬻,四曰明服食,五曰慎护养,六曰时法制,七曰别种类。自蔡谱出至万历中年,朝经三代,年历五百,文献渐多,故𤊹别撰谱七卷:一曰福州、兴化、泉州、漳州诸品,二曰种、啖、培、晒、焙、煎、浆,三曰叙事,四曰文类;五曰赋类,六曰诗类,七附以自己所作《荔枝咏》诸作。徐𤊹题《蔡忠惠年谱》:"𤊹以万历丁酉取忠惠《荔枝谱》而续之,时屠田叔为闽运,通其谱而授诸梓。"(《重编红雨楼题跋》卷一)据此,知𤊹《荔枝谱》初与蔡谱合梓,名《荔枝通谱》。蔡仅一卷,𤊹则七卷;蔡谱在前,徐在后,共八卷。屠本畯为之梓。本畯,字田,福建叔转运使。崇祯元年(1628),邓庆寀又撰《荔枝谱》六卷,欲与端明、兴公鼎足而三。杀青甫毕,莆田宋珏出《荔枝谱》一卷;是岁,邓氏回乡展墓,又得莆田华亭曹介人《荔枝谱》一卷。崇祯二年,邓庆寀汇刻蔡襄谱一卷、徐𤊽谱七卷、已谱六卷、宋珏谱一卷、曹介人谱一卷《闽中荔枝通谱》十六卷。邓庆寀,字道协,邓原岳子,闽县(今福州)人,拜官长芦司鹾,转金陵武德参军。

三、《荔枝咏》小引

《谱》既成矣,异名奇品,片语单词,皆所必录。笔札之暇,取品目之佳者,各赋一诗,得如干首,附于卷后。殚其伎俩,未足拟诸形容,空贻貂续之讥,不无弩末之愧。

万历丁酉七月既望,徐𤊽兴公识。(徐𤊽《荔枝谱》七,邓庆寀《荔枝通谱》卷八,崇祯刻本)

[考证]

此篇作于万历二十五年(1597)。

《荔枝咏》四十首,又见𤊽《鳌峰集》卷二十四,无《小引》。

邓庆寀为𤊽《荔枝咏》所作《识语》:"兴公《谱》成于万历丁酉。赋诗四十首,色香味品,摹写殆尽。予近增修,复得杂咏如干篇,体虽不一,要皆为南中珍果标奇,录附其后,亦吾乡一段佳话也。崇祯戊辰邓庆寀识。"(邓庆寀《荔枝谱》一,《闽中荔枝通谱》卷九)

徐𤊽以《荔枝谱》《荔枝杂咏》寄赵世显,世显作《徐兴公见贻〈荔谱〉诗编赋赠二首》,其一:"绛雪悬苍干,珍珠走玉盘。谁将五彩笔,绘取荔枝看。"其二:"载酒频看竹,登山欲采薇。怪来艳夏里,白雪向人飞。"(《芝园稿》卷二十五,万历刻本)

四、《榕阴新检》序

夫庄生寓言夫大鹏,洪氏因《夷坚》而作志,吴均续《齐谐》而志怪,野史集《虞初》以成书。不惟好古之士,甘之若海错山珍,即愚夫愚妇,亦嗜之若凤羹鸾炙矣。不佞家承万卷之藏,日手一篇,与蠹鱼为伍。于凡吾郡之事,往往见诸载籍,疑信参半,乃就榕阴之下,随笔录之,各分其类。稗官小说之例,史乘有者不入焉。全忠死孝□事,不传于信史,志诚可□。正仁厚之□,白于皇天,□元堪述;岩居□□□□□□□□□衲□真,留精神于百代。□□佳句字□□□□都会名区,山川胜迹,妖□岂尽于□□□□□幽期,安得俱为影响。述而不作,或有□□麈谈;笔之于书,不有贤乎博弈?

万历甲辰三山徐㶿惟起书。(《榕阴新检》卷首,钞本,藏福建师范大学图书馆)

[考证]

此篇作于万历三十二年(1604)。

《榕阴新检》十六卷,大抵采摭古事,间录己作《竹窗杂录》及友人作,分孝行、忠义、贞烈、仁厚、高隐、方技、名儒、神仙、妖怪、灵异、冥报、数兆、胜迹、物产、幽期、诗话十六门。所载多闽中事,以闽中多榕,书抄撰于榕阴,故名。有万历本。万历本有吴腾蛟序,而无㶿自序。《四库全书总目提要》卷六二《史部·传记类存目》四,两淮盐政采进本,八卷,分孝行至神仙八门。疑仅为半部。福建师范大学图书馆藏本仅五卷,编次与万历本异,且溢出数十则,疑据初稿本所抄。

五、红云社约

《清异录》云:刘銶每年于荔枝熟时设红云宴。余恒想其风致。吾闽荔子甲于岭南、巴蜀,今岁雨旸时,若荔子花头甚繁,树梢结果累累欲红。自夏至以及中秋,随早晚有佳品。

今约诸君作餐荔枝会,善啖者许入,不喜食者毋请相溷,先定胜地、名品以告同志:平远台、法云寺,白、密二树,异品也,必先半月向主僧买其树,熟时往食——本宗上人主之。西禅中冠,甲于城内外,马恭敏赐葬之所,极繁、极美——马季声主之。尚干满林香,香倍众品,唯林氏有三五树,非至亲往求,不得入城,陈伯孺居与林氏至近——伯孺主之。磨盘,大如鸡子,高景倩东山别业有此种,今岁生尤繁盛——景倩主之。凤冈中冠,为福州第一品,必至其地始得选食,但路隔一水,非舟楫莫至——谢在杭主之。胜画,出长乐六都,更有一种鸡引子,亦出六都,同时出——在杭长乐产也,再主之。绿玉斋前新植一株,枫亭种也,今岁结实不甚多,食毕,足以他品——余主之。枫亭荔子名甲天下,核小香浓,一日一夜可达会城,色香未变——周乔卿莆人也,主之。桂林一种,味极甘美,凌晨皆于万寿桥货鬻,间有挑入城者——吴元化、郑孟麟主之。

会只七八人,太多则语喧;荔约二千颗,太少则不饱。会设清酒、白饭、苦茗及肴核数器而已。不得沉缅滥觞,混淆肠胃。每会必觅清凉之地,分题赋诗,尽一日之游。愿同志者守之。

万历戊申夏至前十日,徐𤊹兴公题。(邓庆寀《荔枝谱》三,邓庆寀《闽中荔枝通谱》卷十一,崇祯刻本)

[考证]

此篇作于万历三十六年(1608)。

夏至前十日,徐𤊹拟组织红云社。夏五月,南自莆田北至福州(泉州、漳州地较远,不论)或荔枝成熟,荔林成片,望去有如红云,故红云社即荔枝会、或荔枝社。其时入社者有徐𤊹、本宗上人、马歘(季声)、陈价夫(伯孺)、高景(景倩)、谢肇淛(在杭)、周千秋(乔卿)、吴雨(元化)和郑邦祥(孟麟),共九人,人"太多则语喧"。红云社,实际上也是一个诗社,"每会必觅清凉之地,分题赋诗"。万历三十四年(1606)谢肇淛入贺,八月间道回福州。十月,父汝韶卒。自此,谢肇淛家居至三十七年(1609)四月方北上。继《红云社约》,谢肇淛作《餐荔约》,"不佞复条所未尽者如左,以与同志者共守焉"。《餐荔约》计八条,其七云:"聚会既数,功课当严。若徒称雄善啖,则皁隶皆可登坛;纵使濡忍腐毫,即厮养亦嗤上水。今置一簿,携以日随,每会先记日月、胜地,次列同集姓名,主人分体拈题,坐客即席抽思,虽润色或需他日,而草创必限赴期。诗不成者,记姓名于簿,以行簿罚,无恃顽化外致,取笑笔端。"(《小草斋文集》卷二十七,邓庆寀《荔枝谱》三作《红云续约》)如若仅仅善于啖荔,"则皁隶皆可登坛",分体拈题,是社集必做的功课,故红云社,即红云诗社。五月至七月初,徐𤊹餐荔诗具体日期可考者有:《五月十七日同伯孺在杭食中冠荔枝》《十九日积芳亭食早红分得药名体》(《鳌峰集》卷四);《五月念一日集高景倩木山斋食荔枝伯孺作木墨荔枝图各赋》(《鳌峰集》卷十七);《五月廿九日高景倩斋中食矿玉荔子赋得东汉人名诗》(《鳌峰集》卷五);《五月晦日芝山寺避暑本宗上人以瓜荔作供同赋十韵》(《鳌峰集》卷十二);《六月三日集惟秦伯孺在杭乔卿性冲景倩元化孟麟本宗诸子九仙观避暑食荔分各回文》二首(《鳌峰集》卷十七)《六月四日镜澜阁食桂林荔枝》(《鳌峰集》卷十一);《六月六日集鳌峰玉真院限韵》(《鳌峰集》卷十七);《六月七日过在杭积芳亭适伯孺送方山满林香至分得钟字》(《鳌峰集》卷八);《六月初八日食鹊卵荔枝赋咏》(《鳌峰集》卷十七);《六月九日高景倩招集莲花楼食荔分得短歌行》(《鳌峰集》卷八);六月十二日《谢在杭买莆田陈家紫一日夜直抵会城同诸子集积芳亭分得送字》(《鳌峰集》卷五,按:谢肇淛《六月十二日买莆田陈家紫一日夜直抵会城招诸子同赋分得五言古诗得一屋》,《小草斋集》卷五);《十三日郑孟麟招集玉皇阁荔会分得数名诗》(《鳌峰集》卷十二);《六月十四日夜芝山禅室对月同惟秦在杭得青字》(《鳌峰集》卷十二);《六月十四日过芝山寺啖荔枝乘凉至夜》;《六月十六日积芳亭啖黄香荔枝》《六月十七日过芝山寺啖荔枝》(《鳌峰集》卷十七);《七月二日蒋子良斋中荔会分得宿名》(《鳌峰集》卷八);《七夕积芳亭啖荔七夕红荔枝》二首(《鳌峰集》卷二十五)。

六、剑津集序

予不敏,尝与人论诗曰:五言古,工于汉魏,莫盛于晋。七言古、五言律、绝,工于盛唐,亦莫盛于盛唐,惟七言律,至我朝而始工始盛,足掩三唐作者,宋元无论矣。昔人评文,以昌黎为起八代之衰,至我朝亦始工始盛。

予友邵肇复先生以《易》起家,少年联第进士,由大行铨曹晋西蜀参藩、两浙观察,辀轩所至,或故都古迹,必凭吊悲歌;乞假林居,或宴客开尊,必分题角韵。盖自释褐以来,吟草不下千首,选其粹美,皆骎骎入唐人之室,而七言极工极盛,尤号长城。所为杂文,俱本迁、固、昌黎,步骤得法,即悬之国门,公之海宇,实足以称霸中原,不独主盟坛于一方已也。

邵氏自秘书公举唐贞元进士,浚闽中文学之源,在开必先,历数百年,缵绳宗风,永以不坠。正、嘉之际,尚宝广文,诗词大振,书画绝伦,今先生继起,华藻罗胸,雕缋满眼,真上掩先晶于昭来裔者矣。

方今圣天子图治维新,以先生负经济才,犹高卧东山,荐而弗起,谁复赓歌太平,讴咏盛世,而今而后,吾知柏梁倡和,两都奏赋,必不能舍先生而载笔也。予也潦倒丘园,世弃君平已久,再三披讽,且至殷望之意云尔。

眷社友弟徐𤊹兴公撰。(《剑津集》卷首,明刻本,北京大学图书馆藏)

[考证]

邵捷春(?—1642),字肇复,一字见心,号剑津,侯官(今福州)人。万历十七年(1589)进士,历官都御史,巡抚四川,兵败,下狱死,有《剑津集》、《入蜀吟》。

七、陈履吉先生采芝堂集序

先生讳益祥,字履吉,旧怀安人也。氏受颍川,族繁柯屿,远祖司户以著作名,宋称书隐先生;厥考观察公以德位显,时推文塘前哲。

履吉生年舞象,雅志雕龙,寤寐百家之书,探索五宗之业。缥缃乍启,辄过目而镂心;彤素一挥,每惊愧而动魄。袁豹逊其博综,蔡邕让其该洽;苍舒谢其敏给,夷甫愧其谈锋。专治麟经,时誉鹊起。方隶诸生,主司许为威凤;再游国学,司成目以名驹。于是足迹半于寰区,声称胜于海表矣。

既以擢科命舛,终养念勤;眈游山川,景慕泉石。荷衣草属,追尚子五岳之怀;芒屦竹节,负伯舆济胜之具。开山凿洞,麋鹿与游;裂莽诛茅,猿狙为侣。每有会心,辄形赋以咏。故其为诗清新大雅,语带云霞;为文宏赡瑰奇,言绝烟火。且其志恋林丘,寓言潜颖;荣辞朝市,托讽木铖。读其书者,想见其人;听其言者,必观其行。

是集也,钟海澨之英灵,立山林之公案,譬之众音盈耳,无响而不铿锵;五彩耀目,无色而非绚烂。诚一代中之凤毛,诸贤间之龙腹者矣。夫何逝水不留,曦轮易匿,甫周甲子,遽掩黄泉,遂使中原之赤帜弥张,南国之英华顿尽。岂不惜哉!

予不慧,少学为诗,交辱忘年,谊称同社。哲人其尽,酒炉兴悲;故友云亡,邻笛增感。既行作诔,不胜搦笔之哀;载诵遗篇,几沾开箧之泪。从父汝翔,校雠详定;厥子希效,寿梓弥勤。会续竹林,徒存阮籍;群看野鹤,倍忆嵇公。敢缀芜言,僭为之序。

万历癸丑菊月,友弟徐𤊹兴公谨撰。(陈益祥《陈履吉先生采芝堂集》

卷首,万历四十一年刻本,藏北京大学图书馆)

[考证]

此篇作于万历四十一年(1613)。

陈益祥(1549—1609)[①] 字履吉,奎子,侯官(今福州人)。万历中诸生,曾与徐𤊻等在福州结芝山社。陈仲溱《履吉先生行状》:"复与徐孝廉𤊻兄弟、陈孝廉荐夫兄弟、谢水部肇淛、曹参知学佺、族叔鸣鹤及不肖仲溱数十人为芝山社。"(《陈履吉采芝堂文集》,万历刻本)陈益祥《晋安七子诗序》评徐𤊻等诗云:"今读其诗,汝大之深沉,汝翔之典逸,二孺之藻饰,平夫之平淡,二徐之清婉。"(《陈履吉采芝堂文集》卷十四,万历刻本)"晋安七子"为:陈椿、陈鸣鹤、陈价夫、陈荐夫、陈邦注、徐熥、徐𤊻。益祥卒,诸诗友作诗吊之,𤊻《哭陈履吉》云:"六十年来髩未斑,著书方就弃人间。池空春水群鹅散,楼闭秋霄燕子闲。词客文章镌墓表,名僧香火礼开山。德星一夜中天陨,惆怅高风不可攀。"(《鳌峰集》卷十八,此诗《陈履吉采芝堂文集》卷首作《悬汉岩哭陈履吉先生》))悬汉岩与丸天岩,在永泰方广岩,为陈益祥所开,故《序》云"开山凿洞,麋鹿与游;裂莽诛茅,猿狙为侣"。诗云"名僧香火礼开山"。与𤊻前后吊益祥有诗者有:林应起、陈鸣鹤、谢肇淛、黄口卿、黄上玄、单继懋、刘文华、陈孙卿、林复、陈乔、陈仲溱、陈燿、陈长义、林珂、陈宏己、杨九皋。

八、三友墓祭扫约言序

夫友谊亲情,尚矣!情深胶漆,谊笃葭莩,古之人有行之者,未闻生而结契,死而同穴者也。

𤊻高祖讳孔明与吴祖讳亮者,皆娶妣施氏,两公实为私亲。曾祖振声公,与吴公叔厚为中表兄弟,维时叔厚有妹婿林世和,三友者交最欢也。世和又与振声公缔姻,而予祖易叟公又为世和之婿。迨弘治壬子岁,振声公、世和公同时物故,寿俱不永,遗孤茕茕,叔厚不替生死,遂于癸卯年金谋共买闽县孝义里荔枝山地一所,坐乾向巽,一列九圹。是年,振声、世和先葬焉。厥后三

---

① 王稚登《陈履吉墓志铭》:"生于嘉靖己酉某年某月,卒于万历己酉十一月七日。"(《陈履吉采芝堂文集》卷首,万历刻本)

家照所分之圹,陆续安葬。不幸世和再传而斩,独吴、徐两姓支派日繁,迄今百二十余年,祭扫不绝。

先考永宁府君于万历戊寅致政,归,乃约吴少榕君及弟泛宇君轮年祭扫,咸有成规。及先考既殁,而少榕、泛宇亦宦游四方,未几长逝。先兄幔亭君又复不禄。至于春秋展拜不无懈弛,蹉跎又十余年。

去岁坟石崩坏,两家鸠工修砌,仍复旧规。燉思木本水源,不容稍怠,僭申旧约,轮年祭扫:春则正月,秋则九月,择天气晴朗之日,先期具单报知。是日,子孙俱要登山聚拜。祭品随时设办,但务成礼,勿因宴会过丰。

其山场广阔,除祔葬之外,不许私自筑坟以伤风水。墓上古松,总计三十五株,如有外人侵占寸土及盗伐等由,两家协力鸣官,毋令退缩。今置约簿一扇登记时日,一以效尊祖敬宗之心,一以敦金兰瓜葛之谊。如他日有贤子孙功成名就者,共立祭田,同创坟庄,以垂永久,又予所厚望也。谨序。

万历甲寅正月五日,曾孙男燉百拜敬撰(《荆山徐氏谱·三友墓诗集词文》,钞本,藏福建师范大学图书馆)。

[考证]

此篇作于万历四十二年(1614)。

成化、弘治间,燉曾祖振声与吴叔厚、林世和结为三友,交最欢。弘治五年壬子(1492),振声、世和相继物故,嘉靖二十二年癸卯(1643)叔厚买闽县孝义里荔枝山地一所,一列九圹;振声、世和先葬焉。此后,三家照所分之圹,陆续安葬。人称"三友墓"。不幸林世和再传而斩,吴、徐两姓依旧祭扫不绝。父徐榻、兄燩又相继而殁,坟石崩坏,故鸠工修砌,订祭扫之约。此篇是序文,不是具体条文条规。此文作于正月。四月,燉与弟熛伐石表阡,征言于陈鸣鹤,鸣鹤作《三友墓表》;燉与群从子侄谒曾王父三友墓,并作《谒王父三友墓志感》(疑"王"字前脱一"曾"字)。贻书友人,征《三友墓诗》。《荆山徐氏谱·三友墓诗集词文》所录《三友墓诗》,文繁不录,仅录作者姓氏爵里,以见"三友墓"事数十年间的影响(《三友墓诗》当是陆续所辑,至迟的时间可在崇祯间):

叶向高福清人,少师,谥文忠　邓文明新建人,州守　汪元范临清人　张燮龙溪人,孝廉　董应举侯官人,侍郎　曹学佺侯官人,尚书 [1]　洪士英闽县

人,中翰　马欶侯官人,别驾　陈椿闽县人　陈价夫闽县人　陈仲溱怀安人
崔世召宁德人　欧应昌福清人　黄上玄侯官人　陈鸿侯官人　黄槐开宁化
人　阴维标宁化人　朱谋垿南昌王孙　朱统铊南昌王孙　朱谋晋南昌王孙
李德述鄞县人　陈圳闽县人　紫学尹鄞县人　叶万选闽县人　邱惟直建阳
人,集陶句　徐大宗建宁人　徐中恒建宁人　释元宗建安人　陈大统福安人
陈希舜宁德人　陈光麟福安人　郑鸿照福安人　陈克勤宁德人　翁绍阳福
清人　郑绂闽县人　缪仲棠福安人　陈鸿修莆田人　林筜长乐人　吴兆衮
闽县人　陈木松溪人　商梅福清人　康佺期侯官人　连光藻大田人　廖淳
清流人　黄逢祺闽县人　王毓德闽县人　朱廷训海盐人　郑泷闽县人　吴
起龙邵武人,县令　林云凤长洲人　王宸清流人　叶惇彦闽县人　徐申乾鄞
县人　李侗鄞县人　林云翔闽县人　郑泾莆田人,守备　周之夔闽县人,编
修　林古度福清人　张于垒龙溪人　林叔学福清人　郑国钦建阳人　杨德
周思明人,县令　柴一德沔阳人　蔡可陞闽县人,县令　刘广长洲人　张起
吴江人,孝廉　黄春元丰城人,孝廉　张墉钱塘人　邵捷春闽县人,中丞　陶
光庠建阳人,中翰　叶枢江溪人,守备　张自修闽县人　陈肇曾闽县人,孝廉
　林如周侯官人,广文　周婴莆田人,县令　韩廷锡闽县人,茂才　游文苑莆
田人　陈元纶闽县人,明经　章简松江人,罗源令　章有源简之子　陈衍闽
县人,郡丞　林宾王莆田人,茂才　陈兆藩闽县人,刑部主政

九、题《临川王先生荆公文集》

天启癸亥夏六月,余至樵川,访刘司理,临别友人李公美贻此集。公美名
思廉,善丹青,亦工写照。(严绍璗《日本内阁文库的宋本与明人识文》引。
《共立女子大学、北京大学共同研究丛书·汉籍部门艺术部门》,日本共立女
子大学综合文化研究所 2001 年版,第 48—49 页)

[考证]

此篇作于天启三年（1623）。

严绍璗《日本内阁文库的宋本与明人识文》云:"徐𤊻的手识文另见于
明初刻本《临川王先生荆公集》残本六十四卷。……此本原为明代画家李

思让旧藏,天启癸亥年间（1623年）赠予徐𤊸,后流入海外。"

一〇、《下雉纂》序

（上疑有缺页）有《下雉纂》一卷,宦囊在是矣。他人席卷地方之皮,吾则记述地方之山水古迹;他人困载地方之物产,吾则评骘地方之人物风俗;他人贫而吾实富矣。君何晒为予受而读之,宛然身游沧浪烟雨间,听江歌声与江流互答也。因序其简端,庶几为子云《解嘲》。

天启甲子岁季夏友人徐𤊸兴公撰。（马嫩《下雉纂》卷首,徐𤊸钞本,藏福建省图书馆）

[考证]

此篇作于天启四年（1624）。

《下雉纂》,马嶽著。一册,不分卷,写本。嶽（1561—1637以后）,字季声,怀安（今福州）人。马森次子,马荧（与袁表同编《闽中十子诗》者）弟。万历诸生,曾通判兴国州。晚岁,与陈仲溱、陈宏己、董崇相、崔征仲、徐𤊸、曹学佺等结三山耆旧社。有《漱六斋集》《广陵游草》。下雉,汉置县,晋废,明为阳新县地,属兴国州,马嶽为兴国通判,纂辑下雉分野、沿革、名胜、物产、异闻佚事,遂名"下雉纂"。据其《〈下雉纂〉自序》,是书作于天启三年（1623）仲春下雉之富口。福建省图书馆所藏系徐𤊸钞本,卷首徐𤊸序末钤有"徐𤊸之印"、"徐兴公"两方,阴文。卷末有"天启甲子孟秋抄藏绿玉山斋"十二字,并钤有"闽中徐惟起藏书印"一方,阳文。《序》"身游沧浪",《下雉纂》:"州有八景,曰'沧浪烟雨'。沧浪亭在北门外莲花湖中。"

一一、《还山草》序

邓道协为观察汝高先生仲子,少游太学,屡试乙榜,遂拜官长芦司醝,寻转金陵武德参军,奔驰世路十年所矣。

今岁观察始归魄首丘,而道协策蹇还山,一哭松楸,淹留故乡者累月。旧时知交文酒过从无虚日,有倡必酬,有赠必答,实囊中草累累然满矣。

夫诗,虽言也,意兴不高者,弗工;家无源者,弗工;交游弗广者,弗工;亲米盐琐屑细务者,弗工。道协高视阔步,能读父书,海内贤豪无不折节定交,且不问家人生产,侨寓白门,择华林园故址,筑舍以居,积书数万卷,种花三五畦,若隐若显,若智若愚,诗日益工,贫日益甚,道协于于然安之。观察向与予同社,予严事之。邻篴频闻,羡阿徙之清淑;酒炉既邈,见野鹤之超群。因题数语以归之,兼喜汝高之有子也。

崇祯纪元一易月,同社徐𤊸兴公撰。(邓庆寀《还山草》卷首,藏国家图书馆)

[考证]

此篇作于崇祯元年(1628)。

《还山草》,邓庆寀撰,刻本。此书收邓庆寀崇祯元年回闽之诗(其末有数首为归金陵后赠社友诗)。此本有三序,徐𤊸序,一也;曹学佺序,二也;陈肇曾序,三也。徐序文之末,钤有"徐𤊸印"、"徐惟起印"两方,阴文。邓庆寀的生平事迹我们知道不多,从《还山草》中的诗篇,我们知道他八年前曾回过家乡(当在天启元年)。《还山草》间或收友人赠答诗,如徐𤊸《和邓道协参军同曹能始陈轩伯林异卿集绿玉斋因忆惟和伯兄》(原无题,题为撰者所拟;邓庆寀《同曹能始陈轩伯林异卿集徐兴公绿玉斋因忆惟和先生》附)一诗,即可补徐𤊸《鳌峰集》之不足(《鳌峰集》收诗截止于万历四十八年)。林古度一生作诗数千首,卒后,王士禛为其编《林茂之诗选》,仅存二百余首,且不收天启后之作。《还山草》存林古度佚诗两篇:《送邓道协还山道协时欲之黄山》《邓道协重至白门诸同社夜集》(原无题,题为笔者所拟),亦可资考证。

一二、《招隐楼稿》序

陈价夫,讳伯孺,三山人也。少负俊才,□度旷逸,翩翩有奇气。好古文辞,家多樽彝,□□名画,摩娑玩味,欣然独笑,若文辞字画,又于荆公、苏、黄皆取法焉。岂不以学之大,有既推源探本,而极□矣,至于两□□□亦莫不有各理,而尽其心焉。不专一门,而惟是之从也。先生所著文集若干卷,藏之于家,不欲问世。予力请而乃出之云。

年丙子五月五日友人徐兴公书。（陈价夫《招隐楼稿》卷首,徐𤊺选,稿本,藏上海图书馆）

［考证］

此篇作于崇祯九年（1636）。

《招隐楼稿》,陈价夫著。二册,不分卷,写本。价夫（1557—1614）,字伯孺,闽县人。弟荐夫（1560—1612）,字幼孺,人称"二孺"。"二孺"名并入"晋安七子"。荐夫有《水明楼集》,招隐楼、水明楼,皆二孺楼名,兄弟俱以楼名集。《水明楼集》有诗有文,《招隐楼稿》有文无诗。此本卷首钤有"郑杰之印"、"注韩居印"两方,阴文。知此本曾归郑杰所藏。陈价夫《自述示儿》:"我所著诗文若干卷,虽甚猥杂,中间亦有一二可观,曷善藏之,后当有知我者,为我作玄晏,尚冀可传也。"序云"藏之于家,不欲问世",非不欲问世,惧不可传也。《招隐楼稿》记乡邦文友事较详。价夫长徐𤊺四岁,而卒于𤊺后,《稿》中《徐惟和行状》《寄徐惟和》《与徐惟和惟起》《祭徐惟和文》、《跋徐惟和所书卷后》《跋吴汝学所藏惟和书卷》等文以及有关徐𤊺父徐㭿、母林氏诸文,皆为治徐𤊺及晚明闽中风雅者不可不读之文献。

一三、《武夷山志》序

盖闻天玄设象,运日月以旋衡;地道纲维,布山川而列政。混沌既已开辟,融结更擅瑰奇。震旦洞天,三十有六,而吾闽则占其二。崇安之武夷山,古以籛、铿二子得名,号曰"升真元化第十六洞天",真人刘少公治之。

岩峦峭耸突起,地中溪涧潆洄。蟠旋坤轴,泉甘土肥。风物秀美,地灵人杰,神仙所居。秦时设宴,曾孙驾长虹而成桥路;汉代奉祠,遣使荐干鱼而筑坛。唐宋屡降敕书,熙朝曾颁。大藏洞里,投金龙玉简,殿中列宝轴琅函,珠阙玲珑,琪树璀璨,九芝含秀,百卉竞芳。园香粟粒之芽,源落桃花之片。水合流而奏韵,山移步而换形。玄鹤守洞府之门,金鸡报仙都之晓。真身委蜕,布满云根;机杼舟航,乱架岩隙。气引广漠,风和不周。宝剑昔试于石稜,铁笛遥闻于天表。实四维之灵区,八纮之圣境也。

然皇太姥、魏子骞,与夫十三真君,聚集于一毛之孔;而三千儒术,荒芜于独角之端。乃出紫阳夫子,结庐高隐,道重河汾,鼓棹清歌,声侔金石。又有海琼仙人,庵名止止,妙契玄玄,皆能黼藻儒林,发挥仙窟,海岳为之增辉,烟霞由其动色。惟是游人达士,登陟冈,惮其劳,墨客词豪,题咏难枚而举。

宋初里人刘枢密夔,曾著《山志》,首阐休风,后虽记述未臻厥美,兹衷君稚生,毓产是邦,慨然泚笔,咨询耆宿,搜采旧闻。会千古之精华,牧累朝之月露。青山蕴玉,发群岫以耀光;绿水怀珠,起万川之晶影。历经寒暑,缓辑斯编。既就简以删繁,复增新而证古。𤊎窀寐兹山,诛茅思隐,往来胜处,策竹攀跻。逸典快观,芜言僭弁。愧涉藻江而素浅,渡文海而弗深。仲舒五色之蛟,稀来笔底;子云三清之鹦,不到豪端。本乏黄绢幼妇之才,徒增彩幔仙翁之辱。

崇祯岁在辛巳中秋之望,三山徐𤊎书于冲祐观之橘隐堂。(衷仲孺《武夷山志》卷首,崇祯十六年刻本,藏江西省图书馆)

[考证]

此篇作于崇祯十四年(1641)。

《武夷山志》,十九卷,衷仲孺订修。仲孺,字稚生,崇安(今福建武夷山)人。董天工《武夷山志》称其工诗,善书。明末以荐授平远令(卷十七)。

徐𤊎曾自撰《榕城三山志》《法海寺志》《雪峰寺志》,并参撰《鼓山志》以及《福州府志》《福安县志》《建阳县志》《永阳县志》《延平郡志》等。郑杰《注韩居书目·史部》五:"《武夷志》十九卷 明徐𤊎。"𤊎《又再寄邵见心》:"弟曾修有《武夷志》十二册,广搜今古题咏文章,较之旧志尤为精善。"(钞本《红雨楼集·鳌峰文集》册五,《上海图书馆未刊古籍稿术》第43册,复旦大学出版社2009年版,第163—164页)𤊎《寄衷稚生》略云:"乙亥之冬,陪张直指至武夷,信宿而返;丁丑应直指复相订,必遍游三十六峰为快……《武夷》旧志,弟收得数种,山水形胜,前人载籍颇详。至于名贤诗文,甚缺略,数年前妄意搜集,计有十册。旧志相承,皆宫中勒石之作,而名家文集,多未博采,弟之所辑,多从名集中来,故人鲜经见也,业抄成一稿,今为建阳黄帅先持去。帅先家在火烧桥,去洞天仅三十里,虽有志纂修,力未逮耳。近蓝、王二兄到建相访,云新令公首询《山志》。欲重梓之前,当先征帅先之稿而踵成之。弟辰下将往建阳,或可助一臂之力也。老社兄生于仙都,不可不当吾世而失此机缘。弟踪迹遍四海,莫不道问武夷之胜,若成斯举,吾闽大增气色矣。"(《红雨楼集·鳌峰文集》册五,《上海图书馆未刊古籍稿本》第 43 册,复旦大学出版社 2009 年版,第 243—244 页)按:乙亥,崇祯八年(1635);丁丑,崇祯十年(1637)。致仲孺书,言及修《山志》至恳至切,不论谁修,均欲助一臂之力,自己所集之稿,不秘而不宣,而随示于人。此书信,亦寄希望于衷氏。此序作于崇祯十四年,在衷仲孺刻《武夷山志》前二年,衷《志》十九卷,署"东鲁衷仲孺订修",疑衷《志》是利用徐𤊻所集资料纂集而成。衷《志》十九卷,第九卷至十九卷,均为艺文,如果加上卷八"祀典"所录的相关文献,则多达十二卷,这固然是衷《志》的特色,但如果联系此前𤊻"修有《武夷志》十二册,广搜今古题咏文章"及所集"名贤诗文"十册,更有理由可以说此《志》主要是利用徐𤊻所集资料纂集而成的。徐𤊻曾编有《闽南唐雅》,而卷首题名称费道用辑,杨德周订,徐𤊻校。《四库全书总目》卷一九三:"殆𤊻为闽人,而道用、德周皆闽令,故让二人也。"万历三十八年(1620),徐𤊻刻成《鳌峰集》,不得已而卖掉若干田产,晚岁的徐𤊻更没有能力刻书了。《武夷山志》的刻印,不署徐𤊻,仅有衷氏,似有不得已之处,只要《山志》能刻印,"吾闽大增气色",徐𤊻似乎也认了。郑杰《注韩居书目》以为徐𤊻有《武夷山志》十九卷,不知是否即徐𤊻所说的"《武夷志》十二册",或衷氏此本。俟再考。

曹学佺《石仓文稿》拾遗

日本内阁文库藏本《石仓全集》百十二卷,其中诗五十七卷,文五十五卷。《曹学佺〈石仓文集〉拾遗》,搜集《石仓文稿》未收之佚文六十八篇。

一、孙西庵先生集序

《西庵集》者,翰林典籍孙先生仲衍所著。

先生尝读书罗浮洞之西庵,因以名其集云。公生年元季,避乱山泽间。东筦何真保有南海,洪武改元,征南将军廖永忠至,真说真,作书请归,求忠不戮一人;而南海帖然,真之力也。征入为翰林,三载求补主簿平原,旋被召,改苏州府经历。

以事谪戍辽东,怡然就道。及以党祸诛,临刑之日,赋咏自若,竟不置词辩。识者谓其齐死生于一致云。

(《石仓十二代诗选·明诗一集》卷十一孙贲《西庵集》卷首)

二、义溪世稿小序

陈朴,字叔刚,以字行。登永乐辛丑进士,预修《三庙实录》,改翰林修撰,升侍读,充经筵讲官。归省,卒于家。有《绵斋集》十卷,门人钱文通公溥序之。称其诗冲和赡丽,各极其体之妙;而文则纡徐典雅,如正人端士。动循矩矱,有德者之言也。弟栀,子炜。

栀,字叔绍,亦以字行。正统进士第,拜监察御史,出按应天诸郡,严明刚重,为时所称。终湖广按察副史,没之日,囊无余赀,同僚为经纪其丧。有《毅斋集》。

炜,字文耀,绸斋冢子也。天顺庚辰进士,拜监察御史,督北畿学政,以严肃称。升江西按察副使,历右布政铨曹,屡荐为都御史,不果。既卒,转浙江左布政。彭惠安公韶志其墓,谓其静重整暇,有澄清四海之志。文章典雅,妙翰墨,善吟咏,片言只字,人宝惜之。

(《石仓十二代诗选·明诗一集》卷之七十八陈栀《绸斋集》卷首)

三、瞿宗吉诗小序

《杭州府志》载,瞿佑,字宗吉,钱塘县人。学博才赡,风致俊朗。年十四,乡人张彦复命赋《鸡诗》,遂知名。杨廉夫称之曰:"千里驹也。"国初洪武中,以荐授仁和训导,转临安教谕,升周府右长史,师道克振,辅弼有法。永乐间以诗祸编管保安,久之释归,复原职,内阁办事。年八十七卒。所著有《春秋贯珠》《诗经正葩》《阅史官见》《鼓吹续音》《存斋诗集》行世。

按:瞿集久淹,故《文翰类选》《明诗风雅》皆所见遗。徐兴公在武林书肆中购得其手抄四册,即为张维诚索去。维成,钱塘人,以为乡先献也。余顷搜辑其歌行数首及《看灯词》《西湖曲》而已。《词林人物》概以宗吉工于填词,故得以流传也。宗吉别有《香奁集》百余首,每题俱有引,而且自为序,然诗亦未必尽佳,余稍为去取焉。因寄书于维成,期得其全集选之。

(《石仓十二代诗选·明诗一集》卷之八十二瞿佑《存斋集》卷端)

四、选七子诗序

我明人文,至嘉、隆又盛。七子者,俱以嘉靖间科第,而扬历于隆、万者也。茂秦以临清布衣,值于鳞起家比部,齐鲁文学,声调俊爽,固自相当,而其气岸亦足以凌轹时辈，故始之辅车相倚，而后乃若水火也。元美推尊历下，承顺无违，然体裁亦不相袭，用以对扬群彦，畅其休问，或藉为驱除难耳。宗、梁蚤逝，玉折兰摧，识者共嗟叹之。明卿矫矫以自矜，子与恂恂于白首，此则当时交情离合之大概已然。于鳞古诗，不作汉魏以后语。元美则阮嗣宗、左思之流亚也。然有心学步，去之愈远，而无意者，时或近之。故于鳞乐府，自谓拟议以成变化，而予无称焉。

元美以乐府蒙古诗，如《蒲生》《置酒》等篇，犹足存其一二也。宗、徐斤斤视其指南，不抗而高，罔逸而外。然七子中酬倡寄怀诸什，反不能胜他作。而宗、徐时有合者，斯亦其谆恳之一验耳。至若抗之使高，逸之使外，此明卿之所以自异也。公实、茂秦，则自其发意时，已步趋唐人矣。于鳞云唐无古诗，而有其古诗，故学者往往近体效唐人，而古诗慕汉魏。盖欲避于鳞之所不取，而不知为有唐陈、杜、储、王诸君子所笑也。近体则于鳞五言逊于七言，元美七言逊于五言，此二体者，最足以睹才格之所至。或诎才而伸格，或贬格以骋才，求其肉好适均，亦不易矣。明卿、宗、徐入选者多，盖去取之难也。公实、茂秦，古风已入唐人之室。近体绝句，以譬诸顺风之呼，讵为过乎？茂秦五绝，辋川、襄阳，可称接武，又非历下、弇州所能及也。

大抵此数君子者，以为诗之外无可贵者，而七子之外无诗人者。譬诸农夫，俶治南亩，穮之芟之，无越畔焉。而牵牛以蹊其田者，则摈之矣。后世之论七子，甲可而乙否，犹夫七子之在当时入主而出奴之意也。予因选而刻诸五集之首，以志其盛。

时崇祯六年腊月之望，石仓居士曹学佺能始撰。

（《明诗存》卷首，钞稿本，山东省图书馆藏本）

五、怀兹堂集序 崇祯壬午岁秋日

今之居官者，莫不皇皇以揽事权为第一义矣。农部雪厓吴公雅欲避之，其司理闽漳，漳之人若不知有司理。勒法三章，与人共守之，而敢犯卒无一人。理沉案四百余，则不肯杀一人以媚人，而囚之赖以活者三十余众。十邑尽感之，而雪厓淡然若一无所为也者。署篆郡邑，稍可自熏，而亦夷然不屑。

及转部郎,留都至冷,而农部尤冷。印文生绿,米薪不继,人所攒眉。雪厓独喜曰:"是可以率性而安拙也。"

虽然,雪厓岂真拙者欤?乃欲养其才以有用,而不亟亟于轻试。顾时有所致嘅而发之为诗文,每出一篇,辄新颖湛秀。而写其胸中之所欲言,不肯略随人以然诺于一字。有杜陵、昌黎之险傲,而亦有端明、香山之坦夷。雪厓之诗文,可谓真诗、真文也已矣。而其品,亦可谓真品也已矣。

要余静观雪厓之才之学,其于繁剧,恢恢乎游刃有余地者。而况逢国步多艰,起而作事,坐而论道,何适不可?乃深自韬晦,绝不欲一自表暴其才学,岂易以寻常窥测者哉!燕无弓,非无弓也,以人人而能为弓也;粤无铠,非无铠也,以人人而能为铠也。虽然,余犹以为未尽器之妙也。惟弓而不见其为弓,则真无弓矣;铠而不见其为铠,则真无铠矣。《庄子》云:"忘履,足之适也;忘带,腰之适也。"其始足以喻雪厓之才之学,而成其为诗为文为品者乎?顾雪厓不欲自见,而人之具眼者遂无以见雪厓,而使之沦落不偶,浮沉风尘。吾不知皇皇揽事权者,亦奚为也。

于其行之日,敢拈一律以饯之,且为之序。诗曰:"霞城丰采表嵯峨,粉署金陵寄兴过。虽列度支仍少事,昔称佳丽近如何。之官正值移家好,借径无妨计日多。闽部法星犹耿耿,文章还望育青莪。"

西峰居士曹学佺书于嵩溪阁。

(吴国琦《怀兹堂集》卷首,崇祯十四年刻本)

六、顾氏音学五书叙

世言韵书本于沈休文,不知六朝时作者固不一矣。自孙愐集为《唐韵》,其书皆废。宋真宗改为《广韵》,亦仍旧贯云尔。后来各以意分合增减,讹舛实多,予每病之。而《广韵》之书久无刻本,能通其大指者尤鲜焉。

吴门顾宁人,家传《诗》学,天才渊悟。一日,出其所着《诗本音》示予,喟然为之叹服。惜《三百篇》以来,无能发其覆者,而始遇之今日也。往者,吾乡陈君季立依吴才老之书为《毛诗古音》一编,焦澹园先生以为独得古人之传。而一字数音,未有条理,至宁人则秩然不紊,而博学旁通,至当归一,三代之元音,其在是乎! 百世以下,岂必无后夔之教、尼父之删,将有取于斯焉。而在今之学者,离经辨志,尤为切要,实《诗》学之权舆云。

崇祯癸未易月之朔石仓居士曹学佺书。

(顾炎武《音学五书》卷首,康熙六年张弨符山堂刻本)

七、钱受之先生集序

愚闻诸鬻子之言,曰:"圣人将动,必有愚色。"又云:"君子有奇志,而天下不亲为。"顾予与海虞先生,未之亲昵也,觌面之何曾,而矢志之不二,其所亲更有甚于此者。噫! 亦称奇矣!

昔之君子,先忧而后乐;今之君子,先乐而后忧。夫忧乐无常,亦惟其世耳。处今之世,忧人之忧,日甚于一日,不得不以昔之无忧者为足乐也。周元公曰:"学者,须寻颜子乐趣。"夫颜氏之乐,岂不在于箪瓢陋巷哉? 至于为邦之问,则吾夫子以四代之礼乐、制度相与传授,非群弟子所敢望也。而末复谆谆以放郑声、远佞人为致严。乃今之世,则为淫靡之习、倾危之人者比比矣。颜子平生之经济在于畏匡,"子在,回何敢死"之一言,虽圣人无死地,但不知当时夫子何以过宋,而宋人不知颜回何以在后而不死。子舆氏曰:"禹、稷、颜回同道。"似又以民溺、民饥之忧,与箪瓢陋巷之乐,其致一也。故曰:"忧乐无常,论其世而已。"

予与海虞先生之阅世,亦屡更矣。当其可乐,有有忧者存焉;当其可忧,则已亦难于独乐矣。乐行忧违,君子未尝以隐居为乐也。确乎其不可拔,予与先生当共勉之。庶天下后世知吾受之之诗与文,如严君平不作苟见而已。若谓动之,必固静之;若谓晓之,必固愚之,则又非予与受之非有意于持世者也。惟无心于世者,而世数又乌足以局之者哉!

时崇祯甲申中和节,友弟曹学佺能始识。

伍柳书。

(钱谦益《牧斋初学集》卷首,崇祯瞿式耜刻本)

八、序洪江社集

昔者,王逸少之序禊事也,曰夫人或晤言一室之内,或啸傲形骸之外,虽静躁不同,而欣然自得者无异。又其所之眈倦,情随事生,则感慨系之矣。向之所欣,俛仰之间,以为陈迹,不能不以之兴怀也。愚尝三复斯咏,其可为作诗者之一嚛,亦可为逃禅者之一助。

陶渊明之以酒为禅也,谢灵运之以诗为禅也,远公皆随机而接之,两无所忤。说者犹以为虎溪之笑,心杂之谈,不无分厚薄焉。而远公入关斋、石门碉诸诗,顾与康乐调合,而靖节反远,岂其远于诗者,而禅反近之者乎?诗不能无感慨,而禅不欲有感慨。诗不能忘今昔,而禅则欲齐死生,其所以有同异处,要在精心者会之。

予洪江社林介山,少年豪俊,以命世自负,既不能远售,稍稍致感而为诗,其诗清爽韶秀,率如其人。顷又证其感与诗之情境,而悟之为禅。严沧浪曰:"诗有别才,非关学也;诗有别趣,非关理也。"夫此二者,舍学与理,非禅孰归?非禅之能益诗,乃诗之不能不归于禅也?然则,介山之诗岂曰"文字禅"而已者,其必得于心者矣。

甲申岁中秋日同社曹学佺能始序。

(《瓴余》卷首,可闲堂汇刻本,日本浅草文库藏本)

九、大江草堂二集序

夫士也,蔚然以辞章自命,弋古之与怀新,其趣操足睹矣。而要以泽于道理者之传乎世间,始可以不朽,何则?世之积日而成岁也,其往古者之不得不为来今也。而其趋于江河之下流也,则生今者又不能遽反乎古也。夫去之日多而来日少,世之治日少而乱之日多,是以君子当乱世而常有治世之思焉。然以其乱日而思治,又孰若当治世而忧危之心哉!日中则昃,城复于隍,此保泰与丰者之所交惕也。释时不为,而至于上下之不通,家国之一旅,啸歌以泣,其何及矣。是故北门之叹、黍离之哀,皆古之君子不得志于时者之所为也。而今之君子罕能尽心于此。语云：肉食鄙，藿食者谋，谋之不得，则《考盘》为乐。记矢弗告也。又有不容己于言者也。

予友陈盘生盖有志于斯世者，与予言若有时而乐，又有时而忧，即予二人亦不知其所以，而盘生之所著作，往往以匠心而追古则，仍可为时事之一证。洵彼大江之中如练之净，如锦之濯，而上下风帆任意输写，不见其有违顺之迹云尔。盘生原命其集曰"大江"，而此且成集者再。《释名》："江者，贡也。"言贡其物于京师也。今主上每求治而复古，盘生方富有而日新。愚知其必有贡于王国自靖、自献者，即在此一集、二集内矣。夫言者，心之声也，而治乱之源也。盘生之不容己于言，即所称时然后言人，不厌其言者哉！

愚以多言数穷，至老而益甚，乃盘生则亦忻乎！其有当于衷也。《易》曰："同心之言，其臭如兰。"其于出处语嘿，又非所论矣。是为序。

时崇祯甲申岁蒲月之望。

（《大江草堂二集》卷首，南明刻本）

一〇、蒲山牧唱诗引

先生讳观，杞山其字，别号梅初，楚之蒲圻人也。

元季隐居读书，声振闾里。洪武初年，太祖闻而聘之，授以平江学正，屡迁国子助教，由宪金入为起居注转太常卿、翰林学士、国子祭酒，时年六十有六矣。以衰耄乞归，未及启行，上复召还，与宋濂辈赐宴于奉天门。上曰："前日逐君去，今日与卿饮，何其乐也！"命各赋诗以纪其事。五年，出知苏州府。深惩陈宁苛酷之弊，一以宽厚为政，明教化，正风俗，郡中翕然。尝以府治为僭窃所据，今治隘弗称，因图复之。吴地多水患，郡城河道稍加浚焉。御史张度劾其非时病民至危，言以动主上，公遂获罪以死。苏人高启、王彝咸与其难。既而上悟，抵诬者罪，复以礼遣枢归葬武昌，特赐谕祭，诸王亦致祭焉。

曾孙铭录其诗，付诸梓。铭由进士历户曹以至太守，皆有能声。

（《石仓十二代诗选·明诗一集》卷之四魏观《蒲山牧唱》卷首）

一一、许士修集引

按：方正学先生文有《〈许士修集〉序》，又尝为撰《墓志》，其略曰：天台方孝孺有笃志尚德之友，曰许君继，字士修。平素精思力学，以求道德性命之蕴，汲汲若或失之；有得于心，沛然自乐，不为贫贱患难所摇夺。喜为诗，其高妙处有魏晋间丰格，自号"观乐生"，盖非近世诗人所及也。

又，《祭文》有称士修宁海人，尝为儒学训导者。

隆庆戊辰岁，锡山俞宪刻为《明诗百家》之首，余选得若干于左右。石仓居士曹学佺识。

（《石仓十二代诗选·明诗一集》卷之四十许继《观乐篇》卷首）

一二、辕门十咏小引

国初朱克诚，中卫百户也。能诗，与陈探花景着、陈侍读叔刚、陈金宪辉、洪会元英相唱和。

兹《辕门十咏》者，克诚首倡，而同时属和久九人：曰罗泰、曰谷宏、曰林坦、曰秦善、曰李溥、曰朱琪、曰邓善、曰郭廙、曰余旭。其咏物概有佳句，可知国初吾乡作者之盛，不独十子为善鸣也。罗宗让自有集，谷仲宏选诗只一首，兹复见于此编者五。余因喜而并录之。

徐兴公纂《乌石山志》，又得克诚诸公以宣德甲寅岁大会于邻霄台，冠裳、韦布、名僧、武弁共十九人同勒于石。

（《石仓十二代诗选·明诗一集》卷之又八十朱克诚《辕门十咏》卷首）

一三、国初处士小引

唐宋诗人，布衣何寥寥也！孟襄阳、邵康节而下，不可多见矣。或者市县唐宋以诗赋取士，故每有以自见然。

国初不重征辟乎？吴海、赵沨辈，又何守之固也。语云：上有尧舜，下有巢由,信夫!

（《石仓十二代诗选·明诗一集》卷之八十《国初处士》卷端）

一四、陈周筠轩集小引

《筠轩集》者,义溪陈仲昌所著也。仲昌通《春秋经》,旁及图史百家之学,隐居不仕。尝构万玉潭草亭以自适,杨东里为之记。第四子枏仲,孙欢,俱有隐操。

（《石仓十二代诗选·明诗一集》卷之八十《国初处士·陈周〈筠轩集〉》）

一五、罗玘罗景明诗小引

罗玘,字景鸣,南城人,有《圭峰集》。

按:桑民怿意不可一世,尝自言曰:"我当今第一才士。"或问其次,曰:"南城罗玘。"予故以公诗次之。

（《石仓十二代诗选·明诗次集》卷之七十桑悦《思玄集》附罗玘《罗景明诗》）

一六、支提山华盖藏寺重兴大雄宝殿疏引

盖闻华严藏详载因缘,霍童山同标胜迹。三千法界,辟广轮而恒住;百亿由旬,运神力以飞来。于刹那间,列千尊之宝相;在须臾内,成万种之奇观。向因兵火,变为劫灰;渐就荒芜,积有岁月。赖大迁奉命,伊始重新。虽云创造成功,未免规模隘狭。既称碌碌,弗足弘观。兹者,住持僧明启,与阖众议,而廖豁之。诣予乞言,以为增修借资,募化重建,故持此告白:宰官长者,四方贤良,各发希有心,共植菩提果。昔者庞居士载宝沉船,何以卢长者悭财失宅? 不佞虽现宰官身,守拙未能说法;图与菩萨念,居贫但愧空言。是以福自缘生,财从愿舍。毋论三生结习,终当随业轮回。设使六度齐修,犹待信心布施。开方便门,敢饶笔舌? 犯绮语戒,勿笑丰干。

时万历壬寅太簇月吉日撰。

（谢肇淛《支提寺志》卷四）

一七、郑亮汝明诗跋

按:公《墓志铭》:宣德丙午、癸丑,乡、会皆以《礼经》冠闱。成进士,初授户部主事。西域献骐驎,公为《赋》以献,颇寓规讽,上嘉纳之。惜未永年而卒。其孙长史伯和、曾孙运漳,始揭公集而传之,濡须吴廷翰为之序。

(《石仓十二代诗选·明诗一集》卷之八十郑瑛《弦斋集》附子郑亮《汝明诗》卷末)

一八、李东阳岳蒙泉诗序跋

按:西涯有为公《补传》一篇。西涯与潘侍御辰、李尚宝经,皆公之婿也。公有子四人,俱夭;有女六人,皆亲自择婿。公漷县人,文正长沙人,因在公门下,以女妻之云。

(《石仓十二代诗选·明诗次集》卷之十岳正《类博稿》卷端)

一九、李裕徐力稿跋

公讳宣,字师尼,别号野庵。弱冠领景泰癸酉乡试,屡上春官,不第。与海内名流讲性命之学,参留府军事,以直道矫正元戎之朘削者,被诬系狱,十年方得白。已而转中府,冢宰思轩王公甚重之,升贵州庆远知府,卒。其临终有诗云:"经济半生浑是梦,源流千古更何人。衷肠欲了男儿负,灵药难栽痃疾身。"其大致如此。

(《石仓十二代诗选·明诗次集》卷之二十二李裕《徐力稿》卷末)

二〇、王佐廷用诗王鼎器之诗跋

按:《李西涯文集》云,闽"三留"王先生以教谕封监察御史,卒于家,其子鼎以《状》来请。公讳佐,字廷用,福州中卫官籍。年十二能诗,治《春秋》,得其秘要,学者宗之。天顺己卯举乡贡,授桐庐县学训导,升邹平教谕。以鼎成进士,遂告老。尝自引古人云:"留余禄以还朝廷,留余福以遗子孙,留余巧以归造化。"故自号为"三留"云。

鼎为御史,或言事过激,先生辄遗书励之,曰:"汝职当尔,毋以我故,有所顾虑。"其大者,则论王越开边封伯。寻褫安置,仍谋起用。及亲藩诬诋守臣,上系之狱,公会疏极言,一夕而宥,举朝缙绅皆为欢贺云。因忤逆瑾,谪保昌知县,稍起同知宪佥。瑾败,升副都御史,晋右都御史。乞归,卒。赠工部尚书。

(《石仓十二代诗选·明诗次集》卷之二十六彭韶《从吾滞稿》附王佐《王廷用诗》王鼎《王器之诗》)

二一、陈崇德三峰集跋

《江田陈氏家传》云:公讳崇德,字季广,成化辛丑进士,为监察御史。同官杨茂元以直谏触茂陵怒,祸几不测,众皆缩舌,公独抗疏救之,上意始解。寻升广西兵备副使,会柳庆獞寇作乱,公设方略歼其渠魁,逾月而平。两台上功,遂擢本省参政、浙江右布政使。时逆瑾弄权,贿赂旁午,公不入其门,因致政归。

(《石仓十二代诗选·明诗次集》卷之四十五陈崇德《三峰集》卷末)

二二、文氏家藏集略

涞水公洪,字公大,成化乙酉举孝廉,署直隶涞水县教谕。公为人笃行,勤学,世称醇儒。雅好吟咏,不事副墨,兴至成篇,辄复散去,所藏《括囊稿》盖十之一二云。

温州公林,字宗儒,涞水公之长子也,成化壬辰进士。博洽典籍,有经济才,宰永嘉、博平二邑有声,行取至京。先是,东省镇守巨珰廉得博平产梨,大如瓶,重一觔以上,敛取充贡,公恐害民,令一夕伐去之。珰怒,行间欲危公,几不免。乃稍迁南京太仆寺丞,移疾家居。久之,起为温州太守,卒于官。

中丞公森,字宗严,涞水公次子,成化丁未进士,授直隶庆云县知县。赈饥开河,俱有惠政,擢监察御史。会冢宰缺,有夤缘求进者,公疏斥之,且举刘大夏、周经可用。下诏狱，上誊其无他，特笞而不问。后因逆瑾擅权，致仕再起，升南京太仆寺少卿，考满升都察院佥都御史。有疾乞休，卒于家。公为诗往往口占不留笥，故所存仅百余首。

（《石仓十二代诗选·明诗次集》卷之五十二文洪《括囊集》卷末）

二三、贺钦肃克恭诗跋

贺钦，字克恭，广宁后屯卫人。成化丙戌进士，授户科给事中。大旱，上章修德弭灾，宜以实心行实政，勿事虚文不报。因移疾归。少读书医无闾山之光明谷，因号"医闾山人"。公生平潜心理学，与陈白沙、罗一峰雅称同志，虽数千里，若一堂焉。海内目为"医闾先生"。

（《石仓十二代诗选·明诗次集》卷之五十四肃显《海钓遗风》附贺钦《肃克恭诗》卷末）

二四、叶元玉古厓集跋

古厓先生叶元玉，成化辛丑进士。为户部郎时，与李献吉、郑继之以文学交。出领潮州守，强毅举职，中谗而归。潮人以前太守韦庵王公、后古厓叶公为两贤云。公集李贞夫、郑继之俱有序。

（《石仓十二代诗选·明诗次集》卷之五十五叶元玉《古厓集》卷末）

二五、吕䜱古厓集跋

按《嘉兴府志》：䜱，字秉彝，文懿公原之子也。由中书舍人迁礼部主客司郎中。琉球乞岁一贡，并西番僧欲繇福建漳州回本国，公持议，皆不许。省有司经费以巨万计，迁太常卿。集累朝故事为条例，上该寺利便十二事，悉见施行。生平宅心淳厚，丰仪蕴藉，喜读书著作，至老不倦。有《九栢集》若干卷。

子言，字伯，时以荫补官，所至咸举其职云。

（《石仓十二代诗选·明诗次集》卷之五十八吕䜱《古厓集》卷末）

二六、林玠首夏诗跋

按：孝廉君仙逝，此诗乃箕笔也。遗腹子生，为书名，曰"文缵"。继吾志者，此子也。其后发达，皆若券云。

林文缵，字德绪，弘治己丑进士，历任湖广参议。廷圭之子。有《漱芳集》。

（《石仓十二代诗选·明诗次集》卷之七十四《云程林氏稿》林玠诗）

二七、李梅庵陈蔗轩林竹窗诗跋

右李梅庵、陈蔗轩、林竹窗，三君皆予郡人，亦同时也。梅庵、蔗轩诗不多见，兴公孙茂才器之于《鸣春微响》内手录数十篇；竹窗则有全集。兴公既哀选之，予加删润，合为一帙，庶见阐幽之意云。能始氏。

（《石仓十二代诗选·明诗次集》卷七十七李叔玉《梅庵集》附）

庆元按：学佺此文附于徐𤊻《林竹窗诗集跋》（《石仓十二代诗选·明诗次集》卷七十七李叔玉《梅庵集》附）一文之后，𤊻文云："林景清，号竹窗，连江人。隶籍府庠，食廪饩，五试不第，援例入太学。成化间，授湖广兴国州判官，雅善草书。吾乡自永乐中王太史孟扬工于八法，继孟扬者，竹窗也。少年游金陵，与名妓杨玉香狎，赋有《一清轩诗》，多艳词情语，手书一卷，向藏余家。谢在杭喜其风流韵致，字法精工，从余索去。陈汝翔采其诗于《晋安逸志》，而先生全稿无从得也。忆予少年时，有老学究持先生手稿欲售之先君，因其搜价高，未之购。历三十余年，偶从友人倪柯古谈及，柯古乃寻学究而购之，重加装潢。诗虽未甚奇警，而书法之妙不减吴兴，予乃选其雅驯者录为一帙，以见先生之高标逸韵未泯于今也。天启三年夏日，后学徐𤊻兴公敬题。"

二八、谢贲潜溪集跋

按：谢公贲，正德辛巳进士，礼科给事中，以议大礼廷杖。隆庆初，录言事诸臣，而贲已故，赠太常少卿。然予观其子启元有《读先君疏草》，诗曰："吾皇真广大,纳谏信如流。我父怀忠悃,披肝不避仇。昔借尚方剑,请诛安昌侯。今看衣溅血,泪洒午门秋。"则公又尝掊击权奸,非止于议礼获罪矣。

(《石仓十二代诗选·明诗三集》卷五十九谢贲《潜溪集》卷末)

二九、学士宋文宪公传

公名濂,字景濂,浦江人。妊七月而生,六岁能为诗歌;稍长,文学名益着。

初为翰林国史编修官,辞入龙门山着书。庚子,征至金陵。见上,问世乱奈何,对曰:"愿明公不嗜杀人。"除江南儒学提举,授太子经。明年,乞归省,赐金帛,太子赠有加。还家笺谢,上书奉太子,愿进修德业。上览书喜,召语太子书意。

洪武二年,征总修《元史》,除翰林学士,知制诰,兼修国史。时甘露屡降,上问灾祥之故,对曰:"受命不于其天,于其人;休符不于其祥,于其仁。"上尝言:"古帝王当宴安之余多好神仙,朕谓国治民安,心神怡康,即神仙也。"对曰:"汉武帝好神仙而方士至,梁武帝好佛而异僧集。使移此心以求贤才,天下有不治乎?"

三年,坐议孔庙礼,谪安远知县。未几,召为礼部主事。五年,升太子赞善大夫。上问帝王宜读何书,公请读真德秀《大学衍义》,上立取览,说之,令大书揭两庑壁。六年,上坐西庑,赐大臣坐,令公讲《大学衍义》。升侍讲学士兼赞善大夫,令集序《祖训》,纂《大明日历》。七年,《日历》成,一百卷。又择言行之大者为《宝训》五卷,为序上之。

公侍上久,多所陈说,直谅不务文饰,上喜曰:"卿可参大政。"对曰:"臣少无他长,徒以文墨议论事上,一旦受职,任事不效,负陛下。"顿首力辞。每燕见,坐赐茶,询旧章,讲治道,甚条析,至问廷臣臧否,第言其善者。诗文每寓忠告。上喜公善谏,公深密不泄禁中语,有奏辄焚槁。尝大书"温树"二字室中。上尝强公饮,醉欢笑,赋《楚词》一章,命侍臣咸赋《醉学士歌》,曰:"后世知朕君臣同乐也。"

九年,除翰林学士,承旨知制诰。上曰:"朕起布衣为天子,卿自草莱列侍从,为开国文臣之首,俾世世与国同休,不亦美乎?"令太子选赐公良马,又为《良马歌》赐公。时上尝廷誉公,曰:"古人太上为圣,其次为贤。为君子若景濂,事朕十九年,口无毁言,身无饰行,宠辱不惊,始终无异。不谓君子人乎?"其见推重如此。

(《石仓十二代诗选·明诗一集》卷五宋濂《潜溪集》卷首)

三〇、诚意伯刘文成公传

公名基,字伯温,青田人。年十四通《春秋》,能文章,长务理学,尤精于天文兵法。

举进士,丞高安,以廉节名,揭傒斯见而奇之,曰:"此魏征之流,而英特过之,济时器也。"江西行省辟掾史,议不合,去,隐居力学。

尝游武林,西湖有异云起西北,鲁道原、宇文公谅皆谓此庆云,公独纵饮不顾,曰:"此天子气应在金陵,十年后有王者起其下,我当辅之。"及太祖定括苍,指干象曰:"此天命也,岂人力耶!"遂应上聘。间道诣金陵,陈时务十八策。适陈氏入寇,献计者或曰降便;或曰钟山有王气,奔据山便;或曰决死一战,不胜而走未晚。公独不言,上召问,公对曰:"先斩主降议及奔钟山者,乃可破贼。"上曰:"先生计将安出?"曰:"臣计莫若倾府库、开志诚以固士心,且天道后举者胜,宜伏兵伺击之,取威制敌,成王业在此时也。"上喜,用公言,奋击大破之。乘胜攻皖城,不拔。公言宜径拔江州。上悉军西上,友谅走洪都,将胡廷美遣子约降,请禁止若干事。上初有难色,公蹑坐,上悟,许廷美竟以洪都降。

初公闻母丧,上再三书慰留,公不得已从征,至是辞归。遣官护行。时苗贼反金华、括苍,杀守将,衢州谋翻城应贼,守将夏毅大惧。会公至,迎公,即发书处诸下邑固守,指授诸军复处州,擒贼。方氏素畏公,遣致书礼不受,使人白上,上令公与通问。公宣示国家威德,方氏遂纳土贡。公上京,出严州,适吴寇至,李将军欲奋击,公曰:"勿击,不出三日,贼自走。追而击之,此成擒也。"比三日黎明,公登城望曰:"贼走矣。"辄使进兵追,擒贼于东阳。当是时,汉、吴为敌,众谓苏、湖地肥饶,宜先取。公曰:"士诚自守,虏友谅居上流,且名号不正,宜先伐汉。汉灭,吴直囊中物耳。"会汉再攻洪都,上遂西征,大战彭蠡湖。胜负未决,公密言移军湖口,期以金木相犯日决胜,上皆从之。灭汉还,上议取吴,收中原,公密谋居多。

公为太史令,寻改为太史院使。上《戊申大统历》,荧惑守心,群臣惧,公密奏宜罪己回天意,上为引咎,谕廷臣。又疏请早定法制,皆从之。上督责李丞相宪使凌悦,遂弹丞相,公为上言,善长勋旧,且能辑和诸将。上曰:"善长欲害汝者数矣,汝乃为之地耶?"吴元年,拜御史中丞,议律。会章溢奏上处州下县赋税,上令青田科止五合,曰:"使刘伯温乡里子孙世世为美谈。"上幸凤阳公居守,公志在澄清天下,言于上曰:"宋元以来,宽纵日久,当使纪纲振肃,而后惠政可施。"命宪司纠察诸道,弹劾无所避。因发中书省都事李彬罪状,伏诛,中书省大恨。上还京,公曰:"凤阳虽帝乡,非建都地。王保保虽可取,然为力甚难。"是秋,请告归。后定西失利,王保保竟走沙漠。上手诏叙公勋伐,召至京,称公孔明之俦,累欲封,公谢曰:"陛下乃天授,臣何敢贪天功?"固辞。上因卜相杨宪、汪广洋、胡惟庸,公对:"三人皆不可相。"三人者闻之,皆恨公。

三年,弘文馆学士封诚意伯,授开国翊运守正文臣、护军,食禄二百四十石。四年,赐老,上手书问天象,公条答言:"霜雪之后,必有阳春。今国威已立,自宜少济以宽。"先是,公遣子琏论谈洋巡简司事,得旨,竟下政府。胡左丞署省事,劾公,请捕琏,上不问。会海豪通政府,讦言公欲得王气地,辄移巡简署谈洋,有异图。下政府议,刑部论坐公死。上不报。移书论公曰:"君子绝交,恶言不出;忠臣去国,不洁其名。今念卿功,仅夺卿禄,伯爵如故。"公得书大惧,走诣阙谢罪,乞留京师。已而上疑稍释。

八年,赐告归,又手书慰藉。未几卒,年六十五。

（《石仓十二代诗选·明诗一集》卷六刘基《覆瓿集》卷首）

三一、祭酒刘公传

公名崧,字子高,泰和人。

七岁能赋诗,洪武三年以材学举职方郎中,升北平按察副使。坐事输作京师。归乡十三年,胡丞相诛。上手敕召为礼部侍郎,未几进吏部尚书,请老与勒。致仕十四年,召致仕刑部尚书。李为国子祭酒,起公司业,公至,上喜赐鞍马。未旬日,遽得疾,犹强坐训诸生。疾革,问所欲言,曰:"天子遣崧教国子,将责以成功,而遽死乎?"无一语及家事,年六十一。上为文祭公。

公博学,有志行。家贫素,及贵,未尝增产业。居官十岁,不以妻子相随,清苦如布衣时。其为北平按察副使,携一童往,至则遣还。每夜孤灯一榻,读书不辍。五更衣冠,起坐待旦,招徕捕逃,慰安反侧,惟务宽厚,存大体,尤慎威刑。小人险狡,辄先事防制,温颜巽词,而见者凛然。

《八府志》及诗文十八卷藏于家,《职方集》行于世。

(《石仓十二代诗选·明诗一集》卷八刘崧《槎翁集》卷首)

三二、张来仪传

吴兴掌故云:张羽,字来仪,本浔阳人。

元季,授以安定书院山长。因欲卜居吴兴,以诗约徐贲,云:"吴兴好山水,尔我盍迁居。绕郭群峰列,回波一镜如。蚕余即宜稼,樵罢亦堪渔。结屋云林下,残年共读书。"于是定居于戴山之东。洪武初,仕至太常寺丞,兼翰林院同掌文渊阁事。诗文奇古,尤善画。卒葬九里冈,湖学教授金华童冀铭其墓。

《湖州志》因其为浔阳人,遂讹以为南浔人。非也。所著有《静居集》《国雅士品》云。张司丞来仪体裁精密,情喻幽深,颇似钱郎之什。

(《石仓十二代诗选·明诗一集》卷之十五张羽《静居集》卷首)

三三、徐幼文传

徐贲,字幼文,本蜀人,后居毗陵。元季徙居苏之望齐门。

贲为诗与高启诸人齐名,尤善写山水,秀润可爱。张士诚居吴,辟为属,俄谢去,居湖州之蜀山。洪武中,以荐至京,奉使晋冀,及还,阅其橐,惟记行诗而已。授给事中,改监察御史,巡按广东。又改刑部主事,升广西参政,以政绩卓异,推河南左布政使。命大将靖洮岷道出河南,以贲犒劳不时,下狱死。

所著有《北郭集》,《国雅士品》云:徐方伯幼文,词彩遒丽,风韵凄朗,殆如楚客丛兰,湘君芳杜,每多惆怅。

(《石仓十二代诗选·明诗一集》卷十六徐贲《北郭集》卷首)

三四、林鸿传

林鸿,字子羽,福清人。

少任侠不羁,读书能强记。高皇帝时,部使者以人才荐授将乐儒学训导。居七年,擢拜膳部员外郎。《高庙临轩试龙池》《春晓孤雁》二诗,一日名动京师,是时鸿年未四十也。国初治尚操切,而鸿性脱落,不善仕,又以为散秩无自表见,遂自免归。

归,益闭门谢客,肆力为诗,顾独数游三山。三山周玄、黄玄皆师事鸿,学为诗也,世称"二玄"云。

凡闽人言诗者,皆本鸿。所称林敏、陈仲宏、郑关、林伯璟、张友谦、赵迪诸人,皆鸿之弟子也。鸿有集曰《膳部》,以曾为膳部郎云。

(《石仓十二代诗选·明诗一集》卷之十七林鸿《缮部集》卷首)

三五、黄玄传

黄玄,字玄之,侯官人也。其初本将乐人,林子羽为将乐学官时,黄玄为弟子。子羽雅重黄玄,尝为诗称"青衿二十徒",达者惟黄玄云,而黄玄益严事子羽。及子羽弃官归,黄玄挈妻子入闽中,终身师事之。已而以岁贡入成均,老矣,竟授泉州训导,卒。著诗若干卷,皆轶不传。

(《石仓十二代诗选·明诗一集》卷之十七林鸿《缮部集》卷首附)

三六、周玄传

周玄,字微之,闽县人也。永乐中,以文学征拜祠部尚书郎。其为诗瑰奇,托兴悠远,尝赋《揭天谣》若干篇,论者谓其怪如长吉云。生平多所论著,率轶不传。维时盖经义之士向风,而雅道阙矣。

(《石仓十二代诗选·明诗一集》卷之十七林鸿《缮部集》卷首附)

三七、王恭传

王恭,字安中,闽县人也。环闽皆山,而恭家故贫,则为樵,往来群山中,自称曰"皆山樵者"。

恭善为诗,援笔缊缊千言立就。永乐四年,有司以儒士荐,强起至京师,年六十余,老矣!勅修大典,同郡王偁为翰林简讨,同纂修,戏谓恭曰:"君无以会稽章绥,故来耶?"恭从容笑,谢曰:"吾山中斧柯,幸自无恙。"居三年,大典成。诗试高第,授翰林典籍。居顷之,投牒归。

著诗数十卷,号曰《白云樵唱》。其在金陵曰《凤台清啸》,归田曰《草泽狂歌》,轶不尽传。庐陵解缙称其"布衣萧然,不慕宠荣,强之而起,朝阳凤鸣",此足以概恭云。

(《石仓十二代诗选·明诗一集》卷之十八王恭《皆山集》卷首)

三八、唐泰传

唐泰者,闽县人也,字亨仲。洪武二十六年举于乡,明年擢进士第,授行人。历浙江按察佥事、陕西副使。泰少善声诗,与同郡黄济为诗友。其所著皆轶不传,所见《善鸣集》中。

(《石仓十二代诗选·明诗一集》卷之十八王恭《皆山集》卷首附)

三九、陈亮传

陈亮,长乐人,字景明,故元儒生也,其学无所不窥。

明兴,累诏郡县征遗逸,或推毂亮。亮曰:"昔唐尧在上,下有箕颖。吾投迹明时,游戏泉石间,吾志慊矣,吾岂愿仕哉!"遂掉头不出,作《读陈搏传》诗以见其志。

山中为小楼,号曰"储玉",购四方名书唐之。又作草屋沧洲中,与名士王恭、高棅为文酒,日过从。暇则泛闽江,历名山,投上方兰若,寻僧问偈,意豁如也。时时往还三山中,为九老社,以此自终。亮为诗冲澹,悠然有陶孟之风。

(《石仓十二代诗选·明诗一集》卷之十九陈亮《储玉斋集》卷首)

四〇、郑定传

郑定者,闽县人也,字孟宣。善击剑,工古篆、行书。陈友定辟为记室。友定败,郑定浮海亡,在交广间。久之稍还,遂居长乐。高皇帝末年,征授延平训导,历齐府纪善、国子助教。著诗数卷,号曰《澹斋集》,今轶不传。

(《石仓十二代诗选·明诗一集》卷之十九陈亮《储玉斋集》卷首附)

四一、王褒传

王褒,闽县人也,字中美。博极群书,少有诗名。

洪武中以明经贡入成均。顷之,擢举应天郡,历瑞州、长沙两郡博士,迁永丰尹。褒治永丰,课农桑,兴儒学,县无逋事。永乐初年,朝京师,考上最。已而以文学表修《高庙实录》,遂擢褒为翰林修撰。及修《永乐大典》,勅充总裁官。褒性刚正,居家以孝友闻。与人交敬,久而不衰,人有善,汲汲然奖进之。

《闽志》列在《儒行传》中。

(《石仓十二代诗选·明诗一集》卷之二十王褒《王中美诗》卷首)

四二、高棣传

高廷礼,长乐人,本名棣,字彦恢,自称漫士。少与同郡陈亮、王恭为布衣交。著诗数百篇,号曰《啸台集》。

尝总唐人诗,扬抑上下,之太始,至旁流,为十余品。然其宗旨则归于开元、天宝之间,故为《品彚》《拾遗》《正声》,凡三种,百余卷甚具。谈者谓唐称诗三百年,风调正变,其大较如此矣。

永乐时廷礼被召入翰林,为待诏,迁典籍。著诗数卷,号曰《木天集》。廷礼为人惇厚,有至性,事亲以孝闻。善与人交,无新故贤愚,一也。其为山水画极工，客从廷礼觅画，辄自戏曰："令我作无声诗耶？"以此，人称廷礼有二绝云。

（《石仓十二代诗选·明诗一集》卷之二十一高棅《木天集》卷首）

四三、听雨先生传

王佐，字彦举，家世本河东，元末侍父宦南雄，后遂占籍南海。时孙蕡与佐结诗社于南园，开抗风轩以延一时名士。佐才思雄浑，体裁甚工，蕡甚重之。时谓"构辞敏捷，王不如孙；句意沈着，孙不如王"云。会何真开署求士，与蕡首被礼聘，真敬二人者，使掌书记，军旅事多见咨询。

洪武六年，部使者荐于朝，谓佐有才学，当备顾问，征至京师，拜给事中，论思补阙，恒称上意。学士宋濂尝拜赐黄马，上为歌，命诸词臣和之，佐斯须而就，有"臣骑黄马当赤心"之句，上览之而喜，赐抄一锭。上游幸，或遇会心处，多命之赋诗。刘三吾尝同咏署中桂，惊其才语高妙，以为名世之作。其为名流所重如此。佐性不乐枢要，居官二载，旋乞骸骨。上怜其诚，特俞所请。陛辞日，赐抄五十千以为路费，士林美之。盖天威严重，臣僚自陈者多被谴斥；佐以恭顺得归，故当时以为难。

佐有《听雨》《瀛州》二集，多散逸。郡人彭森刻于建安者，仅诗一卷。评者比之高适、岑参云。

（《石仓十二代诗选·明诗一集》卷之二十二王佐《听雨集》卷首）

四四、雪篷先生传

黄哲，字庸之，番禺人，世为荔湾著姓。哲弱冠而孤，刻苦读书，通《五经》，尝借人《文选》手抄之，沈玩究竟，遂能作诗。造晋唐粤域，性好山水，结庐蒲涧，栖息其间。往来罗浮、峡山、南华诸名胜，自以为未足，乃辞家陟庾岭，过吴楚，游燕齐间，一时湖海英豪皆与游焉。偶雨雪时泊舟秦淮，遇朱文昭、涂颖辈，相与握手吟咏，沽酒大噱，二人喈曰："君才如《白雪》，吾虽知音，如寡和何？"自是益有名龙凤中。

太祖为吴王驻师金陵，招徕名儒，哲为丞相李善长参政，张昶、汪广洋所知交,荐之。乙巳,建吴国,拜哲翰林待制,入书阁侍太子读书。寻兼翰林典籖,辅导尽职。丙午六月,左丞相徐达北伐捷闻,上命赋诗,称旨。及钟山祈雨获应,御制七言诗志喜,命哲赓之。其见重如此。

洪武初,奉使青徐谕诸反侧,寻出知山东东阿县。吏胥初以儒士易之,哲剖决如流,案牍无停者,且不事缴绕苛察,民乐其宽。值旱,诣洪范池祠祷,词旨哀恻,甘澍应时,优洽民欢,曰:"此黄公雨也。"狼溪有怪物,善为幻,能窃人啖之。哲为文祷于天,须臾风雨大作,一青蛟毙水上,邑人讶以为通神。时经毛贵乱后,民多流徙他处,闻哲善政,复其业者亡虑数千人。辛亥四月,升东平府通判,东阿士民遮道攀泣,抵府境乃返。是岁黄河决梁山,中书省发民疏浚,哲董东平之役,经画有方,民不告劳。有司欲堰黄陵冈,哲建议谓此乃胡元之覆辙,不可以为法,事遂寝。寻上疏陈时务数十事,上怒其狂妄,会山东分省奏哲捐俸修先圣祠,筑水堤湖有成绩,乃释不问。哲亦乞归,得允。既还,有司请哲领郡校事,横经授徒,岁凡数百人。乙卯四月,召回山东,以他事诖误,竟置于法。郡邑人士,家为奠祭。

哲始北上时,倚篷听雪,常自诧曰:"天下奇音妙韵出自然者,莫是过也。"归构一轩,名"听雪篷",学者称曰"雪篷先生"。子德舆辑其诗文十卷,行于世。

(《石仓十二代诗选·明诗一集》卷之二十三黄哲《雪篷集》卷首)

四五、易庵先生传

李德,字仲修,番禺人。博览群籍,尤邃于经学,明《毛诗》《尚书》。

洪武庚戌,以明《尚书》荐至京师,上亲策问,赐徐大全等出身有差,德预焉。授洛阳长史,继迁济南、西安二郡幕,非其好也。政暇遍览帝王遗墟,尝著论西安、南阳皆天下大形胜所在,建不拔之基,当择而都之,江东非其匹也。士林韪其识。历郡十余年,年薄暮矣,自陈不能吏,乃就湖广汉阳教谕。当兵革初静,黉舍翳蓬藋中,生徒仅十数辈,皆野犷不可语,德尽心训迪之。言诸有司,罗致民间子弟之俊颖者馆谷焉,自是弦诵诜诜,人知向学矣。秩满,改任广西义宁县,其俗尤陋。德立法,凡遇家有吉凶事当告假者,随贫富以楮币周之。孜孜劝谕,使约束乡党不得为恶,习俗日美,科贡渐盛。当道方荐达之,而德以倦游南归,卒于家。

德为诗多效长吉、太白,孙蒉笑之曰:"子真混元皇帝远孙也。"德乃力追古作,有《易庵集》行于时,序者以为跨晋唐而跞宋元云。少尝自号采真子,著论如子书,晚更潜心伊洛,故世称有理学者,必曰"李长史"。

子孚,字底信,亦能诗,见《广州人物传》。

(《石仓十二代诗选·明诗一集》卷之二十四李德《易庵集》卷首)

四六、王半轩传

半轩,讳行,字止仲,王姓。半轩,其号也。苏之吴邑人。

初父某为阊门南市人,雠药以交鬻纷,挈挈之为己助。半轩尚髫季,药逾千品,悉志某具某若,多寡酬应无或遗。主媪老好听稗官家说,即默记数本,迨晚歌为之娱。主异之,为语若能读书否耶? 授《鲁论》一帙,翌日已成诵矣。遂大奇之,罄以帑所度经史百子,恣其探阅,大有所得。

年未弱冠,辞去,启蒙于城北望齐门旧居。时声誉殷发,愿交毕至,而议论踔厉,证据今古,常屈其座人。然家徒壁立,几无留策。询所学,曰"向得之药主人耳"。为词章汪洋奥美,关节开解,千绪万端参错,杰出一时,老生咸畏之。临川饶参政介之分守浙右,以词翰豪视东南,号醉樵,为之诗歌者殆遍,惟难于一文耳。间延与言,曰:"是非《庄》《骚》家言,莫殚其形容。"即席为说,不加点窜。饶仆地曰:"吾见中朝才俊亦多,未有类子敏而奇者,真天才也。"亟疏荐。以天下多事,半轩亦靳弗售。

长洲周庄沈达卿,其父号万三秀者,赀雄当世,为礼聘于家塾。每成章,辄偿白金以镒,半轩概麾去,曰:"使金坞可守,则燃脐之惨无及也。吾言止如是,直何滥取多田翁为哉?"三吴鼎沸,所据者恃多垒炮石自固。半轩私语曰:"兵法不云'柔可以制刚也?'"或请其指,曰:"设植篢莜顾而韦者,系布于其端,如帡幪然。人出没其下,虽炮至,而布必随之低昂,则人无害而石可尽矣。"后大将常公提兵至,果用是计,而城遂破。所与交,靡不服其谈兵之有征也。

洪武初,郡庠延为经师,时训导无爵禄,犹儒生衣巾,弟子员多由纨绮,心易之,以《五经》杂进问难,半轩悉为辩说,不少絫洎,删润课业,刃迎缕解。

众始吐舌曰："王先生有行书厨皮沥篦之号,以其该博无少渗漏也。"郡守江夏魏观以国子祭酒左迁于苏,闻之于朝,盖将大用之也。以年渐高解任,避迹于吴山之下,石湖之滨,以经训自娱,凡碑铭序记,求著述者悉归焉。间写图并题其上以自适。旁通缃黄家学,与之论,若空玄寂,累日忘倦,率致其厌服,第合什稽首,谓:"澹如居士,其再世人耶!"尤深契乎道衍,谓必有知者。

晚更号楮园,有《楮园集》十五卷、《半轩集》六卷、《学言稿》十卷、《四六札子》二卷、《宋系统图》二卷,人咸誉传。以故人梁公招入金陵而没,实洪武二十八年三月十二日,年六十有四云。

（《石仓十二代诗选·明诗一集》卷之二十九王行《半轩集》卷首）

四七、练子宁传

公初名安,字子宁,后以字行,新淦人。洪武十八年进士,自少与金太保相友善,谓之曰:"他日子必为良臣,我为忠臣。"廷对,语切直不避忌讳,上亲擢第二,授翰林院修撰。

建文即位,累迁御史大夫。李景隆奸邪,怀异志屡败,召还。子宁执之于朝,请诛之,不听。愤激叩首言:"此卖国贼臣,臣备员执法,不能正典刑,请先伏诛。"遂罢朝。

靖难,师入南京,文皇帝令缚子宁,语不逊,断其舌。曰:"吾欲效周公辅成王。"子宁手探舌,血大书地上,云"成王安在"? 遂族其家姻戚,逮戍边者百五十一人。越数年,吉水钱习礼以未及逮为乡人所持,恒怀不安,以告杨荣。荣乘间以闻,上欣然曰:"使练子宁在,朕固当用之。况习礼乎!"因弛其禁。

子宁所著诗文,名《金川玉屑》。正德中,江西提学副使李梦阳为金川书院,祠子宁,刊其集行于世。

（《石仓十二代诗选·明诗一集》卷之三十六练子宁《金川集》卷首）

四八、春雨解公传

公名缙,字大绅,吉水人。洪武二十一年进士,选庶吉士。大庖灾,上封事论时政,剀切万言,可方贾谊《治安策》。上览之喜,谓公年少有才志。诸大臣咸忌公,竟坐深文罪,且不测。上怜公,召对便殿,慰谕赐锭,曰:"汝归,且读书十年,著述来廷。"又命公修正《元史》误,及踵成,朱书删定;《礼经》凡例,皆留中。

建文元年,召入翰林待诏。靖难后,进直文渊阁,参预机务内阁,典机务之名自此始。后因储位未定,上密询公,公称世子仁孝,又顿首云:"好圣孙!"上曰:"已喻,逾年册立东宫。"初议颇泄,高煦大恨,欲杀公。未几,用兵交趾,公力言得其地不足郡县,义取羁维而已。上遂疏公,出为广西参议。李至刚奏公怨望,改交趾参议,入奏事南京。会上北征,见东宫,辞去。高煦密疏公,瞰上出塞,辄远觐储君,径归,无人臣礼。上怒建公,下诏狱。永乐十三年,公卒狱中。

初,成祖信任公,手书大臣蹇义等十人问公,公一一评骘不爽。又问公建文君所用人何如,公曰:"此皆洪武中人材事,往已不足论。"成祖颔之。东宫即位,出公奏示辅臣曰:"今人率谓解缙狂,观所论评,绰有定见也。"诏复公职,官其子祯中书舍人。

公束发读书,留心经济,任事直前,风生电发。早遇圣明,名动天下;晚遭谗构,至殒厥身。悲夫!为文雄劲奇古,新意迭出,叙事高处逼司马子长;诗豪宕丰赡,酷似李、杜。其教学者曰:"宁为有瑕玉,勿作无瑕石。"书小楷精绝,行草皆佳。

(《石仓十二代诗选·明诗一集》卷之三十七解缙《春雨斋集》卷首)

四九、王偁传

王偁,永福县人,字孟扬。其父翰,元季为潮州路总管,故西方人也。先为闽行省郎中,已而以潮州总管弃官,遂走闽为黄冠,栖永泰山中十年。高皇帝闻翰贤,诏有司强起之,翰自刎死,时偁甫九岁。闽吴海者,翰执友也,义抚偁教之。

洪武二十三年,偁以经义举于乡,明年试礼部,不第。例就祭酒授业,因而求邹鲁之遗风,与海内贤豪上下其说。居数年,遂疏乞归终养,翩翩然有冥鸿之思焉。

文皇帝即位,有司荐起之。偁既至都下,却自陈愿处校职以砺人才。不许,授翰林简讨,进讲经筵。已而勅修《永乐大典》,偁为总裁官。大典成,英国公张辅奉命征交址,表偁为护行。交址平,辄复叛,偁已故移官交址。

而参议解缙者,偁故游也,坐言事下狱。或斥偁为党,遂同逮系。偁尚气节,雅志当世,吐论英迈,喜扬人之善,不能匿人之过,竟以此死。悲夫!偁之诗本于李白,意矫矫然,不可羁也,号曰《虚舟集》。

(《石仓十二代诗选·明诗一集》卷之三十八王偁《虚舟集》卷首)

五〇、尚书詹公传

公名同,字同文,新安人。

元末避乱黄州,天兵下武昌,见上,授国子博士,直起居注。洪武六年,升翰林学士承旨,兼吏部尚书。上言:陛下起兵渡江以来,征讨平定之迹,礼乐治道之详,虽有纪载,向未成书,乞编日历藏之金匮,传于后世。从之,命公与宋讷为总裁官。书成,又分类,更辑圣政为书,名《皇明宝训》。寻致仕,卒。

子徽,历官都御史,仍为吏部尚书,奉职忠勤,不替公业。云后坐蓝党死。

(《石仓十二代诗选·明诗一集》卷之四十七詹同《同文集》卷首)

五一、虞大理传

公讳谦,字伯益,镇江金坛人。

洪武乙亥,由太学生擢刑部郎,升杭州知府。永乐初,召为大理寺少卿,寻升左副都御史。巡视淮扬旱灾,至则疏民所苦,请发廪赈贷,仍为赎还所卖男女,为奴婢者皆纵遣之。仁宗即位,擢为大理寺卿,多所平反,援引诏书,以断疑狱。上曰:"虞谦言是。"

公仪表甚伟,潇洒绝俗,工诗。所著有《玉雪斋》稿,行于世。

(《石仓十二代诗选·明诗一集》卷之五十虞谦《玉雪斋集》卷首)

五二、李忠文公传

公名懋,字时勉,以字行,安福人。

永乐二年进士,选入庶吉士,预修《太祖实录》。书成,晋翰林院侍读。三殿灾求直言,条上十五事,被谗构下狱,两年余始出狱,复原官。献陵初即位,公有疏留中,不知所指云何。上怒,缚至便殿,命力士捶十八瓜,折其肋几死。明日,改监察御史。又明日,下诏狱。

宣德元年,上恨公言懋,触仁考,怒令"缚时勉来朕面鞫,必杀时勉"。已,又令王指挥缚时勉斩西市。王指挥出端西旁门,公已为先使者缚入端东旁门,相左。王指挥至狱,知公入,亟走,还缚公送西市。公已得见上,上顾怜时勉忠臣也,能直言,立脱公桎梏,复其官。预修《两朝实录》,升侍读学士。

正统三年进学士,寻升国子监祭酒。公下令崇廉耻,抑奔竞,列贤否,示劝惩,一新条教,变士习。与诸生恩义浃洽,若父子然。王振恶公守正,倾构公荷校国学门。诸生石大用上章,愿以身代,号哭奔走,阙下请赦公者数十人,以故得解。寻乞致仕去。卒年七十七,谥忠文。

(《石仓十二代诗选・明诗一集》卷之七十一《古廉集》卷首)

五三、林蓢斋传

林谕德尚默者,闽人也。将诞之夕,父梦梁僧宝志过其家,因以"志"名。生四、五岁,秀颖异群,儿母以古文口授之,即能成诵。十岁,日记千言;十四,能属文;十八,入郡庠。读书目数行下,砺业无寒暑。受《易》于翰林简讨王孟扬,孟扬爱之,为之倾尽。素好辩,及冠,师字之,尚默服之终身。

早失怙,奉母甚孝,母有疾,躬侍汤药,日夜不解带。命医屡无效,悔己不知医,于是治医致效。母卒,号恸几绝。丧葬之礼,不以贫废。处宗族有恩,族弟喜,幼为异姓子,携归育之,以底成立。尚默好饮,饮于知己,竟日不醉,否则数行即止。其为人沈静,不事表暴骤,若落落难合,久之,款洽殊有意趣。

为文出入子史,务绝陈腐。从其游而居显要者,湖广参政黄泽、浙江按察使林硕、监察御史陈叔刚。永乐辛卯福建乡试,明年礼部会试,皆魁。多士廷试第一甲第二名,赐进士及第,授翰林院编修。历修谍侍读右春坊,谕德兼翰林侍读阶奉训大夫,预修《五经》《四书》《性理大全》《古今名臣奏议》《郡国志书》《二圣实录》。两为京师考官。

宣德二年五月疾卒,年五十。自号蔀斋,又号见一居士。南郡杨溥曰:"以尚默行之高,学之博,文词之善,三者足称其官而收美名。乃不得其年,悲哉!"

(《石仓十二代诗选·明诗一集》卷之七十五林志《蔀斋集》卷首)

五四、郑瑛传

按:弦斋公,讳瑛,字希晦。幼同林公尚默从学于王公孟阳之门。永乐戊子岁,聘为闽清、连江二邑司训。后领应天湖广省直乡试,其文录为程序。以琼州乐会训导秩满入京,卒于途。友人罗泰为之《墓志铭》。弟珞,宁波知府。

《四明文献志》:知府郑公珞,字希玉,闽人。永乐十三年进士,宣德初来治四明。简重寡默,聪敏过人,案牍之暇,手不释卷。时有吟咏品题,俱载《郡乘》中。礼贤下问,不以人废言,凡布衣浮屠,有识治理民瘼者,亦不靳于屈访之云。

(《石仓十二代诗选·明诗一集》卷之八十郑瑛《弦斋集》卷首)

五五、博山雪关智誾禅师传

师讳智誾,上饶博氏子。八岁丧父母,郑氏送依景德寺长老博公为童子。博公教令顶礼观音大士,一夕,梦大士手摩其顶,由是泛览群书,爽然意解。

一日,见《坛经》"火烧海底"句,疑之,乃参礼博山来公山,令默究船子藏身。公案行住坐卧,提撕不忘,偶入槽厂,行见磨鼻,拽脱有省,有偈作五颂,请寿昌衲衣山曰:"呈博山。"曰:"直下相逢处,由来绝覆藏。舌头元是肉,不用更商量。"博山喜曰:"子可参禅也。"后宗门语句,如:"满口含冰,不曾道出水字。""子风骨太露,更须死心一番始得。"师乃掩关谢客,兀坐返参凡六载,经几重剐剥,始彻源底。偶作《雪关歌》,山见称善,乃为开关。有偈曰："始行大事六年雪,顿入圆明一片水。今日幸亲无缝塔,掣开关锁万千层。"继命首众,一日,领众入室次,山垂问曰："堂中首座人天眼目。如何是人天眼目。"师曰："顶门上山。"曰："还假鉴照也无。"师曰："君不见。"山曰："不虚参见作家来。"师掩耳而出。

己巳,受瀛山之请。瀛山古刹,四壁萧然,作《破院歌》以自乐。相国郑公方水以诗慰之,曰："太甲之下是瀛山,依稀破屋两三间。闻师支伞过天漏,譬似杨岐雪满关。"居无何,博山和尚迁化。师奔丧至,丧事毕,众推继席。自是往来瀛、博之间,提示不倦。督学陈公懋德入山访师,置二十五问,师应答如流。陈大服膺。

壬申春,予同诸公以鼓山延师结制,于是演法鼓山,玉莹珠回,玄风遐播,期满还锡博山。

丙子春,中丞余大成、司理黄端伯以杭之虎跑请师,应之。大弘祖道舌唇才动,辄滚滚不竭,环座而听法者万指,继而妙行请师重建。经营二载,同大殿落成。师曰："吾今可以谢喻弥陀矣。"

丁丑秋,示微恙,乃谢院事,鼓舟南迈。孟冬朔旦,行抵瀛山,病体尪羸,群心汹汹,乃作遗书谢诸檀越。时寿昌阒公自博山来候,匡坐叙别,惊阒公问:"和尚安否?"师曰:"且道我生耶、死耶?"阒公曰:"末。"后句也须分付。师弹指一声,遂微笑而逝。弟子弘恩成等,迎归博山,建塔莲花峰之西原。

师示生万历乙酉年九月初一日,示寂崇祯丁丑年十月十一日,坐三十一夏,享年五十有三。有《语录》若干卷行世。

(释智誾《雪关禅师语录》卷首)

五六、报札〔报张绍和〕

仆顷移居于乡,承先生也,杜门谢客,课儿读书。近日之行径如是,亦将终其身耳。前岁忍死,以俟祖德之扬,嘻笑怒骂,一切甘之。故自谢事以来,不阅邸报,不通宾客,譬如四肢已断,无复用之。吾兄尚以河清相期许乎?非仆所敢闻也。《蜀记》成者强半,《人物列传》才得脱稿。《名胜》一类,颇极苦心,昨为金陵好事携刻,未即获呈览,不无缺陷。卒稿华刊,洋洋缅缅,大手笔也。见之索然矣。苦块中不能出游,而村居僻静,相思命驾,千里非遥,则吾兄古谊,实仆所愿而不敢请者也。惟心绍至祷。

（张燮《寄曹能始观察》附能始曹学佺《报札》,《霏云居续集》卷五十三）

五七、又报札（报张绍和）

兄丈有寻梅之兴,弟石仓中烂漫如雪,亭午想当过,谨拂石以俟。迩来新开一潭,长可十丈,阔三丈,澄泓如碧玉。兄必诧以为得未曾有也。《名胜志略》略完数省,嗣容请正,不既。

（张燮《简曹能始》附能始曹学佺《报札》,《群玉楼集》卷六十二）

五八、报书（报张绍和）

敬夫住石仓两月,以欲得仁兄捷报为引满,竟不获如愿而去,相对怏怏,兹喜得建牙郧、襄矣。词人之能驯致尊显者,敬夫也。弟以十载投闲,更辱投荒,岂有动理。然例不自控陈,乃仰面于彼中抚按,未免费一番周折耳。承示,王董父往岁具柬于顾世卿,终作浮沈。可笑！可笑！弟所修《方域志》《名胜》一类渐次灾木,而吾省者已报峻,先用呈览,并近稿内有《送绍和北上》诗,不敢隐也。倘以此答鸿集,讵所云厚往薄来哉！曩家信寄弟处者久之,兹附返。想亦上西河之变者,幸自宽。

（张燮《寄曹能始》附能始学佺《报书》,《群玉楼集》卷六十三）

五九、秋后报札（报张绍和）

春仲,弟被褫归,伏在苦次,草土惊魂,未暇即安。顷幸窃太阿者已毙,吾侪始有更生之望矣。豚儿预荐,叨庇垂云。然父与子各有所欲为之事,原不相贷也。承手札慰存,兼以汉、魏诸刻,百朋之感,曷足云喻。又见《与兴公书》,欲辑《山记》行之,并索他省《名胜志》。弟自蒙难之后,载籍星散,谨将《两广志胜》《小园记》《湘西纪行》《石仓游记》各一册呈览,知不靳郧斤也。裁复稽迟,罪罪!

（张燮《寄曹能始》附能始曹学佺《秋后报札》,《群玉楼集》卷七十二）

六〇、寄张绍和（原无题，题辑者所拟）

弟前者奉复,并附游山诸《记》,想尘清览。顷闻郎君仙逝,寂寞斯人,丧其国宝。凡在同声,莫不凄恻。兄又何以为情也! 其或行游于外,以散之乎寓内。《名胜》脱稿俱尽,弟更不自料为《五经解》,《诗》《易》先之,次及《春秋传》矣。然鄙意欲广一类书,于唐、宋所载之外而搜辑之。非兄大手笔,莫任也。倘翩翩惠顾,开局三山,尤为胜举。惟日望之矣。外《洋考》乞赐一部,幸甚。

（张燮《答曹能始》附能始曹学佺《元书》,《群玉楼集》卷七十三）

六一、与徐存永书

国初集,如陶主敬、张翠屏、宋潜溪、杨东里诸公,每有赠送郡邑幕僚之作,驿宰仓巡皆所不废,虽其人自足取重,而亦见前辈留心民生吏治,不以微忽。

（费经虞《雅伦》卷十六,清康熙四十九年刻本）

六二、与友

禅有理障,有魔障,与绮语无干。观昔词人刘勰、陆羽,生长丛林,所著《文心》《茶品》,雕缋满眼,不涉禅只字。即支道林、庐山远,非老法师乎? 言固字字文也。今人以单刀一棒等语窜入,宁不厌呕?

（《石仓遗集》,周亮工《尺牍新钞》,上海杂志公司 1935 年版）

六三、又与友

论诗譬诸书者、弈者、讴者,若无传授,任一己聪明,则必趋于邪路,终身不能精进。然稍就规矩，效法古人，其难乃若登天。勿畏其难可矣。

（《石仓遗集》，周亮工《尺牍新钞》，上海杂志公司 1935 年版）

六四、与徐兴公

释道有藏，独吾儒无藏，可乎？仆欲合古今经史子集大部，刻为儒藏。

（《石仓遗集》，周亮工《尺牍新钞》，上海杂志公司 1935 年版）

六五、与陈开仲

盛唐诸公妙处，全在用拙。拙则浑雄大雅，而无乘捷斗巧之病。予观应急之诗，一时不能即就，辄以巧思胜之。若用拙，非从容暇豫不能。

（《石仓遗集》，周亮工《尺牍新钞》，上海杂志公司 1935 年版）

六六、又与陈开仲

伯敬《诗归》，其病在学卓吾评史。评史欲其尽，评诗欲其不尽。卓吾以之评史则可，伯敬以之评诗则不可。

（《石仓遗集》，周亮工《尺牍新钞》，上海杂志公司 1935 年版）

六七、定光塔顶铭

补山之阳，重仰定光。安奉舍利，为国祯祥。天子万寿，丰年穰秧。佛日增辉，此众无疆。时崇祯癸未岁蚕之吉，郡人曹学佺、郑邦泰、林弘衍、陈询、住持比丘明定、化主僧明同立。

（《福州定光塔寺志》卷二）

林古度诗辑佚

　　林古度,字茂之,福建福清人,明末清初著名诗人。林古度长年寓居金陵,明亡后以遗民自居,时人称之为"东南硕魁"。清康熙三年甲辰（1664）,古度嘱托王士禛选定诗作。王士禛所选《林茂之诗选》,两卷,计204首,"所录篇什率皆辛亥以前之作"（《〈林茂之诗选〉序》）,绝大多数作于万历三十二年甲辰（1604）至万历辛亥三十九年（1611）,计281首;万历四十年壬子（1612）至万历四十二年甲寅（1614）之后仅23首[①],皆早年之作。林古度一生活了八十多岁,历明清七朝,所作诗当有两三千首甚至更多,《林古度诗选》所存仅万历中后期十来年的诗二百余首而已。硕士研究生陈雅男在本人的指导下首辑林古度诗,得佚诗35首,残句4则;本人在此基础上重辑,共辑得100首（含残句）,数量已近《林古度诗选》之半。这些佚诗不少是万历、天启之后所作,可补《林古度诗选》收诗仅限早年之缺憾。刊布于此,以飨同好,异日若有新发现,当再增补,并拟另辑《林古度诗存目》一篇。

一、水帘诗

　　晴雨所覆（钟惺）,白云之上（吴惟明）。冬爱其源（林古度）,厥流遵养（钟惺）。石空其中（吴惟明）,候时而响（林古度）。岱实为之（吴惟

---

　　① 《林茂之诗选》的篇数及作年,据陈雅男硕士论文《林古度研究》（未刊稿）。

明),劝登弘奖（钟惺）。明万历丙辰十月七日。

（按：此诗刻石今存，在泰山水帘洞坊西约 40 米石壁上）

二、自秣陵归里赠徐兴公

别来不记几寒暄，书问时时两记存。归里每劳君劝驾，乘秋方及我登门。林间恒解将身隐，徐稚真看以道尊。千古最夸传著作，青云事业有儿孙。

[徐𤊻《林茂之自秣陵归里以诗见贻次韵奉答》附，钞本《鳌峰集》；诗题为辑者所拟。又按：诗作于崇祯六年（1633），详笔者《徐𤊻年谱长编》，未刊稿]

三、秋暮过宿徐兴公山斋夜话

高斋秋尽倒清尊，客散还留远客存。足见交情三十载，重论往事万千言。穷愁相对真朋友，富贵将看好子孙。我本无家空自返，今宵翻似入家园。

[徐𤊻《秋暮林茂之过宿山斋次韵》附，钞本《鳌峰集》；诗题为辑者所拟。又按：诗作于崇祯六年（1633），详笔者《徐𤊻年谱长编》，未刊稿]

四、次曹能始人日兴公宛羽楼韵

一楼百尺八窗开，四海幽人一日来。天下最难环荔树，径中不易长蒿莱。落成眼见空虚界，坐处身依平远台。从此鳌峰增胜概，经年登眺几多回。

[徐𤊻《人日招豫章张士振黄州耿克励四明周宣哲及曹能始林茂之异卿集新楼次韵能始韵》附，钞本《鳌峰集》；诗题为辑者所拟。按：曹学佺有《人日兴公宛羽楼》，见《西峰六二诗集》。诗作于崇祯八（1635），详笔者《徐𤊻年谱长编》，未刊稿]

五、沈将军歌（有引）

沈大将军宁翁为予父执，予昔幼稚，未之知也。近岁备兵吾闽，威震南服,闽实赖翁高枕。吾郡董崇相先生官南大廷尉时,向予极称将军,且示以海石勒铭,命作诗颂将军勋伐。谨按先生言,捉笔成歌,中有未悉,先生重为悉之,用当讴谣。嗟呼! 蛙、蚓微声,莫表麒麟大业,聊亦以应董公之命云尔。

　　我闽滨海倭常犯,每一乘风城乃陷。当时元师戚公来,生我生灵百千万。今其事久倭复强,用兵太息无其方。宛陵将军沈宁海,为国家忘身亦忘。未至闽时事孔急,闽城黯黯闭白日。将军下马城洞开,便宜行事谁能及。驾海楼船天地光,歼倭歼寇东番洋。有时不欲事屠戮,舌退红夷韦麻郎。麻郎归乞画公像,诸夷伏睹惊神将。交趾百商飘浙东,公遂代浙为擒放。以倭制倭贵得情,面面无往非降城。一酋反献吾国士,民骇不测心相惊。公视酋来察丁丁,翻投佩刀却其表。安然愧罪转怀恩,公时处置诚分晓。不时出没身名讹,舟藏甲胄伪渔蓑。穷探动静熟岛屿,归来暇整恬干戈。东沙山头波浪吼,劫杀浙兵掠户口。公赚酋书愚众多,一日生擒六十九。搊金划鼓缚辕门,官兵无一伤刀痕。因故闽域听明旨,至今酋类皆舌吞。明石道友感任使,愿为保塞而质子。是岂闽功兼浙功,无形之战那堪比? 怪底将军生自天,少年出塞凌烽烟。达虏横行白昼杀,故姬醉拥青楼眠。由来家世骨肮脏,不肯低眉屈精爽。姓字羞将通要津,心肝直欲倾俦党。以兹为武太不祥,忌者亦或相纷纭。纵无薏苡造浮夸,孰为铜柱标殊勋? 将军长啸拂衣去,势如万弩发难驻。身卧深山心在朝,默默犹为我闽虑。我闻乡达董翁言,国家眸将宜久存。翁题海石纪公绩,欲令海若鸣天阍。(沈有容《闽海赠言》卷四,《台湾文献丛刊》二,第五十六种)

六、喜邓道协修荔枝通谱

　　世人有谱牒,用以纪厥盛。显达表令名,隐逸书真性。物极多散遗,类繁每难竟。人既会宗支,不使紊异姓。嘉果独荔子,名品亦堪命。前贤蔡忠惠,乃为此族敬。操瓢悉条分,例义得其正。后之曹与宋,起而亦相竞。生植日以繁,流派日将进。君此意何佳,突尔躬为政。一旦罗群编,众美忽归并。顿使还本支,某贤而某圣。如人有小传,一一俱明镜。古今翰墨林,于兹诸赋咏。珍玉与琼瑶,林间尽辉映。有若枝叶披,君则握其柄。卷帙幸已成,展阅殊可庆。

（邓庆寀《荔枝谱》卷五，邓庆寀编《闽中荔枝通谱》卷十三，崇祯刻本）

七、荔枝歌

人间万果生方物，四序分成尽堪吃。那及闽南此荔枝，蜀都粤岭名皆屈。名品多奇有等差，薰风荐熟何累累。中如孕玉凝脂处，外若丹砂结实时。饱食亦无愁内热，欲比樱桃犹胜绝。所以星驰入贡来，能使杨妃开笑颊。诗赋标题非一篇，汉唐宋代人争传。我生幸与同地产，得不赏咏同年年。年年口腹充甘美，火枣冰桃等闲耳。安得移根向上林，高天雨露恩无比。

（邓庆寀《荔枝谱》卷五，邓庆寀编《闽中荔枝通谱》卷十三）

八、思荔阁为张元秘题

君家曲江荔枝赋，色香味向篇中具。当年闽粤产随人，从心所欲何思虑。君今与我则不然，南国生身在流寓。海错牵情况荔枝，每岁相思凡几度。几度思从朱夏时，无能缩地枫亭路。遥忆薰风荐熟新，一啖百颗多临树。红肤剥去如绛绡，香液流来皆甘露。那似杨妃索笑颜？顿教驿骑飞驰赴。男儿贫贱百事艰，宁独区区此悬注。聊将高阁锡嘉名，名因硕果传佳趣。岂缘口腹遥垂涎，兼叹乡心常窘步。倘似莼鲈张翰思，荔枝自可供朝暮。

（邓庆寀《荔枝谱》卷五，邓庆寀编《闽中荔枝通谱》卷十三）

九、梦荔枝

二十余年别故乡，荔枝无计见红香。昨宵入梦呈丹粒，何日惊心剖玉浆？有似枫亭归夏早，非同粤岭并时光。从教种种皆堪忆，不及魂交十八娘。

（邓庆寀《荔枝谱》卷五，邓庆寀编《闽中荔枝通谱》卷十三）

一〇、还大丘忆荔枝示谏儿

久向江南忆荔枝,归闽今已及其时。不生海澳难先见,早食榕城未可知。林际红香犹渺渺,市中名品渐累累。少年记得曾飡去,急与新尝是客儿。

（邓庆寀《荔枝谱》卷五,邓庆寀编《闽中荔枝通谱》卷十三）

一一、海口翁士干表侄新饷荔枝于瑞岩歌

三十七年思荔子,今向海城重啖始。海城亦匪产荔乡,却自郡邑分来此。此果此乡人亦珍,何况他乡未见人。甫能成实即采摘,岂殊一骑驰飞尘。翁郎是我姑表侄,昨夜相许在今日。晓露未晞走市中,呼买亲为手数出。风吹贩子开筠笼,为道新上还不充。一岁一番较颜色,颗颗攒结轻绡红。我虽曾食亦急急,不问甜香与酸涩。携将满袖瑞岩巅,笑向云天剖百十。吾儿生长自金陵,初得入口疑红冰。谓言犹未美之至,中心已觉喜不胜。从此林间知渐好,名品谱中堪细考。我头已白荔长红,宜共此回飡及早。

（邓庆寀《荔枝谱》卷五,邓庆寀编《闽中荔枝通谱》卷十三）

一二、邑中买荔枝

此是吾乡邑,人家荔满林。啖思重到口,望已即开心。白日摇红影,凉风坐绿阴。呼童逢便买,莫计囊中金。

（邓庆寀《荔枝谱》卷五,邓庆寀编《闽中荔枝通谱》卷十三）

一三、刘拂云饷荔枝二百颗名桂林既答之

荔枝何以桂林名?岂是香如桂子清。二百明珠劳饷赠,十千红友胜呼倾。崇龟图画施相似,坡老吟词拟不成。为谢殷勤无可报,待将丹桂当瑶琼。

（邓庆寀《荔枝谱》卷五,邓庆寀编《闽中荔枝通谱》卷十三）

一四、食荔枝思金陵歌

闽天六月方炎蒸,闽山荔子红腾腾。我归携儿共饱食,转向玉融思金陵。金陵兄侄更妻子,欲食此果殊不能。兄虽尝味岁已久,亦多大老诸友朋。友朋欲作榕城客,大老欲谪枫亭丞。梦寐不往蜀与粤,乌石山似青天登。登时食荔那可得?毕世一见嗟未曾。曾如我归守成熟,林间市上来频仍。新出筠笼玉盘荐,动数千百盈斗升。摘下枝头榴火喷,剖开壳里羊脂凝。临风浸酒饮香雪,映月浸水团寒冰。日日伤多不住口,人人思遍空填膺。片时缩地信无术,几度仰天翻自憎。如童取小媲何用,似鸡呼群惭莫称。安得红尘再一骑,使我附骥如飞蝇。顿饷江南众亲友,划如妃子笑不胜。

（邓庆寀《荔枝谱》卷五,邓庆寀编《闽中荔枝通谱》卷十三）

一五、买荔枝不得戏作

鱼虾腥绕市,落晚尚喧填。荔子产非地,连朝已寂然。厌心难满欲,馋口枉垂涎。合向榕城去,红香饱万千。

（邓庆寀《荔枝谱》卷五,邓庆寀编《闽中荔枝通谱》卷十三）

一六、大丘尝新荔枝歌

去年海口瑞岩里,五月中旬尝荔子。今年大丘复尝新,四月下旬惊有此。物候重更感客怀,何时流寓返秦淮?故乡风味虽自好,我心实似羁天涯。大丘果树无此木,枫亭肩贩来沙玉。阿弟隔村乍买归,使我见之骇心目。汲有东金山顶泉,剖浴数枚罕可怜。会须早上榕城去,市得盈匡浪万千。

（邓庆寀《荔枝谱》卷五,邓庆寀编《闽中荔枝通谱》卷十三）

一七、食荔歌

眼耳鼻舌与身意,无所不快是食荔。眼看高树垂血红,耳闻名品众不同。

鼻嗅清香向朝露,舌吞玉液如甘乳。身当故国馆西峰,意欲食之愿即从。荔枝食饱忘食饭,或买或馈日千万。却思古昔为帝王,谏止贡献縣唐羌。贵妃一笑至今说,而我残子何饕餮。我住江南五十春,暂归三载而尝新。遥忆家人与亲友,安得一颗鲜到口。携来儿仆食最多,毋乃于此分太过。人生生闽信乐地,江南好作归闽计。

（邓庆寀《荔枝谱》卷五,邓庆寀编《闽中荔枝通谱》卷十三）

一八—二七、荔枝词十首次友人韵用白战体

闽山五月荔枝鲜,万树千林色蔽天。上市人人争食饱,忘凔几废突中烟。
瓤如白玉壳丹砂,香沁肝脾与齿牙。村坞近疑烽燧火,围墙遥讶海天霞。
一枝低压一枝低,成熟争看处处齐。樵子菜儿俱收业,街东卖过又街西。
不能留久不能醃,饱胀传教少食盐。难待及时先欲啖,只消早晚变酸甜。
岂惟口腹眼还看,真是脂凝与锦攒。性热也知微有忌,井泉洗浸似冰寒。
乡风交送满堂前,时候初当小暑天。中贯金钟名色异,高肩细核妙如仙。
采折全枝剩木丫,持如绛节映笼纱。一钱十颗千钱万,日费囊钱未破家。
休论茜草与花颜,果色无如此色殷。我欲带将之白下,三千道路恨艰关。
长乐枫亭种类繁,漳泉名品动衣冠。凔来岁岁相宜甚,何必长生学炼丹?
闽粤名兼蜀国传,三方以外尽垂涎。焙干天下知无数,那及枝头摘下鲜。

（邓庆寀《荔枝谱》卷五,邓庆寀编《闽中荔枝通谱》卷十三）

二八、张群玉明府送荔枝

荔枝名海内,闽粤蜀都间。蜀水君乡国,闽为我故山。翻劳分惠至,未免各思还。得似丹砂否,愁人欲驻颜。

（邓庆寀《荔枝谱》卷五,邓庆寀编《闽中荔枝通谱》卷十三）

二九、陈磐生留食荔枝龚克广亦摘其先祭酒 状元公墓亭荔至同啖有作

君到金陵荔我夸,我今食荔在君家。剖如玉粒开丹鼎,垂似宫灯点绛纱。更值状元来后裔,偏从娘子斗鲜华。以此留客客淹坐,竟日不须茶与瓜。

（邓庆寀《荔枝谱》卷五,邓庆寀编《闽中荔枝通谱》卷十三）

三〇、郑汝交郡丞集客南园摘荔

君曾置驿客来多,未及家园此共过。坐入荔林疑火树,步穷苔径信烟萝。远人佳果宜攀摘,贤主清尊足笑歌。最爱夕阳明颗颗,红光欲敌醉颜酡。

（邓庆寀《荔枝谱》卷五,邓庆寀编《闽中荔枝通谱》卷十三）

三一——三四、荔枝杂咏四首

无此鲜甜无此香,冰肌玉液与琼浆。从来妙美真难比,只令呼为十八娘。不独宜餐且好看,真如鹤顶与鸡冠。火山最早枫亭晚,次第如珠撒木兰。传闻胜画出吴航,今岁今朝始得尝。总是一般闽地果,因他肥大故称强。荔枝至美是枫亭,口未能尝耳听惯。两口不能烦驿使,一生涂路枉多经。

（邓庆寀《荔枝谱》卷五,邓庆寀编《闽中荔枝通谱》卷十三）

三五——三八、剥荔四咏

共向闽乡剥荔枝,远人剥荔喜累累。如收火齐来天外,似斗珊瑚到海涯。为爱红香心独尝,争猜细核手先持。饱餐愿就三山老,不欲还家系渴思。右远客

共向闽纺剥荔枝,高僧剥荔念阿弥。恍拈槵子从头处,似解衣珠着手时。佛座献新亲自捧,斋筵作供众先推。非关口腹图甘美,恐入丛林结果迟。右高僧

共向闽乡剥荔枝,美人剥荔更相宜。如临锦帐分银蒜,似脱红衣露玉肌。开口笑吞强石密,啮唇欢洽胜甘饴。从教玉指频挑选,那及桃腮正媚时。右美人

共向闽乡剥荔枝,娈童剥荔映妖姿。浑如掷果盈车日,还比探巢取卵时。疑是梨园群弟子,攀将莲萼小孩儿。郑家名把樱桃唤,以此为名不更奇。右娈童

(邓庆寀《荔枝谱》卷五,邓庆寀编《闽中荔枝通谱》卷十三)

三九、答林祖生馈荔枝

闻尔林园荔有名,柳山十里隔榕城。摘连枝叶红光透,送贮筠笼香气盈。硕果已消归客渴,琅函更见故人情。感兹投赠殷勤意,独愧无能一报琼。

(邓庆寀《荔枝谱》卷五,邓庆寀编《闽中荔枝通谱》卷十三)

四〇、荔浆歌

镇日无厌餐荔子,剖壳津津泻浆水。宛似甘泉涓滴流,还如玄酒淋漓酾。可怜漏落莫沾唇,可惜轻抛但随指。偶思当下承受之,顷刻浮光溢紫磁。此浆不寒胜官蔗,此汁竞爽过哀梨。意以芳润漱丹府,直将沥液倾华池。小啷细啜爱微沫,有若捧盈惧颠沛。裴航岂必遇云英,司马何妨病消渴?真如秋露浥蔷薇,人间百味那能夺?我从久客归故乡,口腹既餍齿颊香。已幸分甘进贡子,选疑就乳十八娘。却怪当年蔡州守,谱荔翻教柞去浆。

(邓庆寀《荔枝谱》卷五,邓庆寀编《闽中荔枝通谱》卷十三)

四一、荔枝将尽感赋

今年今夏到今时,废食忘餐饱荔枝。信是人情无餍足,自应物候有推移。欲留香色难为计,兼送流光亦可悲。待得林间重结食,予身恐又在天涯。

(邓庆寀《荔枝谱》卷五,邓庆寀编《闽中荔枝通谱》卷十三)

四二、别荔枝

来时堪喜别堪怜,一别为期定一年。犹胜贵妃思远地,当如织女会高天。低头弃核方离壳,举手攀枝似赠鞭。未必人人皆类我,情痴十八阿娘前。

（邓庆寀《荔枝谱》卷五,邓庆寀编《闽中荔枝通谱》卷十三）

四三、咏荔枝回文

南闽此果妙鲜甜,颗颗垂林入夏炎。三日过多佳却减,一年逢极熟当添。合香冷下通喉润,碎玉红开擘指尖。篮满贮来新露晓,甘人是味美全兼。

（邓庆寀《荔枝谱》卷五,邓庆寀编《闽中荔枝通谱》卷十三）

四四、秋林独往

萧飒已今日,游情谁与同。疏声前径里,爽气一林中。衣袂累于水,枝条静亦风。行行深远去,幽兴已无穷。

（曹学佺《明诗存·鸥天馆布衣诗抄》,《明诗存》第 26 册,钞稿本,山东省图书馆藏）

四五、过周令滋湖南草堂观米南宫赵文敏两砚山歌

湖南草堂照湖水,尽说吴山少小耳。我到堂中户不开,大山小山落堂里。奇峰照眼身如登,俯仰一一专峻嶒。主人但道此两石,自宋至今人颇称。元气灵光鬼神守,三岛五岳亦何有,严衣肃目心骨惊。草堂一日几回走,斜阳已死高烛生,众客有口皆无声。向前却后纷坐立,徘徊欲得山川情。洪蒙已降天地死,乃见奇文勒名字。我事已古石反今,则欲传者一代纪。此物于人何所亲,直令长跪忘屈伸。我守顽石何足数,宋民同癖有君臣。

（曹学佺《明诗存·鸥天馆布衣诗抄》,《明诗存》第 26 册,钞稿本）

四六、寄张约庵太守

暌离忽数秋,出守最风流。久矣称词伯,今方到郡侯。龚名跨渤海,韦句迈苏州。食客三千里,谁如我白头。

（曹学佺《明诗存·鸥天馆布衣诗抄》,《明诗存》第26册,钞稿本）

四七、题两棺画扇（原无题，诗题笔者所拟）

两柩荒荒墙翠存,雨淋日炙傍颓垣。君平善卜自不料,伯道无儿谁与言。倘仗诗篇埋白骨,犹凭风雨阅黄昏。何时墓上真行殡,千古山松共姓袁。（钱谦益《列朝诗集小传》丁集中"袁卜士景休"条:"孟逸死,无子,夫妇寄棺于法水寺之旁,上雨旁风,暴露者十年,林若抚草疏告哀,莫有应者。闽人林古度寓法水寺,吊而悲之,取一折扇画两棺贮败室中,极荒凉惨淡之状,而题诗其上云云。"）

四八、过友夏园偶寓

幽深欣所往,况是尔居停。花密不分色,山寒惟作青。艳阳难静理,好友易忘形。几日来同此,柴扉莫自扃。（魏宪《诗持二集》卷三,康熙枕江堂刻本;又郭柏苍《全闽明诗传》卷四十三,光绪刻本）

四九、泛舟青溪与友夏言别

新晴期早戒,共泛出华林。宿雨浴山翠,一溪间柳荫。屡烟桥欲失,乍月水疑深。好泊留侬处,聊迟行者心。

（魏宪《诗持二集》卷三;又陶煊、张璨辑《国朝诗的六十卷·福建》卷一,清康熙六十一年刻本;又郭柏苍《全闽明诗传》卷四十三）

五○、十七夜月

望后聊相待,千林尚未残。不知当夜永,只觉近江寒。客与光俱澹,情随步屡宽。最怜归卧后,犹在翠微端。

（魏宪《诗持二集》卷三;又郭柏苍《全闽明诗传》卷四十三）

五一—五二、明甫永启同宿焦山（二首）

江尽一山出,海门相对之。来乘风日好,坐弄水云奇。寺险临无地,洲长似有基。因怀焦处士,今昔不同时。

孤危分两岸,岛屿绝中流。瘗鹤铭重建,征人诏已休。往来如峡渡,吟啸亦岩楼。却望金山影,微茫隔上游。

（《诗乘初集》卷十一云:焦先生得此诗亦可以不朽。）（魏宪《诗持二集》卷三;又郭柏苍《全闽明诗传》卷四十三）

五三、秦淮秋泛

水泛清人意,秋光最可怜。已逢邀客酒,岂惜买舟钱。云薄山仍月。风长树不烟,去来何处所,只在蓼花边。

（魏宪《诗持二集》卷三;又郭柏苍《全闽明诗传》卷四十三）

五四、江行即事

江上棹经旬,晴晖日映人。山痕青到晚,树色暖如春。客意迟俱懒,鸥情静自驯。安流随去去,买醉唤舟邻。

（魏宪《诗持二集》卷三;又郭柏苍《全闽明诗传》卷四十三）

五五、新月

片月何轻薄,初生不是残。天容俱入澹,江气乍添寒。影在人家远,光随客棹单。那堪一吟望,已复落云端。

(《诗乘初集》卷十一云:句句恰肖。魏宪《诗持二集》卷三;又郭柏苍《全闽明诗传》卷四十三)

五六、到九江同喻宣仲曹能始陆赤侯鹤闻湖散步

到逢皆旧好,闲步亦深情。岳色高含雾,江光冷过城。

(魏宪《诗持二集》卷三;又郭柏苍《全闽明诗传》卷四十三)

五七、看月同能始作

空庭无草树,更觉月明多。满砌疑冰结,微云似雁过。

(魏宪《诗持二集》卷三;又郭柏苍《全闽明诗传》卷四十三)

五八、东下舟中作

中流一望气苍凉,东下千帆背夕阳。沙远树疏都若影,天低月近渐成光。须臾江县分吴楚,历乱秋鸿起阵行。归去定知篱畔菊,待人犹照树枝霜。

(魏宪《诗持二集》卷三;又郭柏苍《全闽明诗传》卷四十三)

五九、同王永启胡彭举吴圣初兄子邱秦淮泛舟夜雨

雨入梅时易积阴,溟蒙景色夜森沉。山疑在郭因岚重,船碍过桥为涨深。妓席忽闻莺乍度,人家都喜酒相寻。谁知一片秦淮水,能遣风流自古今。

(魏宪《诗持二集》卷三;又郭柏苍《全闽明诗传》卷四十三,光绪本。

郭按:"子邱,古度兄君迁字。")

六〇—六一、曹大参舟中咏盆菊(二首)

数枝无意自欹斜,影入清江映白沙。最爱夕阳船泊处,欲教寒色倚芦花。
已辞篱落不胜愁,可奈移根载别舟。此去正过彭泽地,无人知是秣陵秋。

(魏宪《诗持二集》卷三。魏宪云:"二首姿态独绝。" 又郭柏苍《全闽明诗传》卷四十三,郭按:"大参,曹能始也。")

六二、登岱

人生妙登临,五岳称为最。岱则首厥名,居东峙安泰。凡山必有林,秦松
与孔桧。日月为蔽亏,河海以中外。落落具威仪,诸灵悉来会。人民既祚生,
邦国实攸赖。怵惕事游观,岩泉纷映带。暄凉备四气,何物更重大。吁嗟天
地功,于焉见涵盖。

(魏宪《诗持二集》卷八;又陶煊、张璨辑《国朝诗的六十卷·福建》卷
一,清康熙六十一年刻本;又郭柏苍《全闽明诗传》卷四十三)

六三、吉祥寺老梅歌

古寺老梅作人语,自谓孤根值中土。皇朝雨露受恩深,岁岁花开供佛祖。
春来观赏遍人人,衣冠文酒何相亲。岂知一旦风光换,花下风吹牛马尘。香
气腥膻色污染,花容羞辱难舒展。勿言草木遂无知,清姿肯入兵儿眼。老梅
老梅休怨嗟,铁干冰心守素华。当如西域红榴树,终老逢时徙汉家。

(魏宪《诗持二集》卷八;又郭柏苍《全闽明诗传》卷四十三)

六四、次伯敬别予诗

虽然成别句,未忍出君看。心较路尤远,人如春渐残。各将形对影,信是

苦从欢。不少分携过,今回似独难。

（魏宪《诗持二集》卷八）

六五、重过真州潘稚恭江华阁

江阁寒逾迥,萧萧岁暮天。何如只一水,重到亦三年。待雪朝同看,听潮夜未眠。望中无不好,畏见是离船。

（魏宪《诗持二集》卷八。又郭柏苍《全闽明诗传》卷四十三,"朝"作"期"）

六六—六七、挽陈白云二首

一从逢委巷,多难后行藏。语或哭兼笑,情如颠且狂。自虽埋姓字,谁忍灭文章。白下成坏土,壶山空故乡。

亦复随人逝,平生未忍言。兵戈身幸免,天地意斯存。五字一心苦,三巴万里奔。传名与葬骨,偏不是儿孙。

（魏宪《诗持二集》卷八。魏宪云:"此白云实录也,惟先生说得逼切。"又郭柏苍《全闽明诗传》卷四十三,题下注云:"陈昂,字白云。"又"谁"作"何"）

六八、喜顾子方至白下

忽复驻车马,开门惊是君。漫言今日事,犹惜去秋文。淮水水边夏,梁溪溪上云。相看命杯酒,预恐手重分。

（魏宪《诗持二集》卷八。魏宪云:"不胜惊喜,俨然如见。"又郭柏苍《全闽明诗传》卷四十三）

六九、同郭圣仆过鸡鸣寺访宋比玉

一山都在寺,落日间霜林。与客行幽径,非君那远寻。推窗成旷色,绕屋尽寒阴。几度烦期约,今朝遂此心。

（魏宪《诗持二集》卷八。魏宪云:"起一句便括尽形胜,故只惟窗绕屋而已。"又郭柏苍《全闽明诗传》卷四十三,题下注云:"郭中天,字圣仆; 宋珏字比玉。皆莆田人。"）

七〇、古城早行

催行访泊定河边,才觉收村又发船。霜易作寒先在水,月能为晓不由天。归情黯淡三千里,往事悲凉十八年。辗转听他醒与梦,劳歌清吹但凄然。

（魏宪《诗持二集》卷八;又郭柏苍《全闽明诗传》卷四十三）

七一、归舟回望浮渡

苍翠招我来,苍翠送我去。几日苍翠中,不知置身处。

（魏宪《诗持二集》卷八;又郭柏苍《全闽明诗传》卷四十三）

七二、重过时纯章山草堂

秋风瑟瑟秣陵间,载笔看君射策还。白璧青钱总无据,月明依旧照章山。

（魏宪《诗持二集》卷八。魏宪云:"先生历两代觐七帝,称百岁词宗,与若翁初文先生先后齐名。余披其惟挹其清风,不惟为同时也。近刻三卷后,复从方尔止得数篇,急选行以张吾闽焉。"又郭柏苍《全闽明诗传》卷四十三）

七三、新柳篇

东风吹动杨柳时,初萦雾缕绾烟丝。沿河间陌方荣树,离雪辞霜始放枝。枝头树底看仍旧,淑气才融春乍透。浓淡轻黄尚未匀,参差浅碧犹难骤。轻黄浅碧露郊墟,借草分蒲嫩有余。袅袅婷婷娇且怯,纤梢短线非一叶。王恭张绪漫争论,旅舍边营正怆魂。可堪系马章台畔,渐许藏乌向白门。白门紫塞那堪比,逗暖凝寒异生死。楚泽拂应齐,汉宫眠未起。舞出腰肢斗并柔,画来眉黛纤能拟。此时菀彼欲成行,此时攀折待条长。翠楼忽使佳人悔,驿路将令游子伤。曳雨摇烟日犹冷,艳李秾桃色俱醒。玉关羌笛动遥声,灞水隋堤弄微影。声声影影总愁人,软媚飘扬岂可陈。渤海高丛争拟贵,金城重见易伤神。多少鬓颜销歇尽,曾如杨柳故还新。

（《明末四百家遗民诗》三;又邓孝威《诗观初集》卷三;又陶煊、张璨辑《国朝诗的六十卷·福建》卷一,清康熙六十一年刻本;又郭柏苍《全闽明诗传》卷四十三）

七四、新燕篇

新燕至,语呢喃。联翩辞海上,迢递到江南。去秋相别年应雨,今岁重逢月有三。三月晴光啼百鸟,争群逐队齐飞绕。若似双栖画栋春,谁知并蹴珠帘晓。珠帘翠幕屡疑猜,画栋雕梁认几回。寂寞旧巢仍自觅,殷勤远道为谁来。来寻故垒添辛苦,多少新人更旧主。数数声轻杨柳风,低低翅湿梨花雨。花边柳外舞差池,掠水衔泥无暇时。忽问歌台拂弦管,乍临妆阁碍游丝。一朝复一日,朝出暮还入。系缕事犹存,司分期又及。王谢豪华久已非,至今古巷问乌衣。莫教侣失情空断,待得雏成秋共归。

（《明末四百家遗民诗》三;又邓孝威《诗观初集》卷三;又陶煊、张璨辑《国朝诗的六十卷·福建》卷一,清康熙六十一年刻本;又郭柏苍《全闽明诗传》卷四十三,光绪本。邓孝威《诗观初集》卷三,云:"二诗林那子和曹能始作,时与曹未言交也。因见和篇而异之,则始以忘年,终成白首,交情所自始矣。二首是四子风调,情致环生,无臃肿堆塞之病。"）

七五、雨后残月

雨罢看残月,光如向满时。四山唯一静,孤阁转多奇。寂寂凉潜透,微微影渐移。西东聊与辩,觉我太眠迟。

（《明末四百家遗民诗》三卷五"林古度"条）

七六、和徐兴公春日闲居

入门山色几千里,近寺时闻一片钟。长爱烟霞消傲骨,每愁风雨误耕农。帘低屡碍衔泥燕,房蜜争归拾蕊蜂。眼底俗尘俱不到,相过惟有客情浓。

（郭伯苍《全闽明诗传》卷四十三）

七七、题涌泉寺

何代黄金建讲台,不看全盛独兴哀。断桥仆涧空秋草,废础成砂没古苔。游客暂依残院宿,住僧都是别山来。涌泉空自称灵水,不向当年灭烬灰。

（《榕阴新检》卷十六《诗话》引《竹窗杂录》:"林茂之尝登鼓山,至涌泉寺,寺经野火六十余载,仅茅茨数椽,游僧一二口而已。题诗云云。"又郭伯苍《全闽明诗传》卷四十三作《涌泉废寺》）

七八、重至白下诸同社过访夜集

不意君归一岁余,重来事事欲从初。秦淮选胜仍迁宅,闽岭传情几致书。有骨封侯看邓袭,无名隐士愧林间。且当清昼绿阴里,尊酒相过乐自如。

（邓庆寀《重至白门诸同社过访夜集》附,《还山草》,崇祯刻本;郭伯苍《全闽明诗传》卷四十三。按:此诗诗题应作《邓道协重至白下诸同社过访夜集》）

七九、游石竹

浪游几载叹年华,为爱名山取径斜。幻出楼台闲日月,飞来洞壑老烟霞。凌空石磴三千丈,匝地瑶林百万花。漫向华胥寻好梦,此身疑已到仙家。

（乾隆《福清县志》卷十二,又郭伯苍《全闽明诗传》卷四十三,郭按:"山中有九仙求梦者奇验。"）

八〇、冬衣

老来贫困实堪嗟，寒气偏归我一家。无被夜眠牵破絮，浑如孤鹤入芦花。

［施闰章《〈贻林茂之纻帐〉序》："茂之穷老金陵，《冬衣》诗云云。夏又无帷帐，或举以易米。予谓：'暑无橱，病于寒无毡，君能守之，当为作计。'处士笑曰：'愿守之以虎。'客皆绝倒。予在豫章，为寄纻帐，书绝句其上，嘱同志各题一幅，不问之林先生物，即谓之'墨守'可也。"（《施愚章集·诗集》卷四十七）王士禛《池北偶谈》卷十七："林翁茂之居金陵，年八十余，贫甚，冬夜眠败絮中。其诗有：'恰如孤鹤入芦花'之句。"（《笔记小说大观》本，江苏广陵古籍刻印社 1984 年影印）徐柯《清稗类抄·隐逸类》："林茂之穷老金陵，《冬夜诗》云云。夏日又无帷帐，或遣之，则以易米。"（中华书局 1984 年版，又《清诗选》题为《金陵冬夜》，福建师范大学中文系古典文学教研室编，人民文学出版社 1984 年版）］

八一、奉答宁人先生赠诗次韵

夙闻圣人言，老者曰安之。今世无圣人，久已驰四维。布内非不欲，有司非其时。予也每自省，平生生莫治。未能即仙去，学彼丁令威。踯躅尘世中，尝为俗所嗤。幸遇顾夫子，错爱赐温辞。有若古贤哲，恍尔是天随。忘形出至性，过从淮水湄。箧中寡庸言，著述颇累累。最要《北游草》，览之不胜披。笔墨类容貌，端然忠义姿。谒拜十三陵，以史而托诗。直是纪朝代，切志兴兹衰。旋当建功业，勿谓俟将来。老少不足论，儒雅真吾师。滔滔者斯世，赖有救子遗。龙马兴凤鸟，出图而来仪。

（顾炎武《赠林处士》附引《同志赠言》，王蘧常《顾亭林诗集汇注》卷四，上海古籍出版社 1993 年版）

八二、陶宝肖像歌为冯本卿金吾作

昔贤制器巧含朴，规仿尊壶从古博。我明供春时大彬，量齐水火抟埴作。作者已往嗟滥觞，不循月令仲冬良。荆溪陶正司陶复，泥砂贵重如珩璜。世间茶具称为首现尚楷模在人手。粉锡型模莫与争，素瓷斟酌长相偶。羲取炎凉无变更，能使茶汤气永清。动则禁持慎捧执，久且色泽生光明。近闻复有友泉子，雅式精工仍继美。常教春茗注山泉，不比瓶罍罄时耻。以兹珍赏向东吴，胜却方平众玉壶。癖好收藏阮光禄，割爱举赠冯金吾。金吾得之喜绝倒，写图锡名曰陶宝。一时咏赞如勒铭，直似千年鼎彝好。

（《阳羡名陶录》下十四，《续修四库全书》本，上海古籍出版社 1995 年影印）

八三、送邓道协还山道协时欲之黄山
（原无题，题笔者所拟）

闻君解组欲何之，未还闽南暂别离。身退心闲无弗可，才高年壮尚堪为。黄山好问轩辕道，采石先投李白诗。传得父书应满载，谁人能不念其师。

（邓庆寀《答别林茂之时欲之黄山不果》附原倡，《还山集》，崇祯刻本）

八四、重刻《十二文》

伤心无可报亲恩，独把遗文版数翻。辞出吉人应自寡，言坚要旨不须繁。耻偷科第趋荣显，欲究经书答本原。若为圣朝遵制举，千秋百代此长存。

（《林文初集·十二草》卷首下署"仲男古度谨撰"，崇祯刻本）

八五、看梅歌同绍和乔梓赋

梅花岁岁开深坞，或际晴朗或风雨。逢早逢迟春所为，及时不赏花成土。嗟予流寓非一年，花发即寻灵谷边。伴尽看花客无数，时移物变花依然。今

朝乃得君父子,一樽同醉梅花底。作客如迁出谷莺,问诗何让趋庭鲤。当花
俯仰共高吟,鸣鹤闻声方在阴。幽香袅袅风莫断,疏影微微日欲沉。香影暗
中送人老,君家三影句长好。昨日大风今日晴,有如相待来倾倒。

（张燮《梅花坞看梅歌用林茂之韵》附,《群玉楼集》卷六）

八六、浔阳别曹汝载

扁舟客思共闲余,分手那堪即到初。明月中秋九江水,愁人无暇作乡书。

（《渔洋诗话》卷下）

八七、浔阳别曹汝载

云树见楚色,诗篇闻越吟。黄鸟暂啼去,清风时下来。

（《渔洋诗话》卷下）

八八、杏花村

郡楼高山秀山门,古亦今时不可论。杜牧当年有名句,独留城外杏花村。

（郎遂《杏花村志》十二卷,文渊阁《四库全书》影印本）

八九、题九青小照（原无题，题笔者所拟）

青佳编韵皆在九,君唤九青名可听。信是韵人名亦韵,丹青错画作秦青。

（《九青图咏》,汪本注:"甲辰初夏,为其老道兄题九青小照。"）

九〇、冬日喜得子晋书兼寄新刻河汾诸老集及秋水篇二王帖

尺书岁暮自琴川,今古名诗喜并传。重颂河汾诸老句,更吟秋水社人篇。

残碑断墨能完绩,白璧明珠尽合联。不是君家真好事,谁能姓字到千年。

［毛晋《和友人诗卷》福唐林古度茂之,《和》:"浪迹长干近碧川,寓居近青溪一曲。(自注:六朝遗事赖君传。)兴高不让月泉老,(自注:拟绩吴渭老月泉吟社。)才逸同吟鹦鹉篇。(自注:索和睡鹦鹉诗卷轴甚富。)宫阙影荒云外见,莺花句断柳中联。封书与说前尘事,尊酒相携已十年。"］

九一、赠毛子晋(原无题,题笔者所拟)

文章流别溯三都,千里重来访挚虞。绕屋弓刀喧戍卒,破窗风雨课村雏。播迁砚席歌靡骋,诠次湖山兴不孤。(自注:先生近修两邑志。)契活廿年如梦寐,弥襟叹息抚霜颅。

(毛晋《奉别林那子十有七年矣,秋日过访快阁藏书方,烟柳茫不可问,但见兵伍喧呼,仅存老屋一间,令孙课,髫鬌八九而已。先生幅巾连坐,握手话旧,欣慨交心,辱赋长句见贻,次韵奉酬》附,毛晋《和友人诗卷》)

九二、夜归联句

落月下山径,草堂人未归。霜静户逾皎,烟生墟更微。

［《隐秀轩集》卷第六。《夜归联句》全诗为:"落月下山径,草堂人未归。(古)砌虫泣凉露,禽犬吠残辉。(惺)霜静户逾皎,烟生墟更微。(古)入秋知几日,邻杵数声稀。(惺)"古度所作为首联和颈联。］

九三、八月初六夜小集联句

空将无奈意,砧急任西邻。

［《隐秀轩集》卷第六。《八月初六夜小集联句》全诗为:"睡起理残梦(张慎言),须臾故国身。好秋难作客(惺),新月易辞人。(慎)露咽蛩声断(韩上桂),天低雁影亲(惺)。空将无奈意,砧急任西邻。(古)"］

九四、八月十一夜泛潭上联句

鱼乐水风酬。最外晴光大。

［茅元仪《八月十一夜泛潭上联句钟惺、范迁、周楷、谭元春、吴鼎芳、元仪》："客静弥知夜,潭空惟有秋。虫声烟草卫（钟惺）,鱼乐水风酬。最外晴光大（林古度）,无多物色幽。筏移星影动（范迁）,烛至露痕留。徒坐形神密（周楷）,经天鸿雁秋。复深芦漠漠（谭元春）,境寂叶飕飕。时序分凉暑（吴鼎芳）,悲歌寄拍浮。他年怀此夕（元仪）,林月自寒流（惺）。"《石民赏心集》卷五］

九五、赠沈将军总镇登莱（残句）

□此见犁庭。式目燕然近,奇勋看勒铭。

（沈有容《闽海赠言》卷四,《台湾文献丛刊》二,第五十六种,原编者按:原书有缺页）

九六、楚中送别敬伯之燕都（残句）
（原无题,题笔者所拟）

明岁重衔命,江南傥路中。

（钟惺《至金陵过林古度宅》："畜意在相见,既来无所为。风波登岸处,雨雪到门时。地自一茅宇,门多数柳枝。细观此情事,昔别若先知。"诗末自注:"壬子,茂之别予楚中,有'明岁重衔命,江南傥路中'之句。"《隐秀轩集》卷七）

九七、夜坐（残句）

愁里不知秋浅深。

（钟惺《夜坐》题下自注:"与茂之同用起句。"《隐秀轩集》卷十）

九八、残句（一）

登高空忆梅花岭，买醉都无万历钱。

（《明末四百家遗民诗》三：林古度，字那子，少为钟谭好友，攻楷法，宇内名流奔辏其门，游广陵有此句）

九九、残句（二）

与君同有终天恨。

（《南雷诗历》卷一，七绝《感旧》十四首之十二："钟山夕照暮秋时，穷巷长过林茂之。两目今盲需药物，那得复度此流离。"诗作下有黄宗羲注，茂之名古度，昔年有赠余诗"与君同有终天恨"之句。《感旧》十四首作于顺治丙戌至辛卯年间）

一〇〇、赠邢孟贞（残句）（原无题，题笔者所拟）

所争惟易箦。

[邢昉《林茂之目眚奇贫炊烟莫继贻予诗有所争惟易箦之句作此答之》："张籍盲非老，黔娄饥不盲。如何蒙袂士，七十左丘明。马粪屋长住，鹑衣暑不更，所争惟易箦，此语痛难平。"《石臼后集》卷三。按：诗作于清顺治七年（1650）]

附录:(一)黄璞《闽川名士传》辑考

　　《新唐书·艺文志》:黄璞《闽中名士传》一卷。璞,原居侯官(今福建福州),后迁莆田(今属福建)。字绍山,一字德温,大顺三年(891)进士,官至崇文馆校书郎。昭宗时,杜门不仕。"黄巢兵入闽,以璞儒者,戒毋毁其居,遂灭炬勒兵而去。"(弘治《八闽通志》卷六二)自号"雾居子"。除了《闽中名士传》,《新唐书·艺文志》还录有其《雾居子》,二书均佚。其从弟黄滔,晚唐五代诗人,文论家。滔《寄从兄璞》诗,有"新诗说人尽"之句,足见璞亦能诗。

　　《闽中名士传》,为见于著录的福建最早的文人传记。这部传记,注重情节的安排,语言诙谐生动,颇类于佚事小说;注重诗赋本事的记载及相关诗文的登录,以突出传主文士的身份。宋人方志、笔记间有引用《闽川名士传》,明前期的(弘治)《八闽通志》引其《序》二句,疑明时已亡佚。十数年前,笔者开始撰写《福建文学发展史》[①],从《太平广记》《能改斋漫录》《说郛》等类书和笔记辑得佚文数则。近年,见到《汉唐方志辑佚》(北京图书馆出版社1997年版)辑《闽川名士传》佚文二则,一是漏辑甚

────────────

　　① 　参考笔者:《福建文学发展史》,福建教育出版社1996年版,第36页。

多,二是错讹不可读①,故今予重辑,并做适当考证。佚文有的原有标题,有的没有;没有标题的则另拟,以求一律。

序

山清水秀,为东南之尤。(黄仲昭:弘治《八闽通志》卷二引黄璞《闽中名士录序》)

[考证]

《闽中名士录》,当即《闽中名士传》。

一、薛令之

薛令之,唐开元中为左补阙,兼太子侍讲。时东宫官冷落,久次难进。令之题诗云:"明月夜团团,照见先生盘。盘中何所有?苜蓿长阑干。饭涩匙难绾,羹稀箸易宽。只可谋朝夕,那能度岁寒?"明皇因幸春宫,见之,不悦。命笔酬之曰:"啄木嘴距长,凤凰毛羽短。既嫌松桂寒,任逐桑榆暖。"令之遂投簪谢爵,徒步东还。(《太平御览》卷九二三"斫木";宋·计有功《唐诗纪事》卷三〇略同,未注出处)

[考证]

《新唐书·隐逸·薛令之传》:"左补阙薛令之兼侍读。时东宫官积年不迁,令之书壁,望礼之薄,帝见,复题'听自安者'。令之即弃官,徒步归乡里……令之,长溪人。肃宗亦以旧恩召,而令之已前卒。"(淳熙)《三山志》卷二"长溪县·永乐乡·西兴里":"廉溪,薛家坂塘,唐进士、补阙令之所居。"(弘治)《八闽通志》卷七二:"薛令之,字珍君。神龙初举进士……肃宗即位,思东宫旧德,召之,令之已逝矣。嘉其廉,敕其乡曰'廉村',水曰

---

① 《汉唐方志辑佚·闽川名士传》第一则:"时东宫冷落,欠次难进。"按:"宫"字后脱一"官"字,"欠"为"久"之讹,原文当为:"时东宫官冷落,久次难进。"又《御览》卷九二三"断木",按:"断"为"斫"之讹。第二则:"贞元中,杜黄裳知贡举。试珠还合浦,赋,进士林藻赋成……"按:"珠还合浦,赋",六字当连读,本为一赋名,且当加篇名号,写作《珠还合浦赋》。

'廉溪'。"同书卷五五,薛令之,神龙元年(705)进士。令之为闽人第进士之始。长溪,今福安市。

二、欧阳詹

欧阳詹,字行周,泉州晋江人。弱冠能属文,天纵浩汗。贞元年,登进士第。毕关试,薄游太原,于乐籍中,因有所悦,情甚相得。及归,乃与之盟曰:"至都,当相迎耳。"即洒泣而别,仍赠诗曰:"驱马渐觉远,回头长路尘。高城已不见,况乃城中人。去意既未甘,居情谅多辛。五原东北晋,千里西南秦。一屦不出门,一车无停轮。流萍与系瓠,早晚期相亲。"寻除国子四门助教,住京。籍中者思之不已,经年得疾且甚,乃危妆引髻,刃而匣之,顾谓女弟曰:"吾其死矣,苟欧阳生使至,可以是为信。"又遗之诗曰:"自从别后减容光,半是思郎半恨郎。欲识旧时云髻样,为奴开取缕金箱。"绝笔而逝。及詹使至,女弟如言,径持归京,具白其事。詹取函阅之,又见其诗,一恸而卒。故孟简赋诗哭之,序曰:"闽越之英,惟欧阳生。以能文擢第,爰始一命,食太常之禄,助成均之教,有庸绩矣。我唐贞元年己卯岁,曾献书相府,论大事,风韵清雅,词旨切直,会东方军兴,府县未暇慰荐。久之,倦游太原,还来帝京,卒官灵台。悲夫!生于单贫,以徇名故,心专勤俭,不识声色。及兹筮仕,未知洞房纤腰之为蛊惑。初抵太原,居大将军宴,席上有妓,北方之尤者,屡目于生,生感悦之。留赏累月,以为燕婉之乐,尽在是矣。既而南辕,妓请同行,生曰:'十日所视,不可不畏。'辞焉:'请待至都而来迎。'许之,乃去。生竟以塞连,不克如约。过期,命甲遣乘,密往迎妓。妓因积望成疾,不可为也。先殀之夕,剪其云髻,谓侍儿曰:'所欢应访我,当以髻为赆。'甲至,得之,以乘空归,授髻于生。生为之恸怨,涉旬而生亦殁。则韩退之作《何蕃书》,所谓欧阳詹生者也。河南穆道玄访予,常叹息其事。呜呼!钟爱于男女,素其效死,夫亦不蔽也。大凡以时断割,不为丽色所泪,岂若是夫?古乐府诗有《华山畿》,《玉台新咏》有《庐江小吏》,更相死,有类于此。暇日,偶作诗以继之,云:'有客非北逐,驱马次太原。太原有佳人,神艳照行云。座上转横波,流光注夫君。夫君意荡漾,即日相交欢。定情非一词,结念誓青山。生死不变易,中诚无间言。此为太学徒,彼属北府官。中夜亦相从,严城限军门。白日欲同居,君畏仁人闻。忽如陇头水,坐作东西分。惊离肠千结,滴泪眼双昏。本达京师回,驾期相追攀。宿约始乖阻,彼忧已缠绵。高髻若黄鹂,危鬓如玉蝉。纤手自整理,剪刀断其根。柔情托侍儿,为我遗所欢。所欢使者来,侍儿因复前。收泪取遗寄,深诚祈为传。封来赠君子,愿言慰穷泉。使者回复命,迟迟蓄悲酸。詹生喜言施,倒屣走迎门。长跪听未毕,惊伤涕涟涟。不饮亦不食,哀心百千端。襟情一夕空,精爽旦夕残。哀哉浩然气,溃散归化元。短生虽别离,长夜无阻难。双魂终会合,两剑遂蜿蜒。大夫早通脱,巧笑安能干。防身本苦节,一去何由还。后生莫沈迷,沈迷丧其真。'"(《太平广记》卷二七四;《全唐文》卷八一七作《欧阳行周传》;又略见《唐诗纪事》卷三五,未注出处)

[考证]

《新唐书·文艺·欧阳詹传》:"欧阳詹字行周,泉州晋江人……举进士,与韩愈、李观、崔群、王涯、冯宿、庾承宣联第,皆天下选,时称'龙虎榜'。闽人第进士自詹始。詹理父母孝,与朋友信义。其文章切深,回复明辨,与愈友善。詹先为四门国子监助教,率其徒伏阙下,举韩愈博士。卒,年四十余。崔群哭之甚,愈为詹《哀辞》,自书以遗群。"按:韩愈《欧阳生哀辞》,今存。又按:闽人第进士非从詹始,详"薛令之"条。(弘治)《八闽通志》卷七"南安县·高盖山":"唐欧阳詹母葬其下,詹拜墓有诗云:'高盖山前日影微,黄昏归鸟傍林飞。坟前滴酒空垂泪,不见丁宁道早归。'后人因詹诗,又呼此山为'诗山'。按:韩愈《欧阳生哀辞》,詹殁时其父母俱在,而郡志载詹哀母诗,殊不合。窃详愈与詹为友,而《哀辞》作于詹初殁时,其言必可信无疑也。哀母之诗岂好事者假托而为之欤?"

三、林攒

林孝子攒,泉州莆田县人。初举进士不第,仕塞垣。后仕不择禄,为福唐县尉,冀遂迎养,未果。闻亲有疾,奔还其家,行不俟车,食而失哺,及罹难疾,殆至殒绝,浆不濡口,往往三日或五日自埏砖甓,营邱陇。及逾葬期,独庐墓侧,飞走助哀,神祇荐祉。故白鸟再集,甘露联降落。泉州申使府,时贞元癸酉岁,李若初廉使兹地,深所嘉叹,遣从事往视验。会天久暵干,露彩融释,攒拊膺大哭,曰:"自尽于其亲,人子常道,贞符之降,本非所望,向者所降,其福我耶? 其祸我耶? 今使车将至,苟非所验,非余骸足顾,抑将殃夫州里矣!"逡巡,愁云四合,异香中来,触物氤氲,欻成甘露,焕然五色,餲然甘味,移时不消,千木同色,灵鸟素质,翻翻来翔,阖郡共观,无不从验。以是悖者知敬,悍者知驯。既图其状,李公录以上奏德宗,敦劝孝道。降制褒异,命立双阙于其墓,旌表门间,举宗皆镯征徭,厚加爵饩,迨今号为"阙下林家"。欧阳詹曾序《甘露述》,备详其事。黄子曰:"天道不远,感而遂通。林生因心之感,上达乎天,累降祥符,坐获旌表,是谓天爵。岂下万钟之贵,遂登名此书,以耸孝道云尔。"(《全唐文》卷八一七)

[考证]

《全唐文》录黄璞传文三篇,即《林孝子传》(即本篇)、《王郎中传》《欧阳行周传》。考本文所辑《太平广记》中的《欧阳詹》其文字除个别与《欧阳行周传》小异、且不录河南穆道玄诗外,没有太大的不同,所以,《全唐文》所录《欧阳行周传》即《闽中名士传》中的《欧阳詹》,两文实即一文。如果这样推断大体不误的话,那么,《全唐文》中的《林孝子传》《王郎中传》也当即为《闽中名士传》中的《林攒传》和《王棨传》,故加以辑录。(弘治)《八闽通志》卷七二:"林攒,字会道,莆田人。贞元初为福唐尉。母亡,水浆不入者五日。既葬,庐墓有白鸟甘露之祥,而观察使遣官属验实,会露晞,里人失色,攒哭曰:'天所降露祸我耶? '俄而露复集,鸟亦回谢。诏作双阙于里门。欧阳詹作《甘露述》。"按:唐时莆田属泉州。又按:欧阳詹《甘露述》(《全唐文》卷五九八)"攒"作"瓒"。

四、林藻

贞元中,杜元裳知贡举,试《珠还合浦赋》。进士林藻赋成,凭几假寐,梦人谓之曰:"君意甚佳,但恨未叙珠来去之意尔! "藻悟,视其草,乃足四句。其年擢第,谢。杜黄裳曰:"唯林生叙珠来去之意,若有神助。"(《太平御

览》卷五八七"赋";又见宛委山堂本《说郛》卷五八）

［考证］

（弘治）《八闽通志》卷七二"人物·兴化府"："林藻,字纬乾。披之子。少有志尚,耻为遐荒农人,慨然欲自奋发在于闾里间。其言曰:'张九龄生于韶阳,陈子昂生于蜀郡,彼何人?'乃与欧阳詹刻意攻文。贞元七年用词赋擢进士第。郡人擢第自藻始。官至侍御使。有集一卷。"按:兴化,今莆田。又按:林藻《珠还合浦赋》所补足之句为:"珠之去兮,氛露冥冥;海无光兮,空水浩浩。珠之来兮,川有媚兮,祥风习习;地有闰兮,生物振振。"又按:（弘治）《八闽通志》卷六"地理·建宁府·浦城县·折桂岭"："唐林藻与弟蕴登第,经此岭题诗云:'长记岭头题姓字,不穿杨叶不言归。而今折得两枝桂,又向岭头连影飞。'故名。"

五、林蕴

江夏子田阅林蕴《泉山铭叙》,则谓闽川贞元以前,未有文进者也。因廉使李郲公锜兴起庠序,请独孤尚书为记,中有辞云:"缦胡之缨,化为青襟。"其兄藻与其友欧阳詹,睹此耿耿,不怡十年。遂相与为誓,志求名,继登上第。（吴曾《能改斋漫录》卷四"林藻欧阳詹相继登第"条,黄朝英《缃素杂记》引）

［考证］

（弘治）《八闽通志》卷七一"人物·兴化府"："林蕴,字复梦。披之子。贞元中明经及第,复应贤良方正科,为四川节度推官……迁礼部员外郎,终绍州刺史"按:蕴为藻弟。

王谠《唐语林》卷四:闽自贞元以前,未有进士。观察使李锜始建庠序,请独孤常州及为《新学记》云:"缦胡之缨,化为青衿。"林藻弟蕴与欧阳詹睹之叹息,相与结誓,继登陆科第。周勋初先生《唐语林校证》:"本条不知原出何书。"按:据《能改斋漫录》所引,当出《闽中名士传》。

又按:闽人以文进者,不始于林藻,详"薛令之"条。林蕴,《新唐书》卷二〇〇有传。

六、陈通方

陈通方登正元进士第,与王播同年。播年五十六,通方甚少。因其集,抚播背曰:"王老奉赠一第。"言其日暮途穷,及第同赠官也。播恨之。后方丁家难,辛苦万状,播捷三科,为正郎,判盐铁。方穷悴求助,不甚给之。时李虚中为副使,通方以诗为汲引云:"应念路旁憔悴翼,昔年乔木幸同迁。"播不得已,荐为江南院官。(《太平广记》卷二六五;又略见宛委山堂本《说郛》卷五十八,题作《王播》;《唐诗纪事》卷三二略同,未注出处)

[考证]

(弘治)《八闽通志》卷六二:"陈通方,闽县人。贞元中第四人及第,号称名士。"按:《说郛》题作《王播》,误。王播,其先太原人,其父始家扬州,非闽人。《闽川名士传》为闽人立传,传主必为闽人。

七、周匡物

周匡物,字几本,漳州人。唐元和十二年,王播榜下进士及第,时以歌诗出名。初周以家贫,徒步应举,落魄风尘,怀刺不偶。路经钱塘江,乏僦船之资,久不得济,乃于公馆题诗云:"万里茫茫天堑遥,秦皇底事不安桥?钱塘江口无钱过,又阻西陵两信潮。"郡牧出见之,乃罪津吏。至今天下津渡,尚传此诗讽诵。舟子不敢取举选人钱者,自此始也。(《太平广记》卷一九九;宛委山堂本《说郛》卷五八;《唐诗纪事》卷四五略同,未注出处)

[考证]

"周匡物,字几本,龙溪人。元和十一年擢进士。官至高州刺史。初,郡人未有业儒者,登进士自匡物始。"(弘治《八闽通志》卷十八)按:(弘治)《八闽通志》卷五一"选举",匡物擢进士亦在元和十一年(816)。又按:《唐诗纪事》(上海古籍出版社1987年版)将"漳州"误作"潭州"。

八、林杰

　　林杰,字智周。幼而聪明秀异,言发成文,音调清举。年六岁,请举童子。时父肃为闽府大将,性乐善,尤好聚书,又妙于手谭,当时名公多与之交。及有是子,益大其门。廉使崔侍郎千(于)亟与迁职,乡人荣之。杰五岁,父因携之门脚。至王仙君霸坛,戏问童子能是乎。杰遂口占云:"羽客已归云路去,丹炉草木已凋残。不知千载归何日,空使时人扫旧坛。"父初不谓眇岁之作,遽臻于此,群亲益所惊异,递增相传讽,乡里喧然。自此日课所为,未几盈轴。明年,遂献唐中丞扶,唐既伸幅窥吟,耸耳皆叹,命弟子延入学院。时会七夕,堂前乞巧,因试其乞巧诗。杰援毫曰:"七夕今朝看碧霄,牵牛织女渡河桥。家家乞巧望秋月,穿尽红丝几万条。"唐惊奇曰:"真神童也。"以是乡人群来求看,填塞门巷。杰又精于琴棋及草隶书,俱自天然,不假师受。唐因与宾从棋,或全局输者,令罩之勿触,取童子来,继终其事,杰必指踪出奇,往往返胜,曲尽玄妙,时谓神助。后复业词赋,颇振声问。有《仙客入壶中赋》云:"仙客以变化随形,逍遥放情。处于外则一壶斯在,入其中则万象俱成。飞阁重楼,不是人间之壮;奇花异木,无非物外之名。"至九岁,谒卢大夫贞、黎常侍殖(植),无不嘉奖。寻就宾(庞)见,日在宴筵,李侍御远、赵支使容深所知仰,不舍斯须。和赵支使《咏荔枝》诗尤佳,云:"金盘摘下排朱果,红壳开时饮玉浆。"郑副使立作《奇童传》,刘制使重为之《序》以贻之。至年十七,方结束琴书,将决西迈。无何,七月中一旦,天气澄爽,书堂前忽有异香氛氲,奇音响亮,家人出户观,见双鹤嘹唳,盘空而下,雪翎朱顶,徘徊庭际,杰欣然舍笔,跃下庭前,抱得一只。其父惊讶,恐非嘉兆,令促放,逡巡溯空而去。亲邻闻此,咸来贺肃曰:"家藏书栉比,乃类筵鼍之表祥也。"及夕,杰偶得疾,数日而终,则知杰乃神仙谪下人世,魂灵已蜕于鹤耳,不然者,何亡之速也?(《太平广记》卷一七五;《唐诗纪事》五九略同,未注出处)

　　[考证]

　　《全唐诗》卷四七二:"林杰,字智周,闽人。幼而秀异,六岁赋诗,援笔立成。唐扶见而赏之。又精琴棋草隶。举神童,年十七卒。"疑此小传据《闽川名士传》而成。(正德)《福州府志》卷二八"人物志·文苑·林杰传":"字智周,侯官人。幼而聪警英发,六岁举大中四年童子科。"则其为侯官人,生卒年为 845—861。

此条括号内之字,据《唐诗纪事》校。

九、王棨

王棨,字辅之,福唐人也。咸通三年郑侍郎说下进士及第,试《倒载干戈赋》《天骥呈材诗》,公词赋清婉,托意奇巧。有《江南春赋》,其末云:"今日并为天下春,无江南兮江北。"又有《诏遣轩辕先生归旧山赋》及《马惜锦幛泥诗》,尤美。公风姿雅茂,举措端详,时贤仰风,盛称人瑞。成名归觐,廉使杜公宣猷请署团练巡官,景慕意深,将有瑶席之选,公辞以旧与同年陈郎中辈有要约,就陈氏婚好,时益以诚信奇之。初就府荐,冯涯为试官,《三箭定天山赋》当意为涯所知,欲显滞遗,明设科第,以宋言为解头,公为第二。时毅夫中丞尹京兆怒涯不取旨,扨命收榜,扨破名第。申省其年,等第虽破,公道益彰。凡曾受品题,数年之间及第殆尽,前今舆论,莫不美冯公之善得其材,荣公之获在其选。从事本府,乞假入关。寻又首捷《玉不去身赋》《春水绿波诗》《古公去邠论》,李公骘时擅重名,自内翰林出为江西观察使,辟为团练判官,自使下监察赴调,复平判刑入等大理司直。未几,除太常博士,入省上为水部郎中。公初上第,乡人李颜累举进士,郁有声芳,赠公歌诗,云:"蓬瀛上客颜如玉,手探月窟如夜烛。笑顾姮娥玉兔言,谓折一枝情未足。"时谓颜状得其美,若有前知公十九年内三捷。其于盛美,盖七闽未之有也。不幸黄巢窃居京阙,朝士或殍或戮者不可胜计。公既遇离乱不知所之。或云归终于乡里焉。(《全唐文》卷八一七)

[考证]

据陈黯《送王棨序》(《全唐文》卷七六七),棨字辅文。按:福唐,今福清。又按:(乾隆)《福清县志》卷十四"人物志·文苑·王棨传":"事迹见《闽川名士传》。"当指此篇。

一〇、陈岩

陈岩，闽人为廉帅之应。（梁克家：淳熙《三山志》卷四引，又《闽书》卷三二）

[考证]

（淳熙）《三山志》卷四："唐中和中观察使郑镒始修广其东南隅。先是开城南河，有人得石，记云：'五百年城移东南，本地合出连帅。'自太康至是，适五百年。《闽川名士传》云云。"（淳熙）《三山志》卷二一"秩官"："（唐中和四年）五月，团练副使陈岩逐其观察使郑镒，自称观察使。文德元年，陈岩复修。《岩传》：'恢其形势，甃之砖石。'""岩传"，疑也是《闽川名士传》中《陈岩传》之文。（弘治）《八闽通志》卷七〇："陈岩，建宁人。慷慨有智略。乾符间，黄巢转掠福建诸州，岩聚众数千，号'九龙军'，保乡里，巢不能为害……中和四年，福建观察使郑镒表岩自代。岩为治有威严，吏民怀服……大顺二年，岩疾，遗使召（王）潮，欲授以军政，未至而卒。"

一一、欧阳澥

闽川欧阳澥者，四门詹之孙也。澥娶妇，经旬而辞赴举，久不还家。诗云："黄菊离家十四年。"又云："离家已是梦松年。"又云："落日望乡处，何人知客情。"自怜十八年之帝乡，未遇知己也。亦为《燕》诗，以献主司郑愚，曰："翩翩双燕画堂开，送古迎今几万回。长向春秋社前后，为谁归去为谁来。"澥出入场中仅二十年。善和韦中令在阁下，澥即行卷及门，凡十余载，未尝一面，而澥吊庆不亏。韦公虽不言，而心念其人。中和初，公随驾至蜀命相，时澥寓居汉南，公以书令襄帅刘巨容俾澥计偕，巨容得书大喜，待以厚礼，首荐之。撰日遵路，无何，一日心痛而卒。巨容因籍澥答书呈于公，公览之怃然。因曰："十年不见，灼然不错。"（《唐诗纪事》卷六七，未注出处）

[考证]

此则疑出自《闽川名士传》，原因有二。一，记佚闻佚事及相关诗文，风格有类以上诸条;二,于欧阳澥前特加"闽川"二字,与《闽川名士传》书名之"闽川"合,当非偶然。故亦附于本文之末。

[附记]

1964年,我入原福建师范学院读书,黄寿祺老(1912—1990)时为中文系主任兼古代文学教研室主任;1982年,我研究生毕业回来福建师范大学任教,黄老时为副校长。1983年,黄老为《福建历代名人传》(福建人民出版社1987年版)作序,认为该书篇幅过小,未及为《闽川名士传》作者黄璞及其他一些文学家立传,有点遗憾。从其时起,我一直有辑考《闽川名士传》意愿。由于杂事猬集,此事多年来一直未能遂愿。适逢黄老诞辰九十周年,春节前后阳光特别好,整理旧时笔记,查找新资料,辑《闽川名士传》若干条,略作考证,成一帙,以此作为对黄老的一种纪念。

附录:(二)谢章铤《赌棋山庄诗集》稿本及佚诗之讨论

谢章铤(1820—1903),初字崇禄,后字枚如,号江田生,又曾自称痴边人[①],晚号药阶退叟。福建长乐人,居福州。同治三年(1864)举人;光绪三年(1877)乃以内阁中书舍人成进士,年已五十八,"慨然以中兴日久,外患将作,廷试纵笔论交邻,恳款千百言,阅者持臆见,抑下等,先生故为中书舍人,遂挂冠归"[②]。掌教福州致用书院凡十六年。谢章铤活了八十四岁,经历了自鸦片战争至庚子赔款等近代史上诸多重大历史事件。谢章铤兼工诗、词、古文,而以词的创作和词学理论建树最大,他无疑是中国近代文学史上卓有成绩的文学家。谢章铤一生著述甚富,生前已将其诗、词、文、杂著陆续刻印成《赌棋山庄所著书》(近台湾《近代中国史料丛刊续集》重印为《赌棋山庄全集》[③])。谢章铤还非常重视乡邦文献的搜集和整理,例如梁章钜的

---

① 魏秀仁《陔南南馆诗话》(钞本)卷四:"枚如称江田生,又作痴边人印,余少亦号痴珠……有句云:'沉沦不似旧时身,只有痴边尚是真。'"

② 陈宝琛《谢枚如先生八十寿序》,《沧趣楼文存》卷上。

③ 《赌棋山庄所著书》(《赌棋山庄全集》)包括:《文集》七卷、《文续集》二卷、《文又续集》二卷、《诗集》十四卷、《酒边词》八卷、《余集》五卷、《说文闽音通》五卷、《词话》十二卷、《词话续》五卷、《围炉琐记》一卷、《藤阴客赘》一卷、《稗贩杂录》四卷、《课余偶录》四卷、《课余续录》五卷、《校刻东岚谢氏明诗录》四卷、《校刻祥符沈侍郎勤学浅语》一卷、《八十寿言》一卷。

《闽川诗话》稿本残本①，赖他搜集并加以保存，才得以流传至今。又如他两次抄录清嘉庆、道光间著名古文家高澍然《抑快轩文集》②，其中第二次所抄七十四卷本尤为珍贵，高澍然的文集多赖谢章铤的抄存，才得以在高氏过世一百五十多年后终于面世③。

一、谢章铤传世稿本的大致情况

谢章铤的著述，有不少稿本流传下来。笔者见到的谢章铤传世稿本主要有：

1.《赌棋山庄文集》四卷 四册

2.《赌棋山庄文集》不列卷 一册

3.《赌棋山庄诗集》十五卷 七册④

4.《赌棋山庄诗集》不列卷 一册

5.《赌棋山庄词话》不列卷 一册

6.《聚红榭雅集诗存》不列卷（装订在《赌棋山庄词话》后）

7.《闽省近事竹枝词并题辞》不列卷 一册

（以上藏福建师范大学图书馆）

8.《谢枚如文稿》一卷 一册

9.《赌棋山庄遗集》不列卷 一册

10.《赌棋山庄余集》不列卷 一册

11.《赌棋山庄余集剩笔》不列卷 一册

12.《赌棋山庄词稿》不列卷 一册

13.《乐此不疲随笔》一卷 一册

14.《便是斋琐语》一卷 一册

15.《我见录》一卷 一册

---

① 《闽川诗话》稿本残本今存湖北省博物馆，收入笔者编校《梁章钜诗话八种》（未刊稿）。

② 详笔者：《黄曾樾辑印〈抑快轩文集〉——兼谈〈抑快轩文集〉钞本》，《学林漫录》第14辑，中华书局1999年版。

③ 参阅笔者：《抑快轩文集》七十四卷本，江苏广陵古籍刻印社1998年影印本。

④ 《闽省近事竹枝词并题辞》，福建师范大学图书馆藏并入《赌棋山庄诗集》，为其第八册，误。

16.《赌棋山庄备忘录》不列卷 十二册

（以上藏福建省图书馆）

此外，福建省图书馆还藏有《赌棋山庄藏书目》一卷，一册；福建省图书馆和福建师范大学图书馆还藏有聚红词榭榭友唱酬诗册若干册。

谢章铤著述稿本大致可分为三类：一是未曾刊刻过的笔记（例如《乐此不疲随笔》《便是斋琐语》《赌棋山庄备忘录》）和鸦片战争时期的诗歌选本（《我见录》）；二是与刻印本有不同程度差异的稿本（例如《赌棋山庄诗集》十五卷本、《赌棋山庄文集》四卷本和《赌棋山庄词稿》等）；三是与刻印本没有太大差别的稿本（例如《赌棋山庄词话》）①。在谢章铤十余种、三十多册稿本中，以第一类和第二类价值最大。本文仅就《赌棋山庄诗集》（十五卷）本作初步研究，其余的诸种稿本，留待以后再作讨论。

二、《赌棋山庄诗集》稿本描述及若干推断

《赌棋山诗集》（十五卷本），装订成七册。原稿本有眉批，从眉批上端被部分裁去的痕迹看，稿本上下两端可能已有部分蚀蠹，为了妥善保存，故收藏单位将蚀蠹部分裁去，并加以重新装裱。现在我们看到的七册，装订完好，书品亦佳，墨迹鲜黑，极少缺损字。稿本高 22.4 厘米，宽 14.8 厘米。

《赌棋山庄诗集》稿本，所收录的诗，其作年可考最早的为诗一《阅双雁过潇湘图作寄张二任如恬》，据《赌棋山庄文集》（稿本）卷一，张任恬生于道光壬午（1822），卒于甲辰（1844），那么，此诗作年不迟于道光甲辰；最晚的有《癸酉重五即事》和《哭子安》。癸酉，同治十二年（1873）②。

各册字体及章印情况如下：

第一册，楷书。为诗（卷）一至诗（卷）六，卷首有诸家题辞及诗集一至六共六卷的目录。此册虽不一定是谢章铤本人手书，但从涂乙的情况看，

---

① 详见笔者：《谢章铤的传世稿本》，《赌棋山庄稿本》卷首，江苏广陵古籍刻印社 2000 年版。
② 据《续魏氏世谱》，魏秀仁（子安）卒于同治十二（1873）年二月二十九日。《辞海》（1994 年版）、《福建名人词典》（福建人民出版社 1995 年版）均误作同治十三年（1874），说详笔者：《魏秀仁及其杂著》，《魏秀仁杂著钞本》卷首，江苏广陵古籍刻印社 2000 年版。

谢氏曾认真校订过。谢章铤不仅改正了极个别的错字，对诗稿也略作某些改动。改动最明显的是诗题，凡涉及赠答之诗，诗题赠答者之字都加注其名，以求全书一致（第三册以后各册，题赠答者之前缀次出现也都注有其名）。第一页右下方钤有阴文"章铤印"一方。此册为求正于林寿图等人之诗册（说详下）。

第二册，行书。诗（卷）四至诗（卷）六。核以谢章铤《抑快轩文集》（同治钞本）之《题记》等笔迹，此册出自谢章铤本人之手无疑。诗四首页钤有阴文"赌棋山庄"章，诗五首页钤有阴文"章铤"章。诗六首页钤有阳文"长乐□□□"章。此册内容全同于第一册后半之诗四至诗六。据此册推测，谢章铤当有另一册自己手书的诗一至诗三，或已佚。此册个别字与第一册小异，如诗六《书炯甫文后》，第一册"书"作"题"。如前所述，第一册谢章铤作过某些校订，赠答诗诗题赠答者之字都加注其名，而此册未注。第二册诗六《题赞轩横剑话风骚图》，无序，而第一册题下补增"有序"二字，及序文"余旧赠赞轩诗有'与君横剑话风骚'句赞轩以之作图并貌余像"二十五字。

第三册，行书。诗（卷）七至诗（卷）十。笔迹同第二册。诗七首页钤有阳文"江田生"章。

第四册，行书。诗（卷）十一、（卷）十五。笔迹同第二、第三册。诗十一首页钤有阴文"章铤印"（同第一册）。诗十二首页钤有阳文"江田生"章（同第三册）。

第五册，行书。诗（卷）十三。笔迹同第二、第三、第四册。卷首有诸家题辞，首页钤有阴文"诗酸词辣文章苦"章。此册还钤有"珊瑚赏之"章。珊瑚，即谢辅缨。

第六册，第一页至第二页第三行，行书；余皆楷书。诗（卷）十四。行书同第二、第三、第四册；楷书笔迹与第一册异。首页钤有阳文"江田生"章（同第三、第四册）。

第七册，楷书。诗（卷）十五。笔迹同第六册，首页钤有阳文"文史臣铤"章。笔迹同第六册。

第一、第三、第四、第五册，这四册的大多数诗题之下或篇末，或钤有"欧

斋"和"曼叔"小章,或单独钤有"欧斋"小章。核以光绪戊子刊于福州的
《赌棋山庄诗集》,凡稿本钤有"欧斋"和"曼叔"小章、或仅钤有"欧斋"
小章的作品,绝大多数都见于刊本;而没有钤小章的,则甚多不见于刊本(详
下节)。因此,可以推断。此四册(诗一至诗十二),谢章铤曾就正于"欧
斋"和"曼叔"。可能是出于就正于他人的原因,谢章铤对部分诗稿做了整
理(如第一册),或由于比较匆忙,后面三册一时来不及重新誊写。

"欧斋"是林寿图的室名。寿图,闽县(今福州)人。初名英奇,字恭
山,又字颖叔,号黄鹄山人;因慕欧阳修少孤力学,故署其室为"欧斋"。道
光癸卯(1843)举人,乙巳(1845)成进士,官至陕西、山西布政使,有《黄
鹄山人诗抄》。"曼叔"为吕俊孙之字。俊孙,阳湖(今江苏武进)人。道
光举人,宦陕为兵备,擢潼商道,有《见素抱璞之斋诗存》。谢章铤将诗就正
于林寿图、吕俊孙的时间在同治戊辰、己巳(1868、1869)年间。谢章铤《赏
四品顶戴团练大臣前陕西布政使林公墓志铭》:"戊辰,予之陕就馆,先师饯
之曰:'颖叔在长安,子旧同郡,可以论学,客边当不寂寞。'"[1] 温葆深作于同
治戊辰闰月的《〈赌棋山庄集〉序》云:"枚如于是月中将为关陇之行,诣颖
叔方伯。方伯日求言诗、古文者,枚如旧同郡,相见当极欢。"[2] 谢章铤不仅与
林寿图同郡,而且也同出一师门。时林寿图为陕西布政使已六年,不久,即以
归养请,去官。谢章铤就正于林寿图、吕俊孙的诗稿,截止于入秦之前;在陕
西所作诗(其中包括与林、吕唱酬之作)见于稿本诗十四、十五,不在就正之
列,也可以证明就证于林、吕的时间应在戊辰、乙巳之间。

稿本诗题之下、或篇末钤有"欧斋"、"曼叔"小章的,"曼叔"章较
"欧斋"多,说明林寿图的去取较吕俊孙要严。如果同时钤有两枚章的,"欧
斋"都在前,而"曼叔"在后,说明谢章铤请正于林寿图、吕俊孙,时间上,林
在前而吕在后。谢章铤根据林、吕去取的意见,最后断以己意,凡是打算刊行
的,则用墨笔(也有用朱笔的)画"○"为记号,凡不打算存留的,则用朱笔
画"△"为记号。逐一核以已刊印的《赌棋山庄诗集》,证明我们这一判断
是正确的。

---

① 《赌棋山庄集·文又续》卷二。
② 《赌棋山庄集》卷首。

　　林寿图、吕俊孙的眉批集中在首册,不过三数篇,每篇不过三数语。林寿图眉批字较小,无钤章;吕俊孙字稍大且钤有"曼叔"章。谢章铤《酬林二子鱼直》起云:"既不能为李将军,横行黑塞驱风云;又不能为贾太傅,痛哭金门策时务。便当散发游帝乡,倒持斗斛天浆。后天成老涸三光,奈何昂藏身七尺,怀中泣抱连城璧。击剑空悲侠少年,弃觚却笑文章伯。"林批:"当是海夷初起、芑川省帏报罢时作。"颇有助于读者对本诗的理解。此诗结又云:"远望江妃海若坐嬉虞,手弄明珠与珊瑚。美人娟娟何时无,刘郎谓我曷归乎?呜呼!林生我今与汝曷归乎!"林批:"三句一齐收束。'美人娟娟何时无'一句最妙。"《短歌》一诗,林批云:"□本风骚,遗貌取神,□以太白。移我情者君。"吕批云:"屈宋嗣响,何论汉魏,奚止三唐。"《肖岩病归自永安愈未十数日复理装作去计时余亦将东洋之行作此送之并以道辞》一诗,林批云:"(此)等七律风格最老,(吾)闽百年来罕与抗(衡)。余交海内诗人多,亦(少)见也。"①《临行杂诗三首》其二(入室拜阿爷),吕批:"至性弥沦。"《叠石道中作》一诗,吕批:"神似康乐。"《纪梦》一诗,吕批:"惊心怵目之作。"只麟片爪,对读者不无启示,亦足珍贵。

　　《赌棋山庄诗集》(下简称《诗集》)稿本还不是付梓前的最后定本。理由有六:其一,《诗集》稿本与光绪戊子(1888)刊本分卷不同。刊本分十四卷,稿本分十五卷。稿本诗十五最后数首(如《哭王子安》《题春明话别图》《陈砚香前辈小影》),刊本则列于诗十二。从稿本还可以看出作者重新编排的痕迹,例如第一册,作者做了涂乙,有意将诗一、诗二合为一卷,诗三易为诗二,诗四易为诗三,诗五、诗六合为诗四。诗二和诗六分别勾去"赌棋山庄集诗二(六)"及"长乐谢章铤枚如撰"两行,并眉批曰:"连上卷写不分卷",眉批显然是写给抄工看的。其二,刊本诗十二《哭吴烈女词》之后27首及诗十三、诗十四所有的诗为稿本所无。其三,个别诗,刊本与稿本顺序不同,诗题也稍有更动。稿本诗十三(涂乙后诗九)《唁仲濂》《慈仁寺松歌》《过谏草堂怀亨甫》,刊本置于诗十,且诗题更动为《唁仲濂守廉同年悼亡》《慈仁寺松》《过谏草堂怀张亨甫际亮年丈》。其四,《诗集》稿本与

---

　　① 以上眉批,□者为缺字,( )内之字为笔者根据文意所拟。

刊本文字有某些小异。诗二《戊申有宁德之行留别张三仁衍钦铭》,刊本诗一作《戊申有宁德之行留别张三桂庭钦铭》;《梦任如作柬仁衍》,刊本诗二作《梦张任如任恬作柬桂庭》;诗八《拟左太冲〈咏史〉八首》,刊本作《咏史》,等。其五,刊本有少量诗,不见《诗集》稿本。例如诗十二《步韵答锡三》至《题李卓吾大令焕集》共 11 首,又《为友人书扇头》至《为友人题画》14 首,总共 25 首,仅见于刊本。其六,《诗集》稿本第一册卷首题词录有刘存仁等七家诗,第五册卷首题词录杨凤巢、彭心梅诗,刊本则无 ①。

三、《赌棋山庄诗集》刊本未载之诗目

《诗集》稿本有不少诗是刊本不载的。核以《赌棋山庄诗集》刊本(光绪戊子福州本),《诗集》稿本有,而刊本不载之诗诗目如下(题后有 ★ 记号者,表示钤有"曼叔"之章,有 ★★ 者,表示同时钤有"欧斋"和"曼叔"之章)。

诗一

1.阅双雁过潇湘图作寄张二任如恬 // 2.黄大肖岩宗彝将游永安溪水暴涨又作数日留喜极有作 // 3.登镇海楼 // 4.梅花

诗二

5—9.戊申有宁德之行留别程二石夫玉英、叶大辰溪滋沅、何二松亭承□、与端 // 10.郑草堂承芳招饮赋赠 ＊

诗三

11.肖岩惠诗作此却寄 // 12—13.答苣川 // 14.书齐晟扇首晟苣川长子从吾游 // 15.得家书作 // 16.感赋同苣川 // 17.答苣川为龙湫之游 // 18—

---

① 林寿图另有《题枚如〈赌棋山庄诗集〉用同心之言其臭如兰为韵》,见《黄鹄山人诗抄》卷十七,而不见于《诗集》稿本《题词》。

19. 感旧漫书 // 20. 寄故乡同好 // 21. 出门 // 22. 将归应试留别草堂并视郑丹溪 // 23. 发白鹤岭作 // 24. 留别少堂 // 25. 题东湖泛月图是草堂所藏 // 26—27. 寄肖岩时少棠之浙

诗四

28. 寄刘海秋志抟解元 // 29—30. 留别草堂 // 31. 花朝视芑川 // 32. 口占视丹溪 // 33—34. 留别诸同人（原有四首，刊本存二首）// 35. 赠蔡顺甫宗健 // 36.—37. 鸢江 // 38. 感作（原有二首，刊本存一首）// 39. 过莒口人家 // 40—41. 对酒 // 42. 酒后怀任如即视令弟仁衍 // 43—44. 酒边作酬子鱼 // 45—48. 下第偶成视少棠 // 49. 无言 // 50—51. 咏古 // 52—53. 为炯甫题兰竹卷卷乃陈少香偕灿大令作

诗五

54—55. 初发相思岭 // 56. 秋海棠 // 57. 书薛幼臣禧年扇头 // 58. 寄肖岩 // 59. 书幼臣无题诗后 // 60. 晋江守雨 // 61—62. 寄高文樵思齐 // 63—64. 赠董少白庆澜并志别 // 65. 苦热 // 66. 桃岭阻风 // 67. 幼臣出扇属题长句志遇 // 68—69. 张轩叔承榘邀饮 // 70. 偶得书赠陈一琴玉守

诗六

71. 题浣沙图 // 72. 短歌＊ // 73. 题炯甫文后 // 74. 花朝后一夜梦芑川是日芑川初度之辰 // 75—76. 寄炯甫＊ // 77. 返自温麻赠同行 // 78. 客次赠黄秋涛圣谋秋涛肖岩之弟 // 79—80. 刘赞轩襄贻诗招饮有怀令兄芑川 // 81. 刘赞轩襄推奖备至赋此答之即步其韵 // 82—83. 偶作简友人 // 84. 为炯甫题一路顺风图 // 85. 得邱少兰琛诗札书后却寄建宁（此首既无"○"，也无"△"标记）// 86. 送少棠之兴化 // 87—88. 寓斋见月 // 89. 同赞轩夜话 // 90. 偶作视杨润民恩泽 // 91. 赠刘寿之三才 // 92—93. 题陈紫箬汝枚大令呻吟草＊ // 94—95. 中秋后二日同少棠寿之买舟游鼓山临发作 // 96. 喝水岩（原有二首，勾去一首）// 97. 晨兴登水云亭 // 98. 五贤祠瞻礼先方伯在杭

先生并曹徐诸先辈主 // 99. 万松关题壁 // 100. 题半山亭 // 101. 感作（原有二首，勾去一首）

诗七

102—103. 丙辰坡公生日李晓峰以烜招同刘香雪炳辉翁蕙卿时稚王紫臣朝枢梁洛观履将文樵寿之赞轩集小雪浪口即席作 // 104. 同文樵赁居诸古岭作 // 105. 题团扇仕女图 // 106. 七夕听雨感作 // 107—108. 中秋感作 // 109. 怀文樵汀州（原有二首，勾去一首）// 110—111. 俯首 // 112. 东坡生日晓峰招饮感作 // 113—114. 送梁礼堂鸣谦之苏州 // 115. 答符雪樵兆纶先生 *（原有二首，勾去一首）// 116. 答己舟 // 117—119. 月夜同己舟深谭感作 // 120. 戊午花朝前一夕梦读芑川诗寻芑川有阻之者不得见

诗八

121—125. 己未将游蜀留别词榭诸子 * // 126. 少棠招饮即席作 * // 127—129. 赠周紫筠广和紫筠前辈苍士嘉璧先生之子知医予数从乞方 // 130—131. 书芑川海音后 * // 132. 榕阴山馆修禊 // 133. 遇张轩叔承渠（原有二首，勾去一首）// 134—135. 七夕病中偶得（原有四首，勾去二首）// 136. 同赞轩话书赠 // 137. 杂感（原有三首，勾去一首）// 138—139. 过百花传舍遂游开化寺避喧寻长庆寺 // 140. 九日感作 // 141. 答星村

诗九

142. 过昭忠祠 // 143. 柳花（原有二首，勾去一首）// 144. 鹦鹉洲吊祢正平 * // 145—146. 读刘贲传 * // 147. 苦热行 // 148. 登赞轩容与楼 // 149. 半山亭题壁 // 150—151. 落叶（原有四首，勾去二首）// 152—153. 送锡三之海东书院 * // 154—155. 答晓峰

诗十

156—157. 洪江阻雨时买舟之永安 // 158. 千里（原有二首，勾去一首）// 159. 端午感作 // 160. 雨中 // 161—163. 七夕旅感 // 164. 七夕会饮戏作 //

165.泊延平喜赋 // 166—169.翁二礼平準蕙卿之侄也守素嗜学近多过小斋谈艺并示蕙卿遗墨纵论久之赠以四绝 // 170.寄子安即题其花月痕小说后* // 171—172.柬郑守濂 // 173.感作* // 174.题赞轩非半室诗集(原有二首,勾去一首)// 175—176.星村自皖渡海归口砚娆云山房静僻可读书赠以二绝

诗十一

177.买舟之粤感作* // 178.寄舍弟小石东庆* // 179.论文 // 180.赠洛观* // 181.过零丁洋* // 182.怀子安* // 183—186.香港谣 // 187.送杨雪邨浚入都 // 188.六月十日风暑作祟霍乱顿死愈后作此自喑并视子安云图 // 189.珊瑚*(原有二首,勾去一首)// 190—193.岁暮病中感作 // 194.莘夫出亨甫王郎曲诗册乞题* // 195—196.题符雪樵蕉峰草堂遗集

诗十二

197—198.锡三视学山右招襄试事留别诸同志* // 199.沧里洋作视郭鹿泉溶* // 200.感作叠前韵* // 201.次韵答鹿泉* // 202延平* // 203.水吉道中 // 204.马岚遇梁次亨故友洛观之弟也* // 205.浦城*(原有二首,勾去一首)// 206.买舟感咏 // 207.停步驿* // 208.兰溪微雨* // 209.瀫水驿 // 210.寄子安* // 211.赠鹿泉病中 // 212.欲游西湖以鹿泉病不果 // 213.过杭日将访辰溪不得舟中感念及之 // 214.寄礼堂 // 215.拙政园* // 216.天平山* // 217.书邵补堂积诚扇首即以赠之 // 218.途次遇杨豫庭叔怿同舟之上海豫庭有诗见赠赋此答之* // 219—220.沪渎渡海* // 221方顺桥* // 222望都感咏**(原用墨笔、朱笔分别作"〇"标记)// 223.清风店早行 // 224.喜晗林翊仲缥酒后作赠 // 225.送陈瀍川萼芬之官阿迷州*(原有二首,勾去一首)

诗十三

226—227.元夜对月作 // 228—229.锡三复有所作再叠前韵奉酬 // 230.观影戏 // 231.忆内* // 232.盘陀见桃花 // 233.分水岭 // 234.差轿吟长子道中作　并序 // 235—236.锡三复作咏松二律诸友皆步韵予亦继和 //

237. 步韵赠心梅 // 238. 长治道中 * // 239. 心梅抱恙从余问方予素善病尚不能自医也感作 // 240. 心梅病间惠诗见示语重情长感而答之 // 241. 书心梅词后 * // 242. 读锡三横望吟感作 // 243. 招同人集小五台禅院心梅有诗赋此答之（原有二首，勾去一首）244. 送凤巢应京兆试即题其集后 // 245. 送吴则之绍正入都应试 // 246. 将入都留别心梅 * // 247—258. 留别锡三 * // 249. 别桂庭 * // 250. 东天门口占 // 251. 过昭烈庙戏作 // 252. 买瓶花

诗十四

253—254. 送陈叙斋惟功归 // 255. 酬赞轩 // 256. 答茅雅初鹿鸣同年雅初善依声评予词甚确 // 257. 步韵酬李星阶泳平星阶家江陵时方谒选 // 258—259. 过张兰镇高桂坡大奎司马索赠即题守拙居诗集 // 260. 韩侯岭谒侯墓 // 261. 司马文正故里 // 262. 相里道中 // 263. 题罗两峰钟馗嫁妹图 // 264. 送砚樵归晋劝饷 // 265. 答家尺瑚辅缨 // 266. 雨斋步韵酬张荻庵森钺 // 267. 荫庐以近诗见示答 // 268. 赠荫庐即书其近诗后 // 269. 同秦子衡毓麒过谭西屏麟饮作 // 270. 余将之冯翊李循轩福熙有诗柱赠答之 // 271. 临行子衡出画菊团扇相赠别后作此却寄 // 272. 酬刘梦星开第大令时君以事解临潼任 // 273—274. 吟社第一集·题马湘兰山水竹卷 // 275. 吟社弟二集·饮马长城窟 // 276. 雁足灯歌 // 277. 得荫庐书却寄

《稿本》诗十五第一首至最后一首《陈砚香前辈小影》，全部见于刊本。《陈砚香前辈小影》刊本的位置在诗十二。刊本《陈砚香前辈小影》之后，诗十二还有《吴烈女祠》《赠同年吴子俊观礼故史》等 27 首以及诗十三、诗十四两卷的全部诗作，为《稿本》所无。刊本倒数第二组诗《丁亥冬月黄星石介自乐平过存讲院小住逾月遍登九仙乌石石鼓诸山于其归也作此纪念》，作于光绪十五年（1888）①，可知刊本自诗十二《陈砚香前辈小影》及诗十四、十五，作于癸酉（1873）至丁亥（1888）之间。这里还要指出的是，《稿本》诗十五，无勾乙，亦无"○"、"△"标记，其诗的位置在刊本的诗十一、十二。此外，刊本诗十二比《稿本》多出《步韵答锡三》《为友人

---

① 诗题虽为丁亥（1887），然已是冬月，又云"小住逾月"，则已入戊子（1888）。诗其四云："明年我七十。"章铤生于 1820 年，年七十，则为 1889 年，七十岁前一年，则 1888 年。

书扇》等 25 首。如前所述，稿本最晚的作品作于 1873 年，而刊本诗十二有、《稿本》无的 25 首作品，有的却作于甲戌（1874），如《甲戌京寓杂诗》，与整部《赌棋山庄诗集》按时间前后顺序排列不符，疑稿本原有缺页，或刊刻时发生错乱，原因有待进一步探讨。

四、刊本未载诗之讨论

谢章铤编定自己的诗集，总的说来比较谨严。一是少存或不存少作。稿本诗一第一首《阅双雁过潇湘图作寄张二任如恬》，如前述，张仁恬卒于道光二十四年（1844），年仅二十三，时谢章铤年二十五，诗作于此前，或勉强可称为少作。第二首《刘九苣川家谋司训宁德志别四首》，作于道光二十六年（1846），时刘家谋大挑一等任宁德教谕①，这一年谢章铤已二十有七，所作诗已难称为少作。二是我们见到的这几册稿本，是已经经过作者筛选、删改后的二稿甚于三稿的稿本。魏子安《陔南山馆诗话》②卷四载谢章铤《赠魏子安》二首，其一云："一代才名魏子安，奇书百辈快传观。（自注：谈经顿觉吴蒙亭林有吴蒙印误，刊史犹嫌汉圣宽。）秋气冬心森接屋，川云岳树识儒冠。如何长向风尘下，不道文章付写宫（按：当作官）。"而从《诗集》稿本，我们见到的却是一首七绝，已经删去中间两联，就是一个有力的证明。《稿本》诗十五最后一首为《陈砚香前辈小影》，此诗刊本的位置在诗十二。刊本从诗一至诗十二《陈砚香前辈小影》，刊载诗 700 多首（扣除刊本有而稿本无者 24 首），稿本比刊本多出 279 首，也就是说，谢章铤在《诗集》刊印时删去了 279 首。279 首，约占总刻存数 700 多首的 35%。可见，谢章铤对诗集的付梓，态度是谨严的。

谢章铤主张诗文集应在生前由自己编定，免得身后子弟违背自己的意愿

---

① 刘家谋《酬枚如赠别之作》，即答谢章铤这组诗。《酬枚如赠别之作》，见《外丁卯桥居士初稿》（道光戊申刊本）卷八。《外丁卯桥居士初稿》为编年诗集，《酬枚如赠别之作》系于丙午，即道光二十六年（1846）。

② 《陔南山馆诗话》，钞本，藏福建师范大学图书馆。下文引《陔南山馆诗话》，均为此本，不再注其出处。

随意删削,或不加选择地尽数收录,影响声名。在删除的 279 篇诗稿中,有一些艺术上确实比较粗糙,例如《香港谣》四首。其一云:"水从头上来,火从地上出。鬼口学华语,华人住鬼室。"其二:"人声杂犬吠,鬼车驰双毂。盲妹持檀板,鬼门时唱曲。"其三:"朝负一肩土,暮负一肩土。鬼囚饱鬼粟,极足亦忘苦。"其四:"高高三层楼,鬼货如山积。鬼子礼拜完,持刀当街立。"

　　鸦片战争之后,香港割让给英国,这组诗固然表达了作者对侵略者的憎恶,诗人脱口而出,却缺少深入仔细的琢磨,写得有点类乎打油。当然,这些被删除的诗稿,与林寿图、吕俊孙未加肯定也有很大的关系。在 279 篇诗稿中,林、李都加以肯定的只有二首,只有吕俊孙一个人肯定的也才 40 首,也就是说有 5/6 的诗未得到林寿图、吕俊孙的赞许。有些诗,可能是与其他诗语意重复而被删除而不录。《寄子安即题花月痕小说后》云:"二十年来想见之,每闻沦落感须眉。佣书屡短才人气,稗史只传幼妇词。天下伤心能几辈,此生噩梦已如斯。闲阶落叶虫声急,昂首秋风独立时。"《题子安所著书后·花月痕小说》云:"有泪无地洒,都付管城子。醇酒与妇人,末路乃如此。独抱一片心,不生亦不死。"两首诗都是题小说《花月痕》的,而作者舍前者而留后者。据《陔南山馆诗话》,谢章铤夫人陈氏亦能诗。谢章铤写过不少寄内诗,夫人也有赠答①。然而《诗集》稿本也仅存《寄内》《忆内》和《得家书》三首(这一点也可印证上文我们所推测的现存稿本已不是初稿之本),而《忆内》诗最终仍免不了被删削。诗云:"三十年来不如意,七千里外又离家。节劳望我停文字。多病亏卿减岁华。不说艰难催乞米,深怜冷暖劝看花。当时快婿非年少,只愁蹉跎壮志赊。"自注:"余累次大病,每病内子必减算祝予,而讳不使予闻。去年病后,内子曰:'愿君节劳,勿为文字。'将行,内子饮我酒,半,内子顾曰:'孤身万里,可无知寒识暖之人,望君留意,勿负多情者。'予曰:'我老矣,宁复思此?'内子笑曰:'果有多情人,君当不老也。'予少时颇负倜傥之名,妻家称为快婿。内子亦戏,以此相呼。"房中戏

――――――――――――――――

　　① 魏秀仁《陔南山馆诗话》卷四:"刘芑川《怀藤吟馆随笔》曰:'枚如室人陈球,字叔慧,画草虫楚楚有致,小诗亦绵丽。《赠外》云:惟郎知依情,惟依识郎意。为郎爱花香,金钗攒茉莉。《闺词》云:轻轻小砚泼偷磨,十幅鸾笺亦写时。回首突然夫婿至,故拈采笔画娥眉。'皆枚如所常诵者。枚如忆内诗极多,不能悉录。"刘家谋是谢章铤的挚友,所记当可靠无疑。按:《怀藤吟馆随笔》,今佚。

语，楚楚有情，诗与注俱佳，故得到吕俊孙首肯。谢章铤撰《赌棋山庄词话》，卷一特拈出刘家谋诸集所未载之《入都寄内四绝》，称赞刘与其妻詹氏伉俪之情甚笃，可见他对此类诗原本不仅不排斥，对其中的好诗还能加以欣赏。谢章铤稿本存录此类诗本来就不多，而付梓时又加删除，其原因不知是否其时诗人已渐入老境而不太重视这些诗，还是因为作者本身也是一位词人，受传统的"诗庄词媚"的观念的影响，认为此类题材最好用词写，即便写成诗，也不必张扬，诗集存留《忆内》诗似不太合适①。

《诗集》稿本 279 篇被删削，除了上文的推测之外，还可能有其他原因，限于篇幅，不打算再做详细探讨。稿本保留这么多作品，对我们研究谢章铤本人的思想、生平交游和文学思想无疑都是有帮助的。刘家谋（芑川）是谢章铤平生第一知交，咸丰三年（1853）病故于台湾，年仅四十②。谢章铤曾说过："芑川与余诗札不下数十通。"（《〈题芑川诗后〉序》）谢章铤与刘家谋的诗札亦不下数十通。谢章铤的这类文字散见于文集、词集、词话及笔记，而大量的则见于诗集，存于刊本、诗题直接提到刘氏的就多达二三十篇，而被删削的也有 12 篇（不包括写给芑川之子的）。被删的，其中也有语意重复的问题，例如诗人已有《得芑川〈观海集〉喜赋》一诗，又有《书芑川〈观海诗〉后》，故存前者而舍后者。谢章铤与刘家谋的交游方面，刊本未收之诗稿《戊午花朝前一夕梦读芑川诗寻芑川有阻之者不得见》一诗云："百花何事又生朝，五载离魂不可招。痛哭已干双眼泪，断肠屡转大江潮。愁红惨绿春谁主，浊酒残诗世敢骄。形影相依成一梦，梦中偏忍我无聊。"刘家谋于花朝次日生日，而花朝前一夕作者已梦见故人而且读了他的诗，遗憾的是"有阻之者"（指刘家谋已去世，生死阻隔）而使他们不得见面，所谓痛哭泪干，断肠屡转，当不是夸大之辞。《民国福建通志·文苑传·谢章铤传》说"刘教谕家谋殁

① 谢章铤《酒边词》卷一《蝶恋花·题内书后》："谁解忘情如太上。把汝心头，日夕长供养。消瘦双身应一样，罗衾摸遍天难亮。 来日姻缘今日长。汝看离人，夫妇多无恙。留得有余真稳当，果然爱我休惆怅。"词前半写得多么缠绵缠绵！《酒边词》中未题"寄内"而实为思内之词不下十数阕。可见谢章铤认为词比诗更合适写相思之情。
② 刘家谋生卒年据《赌棋山庄文集》卷二《教谕刘君小传》。《台湾文学史》，海峡文艺出版社 1991 年版，第 216 页推算为 1814—1853 年，恐非。说详拙文：《鸦片战争时期爱国诗人刘家谋》，《古典文学知识》2000 年第 2 期。

数十年，言及犹泪下"，可以从此类诗得到印证。魏秀仁也是谢章铤的好友之一，著有小说《花月痕》《陔南山馆诗话》等四十来种著作，刊本未收之诗稿有几篇也写到他，研究魏秀仁者似也应该加以注意，本文不拟详述。

咸丰至同治初，谢章铤组织聚红榭，聚红榭以依声填词为主，兼课诗，前后参加者多达二十余人①，词榭榭友多数人生平资料不多，且集子也多已散佚，《诗集》稿本付梓被删的作品则有助于我们了解其中一些人的生平事迹。刊本未存之诗稿写及的词榭成员多人，除上文已经提到的魏秀仁外，还有李应庚（星村）、徐一鹗（云汀）、高思齐（文樵）、梁鸣嗛（礼堂）、宋谦（己舟）、陈三才（寿之）、黄宗彝（肖岩）、林天龄（锡三）、梁履将（洛观）、刘勷（赞轩）、张承渠（轩叔）、杨浚（雪沧）和李应庚甥薛禧年（幼臣）等人，几乎一大半。《肖岩惠诗作此却寄》云："我识黄生已五年，黄生作诗无十篇。近来勃郁乃如此，手写哀歌泪盈纸。哀歌激越动须眉，令人读之喜复悲。黄生今年将四十，世间万事何是非。"从此诗我们得知，黄宗彝将近三十五岁时才有诗数篇，和谢章铤结识五年（入了词榭）之后，诗则大进，不仅作得多了，而且哀歌满纸，能感发人意。《己未将游蜀留别词榭诸子》，己未，咸丰九年（1859），关于谢章铤游蜀，其他诗文几乎未见记载，此诗给我们提供了一条他的生平资料；不仅如此，诗稿还有一些词榭诸子的材料，第一首云："词坛念祭酒，倘与古人期。"自注："徐云汀一鹗。词榭中君年最长。"第二首云："孤苦平生泪，凄凉酒后来。卖文艰远计，知命养真才。"自注："己舟。君近日精于子平。"从这两首诗及自注，我们知道，徐一鹗在词榭中年最长，知道宋谦生活孤苦，甚至卖文卖卜为生。此外，《诗集》稿本还有一些关于近代诗人、词家的作品刊本未收，其中有《戊申有宁德之行留别诸同好·叶大辰溪滋沅》《过杭日将访辰溪不得舟中感念及之》（叶辰溪，福建闽县人，著名词人叶申芗之孙，有《闻我室词》），《为炯甫题兰竹卷卷乃陈少香偕灿大令作》《题炯甫文后》《寄炯甫》（刘存仁，字炯甫，福建闽县人，有《屺云

---

① 据本人考证，活动时间长达十余年的聚红词榭，先后参加者除谢章铤外，还有：李应庚（星村）、徐一鹗（云汀）、高思齐（文樵）、刘绍纲（云图）、梁鸣嗛（礼堂）、宋谦（己舟）、陈文翙（彦士）、陈三才（寿之）、黄宗彝（肖岩）、林天龄（锡三）、马凌霄（子翙）、陈適奇（子驹）、林天龄（锡三）、梁履将（洛观）、王彝（子舟）、刘勷（赞轩）、王廷瀛（筼舟）、张承渠（轩叔）、杨浚（雪沧）、魏秀仁（子安）和李应庚甥薛禧年（幼臣）等人。聚红词榭问题拟另撰专文论述。

楼集》;陈偕灿,字少香,江西宜黄人,有《鸥汀渔隐诗集》),《答符雪樵兆纶先生》《题符雪樵蕉峰草堂遗集》(符兆纶,江西宜黄人,有《蕉峰草堂诗抄》等),《柬郑仲濂守廉》(郑守廉,福建闽县人,同光体诗人郑孝胥之父,有《考功词》),《莘夫出亨甫王郎曲诗册乞题》(张际亮,字亨甫,福建建宁人,有《松寥山人集》等,《王郎曲》为其名篇)等。

这里我们还要提一下《诗集》稿本的题词,这些题词也为刊本所不载。第一册卷首题词有刘存仁、刘襄、宋谦、李以烜、符兆纶、梁鸣嗛和李明共七人①,前六人都是谢章铤的诗友词友,而且除符兆纶(福州太守)外都是谢氏同郡。李明是钱塘人,聚红词榭发起人之一高思齐的夫人。李明能诗②,李明的诗很可能仅赖《诗集》稿本才得以流传。其一云:"如此清狂果异才,频年遭际实堪哀。顾予脂粉无能甚,也向愁中感慨来。"其二云:"夫婿年来数亦穷,幸逢青眼诉愁衷。古今多少英才辈,尽在骚坛拔帜中。"第五册(诗十一)卷首则有崇阳杨熙业凤巢、溧阳彭湘心梅的题词。彭湘《赠枚如即题其诗文集后》云:"酒肠易热何妨窄(自注:君醉后尤多热肠语),鹤骨逾坚总耐寒。""醉后尤多热肠语",对我们了解谢章铤性情及诗的多热肠语不无帮助。

上文我们主要讨论刊本未载之诗的问题,下面,我们换一个角度来看看为什么刊本要载未被林寿图、吕俊孙圈点的某些诗。如果说吕俊孙圈点是比较严格的话,那么,林寿图就近于酷了。《诗集》稿本被林、吕二人,或其中一人肯定的,还不到稿本总数的一半。对朋友之诗挑选得严一点,当然并不一定是坏事。不过,谢章铤也还有他自己的看法,如前所述,被林、吕肯定的,刊本不一定都存;林、吕没有肯定的,刊本也不一定都弃。从稿本来看,刊本未必弃的数量还不少,可见谢章铤有他自己独立的思考。《以荔枝饷叶大与端滋森侑之以诗》二首,其一云:"思君酒后常开眼,起听西园摘荔歌。徐谢风流已千古,红云会后歇枝多。"其二云:"年年积翠擘红罗,草木无知亦折磨。判与梅花共憔悴,不堪重问旧枝柯。"林、吕圈点了第一首。"徐谢"指明末

---

① 谢章铤《赌棋山庄文集》稿本有谢本人的《〈赌棋山庄文〉序》一文,刊本也未载。
② 谢章铤《过武林门外感念文樵》诗云:"班妹才华李月田(自注:文樵夫人),题诗兀兀出人前。"如不读《诗集》稿本卷首李明(月田)之题词,谢章铤的"题诗"云云便不免费解。

徐𤊹、徐𤉼兄弟和谢肇淛;"红云会"指徐谢在福州怡山寺所组织的诗会,怡山寺内有宋荔,成片果实有如红云,故名;红云诗会,为当时文人的风流韵事,此诗的确写得相当有韵味。第二首自注:"乌山积翠寺荔最佳,近其地为夷人盘踞。更有宋梅一,不可问矣。"鸦片点争后,英人租借福州乌石山,荔、梅无端相继枯萎,诗人借此二事表达其愤恨之情。因有关时事,故魏秀仁将此诗收入其《陔南山馆诗话》卷八,虽然林、吕未圈定此诗,诗也写得粗糙一点,诗人还是将其刊刻出来。《书蔡同野景榕海国生还集后同野宁德人略于倭三年有僧俊可放之归》二首,蔡景榕,福建宁德人,明嘉靖诸生,宁德陷倭,景榕被掠往日本为奴,三年后,日僧俊可放其归,侥幸回国。蔡景榕著有《海国生还集》。此诗写于宁德,有关倭乱事,又关地方掌故,诗也写得不错,故仍加以存留。《芑川儿子移居石仓是日出芑川遗像相视怆成一律》云:"佳儿愁视我,回首为吞声。恍见精灵在,从之跌宕行。早宜焚笔砚,何处诉平生。待到九原日,相逢倘有情。"刘家谋为诗人至交,诗虽未被圈定,但真情弥满,其为感人,此等诗作者如何忍心割舍!

最后谈谈稿本点窜改易的一些情况。诗如果被收入刊本,那已经是"定稿",至于初稿(或二三稿)"原貌"是什么样子的,就不知道了。读稿本还有一个好处,就是知道作者作过哪些修改或怎样修改。作者点窜改易有用墨笔,也有用朱笔的,说明他进行这项工作也许不止一次。诗题《送筠川之官岭南》,作者于"岭南"后增加"感念芑川"四字,此诗后四句写送筠川(刘家谋之弟永松)之官岭南,前四"云黑海漫漫,五年泪暗弹。文章凭后死,魂魄续前欢。"则感念家谋,诗题增"感念芑川",增加得好。《寄礼堂》原为二首,其一为一般问候,删去。其二云:"往者梅崖叟,能为一(刊本作二,恐误)代文。数篇如朗月,万事总浮云。此道今垂绝,故(刊本作斯)人迥不群。明年燕市雪,开箧倘相闻。"朱仕琇,字梅崖,福建建宁人,乾隆间著名古文家,此诗称道梁鸣嗛古文作得好,可以上继梅崖并希望能读到他的近作,故诗题改为《寄礼堂询其近著》,也较原题准确。《忆内》尾联云:"深闺应有泪,肠断寄书时。"后句易为"暗数寄书期",似较含蓄有味。《山行闻泉声》云:"归来坐石鼓,恍入笙镛壑。""壑"易为"窟"。"窟",即郭璞《游仙诗》"京华游侠窟"之"窟",似较"壑"为胜。这是改易一二字之例。改易一句或数句的,如《白云堂感旧》,前四句云:"黄宪刘桢尽北邙,登高回首忽苍茫。停云独立多寒色,孤雁低飞总断肠。"后三句改易为:"一江春水聚苍茫。停云高踞垂孤影,弱草相依号断肠。"《春日凤巢招同彭心梅湘邓献臣琛饮兰因山馆作》中有云:"我愿我辈同心人,各各遂意森精神。"改为"低头下气无奇人,文章何用疲精神",似都比改易前好。这样的例子很多,不烦举。

以上只是对《赌棋山庄诗集》稿本做一些初步的探讨。限于篇幅,有的问题来不及涉及,例如稿本第四、第五册卷首都钤有"尺瑚赏"之章,尺瑚,即稿本诗十四《答家尺瑚辅缨》的谢辅缨,谢章铤与他的交游以及他是如何评赏诗稿的? 又如稿本第五册《清风店纪闻》一诗上帖有一小签,云:"此篇录入诗话第七册仁记。"仁,当为刘存仁,著有《屺云楼诗话》,看来《诗集》稿本也曾经刘存仁寓目,刘在编写《诗话》时还加以采撷。此外,《诗集》稿本的存藏过程也有待于进一步探讨。

附录:(三)谢章铤《赌棋山庄词稿》稿本及《酒边词》佚词

——兼及谢氏前后期词学观念的某些变化

谢章铤(1820—1903),字崇禄 ①,福建长乐人,世居福州。谢章铤是近代著名的词学家和词人。其词学著作和词创作有《赌棋山庄词话》十二卷、《赌棋山庄词话续编》五卷,《词学纂说》不列卷、一册 ② 以及《酒边词》八卷、《赌棋山庄余集·词》一卷。近年,笔者在研究谢章铤传世稿本时,在福建省图书馆发现《赌棋山庄词稿》稿本残稿(下简称《稿本》)一册。《稿本》的发现,对《酒边词》的校勘、对研究谢章铤的词学思想、词的创作情况都将有所帮助。本文拟对《稿本》做一初步探讨,并以《稿本》为基础,做了《酒边词》佚词的辑佚工作,以供词学研究专家和近代词爱好者参考。

《赌棋山庄词稿》残稿现仅存十二页。此册页数总共是二十一页,但前六页杂录朱熹的《武夷佳景》(当作《武夷九曲棹歌》)及他人所写的诗词,

---

① 《酒边词》卷四《百字令》(我初坠地)自注:"铤生,曾大父名之曰'章铤',字之曰'崇禄',期以文章显贵也。"《酒边词》,光绪己丑(1889)福州刻本。下引《酒边词》均据此本。

② 稿本,藏福建省图书馆。

并非作者本人的创作;后三页有一组《姑嫂问答》诗,不知何人所作。收藏单位将它们装订在一起,虽然题为《赌棋山庄词稿》,但词的《稿本》仅有十二页。《稿本》钤有阴文"酒边"章。《稿本》的字体为行书,核以谢章铤其他稿本,如《赌棋山庄诗集》,以及同治间谢章铤所抄《抑快轩文集》之《跋》①,可以断定《稿本》十二页出自谢章铤本人之手。《稿本》有蠹损处,但整体保存完好,墨迹鲜黑。

除了《稿本》十二页之外,我们还在《赌棋山庄文集》稿本②第一册末尾发现谢章铤词稿本残稿一页(下简称《残页》)。《残页》,楷书,其抄写格式、字体均与《赌棋山庄文集》稿本同,为谢章铤词稿本残页无疑。疑收藏章位未加细审、或因残页无处归并而将其装订于《文集》之后。《残页》页面完好,墨迹鲜黑。

一、《稿本》存词词目及若干推测

以下是《稿本》存词之目[词牌及词题前后有【　】者,原缺,据光绪己丑(1889)本《酒边词》补;词牌后标有※者,为残词或仅存若干残句;词牌、词题后标有●者,该词为己丑本《酒边词》所无]:

1.【金缕曲·壬子初度】※

2. 弯环曲(愿作鸳鸯)

3. 金缕曲·感遇(隐迹与埋姓)

4. 满江红·叠韵答肖岩(无可奈何)

5. 又(邓禹笑人)

6. 醉公子·临池(眉子弯弯)

7. 南乡子·习咏(瘦骨可怜)※

8.【百字令·长夜不寐百感骈生……】※

9. 又(故人招我)

---

①　参见笔者《谢章铤的传世稿本》一文,《赌棋山庄稿本》卷首,江苏广陵古籍刻印社 2000 年版。该文说《稿本》存 6 页,当以本文之说为准,附此说明。

②　《赌棋山庄文集》稿本,四册,藏福建师范大学图书馆。

10. 又（鸺鹠夜叫）

11. 又（严寒至此）

12. 满江红·题文樵潇湘听雨小影（帝子去兮）

13. 又（且住为佳）

14. 又（匹马南归）

15. 又（醉酒不休）

16. 又（倦眼还开）

17. 又（便是笑言）

18. 又（辄令人思）

19. 永遇乐·得文樵书却寄（嗟聚红生）

20. 忆秦娥·夜坐同少白轩叔（西风悄）●

21. 又（君知否）●

22. 忆秦娥·偶坐叠前韵（虫声悄）●

23. 苏幕遮·不寐有怀（帘垂波灯）

24. 惜分飞·倚调酬轩叔（犹记碧桃）

25. 又（濯濯风神）●

26. 又（却怪离愁）●

27. 又（漫说浮萍）

28. 又（如此知音）●

29. 金缕曲·石溪病疟（此病□如虎）※

30.【忆秦娥·独夜苦寒】（空房警银灯）

31. 满江红·为肖岩题吴清夫所藏汪稼门尚书梅花诗扇册

32. 沁园春·□醉词（插脚尘寰）※

33.【满江红】※

34. 忆秦娥·端午同文樵话别莲花庵（山明灭）

35. 又（长途别）

36. 满江红·赠文樵（细雨斜风）

37. 忆秦娥·泉山阻雨（窗前雨大）

38.【沁园春·续述醉谵言】（一想堪疑）

39. 又（飞祸天来）

40. 又（无可奈何）

41. 又（天亦复愁）

42. 忆秦娥·中秋同肖岩饮待月不至余去家已盈年矣（秋风劣）

43. 又（敲金阙）

把《稿本》词目全部列出,似有点繁,但将四十三首词进行排比,我们却不难发现,《稿本》十二页并不是连贯的十二页。第7首《南乡子·习咏》仅存上片前数句,接着的是第8首【百字令】,不仅缺词牌,而且仅存下片最后数句。也就是说,第7首、第8首中间必有缺页。同样,第29首、第30首之间,第29首、第30首之间,第38首、第39首之间也同样有缺页。根据这一分析,十二页残稿,还可细分为第1首至第7首,第8首至第29首,第30首至第32首,第33首至第38首,第39首至第43首五个小部分。尽管《稿本》十二页是不连贯的十二页,但核以己丑本《酒边词》,《稿本》的前后排列顺序（不含《酒边词》不载的七首,也不含缺页）,与刻本不异。

对照《酒边词》,《稿本》三十六首词（不含《酒边词》未载的七首）,其位置在《酒边词》的第四、第五卷。《金缕曲·壬子初度》共二首,《稿本》第1首仅存下片数句,其一云"三十三年矣",谢章铤生于嘉庆二十五年（1820）,至壬子（1852）,三十三岁。第31首《满江红·为肖岩题吴清夫所藏汪稼门尚书梅花诗扇册》小序云"岁壬子,余抱幽忧",第32首《沁园春·□醉词（刊本作述醉詹言)》云"插脚尘寰,三十三年一瞬之间",均作于壬子。第41首【沁园春·续述醉詹言】（天亦复愁）:"想书味抛残,横刀照海。自注:苣川在台湾。"苣川,即刘家谋（1814—1853）[①],谢章铤挚友,时在台湾,乃健在,那么,此词必作于咸丰三年（1853）之前。考《稿本》第34首,作于壬子端午,第42、43首《忆秦娥》（秋风劣）（敲金阙）,即最

---

① 谢章铤《教谕刘君小传》:"以劳卒,事闻,恤其子为国子监生,盖在咸丰三年（1853）,君年四十。"（《赌棋山庄文集》卷二,光绪十年本）刘家谋生平创作,详笔者:《鸦片战争时期爱国诗人刘家谋》,《古典文学知识》2000年第2期。

末二首,作于中秋,【沁园春·续述醉詹言】,当作于是年端午至中秋之间 ①。
这样,就可以推知《赌棋山庄词稿》稿本全部作于咸丰壬子（1852）了。

　　《稿本》虽然只有四十三首,如果再从《酒边词》中《金缕曲·壬子初
度》至《忆秦娥·中秋同肖岩饮待月不至时余去家已盈年矣》的位置来考
察,刻本还有二十几首不见于《稿本》（当在《稿本》缺页的位置,至于《稿
本》缺页付梓时被删去的词稿就无从知道有多少了）,两者相加,约在七十
首左右。值得注意的是,《稿本》词最晚的也只至中秋为止,中秋之后,这一
年还有四个多月的时间。如果词人仍然保持这种旺盛的创作热情,可以推
想,咸丰二年（1852）一年,谢章铤写下的词肯定不少于百首。如果我们这
一推论不误的话,那么,可以断定咸丰二年、或其前后当是他词创作的一个高
峰时期。

　　附于《赌棋山庄文集》之后的《残页》词目如下:

1.【一叶落·饮连蜷阁】※（存最后 10 字）

2. 蝶恋花（北向群山）●

3. 满江红·二十八岁初度（如此头颅）●

4. 生查子（垂柳依双桥）

5. 满江红·旅宿白鹤岭（强捉杨花）※

　　【一叶落·饮连蜷阁】、《生查子》《满江红·旅宿白鹤岭》在《酒边词》
的位置是卷二。谢章铤二十八岁,时为道光二十七年（1847）。

　　根据《残页》推测,谢章铤还有一册或若干册用楷书誊写、格式与《赌
棋山庄文集》（今存一册）、《赌棋山庄诗集》（今存一册）、《赌棋山庄词话》
（今存一册）② 相类的稿本,只是已经亡佚而已。

---

　　① 《酒边词》作品大体以写作时间前后为序。卷五《忆秦娥·中秋同肖岩饮待月不至时余去
家已盈年矣》之后数首,即有作者追怀刘家谋之作,《忆秦娥》（声凄切）作于花朝后一夜（二月）,
《百字令》（纸灰飞也）作于清明,可知《忆秦娥》（秋风劣）（敲金阙）作于咸丰三年（1853）前一
年,即壬子（1852）。

　　② 《赌棋山庄文集》等三种所存之册数,系仅就楷书稿本而言。稿本的其他情况,详笔者:
《谢章铤的传世稿本》,《赌棋山庄稿本》卷首,江苏广陵古籍刻印社 2000 年版。

二、《酒边词》辑佚

本节辑佚,以《稿本》及《残页》为主。谢章铤编《酒边词》,已见于与词榭友人合集《聚红榭雅集词》者不录①,故本节辑佚亦不录《聚红榭雅集词》中的谢章铤词;已见于《赌棋山庄余集·词》亦不录;原有词牌的残编和联句词也在辑佚的范围,缺词牌的零星散句则暂不辑入。

1—2. 忆秦娥　夜坐同少白轩叔

西风悄,一丸凉月窥窗小。窥窗小,嫦娥此际,也应睡了。　　相逢都是离群鸟,酒边一缕乡心袅。乡心袅,挑灯对话,何妨天晓。

君知否,敢言此乐寻常有。寻常有,愁丝口缕,俗尘量斗。　　相知虽晚相怜久,秋风忽共离筵酒。离筵酒,青山看我,同争不朽。

3. 前调　偶作叠前韵

虫声悄,西风作意黄花小。黄花小,开期留待,归期误了。　　天涯相望南飞鸟,惺忪别梦如云袅。如云袅,追风逐日,几忘昏晓。

4—6. 惜分飞　倚调酬轩叔

濯濯风神杨柳树,也畏西风迟暮。回首长亭路,离舟至处花如雾。　　铁板金樽留不住,相对好山无数。山也难吩咐。从今有误,谁能顾。

却怪离愁禁不住,匹马骑云竟去。去也无人觑,短亭云雾长亭露。　　妙手口口徒自苦,剩各热肠如故。却被流莺妒。乱猜心绪,口侬诉。

如此知音宁易数,侥幸痴名忝附。莫向楼头觑,饥鹰不语啼鸦怒。　　把酒看天天又暮,忙煞风尘未住。万里青云路。迟君共步,君休误。

---

① 《〈酒边词〉自序·附言》,光绪己丑刊本。

（此调共五首,刻本《酒边词》存一、三两首）

7. 金缕曲　石溪病疟作 ※

此病□如虎。记常年、他乡困顿,故人是主。问药寻医过百里,飞去青蚨不数。点茶满、挑灯而觑。□我不妨休着恼。只宽心消受□天苦。夜相伴,四更鼓。余前在宁洋病疟,芑川视余极周。　那知此境重相（下缺）

（以上见《赌棋山庄词稿》稿本）

8. 蝶恋花

北向群山云又雾。垂柳青青,绿透来时路。屡向药栏西畔步,客心最怕斜阳暮。　好把重帘离梦护。化蝶伊能,暗地寻香去。去不成双心更苦,春阴况又飞无数。

9. 满江红　二十八岁初度

如此头颅,着六载、方巾未换。把旧事、回头一想,至今犹汗。母丧弟亡生趣苦,诗酸酒冷雄心断,况无情,白发转双丸,何曾缓。　狂亦借,凌风翰。快欲写,凌烟赞。便乾坤莽莽,男儿何患。爱惜千秋人笑腐,推敲几字吾嫌懒。把幽兰、手种待春风,他年看。

（以上见《赌棋山庄文集》稿本第一册所附残页）

10. 浣溪沙　题词

己舟仁兄出近词相示,上攀温、李,下挹晏、秦,正始之音也。读竟不胜诎服,而十年旧梦,怅触满心,爱题《浣溪沙》一阕。甚矣,成连之我情也。以君清思俊才,愿益懋之旗鼓中原,为吾闽生色焉可。长乐弟谢章铤谨书。

花外新莺百啭柔,佳人悄立最高楼,丝丝幽怨聚眉钩。　未免有情歌一曲,忽闻邻笛更添愁,春江如梦水争流。

（见宋谦《灯昏镜晓词》卷首,宣统庚戌本）

11. 贺新凉　题词

世界茫茫里。向何方,三间小筑,傍山临水。更有好花环左右,终日对花卧起。这设想未为不美。君倘按图能结构,我移家、请与君同里。种花事,齐料理。　　虽然君本名家子。问当年,寄园百咏,于今余几。树蕙滋兰无限意,不合幽芳自喜。君慨然、低头曰是。我辈那容清福享,但平生、颇爱梅花耳。写吾意,聊复尔。

（见《赌棋山庄词话》卷四）

12. 忆秦娥　过涵江

轻舟渡,故人当日填词处。填词处,远山如画,一双柔橹。　　飘零双雁真凄楚,孤鸿觅食尤辛苦。尤辛苦,天涯海角,何心怀古。

（见《赌棋山庄词话》卷十二）

13. 金缕曲　乙巳,予游连江,填《金缕曲》寄芑川 ※

官府催租声不断,误几家,红粉飘零死。乐游曲,犹佳耳。

（见《赌棋山庄词话》卷六）

14. 满江红　题壁（联句）

如此溪山,无我辈亦嫌寂寞（长乐谢章铤）。想当日、危楼初建,胸饶邱壑。入夜应怜秋月淡（钱塘高文焱文樵）,凌虚莫笑浮云薄（枚如）。听风吹、渔唱与樵歌,窗间落（吴中李塪涵亭）。　　书一卷,吾能读（枚如）。酒千琖,谁言浊（闽县董庆澜少白）。聚二三知己,各寻欢乐（文樵）。人到中年悲白发（闽县叶鼎全甲三）,天教异地逢青目（闽县藩年禧蔼庭）。泼淋漓、墨气染菁城（枚如）,觥筹错（文樵）。

15. 满江红　重九叠韵（联句）

瑟瑟西风,联袂至、同分寂寞（文樵）。悄离心、闲泉出峡,倦云归壑（枚如）。未去已知双棹稳,再来欢笑孤云薄（甲三）。看轻鸢、一线趁斜晖、前村落（涵亭）。　王粲赋,休重读。徐邈酒,时中浊（昆闽张承渠轩叔）。算人生难遇,知音最乐（吴中计树縠荣村）。浮白能豪词客胆（少白）,垂青应刮山灵目（汀州廖镜青菊农）。计良辰、几度得倾谈,时休错（韶安陈玉宇星垣）。

（以上见《赌棋山庄词话》卷五）

三、《稿本》在校勘等方面的价值

《稿本》虽然仅存词三十七篇（含残篇）,但因为是稿本,所以有比较重要的文献价值。《稿本》可供辑佚,已如前节所述,此外,还可用于校勘。下举己丑本《酒边词》数例:

1. 也有人说道贪清静。绕朝策,谁能赠。——《金缕曲·感遇》（隐迹兼埋姓）

校:"贪",《稿本》作"耽"。

2. 今年已往明年又。便吾辈,才疏不应,郡无成就。——《金缕曲·壬子初度》（不合迟之久）

校:"才疏不应郡无成就",费解。《稿本》"郡"作"都",当从。

3. 此后鱼书重叠诉,努力自家调护。莫向楼头觑。饥鹰不语,啼鸦怒。——《惜分飞·倚调酬张轩叔承渠》（漫说浮萍）

校:"莫向楼头觑。饥鹰不语,啼鸦努"三句,《稿本》《惜分飞·倚调酬轩叔》①（如此知音）上片后三句同。因（如此知音）一词,词人编《酒边词》词时已删去,故移来（漫说浮萍）作下片后三句。（漫说浮萍）下片后三句,《稿本》作"好把文心铸。闲愁休误,千秋句"。

---

① 《惜分飞》词题,《稿本》与刻本稍异。

4. 想书味抛残,横刀照海(芑川台湾)。琴心冷落,囊笔登城(文樵在泉州)。——《沁园春·续述醉谵言》(天亦多愁)

校:"芑川台湾",《稿本》作"芑川在台湾"。"芑川在台湾"与后文"文樵在泉州"相应。刻本脱一"在"字。

对照《稿本》,《酒边词》除了删除一些作者认为不满意的词作之外,作品本身虽稍许有些改动,但总体上看,改动是很少的,而这些改动主要的是用词用字方面。例如《满江红·叠韵答肖岩》(无可奈何):"算浮生、愁城难坠,肯填欲壑。""肯填",《稿本》作"都因",刻本似较胜。刻本改动较多的是词前小序和词中夹注,而且多数改动得较好。《满江红·菁城话别诸君》(且住为佳),《稿本》无"菁城话别诸君"之题。小序末尾,刻本多出"兹录余作联句并诸君和作,则已载《友仁精舍雅集录》矣"二十二字。菁城,即福建漳平,据此注文,我们知道谢章铤与词友在漳平唱酬还集有《友仁精舍雅集录》,还作有联句词。上节我们所辑的两首《满江红》联句,即作于此时,也当在《友仁精舍雅集录》之内。《百字令》(故人招我):"此际感恩知己最,九十九峰散吏。(自注:芑川。戊申芑川招余读书宁德。)"《稿本》无"戊申"以下十字。"芑川"注"散吏",时刘家谋为宁德司训,故云。"戊申"十字注上句。同词歇拍"牙琴各抱,屋梁月照衣袂。(自注:己酉余已定,秋后忽改置副车。名数如此。崔小溪房师极为惋惜。芑川尤扼腕不已。)"《稿本》无自注。谢章铤长调多用于叙事,注稍详,有助于读者的理解。也有更动得不怎么好的。刻本《满江红·为肖岩题吴清夫所藏……》(严冻一天)歇拍"嘱瘦魂、莫向陇头消,招应得。自注:范忠贞祠下有梅一,宋代物也。逆夷盘踞是山欲纵。寻斧先数日,竟憔悴死。"《稿本》"范忠贞"前有"闻省会乌石山"六字,交待事件发生的地点,似不当删去。

四、从刻本的取舍看谢章铤词学观念的某些变化

如上节所述,《稿本》有七首词刻本《酒边词》未收,《残页》也有二首刻本未收,以《稿本》《残页》为主,参考我们所辑的其他佚词,现在可以

来讨论《酒边词》收词的去取问题了。从上节我们所辑十五首佚词看，较容易做出《酒边词》不收录之结论的有两种情况。一是已见于《友仁精舍雅集录》者。二是题词，谢章铤在《赌棋山庄词话》卷四《贺新凉》（见上节辑佚第 11 首）之后，说："余题作不甚留底稿，是阕亦久忘之矣。适辰溪于酒间称及，恍然如遇故人，因掇记于此。"

《酒边词》编得很早，在道光戊申（1848）①，重删在光绪元年乙亥（1875），刊刻面世则更晚②，也就是说，《酒边词》从最初结集到正式问世，中间几经删定，那么，谢章铤删词有哪些原则呢？他在《〈赌棋山庄酒边词〉自序·附言》中说：

> 乙亥重删一过，存其半。凡已见《聚红榭雅集词》者亦不录。少年锐于自见，勇于讥刺，其他闲情所寄，皆非闻道之言。多存不如少存，少存不如不存。然而曾用心焉。欲尽去之，其弗忍矣。

首先是不存或少存少作。《酒边词》卷一首篇《贺新凉·夜与黄肖岩宗彝谈东汉人甚欢时肖岩将游永安行期已迫》，黄宗彝游永安在道光二十七年（1847）③，集中词作得最晚可考的是光绪八年（1882），跨度前后长达三十六年。根据上文所分析，《稿本》中的词都作于咸丰二年壬子（1852），而最后几首刊本《酒边词》的位置在卷五，也就是说，《酒边词》有一半的作品系道、咸六年间所作，而后三十年间写的词才不足四卷。由此可见，三十岁左右是谢章铤一生中词创作最为兴盛的时期。这里，既有谢章铤喜欢词创作的原因④，也有他与另一词家、词人生平第一知交刘家谋的交往有关，当然还与聚红词榭的创建、与词友相互激励有着密切的关系⑤。实际上，刻本第一首

---

① 详《酒边词》卷首《〈赌棋山庄酒边词〉自序》。

② 《酒边词》作年最晚可考的一篇是卷八《菩萨蛮慢》（恋山不起），其小序云：光绪壬午（1882）。

③ 黄宗彝《〈东洋小草〉序》："丁未（1847）春，余将有永安之行。"刘家谋：《东洋小草》卷首，道光己酉（1850）福州刻本。

④ 黄宗彝《〈非半室原刻词存〉序》："枚如如诗、古文外，尤好填词。"刘勤：《非半室词存》卷首，光绪丁酉（1897）刻本。

⑤ 这个问题以及下文提到的词学观念转变的问题，拟另撰专文详加讨论。

词,已是词人二十八岁时的作品了,那么更年轻一点的"少年"之作哪里去了? 上节我们从《赌棋山庄词话》辑到谢章铤写于乙酉（1845）的《金缕曲》残篇,写的是官府催租,红粉飘零。当属于"勇于讥刺"一类的作品,故后来被删去不存。谢章铤编自己的集子时,对少作的收录非常严,其《赌棋山庄诗集》最早的一首《阅双雁过潇湘图寄张二任如恬》作于道光二十四年（1844）或这之前 ①,或可勉强称为少作。如果以二十五岁为界来界定的话,谢章铤刻本《酒边词》在这之前的少作是一篇不存。

其次,是删去"闲情所寄,非闻道之言"且艺术上比较粗糙的作品。《稿本》《残页》共九首刻本未收（其中《惜分飞》共五首,被删去三首）大多属于此类。

最后,让我们来看看谢章铤前后词学观念的某些变化。谢章铤和刘家谋,词早年都学苏、辛,谢词集取名"酒边"、刘取名"斫剑",歌哭悲喜、嬉笑怒骂一一发于词,胸臆直抒,一泻无遗。聚红词榭词友李应庚誉其得"苏辛家法"（《百字令》),高思齐称其为"苏辛派"（《满江红》) ②,而刘家谋《水调歌头·酬枚如题拙集之作》上片云:

> 倚醉拔长剑,慷慨说髯苏。铜琶铁板,能唱东去无。喷出一腔热血,填入四弦新谱,声调不妨粗。七百有余岁,男子不凡夫。

鸦片战争爆发,闽省是首当其冲的省份之一,词家多为慷慨之词,本无可厚非,何况其时谢章铤正是血气方刚的青年,"枚如之词,太息耶,痛哭耶,嬉笑怒骂耶? 嬉笑之不已而怒骂之,怒骂之不已而太息之,太息之终不已而痛哭之,嬉笑、怒骂、太息、痛哭俱不已,而变为离奇惝恍、缠绵恺恻之语"（黄宗彝《〈赌棋山庄酒边词〉序》)。这类作品,我们在《酒边词》前五卷还可以看到一些太息痛哭之词,例如《沁园春·述醉詹言》《沁园春·续述醉詹言》两组词等,但是嬉笑怒骂之作似已很难见到。疑一部分如刘家谋所说的"声

---

① 说详《〈赌棋山庄诗集〉稿本及佚诗之讨论》。
② 李、高二词,见光绪己丑本《酒边词》卷首。

调不妨粗"，或过于浅露，或文气近嚣之作①，已经被删去。谢章铤在《〈赌棋山庄酒边词〉自序》乙亥（1875）附言没有对这一方面的问题作深入讨论，但《赌棋山庄词话》卷十二认为词之正宗，北宋推欧阳、晏、秦，南宋推白石、高、史，与己早年侧重于苏、辛异趣②，我们现在看不到谢章铤二十五岁之前所作，或许与少作多失之于粗有些关系。删除少年一些粗浅之作，聚红词榭中不止谢章铤一人，刘勳光绪丁酉（1897）编《非半室词存》时追述他学词的经过，首先回忆了当年聚红树课词的情况，次叙词榭散后研读唐宋名词，"始悟词宜深厚，不宜泄露"，并批评"闽人不善学苏、辛，一味粗豪"，最后说编词集之事："因取前后已梓未梓者，悉行删定，仅存百余阕，名曰'词存'，犹'诗存'意，以志少年孟浪之过。"③所谓"闽人"，聚红词榭榭友也包括在内，这样的批评是很重的。当然，刘勳的意见不能完全等同于谢章铤的意见，但是，有一点是可以肯定的，那就是都对其少作有所不满，尤其是对少年的浅露、失之于粗、或气近于嚣的作品不满，这也是我们今天很少见到谢章铤少年词作的一个极为重要的原因。从《稿本》到刻本，从谢章铤晚年对自己早年词作的取舍，可以看出他词学思想的前后的某些变化。

---

① 谢章铤道光甲辰（1844）曾为刘家谋《外丁卯桥居士初集》作序，但是他在自编文集时却因"其气近嚣，遂弃而不录"（《课余续录》卷一，光绪庚子本）。道光甲辰（1844），谢章铤二十五岁。文与词，在"气"方面有相通之处，可以推断，一些"气近于嚣"的"少年"词作，也可能被"弃而不录"。

② 《赌棋山庄词话》第一卷成于咸丰元年（1851），后陆续有作，成于光绪甲申（1884），全书十七卷（含《续编》五卷），第十二卷的写作，当不会太早，可能在同、光之间。

③ 《〈非半室词存〉自序》，《非半室词存》，光绪丁酉刊本。

第四编　诗话辑考

兴公诗话

徐燉《榕阴新检》卷十五、十六有《兴公诗话》,今依其旧名重辑。增以《笔精》《红雨楼序跋》及尺牍、佚文等内容。《榕阴新检》《笔精》等已有小标题的,一仍其旧;《红雨楼序跋》、尺牍、佚文无标题的另制标题,以醒眉目。

一、疏忤权奸

杭州西湖凤篁岭下沙盆坞有宋陈刚中墓。刚中建炎初封事议恢复,忤秦桧,与张九成等七人同谪,其诗云:"同日七人俱去国,何时万里许还家。"寻谪知安远,卒,归葬于此。余尝至凤篁岭,询刚中墓,蓁芜日甚,无有识者。

(《榕阴新检》卷二"忠义"引《竹窗杂录》)

二、太学直谏

陈良鼎,字廷器,闽清人。以太学生需选公车,值世庙南巡,抗疏谏止,诏狱除名,黜为民。隆庆改元,录言事诸臣,鼎已老矣。福建按察使徐中行赠之诗云:"千官扈从汉江行,宸礼山陵自圣情。总为扣阍危万乘,却教止辇让诸生。精神不为雷霆拆,肝胆仍逢日月明。世庙谏臣征欲尽,客星犹复卧孤城。"未几卒。伯兄唯和挽之诗云:"龙驾南巡日,何人批逆鳞。谁知伏阙者,却是布衣臣。抗疏青云薄,忧时白发新。至今遗庙在,苹藻自千春。""欲回江汉辇,痛哭叩重阍。死谏孤臣节,生还圣主恩。青山藏疏草,白日照忠魂。寂寞荒坟上,西风啼暮猿。"夫以太学生抒忠忧而讦朝政,汉惟刘唐、何蕃,宋惟陈东,及鼎四人而已。殁后立庙崇祀。

(《榕阴新检》卷二"忠义"引《竹窗杂录》)

三、截耳表贞

闽儒士郑坦妻邓氏,竹屿宦族之女,十六归坦。半岁,坦亡,乃引刀断两耳,血流七昼夜。灰其耳以遗父母,曰:"此可以明吾志矣,留候续圹日同纳诸木。"邓氏博通书史,孀居五十余年,所著诗词甚多,有哭夫诗云:"旧榻春残芳草怨,新坟日暮野猿悲。菱镜半生尘不照,柏舟千载誓重看。"又哭姑诗云:"衣中忍看缝时线,机上空余断后丝。堂北青霜凋宿草,窗前落月照残机。"两台使者疏其节于朝,旌表其门。嘉靖庚申病卒,年八十有三。

(《榕阴新检》卷三"贞烈"引《竹窗杂录》)

四、雪逢草圣

陈廉,字平叔,福清人。善草书,学张长史,晚居黄山,构醉墨堂,权贵索书,弗与。或故人,辄解衣挥洒,数十纸不倦,自号雪逢散人。同时林子羽赠之诗云:"雪逢散人有妙裔,翰墨游心与神契。摹临秘帖追晋风,挥洒雄文明古制。荜门铁限人争求,荒郊瘗笔应成丘。妩媚云霞晴变态,倾斜风雨寒飕飗。伊余与子共乡县,结交自昔忘贫贱。衔杯拓落胆气豪。江楼野寺书题遍,借问君书初若何?君言妙悟应闻歌,谐音本自车振铎。涣汗有类风行波,乃知至理无不寓,要在高人会其趣。古来入室惟逸少,后者升堂有怀素。当代如君诚亦稀,莫叹蹉跎一布衣。有钱沽酒与君饮,醉卧且送孤鸿飞。"翰林典籍王安中《题醉墨堂》云:"黄山笔冢连糟丘,墨池酒泉相映流。霜毫昼酣玉薤露,云笈夜恼蒲萄秋。黄山中人鹖冠子,身裹绿萝著双履。萧洒惟应继右军,澒落偏能如长史。山人草圣自豪雄,何事栖迟酩酊中?年过五十无名位,其奈萧然沧海东。研屏颠倒乌皮几,落日垆头睡初起。向壁凭陵小吏惊,据床挥霍郎官喜。七闽大姓五陵儿,握粟持金岂顾之。心同气和即挥洒,归卧山中无所为。想当脱腕临池处,兴入寥天与神遇。深沉铁绠锁寒蛟,偃蹇乌藤挂高树。鱼丽云鸟势萦纡,疑是将军破骨都。骖麟翳凤何飘忽,倏忽仙游芯珠阙。又如祇苑说空禅。灵花历乱迷诸天。离丽落磊千万态,流水行云皆自然。醒来不记濡头墨,千尺寒涛照眼白。淮海仍传宝晋风,长沙复见藏真迹。黄山茆宇思悠悠,柿叶青青覆酒楼。白头未遂中书贵,风流亦似醉乡侯。"

(《榕阴新检》卷六"方技"引《竹窗杂录》)

五、诗僧百炼

嘉靖中,平远台僧百炼,本吴人。有诗云:"名利缸中无曲蘖,醉人至死不回头。老僧涓滴不入口,静坐岩前看水流。"

(《榕阴新检》卷七"名僧"引《竹窗杂录》)

六、剑仙再世

林绍用,字向卿,自号方壶。年二十一,登万历癸未进士,授湖广茶陵知州,以是年腊月履任,越旬日,之长沙,参谒郡长,行二十里,至云阳山之麓。相传是山为赤松故墟,有七十一峰,玉华、秦人诸洞,高耸秀拔,乃神仙窟宅也。林忽下车,引佩剑自刺,啨啨有声,若有人对语状。舆人问其故,曰:"顷有衣红衣者邀我甚急耳。"旋归官舍,神色不乱。迟两日,待其父至,目乃瞑。

楚有道人尹法恢者,常有神栖其身,说人前生事迹甚悉,召而问之。尹曰:"州大夫,仙骨也,在吕仙门下,学剑术,谪人间世二十一年,今数尽,当归耳。"乃设箕祷之,有称功曹使者先至曰:"州大夫非出守茶陵,盖托仙踪于此尔。"约次日偕吕仙至。至时,箕举云别:"却尘寰,返旧山,神游混沌有无间。闲依翠柏听鸾啸,坐倚青松看鹤还。黍米珠中窥妙术,紫霞光里列仙班。蓬莱咫尺元如梦,风雨阴阴泣剑还。"父问山中有何事,又云:"日乘黄鹤万山游,朱榜金枢白玉楼。翠壁云深丹气熟,绛坛月满紫霞流。玄都符箓银笺烂,洞府香烟宝鼎浮。尘世虚名应莫惜,琼芝瑶草万年秋。"掷笔而去。

先是,其母梦一仙持剑至家,遂有娠,产时甚艰,浃旬始生,身如澡雪,无纤毫血濡。幼颖异倍常,未第时尝召箕仙,书一绝云:"黄金沙涤莹生光,跨马逢羊姓字香。风满湘江花满鄂,实时学得小张良。"林壬、癸联捷,至赤松故墟而化神仙,俨然先告之矣。茶陵人祀林于云阳山麓。

(《榕阴新检》卷八"神仙"引《竹窗杂录》)

七、花神托梦

郑翰卿客西宁侯邸第,昼寝,梦一黄衣少年邀至左庑下,绮席已备,遂与共饮。少焉,呼一丽人至,靓妆宛转,容色绝代。少年者曰:"高贤邂逅,不容寂寂。"遂自起舞,蹁跹悠扬,歌《春游之曲》,曰:"芳草多情,王孙未归。迟我良朋,东风吹衣。"次及丽人,作《迎风》之舞,歌《春愁》之曲,曰:"老莺巧妇送春愁,几度留春更不留。昨日漫天吹柳絮,玉人从此懒登楼。"郑正欢,适少年者曰:"文羡校尉来矣!"只见一人绿袍危冠,阔视高步,踉跄至前,遂罢席。而寤起,视庭中,牡丹一花,映日婉媚;一黄蝶,翩翩未去,乃花神与少年耳。绿叶上一螳螂,长二寸许,则文羡校尉也。其年,西宁薨逝。

(《榕阴新检》卷十"灵异"引《竹窗杂录》)

八、金梅枯枝

云南黄副使者,有养子,闽人也。慧过诸儿,诸儿交妒之,乃呼从史陈纶告之曰:"能全是儿者,惟掾。掾幸子之。"纶收而抚焉。视其子獝,改名之曰翀,翀獝交爱,殊黄家儿。无何,并试弟子员。高等督学,使者察翀籍闽也,黜落之。纶乃泣遣翀归,归则登闽省试。獝亦起家于滇,后历官中原,交通如常。一日,獝宅有金梅忽枯一枝,末几,翀之讣至。逾年,复枯一枝,未几,獝卒。二氏子姓奇其事,为作《金梅传》。翀复姓游,名申佑。谢司农公杰为作《金梅篇》云:"丈人收春春满堂,丈人爱花花绕廊。金梅一株更奇绝,殊根合干参群芳。南枝乍长北枝短,北枝暖比南枝暖。雨露无私春色匀,庭前岁岁花开满。自从花飞归故丛,江鸥海燕各西东。连枝曾入长安市,春风几度桃花红。二十年来八千里,岐路相看悲复喜。丛桂山原分小大,紫荆花合同生死。北枝既瘁南枝零,卉木无情似有情。只今肥瘠分秦越,四海谁堪托弟兄。"

(《榕阴新检》卷十二"数兆"引《竹窗杂录》)

九、喝水岩

唐僧神晏住鼓山涌泉寺,东西有二涧。晏诵经,恶水声喧轰,叱之,水逆流西涧,东涧遂涸。万历初年,蜀僧宝珠者始创小庵于洞,为止宿之处,游人便之。先朝题刻之多,无过此洞者。因僧创庵,亦微损。凿洞门前一绝句颇有风韵,而年月名字已凿断矣。今考《鼓山旧志》,漫录于此:"重岩复岭锁松关,只欠泉声入座间。我若当年侍师侧,不教喝水过他山。"

(《榕阴新检》卷十三"胜迹"引《竹窗杂录》)

一〇、黄檗山

黄檗山,在福清清远里。唐黄檗祖师道场也。其山有十二峰,周遭数百里,山中有九潭,一潭最深,有龙蛰焉。宋人镌"灵渊"二字于侧。篆书古拙,其旁更有小字,磨灭不可读。潭水汇为瀑布龙湫,不可名状。山行四十里,至蟒洞,不敢入,山麓有寺,旧甚宏丽,嘉靖中毁于倭火。梁江淹尝为崇安令,入闽游兹山,诗云:"长望竟何极,闽云连越边。南州饶奇怪,赤县多灵仙。金峰各亏日,铜石共临天。阳岫照鸾采,阴溪喷龙泉。残硎十代木,膴崒万古烟。禽鸣丹壁上,猿啸青崖间。秦皇慕隐沦,汉武愿长年。昔负雄豪威,弃剑藏名山。况我葵藿志,松木横眼前。所居同游好,临风载悠然。"

(《榕阴新检》卷十三"胜迹"引《竹窗杂录》)

一一、钓龙磐石

钓龙台上有磐石,越王余善钓白龙处也。《三山志》以为无诸受汉册,即此地。又名越王台,有石刻"全闽第一江山"六字,宋太守赵汝愚八分书。"古南台"三字,唐韩偓流寓闽中,题诗云:"无那离肠日九回,强舒怀抱入高台。中华地向边城尽,外国云从岛上来。四序有花长见雨,一冬无雪却闻雷。离宫紫气生冠冕,试望扶桑病眼开。"

(《榕阴新检》卷十三"胜迹"引《竹窗杂录》)

一二、芙蓉洞

芙蓉院,在怀安县稷下里,有芙蓉洞。洞口可丈许,萦纡十余里,游人篝灯秉烛以进,绀乳时滴,阴风迫人。五里至义存祖师开山堂,可坐百人。有石床、石鼓、石盆,过此益凛凛,不敢进,难穷其际。按《旧志》:"院创自唐咸通中,宋太平兴国修建,国朝林子羽有《夜宿芙蓉峰》诗。"今湮塞,日久莫能寻觅。

(《榕阴新检》卷十三"胜迹"引《竹窗杂录》)

一三、宿猿洞

宿猿洞,怪石森耸,藤萝阴翳。昔隐者畜一猿,因名景福,三年筑城隔于墙外,即今之豹头山也。湛郎中有二十五咏,罗源林迥诗云:"几年形胜晦南州,一旦声名蔼湛侯。夜色并来三岛月,水光分破五湖秋。荔枝影瑞安吟榻,红藕香中系钓舟。金印解还天子后,诏书重起不回头。"洞中有荔枝树,名"洞中红"。今其地废为丛冢。

(《榕阴新检》卷十三"胜迹"引《竹窗杂录》)

一四、闽中方物

屠纬真席上座客，竞谈闽中山海珍怪。郑翰卿，闽产也。纬真命赋诗纪之。翰卿连赋四律，颇尽闽中风物。其一云："海上孤城控大荒，管弦声里六街香。荔枝新剥琉璃滑，柚肉初开琥珀光。赤甲美人还有舌，红螯公子已无肠。思鲈客尚投簪去，语罢徒令忆故乡。"其二云："风卷旌旗暗舳舻，鼋鼍吹浪岛云孤。燕窝细自盘银缕，鲨子光疑迸玉珠。月出山魈驱虎豹，潮平海鬼探珊瑚。日南贡道雄天堑，夜夜神鱼送宝桴。"其三云："五岭雄关瘴雾开，千溪如带自天来。幔亭桥断虹蜕老，剑浦滩崩黯淡哀。赤鲤湖边仙子宅，白龙江上越王台。鹍鹏秋起波涛怒，镇海楼高鼓角催。"其四云："山海重关控福唐，一春榕叶暗江乡。楼船绝岛窥鲛室，舴艋乘潮拆蛎房。红绽芭蕉霜后色，白簪茉莉月中香。穷陬自昔称邹鲁，今日词华独擅场。"

（《榕阴新检》卷十四"物产"引《竹窗杂录》）

一五、鼓山细茶

鼓山灵源洞之后居民数家，种茶为业，地名茶园。产不甚多，而味清冽。王敬美督学在闽评鼓山茶为闽第一。武夷、清源不及也。同时僚属陈玉叔、顾道行诸公大加称赏。时价茶一两索价一分。敬美诸公叹其极廉。迩日两台藩臬府县科取，一斤给官价一分。种茶村民逃窜鼓山寺，僧重施棰挞。一岁所产，输官不足，民间俱不得食矣。

（《榕阴新检》卷十四"物产"引《竹窗杂录》）

一六、沙阳哭妓

林子羽少游沙阳，狎一妓朱氏，情好甚笃。及子羽应辟司训将乐，取道沙阳，而朱氏死矣。乃作绝句九首哭之："青楼十二敞银屏，长记生前几醉醒。今日重来人不见，七峰犹似黛眉青。""珠沉玉殒两茫茫，十里溪流与恨长。依旧春山花似绮，不知何处瘗兰香。""二十年来一梦归，楚台秦馆事应非。春魂想化西园蝶，犹向碧桃花下飞。""绿扬两叶想眉颦，谁写新诗咏性真。一自朱楼人去后，莺花不似旧时春。""玉露幽兰忆泪泫，殡宫幽暗夜如年。空余旧日香奁句，一度悲吟一惘然。""青鸾影断梦难回，暝捲红颜向夜台。可惜玉楼空鹊镜，也随罗绮葬寒灰。""舞袖何年化作云，玉箫声断凤离群。春风似惜泉宫恨，片片吹花落古坟。""兰消桂蠹雨初晴，寂寂泉宫夜不明。闻说七峰山下水，至今流恨也吞声。""柳台花榭寄尘踪，名籍蓬莱第一宫。晚出人间风露表，佩声夜夜响瑶空。"

（《榕阴新检》卷十五"幽期"引《竹窗杂录》）

一七、破镜分离

莆田陈子卿，少年随父宦京邸，有邻女见子卿美丰姿而悦焉。既而归闽，女剖妆镜半规为赠，且与子卿为约，如昌乐故事。未几，子卿举孝廉再入都，则女已移家他徙，踪迹未绝，不复合焉。尝持破镜呜咽不已。陈幼孺闻其事，为作《破镜行》，云："乐昌宝镜青铜面，闪烁光圆才一片。忆从生少遇君时，君情摇荡妾堪痴。时时并臂迫肩立，持照青闺双黛眉。银筝风断瓶入井，金缕双鸾不交颈。空持一半表相思，南北分形更分影。妾身不及青蚨血，但使菱花空瓦裂。何因绣阁匣中铜，得似延津波下铁。"

（《榕阴新检》卷十五"幽期"）

一八、玉主报仇

林丙卿，福清人，生平倜傥好游侠邪。燕姬刘凤台者，年十五，有声教坊，贵游争慕之。一见丙卿，欢甚，托以终身。丙卿破数百万纳为妾。久之，丙卿游吴越间，道闻姬死，恸哭几绝，疾驰抵燕，日夜哀痛，刻玉为主，提携不去。左右为赋长知句，题玉上，曰："入时倒郎怀，出时对郎面。随郎南北复西东，芳草天涯堪绕遍。胜写丹青图，胜妆水月殿。玉魄与香魂，都在此一片。愿作巫山枕畔云，愿作卢家梁上燕。莫似生前轻别离，教人看作班妃扇。"

　　后丙卿去燕,复游西粤,僦舟东下,为舟人陈亚三所杀,沉其尸于江,掠其资以去。苍梧林司理,丙卿友也,夜半忽见妇人称冤状,因呼逻卒严捕,御人者卒搜亚三橐,得玉主。司理大惊,穷索,余党伏辜,求得尸,颜面如生,肌肉不损,观者异之。

　　徐惟起为作《玉主行》,云:"燕山幻出娥眉质,翠羽鸣珰金屈膝。就中百万倚门娟,若个轻盈称第一。倾城少女长刘家,十五妖娆未破瓜。到处名姬羞粉黛,一时佳冶避铅华。樱唇半启飘金缕,百转娇喉莺乍乳。间拂朱弦奏凤凰,时抛红豆调鹦鹉。对客闲参湖上禅,桃花重制蜀中笺。芙蓉学绣相思枕,榆荚羞看买笑钱。五陵侠客纷无数,争进千金求一顾。姿貌虽同解语花,妾心已作沾泥絮。风流闽海说林郎,年少曾登游冶场。黄金买尽缠头锦,赢得声名遍教坊。明珠欲换娉婷女,金谷园中贮歌舞。满眼无人荷目成,刘姬一见心相许。结束欢然出狭邪,九枝银烛七香车。鸳鸯忽比双飞翼,菡萏俄开并蒂花。瑚珊宝玦流苏帐,蜀锦紫丝萦步障。占断春风岁复年,秦筝赵瑟撷还响。可怜行乐在须臾,夫婿长游入五湖。膏沐懒施云鬟乱,空床独守夜灯孤。春花秋月无情去,误妾佳期等闲度。婉意柔情孰与伸,千愁万恨凭谁诉。明河耿耿路迢迢,绝望音书叹寂寥。红颊每于愁处损,朱颜多向暗中凋。思君不见令人老,柳叶双眉昼慵扫。香魂渺渺落黄泉,玉骨累累瘗芳草。人传消息五湖西,夫婿伤情掩而啼。碧沼游鱼乖比目,雕梁双燕失双栖。哀弦声断丝难续,死别生离成一哭。沉思无计表深情,售得连城旧明玉。磨砻朗润复辉光,赋得悲哀句短长。中间自镂芳卿字,未下金刀先断肠。锦囊装贮殷勤记,镇日重重牢系臂。东西南北但随身,旦夕何曾暂相离?携向苍梧万里游,逢人开取泪先流。鹧鸪叫月悲长夜,蛤蚧鸣风感素秋。江头忽遇探丸客,化作杜鹃归不得。黄昏野魅泣精灵,暮雨游磷啼怨魄。玉主漂零何处归,芳魂长绕粤江飞。夜台饮恨重相见,朽骨含冤事已非。苍梧司理眠官阁,忽睹仙姬来绰约。含怨含颦若有词,半羞半怯如相托。索索阴风毛骨寒,分明环佩韵珊珊。渐听呜咽声初远,起视明河漏欲残。心知非幻仍非梦,定有幽魂抱深痛。采线缝裾获赭衣,骤看玉主神惊动。由来此物属林郎,刻玉题诗为悼亡。珍藏久识依怀袖,流落何因在异乡。伤心细向公庭鞫,旧鬼哀呼新鬼哭。始觉孤身入虎牙,更悲侠骨填鱼腹。讵信蛟龙不忍吞,随波逐浪几朝昏。千秋重阅曹盱事,九辨难招屈子魂。吁嗟此事何奇绝,名姓从兹播西粤。真回白日照重泉,果有严霜飞六月。片玉堪将恩遇酬,死生肝胆在红楼。方知白璧能伸恨,不独青萍解报仇。"

又,邓原岳作云:"林君少小负奇气,二十结客学文字。长安遍谒诸贤豪,小语缅缅各有致。有时走马入平康,平康美人号凤娘。相逢相昵无此客,愿持箕箒侍君房。侠烈相期岂琐琐,芳心一寸炯如火。便将白璧售娉婷,何惜明珠买婀娜。美人娇媚媚风流,紫陌香奁不解愁。春风暖抱鸳鸯帐,明月光窥翡翠楼。世间万事有翻覆,玉缺珠沉一何速!自埋匣镜不回光,既断琴弦那再续。旅泊凄凉闲舞衣,罗帏风动是邪非?始信佳人难再得,几翻梦里空歔欷。赋罢招魂魂不返,肠断铅华日应远。聊将方璞刻芳名,比作昙华勒琰琬。余哀写出断肠词,并入琼瑶寄所思。决绝难消千载恨,连绵更订九泉期。生死提携不相离,五色丝绦勒系臂。身随南北复东西,卧即同床行并辔。无端忽作苍梧行,瘴江瘴草愁孤征。何物舟师太无赖,绿林暴客谁知名。砍头陷胸意何酷!掷向深潭饱鱼腹。并将玉主为珍藏,新鬼含冤旧鬼哭。苍梧理官方少年,与君乡曲习君贤。夜梦美人拜且哭,醒来惝缩心忙然。便令处处寻踪迹,玉主光芒射四壁。破壁如闻叱咤声,捧出人人皆动色。使君一见心生悲,吁嗟此物从何来。畴昔之梦真有以,满堂撼撼阴风吹。贼也闻言咋舌死,快意当前宁有此。尽缚余党察根因,腐肉由来付湘水。湘水浮来七尺躯,依然面孔血模糊。使君抚尸三叹息,群盗一一伏其辜。忆昔从君接杯酒,醉后嘲嗺无不有。知君侠气永不磨,知君侠骨终难朽。异哉玉主能报仇,不妨声价重青楼。区区千金岂足较,平生恩怨为君酬。"

(《榕阴新检》卷十五"幽期"引《竹窗杂录》)

一九、乌山幽会

林生子真读书乌石山房,往返里巷间,有一姝素服淡妆,倚门露半面曰:"徐徐行者,谁氏郎君耶?"林愕然,大惊,且口嗫,猝无可语。行道之人复沓至,目招而过之,阳顾侍儿言他事。侍儿心微,指志其居。归,令复往通殷勤。因访邻妪,知为张璧娘。璧娘者,良家女也。于归半岁,夫亡。璧娘光丽艳逸,妖美绝伦,里中少年闻其新寡,竞委币焉。张皆不受,独窃从户窥林,心悦而好之,恐不得当也。张所居后即山,山上折而数十武,即林读书处。

张即期以旦日,踏青来会。当是时,载酒游者趾相错也。张出,适与诸游者会,诸游者薄而观之,林亦混焉。各自引嫌,不交一语而归,林郁郁不自得,乃赋诗云:"秋波频转瞥檀郎,脉脉低回暗断肠。只为旁人羞不语,缟衣缥渺但闻香。"张所居妆楼之上,又有复阁枕上麓甚密。先是,林遣侍儿至张所,张阴教置之。是夕,张使侍婢引林匿复阁中,夜静,张篝灯至,遂为长夜之乐。平明,林从山麓而出,如是者数月,而张亦时诣林读书山房。无何,林移家临汀就父公署。临别之夕,不复自言其情,但与张极欢,痛饮而已。明日登车径去。久之,张始知林去远。忽忽若有亡。又以林去时不为一言,轻薄背负乃至于此,感想懊恨,遂成沉疴。

陈幼孺闻其事,遂为诗代张以寄林,云:"黄消鹅子翠消鸦,箪拂层波帐九华。裙帛褪来腰束素,钏金松尽臂缠纱。床前弱态眠新柳,枕上回鬟压落花。不信登墙人似玉,断肠空盼宋东家。"林得诗,始知张病,因临汀王相如入会城,附书于张,且与为约,而张于数日前死矣。王生归言状,林失声投地,几不自胜,作《悼亡词》四首:"有客何来自越城,闻君去伴董双成。相期总在瑶池会,不向人间哭一声。""去岁饮君金屈卮,桃花人面两相宜。于今花在人何处?肠断魂消是此时。""潘岳何须赋《悼亡》?人间无验返魂香。更怜三载穷途泪,犹洒秋风一万行。""共知月缺有时圆,雨落无由得上天。昔是生离今死别,乾坤此会定何年?"

明年,林自临汀归闽,逶巡过张所居,尘网妆楼,燕鸣故垒,而张埋玉西郊矣。林自是不复读书旧馆,因赋《感旧诗》二首:"落梅到地夜无声,帘挂空阶碎叶明。徒倚朱阑人不见,双悬清泪听寒更。""梅花历乱奈愁何,梦里朱楼掩泪过。记得去年今夜月,美人吹入笛声多。"张氏好音,尤善吹箫,往者诣山房,常倚梅花吹箫云。

(《榕阴新检》卷十五"幽期"引《竹窗杂录》)

二〇、山居遗咏

邵京实,字仲坚,闽县人,务学而隐。国初若叶钺、林玉、钟耆德、钟明德、任宗仁、林延孙、吴忠皆为道谊交,有过从,即相与倡和为乐,词皆清雅,惜其遗稿散逸,弗传,惟明德为京实所题《山居十六咏》仅存。今录三首。其《山屏秋月》诗云:"浩歌起舞不成眠,清闲入骨疑欲仙。山风吹夜露华滴,一声孤鹤秋连天。"《赤石暮霞》诗云:"岩前昔日仙人家,仙人结庐炼丹砂。火光照石石为赤,只今暮暮流云霞。"《巫顶飞云》诗云:"白云飞去山色深,白云飞归山色阴。时来时去自今古,山亦无语云无心。有人结庐占巫顶,白石支头卧云影。清宵云起随飞龙,行雨归来人未醒。"

(《榕阴新检》卷十六《诗话》引《福州旧志》)

二一、守杭题咏

陈文惠公《述古守杭州喜江南梅度支至》二首:"淡薄交情老更浓,为君弹瑟送金钟。芑罗香径无人到,姑射仙姿在处逢。鸾鹤品流惭晚达,烟霞门户忆先容。公余莫负西湖景,步步苍苔岸岸松。"其二:"公望当年最得君,画图城郭喜同群。门前碧浪家家海,楼上青山寺寺云。松下玉琴邀鹤听,溪边苔石共僧分。情多景好知难尽,且倒金尊任半醺。"杭州繁盛自宋时已然,此诗钱唐景物已略尽矣。又,《题林和靖水亭》诗云:"城外逋翁宅,开亭野水寒。冷光浮荇叶,静影浸渔竿。吠犬时迎客,饥禽忽上阑。疏篱僧舍近,嘉树鹤庭宽。拂砌烟丝袅,侵窗笋戟攒。小桥横落日,幽径转层峦。好景吟何极,清欢尽亦难。怜君留我意,重叠取琴弹。"《斋阁中绝句》二首:"绰约新娇生眼底,侵寻旧事上眉尖。问君别后愁多少,好似春潮夜夜添。"又云:"长垂玉箸残妆脸,肯为金钗露指尖。万斛闲愁何日尽,一分真态为谁添。"盖为佳人叙幽思也。苏子瞻书此诗并周胡龙三妓诗作一卷,元时柯敬仲得之,虞邵庵伯生题其后,云:"只今谁是钱唐守,颇解湖中宿画船。晓起斗茶龙井畔,花开陌上载婵娟。"又云:"三生石上旧精魂,邂逅相逢莫重论。纵有绣囊留别恨,已无明镜着蹄痕。"又云:"能言学得妙莲华,赢得春风对客夸。乞食衲衣浑未老,为谁灵塔向金沙。"

（《榕阴新检》卷十六《诗话》引《西湖志》）

二二、投诗见赏

林鸿,字子羽,福清人,诗名闻海内。毗陵浦舍人初至闽时,往见子羽,子羽不出,使二玄问所为来。浦舍人乃书《送人之荆门》一诗,投之,曰:"以此相评耳。"二玄读至"云边路绕巴山色,树里河流汉水声。"大喜,遂白子羽。子羽出见,甚欢。因留连久之,多所倡和。浦舍人诗名于是大噪。浦舍人,名源。二玄,谓黄玄、周玄也。

（《榕阴新检》卷十六《诗话》引《刘钦谟岳台集》）

二三、题却金亭

正统间,福建都司王胜身居武弁,有文德,廉介自持。出巡则斋食自随,人呼为"斋王"。一日,有千户奉白金一定以馈,不受命。造亭卫北,名"却金"。明年,胜到亭,题曰:"每因性褊遭弹劾,四十年过不动心。匣内惟存三尺剑,囊中肯受四知金。平生节操何曾改,半点秋毫孰敢侵? 今对此亭堪驻马,仰天无愧发长吟。"时海道副使李颙曰:"孔子忍渴盗泉之水,曾子回车胜母之间,恶其名也。暮夜,金不受,义也。何必求闻于人。"因题云:"怀金相送独能辞,高构华亭照路岐。不比当年胡刺史,平生清节畏人知。"胡刺史,胡威父也。

（《榕阴新检》卷十六《诗话》引《群谈采余》）

二四、题帘得钱

福唐有老妪当垆,有举子谓妪曰:"吾能与尔致数千钱。"乃令妪作酒帘,题曰:"下临广陌三条阔,斜倚危楼百尺高。"太守王祠部遄见之,大喜,呼妪,与钱五千,酒一斛。盖诗乃王公《咏酒旗诗》,平生最得意者。

（《榕阴新检》卷十六《诗话》引《诗话总龟》）

二五、赋联称旨

绍兴间，黄公度榜第三人陈修，福州人，解试《四海想中兴之美赋》第五韵，隔对云："葱岭金堤，不日复广轮之旧；泰山玉牒，何时清封禅之尘？"时诸郡试卷多经御览，高宗亲书此联，以幅纸黏之殿壁。及唱名，玉音曰："卿便是陈修？"吟诵此联，凄然出涕。因问："卿年几何？"对曰："臣年七十三。"问："卿有几子？"对曰："臣尚未娶。"乃诏，出内人施氏嫁之，年三十，赍奁甚厚。时人戏为之语曰："新人若问郎年几，五十年前二十三。"

（《榕阴新检》卷十六《诗话》引《鹤林玉露》）

二六、三岁神童

蔡伯俙，闽县人。四岁对真宗诵书，授校书郎，春宫伴读，齿犹未三周，故曰"三岁神童"。赐之诗，曰："七闽山水多才俊，三岁奇童出盛时。家世应传清白训，婴儿自得老成资。初尝学步来朝谒，方及能言解诵诗。更励孜孜图进益，青云千里有前期。"

（《榕阴新检》卷十六《诗话》引《续归田录》）

二七、五岁神童

林杰，字智用，闽县人。五岁与父同游王仙君坛，父曰："能诗乎？"杰曰："羽客已登云路去，丹砂草木尽凋残。不知千岁归何日，空使时人扫旧坛。"又谒唐中丞，作《七夕诗》曰："七夕今朝看碧霄，牵牛织女渡河桥。家家乞巧望秋月，穿尽红丝几万条。"唐公曰："真神童也。"年十岁，方秋初，忽有双鹤盘空而下，忻然下阶，抱得一只。父恐非祥，令放之。鹤升空而去。是夕得疾卒。郑立之以诗哭之，曰："才高未及贾生年，何事孤魂逐逝川。萤聚帐中人已去，鹤离台上月空圆。"

（《榕阴新检》卷十六《诗话》引《古今诗话》）

林杰,幼而聪慧,言发成文,质莹凝脂,音清扣玉。方五岁,因父挈游王仙君坛,忽吟一绝云云。后业词赋,颇振声光。《有仙客入壶中赋》云:"仙客变化,随物逍遥。放情处,于外则一壶斯在;入其中,则万象皆呈。飞阁重楼,不是人间之状;奇花异木,无非物外之名。"至九岁,谒大夫卢员常侍黎埴,无不嘉奖。寻就宾荐,日在宴筵,侍御李远、支使赵格深所知爱。《和赵支使咏荔枝》尤佳:"金盘摘下排朱颗,红壳开时饮玉浆。"副使郑立之作《奇童传》。

（《榕阴新检》卷十六《诗话》引《闽川名士传》）

二八、伯初寄答

谢伯初,字景山,闽县人。天圣景佑之间,以诗知名。余谪夷陵,景山为许州法曹,以长韵见寄,有云:"长官山色江波绿,学士文华蜀锦张。"余答曰:"参军春思乱如云,白发题诗愁送春。"盖景山有"多情未老头先白,野思到春如乱云"之句,故余戏之。景山诗颇多,如:"自种黄花添野景,旋移高竹听秋声。园林换叶梅初熟,池馆无人燕学飞。"皆无愧唐贤仕宦。不偶,终以困穷而卒。

（《榕阴新检》卷十六《诗话》引《欧阳公诗话》）

二九、诗联讽谕

闽邑庠士郑堂能诗,一日,太守唐询夫人暴卒,闽缙绅先生与庠士皆往。夫人泪湿犹视,不敢遽殓。堂在下,因口占一绝:"夫人懿德玉无瑕,四十年来鬓未华。何事临终两行泪,恐教儿子看芦花。"遂瞑。公感恸之,后终身不再娶。

（《榕阴新检》卷十六《诗话》引《鹤汀私抄》）

三〇、寄诗寓意

三山郑堂善诗,且多滑稽。尝寄亲戚令广东者一绝,云:"三尺儿童事未谙,饥来强扯我蓝衫。老妻牵住轻轻语,爹正修书去岭南。"可谓善晓人者。

（《榕阴新检》卷十六《诗话》引《鹤汀私语》）

三一、《晞发集》诗

谢皋羽《晞发集诗》皆精致奇峭,有唐人风。其《鸿门宴》:"火云属地汗流宇,杯影龙蛇分汉楚。楚人起舞本为楚,中有楚人为汉舞。鹏鹈淬光雌不语,楚国孤臣泣俘虏。君看楚舞如楚何,楚舞未终闻楚歌。"《短歌行》:"秦淮没日如没鹘,白波摇空湿弦月。舟人倚棹商声发,洞庭脱木如脱发。海上曲水花生云,起如蛰神龙下宿。"《藕丝孔明河》篇:"牵牛夜入明河道,泪滴相思作秋草。婺女城头玩月华,星君冢上无啼鸟。"《侠客吴歌》:"潮动西风吹牡荆,离歌入夜斗西倾。倾飞庙下蛇含草,青拭吴钩入匣鸣。"《效孟郊体》:"牵牛秋正中,海白夜疑曙。野风吹空巢,波涛在孤树。"律诗五言,如:"驿花残楚水,烽火到交州。""夜气浮秋井,阴花泠碧田。""山鬼下茅屋,野鸡啼苎萝。""戍近风鸣柝,江空雨送船。""柴关当太白,药气近樵青。""暗光珠母徙,秋影石花消。""下方闻夕磬,南斗挂秋河。"又如:"雨青余化血,林黑见归魂。""越树夜啼鸟,禹陵冬落花。""积叶吴宫冷,吟猿顾渚秋。""杉影动寒水,夕阳藏半峰。"七言,如:"乌栖乌啼宫烛秋,越女入宫吴女愁。""阴风吹雪月坠地,几人不得扬州死。""苍苔染根烟雨泣,岁久游魂化为碧。""莓苔锁窗居鬼神,散发天衣夜行酒。""人间青烟湿尘鞿,药臼嵯峨压天梦。"等句,虽未足望开元、天宝,亦可以据长庆、宝历之上座矣。

(《榕阴新检》卷十六《诗话》)

三二、轻薄不达

陈通方,闽县人,唐贞元中及第,号称名士。同邑陈彦博,元和中及第;李漗,开成中及第;薛承裕,咸通中及第;陈蜀,干符中及第;林哀,大顺中及第,俱有诗名。初通方与相国王播同榜,播年五十,通方戏拊之,曰:"王老王老,奉赠一第。"言日暮途远,同赠官也。播后入相,通方因之仕宦不达,官止南陵院官而终。省试《春风扇微和》,通方诗曰:"习习和风扇,悠悠淑气微。阳升知候改,律应喜春归。池柳晴初折,林莺暖欲飞。川原浮彩翠,台馆动光辉。泛艳摇丹阙,扬芳入粉闱。发生当有分,枯朽幸因依。"

（《榕阴新检》卷十六《诗话》引《闽掌故》）

三三、卓稼翁词

三山卓用,字稼翁,能赋诗,尝作词云:"丈夫只手把吴钩,欲断万人头。因何铁石打成心,性却为花柔。 君看项籍并刘季,一怒使人愁。只因撞虞姬,戚氏豪杰都休。"

（《榕阴新检》卷十六《诗话》引《山房随笔》）

三四、神童咏月

唐开元间,岫山缪氏有子,七岁,聪慧能文。以神童召试《新月诗》,云:"初出如弓未上弦,分明挂在碧霄边。时人莫道蛾眉小,十五团圆照满天。"

（《榕阴新检》卷十六《诗话》引《鹤汀诗抄》）

三五、得句自快

周朴,字太朴,其先吴人,唐季避地安溪,后居福州乌石山寺。不饮酒茹荤,诸僧晨粥卯食,朴亦携巾盂坐。诸僧下,毕饭而退,率以为常。郡中豪贵设供施僧,即巡行拱手,各丐一钱,有与以三钱者,止受其一。性喜吟诗,尤尚苦涩,每遇景物,搜奇抉思,日旰忘返。得一联一句,则怡然自快。尝野逢一负薪者,忽持之且厉声曰:"我得之矣。"樵夫矍然惊骇,掣臂弃薪而走。遇游徼者,疑樵为偷儿,执而讯之。朴徐往告曰:"适得句耳。"乃释之。盖赋《古墓诗》,少落句,偶见樵者,"子孙何处闲为客,松柏被人伐作薪"。朴尝有"禹力不到处,河声流向西"之句,恒自称誉。有客知其自负,途遇朴,佯诵"向西"为"向东",遂鞭马令驶。而朴追至数十里,挽衔勒而告之曰:"此予诗也。向所诵'向东',当是'西'字之误耳。"其好奇如此。

（《榕阴新检》卷十六《诗话》引《高贤传》）

三六、天风海涛

《丹铅摘录》曰:"赵汝愚诗:'江月不随流水去,天风直送海涛来。'朱文公爱之,遂书'天风海涛'字于石。今人不知为赵公诗也。"愚按:用修谓今人不知为赵公诗,即用修亦不知文公书在吾闽鼓山之巅。朦胧臧否,可发一笑。

(《榕阴新检》卷十六《诗话》引《竹窗杂录》)

三七、驼蹄荔枝

唐制,驿置有明驼,使非边塞军机不得擅发。杨贵妃私发明驼使,赐安禄山荔枝,事见小说。予近作《荔枝谱》成,陈幼孺赋《荔枝诗》十首,中有《咏驼蹄荔枝》,云:"朱实西来驿路长,明驼骄蹴满蹄霜。当时也合驰千里,不独涪州马足忙。"其用事妥帖,予思虑所弗及者,赞服久之。

(《榕阴新检》卷十六《诗话》引《竹窗杂录》)

三八、玉岑诗社

祝时泰,字汝亨,闽人。举嘉靖壬午乡荐,历任德府长史,弃官隐于杭州西湖,筑室以居。与光州守高应冕、承天守方九叙、宪副童汉臣、处士沈仕、王寅、刘子伯结玉岑诗社,人主一山,即景赋诗,时推祝为祭酒。一日登凤山,各赋怀古诗,祝云:"白马南来定宋京,五云长绕凤山城。星随数尽中天陨,潮让沙屯两日兵。辇路独余春草绿,行人犹说故宫名。当年多少难平恨,并作江流万古声。"众作皆弗及也。

(《榕阴新检》卷十六《诗话》引《竹窗杂录》)

三九、沧州警句

陈亮,字景明,沙堤人。家居,作储玉楼为藏书之所,建沧州草堂,日与名士高棅、王恭、周玄、林鸿、郑定辈赓唱迭和,又缔三山诸耆彦为九老会,号沧州,有《沧州集》,多轶不传。传者如:"微风度荷香,霁月散林影。""风生芦苇鸣,水落洲渚广。"皆警句也。景明生于元泰定间,至永乐中年已八十矣,闽十才子,景明最长。

(《榕阴新检》卷十六《诗话》引《竹窗杂录》)

四〇、典籍遗诗

王典籍生平佳句,超子羽、彦恢而上之,孟扬、二玄诸子远拜下风。如《书王孙射雁》云:"锦袍朱帽绿弓弦,却射飞鸿灞水边。不识柳林关外路,白狼黄鼠满秋田。"《书李白问月》云:"银瓮闲倾采石春,水天凉月夜无尘。如何翠辇西行处,凝碧池头照别人。"《书李白观泉》云:"朝别金銮是醉乡,香炉飞瀑晚苍苍。布衣蚤悟云泉兴,不到秋霜满夜郎。"《题衮尘骝》云:"暨卸银鞍赐浴归,锦尘香扑衮龙飞。谁怜习战阴山北,满地黄埃苜蓿肥。"淘沙拣金,往往见宝。

(《榕阴新检》卷十六《诗话》引《竹窗杂录》)

四一、山中太守

嘉靖丁巳,朝廷诏下采木时,陈津南先生全之为荆州守,奉命入蜀,自作《中山太守歌》:"荆州太守陈津南,出建隼旗乘右骖。舍车策蹇入山谷,道穿鸟背觅杉楠。来时正是三月三,迎人乳燕声呢喃。凌危上俯千崖碧,履险下瞷百花崦。野猫峒口乱石龛,蒙密交加天蔚蓝。山精野魅向人语,樵童牧竖时共谈。登高若与星斗参,黝如禹穴不可探。云迷竹径窥红日,雾绕征衣滴翠岚。柳木鳞次若荷担,找桥架壑为厢函。前呼后应资人力,左推右挽皆丁男。我愿皇天悯愚憨,风云雷雨走彪魁。盘岩邃涧水彭湃,千流万派涨溪潭。蔽日连云飞巨筏,造作厦室垂耽耽。苍苍老子出茅庵,青山如幛水泓涵。帝居山河贺燕雀,芙蓉溪上熏风酣。"

(《榕阴新检》卷十六《诗话》引《竹窗杂录》)

四二、汉祀坛诗

武夷汉祀坛胜迹最古,历千百年题咏不乏,皆无警拔语,独陈汝翔一绝云:"吸露餐霞绝世氛,石坛亲见武夷君。汉家天子多烟火,却把干鱼污白云。"前无古人,后无来者。

(《榕阴新检》卷十六《诗话》引《竹窗杂录》)

四三、《宫人斜》诗

《宫人斜》唐人多有赋者,《秦京杂记》云:"长安旧墙外长三里曰'宫人斜',风雨夜多闻歌哭声。""雍裕之几多,红粉委黄泥。野鸟如歌又似啼,应有春泥化为燕。年年飞入未央栖。"为唐人绝唱。后权德舆、陆龟蒙、窦巩、孟迟数绝,不及也。惟谢在杭有云:"落花啼鸟怨青春,生不衔恩死作尘。长信夜明秋寂寂,君王只梦李夫人。"探骊得珠矣。

(《榕阴新检》卷十六《诗话》引《竹窗杂录》)

四四、丁戊山人

丁戊山人傅汝舟,与郑吏部善夫交莫逆,郑诗苍古学杜,傅诗虽师法乎郑,而天然之趣尤胜,如:"虽贫一榻能高卧,纵老名山欲远寻。""焚香谩与僧来往,得句惟应弟倡酬。""郊原乱后飞磷火,村落年来变劫灰。""异书自得作者意,长剑不借时人看。""呼来灂灂添新侣,抛去鸬鹚省旧粮。""新点玉书仙赐读,旧趋琼闳帝容归。"等句,皆无一毫尘垢之气。

(《榕阴新检》卷十六《诗话》引《竹窗杂录》)

四五、耕隐诗卷

耕隐先生邓定,字子静,元至正间遣使征之,不起,曰:"吾宁晦迹山林,不肯身事胡虏也。"洪武中,又征不起,曰:"吾既削迹畎亩,生于元已不事元,肯仕明乎?"遂终身耕隐,卒无子。有诗数卷,其从孙汝高序而梓之,如"松窗朝听雨,石碓夜春云。""涧光摇树影,石甃沁苔衣。""野水流花出,松云载雨还。""看山曾到寺,隔水忽闻钟。"酷有王、孟风骨。

（《榕阴新检》卷十六《诗话》引《竹窗杂录》）

四六、周朴逸诗

《唐诗纪事》载周朴事甚奇,收其诗特数句耳。朴诗甚多,余尝见于他集中,如:"夜色蓟门火,秋声边塞风。""野烟孤客路,塞草故人坟。""客泪有诗有猿声,无处无不是旅人。""病岂知秋夜长归,乡凭远梦无梦更。""思乡牛马放,多春草尽原。田耕破古碑,存竹在晓烟。""孤凤去剑荒,秋水一龙沉。"皆晚唐之妙句也。予尝掇拾朴诗一卷,并欧阳詹、陈陶、林宽、黄滔、韩偓、翁承赞、秦系、陈嘏、徐寅、孟贯,作《唐十二家》,尚乏梓钱耳。

（《榕阴新检》卷十六《诗话》引《竹窗杂录》）

四七、许诗二句

尝闻许黄门天锡能诗,乡士大夫皆言天锡才子,恨遗言不传于世,近得《使安南》一稿,盈百余篇,无可大击节者,陈参知元珂选闽中诗,收天锡诗数章,亦皆陈腐,只"青山当面似无路,黄犊出林疑有村"二句,颇有晚唐气味。

（《榕阴新检》卷十六《诗话》引《竹窗杂录》）

四八、题画诗谶

闽长乐郑宪未第时,馆于邑之大家。馆东戚属,以省祭还自京,东人召饮,先生亦与焉。定位左省祭,右先生。将登筵,省祭虚让曰:"郑先生请左。"先生慨然就之,不辞。省祭颇衔之。酒数巡,省祭顾指壁间画,曰:"郑先生高才,何不各请赋一绝?"东曰:"久怀此意,第未敢发耳。"先生曰:"不难。"

即索题之。一幅乃杨太真醉卧于地,二阉臣扶起之不胜,明皇顾笑之状。"龙颜回首顾红颜,醉卧东风上马难。不是侍儿扶不起,只因恩爱重如山。"次幅乃买臣采樵读书:"一担荆薪一束书,且行且读乐何如。担头自有经纶策,堪笑糟糠愚妇愚。"三幅韩淮阴乞食漂母:"乞丐当年事本虚,英雄未遇古谁无。临题恨杀丹青手,不画登坛拜将图。"四幅乃桃竹间植:"竹桃二物不相同,万绿丛中几点红。我去化龙君作浪,人生何地不相逢。"题毕,宾主各各叹赏。后先生联登科甲,历官巡抚。省祭以典史为公所属。一龙一浪,其谶与?

（《榕阴新检》卷十六《诗话》引《笔记》）

四九、令妻留诗

永福开平里太原滩,滩下石刻"太原"二字。唐太中初,县令王某罢官,舣舟于此,邑中饯行,暮夜未返。夫人题诗一章:"何事潘郎重别筵,君心未断妾心悬。太原滩下相思处,猿叫山山月满船。"政和三年知县陈武佑刻之石。

（《榕阴新检》卷十六《诗话》引《三山志》）

五〇、稚源继响

郭文涓,字稚源,古田人。古田自张学士以宁后二百年间,寥寥绝响。文涓少负才气,举嘉靖丁酉乡荐,官同知,著作甚富,如《早行》:"市桥霜滑马,庭树月移乌。"《宿南阳寺》:"阶余春草露,林暗夕坛云。"《晓泛罗刹江》:"云沙醒宿鹭,露叶咽殚蜩。"《早秋》:"草换秋前色,蝉繁雨后声。"《过苌弘墓》:"贞血成灵碧,忠名照汗青。"《潼关道中》:"山河秦地尽,烽戍塞云高。"《咏断雁》:"霜前阵带金河冷,月下书传玉塞寒。"《夏日斋居》:"烟消露草粘游屐,风定晴花挂网丝。"《乱后》:"殇魂暗泣关山月,冤血腥随草木风。"《早发水口》:"腥红被野霜粘树,鸭绿摇波雨染溪。"可与晚唐刘、许辈颉颃艺林。近年刘邑令纂修县志,不为立传,且诋之。时陈价夫力净,不听。俗吏之刚愎自用如此。

（《榕阴新检》卷十六《诗话》引《竹窗杂录》）

五一、才翁诗字

宋苏才翁为闽观察使,《长乐当阳寺》有诗云:"未穷双佛刹,先列一渔家。山雨已残叶,溪风犹落花。汲泉沙脉动,敲火石痕斜。应是佳公子,竹间曾煮茶。"游鼓山灵源洞镌八分,书径二尺于石壁,古雅不凡。苏公诗字,在宋季亦铁中之铮铮者耳。

(《榕阴新检》卷十六《诗话》引《竹窗杂录》)

五二、检讨逸诗

永乐初王偁孟扬辟授检讨,有《虚舟集》行世,歌行、律、绝如幽涧清流,泉清而有韵。近年汇刻《十子集》,孟扬诗删去十之三,如《咏红叶》云:"一片飞来阶下红,满林惊觉夜霜空。绿圭不剪封周弟,锦字频题出汉宫。乱扑征衣山径里,染成秋色夕阳中。几回记得停车处,错把春华认晚枫。"又如《寄张真人》云:"海阔传书曾命鹤,夜深飞佩欲骑星。"又如《挽林处士》云:"雨荒修竹棋声静,尘满闲来鸟迹稀。"又如《送人之扬州》云:"往事玉箫明月夜,江南春雨绿芜天。"皆集中佳句也。当时削之太严,每览旧刻,辄为三叹。

(《榕阴新检》卷十六《诗话》引《竹窗杂录》)

五三、六岁吟诗

王维琬,闽县人。六岁能诗,郡守吴崧召至署中,试《看竹诗》,琬应声曰:"为爱淇园种,冰霜许此心。云收开凤尾,风动作鸾音。散地玲珑玉,穿帘琐碎金。羡公明政暇,清兴发高吟。"又《春日晓望》诗,有句云:"春圃雨来花落早,晓堤风急絮飞忙。"人占其不寿,未几卒。

(《榕阴新检》卷十六《诗话》引《竹窗杂录》)

五四、晏锋选诗

　　林子羽《鸣盛集》学唐,极力摹拟,不但字面、句法,并其题目亦效之。开卷骤视,宛若旧本。然细味之,求其流出肺腑、卓尔有立者,指不能一再屈也。宣德间,有晏锋者选本朝诗,亦名《鸣盛诗集》。其第一首《林子羽应制》曰:"堤柳欲眠莺唤起,宫花乍落鸟衔来。"盖非林最得意者,则其他所选可知。

　　(《榕阴新检》卷十六《诗话》引《麓堂诗话》)

五五、题诗钓台

　　古田张志道学士《题钓台》诗云:"故人已乘赤龙去,君独羊裘钓月明。鲁国高名垂宇宙,汉家小吏待公卿。天回御榻星辰动,人去空台山水清。我欲长竿数千尺,坐来东海看潮生。"

　　(《榕阴新检》卷十六《诗话》引《蓉塘诗话》)

五六、旅馆题菊

　　姑苏唐子畏过宁德宿旅邸,馆人悬画菊,子畏愀然有感。题云:"黄花无主为谁容? 冷落疏篱曲径中。尽把金钱买脂粉,一生颜色付西风。"

　　(《榕阴新检》卷十六《诗话》引《群谈采余》)

五七、题买臣像

　　闽郑堂《题朱买臣》云:"四十年来命若何,书声长听出烟萝。他年露冕经行地,无数青山识面多。"又,郑鹏云:"噫嘻此是朱买臣,貌来未识真不真。夜窗展玩发长叹,尔来四十谁相亲? 凌晨引斧入山麓,向晚出街来卖薪。书声随担不辍响,孔颜恍惚交形神。此时敝衣兼破笠,他年紫绶辉朱轮。庸孺奔走且骇污,举头怅望瞻车尘。乃知穷通有定命,古今如此非君身。会稽愚妇君莫嗔,于今更多白眼人。"

(《榕阴新检》卷十六《诗话》引《群谈采余》)

五八、仲和留题

陈白沙先生倡道东南,闽吴锵仲和举进士,宰阳,偶流寇陷治,谪南海卫幕。往叩陈,以其卫幕也,竟拒之。吴大书厅壁,云:"考亭亭下迹荒芜,野鸟庭中独自呼。欲向白沙问真处,越人曾笑楚人愚。"又见壁间一《渔翁晒网图》,题云:"扁舟一叶抵天涯,罢钓归来晒晚霞。莫道水村儿女拙,也曾梳洗插金花。"书毕遂去。白沙读诗,怅恨追之不及。

(《榕阴新检》卷十六《诗话》引《群谈采余》,按:据《坚瓠集》六集卷二,"宰阳"二字之间夺一"揭"字)

五九、诗题王墓

闽王审知墓在莲花峰下,宣德四年为盗所发,获金宝无算。有司仍复修治。古今题其墓者甚多,余伯兄惟和一首为最:"玉辇何年去不回,霸图千古总成灰。秋深兔穴依寒垄,岁久鱼灯暗夜台。故国关河瓯越在,遗民苹藻鼎湖哀。莲花峰下黄昏月,犹见三郎白马来。"审知在军中好骑白马,人呼白马三郎。

(《榕阴新检》卷十六《诗话》引《竹窗杂录》)

六○、郑圃题咏

郑吏部继之谢病家居,筑别墅名桑苎园,自书其门曰"少谷柴门",颜其堂曰"青野信阳"。何景明《寄题郑圃》云:"三山今有郑公园,避俗从来亦避喧。萝竹青青垂谷口,花林霭霭覆桃源。天边鸿雁春寥廓,海畔蛟龙昼曲蟠。南海尺书招隐意,白云丛桂几攀翻。"园今寥落不可问矣。

(《榕阴新检》卷十六《诗话》引《竹窗杂录》)

六一、谏议逸诗

翁承赞,字文尧,福清人。举唐干宁三年进士,累官右拾遗、户部员外,后失节为梁谏议大夫,自号狎鸥翁。《全唐诗话》载其《槐花》一绝,云:"雨中妆点望中黄,勾引蝉声送夕阳。忆昔当年随计吏,马蹄终日为君忙。"承赞有诗集一卷,见《唐艺文志》,并《昼锦集》《宏词前后集》,共二十卷,俱佚不传。余家收得册封闽王时律诗三十余首,中多佳句,如:"窗含孤岫影,牧卧断霞阴。""早凉生户牖,孤月照关河。""参差雁阵天初碧,零落渔家蓼欲红。""长淮月上鱼翻鬣,荒渚人稀獭印蹄。""松都旧日门人种,路是前朝释子开。"绰有风韵可爱,诚晚唐作手也。

(《榕阴新检》卷十六《诗话》引《竹窗杂录》)

六二、玉带侑觞

龙麟州先生过福建,宪府设宴,命官妓玉带佐酒。宪使举杯曰:"今日之欢,皆玉带为之也。愿赐以诗。"先生负海内重名,雅畏清议,又不能违宪使之请,遂书一绝,云:"菡萏池边风满衣,木樨庭下两霏霏。老夫记得坡仙语,病体难禁玉带围。"于是,举席称叹,尽欢而散。

(《榕阴新检》卷十六《诗话》引《南村辍耕》)

六三、风流太守

宋辛稼轩为福州守,所作词甚多,有《西江月》,云:"贪数明朝重九,不知过了中秋。人生那得许多愁。只有黄花如旧。 万象亭中置酒,九仙阁上扶头。城鸦唤我几归休。细雨斜风时候。"时有卢国华由闽宪移漕建安,陈端仁给事同诸公饯别,稼轩为酒困卧清涂堂,三鼓方醒,乃赋《满江红》,云:"宿酒醒时,算只有,清愁而已。人正在,清涂堂上,月华如洗。纸帐梅花归梦觉,莼羹鲈鲙秋风起。问生得意几何时,吾归矣。 君若问,相思事。

料长在,歌声里。这情怀只是,中年如此。明月何妨千里隔,愿君与我,何如耳。向尊前,重约几时来,江山美。"稼轩,历城人,可谓风流太守矣。弃官后侨寓铅山而卒。今分水岭下有稼轩墓在焉。

(《榕阴新检》卷十六《诗话》引《竹窗杂录》)

六四、题冲虚观

元陈旅,字众仲,莆人,有诗文二卷。诗胜其文,《题福州冲虚观》云:"力士持兵守绛宫,吹笙人去斗坛空。白榆城阙秋云上,红树楼台夕照中。鸿宝昔疑丹枕谬,龟泉今悟土池通。他年不跨芝田鹤,曾向清虚学驭风。"此首本集不载,余皆此类。

(《榕阴新检》卷十六《诗话》引《竹窗杂录》)

六五、乐府擅长

五言乐府"槁砧体"最不易作,陈幼孺、林子真擅其长。陈《古意》云:"黄蘖种作篱,围绕合欢树。不见合欢时,但见生离苦。"《子夜歌》云:"不见金钴鉧,火盛柄自熱。裁衣持寄郎,郎温侬亦热。"林《情诗》云:"春风谁谓暖,不入妾空房。只向鸳鸯瓦,吹露不成霜。"《陌上桑》云:"秉烛理残妆,涉露持筐出。为虑桑叶稀,伤丝不成匹。"又云:"晨去暮来归,乃在三春时。系条采桑叶,辛苦为谁丝?"锦心绣口,不复多见。

(《榕阴新检》卷十六《诗话》引《竹窗杂录》)

六六、诗定雅俗

林侍御钗尝慕孙山人太初,往访之,孙留坐竹下,《赠林诗》云:"清泉长日漱潺湲,豸史峨冠访竹关。自笑道人迂野性,相逢先问武夷山。"诗思清逸,有林壑幽致。第"豸史峨冠"之句,颇讥林公有贵倨态。至《赠郑继之新着小乌巾》云:"道人相见一笑同,乌巾自制夸新工。礼数懒慢政着我,山林风流今爱公。眼前物议一时事,溪边自照双鬓蓬。接篱倒载间红羽,何当江上寻渔翁。"观此诗,继之翛然物外,绝无轩冕之气。而太初二诗,直定二公之雅俗矣。

(《榕阴新检》卷十六《诗话》引《竹窗杂录》)

六七、捣衣杰作

潘庭坚作《捣衣曲》云:"捣衣捣衣复捣衣,捣得更深月落时。臂弱不胜砧杵重,心忙惟恐捣声迟。妾身不是商人妻,商人射利东复西。妾身不是荡子妇,寂寞空房为谁守? 妾夫为国戍边头,黄金锁甲跨紫骝。从渠一去三十秋,死当庙食生封侯。如此别离犹不恶,年年为君捣衣与君着。"志趣高远,异于众作。廷坚,名牥,闽县人,以字行。端平进士第三。

(《榕阴新检》卷十六《诗话》引《竹坡诗话》)

六八、新柳落花

康元龙《咏柳》云:"照影盈盈拂自垂,受风缕缕弱还吹。关山笛里思归引,灞水桥边恨别枝。翠黛莫因春去损,纤腰乍向月边移。可怜空傍章台老,欲借凋零更有谁?"袁无竞《落花》云:"江南春信递相催,片片轻红委碧苔。雨暗妆台和泪滴,风飘绣幕带香来。绿珠掩袂辞金谷,妃子含哀葬马嵬。怪底栏杆长寂寞,曾无一片蝶飞回。"二君寿俱不永。

(《榕阴新检》卷十六《诗话》引《竹窗杂录》)

六九、诗调司理

谢在杭司理吴兴时,太守北人,极忌衣白,或出遇白衣者辄置之法,因前守卒于官,甫莅任,尽撤其堂宇廨舍,掘地数尺,重为架造,百姓苦之。在杭作《吴兴竹枝词》十数首,有云:"五月新丝白胜绵,轻罗织就雪花鲜。为郎制得双裆子,官府头行不敢穿。"又云:"腊尽春生年复年,望郎长望太湖边。水门不闭闻箫鼓,回避黄堂采木船。"太守闻之,不悦。时当计吏,遂阴中之,调为东昌司理。然民间盛传其诗,为口实也。

（《榕阴新检》卷十六《诗话》引《竹窗杂录》）

七〇、题涌泉寺

林茂之尝登鼓山,至涌泉寺,寺经野火六十余载,仅茅茨数椽,游僧一二口而已。题诗云:"何代黄金建讲台,不看全盛独兴哀。断桥仆涧空秋草,废础成砂没古苔。游客暂依残院宿,住僧都是别山来。涌泉空自称灵水,不向当年灭烬灰。"

（《榕阴新检》卷十六《诗话》引《竹窗杂录》）

七一、知事遗诗

元季诗人萨天锡,雁门人。至元间辟为闽海廉访司,知事遗诗数卷,词藻横逸,今录《南台看月歌》,云:"城南江上逢中秋,城南石梁初截流。长虹一道贯秋色,中分百里江南州。残霞消尽鱼尾黑,金蛇翻动三江白。冰轮碾出碧玻璃,照见钓鱼台上客。台中之客怀古心,黄河太华三登临。今年携月醉台畔,越水越山为月吟。无诸城里人如海,无诸故冢埋残霭。无诸城上草离离,龙去台空几千载。昔龙已去江悠悠,今龙虽在人未求。怀珠岂立此台下,腰上黄金台上钩。乾坤四顾渺空阔,诗书元气行勃勃。合沙古谶此其时,天下英雄求一决。南台月照男儿面,岂照男儿心与肝!燕山买骏金万斛,万里西风一剑寒。"又登《乌石山》:"仁皇寺,横山阁,云千尺,金莲座。烟霞拥地灵,山川几鞴屦。日月两浮萍,乌没天垂海。龙归水在瓶,深堂说法夜,应有石头听。"又《立秋日登乌石山》云:"海国山四围,繁华坐消歇。楼观沉夕阳,鸿雁下秋色。水边无丽人,石上多古刻。感此暮归迟,秋霜满山白。"

（《榕阴新检》卷十六《诗话》引《竹窗杂录》）

七二、太守罢宴

孝庙晏驾,时午日,太守及僚属饮于西湖,秀才郑堂以素巾过其前,太守呼摄之,问其名,曰:"堂也。"守曰:"子能诗,可赋之。"堂曰:"苦! 欲某作诗,请题。"太守曰:"即以'苦'字为题。"堂应声曰:"苦苦苦苦苦,忧天明君、晏驾未周年,山川草木皆流泪,不忍西湖看画船。"太守因之罢宴。

(《榕阴新检》卷十六《诗话》引《竹窗杂录》)

七三、赋老妓诗

黄道行,名用中,以词翰著声。有《咏老妓》云:"舞榭歌台早擅名,盛年偏恨暗中更。箧中罗绮非时制,镜里铅华异后生。喜向邻姝夸旧事,厌闻公子爱新声。春风漫有为云思,月冷更阑梦不成。"

(《榕阴新检》卷十六《诗话》引《竹窗杂录》)

七四、香囊乞诗

赵仁甫年少时,有新寡者绣湖阳公主于香囊,命其子乞诗,仁甫知其意,题云:"湖阳自有共姜操,戏使纶音试宋弘。"其人自此不复通问。

(《榕阴新检》卷十六《诗话》引《竹窗杂录》)

七五、大旱祷雨

万历乙未夏秋,闽省大旱,官府令诸乡村作土龙捕蜥蜴祈雨,富人闭粜索高价。陈幼孺有《祷雨谣》,云:"祷雨祷雨,土龙背裂蜥蜴死。贫民挝鼓号吁天,渊中老龙不得眠。师巫禹步走田野,唇焦面赤喉生烟。东邻富儿检厢籍,陈陈尚有三年积。但愿粟价十倍售,何必年年是丰日? 贫人吁泣复怨嗟,火云祈得红如霞。龙王无灵天帝远,巫师渐次逃还家。土龙前致富翁语,但旱贫人不汝旱。"

(《榕阴新检》卷十六《诗话》引《竹窗杂录》)

七六、谭氏寄夫

永乐,古田郑均德岁贡入太学,五阅春秋不归。谭氏在家怅望,时逢秋日,凉飙将动,遂制鞋袜,并诗以寄之,云:"细袜宫鞋巧样新,殷勤寄与读书人。好将稳步青云上,莫向平康谩惹尘。"

(《榕阴新检》卷十六《诗话》引《稽古汇编》)

七七、题平章墓

元平章王积翁墓,在福安县华峰山路旁,翁仲、石兽存焉。县令于震,余姚人,题诗云:"福宁城中往来路,知是人家旧坟墓。道旁石人相对立,下拥石羊驱石虎。此坟距葬知几年,高原无垄低无阡。坟中白骨定遭掘,四边已作人家田。石羊无知石人苦,有口应惭不能语。眼见主人营此坟,今日无坟岂论主? 人言人死葬坟好,岂知有坟还不保。乌鸢蝼蚁同澌尽,何用石人张墓道?"

(《榕阴新检》卷十六《诗话》引《竹窗杂录》)

七八、赏花赋诗

陈述古与苏子瞻交莫逆,诗篇倡和极多。子瞻在杭州,吉祥花开,招述古不至,花将落矣,子瞻诗云:"今岁东风巧剪裁,含情只待使君来。对花无信花应恨,直恐明年便不开。"述古闻之,明日即来。子瞻复用前韵云:"仙衣不用剪刀裁,国色初酣卯酒来。太守问花花有语,为君零落为君开。"

(《榕阴新检》卷十六《诗话》引《竹窗杂录》)

七九、述古小妓

陈述古有小妓，恒夸诩之。子瞻赠之诗，云："漫说东山第二州，枣林桑泊负春游。城西亦有红千叶，人老簪花却自羞。"后述古没，复诗云："小桃破萼未胜春，罗绮丛中第一人。闻道使君归去后，舞衫歌扇总生尘。"

（《榕阴新检》卷十六《诗话》引《竹窗杂录》）

八〇、百岁诗赞

林旗峰公春泽，登正德甲戌进士，官太守，卒万历癸未，年一百四岁。公善诗，少与郑继之相倡和，虽至期颐不废。当百岁时，抚按两台为建坊，公谢诗云："翠旗谷口万松风，喘息犹存一老翁。岂意夔龙黄阁上，犹怜园绮白云中。擎天华表三山壮，醉日桑榆百岁红。愿借末光垂晚照，康衢早晚颂尧封。"公自赞云："武宗皇帝，曰尔器资端慎。世宗皇帝，曰尔大雅不群。愧一官之蹇滞，负二圣之干文。幸残喘之苟延，庞眉皓发；每旷怀而独适，青山白云。心乎道矣，玩诗书而不厌；为斯世也，笑功业以何闻。忘此生之碌碌，咏太平而欣欣。是为我之云云。"公子应亮，户部侍郎；孙如楚，广东按察使。有《人瑞翁集》十二卷行世。

（《榕阴新检》卷十六《诗话》引《竹窗杂录》）

八一、岳墓题诗

元林清源《题岳王墓》云："谁收将骨葬西湖，必卜他年必沼吴。孤冢有人来下马，六陵无树可栖乌。庙堂短计惭嫠妇，宇宙惟公是丈夫。往事重观如败局，一龛灯火属浮屠。"读此诗而不堕泪者几稀。

（《榕阴新检》卷十六《诗话》引《竹窗杂录》）

八二、虎溪题句

林仲嘉，福清人。题《长溪之虎溪》曰："山阔青连海，溪长绿绕城。规模唐故郡，弦诵鲁诸生。"又曰："白日经檐短，风霜吹客衣。梅稍惊岁晚，河际有春归。"其所作多类。

（《榕阴新检》卷十六《诗话》引《辍耰述》）

八三、题福州诗

吕东莱《题福州》诗云："路逢十客九青衿，半是同窗旧弟兄。最忆市桥灯火静，巷南巷北读书声。"

（《榕阴新检》卷十六《诗话》引《旧志》）

八四、文定遗诗

宋状元许将《登碧岩亭》诗云："旧室曾留古岸边，新亭同赏碧岩前。日生狮子峰头木，烟伴榴花洞口泉。黄叶入秋山出地，白云临晓海垂天。飘然踪迹今何定？别去江湖又一年。"又《闽清述怀》云："为爱山居乐，居山又忆家。菊黄来日蕊，梅白去时花。水阔离情远，霜晴别路赊。前程回首望，空指暮天霞。"许公在宋，亦有文名，其集不见传。偶见二诗，附载于此。

（《榕阴新检》卷十六《诗话》引《竹窗杂录》）

八五、松雪画马

永乐中，黄方伯公泽题松雪画《胡人牧马图》云："黑发王孙旧宋人，汴京回首已成尘。伤心忍见胡儿马，何事临池又写真？"沈石田亦有诗云："两目晶荧耳竹批，江南流落乘黄姿。千金千里真龙种，可惜胡儿买去骑。"

（《榕阴新检》卷十六《诗话》引《竹窗杂录》）

八六、伪充垂髫

嘉靖间,吴小江督学楚中,所拔入胶庠者多垂髫士。士之已冠者计去其巾,伪充垂髫应试。吴公见额有网痕,遂口占嘲之,曰:"昔日峨冠已伟然,今朝卯角且从权。时人不识予心苦,将谓偷闲学少年。"一时传诵,无不绝倒。

（《榕阴新检》卷十六《诗话》引《江盈科谐史》）

八七、春闺罢绣

万历中,侯官王氏有女名虞凤,字仪卿。幼聪慧能诗,年十七卒。有《罢绣吟》一卷。《春闺诗》云:"浓阴柳色罩窗纱,风送炉烟一缕斜。庭草黄昏随意绿,子规啼上木兰花。"

（《榕阴新检》卷十六《诗话》）

八八、送僧游闽

宋澶渊赵冲之《送惠纯上人游闽诗》曰:"早听闽人说土风,此身常欲到闽中。春沟水动茶花白,夏谷云生荔子红。襟带九江山不断,梯航百粤海相通。北窗夜展图经看,索笔题诗送远公。"清逸有致。

（《榕阴新检》卷十六《诗话》引《竹窗杂录》）

八九、绿野堂诗

"水暖凫鹥行哺子,溪深桃李卧开花。"此郑文宝《题绿野堂》诗也。欧阳修谓"不减王摩诘、杜少陵",惜无全集耳。

（《榕阴新检》卷十六《诗话》引《辍耕述》）

九〇、玉蟾文士

白玉蟾,七岁能诗赋,背诵《九经》。年三十六解化。文集甚富,诗有绝似中唐者,如:"鸟声人静处,山色雨来时。""蛇冈岚雾湿,鱼市水风腥。""清风千里梦,明月一声砧。""虎啸月生海,猿啼风撼山。""夕照雌黄笔,秋烟水墨屏。""雨壁琴弦润,风窗砚水枯。"又如:"山后山前鸠唤妇,舍南舍北竹生孙。""博山香篆浮青蚓,古壁灯光吐玉虫。""云粘暮色月华湿,树颤秋声天籁寒。""许瑶却大尧天小,严濑应高汉座卑。""天际寒云糊远岫,松梢归鹤客枯枝。""有客放船青草渡,何人吹笛夕阳楼。"皆精工有致。今坊肆所梓《白集》尽芟他作,惟存《丹诀》数首,不知玉蟾初年之著作,亦宋季一文士也。瞿仙老人所编,次者为全。

（《榕阴新检》卷十六《诗话》）

九一、弓寮诗画

林泳,号弓寮,林希逸之子也。《岳王墓》诗云:"天意只如此,将军足可伤。忠无身报主,冤有骨封王。苔雨楼墙暗,花风庙路香。沉思百年事,挥泪对斜阳。"弓寮善画,不以诗名。此首见《西湖志》。

（《榕阴新检》卷十六《诗话》引《竹窗杂录》）

九二、卧芝山人

卧芝山人傅汝楫,丁戊山人汝舟之弟也。贫而博学,州县辟为黉宫弟子,不就,一意诗歌,时称"二傅"。汝楫早卒,诗类晚唐。如:"野人卧酒翻荷爵,山鬼缝衣傍荔墙。"又如:"沙际学书寻鸟迹,林间会意解禽言。"又如:"几处姓名留洞府,十年瓢笠任风烟。"皆佳句也。

（《榕阴新检》卷十六《诗话》引《竹窗杂录》）

九三、云崩塔势

吴兴道场山有海天阁,谢在杭为司理时题诗云:"飞阁接天都,珠宫控太湖。山光围百雉,野色入三吴。木落禽声尽,云崩塔势孤。东南多王气,回首起栖乌。"而"云崩塔势孤"之句,为时人所传诵。友人郑翰卿寄之诗云:"翠荇青蒲碧浪湖,裁诗对酒忆人无? 谢郎近日纵横甚,尚有云崩塔势孤。"

(《榕阴新检》卷十六《诗话》引《竹窗杂录》)

九四、述净名意

隋王胄卧疾闽越,《〈述净名意〉序》云:"余卧疾闽海,弥留旬朔。善友颙法师劝余以《净名妙典》调伏身心,力疾粗陈其意。敬简法师《云尔诗》云:'客行万余里,眇然沧海上。五岭常炎郁,百越多山瘴。兼以劳形神,遂此婴波恙。桐雷邈已远,砭石良难访。抱影私自怜,沾尽独惆怅。毗城有长者,生平夙所尚。复籍大因缘,勉以深回向。心路资调伏,于焉念实相。水沫本难摩,干城空有状。是生非至理,是我皆虚妄。求之不可得,谁其受业障。信矣大医王,兹力诚无量。'"

(《榕阴新检》卷十六《诗话》)

九五、边塞风景

唐诗述边塞风景,佳者都在五言及七言绝句耳。至于七言近体,佳句不数数见也。余友郑翰卿工七言,且少游边疆,检其集中多悲壮语,如:"马邑吹笳烽子急,雁门猎火健儿归。""霜色欲将关树拆,河声如带戍楼奔。""马行空碛闻嘶断,人度残冰过语喧。""沙碛到天归马小,朔云连海远鸿伍。""剑戟已消兵后火,髑髅犹泣战时疮。""回中晓灶炊霜饭,碛里宵衣踏月行。""碛上阴云连塞黑,关前落日带沙黄。""乱山独马嘶残月,远碛离鸿叫曙霜。"胡骑分营来汉冢,蕃河流水到秦川"等句,令人读之有封狼居胥之志。若陈幼孺之"雕飞塞日翻胡影,马饮流泉咽汉声";马季声之"马勒桃花衔首蓿,笳吹芦叶度榆林";谢在杭之"风吹紫塞草欲尽,马蹴黄河冰未残",亦不减郑生高韵。

（《榕阴新检》卷十六《诗话》引《竹窗杂录》）

九六、紫阳书院

长乐陈少司马致政还山,结庐于武夷五曲云窝隐焉。云窝占九曲之胜,曲榭危阑,高轩疏牖,莫不精丽。云窝之左为朱文公书院,颇颓塌荒废,有友人经游,题一诗于壁云:"紫阳书院对清波,破壁残碑半女萝。颇爱隔邻亭榭胜,画阑朱栱是云窝。"是时司马久未入山,后至见壁间诗,笑曰:"题诗者其吾荛臣乎?"即日捐囊中装为之修复。今书院弘敞尤胜。

（《榕阴新检》卷十六《诗话》引《竹窗杂录》）

九七、樊川集

《雍录》曰:"樊川在长安南杜县之樊乡也。高帝以樊哙灌废丘有功,封邑于此,故曰'樊川',即后宽川也。"又名"御宿川",在万年县南三十里,杜佑别墅在焉,故裔孙牧目其文为《樊川集》。《别集》一卷,姚宽《西溪丛语》以为许浑之诗。许曾至郁林,杜未有西粤之役,而《别集》有"松牌出象州"之句,姚语或有据也。然其中又有《寄许浑》并"华堂今日绮筵开"诗,乃牧之作。疑信相半,难以别白。

（《重编红雨楼题跋》卷一）

九八、杜荀鹤佳句甚多

会昌中,杜牧之自齐安移守秋浦,时妾有娠,出嫁长林乡士杜筠,生荀鹤,自号九华山人,大顺初擢第,授翰林学士、主客员外郎、知制诰。顾云序其集为《唐风集》，开卷《宫词》一首，欧阳公《诗话》谓是周朴作。按《幕府燕闲录》云："荀鹤诗鄙俚近俗，惟《宫词》为唐第一。"谚云："杜诗三百首，惟在一联中。风暖鸟声碎，日高花影重。"实非周朴也。然荀鹤之诗语太刻削，虽乏浑厚之体，而佳句甚多，何止一联。绝句如"山雨溪风卷钓丝"一首，"暮天新雁起汀州"一首，泠泠有韵，区区《宫词》，何能尽其平生哉！斯本建安杨文敏故物，抄录精善。首有杨氏印章，后归建安丘文举，文举转以赠余，因考其人而评其大略如此。

（《重编红雨楼题跋》卷一）

九九、韦庄诗调新逸

韦庄诗《百家》未收，但于《鼓吹》中见其七言近体及诸家所选数首而已。偶入秣陵，友人郭圣仆出韦诗一帙见示，乃宋板也。遂命工抄录，以备观阅。时谢在杭方为比部郎，亦喜其诗调新逸，亦写一帙而去。

（《重编红雨楼题跋》卷一）

一〇〇、薛涛集

唐有天下三百年，妇人女子能诗者不过十数人，娼妓诗最佳者，薛洪度、关盼盼而已。彤管所载，不得一二；女史所收，不得三四。近曹能始参藩西蜀，梓而行之，洪度诗五百首，此亦断圭残璧，非完璞也。中有《赠杨蕴中进士》一首，虽凄惋可咏，然鬼语无稽，余乃拔附集末；田洙联句，尤为不经，竟删去之。无事斋居，手自抄录，以备讽咏，庶几瘭寐红妆，仿佛环佩矣。

（《重编红雨楼题跋》卷一）

一〇一、高登佳句

宋漳浦高登，金人犯阙，上皇出走，登时为太学生，谓"国家为蔡京、童贯、王黼、梁师成、李彦、朱勔所误,请诛六贼以谢天下"。朱文公为《东溪祠堂记》,《文献通考》载《东溪文集》二十卷,此乃掇拾残篇,非全集也。诗如:"作橼只三语,读书空五车。""一无可意身将老,百不如人心自知。""家连沧海难穷日,人在蛮荒欲尽头。"启如:"分忧南服,得诸侯之宝三;俪美古人,有君子之道四。""梁子徒劳走州县,嗟十年其犹初;萧生不得行胸怀,虽百岁而何益。""伯乐去而凡马空,象罔来而玄珠得。"皆佳句也。

（《重编红雨楼题跋》卷一）

一〇二、陆游沈园感旧

偶览瞿宗吉《归田诗话》,谓:"放翁初婚某氏,伉俪相得而失意于舅姑,竟出之。改事人,后游沈园,邂逅相遇,翁作词有'错错错''莫莫莫'之句,盖不能忘情焉尔。"《沈园感旧》二绝,是其晚年之作。诗云:"梦断香销四十年,沈园柳老不吹绵。此身行作稽山土,犹吊遗踪一泫然。"又云:"落日城头画角哀,沈园非复旧池台。伤心桥下春波绿,曾见惊鸿照影来。"诗意哀怨,正为此也。遂识卷末。

（《重编红雨楼题跋》卷一）

一〇三、戴石屏诗集

《南村辍耕录》云:"戴石屏未遇时,流寓江右,武宁有富家翁爱其才,以女妻之。居二年,忽欲作归计,妻问其故,告以曾娶妻,白之父,父怒,妻婉曲解释,尽以奁具赠夫,仍饯以词云:'惜多才,怜薄命,无计可留汝。揉碎花笺,忍写断肠句。道旁杨柳依依,千丝万缕不住。 一分愁绪,捉月盟言,不是梦中语。后回君若重来,不相忘处,把杯酒浇奴坟土。'石屏既别,遂赴水死,可谓贤烈也矣。"余按:石屏、南村俱天台人,相去不甚远,南村笔之于书,非谬也。

（《重编红雨楼题跋》卷一）

一〇四、王兹月洞诗

《王介翁集》仅得律绝三体,皆类晚唐口吻,置之《百家唐诗》中,孰辨其为宋人也? 清新工巧,即顾况、雍陶亦不过此。至于"多难识君迟"、"绿柳影分骑马路"数句,实出晚唐成语,略更缀一二字耳。又按先生义不仕元,放情林壑,故其诗逾工。斯本乃建溪詹鼎卿孝廉所惠,至樵川仁寿寺始为披览,惟恐易尽。读既尽,遂评其大略如此。

（《重编红雨楼题跋》卷一）

一〇五、傅汝砺诗集

傅若金诗,在胜国卓然杰出者。胡元瑞持论甚正,《诗薮》多引傅句,惜梨棘漫漶,纸烟模糊。此本洪武间刻,世不多得,重录珍藏,尚有所待。

（《重编红雨楼题跋》卷一）

一〇六、张宪玉笥集

胜国人才之盛,超宋接唐,当时善鸣者凡数百家,皆流丽逸宕,以情采风致胜。会稽张思廉之作古体,炼句炼字,出入温、李;近体有法度,比肩刘、许,读之唯恐易尽。张公生于元季,张仲达选《元音》十二卷,宋公傅选《体要》十四卷,皆遗思廉姓氏。盖二公选诗时,思廉全集尚未传之人间,向非侍御黄玉辉梓而行世,则思廉将腐同草木耳。此本余得之故家所藏,不绝如线矣。重加装订,秘之箧中,尚俟质之诸同调再刻以传也。又按:都玄敬诗话云:"思廉元末流寓吴门,时张士诚欲结纳游客,大开宾贤之馆,闻思廉名,礼致为枢密院都事,思廉遂委身事焉。未几张败,思廉变姓名走杭州,寄食报国寺,旦暮手一编,人不得窥。后思廉死寺中,人取视之,乃其平生所作诗也。孙司业大雅尝为著传。

（《重编红雨楼题跋》卷一）

一〇七、王行半轩集

原东逸史作《半轩传》,谓其有《楮园集》十五卷,《半轩集》六卷。此部名《半轩》,又分十二卷,似后人缮写时重编者。先生生胜国之末,与郡人高季迪、徐幼文友善,于文字中往往及之。高工于诗,脍炙人口,而文则甚平淡,且不多见。先生诗虽不逮季迪,文实过之。每一篇中,辄出奇意,亦胜国之铮然者。翻览之际,恒讶其赠送医士甚多,及读《半轩传》,始知先世以卖药为生,故与医家往来为密耳。

(《重编红雨楼题跋》卷一)

一〇八、周玄与闽中十子

国初洪、永之季,吾闽能诗之士甚众,不独十才子擅鸣于时,而周微之为林子羽高足,名最著者也。微之,一字又玄,永乐间以文学征,授礼部祠祭司员外郎。为诗瑰奇悲壮,尝赋《揭天谣》,酷类李长吉,其他作总不离盛唐声调。

万历初,袁景从、马用昭二先生辈选刻《十子诗》,仅收微之六十首,又以子羽一绝误入。予近见钞本《宜秋集》,得古近体及诗余一百七十余篇,视袁、马二公所取且三倍之。皆汸汸大雅之音,信可传也。若不尽录之,殆将如线之绝矣。顾微之之诗当不止此,此何异凤毛麟角哉!

微之与龙门高廷礼善,令苍头肩书数千卷,止廷礼家读之,无何别去,尽弃其书,曰"已在吾胸中矣"。颖悟强记,又岂流辈之所及耶? 微之生卒不可考,按王孟扬挽微之诗云:"早岁擅芳名,中年一宦成。莺花平日泪,烟月故山情。落魄嵇中散,猖狂阮步兵。可怜埋玉处,芳草傍谁生。"孟扬死于永乐十三年,微之则死于孟扬之先矣。

王孟扬《挽微之》诗,未尝言其无嗣,而赵景哲《哭微之》诗云:"可恨传家无令子,空怜许国有孤忠。"又云:"幽蓟一官成永诀,东瓯三载慕清风。"则微之无后而卒于官矣。惜夫!

(《重编红雨楼题跋》卷一)

一〇九、高棅啸台集

龙门高廷礼先生以诗鸣于洪、永间,所著有《啸台集》《木天清气集》,而《木天》诸诗,先正黄襄敏公刻之家塾,与王安中《白云樵唱》共行于世,虽年远鲜传,而积书家或有藏者;至于《啸台集》,乃襄敏公先为授梓,板今不存,后学之士,无从得观。余兄弟求之十年,始得之张海城广文,海城得之林碧田茂才,糜烂醢鸡,不绝如线。原分八卷,此帙失去五七言古风,惟存五七言律及绝句而已。友人高景倩喜收前辈遗言,又笃同姓之谊,遂借抄录,手自校定,自是廷礼先生之诗将绝而不绝矣。第未知何日有好事者再为录梓,永其传也。昔袁舍人、马参军汇刻《闽中十子诗》,收廷礼所作,亦甚寥寥,此集虽瑕瑜相半,然有可采者。景倩书成,余因为之引其端,庶后人知景倩用心之勤,其功德不在袁、马二公下耳。

高漫士《木天清气集》,先正邓大参公珙曾梓而行之。此《啸台集》也,仅存近体,而古风则散逸无从觅矣。斯本墨纸薄弱,年久蛀蠹,高景倩、谢在杭先后借录各一副,尚俟广求藏书家以成全璧。

(《重编红雨楼题跋》卷一)

一一〇、王偁虚舟集

王孟扬诗,国初之巨擘也。近年马用昭选刻《十子诗》,什删二三,盖与袁景从商榷去取者,较旧本去一百六十三首,虽所芟者不甚雅驯,而弃掷不收,殊为可惜。是帙乃永乐时刻,流传至今,不绝如线耳。因购藏山楼,重加装订,且记数语,俾子孙知所宝藏也。

(《重编红雨楼题跋》卷一)

一一一、吴海闻过斋文集

吾乡先辈吴先生朝宗,为人尚行检,重气节,洪武初隐居不仕,与永福王翰友善。翰为胜国死，先生经纪其家，抚遗孤偶，教之。生平为文集八卷，整严古健，一归于理。洪武中，孟旸曾编刻行世，尝以是集赠庐陵杨文贞公，文贞谓："近时闽中之文，以吴鲁客为巨擘也。"孟旸所梓者岁久弗得，此板乃藤山郑公浚重梓者，迄今百二十余岁，板复散失，传者鲜少，先生之文，不绝如线矣。余偶从旧肆得之，批诵数四，辄兴景仰之怀。嗟嗟，文章显晦，固自有时，由今以至千百岁后，不知谁为王、谁为郑也。谨什袭密藏，俟吾乡有博雅好古之士出，当谋梓以传。

吴先生人品之高迈，载在郡志特其一二，未足以尽先生。其文章之沉着蕴藉不必论，至于答侍制左丞之书，可谓澄之不清，淆之不浊，即嵇叔夜莫是过也。惜其子孙寖微，未能阐扬先德，而后学如燃，贫而且贱，又不能为先生授梓行世，然每批诵辄动高山之仰尔。

（《重编红雨楼题跋》卷一）

一一二、林春秀苦吟

己未十月初二日，余过困溪，子实同商孟和、林臣芝访余舟中。时余为滇游，子实恋恋不忍分手。庚申孟陬，余游滇不果，至楚而返，夜至困溪，泝流而下，及抵舍，闻子实以腊月死矣。呜呼，子实生平苦吟，人无知者，自余识子实为之述，世乃知古田有诗人。余又为之梓《枕曲集》行于世，予不负子实矣。此帙乃舟次示余者，中多警句，皆刻后所著，尚俟异日附梓集后，以待子云之知。

（《重编红雨楼题跋》卷一）

一一三、镜湖清唱

国初吾郡诗人辈出，十子而外，复有二十余家，有传有不传，实幸不幸也。郭麐字敬夫，湮没二百余年，无有知者。予近得钞本诗百十篇，有《挽鸣秋赵景哲》之作，而罗宗让觉非有《和郭敬夫》诗，语云"不知其人视其友"，敬夫实清世之隐君子也。集中有《送兄楚芳上春官》，楚芳名兰，永乐三年乡荐,姓名见于《郡志》。敬夫《青铺岭绝句》云:"家林想在空蒙外,一带螺江隐翠微。"又有"门前湖白与山青,分携空过白湖亭"之句,其所居当在白湖、螺浦之间,与鸣秋山相邻并也。予既录其遗编,并为考其地里,付曹君能始授之梓,敬夫之名从此弗至湮没,不亦厚幸矣乎! 崇祯庚午,三山老叟徐𤊹兴公撰。

(《重编红雨楼题跋》卷一)

一一四、廖师贤越坡稿

廖先生字师贤,世居越山之下,自号越坡。厥考云腾,登进士,官刑部郎中。先生以《易》举正德丙子乡试第三名,丁丑成进士,授海宁府,以病乞教职,改国子博士,间岁竟卒于官,年三十五,无子,所作有《一统志略》,汪郡守文盛刻置郡斋,盛行于世,而诗文则散逸无传矣。𤊹家藏先生手录诗一卷,字法苍劲,恒爱宝之。近曹能始选梓《明诗》,乃录而附于陈东《槐堂集》之后。先生名列《福州郡志·文苑》,此亦龟毛兔角也。

(《重编红雨楼题跋》卷一)

一一五、林章诗选

吾乡林初文先生十岁能诗,称奇童,性豪宕,不拘拘于绳墨。十七以《毛诗》冠诸生。神宗即位之初年,又以《春秋》魁乡荐,天才宏赡,文赋诗歌,援笔立成,其所为应举文,率多师心匠意,奇险不经人道语,以故屡上春官屡不第。既而移家秣陵,著作日富,竟流落偃蹇而终,同时无不为先生惜者。

予谓先生虽负才不遇,而不朽之名固未尝负先生也。大抵人第患无才耳,才而遇者上也,苟才而不遇,能以笔代充钺,寸管尺蹄,博荣名于千古,权亦不浅,往昔无论,即近代如卢次楩、徐文长,生前淹抑,九原可作,咸愿执鞭,岂必遭时遇主而后垂声异代。先生虽举孝廉乎而牢骚不平,与次楩、文长诚无轩轾。然次楩、文长身后寒落不可问,先生二雏英英,能世其业,是先生曲身于前,伸于身后,岂卢、徐二先辈所可几耶! 先生既不得志于有司,乃著

《娥眉篇》以自解,海内争传诵之。迩年子邱、茂之为梓《诗选》,但窥先生一斑,兹复汇次全集,以行于世,不独张闽赤帜,抑亦足以称霸于中原矣。至于先生负经济才,感愤上疏,有封狼居胥之想。古人云"有才如此而使之流落不偶,宰相之过",况时宰既知先生才,复痼先生至死,宁不令人长太息哉!

先生同年蔡奉常公,谈先生当年事且亹亹矣,予小子不及识先生,诵其诗,读其书,想其为人,乃为之论次如此,聊自托于《招魂》《九辨》之谊云尔。

（《重编红雨楼题跋》卷一）

一一六、闽中陈氏五世工诗

吾郡陈氏,自民部公与参知、光禄,以至长吉、太冲兄弟,皆有文学,盘生为长吉之子,箕裘大业,声称最著。曹能始选其五世之诗,为梓以行。夫五世贵显者,海内恒有之,若五世工诗,并著明德,则甚难矣。然余先大令与参知为执友,于是陈、徐笔研之交亦历五世,则又难矣。今读盘生斯集,深有感也!

（崇祯本《大江集》卷首）

一一七、陈衍大江集

君少美才,且兼抱济时之略;性匪婑阿,徒增负俗之致。世吞火矣,竞竞饮冰;时附膻也,凛凛茹淡。每带绖以行吟,恒披裘而散发,簪弁之流目之曰"傲",纨绮之子嗤之为"狂",君但阉尔自修,怡然弗顾。虽应时之业,屡曲于有司;乃垂世之文,见推于名宿。博综群籍,无忝书淫;结撰多年,何惭传癖。以彼其才沦落未遇,是皇猷润乏于掞藻,国典不寄于洽闻也。

聿观集中,乐府逼真汉人,诗词媲美唐代,传记必本于迁、固,论说咸出于机、康,碑铭长言,等燕然、番吾之勒;题赞小品,迈坡老、涪翁之制。至于烈士畸人,遗行必表;高踪逸轨,懿媺咸章。以视他人应酬之作,虽多奚为;若夫自己代笔之词,纵美不录。且也历览中朝故实,忧时动贾傅之交颐;广收先代名书,格古目舌茂先之法眼。况内行淳至,气义激烈,读其文足觇其人,喜其品尚论其世。政刘彦和所谓情采悉备,风骨俱峻,气合风雨之润,笔吐星汉之华,岂非词苑之俊流,艺林之哲匠乎哉！允宜海内名辈,乐与缔交;阛阓鄙人,所当侧目者矣。

集名《大江》者,尚含漾淼之思,时切烟云之想,元龙湖海,卧客子于床下;仲举蓬蒿,安扫除乎一室。以今况古,途辙攸同,业富藏山,尤深赏誉云尔。

（崇祯本《大江集》卷首）

一一八、樵林摘要稿

淮南蒋主孝诗名弗显,今时选诗诸君子皆遗于掇拾。余得《樵林摘稿》一帙,乃蒋公所自选者,诸体皆有古意,中惟《五王击球》一首,尤为沙中之宝。击球诗宋元诸公集中多有此题,元张思廉一作,足称绝唱,蒋君可谓具体而微矣。他作如《大堤曲》《渭城少年行》《陇头吟》,亦不失唐人格调也。

（《重编红雨楼题跋》卷一）

一一九、诗原性情文出肺腑

昔钟嵘论诗,例分三品,盖诗之为义,动天地,感鬼神,而性情之所以发也;刘勰弹文,篇侔《易》数,盖文之为用,本乎道,体乎经,而肺腑之所以寄也:二贤撰述,千载如新,启迪后来,良为深远,何也？诗不原于性情,是乃不根之枝叶,文不由于肺腑,终为无源之流波。雅颂既湮,诗肠日异,《六经》不作,文体寝衰。莫不家握灵蛇,户珍垂璧,升堂虽众,入室几何？若使五音克谐,可咏可歌;一篇合道,可诵可观者,则吾见其人矣。

（《重编红雨楼题跋》卷一）

一二〇、曹学佺石仓集

友人能始曹公,七龄受书,千言倒覆,对客善答果之敏,逢人解题酪之义,莫不谓干,莫有立断之锋,骐骥有立至之足。髫年得隽,忽播芳名,绮岁登朝,遂膺华誉。文章乃其凤业,词翰为其本来。积岁稍深,好学弥笃。丹铅黑椠,终日随身;缃帙缥囊,无时去手。植之八斗,曾之书仓,方之尔祖,殆无过焉。

其计部长安也,则有《蓟门》之什;其廷慰陪京也,则有《金陵》之集;其乞宁亲之假也,则有《芝社》之咏;其参紫微之省也,则有《入蜀》之篇。词气春容,自然中律;才情雅赡,蔚尔名家。至于山水荡其性灵,丘壑鼓其幽致,每形赋咏,辄记练笺。山则岱岳、匡庐、峨嵋、雁宕,水则太湖、彭蠡、滟滪、西湖,寄兴殊深,托怀愈远;篇章日富,记撰尤繁。骚客至则如归,标雅坛之赤帜。缁流从之若赴,固佛国之金汤。故交游尽海内之名流,随喜极震旦之宝刹,其丰神也如此,其才调也如彼,诚吾党之俊流,清时之伟器也。

不佞与君少年结契,终岁论文,齿忝称兄,才惭作弟,虽清尘浊水,固有悬绝之殊;而廊庙山林,实有相资之谊。君以序言属笔于余,予知君最深,述君能备,若曰谀词阿其所好,无惶恤焉。

（《重编红雨楼题跋》卷一）

一二一、曹学佺游山诗

能始乞假还,半载于兹,凡名山佳水,辄往啸咏。藤山看梅,鼓山望海,余尝从焉。近复裹粮买舟为永福之游,约余偕行,予质不耐登舟陟险,重以天气溽暑,坚辞不往。只与沈从先往,归来以诗稿示余,多有蕴藉深沉之语。偶于蓬廊下拈败笔,录其十三首,留之竹藤斋,虽未能躬履其地,亦当卧游之一助云。

（《重编红雨楼题跋》卷一）

一二二、论洪永正嘉诗

夫阐发性灵,穷写情物,莫善夫诗。故诗理渊宏,非思深者不能窥其奥;诗体错杂,非定见者不能得其宗。若夫思弗深而见弗定,虽日捻千言,去诗道远矣。吾乡善鸣诗家,代可指数:洪、永之间,敛胜国之浮华,归之故实,声味隽以永;正、嘉之际,洗道学之习气,本之温厚,格调雅以正;迄于今日,诗教蔚兴,彬彬如也。

（《重编红雨楼题跋》卷一）

一二三、陈鸣鹤泡庵诗选

友人陈汝翔,抱性贞遐,寄情泉岛,拟丽则之资,勤探讨之学,少耽声律,老而弥工,艺苑树标,三十余载。感物有赋,遇景则诗,长篇短句,情采备陈;限韵分题,宫商叶奏。诗魔不入肺腑,冰雪沃其灵髓,《赠友》笃陈思之契,《述志》励北海之贞,《咏怀》据步兵之兴,《述哀》动黄门之悲,《咏史》高太冲之见,《田居》慕征士之风,《游山》踵康乐之躅,《怨别》怆惠休之衷。哀乐之起,冥于自然,喜怒之端,非由人事。钧陶方寸,运用神解,要皆缘裔穷宗,知有所自;达流溯派,妙得本源。可谓遵秉古法,尽涤时趋;惕志匠心,篱唾不拾者矣。

伊余不榖,忝附同声,随有赓酬,互相质证,前后诸篇,屡余拣择,名曰《泡淹诗选》。墨客苦心,已齐芳于文囿;幽人逸致,得流耀于藻园。

(《重编红雨楼题跋》卷一)

一二四、安国贤诗

自国初定鼎两都,万户封侯,布满天下。吾郡设卫有四,历二百余年,中间以世勋而成武功者,代不乏人,求其能占四声,颉颃艺苑,列于作者之林,何仅仅已。盖韬钤者正业,而翰墨者绪余,所重在彼,所轻在此,乌能兼长也。

荩卿辕门世胄,少负美才,多结交贤豪长者,刻意力学,喜为声诗,有景即题,无奇不赋,十年以来,吟稿成帙,翩翩乎有大雅之音。文采错杂,夺干旗组练之光;才情锋颖,侔龙渊湛卢之利,进乎技矣。荩卿行将谒选司马,黄金横带,后拥前呼,却毂《诗》《书》,元凯《经》《传》,荩卿盖饶为之,不亦词坛之大将乎!

嗟夫!绛、灌无文,随、陆无武,荩卿年尚少,更取《阴符》《黄石》诸书绎之,又不独以诗名宇内也。荩卿勉旃!

(《重编红雨楼题跋》卷一)

一二五、义溪陈氏诗

闽称甲族,莫若义溪陈氏,自侍读、中丞以至参知、宪副,派衍百年,人传五代,不独金紫辉映,海内所稀,即词藻焜耀,并足流芳济美,合藏金匮,可被管弦者也。厥裔伯孺、幼孺,起时名于布衣,踵祖先之遗轨,凌轹词场,颉颃艺苑,始知继诗派而未坠,缵家学以弗湮。

(《重编红雨楼题跋》卷一)

一二六、陈公选诗

余既得交二孺,乃因投分仕卿。仕卿为二孺族子,而齿稍长,尝困公车不售,弃去治诗,时时追随从父,赓酬倡和,殆无虚日。结一室于深山之中,所往还则园翁溪友,所吟咏则鱼鸟烟霞,久之成编,清新俊逸,绰有《硕人》《考盘》之致。较之前哲廊庙之音,虽涂辙稍异;而方之从父比兴之旨,则具体而微矣。颍川多才,不其然乎!

余去岁偶为越东之游,仕卿忽捐宾客,方其属纩以前,谆谆以不朽之业嘱其从父,令余序而传之。余归受其遗业,且读且泣,如初丧应、刘,神情恍惚,已乃稍为删润,布之同声,俾后之诵其诗者,月露溢于篇章,风霜生于齿颊,奚必纡金拖紫,而后媲隆于先世也哉!仕卿喜种芭蕉,每夜雨则听而忘寐,以之名集,盖从其初志云。

(《重编红雨楼题跋》卷一)

一二七、许天开诗

吴中山水清越,而洞庭诸峰,缥缈入云,震泽具区,汪洋而不可测,往往畸人韵士孕灵其间。许君天开,结庐高隐,有硕人蔼轴之致。居常喜吟咏,与葛震甫先生交最欢。去岁挟一觚觚为闽游,溯建溪,渡延津,故人鲜绨袍之赠,旅邸乏常何之荐,以故落落不称其所怀。来虽歌铗无鱼,而耽诗不废,昔人云

"诗以穷而后工"，似为天开发也。震甫与予交垂四十年，服膺歆慕，非寻常泛友之比，天开相见，亦必称震甫不置。自是臭味，予即不知其人，然视其友，实足慰生平矣。

（《重编红雨楼题跋》卷一）

一二八、王则巽诗

王则巽负俊才，屡行其制艺于海内，名籍甚公卿间。迩岁北游太学，道经吴越、齐鲁、燕赵之墟，又喜为诗歌，以写胸臆，复行其诗，质正于大方君子。呜呼！诗至今日，已成变局，意不必经人有，语不必经人道，谈诗者往往嗤汉魏三唐为陈腐，辄创新意，造奇语，自诧以为瑰异，骇众目，予实不敢谓其不然。大都制艺与时高下，而诗亦因时递变，不能强其法之所必合也。则巽好操觚，笔端云锦，烂若天孙，注意措词，皆汉魏三唐人所不能道语，正符时局，行且挟此游大区，必有嗜之若昌独者。予何庸赘！

（《重编红雨楼题跋》卷一）

一二九、万印角闽游草

暮春之初，麻姑万印角先生投刺访予于鳌峰之麓。予闻印角名且久，一见快若平生。匆匆别往漳南，留连数阅月，复返三山，投予《闽游诗草》，皆与漳中诸同社倡和之什，予读而羡之。夫建武与闽接壤，百余里即达樵川，州有八而游其六。闽故在海滨，山川风景，大类建武，不足夸诩。惟是丹荔黄柑，江瑶蛎房，可供口腹；海色山光，茉莉蕙兰，可娱眼目。印角行装，虽逊于陆大夫游南粤时，而所赋诗歌，满囊珠玉，何必有黄金始称壮游哉！印角方驰名于黉校，槐黄期迫，不得不归赴名场，得时则驾，走马长安，一展《游草》，得无并州之思也乎！

（《重编红雨楼题跋》卷一）

一三〇、盛桂海诗

吾邑为八闽首治,上而台司郡守,下而编氓里胥,朝而期会参谒,夕而钱谷簿书,一行作吏,雅道都废,即耽吟好咏,有所不能兼也。前令君盛公桂海,莅任数年,以入觐行,行后风波顿起,不能自白,值前总戎赵公淇竹,与公同桑梓,亦以诖误,同挂白简,同时税驾钟山禅寺候廷议,邸中互相倡和,以消旅况,积而成帙。夫屈子放楚,著《骚经》以舒孤愤,庄舄客越,乃微吟而思故乡:实有不得已而夺其情者也。令君感时赋物,寓兴赠酬,金玉铿锵,浑然大雅,绝无牢骚幽郁不平之气,岂非涵养素定,付功名得失于意象之外者乎!他日公道大开,赐环命下,吾知令君又无暇作春鸟秋蝉之吟矣。

(《重编红雨楼题跋》卷一)

一三一、邓庆寀还山草

邓道协为观察汝高先生仲子,少游太学,屡试乙榜,遂拜官长芦司醝,寻转金陵武德参军,奔驰世路十年所矣。今岁观察始归魄首丘,而道协策蹇还山,一哭松楸,淹留故乡者累月。旧时知交文酒过从无虚日,有倡必酬,有赠必答,寔囊中草,累累然满矣。夫诗,虽言也,意兴不高者,弗工;家无源者,弗工;交游弗广者,弗工;亲米盐琐屑细务者,弗工。道协高视阔步,能读父书,海内贤豪无不折节定交,且不问家人生产,侨寓白门,择华林园故址,筑舍以居,积书数万卷,种花三五畦,若隐若显,若智若愚,诗日益工,贫日益甚,道协于于然安之。观察向与予同社,予严事之。邻篦频闻,羡阿徒之清淑;酒炉既邈,见野鹤之超群。因题数语以归之,兼喜汝高之有子也。

(邓庆寀《还山草》卷首)

一三二、诗与时递变

吾郡之诗,自国初至今盖四变矣。国初重风调,不失王、孟矩矱,林子羽

"十子"是也。成、弘之际,重气骨,步趋少陵蹊径,郑继之诸君是也。万历间重法律,取裁六朝、汉魏、三唐,而会宗之,称一时之盛,陈氏二孺,与邓汝高、予伯氏惟和是也。至于今日,尽改二百年来之声格,别开炉冶,虽刊去陈言,而千古法不无离异。呜呼!学诗与时递变,亦风尚使然矣。

(《秋室编》卷首,清初刻本)

一三三、陈鸿秋室编

余马齿长于叔度,昔年所共扬挖诸子大半溘先朝露,惟叔度时时过余谈诗,交相赏也。叔度不善治生,独以诗为业。十二时中,行住坐卧,舍吟咏外,了无所事。每一相见,辄以诗倩余弹射,越一宿,则尽窜易其稿,句必以唐为宗,非唐人精粹之字则不用,譬如烧丹,火候既到,则金光自流。若云叔度以汉魏、六朝之旨,虽古雅可观,而律之以三唐,正始之音,不骎骎入高、岑、王、孟之室乎!忆叔度少时曾以诗质余伯氏,伯氏跃然曰:"吾子他日必以诗名世也。"夫识夜光之宝,非待其照十二乘时,当于未出蚌之日已卜其陆离耳。迩者曹能始主诗盟,少许可,亦雅量叔度。移叔度之居与邻,谓其可与言诗。《秋室》一集,余与能始所选,不为不严,叔度无怨色,犹谓其多谬。以余知诗,命为之序。

(《秋室编》卷首,清初刻本)

一三四、闻莺馆社集诗

昔戴仲若春日携双柑斗酒,听黄鹂声,此俗耳针砭,诗肠鼓吹。吾友陈仲文读书三山,帖括之余,间事吟眺。春王下澣,适其初度之辰,乃约同侪集陈孝廉东园闻莺馆,分韵操觚,各成七言十韵。园中有台榭林木岩石之胜,而莺声宛转,如少姬按歌,音节嘹亮。仲文诸君以闲吟互相和答,正堪鼓吹诗肠,必不令仲若笑人地下耳。是日共游者十一人,而诗成者仅半。刻羽流商,泠泠有韵,宁让金衣子载好其音也哉!

(《重编红雨楼题跋》卷一)

一三五、曼声集

秋月春花,怅兰桂于冰夕;湘云楚雨,感朝暮于千年。是以鸾歌凤吹之中,急管繁弦之下,睹春山而送目,盼坠马以兴思。巧笑东邻,墙窥宋玉;怜香曲室,帘隔韩郎。红楼白苎歌残,翠馆银罍酒尽。镂金檀板,记幽会于丁年;佩玉鸣环,梦贪欢于甲帐。深红浅黛,想象于镜台铅粉之间;绣带罗衫,仿佛于小院麝兰之夜。宵缸暗别,泪湿流苏;晓帐割恩,魂离犀枕。新妆出户,鬓动行云;一顾倾城,目澄秋水。他生未卜,空寄有情之书;此恨谁知,难结无缘之遇。若夫凝脂傅粉,高巍胲妠之冠;丽色新声,深固珠襦之宠。别生宛媚,同擅浓华,或即物而起咏,或触事而留题,或因佳话而纪闻,或因同调而赓和,莫不留意于香魂,钟情于玉骨,真可谓放怀柔曼,感荡心灵者也。积有岁年,遂盈笺练,仿南朝之丽则,不无委弱之词;窃北里之余风,岂避浓纤之调。绿窗纱外,蘸弦管而启缥囊;黄里衣边,对青娥而陈缃帙。长吟短咏,追忆前欢;乐极悲来,兴怀往事。昔者先公孝穆帐中,曾咏《玉台》;卫尉宏基花间,常编《艳曲》。致光有《香奁》之诗,飞卿有《金荃》之集。多情杜牧,赋比秋娘;轻薄义山,忆兹锦瑟。风人之致,已曲尽于房帏;浪子之名,岂全伤于枕席。若曰儿女情多,风云气少,词皆累德,志在宣淫,无恤乎尔。

(《重编红雨楼题跋》卷一)

一三六、陈可栋神交篇

延年咏《五君》于生前,子美赋《八哀》于身后,二公皆身及交游者也。可栋神交往哲,几及百篇,益《五君》之简短,裁《八哀》之冗长,百世而下,犹有生气,诚艺苑之指南,文人之故实,岂曰兴怀于无情之地乎哉!

(《重编红雨楼题跋》卷一)

一三七、董允叔落花吟

唐人咏落花诗,独韦庄一首,传诵当时,至今读之,犹有生气。正、嘉间,吴中沈启南,文征仲曾赋十首和之,有至三四十首者,体物之妙,皆能超唐人而上之。允叔斯作,流丽清新,毫端若绣,试杂之征君《太史集》中,诚无轩轾。咄咄董生,进乎技矣!予为吟讽再三,因之阁笔。

（《重编红雨楼题跋》卷一）

一三八、拟古乐府

先君子极喜西涯先生《拟古乐府》。余童稚时,先君日为余解说二三首,尝谓其如老吏断案,令人箝口咋舌也。迩来虽博览群籍,年齿既壮,随览随忘,不如少时用志不分耳。此乃二十年前事,思之怆然。今以此本授之陆儿,令其日阅一首,庶几不为章句腐儒矣。

（《重编红雨楼题跋》卷一）

一三九、唐三体诗

《唐三体诗》一册,先君云:"丙寅年在京师得之林天迪先生。中朱笔评驳者,天迪也。"迨万历癸未、甲申间,先兄初学时又加批点。既又为谢在杭借去,亦品骘数则送归。最后莆友郑性之复借览,乃用墨笔涂抹以己意弹射。十年前舍弟取观,遂于题下小注地名。四十年来,已经五人之手,故开卷乱如涂鸦矣。然五人者皆少时事,未免谬悠,不为中的。偶尔检及,漫记其后,庶几后之人见善本书,勿轻点污也。

（《重编红雨楼题跋》卷一）

一四〇、光岳英华

此吾乡高南霍孝忠先生家藏者。万历丁酉春,偶从肆中得之,重加裱饰,秘之箧中。板已模糊,迄来未见翻刻,梓而传之,尚窃有志。卷首高氏惟一印章。惟一名均,见《府志·孝行传》,国初人。南霍其裔孙也。

(《重编红雨楼题跋》卷一)

一四一、槜李英华

槜李石田朱翰隐居乡校,所著有《石田清啸集》,多摹拟盛唐诸作,有数首可传。余有朱诗一帙,间取披阅,恒叹其名渐湮灭也。但选择颇真,去取有法,始知朱君不独善诗,且善选诗也。夫选诗最难,湖州有《吴兴诗选》,新安有《徽诗汇编》,宁波有《四明风雅》,吾郡有《三山诗选》,皆有小疵,视诸朱君之选,当让一筹耳。

(《重编红雨楼题跋》卷一)

一四二、环溪诗话

余访崔征仲大令,至抚之崇仁。崇仁在宋多名贤,著作俱轶弗传,仅得欧阳澈万言书暨《飘然集》,不独钦其忠义,而诗词之工,大弗类宋人唇吻,骎骎入元和、宝、历之室。既又考县志,知有吴《环溪诗话》三卷,遍求弗得。偶吴生大纮相过,托之录觅,乃于环溪裔孙处借得一册,乃嘉靖初年刻板,字颇漫漶,板久弗存,而孙支亦仅留此本,不绝如线矣。余披读之,赏其拈出多有佳句,足备诗家谭麈,遂令侍史缮录,因为校雠鱼鲁。吴氏宋有诸贤,亦彬彬盛矣,传至今日,其后寝微,而崇仁又无好事者重为锓梓,惜哉!

(《重编红雨楼题跋》卷一)

一四三、南溪诗话

《前集》皆采子美佳句,《续集》杂引各家。中有载谢迭山语,则知为元朝人所辑。

（《重编红雨楼题跋》卷一）

一四四、钟隐七贤图

按:钟隐天台人,五代变姓名,师郭干晖,《画谱》载其姓名,而画不多见也。七贤度关,世传粉本颇多,然小说家考核其人,各逞臆说。国初夏节亲见古图,谓:"开元冬,李白、张九龄、王维、张说、郑虔、李华、孟浩然同游洛南龙门遇雪,而虔图之也。"元人曹伯启有《七子图》诗云:"清潭飘逸事陵迟,七子高风世所师。公室倾危无砥柱,服牛乘马欲何之。"又以指晋七贤耳。千载之下,未有定说,几成聚讼。谢在杭曾出示余,今属叔子叔茹收藏,为题其后。

（《重编红雨楼题跋》卷二）

一四五、彭道士画

旧为林民部所藏,余友康君元龙收得之,每一展玩,辄心赏焉。康君既殁二十年,不复再睹。比来康郎守廉为余东床婿,始出诸篋笥,为之重加装潢,因考其事迹而题其端云。

（《重编红雨楼题跋》卷二）

一四六、古文类诗

古书句法可入诗者甚多:"文绣被台榭,菽粟食凫雁。"《晏子》"门外长荆棘,堂前生藿藜。""甲胄生虮虱,燕雀处帷幄。"《韩非子》"强弩弋高鸟,走犬逐狡兔。"《淮南子》"劲弩殪狂兕,长戟毙熊虎。""瓦石成珪璋,龙骏弃林洞。""凿石有余焰,年命已凋颓。"《抱朴子》"典御进新水,钩盾献旱李。"《颜氏家训》"金甲映平陆,铁马照长原。"《江淹〈答休范书〉》

（《徐氏笔精》卷六《诗话》）

一四七、警世语

《经鉏堂杂志》云:"不结良因与善缘,苦贪名利日忧煎。岂知住世金银宝,借汝闲看七十年。"可以警世。

（《徐氏笔精》卷六《诗话》）

一四八、广厦

梵志云:"多置庄田广修宅,四邻买尽犹嫌窄。雕墙峻宇无歇时,几日能为宅中客?"唐诗云:"多少朱门锁空宅,主人到老不曾归!"此可为营广厦者之戒。

（《徐氏笔精》卷六《诗话》）

一四九、空梁落燕泥

小说家尝言,薛道衡以"空梁落燕泥"句为炀帝所杀,非也。按本传,帝会议新令,久不能决,道衡曰:"使高颎不死,令当从行。"帝怒,令自尽。又《隋唐嘉话》:"道衡因事诛,帝曰:'能作空梁落燕泥否?'"只谓其从今不能赋诗耳,非缘此一句被杀也。不然,道衡佳句甚多,炀帝若果忌之,当早诛之矣。安能容其至年七十而死耶?

（《徐氏笔精》卷六《诗话》）

一五〇、三条烛

唐以诗赋取士,科试日给烛三条,作赋八韵。时谣云:"三条烛尽,烧残士子之心;八韵赋成,惊破试官之胆。"又云:"三条烛尽钟初起,九转丹成鼎未开。"然八韵律赋,似不待三条烛尽而后成,是知唐士才思迟钝,若温飞卿八又能有几耶?

(《徐氏笔精》卷六《诗话》)

一五一、杜律双字

杜律喜用双字,冷冷、冥冥、皎皎、凄凄、霏霏、细细、阴阴、娟娟、冉冉、事事、深深、款款、荧荧、飒飒、丁丁、寂寂、悠悠、处处、泛泛、纳纳、飞飞、萧萧、滚滚、短短、轻轻、片片、姗姗、飘飘、个个、辉辉、青青、白白、纷纷、淅淅、团团、双双、的的、漠漠、迟迟、荒荒、泯泯、欣欣、时时、村村、岸岸、惺惺、句句、哀哀、匆匆、晖晖、苍苍、茫茫、微微、脉脉、湛湛、袅袅、戎戎、淰淰,至古风歌行,又不可胜数矣。

(《徐氏笔精》卷六《诗话》)

一五二、后生

后生轻侮老成,从古为然。杜诗云:"晚将末契托年少,当面输心背面笑。"云溪范摅云:"近来年少轻前辈,好染髭须事后生。"东坡云:"世上小儿夸疾走,如公相待今安有。"以二公之名德,犹然不满于后生,况其他乎?

(《徐氏笔精》卷六《诗话》)

一五三、骥子熊儿

杜甫二子:一曰熊儿,宗文也;一曰骥子,宗武也。甫诗云"骥子好男儿",又云"骥子春犹隔",又云"骥子最怜渠",又云"诗是吾家事",又云"汝啼吾手战",而无一语及熊儿,何也?岂宗文失学耶?"失学从儿懒",岂指宗文耶?

(《徐氏笔精》卷六《诗话》)

一五四、南海宝玉

　　唐王珪之孙砅使南海，子美诗曰："家声肯坠地，宝贝休脂膏。"魏征之孙佑使交广，子美诗曰："南游炎海甸，世乱轻土宜。"子美爱惜王、魏，故戒其孙之却宝贝、土宜也。至岑参《送人尉南海》则曰："此乡多宝玉，慎莫厌清贫。"乃教之以贫也。今之为官多喜入广，其嘉州之意乎！

　　（《徐氏笔精》卷六《诗话》）

一五五、古柏行

　　子美《古柏行》云："霜皮溜雨四十围，黛色参天二千尺。"四十围者，言其干也。二千尺者，言其高也。语似不经。然段文昌武侯庙亦作《古柏文》云："合抱在于旁枝，骈梢叶之青青；百寻及于半身，蓄风雷之冥冥。"观旁枝合抱，则见干之四十围；百寻半身，则见高之二千尺。二公诗文暗合，柏树之大不诬矣。

　　（《徐氏笔精》卷六《诗话》）

一五六、唐贡荔枝

　　唐鲍防，襄州人。天宝末举进士，大历中为福建观察使。时明皇诏马递进南海荔枝，七日七夜达京师。防作《杂感》诗云："汉家海内承平久，万国戎王皆稽首。天马常衔苜蓿花，胡人岁献葡萄酒。五月荔枝初破颜，朝离象郡夕函关。雁飞不到桂阳岭，马走皆从林邑山。甘泉御果垂仙阁，日暮无人香自落。远物皆重近皆轻，鸡虽有德不如鹤。"目击时艰，一念忠恳可见。是知贵妃所食荔，实出南海，已见刘昫《唐书》并防诗。蔡君谟《谱》谓爱嗜涪州，岁命驿致。罗景纶以为"一骑红尘"，乃泸戎之产，恐误矣。

　　（《徐氏笔精》卷六《诗话》）

一五七、鹤林寺

李涉《游鹤林寺》云："终日昏昏醉梦间,忽闻春尽强登山。因过竹院逢僧话,又得浮生半日闲。"曾子固续云："昔人春尽强登山,只肯逢僧半日闲。何事一尊乘兴去,醉中骑马月中还。"

（《徐氏笔精》卷六《诗话》）

一五八、文士穷

孟郊《落第》云："出门自有碍,谁谓天地宽。"于濆《思归》云："日开十二门,自是无计归。"文士之穷,真堪涕泪。

（《徐氏笔精》卷六《诗话》）

一五九、射鸭

孟郊作尉,开射鸭堂,盖性喜射鸭为乐也。有句云："不如竹枝弓,射鸭无是非。"实自况耳。

（《徐氏笔精》卷六《诗话》）

一六〇、诗谶不然

白乐天十八岁,作绝句云："久为劳生事,不学摄生道。少年已多病,此身岂堪老。"然白公寿至七十五。

（《徐氏笔精》卷六《诗话》）

一六一、善才

元和中,曹保之有子善才,孙曹纲,俱善弹琵琶,有名。白乐天《琵琶行》

云：“曲罢曾令善才伏”，用当时事也。

（《徐氏笔精》卷六《诗话》）

一六二、乐天卖田宅

白乐天有诗云：“先卖南坊十亩园，次卖东郭五亩田。然后兼卖所居宅，仿佛获缗二三千。吾今年纪七十一，眼昏须白头风眩。但恐此钱用不尽，即先朝露归夜泉。”此语可为老人求富者之针砭也。

（《徐氏笔精》卷六《诗话》）

一六三、长吉诗用事

李长吉诗本奇峭，而用字多替换字面。如吴刚曰“吴质”，美女曰“金钗”，客酒曰“箬叶”，露剑曰“三尺”，水曰“玉峰”，剑具曰“簾籟”，甲曰“金鳞”，磷火曰“翠烛”，珠钏曰“宝粟”，冰曰“泉合”，嫦娥曰“仙妾”，读书人曰“书客”，桂曰“古香”，裙曰“黄鹅”，钗曰“玉燕”，蚕曰“八茧”，月曰“玉弓”、曰“碧华”，日曰“白景”、曰“頳玉盘”，帨曰“封巾”，城曰“女垣”，鼠穴曰“窜径”，天门曰“阊扇”，王孙曰“宗孙”，禁中曰“御光”，小柳曰“拱柳”，鹍弦曰“鸡筝”，竹曰“绿粉”，笋曰“龙材”，漆灯曰“漆具”，旅葵曰“旅狗”，带曰“腰鞓”，犬曰“宋鹊”，墓曰“坟科”，碑曰“黑石”，拍板曰“蜡板”，白马曰“白骑”，发曰“凤寠”，悬鹑曰“飞鹑”，日光曰“飞光”，槐曰“兔目”，鲐背曰“鲐文”，陶令曰“陶宰”，萤曰“淡蛾”，鲛绡曰“海素”，熊掌曰“玃拳”，五星曰“五精”，山曰“迭龙”，马曰“神骑”，天曰“圆苍”，女衣曰“银泥”，符曰“合竹”，钱曰“蚨母”，白黑曰“粉墨”，香曰“龙脑”，丹书曰“灵书”，宾雁曰“客雁”，湘君曰“江君”。

（《徐氏笔精》卷六《诗话》）

一六四、四皓

杨铁厓尝论四老人者,秦皇、汉帝之不可迹而招者也。使为子房一呼而至,子房之奴不翅也。岂足为四老人哉!子房之所呼者,老人之赝者也。盖子房一时巧术,借人间四老以动汉廷,如优孟之衣冠,面目髭鬓为叔敖而出者,汉祖惊见以为真,而太子之羽翼遂成,岂料其为赝也哉!汉廷诸人,罔有觉者,坠良之计深矣。太史公阙而不录,其知良之所为欤?唐李频《题四皓》诗云:"龙楼曾作客,鹤氅不称臣。"尊之也。余曾游桃源,有诗云:"种得桃花洞里居,子孙相约事耕锄。采芝笑杀庞眉叟,轻出商山翼汉储。"政谓四老人未宜轻出商山,不为秦人之高蹈也。

(《徐氏笔精》卷六《诗话》)

一六五、唐僧不戒酒

唐僧多不戒酒,余尝见有元人画《醉僧图》,僧可醉乎?任华《赠怀素上人》云:"十杯五杯不解意,百杯以后始颠狂。"韦应物有《寄释子良史酒》云:"秋山僧冷病,聊寄三五杯。应泻山瓢里,还寄此瓢来。"然则唐僧嗜酒者多矣,诗人不以为讳也。

(《徐氏笔精》卷六《诗话》)

一六六、僧饮酒

宋苏子美《赠僧秘演》诗云:"卖药得钱只沽酒,一饮数斗尤惺惺。"演涂去之,子美大怒,演云:"公诗传万口,吾持戒不谨,已为浮屠罪人,公从而暴之,可乎?"怀素工草书,同时为颜尚书、张处士饷酒与鱼,然则怀素亦饮酒茹荤僧也。予游四明时,与僧公朗交甚密,诗多奇警,亦终日陶陶然醉,屠纬真诸公亦不责之持戒。总之,未能见性,即左持酒杯,右持蟹螯,何害耶?

(《徐氏笔精》卷六《诗话》)

一六七、石羊松石

黄初平叱石为羊,在金华洞。金华饶古松,往往化而为石。陆龟蒙诗云:"万古清风吹作籁,一条寒溜滴成穿。"指东阳松化石也。石化羊,松化石,皆在金华,亦一异也。

(《徐氏笔精》卷六《诗话》)

一六八、兰眼莺唇

"兰眼抬露斜,莺唇映花老。"陆龟蒙《子夜歌》中语。

(《徐氏笔精》卷六《诗话》)

一六九、阿瞒岜郎君虎

唐玄宗称阿瞒。按《唐语林》:"开元二年春,上幸宁王第,叙家人礼。上曰:'大哥好作主人,阿瞒但谨为上客。'"杜氏《通典》亦云:"上禁中尝自称阿瞒。"干符岁僖宗幸蜀,罗隐诗云:"马嵬山色翠依依,又见銮舆幸蜀归。泉下阿瞒应有语,这回休更怨杨妃。"唐德宗小名岜郎。宋高宗小字君虎。

(《徐氏笔精》卷六《诗话》)

一七○、鹧鸪杜鹃

唐郑谷作鹧鸪诗得名。宋建炎中谏议大夫郑毂作杜鹃诗,谕百官当迎乘舆反正之意,称郑杜鹃。

(《徐氏笔精》卷六《诗话》)

一七一、杨大年

宋杨大年,数岁不能言。家人抱登楼,偶触其首,即能语,吟诗曰:"危楼高百尺,手可摘星辰。不敢高声语,恐惊天上人。"然李白峰顶诗曰:"夜宿峰顶寺,举手扪星辰。不敢高声语,恐惊天上人。"大年数岁能吟,岂前生夙根耶?

(《徐氏笔精》卷六《诗话》)

一七二、张三影

张子野号三影,谓"云破月来花弄影","隔墙送过秋千影","浮萍断处见山影"也。《后山诗话》又云:"云破月来花弄影","帘幕卷花影","坠絮轻无影"。若然,则五影也。

(《徐氏笔精》卷六《诗话》)

一七三、江郎石

江郎三片石,相传有江氏兄弟三人登之化为石。宋王禹偁诗云:"三茅遗躅在金陵,又见江家有弟兄。谢朓门前春色好,一时分付与岩扃。"余观江郎之石,高数十仞,非人所化必矣。然《郡国志》亦云江氏兄弟所化,岁渐长,此尤不根也。

(《徐氏笔精》卷六《诗话》)

一七四、橘虫化蝶

蝶之翅文者牝也,翅纯者牡也,多橘虫所化。范成大诗云:"橘蠹如蚕入化机,枝间垂茧似蓑衣。忽然蜕作寻花蝶,翅粉才干便学飞。"

(《徐氏笔精》卷六《诗话》)

一七五、鸭脚子

鸭脚子即银杏也。欧阳永叔《和梅圣俞》诗云:"鹅毛赠千里,所以重其人。鸭脚虽百个,得之诚可珍。"又云:"鸭脚生江南,名实未相符,绛囊因入贡,银杏贵中州。"此果北地不能种,今人又呼为白果。其叶颇似鸭脚,又鲍照赋园葵,已有"鸭脚"二字。

(《徐氏笔精》卷六《诗话》)

一七六、朱陈村

朱陈村,事见白乐天诗。按:《徐州志》亦不详所在。东坡《题朱陈嫁娶图》云:"何年顾陆丹青手,画作朱陈嫁娶图。闻道一村惟两姓,不将门户买崔卢。"又云:"我是朱陈旧使君,劝农曾入杏花村。而今风物那堪画,县吏催钱夜打门。"二诗切中时弊,予喜诵之。

(《徐氏笔精》卷六《诗话》)

一七七、储祥宫碑

东坡在翰林,被旨作《上清储祥宫碑》,哲宗亲书其额。绍圣党祸起,磨去坡文,命蔡元长别撰,故东坡自作诗云:"淮西事业冠吾唐,吏部文章日月光。千载断碑人脍炙,不知世有段文昌。"盖自况也。题云不知何人作,得于沿流馆中,盖避祸而讳之也。以韩、苏重名,尚遭此厄,毋怪今之文人不售于俗眼也。

(《徐氏笔精》卷六《诗话》)

一七八、元晖印章

米元章尝得古印"元晖"二字,后字其子曰"元晖"。黄山谷诗云:"我有元晖古印章,印刓不忍与诸郎。虎儿笔力能扛鼎,教字符晖继阿章。"父子俱用"元"字本此。

（《徐氏笔精》卷六《诗话》）

一七九、刘铁笛

武夷五曲,旧有铁笛亭。《旧志》云:"宋胡寅与刘衡游此,刘善吹铁笛,胡赠之诗云:'更烦横铁笛,吹与众仙听。'刘没亭废,朱文公一日与客寻其故址,俄有笛声发于林外,文公惊异,因复作亭,以铁笛名之。"万历初,吾郡陈司马于五曲筑云窝,凡亭榭皆以云名,更铁笛之名迟云,泊然无味矣。

（《徐氏笔精》卷六《诗话》）

一八〇、棋

宋魏鹤山《赠弈者》云:"少年不识棋,但见剥剥琢琢更相围。有人指授予,冲关夺角劫复持。少年不识星,但见腷腷膊膊还如棋。亦有告予者,缩赢伏见元有期。七年五溪读书暇,时把二事相悦怡。久之割然悟,是间有数人不知。三百六十一棋子,此是干策藏其奇。万有一千五百二十星,若以三十六乘之,乘之既尽除坤策,恰与棋数无参差。此理极精密,归后不复思。"此诗引《易》以悟棋者也。人能精《易》数,不患棋之不擅国手。

（《徐氏笔精》卷六《诗话》）

一八一、潘紫岩

《癸辛杂识》云:"闽人潘庭坚,初名筠,后以诏岁乞灵南台神,梦有持方牛首与之,遂改名牣,殿试第三人。"牣号紫岩,跌宕不羁,日醉骑黄犊,歌《离骚》于市,人以为仙。尝与社友饮梅花下,皆白衣,既而俱脱衣,饮酒酣,客散,衣间各浓墨大书一诗矣。又同社置酒瀑泉,庭坚脱巾裸立流泉之冲,且唱"濯缨"之章,众罗拜以为不可及。然寒气已深入经络,归即卧病而殂。庭坚读书五行俱下,终身不忘。六岁时,有诗云:"竹才生便直,梅到死犹香。"

识者知其不永。《郡志》列庭坚于风概,似未尽其生平豪举耳。

（《徐氏笔精》卷六《诗话》）

一八二、洞中红荔枝

乌石山有宿猿洞,怪石森耸。昔有老翁畜一猿,每夜辄宿洞中。唐季大筑城垣,隔此洞于城外。宋熙宁中,湛郎中俞弃官归隐于此。程大卿师孟篆书“宿猿”二字于石,径尺许。洞前旧有荔枝树极佳,名曰“洞中红”。古灵陈襄赠湛俞诗云:“此去蓬莱峰顶月,梦魂应到荔枝园。”罗源林迥诗云:“荔枝影瑞安吟榻,菡萏香中系钓舟。”国朝废为丛冢。荔树已无存矣。谢肇淛有句云:“湛侯当年拂衣归,卜筑喜就城南陲。菡萏香风垂钓里,荔枝寒影对僧时。”予亦有诗云:“怪石高与雉堞齐,昔人曾此卜幽栖。白杨满地髑髅出,苍藓上崖名姓迷。夜雨徒闻山鬼哭,秋风不见野猿啼。荔枝树死洞门塞,行到此中生惨凄。”壁上诸名公题刻俱存,无人修复,良可慨也。

（《徐氏笔精》卷六《诗话》）

一八三、瘗笔

隋智永禅师,王右军七世孙,临书三十年,取退笔头瘗之,号退笔冢。会稽山五云显圣寺后有右军笔仓,今为智井。《清异录》载赵光逢薄游襄汉,濯足溪上,见一方砖类碑,题云:“髧友退锋郎,功成鬓发霜。冢头封马鬣,不敢负恩光。”后题“独孤贞节立”。此盖好事者瘗笔之所。

（《徐氏笔精》卷六《诗话》）

一八四、宋徽宗画

宋徽宗绘画,题咏者多含讥刺。元成廷珪《题白头翁图》云:“栀子红时人正愁,故宫衰草不胜秋。西风吹落青城月,啼得山禽也白头。”国初高季迪《题画眉百合图》云:“百合芜残六合尘,汴京啼鸟怨无人。不知风雪龙沙地,还有图中此样春。"又《题宣和画》云:"御翰亲题赏画工,疏枝野鸟怨秋风。那知回首宣和殿,物色凄凉与画同。"张来仪《题桂枝图》云:"玉色官瓶出内家,天香浓浸月中葩。六宫总爱新凉好,不道金风卷翠华。"汪广洋《题双鸳图》:"芦叶青青水满塘,文鸳晴卧落花香。不因羌管惊飞起,三十六宫春梦长。"释宋复《题喜鹊图》:"黄沙风急蒺藜秋,回首中原泪暗流。误听当时灵鹊语,谁知旧喜是新愁。"释宗泐《题小鹊图》云:"落日黄尘五国城,中原回首几含情。已无过雁传家信,独有松枝喜鹊鸣。"又《雪江独棹》云:"艮岳秋深百卉腓,胡尘吹满衮龙衣。凄凉五国城边路,得似寒江独棹归。"周仲方《题双雁图》:"江南帘幕重重雨,艮岳河山处处花。两地旧巢倾覆尽,西风万里入谁家。"张璪《题墨兰》云:"御墨淋漓写楚兰,披图却忆政宣间。分明一种湘累怨,万里青城似武关。"夏忠靖《题墨竹》:"宝殿无心论治安,碧帘着意写琅玕。枝枝叶叶真潇洒,争耐金人不爱看。"又无名氏《题石榴》云:"金风吹绽绛纱囊,零落宣和御墨香。犹喜树头霜露少,南枝有子殿秋光。"王元美《题马图》云:"天闲万马尽权奇,写出丹青意自悲。长白山头三万匹,可怜龙种一雄嘶。"康与之《题花鸟》云:"玉辇宸游事已空,尚余奎藻绘春风。年年花鸟无穷恨,尽在苍梧夕照中。"项忠《题鸲鹆图》云:"五国城边掩泪时,汴梁空阙了无遗。争如鸲鹆知春意,犹占东风第一枝。"杨森《题草书》云:"艮岳风清玉几凉,闲将心事学钟王。当年肯草平胡诏,不使金人到大梁。"吕困《题鸲鹆图》:"御墨淋漓玉数枝,画图潇洒使人悲。春风鸲鹆湘江景,不似龙沙夜雪时。"余《题秋江独钓图》:"镜水无波钓艇闲,人间治乱岂相关。金风忽动黄沙暗,不见中原万岁山。"又《题墨兰图》:"嫩蕊疏花写泽兰,宣和御墨半凋残。国香莫道萧条甚,北地风霜不耐寒。"

(《徐氏笔精》卷六《诗话》)

一八五、留梦炎赵孟頫

留梦炎失身降元,有玷科名。元世祖问叶李、留梦炎优劣于赵孟頫,孟頫曰:"梦炎臣之父执,其人厚重有大臣器。"帝曰:"汝以梦炎贤于李耶? 梦炎为宋状元,位丞相,当贾似道误国罔上,梦炎依阿取容,李乃布衣,伏阙上书,是贤于梦炎也。汝以梦炎父友,可赋诗讥之。"孟颊云:"状元曾受宋家恩,国破臣强不敢言。往事已非那可说,且将忠直报皇元。"吁,世祖夷狄,犹薄梦炎之不忠,乃孟颊犹深许之,反夷狄之不若矣!

(《徐氏笔精》卷六《诗话》)

一八六、何潜斋讥留梦炎

宋末状元留梦炎,衢州人,失身事元,遗臭千载。时梦炎北归,就养其子于严陵判厅,何潜斋梦桂寄之诗曰:"昆明灰劫化尘淄,梦里功名一黍炊。钟子不将南操改,庾公空抱北臣悲。归来眼底湖山在,老去心期浙水知。白发门生怜未死,青衫留得裹遗尸。"不知当时梦炎得此诗作何愧谢。

(《徐氏笔精》卷六《诗话》)

一八七、夏贵

淮西阃帅夏贵,以至元丙子附大元,授中书左丞,至己卯薨,有吊以诗曰:"自古谁不死,惜公迟四年。问公今日死,何似四年前。"元学士古田张以宁,以洪武二年征为原官,四年卒,与夏贵略相似。

(《徐氏笔精》卷六《诗话》)

一八八、松雪题画

尝于故家见赵松雪画一幅,子昂题云:"昨自杭回,道经茅山之西墅,时夕阳也,松如偃盖,水若鸣琴,青山万重,白云千顷,山下有乘骏马者,出没于其间,乃天然一图画,心有所得,以目疾未愈,不能举笔,因命子雍代之。'雪白山青几万重,溪边游子马如龙。眼前有景画不尽,归去鸥波命阿雍。'至大四年五月既望识于鸥波亭。"

(《徐氏笔精》卷六《诗话》)

一八九、高宗书画

国初王泽《题宋高宗所书杜诗》云："江头宫殿日迟迟,朝退千官默坐时。春尽龙沙无雁度,素缣只写少陵诗。"高璧云："万里龙沙信不通,江头虚筑上皇宫。中兴谋略无心定,较得临池笔法工。"吾乡陈参藩全之《题高宗鹦鹉》云："陇山鹦鹉说还乡,中使传宣出禁墙。漠北有人归不得,思乡愁比陇山长。"予《题败荷鹡鸰图》云："游宴湖山启御园,绍兴粉本至今存。弟兄急难龙沙北,不独悲鸣痛在原。"

(《徐氏笔精》卷六《诗话》)

一九〇、松雪画马

赵子昂画马,近代题咏多含贬辞。国初杨文贞士奇云："天闲第一渥洼姿,卓荦腾骧肯受羁。何不翻然绝牵鞚,踏云追电看神奇。"黄方伯泽云："黑发王孙旧宋人,汴京回首已成尘。伤心忍见胡儿马,何事临池又写真。"李文正东阳云："宋家龙种堕燕山,犹在秋风十二闲。千载画图非旧价,任他评品落人间。"沈处士周云："隅目晶荧耳竹披,江南流落乘黄姿。千金千里无人识,笑看胡儿买去骑。"又无名氏云："塞马肥时苜蓿枯,奚官早已着貂狐。可怜松雪当年笔,不识檀溪写的卢。"释古渊《题山水》云："雪后浪痕上钓矶,江南天水一丝微。萋萋芳草迷禾黍,何事王孙尚不归。"予有诗云："宋室王孙粉墨工,银鞍金勒貌花骢。天闲十二真龙种,空自骄嘶向北风。"

(《徐氏笔精》卷六《诗话》)

一九一、王道士梧竹图

杨文贞士奇官春坊日,从沈某求王道士《梧竹图》,不与。后李时勉掌学士印,沈遽赠之。后文贞与李对奕,文贞奕胜,遂卷而去。自是李见,辄有不舍之意,文贞题一绝归之云："永别锡山王道士,空余翰墨乱人心。黄金若绾封侯印,曹霸王维聚若林。"

(《徐氏笔精》卷六《诗话》)

一九二、杨世昌

东坡游赤壁时,有绵竹道士杨世昌同游,《赤壁赋》云"客有吹洞箫者",即世昌也。吴匏庵诗云:"西飞孤鹤记何详,有客吹箫杨世昌。当日赋成谁与注,数行石刻旧曾藏。"此一证也。

(《徐氏笔精》卷六《诗话》)

一九三、少年致政

吴郡杨循吉字君谦,登成化甲辰进士,为礼部主事,初授官即致仕,归读书支硎山南华寺。沈石田赋诗以美之云:"到手功名赋子虚,深山长谷觅安居。读书已足功名事,更读人间未读书。""都门祖帐百花飞,多见龙钟赋式微。较取柳条千万折,不曾送一少年归。"

(《徐氏笔精》卷六《诗话》)

一九四、春阴诗

宪宗朝,金陵王给谏钦佩,举进士,独居逆旅,有歌而过者,有"朝来睡起绕花行,香雾袭衣寒气重"之句。后阁试《春阴》诗,遂用之。相国李公东阳谓非世人语,遂改庶吉士,官终太仆少卿。此与钱起湘灵鼓瑟事同,第钦佩不得全篇,可惜也。

(《徐氏笔精》卷六《诗话》)

一九五、交州木山海南木石

先辈许黄门天锡,正德中奉使安南,于僧寮中得枯木一片,状若山峰。黄门厚酬主僧,携归闽中,自刻诗云:"万年木精化青牛,瘦骨不朽沈江洲。江洲水急鱼龙湫,神物始出随回流。玲珑崒嵂谁能锼,山僧得之溪峒酋。蛮荒僻远绝赏鉴,木尔韬晦谁怨尤。洞江先生好事者,邂逅愿脱千金裘。古今琴材出爨下,拔尔幸免为人樵。风崖雨谷偕我老,无复梦想仍丹丘。"岁久流落士夫家已百年,不知宝惜,弃之泥滓。予友高景倩,博物好古,见而赏识,遂乞以归,洗刷尘垢,置之斋中,名其斋"木山",同社俱有诗纪其事。然竟不知何木也?

(《徐氏笔精》卷六《诗话》)

一九六、戒酒诗

嘉靖初,建州士人陈安性,嗜酒,落魄不羁。好吟咏,尝作戒酒诗云:"门前冷落故人疏,日日衔杯世事无。寄语东风林下鸟,春来切莫唤提壶。"

(《徐氏笔精》卷六《诗话》)

一九七、陆文定

华亭陆文定公年九十时,以衲衣一袭付慧日院,手书偈于衲表云:"解组归来万事捐,尽将身世付安禅。披来戒衲浑无事,不向歌姬为乞缘。"又自题其像留寺作供云:"岂有文章置集贤,也无勋业到凌烟。只应画作老居士,留与香山结净缘。"

(《徐氏笔精》卷六《诗话》)

一九八、范青衣

莆田游宗谦,有青衣范生能弹琴吹箫,亦学为诗。王弇州调之诗云:"瑶琴罢鼓紫箫来,手草新诗阿滥堆。除却数行《僮约》外,还应事事胜方回。"

(《徐氏笔精》卷六《诗话》)

一九九、僧道乞诗

有俗僧欲游鹅湖,以卷子遍求诸贵人赠诗,可厌。曹能始题一绝云:"性内本无文字障,纵耽山水亦支离。我曾一宿鹅湖寺,峰顶禅师不要诗。"偶忆王弇州公,曾有楼道人以诗卷索题,皆翰苑诸名公,弇州云:"囊里牛腰诗卷粗,他年鹤背重还无。何如负局先生好,只夹真形五岳图。"风旨暗合,俱足解颐。李白诗云:"画秃千兔笔,书载两牛腰。""牛腰"二字本此。

(《徐氏笔精》卷六《诗话》)

二〇〇、十岁诗

钱唐田艺蘅,学宪汝成子也。十岁从父渡采石,赋诗云:"白玉楼成招太白,青山相对忆青莲。寥寥采石江头月,曾照仙人宫锦船。"后竟以广文老,天之生才不畀大用,诚不可知。

(《徐氏笔精》卷六《诗话》)

二〇一、下榻

陈蕃为乐安太守。郡人周璆,高洁之士,前后郡守招命莫致,惟蕃能致,特为置一榻,去则悬之,蕃两设榻,今人多用徐孺子事,而鲜及周也。吾乡前辈王郡丞矿咏璆诗云:"南州只说徐高士,能使陈蕃下榻时。北海更怜周隐者,不将悬榻使人知。"

(《徐氏笔精》卷六《诗话》)

二〇二、玄虚子

政和徐贞一号玄虚子,能诗,尝过仙霞关,关吏讶其异服,执之。贞一瞠目不答,吏系之邮亭。追夜给守者,出袖中大笔,书二绝于壁云:"一剑凌空海

色秋,玉皇赐宴紫虚楼。醉来跨鹤须弥顶,指点培塿见十州。""碧殿歌传阿
滥堆,玉笙吹彻海桃开。仰天一啸江风发,笑接白云归去来。"乘夜遁去,晨
起盛传仙人至关,走看墨迹,不绝于道。

(《徐氏笔精》卷六《诗话》)

二〇三、枇杷

吴中友人尝言莫云卿笑同时用琵琶作枇杷,诗云:"枇杷不是这琵琶,只
为当年识字差。若使琵琶能结果,蒲城箫管尽开花。"然枇杷作琵琶,见刘熙
《释名》,亦可通用,云卿未之考耳。

(《徐氏笔精》卷六《诗话》)

二〇四、灵鸡冢

临安径山有灵鸡冢。唐一钦禅师说法,鸡时时伫听。师去长安,长鸣三日
而死。黄贞父有诗云:"一灵通妙微,万类等佛种。累累生人头,何如死鸡垄。"

(《徐氏笔精》卷六《诗话》)

二〇五、诗谶

赋诗不祥,人以为谶,验之良然。予友林子真少年有隽才,甲辰暮春晦
日,诸同社集王永启塔影园作送春诗,子真有句云:"花为离愁魂易断,柳当别
泪眼难开。"众诧为工,不久逝矣!

(《徐氏笔精》卷六《诗话》)

二〇六、徐㶿诗选

先兄生平诗草撰述颇多,盖棺之后,某为删润,十去其四,而简帙犹为重
大,即敝乡家置一部为难,况能传布海内乎?承教严选,实获我心。明公若不

惜针砭,为选二册,尽去应酬,独存近古者,则惟和白骨可肉矣。留念留念!

(《寄屠田叔》,《红雨楼集·鳌峰文集》册三,《上海图书馆未刊古籍稿本》第42册,复旦大学出版社2009年版,第350—351页。按:以下数条题为辑者所加)

二〇七、论冯梦龙诗

佳集旧岁见许,匆匆未及领教,偶于邹平子广文斋中见之,借而讽咏,悦目爽心,如:"山屏左断雄城接,湖镜全开小阁悬。""霓裳贯舞人如月,金谷长春梦亦香。"律体精工,当令钱、刘避席。至于"三杯古驿谈乡事,也算家园一纸书"、"二十四桥埋草径,独留夜月想烟花",即太白、昌黎亦所不能道也。《游闽草》敢靳一言,然当还锦取笔之年,江郎才尽,焉能僭为玄晏乎!

(《寄冯寿宁》,《红雨楼集·鳌峰文集》册七,《上海图书馆未刊古籍稿本》第44册,复旦大学出版社2009年版,第83页)

二〇八、诗不晋唐

当今诗文一道,月异而岁不同。文不《史》《汉》,诗不晋、唐,自创新体,反嗤合调、合法者为平钝。弟老矣,乌能与少年辈争雄,惟缄口结舌,不敢有所品陟也。仁兄学既渊博,才识复高,诸体皆入古人之室。至于歌行一体,尤今人所不能。窥藩篱者,矇然操觚,令人匿笑不已。仁兄句句合调,可披管弦,当此末造,得闻正始之音,安得不击节耶!诚斯世□□矣!漫成长歌,聊写积愫。

(《与李又玄》,《红雨楼集·鳌峰文集》册五,《上海图书馆未刊古籍稿本》第43册,复旦大学出版社2009年版,第200—201页)

二〇九、钟谭一变

当今诗文一道,大非古人遗轨,诗自钟谭一变,海内争效法之,遂至莫解其义,从风而靡,不能挽回。台翁向所梓佳集,可称正脉,续稿定当充满奚囊矣。

（《寄杨参和》，《红雨楼集·鳌峰文集》册五，《上海图书馆未刊古籍稿本》第 43 册，复旦大学出版社 2009 年版，第 296 页）

二一〇、闽都记

承教佳作，妄意批点，中有失韵及浅俚者，径删之。余者皆入梓。弟文钝如椎，不堪作玄宴。然二十余年知己，不得不叙数言简端，幸惟裁削……近吾郡大尊为先辈王静轩梓《闽都记》一部，皆题咏吾郡山川寺院之诗。弟已采兄《越王台怀古》一首补入，不日印行，当寄清览也。

（《答林天会》，《红雨楼集·鳌峰文集》册六，《上海图书馆未刊古籍稿本》第 43 册，复旦大学出版社 2009 年版，第 331—332 页）

二一一、诗调稍僻涩

承示新作，题目佳，而造语亦典实。弟于诗调稍僻涩，少欠情采，在杭已有定评，不知以为然否？

（《寄曹能始大参》，《红雨楼集·鳌峰文集》册六，《上海图书馆未刊古籍稿本》第 43 册，复旦大学出版社 2009 年版，第 314 页）

二一二、世之称山人布衣者

如弟者，未窥一斑，虚藏四部，惟是好学一念，自少至老，未尝敢懈，虽识见颇深昔日，而精神不逮前时。愚尝慨夫世之称山人布衣者，皆习举业不成，去学为诗。其造语不过烟云草树、山川花鸟而已。其出入经史，贯串百家，千无一焉。焦太史云："不持寸铁，而欲鼓行词场，宁不怖死！" 旨哉，言也。顷读仁丈《讲义》，谓近时一种邪说，指好色、好货、好名为真性，后生饮此狂酖，害入骨髓。斯论大有功于名教。愚谓为诗而不本于《六经》中来，是为无源之水。然则，积书博览，谭身心性命之旨，足以砭今日之陋习也。

（《复张维城》，《红雨楼集·鳌峰文集》册六，《上海图书馆未刊古籍稿本》第 43 册，复旦大学出版社 2009 年版，第 460—461 页）

二一三、诗不拾人唾余

姑苏胡白叔长于诗歌，喜新奇，而不拾人唾余，与能始同调。而其诗则能始序之，可以知其人矣。

（《寄张绍和》，《红雨楼集·鳌峰文集》册六，《上海图书馆未刊古籍稿本》第 43 册，复旦大学出版社 2009 年版，第 467—468 页）

二一四、海内为诗多宗楚派

仁兄官声籍籍，何乃一旦便挂吏议，闻之骇愕。从古高人，未有不遭贬谪者。李白夜郎，乐天江州，子厚龙城，往往写之诗篇，以抒其拂郁无聊之态，而诗转工。仁兄癖耽佳句，今日左迁，正天所以成诗名者也。粤东山水奇胜，足供吟眺，而彼都人士，则有欧子建、马元赤、区怀年，其人俱称诗，而弟夙所向往者。仁兄萧闲散秩，正宜与诗人相倡和。见时，当为弟致区区耳。承示近稿八贴，一一借为评阅，翩翩成一家之言，而其中好句层出，皆标识之，而平平看到过者，亦非尽瑕。当今海内为诗，多宗楚派，全用之乎也者，入在诗内。伯敬作俑，而效法成风，只为识者唾弃。愿兄熟览古人，参阅王、李诸公，自然名世矣。

（《寄蔡宣远明府》，《红雨楼集·鳌峰文集》册七，《上海图书馆未刊古籍稿本》第 44 册，复旦大学出版社 2009 年版，第 142—143 页）

二一五、明二百五十年之诗

我朝之诗，超宋轶唐，二百五十年间，海内作者，不啻汗牛充栋，若非卓见定力，谁能甲乙雌黄？前辈名公，率有定评。至于今日，楚派聿兴，竞新斗巧，体不必汉、魏、六朝，句不必高、岑、王、孟，一篇之中，则之乎也者，字眼已居其半;牛鬼蛇神,令人见之缩项咋舌,诗道如此,世风可知。今吴人从风而靡,皆效新体,反嗤历下、琅琊为陈腐。总之,学识不高,便为之蛊惑。独敝郡人稍稍立定脚根,毕竟以唐人为法。近亦有后进习新体者,众摈斥之,所以去诗道不远矣。他郡不具论。福州自隆、万间,作者如林,先辈则有林文恪公燫、袁舍人表、赵司理世显、郭布衣建初、马参军荧,皆有刻集,最富。若不肖所交游称同社者则有:邓参知原岳、叶相国进卿、陈民部勋、谢方伯肇淛、陈太学益祥、陈茂才价夫、孝廉荐夫、陈京兆一元、孙学宪昌裔、曹廉访学佺、马州倅欻,并家孝廉熥,亦皆有刻集,多者二三十册,少者亦七八册,实海岳之精英,人中之麟凤也。第卷帙繁多,无从致览。此俱不肖素所推毂者,非齐人但知管、晏比也。

(《复彭次嘉》,《红雨楼集·鳌峰文集》册八,《上海图书馆未刊古籍稿本》第 44 册,复旦大学出版社 2009 年版,第 291—293 页)

二一六、闽王墓诗

《闽王墓诗》,偶尔游适,兴念无情,既不关朝政,又不触时讳,司空公以为不必作,何耶?杜少陵千古诗圣,而白帝、蜀主,往往写之笔端;苏东坡一代文宗,而作《表忠观碑》,后世传为盛事。夫白帝称孤,钱镠霸□,迹其行事,与闽王忠懿,不甚相远,蜀人可歌,越人可碑,闽人何可独讳闽王耶?此诚不可解也。司空公一生好持论,然不知其说可以压服众心否?伏乞见示。若果顶门一针,则不肖某当退避三舍矣。

(《复叶相公》,《红雨楼集·鳌峰文集》册八,《上海图书馆未刊古籍稿本》第 44 册,复旦大学出版社 2009 年版,第 301—302 页)

二一七、派衍宋代

璠玙其质,锦绣其肠。游思竹素,寄兴缥缃。位列明诗之仕籍,派衍宋代之天潢。挂一冠若脱屣,咀五字如含商。闽自十子主风骚之后,阅二百载独推雅道而弥昌。即今结盟香山九老之社,长吟短什,真与江州司马媲美而齐芳。

（《赵仁甫赞》，《红雨楼集·鳌峰文集》册十二，《上海图书馆未刊古籍稿本》第 45 册，复旦大学出版社 2009 年版，第 296 页）

二一八、元夕词

足下谓仆藏生荔枝于巨竹中，神其说，启后世之惑。此非仆之臆说也。三山元宵最盛，而神庙中各出珍奇。生荔枝留至春时，往往目击之。家兄《元夕词》有云："闽山庙里赛灵神，水陆珍羞满案陈。最爱荔红盘上果，荔枝如锦色犹新。"此一证也。岂愚兄弟创为说启后世之惑耶？足下居与闽山最近，试询之乡长老，则知吾言之不诬矣。到金陵便以语黄明立先生，仆亦非好奇之过耳。

（《与邓道协简》，邓庆寀《荔枝谱》三，《荔枝通谱》卷十一；又略见郑方坤《全闽诗话》卷八引《荔枝谱》，文渊阁《四库全书》本）

二一九、七言律始工

予不敏，尝与人论诗曰：五言古，工于汉魏，莫盛于晋。七言古、五言律、绝，工于盛唐，亦莫盛于盛唐，惟七言律，至我朝而始工、始盛，足掩三唐作者，宋元无论矣。昔人评文，以昌黎为起八代之衰，至我朝亦始工、始盛。予友邵肇复先生以《易》起家，少年联第进士，由大行铨曹晋西蜀参藩、两浙观察，辀轩所至，或故都古迹，必凭吊悲歌；乞假林居，或宴客开尊，必分题角韵。盖自释褐以来，吟草不下千首，选其粹美，皆骎骎入唐人之室，而七言极工极盛，尤号长城。

（《剑津集序》，《剑津集》卷首，明刻本，北京大学图书馆藏）

二二○、林章嗣响林鸿

野史氏曰：吾闽之诗，国初有林膳部子羽，产于福清，堀起草昧，力追正始。晋陵浦舍人不远千里，执贽学诗。后以荐入京师，太祖高皇帝试《龙池》

《孤雁》二诗,称旨,即日拜官冬曹。二百年来,先生复嗣其响,诗文虽不逢主,而奏疏实多得旨。乃为忌者所中,未究其用,赍志以殁,真有幸有不幸矣。《诗》云:"啜其泣矣,嗟何及矣!"呜呼,惜哉!

(《林初文传》,《林初文全集》卷首,天启刻本,北京大学图书馆藏)

石仓诗话

《诗话》名曰"石仓",与曹能始《石仓集》之相应。曹学佺有《蜀中诗话》一种,《全明诗话》所辑《曹学佺诗话》已全录;周维德先生集校《全明诗话》亦已录之,本辑不再重复收录。各则之题为辑者所拟。

一、论辞达而已

夫文者,官天地而府万物之具也,入于毫芒而出于八极之表者也。夫子一言以蔽之,曰"辞达而已矣"。子贡言语之科,曰:"赐也达。"沈约之言,亦欲使人易见事、易识字、易诵者焉。如是,则文之所重者,可想矣。直而顺者,达之之所趋也;郁而逆者,达之之背驰也。然亦有说焉。使不壹郁之于衷,则何以宣而为言?不委蛇之于势,则何以衍而成章?故鲲化鹏,运必以六月息者,气为之也。长江、大河,不能不一曲者,势使然也。

(《〈苍霞集〉序》,《石仓文稿》卷一)

二、论明二百年文

我明崇重文教二百余年间,作者彬彬称盛矣。要而论之,何以不古若也。其弊有四:夫殷鉴不远。在夏后之世,汉人上封事必借秦为喻,所从来矣。今谓非《左》《史》《两汉》不可用,至唐、宋、胜国,不一寓目焉,一也;且叙事与议论岐而为两,不能反复交互,二也;好以古人之事傅会今人,使读之难辨,三也;非溢美之言,则多隐讥之语,为谀为诋,四也。前乎二者之弊,北地、毗陵不能免也;后乎二者之弊,济南、弇州不能免也,而况其凡者乎?

（《〈苍霞集〉序》,《石仓文稿》卷一）

三、论温厚和平之指

夫诗之为物,非可以一人治也,又非可以一蹴至也。故有栖神寂寞,应变俄顷,心若枯木,动若脱丸,叩其思与机,则然耳。若夫扬搉风雅、肆力不朽,则必有切焉、磋焉,而后谓之诗;讽焉、咏焉,而后谓之诗。此倡而彼和,厚积而徐发之,之谓诗也。是故诗之道非可兴、可观、可群者乎? 苟无兴、观与群,则易入于怨矣,又非"迩可以事父,而远可以事君"者乎! 若舍夫君臣、父子,则又草木之与居,而鸟兽之与群矣。夫圣人非教人怨也,亦非教人之屑屑于逐物也。盖悲乎人生之不齐,而遇之不可以必聊,使其情之有所寄焉尔。寄怨于诗,则怨而不怒也;寄情于物,则夭者、乔者、嘤者、鸣者而皆吾性,天之所发也。诗人之论曰:"诗穷而工。"又曰:"《三百篇》,皆发愤所为作也。"而世之轻诗人者,不过曰花鸟之伶官也,烟云之过客也,而不切于事理。噫! 是之为论,见标而忘本,偏而不得其正者也。唯夫修己而不怨天,自厚而薄责人,君子之事也;齐乎不齐,物物而不物于物,达者之事也。而后其温厚和平之指,冲夷闲旷之怀,乃于诗有合焉。诗之之道如此,岂其孑然孤立而沾沾自喜者之所能任哉?

（《〈六李集〉序》,《石仓文稿》卷一）

四、论古今文体之变

夫君子之立言所以行于世者,其大要有二:曰诗也,文章也。诗宗三百篇,尚矣。予观古之说诗者,若端木氏、卜氏、毛氏,皆直指某人某事,根极详赡,非仅仅训诲其字句而已。文之为《书》、为《易》、为《道德经》、为《太玄》之类,读之皆适于韵,则诗之与文章,实未始岐之为二也。由古之道无意于传,而其言传,其后则有意于必传,而始有专门之学。如为诗则不能为文,为文则不能诗。又其后,则思不能以胜前人,而不得不别为一蹊径,以务新人之耳目,而始有变体之学,如诗为《选》、为近体、为词曲;文有序、有记、有题名、有诔墓种种,不可殚述。至于今日,则体无所不备,必欲兼收之而成集。不如是,则目之为才短、为小家。噫! 诗之与文章,其自无而有,自一而二,自成而变,前以开后,而后之必欲兼前,皆势也。即其人与代,亦不自得而知也。

(《〈王稚玉集〉序》,《石仓文稿》卷一)

五、论诗才

夫诗以情志为本,而以成声为节,是故言者足志,而文者足言也。然要之在乎有才,人而无才,安得有情? 其志乃卑卑不足数耳。苟志之如是,而言不足以达之;言之如是,而文不足以被之,则其才乏也。

(《〈刘民部诗〉序》,《石仓文稿》卷一)

六、论二南之至情

《二南》,尚矣。夫士之慕女,亦犹女之悦于士也。是故有寤寐之求者,而必有"卷耳"之思也;有怀春之诱者,而必有"摽梅"之墍也,此之谓至情。匪情,则伪物矣,奚采焉?

(《〈潘稚恭诗〉序》,《石仓文稿》卷一)

七、达乎色可与语情情之所在而文生

达乎色者,可与语情;情之所在,而文生焉。予于是而序稚恭之诗矣。《诗品》曰:"潘浅而净。"人尚以为恨,予谓不然。夫其言浅者,其情深也;其心净者,其言净也。《西征》之赋,采风备之矣。使安仁不好游,徒文弱自爱,则无慷慨丈夫气,而稚恭何慕焉!

(《〈潘稚恭诗〉序》,《石仓文稿》卷一)

八、僧诗不作禅语所以为佳

愚公诗古体有气力,五言律奇而险,顾多慷慨悲愤之句,不作禅语,所以为佳。僧家诗苦入禅语,是犹缙绅家有富贵气、秀才有举业气也。愚公遇山水则乐,友朋则乐,夜谈则乐,谈兴则起舞,盖得乎诗之趣矣。

(《〈石头庵集〉序》,《石仓文稿》卷一)

九、诗之道主变

予谓诗之道主变,凡诗家有某集某集,不一而足,皆所以志变也。君宝走三千里,更几晦朔矣。则山川之所登览,风土之所经历,友朋之所应接,不可为不变矣。而其旧刻亡去,非偶也。君宝诗有奇句,新调不为旧套所束缚,盖足以语变者。

(《〈俞君宝诗〉序》,《石仓文稿》卷一)

一〇、林光宇诗学能始体

子真意不可一世,始亦未尝私于不佞,既乃同调,甚相赞赏。社中讥其作诗拟能始体。噫!不佞何敢谓自我作法,亦妄意步趋前人耳。子真者,可与共学者也。

(《〈林子真诗〉序》,《石仓文稿》卷一)

一一、论有情与无情

予读子真诗既,复慨然曰:"吾人之于世,其信有情耶?其信无情耶?夫情者,能升降乎?神明而死生人者也,人有情而生,则固当为情死耳。春,至艳也,女感之而悲;秋,至爽也,士感之而悲。惟其情之所钟,故不觉为化之所系,如是,而生人、死人又曷既乎?夫惟有情之极,旋为无情,而始能拔于生死之涂。"

(《〈子真诗〉跋》,《石仓文稿》卷一)

一二、诗以自然为宗

夫诗以自然为宗。自然者,气之所为也。气在人未有始以前,至足矣。行之于八极之表,而人不知者,风也。惟夫气有淳漓,故风有高下焉。风之敝至,令人中心惨怛,生病造热,讵不危哉?达生之士,愤风气之日趋于浮薄,往往托之于酒,以补其所不足,故曰"五斗合自然",又曰"醉者坠车,而不伤其神全也"。不闻大王之风乎,清清泠泠,愈病折酲。夫彼故终日醉而未尝醉也,第有所托,以陶养其气耳。唯浩然之气无害,乃得为大王之雄风也。

(《〈折酲草〉序》,《石仓文稿》卷一)

一三、为诗惟日求异

夫人也,因其所同而同之,则莫不同矣;因其所异而异之,则莫不异矣。予与恒屈之为人,有不期同而同者焉。而其为诗,惟日求异,以致其同者焉。今恒屈之诗何如哉?其在楚者,非乎在蜀者也;在金陵者,非乎在楚者也。盖骎骎日异而岁不同矣。古之人如是也,其可量乎哉!

(《〈尹恒屈诗〉序》,《石仓文稿》卷一)

一四、不通禅理学王孟失之浅弱

唐诗王摩诘禅理,"自深孟浩然,有莲花不染"之句,稍露其绪耳。今人不通禅理,而学王、孟,多失之浅弱,是未得其肤也。夫神气不存,则其容色立槁矣。刘须溪评,寥寥有趣,是于壁上淡影,而仿佛见之。严沧浪、高廷礼之所取,皆本此味。二公皆闽人,闽人之祖王、孟者十室而九也。海内言诗有闽派,不失正调,但有弱而不振之弊,非诗之罪也,亦非其地与人有以限之也,苦未解禅理耳。

(《〈丘文举诗〉序代》,《石仓文稿》卷一)

一五、性好作古诗

余性好作诗,蜀中殊有诗料,尤好作古诗,而蜀料尤古。乃以簿书之冗,兼摄之劳,无暇于诗也。间或作一二首,如欧阳公所称"三上得之",往往就近体,取其易成而已;然则去古远矣。

(《〈蜀草〉小叙》,《石仓文稿》卷一)

一六、论咏怀诗

夫咏怀固自难,其指物虽广,射意则专;积之者久,发之一时;繁简深浅,惟其所适耳。后来拟此体者不少,声咏且勿论,予不知其所怀为何物也。夫苟当乐而哀,则必有当哀而乐者矣。

(《〈章吉甫咏怀诗〉跋》,《石仓文稿》卷一)

一七、论性情

夫诗之为道,本乎性情,而其用以之风世,乌可已也。何则?夫性至一也,情感诸物不一也,固出乎性,而阅乎世矣。世之隆也,于是有忧其治之之思焉;而其敝也,于是有挽其重之之想焉。知其势之所必至,而预为已至之言,则情见矣;知其情之难返,而要以不得不返之理,则性见矣。是故终风且霾,天之味也;高崖为谷,地之亏也;绿衣黄里,服之奇也;赤狐白乌,物之妖也。夫征以变之之道,则诗尽之矣。而要之于君臣、父子、夫妇、朋友之间,有所补救,使夫性情不失其正者焉。是故为嗟叹之,咏歌之,从容而不迫。言之无罪,而立教足以法,此物此志也。

(《〈谷城山馆诗〉序代》,《石仓文稿》卷一)

一八、张民表谓能始诗酷似陈子昂

予与中牟张民表善，民表许予诗，以为酷似陈子昂者，予谢弗敢当。子昂诗风骨凛峻，文词弘丽，在唐第一人。

（《〈重刻陈子昂诗〉序》，《石仓文稿》卷一）

一九、李攀龙不知古诗

殷璠云："陈拾遗横制颓波，天下质文翕然一变。"殆为实录。李于鳞谓唐无古诗，陈子昂以其古诗为古诗，弗取也。于鳞不知古诗，又不知律诗与古诗分之之非，是不知六朝排偶已成近体文，不知唐人精邃全在古风。本肆讥弹，反征肤浅矣。

（《〈重刻陈子昂诗〉序》，《石仓文稿》卷一）

二〇、诗不涉议论则细禅不着知见则圆

然子美自言入夔之后，于律转细。子美平生虽不谈禅，然诗不穷不工，禅不穷不精。诗不涉议论，则细；禅不着知见，则圆。其关捩，殆有合焉。人之一身，志与气恒相胜，魂与魄若递换，而以达者论之，一身而有二物，无是理也。故人不深乎禅理者，未有知诗者也。

（《〈水明楼诗〉序》，《石仓文稿》卷一）

二一、谓七子非真诗友不可也

今之谈艺者，必师古则，而诋乎七子。七子之于诗，未知孰造其极，而谓此七君子者，非真诗友不可也。彼以气类横行于一世，不知天之高而地之下也。诗固有浅深，七子之中又自为浅深，今乌暇辨之。乃今无七子之友矣，又何论诗也……窃有以窥夫毅夫之孜孜汲汲，不能忘情于予，非重予也，重予之诗也；非重予之诗也，实自重其诗也。以此取友，则有友矣；以此论诗，则有诗

矣。是犹有七子之风也。予与毅夫，皆非学七子之诗者也。

（《〈俞毅夫水部诗〉序》，《石仓文稿》卷一）

二二、论诗法

法之体方，而其用圆；其理若易尽，而实难尽。体不必别，创意不必特起，自能运之于无穷而出之。若新人见之，以为平易，而不知其经几炉锤、费几曲折而后成此。此法家之作也。故在一篇有一篇之法，在数篇有数篇之法。《乐府》之词，不可以入于诗；《选》体之句，不可以入于律。立意欲高，恐涉乎议论；用事贵巧，当出之无心；浑成之句，不拘乎对偶；恰好之字，难得而移易；体一见而即辨，意，屡索而难知。妙在于有意无意之间，意之微者，乃法之所为寓也。夫如是，何分乎述、作，何间乎古今，此诗之所以与天地相终始、性情相表里，而不容已焉者也。

（《〈陈振狂诗〉序》，《石仓文稿》卷一）

二三、五古最难

振狂诗，篇篇有意，而字句不苟用，于五言《选》体少让，曰："非其所习也。"……予于古人诗有泛爱之弊，不能如振狂专，间有稍近少陵处，振狂必击节曰："少陵！少陵！"振狂以予五言古诗开口即是，予以为平生所最畏难，不敢易视之，而振狂不之信。此振狂之所以不甚谈此也。

（《〈陈振狂诗〉序》，《石仓文稿》卷一）

二四、论作文求新反落套

今之作文者，如人相见，作揖曲躬之际，阔别致谢，寒温都尽；及其执茶对坐，别无可说，不过再理前词，往往重复。又如俗人唱曲，以一句为数句，以一字为数字，不死不活，希图延场；及其当唱之处，则又草草读过而已。噫！此所谓时套也。今之作揖不如是，则人必怪之；唱曲不如是，则无人击节赏音。

作文之趋于时尚,亦如是矣。其病在于无师友传授,而少浸润之于义理,徒逞其私臆,求作新奇,不知反落套矣。

(《〈钱伯庸文〉序》,《石仓文稿》卷一)

二五、论近体去古远矣

余性好作诗,蜀中殊有诗料,尤好作古诗,而蜀料尤古。乃以簿书之冗,兼摄之劳,无暇于诗也。间或作一二首,如欧阳公所称"三上得之",往往就近体,取其易成而已;然则去古远矣。

(《〈蜀草〉小叙》,《石仓文稿》卷一)

二六、天下之士无不愿交于王稚登

吴门有王先生,交天下之士,而天下之士无不愿交于先生也者。先生不藉于天下,而天下不能不藉乎先生。是故开阁公孙,必延虚左之席;好客临邛,往修都亭之敬;绅冕之士,以此缓其王程;求羊之侣,以此披其三径。于是乎,千里之外慕义而来赴者,一家之内累世而修好者,又有不分四民之业、愿望见颜色而退者,若曰:"过吴门而不谒王先生,则为阙典;得谒王先生,亦不虚此行云尔。"先生则皆饮之以和,接之以礼,无亲疏、贵贱、智愚、贤不肖,而待之如一,使人人各当其意而去也。天下可以不藉于先生,而不能不藉先生之一言以为重,是故得季布诺,贵于千金之与;怜范叔寒,胜于绨袍之赠。好事家藏,以此增其声价;出门于役,以此壮其行色。于是乎,人子以之称觞,则亲喜者;士林以之羔雁,则人售者。又有以径寸之纸,易三尺之童,亦弃其所爱者。若曰:"当吾世而不得王先生言,何以自比于人;数得王先生言,可以无憾矣。"

(《赠王百谷序》,《石仓文稿》卷二)

二七、论经术为根本词章为枝叶

我明累世右文教化,熙洽已二百四十年,其于儒道非不重也,载籍非不博也,而学者往往不竞之于经术,而竞之于进取。托言理学,而略英华;妄意禅观,而空文字。间有染指于词章、粉饰乎风雅者,则又为枝叶之末,其于本根无当也;沟浍之盈,其于江河无当也。岂天之欲丧斯文与,抑今之人性与古人殊与?

(《赠梅禹金序》,《石仓文稿》卷二)

二八、论文字语言为留连光景妙乐之资

佺自堕地以来,浮湛于苦海,流浪于业途者几四十年矣。向者三十二岁时,眼观室人之暴殒,因念世间之无常,发心皈依,广作佛事,冀欲拔度幽冥,增长道业。奈机缘之未就,罔身体而力行,以文字语言,捏作性命之本,以留连光景,无非妙乐之资,虽博虚名,只滋我慢。

(《拜水忏疏》,《石仓文稿》卷四)

二九、论同社僧秀公诗

秀公一宿一餐之外,空诸所有。初出家时,深心猛力,刺血书《华严尊经》一部,而间或作诗,则诸体悉备,即老于词家者不敢望焉。以此为王弇州诸公所称赞,亦大章赫矣。

(《秀公住山疏》,《石仓文稿》卷四)

三〇、作诗本之古风

愚意谓:作诗如习书识字,一般作诗而不本之古风,犹乎书不由篆隶,字不由六书也。然古风之内,蹊径最多流。而近体各有去向,如江河之委,人知其源;名门子弟,世辨其族。在高明者,一见了然;即寻常之辈,逐渐可寻。故钟嵘、殷璠评骘,定云其源出于某某,非浪然也。吾侪少壮,制科、吏事夺去八九,赖此一点,识趣尚存。而山人逸客,必待功名,绝望方来染指。此路不通,安望彼路?既无超诣之见,又乏沉潜之功,安能进乎?某海内交游,名下

几遍,日月一至,亦罕其人。孟德所云:"使君与操,雄心勃勃耳。"三复大篇,名理英致,博如平原,逸如青莲,渊渊金石之音,非凡奏也。但诗之道,贵乎咏叹,反而后和,绰有余音。元微之云:"他人不足,甫乃厌余。"又唐人精蕴全在古诗。李于鳞曰:"唐无古诗。"噫!是何识见,是何说话!聊尔举出,丈必辗然笑之,相与勖勉云尔。

(《复邓远游侍御书》,《石仓文稿》卷五)

三一、今人谈诗之得失

今之谈诗,以视宋、元,迄于隆、万,互有得失。夫诗犹知有六朝、初、盛名目,是得也;而其一段认真气习,绵密工夫,个个少此,是失也。又以不作为高,不梓为贵,不但汉、魏、六朝赝,即陶、韦、王、孟亦赝,乃失之失者也。其最可厌者,以俚俗之语,淆清华之物,又或杂以道情禅唱,便云出世高怀。如此,则刘彦和《情采》之篇可废,而《水浒》《昙花》等戏可掩元时当家手矣,则又得罪于风雅者也。

(《复邓远游侍御书》,《石仓文稿》卷五)

三二、评诗之谀与规

使君谦抑不自满,必欲予鉴定,因属予序,必欲规,不欲谀。夫谀,称诗之所不敢出也。且与使君是何等交情,倘必欲规之,无已,使君诗声调尚其清,对待尚其巧,藻思翩翩,读之令人镌忧而释慁。间或有词掩体、才胜法处,予业为使君割爱,不复存矣。然必求合作,亦古人之所难。予与使君之所当共勉者与!

(《蒋国平使君〈闽草诗〉序》,《石仓文稿》卷之《浮山》)

三三、作诗七有三尚可避俗

作诗须先辨"雅俗"二字。此二者,虽得诸天较多,然要之,以熔炼胜。

何则？谈艺家所举俗之病，不过以其有时套、乏心思，两端尽之矣。出乎俗，则雅矣。然予所谓雅者，宁斤斤免俗而已。诗有体裁，即章法也；有声调，即句法也；有采色，即字法也；有性情，才不支离；有根据，才不杜撰；有源流，才与古人不相悖；有变化，才不为古人所窘缚。之数法者，种种具备，而后谓之雅。是故体裁尚其正，不则俗；声调尚其和，不则俗；采色尚其清新，不则俗。俗多赝，有性情乎；俗多跳脱，有根据乎；俗多趋时，能古人即我乎，能我即古人乎？雅之与俗若径庭，然而常迭为胜。黄鲁直云："子弟凡病皆可医，惟俗不可医。然惟读书可以治之。"噫！此即谈艺之法也。

（《胡白叔〈闽草诗〉序》，《石仓文稿》卷之《浮山》）

三四、论避俗之道

譬若有人焉，空腹不读书，出入无礼法，风气不遒上，师表无老成，而但以手不握牙筹、口不称阿堵、身不亲琐屑者，而即谓之雅乎？诚恐其蹈于俗而不自知耳。予又与白叔论诗，譬若书者、奕者、讴者，其初未有传授，罕窥古法，而但本一己之聪明，则必趋于邪路，终其身不能精进，必不能成名。然稍就规矩，效法古人，其难乃若登天。世人往往畏难而乐其所易，势不可挽，只误一世耳。曹子建云："文之佳恶，吾自知之。"夫有少年习之，白首而不自知者乎？自知之，自讳之耳。一经点破，无所遁逃。及乎他作，亦复如是。岂有佳理？此无他，其中距者坚也。

（《胡白叔〈闽草诗〉序》，《石仓文稿》卷之《浮山》）

三五、诗道性情不随景物为丰塞

友人孝廉吴仲声氏深得其指，故其所游困关不甚远，游亦不甚得意。既乏名山大川以倡之，又无骚客佳人以和之，而才思勃勃，不容遏抑。岂必有待而然者与？诗道性情，不随景物为丰塞也明矣。

（《吴仲声〈困关游草〉序》，《石仓文稿》卷之《浮山》）

三六、论多风少雅

拙诗超齐梁、三唐以上,则不敢当。谓其多风少雅,叶之宫商者阙焉,此针砭之至言也。

(《复张维诚论诗》,《石仓文稿》卷之《渺轩》)

三七、论乐府至汉而尽

佺阅乐府,至汉而尽,曹魏父子质文不能相兼,则五音隳矣。六朝祇摘乐曲中一二语,如"乌生八九子","日出东南隅"之类,颛主咏物而已。初唐诸家尚因之,开元、大历似亦陋此不谈,至有被诸声歌者,不过绝句。小令入弦索间,如今所唱《鹧鸪天》《山坡羊》之类,以云古乐,又奚啻若河汉也。宋王安石、我朝李于鳞抄袭全体,略窜易一二字,即谓之拟古乐府,且自夸拟议以成其变化,亦奚取于变化哉!

(《复张维诚论诗》,《石仓文稿》卷之《渺轩》)

三八、论诵读古之诗书论其世而后已

又尚论古之人,至于诵诗、读书,"论其世"而后已。予以为古今人亦不甚相远,而顾不相及者。何也? 古之人游情于寥廓之表,而其颛精致志处,则凝一而不分;今之人无末节琐尾,而不分其心者,而其意见又苦局促于一隅,此其所以两相背驰而不相及也。夫友古之人而诵诗、读书矣,所难在世;友今之人或同朝而立,同里而居,其世不难也,人与我共之者也。

(《〈郑汝交文集〉序》,《石仓文稿》卷之《渺轩》)

三九、三山同社开口喜作七言律

友人李玄同去岁游西湖,所杂著不具录,录其七言近体二十首,梓为行卷,求跋于予。予忆湖心亭初构时,徐茂吴有七言律十六首纪之,亦未甚满人意。盖茂吴多用《选》语入律,殊少光华、细润之致,此技亦非其所长也。予三山同社开口喜作七言律,予颇惮难,社中亦欲傲予以所不能,予笑谓:"七言律可多作,则盛唐诸君先为之矣。何但寥寥?"然予间亦有作,如《金陵怀古》《西湖纪游》之类,但不能如玄同廿首之多。予虽少,故不佳;玄同多,亦不必不佳。予于此处乃逊于玄同矣。近日钟伯敬作《诗归》,有评曰:"古人作诗,不肯用多。"是其最得力处。

(《李玄同〈西湖游草〉跋》,《石仓文稿》卷之《渺轩》)

四〇、感春悲秋

予观《诗说》曰:"春至艳也,女感之而悲;秋至爽也,士感之而悲。"然非艳爽不能以相悦,岂二序凉燠时,顾颛自为政耶?秋之色,素里相喻者,谁也?秋之韵,长兴相属者,谁也?则非丈夫士不能,而非妇人女子之所能办也。

(《叶君节〈秋怀诗〉跋》,《石仓文稿》卷之《渺轩》)

四一、山水入画图图画肖乎山水

予复有说焉。咏美人者必以花草,咏花草者又必以美人。山水之佳者,固入画图;图画之佳者,又肖乎山水,是故《国风》好色而不淫。相如言工于形,似此皆诗家之正脉,韵士之极致也。

(《叶君节〈秋怀诗〉跋》,《石仓文稿》卷之《渺轩》)

四二、篇无剩句句无剩字

汪父母君酬,名其集曰"简轩",自一集以至五、六集,亦随其年与地而诠次之,不欲取盈焉。简轩之作,语必繇衷,功皆造极,篇无剩句,句无剩字。读其诗,如其人;见其人,如其诗,可谓简也已矣。昔吾夫子与仲弓以南面,曰:"可也简。"而汉、晋之间,品地高贵,始界以清通简要之任。

(《〈简轩诗〉序》,《西峰集文》上)

四三、古人之诗常得言外之趣

夫今人之诗,皆传注乎古诗者也。古人之诗,含蓄处多,而常得言外之趣;今人之诗,务欲言其胸中之所欲言,而惟恐其有所不尽矣。故古诗之所不能尽者,而今人务必于尽之也。则谓其传注乎古诗也,亦宜然。

(《〈吴汤日诗〉序》,《西峰集文》上)

四四、诗为时世使然

夫今之诗而能与古诗并行而不悖,虽有质文繁简之不同,而要亦时世使然。诗之不能违世也,犹夫注之不能违经也。惟其有之,是以似之者。其正也,将欲合之,必故离之者;其反也,而未尝不归于正也。是必我之才情见地已造于古人之域,而后能周旋曲折以合于变也。

(《〈吴汤日诗〉序》,《西峰集文》上)

四五、人心无穷诗之变化无穷

李于鳞之《乐府》曰:“拟议以成其变化。”今观其《乐府》,点窜古人一二字而已,未见其所拟议谓何,而变化之状何居也?李于鳞又曰:“能不为献吉者,乃能为献吉者也。”其意以于献吉不为也,非不能也。虽然,前事不忘,后事之师,则后至者巧矣。“谢朝华之已披,振夕秀于未启”,则晚出者鲜矣。是故诗愈历年代,而愈不能尽也。人心无穷,而诗之道益无穷也。

(《〈吴汤日诗〉序》,《西峰集文》上)

四六、学诗如负重登山

予友桐城吴君汤日具有诗才,而其体周流,能极其意之所出,而不拘拘于古法。若曰:“我今人也,岂为古人诗者哉?”愚尝谓:“作诗如制器,苟欲合时,必须近古。"又:"学诗甚苦,如负重登山,既登绝顶,其苦自息。俯视一世,皆为微渺矣。"

（《〈吴汤日诗〉序》,《西峰集文》上）

四七、论明布衣之诗

至我明,则词赋不入彀矣。自科举而外,又别无以之官矣。然其为布衣称诗者,亦何寥寥也? 国初重征辟,岩穴之下,罔遗贤焉。至宣、正、成、弘,征辟亦不行矣。予选布衣而仅得之钱塘刘士亨、吴郡之沈明、古启南、新安之谢一阳、关中之孙太初、予郡之傅丁戊,共数家而已。他若山阳之蒋子孝、金陵之谢子象,虽不仕矣,而皆以子显也。又如桑民怿、祝希哲、文氏父子,仕虽不达,又皆以科贡起家也。隆、万间,乃有谢茂秦、卢次楩、沈嘉则二三君之名大噪。然次楩拥巨赀使酒任侠,而灾逮夫身;茂秦与历下、中道参商,声价亦减。所称令德善交,身名俱完者,独嘉则无愧而已。

（《〈汪穆如诗〉序》,《西峰集文》上）

四八、诗无感慨无性情一陈言耳

有皋大夫过予,道其性情亟欲向往乎风雅,但在都下苦于应酬,而在地方则又未免簿书之为累也。予曰:"诗可以观,志得失也,簿书政事,非得失乎? 诗可以群,志离合也,应酬交错,非离合乎? 且我观人,亦□自观,得失之中,感慨系焉。我之择人,人亦择我,应酬之中,性情寄焉。此诗之所为作也。诗无感慨、无性情,一陈言耳,固不如无作。然而,舍政事应酬而外,亦安所触发其感慨而抒其性情者哉? "

（《姚孟长〈秋旻集〉序》,《西峰集文》上）

四九、言垂训与否听于后世取舍

去岁董崇相赠余言,以予方之少谷先生:"其少年科第,栖处闲冗。以诗名号召海内者略同。"而末且引左氏之"立德、立功、立言"为三不朽。予谢何敢当先生万一,但考鲁穆叔之对范宣子曰:"鲁有先大夫曰臧文仲,既没,其言立,此之谓不朽。"按:此即吾夫子所谓"君子疾没世而名不称"焉。盖人于既殁之后,其言足以垂训与否,皆听于后世取舍之公心,而其人不得而与焉。故《传》又云:"太上有立德,其次有立功,其次有立言。"凡言有者,谓其德,其功与言皆实有诸已,故后日虽久,而不废也。与夫好名之流,袭取于一时而实为速朽者,大径庭矣。

(《〈郑少谷先生集〉序》,《西峰集文》上)

五〇、作诗须有古意与有真境

予每谓:"作诗须有古意与有真境。"然真,则不求古而自古;古,则不期真而自真,亦相因之理也。

(《〈郭正夫诗〉序》,《西峰集文》上)

五一、论曾巩诗学韦应物

夫欧得李之逸,此本诸眉山之序《六一先生集》也。王学杜而僻,此见诸弇州之序《余德甫集》也。独子固诗,世罕传之,且当时有子固不能诗之语。予谓曾不但学韦,而并得其幽深之致,因摘其《南轩》云:"久无胸中忧,颇识书上趣。"《写怀》云:"终非常情度,岂补当世治。"《七月初一假》云:"初秋尚苦热,休沐乃君恩。"《过介甫归》云:"知者尚复然,悠悠谁可语?"《靖安幽谷序》云:"常疑此中吏,白首岂思还。"如此等语,即《苏州集》中,恐亦不能数数也。茅评南丰文出入经传,如在孔门听夫子与七十子之论说。董谓其好处有根柢,而颣处在重复。余谓《左氏》之引《经》,固非泥其本文;孟子之说诗,亦不以辞害意。南丰之所诵说,以比丘明、子舆子何如哉?是故吴兴之所推尊者,南丰之文。余谓南丰之文,不能以胜诗也。崇相之所责备者,南丰重复之病。余谓古文专用倒法,即诗亦每一唱而三叹也。大抵诗主比兴,文工形似,要皆本诸性情之真,而触以时物之变。若不期于言而言,而言之又若有意若无意,故其妙处若化工之不可名状,若水月之不可摹捉。岂人力所能勉强而思议者乎?

(《〈李太虚集〉序》,《西峰集文》上)

五二、性情无穷则诗与文之变亦无穷

余观太虚之诗若文,盖本诸性情者,故其厚寄慨而薄雕缋,体物而毕肖,撰境而不虚过。固不必问其所根柢者,某书所摹拟者,某氏亦无暇问其实力于诗者谓何,而专功于文者谓何。而性情无二,则诗与文亦无二也;性情无穷,则诗与文之变亦不可胜穷也。所谓同归而殊途,万虑而一致者,非是之谓欤? 余愿与太虚持此道以不变,庶几拟议而日新焉,其可矣。

(《〈李太虚集〉序》,《西峰集文》上)

五三、论不切之应酬

予又观子桓《典论》云:"富贵则流于逸乐,贫贱则慑于饥寒,日月逝于上,颜貌衰于下。"乃又学者之通弊也。然世间又有非饥寒、非逸乐、不富贵、不贫贱之为患,而日敝其精神于不切之应酬,以周旋乎世。故此正作无益以害有益,亦即所谓群居终日、言不及义、好行小慧者。是故,小慧,大慧之贼也;终日,终身之端也。故吾夫子叹其学之难也。

(《〈李太虚集〉序》,《西峰集·文》上)

五四、语之为率意者非由匠心不能

予洪江故有社,有楚客来游闽,寓予石仓之听泉阁,因与洪江社中诸子日夕往还倡和,而诗因以成帙,欲刻为行卷,属余弁之。余观其诗,多匠心语,亦多率意语。然语之为率意者,非由匠心不能也……予故曰:"客之诗其率意处,乃其极匠心处。"

(《〈洪江诗草〉序》,《西峰集文》上)

五五、韵之人籁天籁

诗非韵,士不能作。然而,韵之所寄不同,有寄之以幽者,人籁也;寄之以旷者,天籁也。有寄之以醒者,人籁也;寄之以醉者,天籁也。昔人谓,三杯含乎大道,五斗合乎自然。自然而鸣,有莫知其所以然者,非天籁而何?故因醉而为韵,因韵而为诗,斯固籁之所发,不知其所以然而然,人而天者也。

(《〈韵醉移诗〉序》,《石仓三稿文》卷二)

五六、游宴歌咏畅其郁结之怀

夫修禊虽起自成周,而东晋之永和癸丑山阴为盛。然当是时,宾客凡四五十人,诗或四言、五言,或四句、八句,亦有不成篇者。有竟日无一字者,皆随其意兴所到,而略不增损。其高旷闲适之趣,即王右军《序》,亦以或"放浪形骸",或"晤言一室",其要足寄兴,以触目而感怀,一也。然往昔行乐,每于达生之内,而寓忧生之嗟,故曹子建之"西园"、石季伦之《金谷》,亦以人生寿命几何,求仙多误,而不若斗酒娱游之为乐也。兰亭末段归于死生,以齐寿夭等彭殇者为妄。夫既知死生之大,则必有所以疾图其不朽,而赫奕勋名、勒诸钟鼎、垂之竹帛者,始为不虚此生。及其时不我偶,势有所乖,无以畅其郁结之怀,乃相率而为游宴、歌咏,以写生平,以节牢骚。诗不云乎"匪我无酒,以遨以游",此之谓也。

(《〈郑圣集诗文〉序》,《石仓三稿文》卷二)

五七、论四言古诗

夫古风盖有四言、五言、歌行,为三体。

李太白云:"讽味深远,五言不如四言。"是犹以《三百篇》论也。汉、魏四言,具体而已,安问六朝哉!故韦孟《在邹》,赵壹《述志》,皆不录焉。太白四言,浔阳幽愤,去古渐漓,惟《独漉》一篇有魏武之风,与"对酒当歌"

同其激烈,而和平之旨乖矣。故予以太白所称讽味深远,乃《三百篇》之四言,非汉、魏之四言也。

(《〈古诗选〉序》,《石仓三稿文》卷二)

五八、论五言古诗

至汉五言,乃直接乎风雅之绪,而启我后人。苏、李、班姬,是为鼻祖。中郎、子建,升堂入室,绰然有余。惟《十九首》,或称枚乘,或称相如,皆编之乐府。予以为,《十九首》作者非一人,按之如一律。政如《唐诗》之"正宗",宋帖之《淳化》,非精金美玉,不以入选。见诸吟咏,则为古风;被诸管弦,则为乐府也。故余于汉、魏五言各分有内、外篇,内篇为古诗,外篇为乐府。有乐府而似古风者,则亦内之;有古风而似乐府者,则亦外之。昔人之编乐府也,以乐;余之选古诗也,以诗而已矣。晋、宋已来,有古诗而无乐府,何者? 名下之士重,而房中之音寂也。齐、梁而降,有咏物而无古诗,何者? 俳偶之伎繁,而兴象之风鲜也。虽或赠送、游览、闺情、宫体诸什,总谓之咏物而已矣。

(《〈古诗选〉序》,《石仓三稿文》卷二)

五九、论歌行

歌行亦本诸乐府,后世独以其调别之。方整者谓之"歌",繁曼者谓之"行"。故惟七言有歌行,而不知汉、魏五言固自有歌行也。

(《〈古诗选〉序》,《石仓三稿文》卷二)

六〇、论唐诗品汇

夫唐诗之有初、盛、中、晚也,盖国初高廷礼目之也。高廷礼之选唐诗也,所重者初、盛,而不在中、晚。元周弼之选三体唐诗也,所重者中、晚,而不在初、盛。顷闻温陵黄大司马之选唐诗,则以盛唐而寄于初、中、晚之内,谓三唐各有其盛者焉。是之谓"盛",以合作者言也,非世代之迁降也。

然而,治世之音和以平,乱世之音噍以杀,昔子夏尝言之矣。是故高廷礼之目唐诗而曰初,曰盛,曰中、晚也。实本于唐代之递降,而诗亦随之者也。故其所选诗,而前后无以易之者也。杨用修以廷礼为闽人而不习诗,故其所选亦无足观焉。胡元瑞《笔丛》则以后人之《诗选》《诗删》,俱未必能胜廷礼也。

(《〈唐诗选〉序》,《石仓三稿文》卷二)

六一、论唐诗选本

近日之为《诗所》《诗类》,皆本于《唐诗类苑》,又重在类而不在选也。予友钟伯敬之《诗归》,予又病其学李卓吾。卓吾之评史则可,伯敬以之评诗,则不可。评史者,欲其尽;评诗者,不欲其尽也。唐人之选唐诗也,六家之外,有《才调集》焉。然要之,自矜其所尚者耳。故或首元结,或首白乐天,皆非正论也。宋人之选唐诗也,宋敏求有《百家唐诗》,王荆公又从而去取之,以为尽夫唐诗矣。然今之所行《百家诗》,果皆入选者乎? 荆公自叙,以李、杜诗概不入选,故高廷礼亦以李、杜为大家而不入正宗之内。

(《〈唐诗选〉序》,《石仓三稿文》卷二)

六二、论唐诗

予选唐诗,《李集》最多,而杜次之,然皆与法合也。选唐诗而不入李、杜者,不重古风故也。于鳞谓唐无古风,识者哗之。然非观李、杜之古风,则无以见唐古风之盛;非观宋及国初之不以李、杜入选,则无以见唐无古风非始于于鳞之言也。或又以青莲之飘逸而启中唐之门户,少陵之钻研而辟晚唐之蹊径,于义何居? 曰:"李之才情与古法合,杜之极思与格调合。"故但见其合而不见其离。若大历以下之诸公,纯用才华而蕴藉少矣;贞元以下之诸公,纯用工巧而风致乖矣。其病皆在不习古风也。如习古风,则发扬之气自不足以胜收敛,而工巧之词自不足以易风致,又何必为中、为晚之目乎? 故予凡遇中、晚之古风,若获拱璧焉。即有微瑕,必加润色。知我、罪我,不以为思。而中、晚入选之近体,亦无以甚异于初、盛之近体者,即概名之曰"唐诗",可也。

（《〈唐诗选〉序》,《石仓三稿文》卷二）

六三、十二代诗选

余作《十二代诗选》,为期颇亟。或言于予,曰:"子未可以若是,其几也。"予应之曰:"然。顾亦自有说。"

夫诗自汉、魏而下,以至晋、宋、六朝、三唐。予在金陵时,阅选再四,缮写成帙,旋散佚去。予亦不之问,有暇乃更选。或前后并存者,则以今昔之去取,而验乎意见离合之何如也。《鲁论》云:"子与人歌而善,必使反之而后和之。"夫诗,歌之属也。予不能歌,亦未能和,但日披阅而寻绎之。寻绎不已,若反之之而已矣。

（《〈宋诗选〉序》,《石仓三稿文》卷二）

六四、论宋诗

虽然,宋之为宋,亦岂易言也! 艺祖开国,五星聚奎,识者已觇其人文之盛。而当代名德,如寇莱公、韩忠献、范文正、司马温公、欧阳公、王荆公、苏文忠、李忠定、文文山;理学,如周元公、程明道、邵康节、吕东莱、朱文公,皆自成一家。上足以黼黻皇猷,而下足以陶写情性。乃若王元之、杨大年、梅圣俞、秦少游、陆务观、谢皋羽诸君子,则又是端门词人本色也。

大抵宋之为诗,取材广而命意新,不欲剿袭前人一字,而诗家反以腐锢之。其与予之向未寓目者,殆亦同病也欤。然而,构思层选,稍涉议论则有之。夫如是,则选当用何法? 曰:"宋人之选宋诗也,而首寇莱公,盖以其合唐调也。王荆公《唐诗选》,李、杜诸大家概不入格,亦本此意。然则,予固以宋人之选宋诗者,选宋诗而已矣。"故于莱公《巴东集》之首而叙及之,以当凡例焉。

（《〈宋诗选〉序》,《石仓三稿文》卷二）

六五、论元诗

元世祖虽以胡人主中国,然亦知尚节义。如文文山,不忍遽杀,辄困而诱之,俾为己用。及需以岁月之久,知其必不可回,而后辟之,以成其从容就义之志。故予读文山狱中《正气歌》,有足悲焉。若谢文节之被征用而不食,韩古遗之逍遥而不仕,要皆随其所欲为,而未尝迫强之。又若许鲁斋、吴幼清二公,以理学宿儒聘其之官,欲以师世范俗,亡何,亦即放归,以就于其所安者,令后人不至重为二先生致遗憾焉。故其末,运城社迁毁而殉难,则有余廷心;死节,则有王用文;而顾阿瑛、杨铁崖、王叔明、王山农诸君,尚得为有元之遗叟、圣代之逸民也。

予观夫鲜于、袁、赵、虞、杨、范、揭诸名家,可谓盛矣。而萨都剌、雅正卿之出自雁门可都,又皆元上都地也。即若北朝之温子升、庾子山,何多让焉。然人病其纤丽,以多咏物诗,如《鹤骨笛》《走马灯》《芦花被》之类,极其工巧,以求速肖而风人,比兴之义鲜矣。

(《〈元诗选〉序》,《石仓三稿文》卷二)

六六、论明诗

而我国初自洪武迄永、宣,仅六七十年间,而作者名数已轶过宋、元两代矣。乃所称齐名者,在元勋,则有刘、宋;在名佐,则有三杨;在死事,则有张以宁、王祎、孙炎;在殉难,则有方孝孺、练子宁、程本立,又何其与勋业节概相颉颃也。以地而论,其在吴中,则有高、杨、张、徐;在豫章,则有《江西诗选》;在两浙,则金华为尤盛,而四明、绍兴实羽翼之;在东粤,则有五先生;在闽中,则有十才子,而《三山诗选》《闽诗正声》又有出于十子之外者。岂若唐、宋之一二齐名为耦者欤?

(《〈明兴诗选〉序》,《石仓三稿文》卷二)

六七、论明诗选体例

　　然此其初集也,引之而成、弘为次集,而嘉、隆为三集,而万历为四集。恭惟皇上为中兴右文之朝,其诸人士所以讴歌圣德、黼黻王猷者,又不知其何如盛也。昔吾夫子谓,周监于二代郁郁乎文哉。然而,卜世卜年,实与文运相为表里。然则谓我国家之文,虽与天壤共敝可也。

　　(《〈明兴诗选〉序》,《石仓三稿文》卷二)

六八、曾波臣画与诗超超玄着

　　波臣善写照,其技入神,人莫不欲求之。往往亦自珍重,不浪相应,而乃喜与贫交。方外之人,画画者,今人也;而观之者,又若以为古人也。或坐或跂,或正或侧,手之所持,意之所向,虽其人生平未必如是,而波臣创之,其人受之,固已超超玄着矣。虽然,波臣不但善写照也,而且工山水也;不但工于画也,而且工于诗也。波臣还闽之二三载,凡为人盘礴作画,俱散之于人,人而珍重之矣。

　　其所为诗者,则可以收拾之奚囊,而授诸梨枣也。波臣将行,予送之诗,有曰:"漫游吴与越,山水娱一身。峭奇非所尚,澹远谐清真。"予但形容波臣画哉,以此而诵波臣之诗,思过半矣。

　　(《〈曾波臣诗〉序》,《石仓三稿文》卷二)

六九、医者以意画不必似

　　予观上古,创造舟车、弧矢之属,皆由仰观、俯察之圣,而竭其心思、耳目以成之者,未有悠悠忽忽、置其心于无用之地,而能开物成务者也。

　　至若谈诗而另辟一格调,参禅而别翻一公案,用兵而奇正之相生,对局而方圆之异势。医者以意,画不必似,皆能直抒性灵,不落窠臼。而成宗匠当家之名,要须宿根聪慧,亲诸知识,而下死工夫,方有入处,又非楮上陈言、口头经济所能了事已也。

（《〈陈法瞻续集〉序》，《石仓三稿文》卷二）

七〇、拙医俗之方

陈子幼负其才，不屑为进取，以任侠荡其产。故陈子读书之处，环堵萧然一秋室也。陈子以此，故肝胆良不俗。或问："人何以不俗乎？"黄鲁直谓："人俗最难医，惟读书可以医之。"陈子深知折节而读书也，其得医俗之方者乎！陈子一日与予论书，曰："有一友工于书者，但未免俗。奈何？"予曰："笔未拙耳，拙则不俗。"是拙又医俗之方者也。

然则，陈子之涉世巧乎？拙乎？世人固以太拙目陈子矣，予独喜其拙也。盛唐诸公之诗，妙处全在用拙，拙则浑雄，大雅而无斗巧、乘捷之病。予每以后人之极思，而不能易盛唐之一字者，工与拙之反也。予观应急之诗，一时不能即就，辄以巧思胜之。而用拙，则非从容暇豫不能。予与陈子论诗，多在暇时，诚有意于陈子之以暇而运其拙也。陈子之人，则太拙矣。世但见其语之工也，而孰知其以拙取效者乎。不知诗者，以诗之工、拙何预人事。知诗者固将曰："秋室之诗如其人，如其人。"

（《陈叔度〈秋室编〉序》，《石仓三稿文》卷二）

七一、不苟作无谀词

昔扬子云谓严君平不作苟见，蔡中郎以生平为人作碑，惟于《郭有道》无愧色。夫不苟作者，必其不苟见者也；无愧色者，必其无谀词者也。

（《〈王奉常集〉序》，《石仓三稿文》卷二）

七二、诗画各有其理

游山诗似画，顾评画之家以为画不必似。夫似者，工笔也。然汉、晋、唐及北宋诸名画，未有不工者。至宋末元初，始开辟一法，似禅家宗门教外别传之指,而工笔不足尚矣。亦犹王辅嗣之谈《易》,端重名理,而扫象于不用也。

不佞窃谓,诗与画各有其理,诗之游山、咏物,犹画家之摹写山川与物像也。有似之而不似者,何于理乖也;有不似之而似者,何于理得也。诗之命题多矣,属兴豪矣。当其吟咏在心、未出于口之际,能不为兴之所驱与题之所缚,宁逊而就之于理,则庶乎山川物象,皆我诗也,而何必问乎似不似也。我诗之工,即山川物态之工也。不然,则曰:"是诗也,非是之谓也,奚取于物?"

（《〈张文弱诗〉序》,《石仓三稿文》卷二）

七三、诗恒与记相错会

我友张文弱,盖深于诗者,而诗又多于游山。其游山之诗,恒与记相错会。如太史公之论赞,皆有以参伍传志之所不及,非如后人之屋上架屋也。顷者,司教霍童,名山胜区在其篱落,文弱之游,其为诗与记,又与支提、霍童相为错会,令人观者未游,则如已游已至,又若怃然其所未至也。谓不工者而能之乎?谓屑屑于工者而能之乎?余讽文弱之诗,兴虽豪而韵逾遒,题虽合而思层涌,必有得于意象之外者。然观者又勿作理解。如作理解,则坡公诗有曰:身在庐山境中行,不识庐山真面目。此之谓夫!

（《〈张文弱诗〉序》,《石仓三稿文》卷二）

七四、论三山社

余三山社中先亡者,如陈汝大、陈汝翔、陈伯孺、袁无竞、林子真,或耄而迁,或少而折,皆不离诸生也;又如徐惟和、陈幼孺,则既举孝廉矣,而不得一第;如赵仁甫,成进士第矣,而宦不达;又如邓汝高,则宦达矣,而年不满五十。是何世界缺陷,而骚人墨士不能取赢于造物也如此!

夫自汝大而下,其子若孙固多贤,亦不离经生,而罕有以五字为箕裘者。盖此道于我明非进取之资,在士子为不切之务。且习见其父兄之攻于词赋,非穷则夭,多所摧抑,不能畅其生平而垂裕于后昆。譬若人家之物,既不适于用,素又不祥,其不厌而吐弃之者几希。然而风雅之道本于人心,不可废也。

朝家功令固在所遗,而海内人士之饶有天资具风格者,亦多习之。

（《〈邓道协诗〉序》,《石仓三稿文》卷二）

七五、诗与境缘之佳恶

余同年宁寿卿数为余言,宜有诗以咏此松,余颔之,而思久不属。一旦以罪行当事者,又不明许其行,而以暂离为词。余于留否之念,本交战也,加以微霰作寒,几欲裂趾。松枝结磷,垂风而堕,如雹之击,人马垂毙。余固知负诺责于松也,毋乃罚之太酷者乎！余于是益信境缘之佳恶,皆有以召之也已。

（《全州道上松树记》,《石仓三稿文》卷四）

七六、石生上人诗近于楚调

余晤匡庐石生上人,能诗,诗近于楚调,而所解《圆觉》《楞严》诸经,亦各有新得之趣,似与余平日所持论不相入。然今之谈诗者,楚调遍宇内矣,独比丘之诗,乃可为楚调而不必为唐调也。此其意攻诗者自当知之也。今之说法者,新说亦遍宇内矣,惟不为法师,乃可以新说而不必拘旧说也。此其意亦惟施法者自当知之也。故说法之新意,亦犹夫作诗者之为楚调也。然则石生之诗,其楚调乎,石生非诗人也。故说法新意乎,石生非法师也。吾又未尝不欲与之谈诗而听法于其座下也欤！

（《题石生上人册子》,《石仓三稿文》卷七）

七七、字看帖棋看谱曲按之腔板

不佞每谓写字、奕棋、唱曲,人人生来都会,及至字而看帖,则非字矣;棋而看谱,则非棋矣;曲而按之腔板,又非曲矣。然而乍临帖、看谱、按板之时,乃其伎两不能遽进,反似失其平日之所长者,故往往弃去之,终其身甘为俗字、低棋、胡叫乱唱之人。兼以略有聪明而行时运者,此各件亦自行得去,遂居之不疑,或有时而复于帖、谱一寓目焉。及以檀板敲几榻上,未有不汗颜而思呕吐者,此正所谓良心之发现也。古人墨迹恒重双钩,何况临抚及思忆之。

(《题许玉史册叶》,《石仓三稿文》卷七)

七八、诗指与诗趣

夫温厚和平,诗之指也;涵泳有余,诗之趣也。公之生平指趣与诗相近,故不求合于诗而自合,作之合者,选而传之之无疑也。

(《〈申文定公诗选〉小序》,《西峰六一集文》卷一)

七九、三山诗社多同调

予三山诗调多同,而社中诸子诗亦多同调。子山氏之为三山社中人也,其称诗稍与诸君子异。

(《〈李子山诗〉序》,《西峰六一集文》卷一)

八〇、诗避俗则必攻古欲攻古诗则必穷经癖传

夫子山所谓异者,非欲自立异也,欲于近体遡源之古风耳。故谓子山诗间于学古未融化处有之,其于时调则全无之也。时之为弊,易邻于俗,虽罄蜕其词,而气亦最易以相染。故作诗文者之中,时俗如禅家之喻好睡者,以黑蚖而入于暗室,而人不之知也。黄鲁直语子弟云:"世间凡事皆可医,惟俗不可医。医俗之道,惟在攻诗书,以养其心身。"子山诗欲避俗,则必攻古;欲攻古诗,则必穷经癖传,以遡夫诗之所自始。日积月累,以至于化。于是而求其为风人乎,为子山乎? 不可得也。子山岂立异乎哉? 然虽不欲为异,而不可得也。

(《〈李子山诗〉序》,《西峰六一集文》卷一)

八一、读书必穷其所本

愚谓读书者,必穷其所本,始知《离骚》之本于《经》《传》,《方言》

之本于《尔雅》。注《水经》者以《世本》为纲,撰《雕龙》者以《典论》为案。又如柳柳州之学《国语》而非《国语》,欧阳公之学《史记》而舍《史记》,则岂非相马而略色,得鱼而忘筌者乎哉!

(《寿吴兴茅五芝勋卿序》,《西峰六一集文》卷二)

八二、文心最苦

夫天下之最苦心者,文也。曹子建曰:"文之佳否,吾自知之。后世谁相知定吾文者耶?"昔扬子云以当世无有知其玄学,而俟所知于后世。若陈思所云,则后世亦不可望矣。

夫当世、来世,而皆不能以定吾文,抑何文之苦心如是! 心之甘苦,心自知之。则文之为文也,亦惟自定之而已。然心之不苦,则入理趣不深;而太苦,则其真境亦不现。是故,有意无意之间,不甘不苦之际,乃所谓脉理存而火候熟也。至其妙处,勿论人不能知,即己亦不能知之已。虽欲知之,而亦不能强之。故说法瞿昙有"昨日定,今日不定"之功案。何者? 法原无定故也。虽然,法固无定,而心岂随之以不定哉?《大学》定静相因,而虑与得縣之。虑则所谓苦也,得则所谓甘也。无意于得,乃无入而不自得也。法以不定而为定,心亦以无所得而为得。

(《张恭锡〈自定草〉序》,《西峰六二集文》卷一)

八三、论才思性情

诗之道无尽,盖人之心思无尽也;人心之思无尽,盖大(校:当作人)之生才无尽也。孟子言性,必征诸情;而论情,又必征诸才。夫情,固得其性之所近;而才,则惟吾之所欲为而无不如意。诗本于性情乎哉!

(《杨琼夫〈秋雨堂诗〉序》,《西峰六二集文》卷一)

八四、古风本性情为近近体谐诸声出磨练为多

　　清漳固多才,而长泰之杨又为才薮。予同寅之亮闳氏及其子弟,皆渊博自命而负遗世之独智者也。顷又见亮闳之诸父琼夫,琼夫年才三十耳,其为集,则赋与乐府、古风、近体、五七言绝而罔不备,灿然成集矣。余受而卒业之,因叹:赋者,诗人之所罕能兼也,琼夫弁诸集首,如《思旧》《春草》《幽夏》《广居》等篇,可谓鲜丽,而则叶诸宫商者也。乐府、五言,刻意摹古,得其象外之致;歌行则沿温、李,取法于中,亦无坠落;独近体,似乎援毫成句,未免以易视之。

　　愚谓,古风谐诸度,近体谐诸声。度本性情为近,声出磨练为多。故谓琼夫之诗而非性于是,情于是也,则予必唾之。但予所望于琼夫者,欲殚其心思之所到,而副于才情之所可为。孟子说诗云:"不以文害辞,不以辞害意。以意逆志,是为得之。"学者以为与风人之旨适相符也。夫孟子知性情,则自知诗矣。予窃谓,知琼夫之性情,则知其诗之至与未至矣。

　　(《杨琼夫〈秋雨堂诗〉序》,《西峰六二集文》卷一)

八五、论嘉定四子及张鸿盘诗

　　予正选《嘉定四子诗》,四子者,唐叔达、程孟阳、娄子柔、李长蘅也。览子石诗,标新领异,貌境写生,真足为后来之秀,伍诸四君而无媿矣。受之每称其人与诗,而俱曰"清"。清则绝俗,而旷与雅俱清者。诗之风也,诗未有风而不兼雅者也。清者,心之神也。神必无累而后能旷者也。子石之诗,可以风矣,其人亦脱然而无累矣。

　　(《张子石〈南州草〉序》,《西峰六二集文》卷一)

八六、真好尚则必有真才情以副之

　　余谓,人有真好尚,则必有真才情以副之。然而,好尚,非才情不能笃也。譬如针芥相投,莫知所以能所相应,欲罢不能耳。此无论世间、出世间,男子,

妇人,其致一也。然有以妇人而作奇男子之事,以堕落风尘之中而能为千秋不朽之业,则非有深思弘愿、健力大手,安能挽天河于四沛、拔火宅以上升哉!

(《〈卷香集〉序》,《西峰六二集文》卷一)

八七、国家多事触目伤怀

神宗末年,奴祸方棘,竭天下之膏脂以奉辽阳之战士而不足。愚尝谓,国家从此多事,而忧时之君子所为触目伤怀、咏歌啸叹于其间者,固非无病而呻,无感而慨,其如天步,不犹何矣!

夫诗之变风、变雅、发愤、怨悱所为作也,有唐而之天宝、大历,正宗大家、"十才子"之名所为盛也。今之世,若有君而无臣,亟于求治而反速之乱。微幸以为贼尚远,而转盻为剥肤之危。如是,则四方之内蹙蹙,安所骋耶?夫其行之局蹐而不得骋,志之抑郁而不克遂者,此言之之所为愈不可已也。惟怨而不怒,则为风人矣;而佚以自豪,则为才士矣。观者固可以卜世道之盛衰,而亦有以得其性情之所近焉。

(《刘元博〈游闽诗〉序》,《西峰六二集文》卷一)

八八、诗即心也

又曰:"上好礼,则民易使。民不可使,繇于上之不中乎礼,盖其是非举措,皆有以拂民之性也。措非其枉,则其受枉者必深;直不在上,则其在人心者益奋。"予观今日霍童令肃将张君之事,则知直道之在人心者不泯。人心不泯,则其发之为诗者宜有所壹郁矜踔,而不合于程度。乃张君之诗,则又有异于是焉矣。良何以故?盖君廉吏也,廉而不刿,与怨而不怒之指合;亦劳臣也,劳而不怨,与哀而不伤之趣合。于是,民益竞其直,君益泯于衷,惟衷之愈澹,故言之愈和。直之以三代而行也,心即直也,而诗之不以今日而废也。诗即心也,以民心之直,而合之于张君之诗,可谓两得其性情之正者矣。

(《张肃将〈闽东集诗〉序》,《西峰六三集文》卷一)

八九、意尽则无味

即以今文而论,无意固不可,而苟使其意尽于篇幅,则亦索然而无味矣。

(《邹尔叙〈经书臆〉引》,《西峰六三集文》卷一)

九〇、以弈论诗文

予与西有论诗、论文,而复论政。予但以奕喻也,夫奕之品高下,亦无算矣。然子之黑白,路之纵横,高者下者,卒未能以移易也。以我之心思而运量于区盖之内,即愚智者而皆然也,但有当与不当之分耳。是故,战贵攻心,奕重取势,其义一也。然势不能以自广,而恒因彼之所趋者而成吾之广。彼之趋也,吾迫之,使不得不趋也,不趋则无生路矣。彼之生也,乃所以成吾之广也,吾不自广,因彼而成其广,始益自固其为广矣。此奕家取势之法也。要其所忌,在于头绪之棼,举趾之阔。头绪棼,则下子不定;举趾阔,则华而少实,二者往往足以致败。故奕之随年而进者,惟稍稳一分,则进一分耳。诗之与文,渐老而愈趋于平淡者,亦此之谓也。

(《贺武平邑侯西有尹父母荣荐纪绩序》,《西峰六三集文》卷一)

九一、真品真诗

然以诗论诗,以文论文,则亦较然有足重者矣。或谓诗文之必挟其品以自重,而其品之为豪与介,亦不能以相类也。然观孙太白、陈白云二先生诗,其相类否耶? 其为品之豪与介,亦间发于诗而见之者耶? 愚谓,顾不必屑屑曰:"某也豪,而其诗以佚荡胜;某也介,而其诗以简澹然胜。"然要之,二先生之品真,而后其诗真也。愚必以神明无累者谓之真品,情景不泛者谓之真诗而已矣。二先生之品固不藉乎诗,而读其诗者亦足以征其品也。然则,吴能尚之合刻二先生诗,审可谓知所尚者矣。

(《〈合刻孙陈二布衣诗〉序》,《西峰六三集文》卷二)

九二、论闽郡林氏诗

吾闽治《春秋》家以五尚书之林为盛，而京卿、部属、藩臬、佐守，以至任子、青衿，凡十数人，而未有不称诗者。诗至大司空仲山翁又最盛，仲山翁之诗真为温厚和平，有得于风人之指。而其居官，壹意恬退，任过让，至其生平持论，是是非非，《春秋》其本色也。

（《〈林氏诗选〉序》，《西峰六三集文》卷二）

九三、王百谷诗

百谷诗文，向惟随所游梓之，而未有全集。顷，其子弗莠携全集来，予既得选之，又得合之。选者，其取精多也；合者，其用物弘也。或谓先生平素耽情于山水，寓意于禅悦，固不妨以闺词而叶梵呗，侠思而托空门者乎！乃其于清庙明堂何居？曰："珪璋肉好，尚其色也；朱弦疏越，尚其声也；衮冕黻斑，昭其度也；藻率鞸鞃，昭其数也。"先生大作，珠含玉韫，绮错云流，合诸四者，其适均矣。岂非大雅之唱而盛世之风乎？

是故，观先生焉，又合诸二老焉，而知世之所以盛，吴越之所以多伟人也。今已矣，不可复见矣！读先生集者，而想象其为谦谦君子乎，所谓无老成人，尚有典刑。噫！得之矣。

（《〈王百谷诗〉序》，《西峰六三集文》卷二）

九四、诗道性情不随景物为丰塞

愚尝以书喻诗，而禅家又以书喻禅也。谷隐之言曰："此事如人学书点画，不效者工，效者拙。盖以其未能忘法耳。当笔忘手，手忘心，乃可也。"愚尝以奕喻诗，而禅家又以奕喻禅也。远录公之言曰："若论敌手知音，当机不让，输赢即不问，且道黑白未分时，一着落在甚么处。"夫繇是二者观之，书以忘法为工，而诗之果能废法乎？抑有以法法而不泥者乎？奕以当机为要，而诗之果能昧机乎？抑有以当机而忘机者乎？故必以书喻禅而书始妙，又必以书喻诗而诗始工；故必以奕喻禅而奕始神，又必以奕喻诗而诗始巧。要之，又必以禅喻诗而诗始有入处，又必以禅而通于书与奕，以论西叟之诗而始知叟有入处……谓叟之诗不得于禅，不可；而谓其以禅资诗，则非但病诗，且病禅矣。何也？眼中着不得沙砾，亦着不得珍珠也。谓叟之诗不并通于书与奕，不可；而谓其以书、奕而妨诗，则非但惑诗，且惑书奕矣。何则？须弥固纳芥子，芥子亦纳须弥也。

（《〈崔征仲诗〉序》，《西峰六四集文》）

九五、论莆中五游父子兄弟同竞响

莆中"三游"，以称诗名于一时，海内骚坛咸倾向之。予获交于三山邻霄大社间，后以起家粤西，取道盱江，又与勿罍游麻源，倡和有作，在勿罍集内。勿罍者，宗谦之孙、元封之子也，与其诸父元藻又号"五游"。莆之科第联蝉、簪缨奕世者固多，而求其为父子、兄弟之同时竞响如"五游"，亦不能再见也。

顾五君之诗，亦各操一调，不自相袭。宗谦作祖，雄迈擅场，目无俦侪，胸吞云梦者八九；宗振则务雕镂而求工矣；元封则绮丽而出之俊爽矣；元藻则率其意之所欲言，不由溪径矣；至勿罍，则以幽渺为适，欲尽洗陈腐之习矣。而其游趣亦不一，宗谦故游于酒人而嫚骂公卿，不减灌夫面目；元封则惇惇如也；宗振、元藻俱有经济才，而所如多合，归仍四壁，人皆谓其不苟；勿罍一曳裾王门，即为上客，设醴醉心，温美无度，正所谓游朱邸如蓬户也。顷亦辞归，而艺蔬莳菊，以闲澹自娱。故其发之为诗，远似韦、柳，而领其神会；近似钟、谭，而挟其丰骨，真不愧于命斋"竹香"之名者矣。

（《〈竹香斋诗〉序》，《西峰六四集文》）

九六、句不求工而自工

宋季玉《远游》篇梓成，有客称其多佳句者。然句固能成篇之美，亦足以病乎篇。如所谓"俊者伤道,巧者累神;离之双美,合则两伤",是也。

予亟取季玉诗而读之,谓其非多佳句者乎?则清新俊逸,不减于杜少陵之咏乎!不群者,若陈波斯之器于市,而惊心动目,知其声价之无前也。谓季玉之诗而专倚于佳句者乎?则浑成典雅,不减于李青莲之宗乎!自然者,若挈狐白之裘于领,而尊重适体,知其伸缩之自如也。予尝选古今诗,但睹发端之工妙者,而卜其后之必有完篇。篇完,则句不求工而自工;肉好匀称,自无瑕颣之可指矣。又尝与季玉结社,分题,季玉诗有即席成者,宛若成诵在心,借书于手,构思之路莫寻,雕缕之力安施。

(《〈远游草〉序》,《西峰六四集文》)

九七、人之才情相去远甚

人之才情,相去远甚。故有能于此,不能于彼者,才限之也;其无所不能者,才扩之也;又有不学而能,不期而至者,才神之也;又有能而若不能至,而若未至者,才化之也。夫至于化则忘矣,以俟乎岁月之自至,而非才与学之所能几矣。

(《〈王季重集〉序》,《西峰六五集文》)

九八、文章之关于世风

文章之关于世风,非一日矣。然是风也,培之则固,凿之则漓。培之于数世而不足,凿之于一日而有余。譬若崇基,起于平地,不知经几积累而成,至三成始名。昆仑之丘,及其倾圮亡也,忽焉矣。有维风之责者,其于所言可苟而已哉。昔吾夫子尝叹曰:"言之无文,行之不远。"固也。《中庸》以为,知远之近,知风之自,其大指在于闇然而日章。夫闇然者,培之之实也,是之谓不期于文而文生焉。文生于自,则不期远而行之远焉。大块之噫气也,积之于久,莫谓其轮,及出则蓬蓬然,燫息而亿万里,不知其所极也。若夫苹末泄隈,风斯下矣,其所被及,亦可以跬步计矣。风之行也无迹,而其出必有自。

(《〈培风馆文〉序》,《西峰六五集文》)

九九、为诗温厚和雅

愚曰:诗,元声也。元者,太和之气保合于内,资始万物发生流形,若有机缄而不能自已。岂造物之于人,若楮叶而片片雕之者耶? 稚夐之于文,浑浑沦沦,一元气也。而其余以为诗,温厚和雅,一元声也。又不私于己,而与其门人弟子共之,俾有所造就。而他日者,将以大行于世,是之谓能以美利利天下,皆干始之功矣。

(《〈戴广文诗〉序》,《西峰六五集文》)

一〇〇、发抒性灵

夫今之陈无功,即汉代之严君平也。无功生平未始不见用于世,即谢世之后,亦未始不受礼聘于人。然而,在职,则举其职,而不欲苟食君之禄;在客,则殚其虑,而不欲虚糜人之既廪。而竟以尽职殚虑之故,用之而猝舍,就之而猝辞焉。则君平弃世乎,世弃君平乎? 必有能知之者。乃无功之著作,则又不肯以魭扤而为字,飘忽而为句,要自发抒性灵,考订故实者出之,是诚隐德独行之君子也。不苟于行,行之必可言矣;不苟于言,言之必可行矣。曷问乎当时,曷问乎后世! 而无功谓予曰:"我不欲需之来世也,子为我定之。"

(《〈陈无功集〉序》,《西峰六五集文》)

一〇一、取友立志节者为上而词章次之

予以万历辛亥岁赍捧入都门时,同年友董崇相在功司迎而谓予曰:"子治蜀有贤声矣。古者,文章之士,必有所附丽以成其不朽。子立功于蜀者也,其文亦因之而不朽者乎。"予唯唯。兹者谢事已久,偶阅两汉《循吏传》,如龚、黄、卓、鲁,其最著者。然龚渤海之数谏海昏侯也,黄颍川之异同于大将军霍光也,卓、鲁之皆不事王莽也,是俱有劲气亮节,以植其本,而后施之于政事,不苟为姑息,否则,违道于誉之讥所不免矣。因思文学之传,固附丽于政事;

而政事之美,尤附丽于志节也。反身以求之,岂非要术哉！予尝以此取友,立志节者为上,而词章次之。苟能以节辅言,虽未施于有政,是亦为政矣。

(《〈陈伟卿诗〉序》,《西峰六五集文》)

一〇二、四唐诸家与学唐

唐诗十二家,盖合初盛而言之也;唐诗十家,盖自大历十才子而言之也。说者以为未备,盖初、盛、中、晚,名为四唐,各有十二家焉。初唐则太宗为之倡,而王、杨、卢、骆、陈、杜、沈、宋、二张、刘希夷、李峤为十二家;盛则玄宗为之倡,而崔颢、李颀綦、母潜、祖咏、王、孟、高、岑、李、杜、储光羲、常建为十二家;中则钱、刘、韦应物、郎士元、韩翃、卢纶、刘禹锡、韩、柳、孟、贾为十二家;晚则温庭筠、李商隐、王建、吴融、李洞、许浑、刘沧、杜牧、方干、薛能、罗隐、曹邺为十二家。已上诸家皆盈帙而成章,足以号召时流,掩映前后,而尽乎四唐之蕴矣。其他作者,虽不止是,或才情有限,篇幅寥寥,亡当也。或谓,《唐诗百家》不足以尽之,况于四十八家乎?曰:"宋王荆公、宋敏求,皆好古者,同在三司条例司,所辑仅百有四家。而六集皆以《唐人选唐诗》闻见,最近亦不能出《百家》之外而别有所衷取也,则其概可睹矣。"

愚尝谓,不学唐诗,则诗之途广;学为唐诗,则诗之途狭。以是观之,则不但其途之不广,即称诗之人亦不能多矣。夫诗也,莫盛于唐者也,何以其途与人之反狭耶?四明杨南仲问余:"选诗名家之不同于人也安在?"曰:"予选名家诗,反不能以多,于人之诗,但所称名家者,其体存而调合焉。"尔夫体者,即四唐之体也;调者,即唐人之调也。以唐之体与调,而定其人之为名家与否,则所辑四唐之各十二家,岂非亦自有以成其名也耶?是之谓不朽,足以垂法于后人矣。

(《〈四唐诸家集〉序》,《西峰用六集文》)

一〇三、古今清介人多好文重意气

予每观古今清介人,多好文,重意气。何者?清,则不染于尘,一切世间纷华美丽不以入其心。然非块然土石,岂能一无所嗜好。其有所嗜好,即文章耳。且无欲之人，其气必扬，其藻必定，勿论交游亲疏远近，有以当其意者，如针芥之投，头目之护，即其人有所不及知，弗计也。愚尝谓，天地间少此一段意气不得。

（《〈沈太始集〉叙》，《西峰用六集文》）

一〇四、由简至烦由约至博

愚尝谓，至简由于至烦，至约由于至博。此吾圣门之教，而释氏别得其宗而推衍之，以度众生。即此可以通诗教也，宗衍之而偈，诗衍之而律，其体制亦不甚相远。然偈之与经，似重复而非重复。此偈之与彼偈，日新而愈不穷其理，既得机自圆转而不滞也。诗之为道，何莫犹是哉！

（《〈王予安诗集〉序》，《西峰用六集文》）

一〇五、以异而异乃立异者也以同而异乃大同者也

予安既诵予曩日之《蜀草》，与近日自《六一》至今编年诸刻，有以异否？即予安之前后《妙远堂》《湖霜》《游闽》等集，亦觉有以异否？如无以异，则不必作；如有以异，复非诗矣。而近日又有主异不主同之说者，予谓宁主同。予安问曰："何故？"予谓："《易》不云乎'君子以同而异'，未闻以异而同。以异而异，乃立异者也；以同而异，乃大同者也。"

（《〈王予安诗集〉序》，《西峰用六集文》）

一〇六、诗道性情性情得其中和之正

夫士有未遇而亟称诗，必其真好者也。倘非其天性之所好，则诗以为与举子业相妨，勿论内外交谪，即己之疑信亦相半矣，安能执之锐而攻之坚乎？

"然则，士有已遇而始称诗者，何若？"曰："其说有二。一则，以既拾青紫之后，略妆点以免俗，亦度其时势之便与否，以为推就；一则，或其仕之坎壈不达而拂郁无聊，以写其不得志于时者之所为而已。之二者，而皆于诗亡当

也。诗道性情,非可自外剿袭之。而性情又欲得其中和之正,非可以愤懑不平之衷而旁溢之于词。故余以为,此二者于诗俱亡当也。"

(《〈皖郡汪大年诗〉序》,《西峰用六集文》)

一〇七、昔山川之灵必凝结为人物

古昔山川之灵,必有所凝结而为人物。而人物之精英,亦以其大心手而运用之,有以阐发。夫山川所素积蓄之蕴以表见于世,是两者若相须为奇也。远不具论,如近日吾郡叶相国之福庐、董司空之百洞、崔征仲之秋谷与予不佞之石仓,皆手创而开辟之者也。最后出为荐叔刘君之九潭,境愈奇绝,以僻于人间,故世无有知者。而荐叔创造经始一木一石、一梁一涧,皆其亲所披剔而位置之,必使其山川之无遗巧,而吾意匠之无遗能而后已。噫!斯已奇矣。

(《刘荐叔〈九潭〉序》,《西峰用六集文》)

一〇八、论温厚和平雍容不迫

不佞谨卒业,而窃有感风行水土之义也。《易》以八卦摩荡而成六十四卦,其中风水相遇者,惟"涣"为然。涣者,释也,渣滓去而清虚来,郁结消而神明怡,岂非涣之之为义乎?太史公曰:"《诗三百篇》,大抵风人发愤所为作也。"然吾夫子谓:"发愤忘食,乐尔忘忧。"则愤不在感遇而在心思,明矣。愤者,固所谓思之。思之,思之不得,又从而思之,鬼神将告之思至于通神。则潜天而天,潜地而地,何所不融会而流贯于其间哉!无所不畅而复泯其迹,不期于文而自然成章,何妙如之,又何乐如之!以此言诗,有余趣矣。夫子谓诗之可以兴,可以观,可以群,可以怨,正谓其有余地也。温厚而和平,雍容而不迫,岂非风人之指哉!风至无迹也,水遇之而成文;水至无心也,风行之而成色。

(《〈文漪道人诗〉序》,《西峰用六集文》)

一〇九、论诗之才情与矩矱

不佞选诗有二法：其一以才情胜，其一以矩矱胜。然而，每伸短矱于才情之上。何者？以其有作家气也。又闻之，赏鉴家往往重士气而不重作家气。何者？以其稍近俗也。夫矩矱乃前哲所遗，学问乃作家之祖。曾谓古人而作俗祖乎？譬之，书家有摹《兰亭》《圣教序》而反俗者，非二帖之病也，乃不善学者之过也。

（《〈苏启先诗〉序》，《西峰用六集文》）

一一〇、论诗之肖古人与别今人

愚尝谓，诗非肖古人，不可；而有意以肖之，亦不可。非有以别于今人，不可；而有意以别之，亦不可。是故优而游之，使自求之；厌而饫之，使自得之。此礼教也，亦诗教也。要之，以雍容不迫焉斯可尔。

新安苏启先之诗，且勿论肖古之人、肖今之人，而先肖于其人。启先之人正优游自得，雍容而不迫者也。其人已先得诗意，而又撼诸性灵，浚诸川岳，饯诸友朋，役诸物宜，而见之为吟咏。若取精而非取精，若陶铸而非陶铸，直持一孤清之调以立于世。赏心者拔其推韵，娱目者畅其幽怀，此正自区别今人处，而何必曰"古之人，古之人"。

（《〈苏启先诗〉序》，《西峰用六集文》）

一一一、诗随时随寓

余谓，诗亦随时耳，随寓耳。不然，则数篇之外已觉重复，何以言富有而日新。即员倩之诗，又何以东西南北之四应，安危常变之不离也。然要之，同处则在不苟作，少牵系而已。

（《〈桐城齐员倩诗〉序》，《西峰六七集文》）

一一二、论诗之能新

今之著作,不患其不新,而患其无以为新之之地。譬若卉木,案楮而雕之,缕币而裁之,传之以采色,益之以机智,往往肖于其所自生,然而合者未必开,开者未必谢,则又反穷于所假合之貌,而不能以生生于无穷。

此其说具之于《易》。《易》,道阴阳者也。阴主顺,顺则有生而无克;阳主逆,则以克而为生。夫以生生者有限,而以克生者无穷,故曰:"《易》,逆数也。"大凡人物,以故本临、以机巧胜者,皆阴类耳。阳则无不生也,而生自相克;无不克也,而克即相生。循环无端,变化不测,始谓之富有而日新,以尽乎《易》矣。是故,新莫新于造化之生物也,若不一,又若至一也。一者,莫窥其朕;不一者,乌测其所归耶? 语诗者曰:"不师古,不取新,而恶足以名家。"然古人往矣,句而师之,字而拟之,而古人未必以为贤也。又自我作古,以为能新矣,然出己意以为新,而久之,己自生厌也。何者? 则以其无新之之具也。

予观皖上汪瑶若诗,信乎其能新矣。而新,非刻意而为之者,本诸其人之旷爽与学之渊博、思之沉诣以为诗,故其诗不必学古而古调自合,不必求新而新机层出。何则? 古人之诗,不徒新也,使其诗无本以为新,则不能传之于后。又不欲我之学其新以为新也,使我而学古人之新以为新,则有古人而失我,我失而并古人而失之矣。是故,不失我而能为古人者,此真能新者也。

(《〈汪瑶若诗〉序》,《西峰六七集文》)

一一三、论不遵矩矱而务驰骋为不学之之过

今之操觚者,不尚义理而尚词华,譬若绘然,大素不具而丹腠焉施矣;不遵矩矱而务驰骋,譬若车然,儿兀不具而辙迹焉循矣。此无他,要皆不学之之过也。

(《〈如皋佘君实甫诗〉序》,《西峰六七集文》)

一一四、诗之师心与师古

予尝谓,作书不可不临帖。或谓,帖少佳者,奈何?予谓,帖不必佳,且以今人所最称赏之字,能兴古人相传失真之帖,较优劣否。又谓,凡作诗文,应以题目取与古人相近者,以己作视之,为相近乎,为相远乎?此中必有入处。盖师心之与师古,二者不可偏废,而且互相为用。古人之传,以传心也;吾心之用,自入古也。古则不俗,不俗则可传矣。

(《叶子翼〈梅花诗〉序》,《西峰六七集文》)

一一五、论诗之艳与澹范与实

王寔子以《澹草》一帙见示,予袖而读之,皆艳情语也。或拟古以自况,或山阿之有人,或借题于乐府,或述志以定情,真如镜花水月,不可摸捉。而风气遒上,音节俱合。予亟为选刻之。质诸唐律绝中,无愧色矣……夫澹,莫过于柴桑。而艳情有赋,实莫过于广平而寄兴梅花。然则,方家韵士,岂可以拘执一隅,论乎《金刚》《般若》,色即是空,既云有相皆幻,又云真实不虚,自上乘禅品已。作如是观,又何疑于寔子之诗。

(《王寔子〈澹篇诗〉序》,《西峰六七集文》)

一一六、说诗者莫善于孟子

夫说诗者,莫善于孟子。孟夫子之言曰:"故说诗者,无以文害词,无以词害意。以意逆志,是为得之。"夫子又云:"诵其诗,读其书,不知其人,可乎?"是以论其世也,逆志则用虚,论世则用实。然实足以该乎虚世明,而其志粲然可睹矣。诗人之言则微,而其志何尝欲晦。苟使其志宁晦而勿章,则诗可无作矣。志不如是,而必以意逆之者,此断章取义之诗,而非通篇全什之诗也。即如孟子所引"北山"四句,亦非全文,故云"以意逆之"。倘若终篇之上下文而尽读之,则其为人臣之困于行役、而叹劳佚之不均者,其志何用逆乎！愚谓说《诗》不但欲上下文之贯串，即前后篇亦须相照应，可以互观。又不但前后数篇，即风、雅、颂之三体，亦当浑融而要其一致。如此，则虚实可以并摄，而诗人之志益可以旁通。而要之，非论其世不可。

（《〈诗经世本古义〉序》，《西峰六七集文》）

一一七、无病而呻无感而吟之诗可不为

（卢真常）起家《尚书》，《书》道政事，亮工熙载，事神治民，何者非事，何者非文，而真常直摅其所实见、实行者而已。若夫赓歌《喜起》之章，则有三事；大臣在，而五子咸怨之《歌》，熙朝并无此举动也。无病而呻，无感而吟，真常生平决不为此。

（《〈卢真常文集〉序》，《西峰六七集文》）

一一八、文不可以有意为

予友谢耳伯之文，扬子云之一派也。耳伯明人，而远遡西汉《太玄》之脉，以为文不亦好奇乎哉！世有尚玄者，未有不好奇者也；有好奇，若未有不奇耳伯之文者也。然《太玄》有意以拟《易》，而《易》理隐；耳伯未尝有意以拟《玄》，而《玄》理彰。何者？文不可以有意为，而《易》尤不可以有意拟也。有心以拟《易》而去之远，无心以拟《玄》而去之近，岂非圣贤之辨哉！

（《〈谢耳伯文集〉初序》，《西峰六七集文》）

一一九、论山水与诗

复生云："困溪几成市井，得予曹生点缀，乃觉韵致，以助其游。"夫困溪所不乏者，山水耳。古之移山也，以愚；而其治水也，以无事。曹生愚而无事，故能与山水作缘。然特拂拭其所本有，岂能增益其所本无哉？漱石枕流，子荆自误。诘之者痴，而转之者捷，臭腐神奇，无二致耳。复生有契于是，故以赏山水者而赏曹生，以与予之倡和者而为山水之倡和也。噫！山水也，岂知

其人之为主耶,客耶? 迁耶,游耶? 而其于人之所著作为助耶,非助耶? 鸟相忘于林木,鱼相忘于江湖。忘带要之,适也;忘屦足之,适也。惟相忘,故无事;惟无事,故自适,而以适人之适。予于是而知声音之道与政通矣。

（《徐复生〈南游草〉序》,《西峰六七集文》）

一二○、诗道性情书道政事二者未始不可以相通

夫诗道性情,书道政事,二者未始不可以相通。故非政事,则不能成风俗;非风俗,则不能成歌谣;非歌谣,则太史公又何所得而奏诸乐? 是故政事、性情,无二致也;采风,入告,无岐任也。公之性情有得于是,故其为诗,亦不外所见闻之风俗政事,而莫非性情之所发见。时而雍容涵泳,则得其訚然者机也;时而悲歌感慨,则得其勃然者机也。公之性情为得其正,已合风人之指。以风采风而感诸内,以风成风而宣诸外,公可谓诗人而兼史职者矣。

（《司理秋水曹先生〈观风稿〉序》,《西峰六七集文》）

一二一、论心史

吴门袁令昭携所新刻郑所南先生《心史》来,仍以己之《习隐堂诗》示予。而并读之,窃谓词家气骨原不相离,气之用若至柔也,非至柔则不能运乎至刚。人但知刚之为用,而不知实本于致柔。所谓致柔者何? 乃天地间之有心人也。夫以宋德佑之时考之,其仕者人人也。其仕宋而复仕元者,非人也;然仕宋而不仕元者,亦常人也;惟不仕宋而即立不仕元之念,且以诛元复宋为心,如所南先生之《心史》者,此则天下之有人心也。

（《〈袁令昭诗〉序》,《西峰六七集文》）

一二二、论地域与家族诗

余既选刻《明诗》,复汇其家世之称诗者为一帙,如长溪缪氏,其一也。唐初薛令之、宋末谢翱以清恬节概而称诗,其世无闻焉。则长溪之世称诗者,

至缪氏始盛……予知长溪缪氏之肆力于风雅，岂异人任。其源深，其流长，所积者厚，斯用之不穷矣。又足以见我明文教之盛，而茂邑诸溪山淳朴之间也。

（《〈缪氏世稿〉序》，《西峰六八集文》）

一二三、论诗中和之养与凌厉之习

昔《周礼》大司乐掌成均之法以教子弟，所云直温宽栗，刚而无虐，简而无傲，盖所以涵养其中，和之德而补救其气质之偏也。作乐之本于是乎具，乃有诗焉以言志，歌焉以永言，于是声依永，律和声，八音克谐而乐成矣……如道和先生者，性情极真而无事于雕绘，音调甚叶而可被诸宫商，盖繇涵养粹而中和备也。于是其声永，其律和，人诵之而爱，爱斯传，传斯久矣。愚因是而慨然有盛世之思焉。子夏《诗序》曰："治世之音和以平，乱世之音噍以杀。"是故诗有正风，又有变风；有大、小雅，又有变雅。岂其此一时也，彼一时也？人心有不同欤，亦惟风气有以驱之而不得不然者。故太史公以为，《诗三百篇》皆发愤所为作也。噫！司马氏为感愤之人，故以诗皆发愤之作；而道和为中和之养，故其诗无凌厉之习。予以为观其世焉可矣。

（《〈林道和先生诗〉序》，《西峰六八集文》）

一二四、论古风

诗贵古风，然亦有难言者。何则？古风在辩体，不欲汉、晋、隋、唐之相溷也；又本清真，不使优孟、新丰之踏袭也。作者有此二难，乃沿近体之便，益弃此不谈。谈古风者，正如佳冶当前，说上古神农时事耳。

孰意乎予社郑孝直之有意于古也欤！孝直集中古风亦不甚多，而乃多入选者。孝直一日谓予曰："不意古风先生见选之多也。"噫！惟孝直之有意于古风，故不敢必其近是；惟孝直之以为不必入选，故其选之之多。

（《〈郑孝直诗〉序》，《西峰六八集文》）

一二五、论诗之和平与发愤

惟以王事靡盬,有怀弗及,而每形诸赋咏。其山川之所感发,民物之所咨诹,皆见篇什间矣。且之官时,樽俎折冲,朋寮燕止,则岩嶮未始无深奇,箐雾未始无霁旷也。予观公之事,何莫非王事;而公之诗,何莫而非己之志乎!《传》云:"诗言志,歌永言。声依永,律和声。"惟公之志在乎高远,而非以爵地为忻厌,故公之咏本于和平,而非以发愤为变迁。

(《林自名先生〈黔游稿〉序》,《西峰六八集文》)

一二六、诗以感遇为尚以自然为宗

诗以感遇为尚,而亦以自然为宗。感遇者,性情之所触也,性体自然而情见矣。感遇之作多见于古风,而该乎乐府、宫闺、伤离、纪行、咏史诸什。要之,乐府、宫闺、伤离、纪行、咏史,皆风体也,其语不离自然者近是。若加以佻巧藻饰,则非自然之指,而失其性情之常矣。故世未有无情之诗,而亦未有无性之情也;世未有托伪之情,而亦未有穿凿之性也。孟子曰:"所恶于智者,为其凿也。"禹之治水也,则无所恶于智矣。洪水逆流,禹惟顺其性而治之,故虽有事而若无事。而人世感遇,滔滔不反,又何异于洪水哉?遇至变也,而不越乎常理;感若触也,而写之以自然。惟智者始可与言诗矣。予友梅季豹之治诗也,其为古风者十之七八,为近体者十之二三。岂其性情与古风为近乎?而语渐入于自然。虽不以智自居,抑亦拙者之之效欤?

(《〈梅季豹诗〉序》,《西峰六九集文》)

一二七、诗本性情性情约于义理而散见乎时物

夫诗本性情,尚矣。性情者,约于义理之中,而散见乎时物之赜。而诗因之以起,又日新而不穷也。何则?义理无穷尽,而诗亦与之无穷尽。徒事蹈袭而不知寻源,则为易盈之沟浍耳。时物多变化,而诗亦与之为变化。学一

家言而沾沾自喜,则为已陈之刍狗耳。是故以言妙天下者,往往喻明于日月,拟变于烟云。无非去故而取新之谓也。然吾夫子又曰"温故而知新",子舆氏之言"性则故"而已矣。"故"之与"新"岂有二理乎? 而"时"之"不穷",又岂有二物乎? 故言诗者,亦以告往而知来,贵乎法古而病师心者也。

今之作者不患其不求新,而患其不穷义理以为之归,不师古人以为之则。譬诸绘事,但知后素而不知礼,礼必有以先之者,而礼不可废,乃谓之古礼。通乎礼者可与言诗,而诗恒肖乎其人。诗有古意,乃其人亦必曰古人。夫理之故可以为新之资,而古之人可以为今之则。苟云著作之日新者,又岂以新而求新也哉?

(《〈华淑闻诗集〉序》,《西峰六九集文》)

一二八、时地变迁物情代谢与诗人性情之变

先正云:"城邑有迁而山川不改,物情虽殊而性情不易。"是故卫女兴淇泉之叹,周臣感黍离之悲。而其亲爱忠厚之无已,溢而为涕泗,咏歌者蔼如也。然则,诗之为道不足以征性情哉? 而时地变迁,物情代谢,若递为升降而不停者,乃诗人之性情则无二也。白云苍狗,适足以明世态之幻妄,而吾不失其故常耳。处世之道,莫易变于交游;交游之中,尤易变于贵贱。张、陈隙末,翟、灌署门,何莫犹是? 然而,己之倏贵而倏贱,不能令人之不变,而己之为己自若也;若人之倏贵而倏贱,而令其不能有以变于己。噫! 岂易言哉!

(《汪然明〈游闽稿〉叙》,《西峰六九集文》)

一二九、论边事时事诗

郁、周二兄客三山甚久。余初与论边事而合,既又引入同社与论诗,又益合。亡何,周蔚宗去,尔揆少留。余又与论时事,而益更合。既乃选周、郁之诗,取其合于雅调者,二君合如许。而尔揆要余序。余曰:"子亦知边事、时事之所以合于诗者乎? 古乐府塞下之曲、闺中之怨,及铙歌、鼓吹等词,皆边声也。诗兼乐府始近古,而乐府非叙从军之苦乐、戍妇之梦想,则不切于情。无

情焉,非诗矣。乃有时事之为应酬、赠答、行役、感遇诸类,尚居其半。于是以边庭、歌舞、藁砧、流黄之什而署为乐府以别之。乐府之有古色易,而应酬之不落时调难。脱乎时则入于古,然非深于古者,则亦不能有当于时也。时之为义大矣哉!论事而不识时,是名迂腐之徒,非俊杰也;泥古而不切事,是为摹袭之语,非风人也。诗人自有真,则时事皆可叶律。《诗三百篇》,何莫非时物之所感乎?感诸物,则形诸咏,谓诗即事焉可耳,而事又乌足以妨诗也?"

（《〈郁尔揆诗〉序》,《西峰六九集文》）

一三〇、论趣与格

曩者,西蜀黄昭素有书于余,盖尝以趣论诗也。夫诗者,有声有色之物,而趣则寄于声色之表。声色可以言求,而趣惟可以意会,不离声色而不落声色,在乎有意无意之间,此诗之所以为妙也。昭素又曰:"盛唐诸家皆以趣胜,其后则趣渐衰而格日降。"夫以中晚之作,非不呕心沥肝而极其研穷之所致,此特为奇巧以胜人耳。学诗者苟存一胜人之念,则漓于雅。漓于雅即减于天然之趣,不觉其为格之卑也,故予选古今诗而端论格者。格之合繇于调之合;调之合自为趣之合。夫有其合之,则莫或漓之矣;莫或漓之,则不失其为温厚和平之旨矣。旨与趣其有二乎哉?若徒以趣而求趣,不亦浅哉?

（《〈顾与治诗〉序》,《西峰六九集文》）

一三一、论诗集之编体

唐李、杜集未有编体者。少陵纪年;太白以乐府、感遇、赠答、游览、行役而各为体,其诗之古近俱所不分。至冯北海之《诗纪》,则李、杜诸大家亦各为之分体,而览者便焉。愚选《十二代诗》,颇用此法,而因以得其人之短长。盖为才趣迥别,不能强同,而其所造就亦自有限者。如拟古之少变通,而应酬之窒情性,往往坐是病也。故有体焉以辨之,又有道焉以融之,则思过半矣。

（《〈冶东集诗〉序》,《西峰六九集文》）

一三二、诗之道温厚和平

诗之道,温厚而和平,亦惟于变故之时足以观之。非但其言为然,即所行者寔践乎风人之指。而发之于词,谊殷殷不薄也。则上下朋友之情,见节秩秩不紊也。则宫商律吕之调叶此,岂非有道,焉以胜之者乎……风人之指虽不易测,而易可测总不外乎温厚和平、怨而不怒而已。公之前后所著述,非但无怒,而且不怨,不期合道而自然合。此其所为温厚和平者。公盖践之于身而发之于言,非摹袭乎风人之指而以自文也。

(《〈费冲玄集〉序》,《西峰六九集文》)

一三三、贤才多厄于下位

自昔贤才多厄于下位,而其风流蕴藉亦自有以表见,而不为时地之所限。即以诗家论,如唐之孟东野为溧水簿、贾浪仙之为普州仓曹,其所题咏之如《射鸭塘》《长江估客吟》,游踪历历,尚足暎带今古;而李太白自夜郎放归,转徙于宛溪、秋浦之间,往往依崔、张二少府,见诸赠答之什;而杜少陵任城南池宴集,则王主簿为之适主。

(《唐胎仙〈少府诗〉序》,《西峰六九集文》)

一三四、十二代诗选选诗标准

今之文变幻而至于不可知,独诗未尝变。何也? 文主科第,售与不售大径庭矣。每观夫所售者之何若,而猛力以赴之,虽謈于礼义奚恤焉。诗道性情,凡物易变而性情不可变。苟非得其性之所近者,虽强之而不能,又非功合之所得而去取,故诗犹有典刑者存。其稍稍自异者,或恶拘简之甚,而乐于纵放;或厌陈腐之词,而好为溪刻。然要之,矫过思平,兴尽思返者亦过半矣。愚选《十二代诗》,亟收其符于格调者,且传以时事而浑然者;其思沉而语隐者次之;采溢而色飞者又次之。盖以必音节和之,合雅乐而肉好均之为良璧也。讵意于鹿城何君栗叔见之。《书》传命夔典乐,其使教胄子曰:"直而温,宽而栗,刚而无虐,简而无傲。"夫必备此众德,而后为教之成,乃可以兴诗而作乐。"诗言志,歌永言,声依永,律和声。"于是乎因之。夫志之所之不一,而声之清浊亦殊。要之,不外乎律而和者近是。愚之僭选古今诗,必首论格与调者,此物此志也。非律则无贵和矣,非永则无贵声矣。

(《〈何栗叔诗〉序》,《西峰六九集文》)

一三五、乌得谓楚无风

《春秋》,鲁为宗子之国,而荆楚则洋洋乎大王之风也。而其诗顾不列于《国风》,何耶?愚曰:"《豳风》,即鲁风也。"《豳》,虽公刘作之,而姬旦述之,则为鲁风矣。周公之在东也,固逊于鲁也,犹天汉晋任三公者之退就藩国也;而其卒复也,固复于周也,犹夫刺史之入参机务也。至若风刺,则"鲁道有荡"之寄于齐,"鸠居鹊巢"之寄于召,其壤则相接,其事则皆见诸《春秋》,而《传》《注》往往亦载之矣。楚为江汉之地,属周以南。其如《樛木》《有蕡》《汉广》《汝坟》等篇,则皆被化于文王,而系心乎王室者。乌得谓楚无"风"哉?延及屈、宋、贾谊之骚赋,渊渊作金石声,又足以张楚而续《诗》,贤诸束皙《补亡》远矣。

(《〈郭止庵诗〉序》,《西峰古稀集文》)

一三六、论诗之和平与归于正

予所与游,楚士最多,晚而获交长沙郭止庵。其诗则本《骚》《雅》,而出之以和平。不事雕缋,而采色俱备;无意弛张,而宫征咸调。以此,出而宣力敌忾,入而典密论道,亦奚所不可者。盖公之规模齐一,近于《雅》;而性情清洽,近于《风》。故其入,人也无迹,而其撰物也逼真。虽曰"楚之声"也,而实天下之声也;虽多忧世之想,而令人有以兴起其盛世之思焉。审如是,则《三百篇》中之变《风》、变《雅》,而未始不归之乎正也。

(《〈郭止庵诗〉序》,《西峰古稀集文》)

一三七、论诗文古今之变

夫诗者,持也。持其志之所之,而弗纳于邪也。亦曰,时也。随其时之使然,而适于变也。但今之世变,而心志则不可变;今之文变,而独诗则未尝变。岂言为心声,而诗与文顾有异乎?夫子曰"齐一变至于鲁",今之文是也;"鲁一变至于道",今之诗是也。盖秉礼义弱而不振之国,与夫急功利、喜夸诈者,诚有间矣。

夫诗者,进取所不关,而功令所不载者也。世之见利而不动、无效而趋者,几何人哉?故今之文变为夸,而诗之变过于质;今之文趋于诈,而诗之变近于俚。夫子曰:"质胜文则野。"又曰:"如用之,则吾从先进。"此变诗者之之旨也。盖欲挽浮靡之习,以率情性之真;革故套之语,以竖清新之格。不知"温故而知新"者,学之所尚也;生今而反古者,法之所禁也,亦顾其时何如耳。时喜而喜,时怒而怒,时哀而哀,时乐而乐。则无不情之语,亦无不质之文。何者非中节,何者非正风哉?

(《沈友荪大行〈使闽诗〉序》,《西峰古稀集文》)

一三八、论诗之温厚和雅

大行慈溪沈友荪之诗,典则流丽,步趋盛唐,不为科刻自苦。而关键乎时政,感慨乎世风者,又发之自然而行于无迹,真所谓文质彬彬之君子也。友荪奉使入闽,有采风之寄者,而友荪所吟咏亦自以成帙。凡吾闽之山川物情、古今风俗,咸有当于友荪之心志而成其为温厚和雅之章。庶读之者作而叹曰:"闽其在海滨乎,可一变而至于道矣!"予重为维桑之庆,而又奚怩鄙言,以当负弩之役。

(《沈友荪大行〈使闽诗〉序》,《西峰古稀集文》)

一三九、论夏完淳诗天授与陶练

予观云间夏彝仲之子古存,其诗文虽出天授,而实若缫攻苦以陶练之者。意蓄诸沉潜而发之恒,明白而易晓。此岂厌今人之所作而特反之耶?抑其资性合道,顾不期然而然者耶?卢仲辛之世廉行,司马文正之传家集,父子述作渊源如是矣。予喜彝仲之父子能以道自持,泊然古处,故其著作之有本也。因不辞而为之序。

(《夏古存〈代乳篇〉序》,《西峰古稀集文》)

一四〇、论诗与禅

昔者王逸少之叙禊事也,曰:"夫人或晤言一室之内,或放浪形骸之外。虽静躁不同,而欣然自得者无二。及其所之既倦,情随事迁,则感慨系之矣。向之所欣,俯仰之间,以为陈迹,不能不以之兴怀也。"愚尝三复斯咏。其可为作诗者之一噱,亦可为逃禅者之一助。

陶渊明之以酒而禅也,谢灵运之以诗而禅也,远公皆随机而接之,两无所连。说者犹以虎溪之笑、心杂之谈,不无分厚薄焉。而远公《八关斋》《石门硐》诸诗,顾与康乐调合,而靖节反远。岂其远于诗者,而禅反近之者乎?诗不能无感系,而禅则不欲有感慨;诗不能忘今昔,而禅则欲齐死生。此其所以有同异处,要在精心者会之。

予洪江社林永中,少年豪俊,以命世自负。既不能速售,稍稍致感而为诗。其诗清隽韶秀,率如其人。顷又证其感与诗之情境,而悟之为禅。严沧浪曰:"诗有别才,非关学也;诗有别趣,非关理也。"夫此二者,舍学与理,非禅孰归?非禅之能益诗,乃诗之不能不归于禅也。然则,永中之诗岂曰"文字禅"而已者,其必有得于斯矣。

(《〈林永中诗〉序》,《西峰古稀集文》)

一四一、论七子诗

七子者,俱以嘉靖间科第,而扬历于隆、万者也。茂秦以临清布衣,值于鳞起家比部,齐鲁文学,声调俊爽,固自相当,而其气岸亦足以凌轹时辈,故始之辅车相倚,而后乃若水火也。元美推尊历下,承顺无违,然体裁亦不相袭,用以对扬群彦,畅其休问,或藉为驱除难耳。宗、梁蚤逝,玉折兰摧,识者共嗟叹之。明卿矫矫以自矜，子与恂恂于白首，此则当时交情离合之大概已然。于鳞古诗，不作汉魏以后语。元美则阮嗣宗、左思之流亚也。然有心学步，去之愈远，而无意者，时或近之。故于鳞乐府，自谓拟议以成变化，而予无称焉。

（钞稿本《明诗存》卷首，山东省图书馆藏本）

一四二、忧乐无常论其世而已

颜子平生之经济在于畏匡，"子在，回何敢死"之一言，虽圣人无死地。但不知当时夫子何以过宋，而宋人不知颜回何以在后而不死。子舆氏曰："禹、稷、颜回同道。"似又以民溺、民饥之忧，与箪瓢陋巷之乐，其致一也。故曰："忧乐无常，论其世而已。"予与海虞先生之阅世，亦屡更矣。当其可乐，有有忧者存焉；当其可忧，则已亦难于独乐矣。乐行忧违，君子未尝以隐居为乐也。确乎其不可拔，予与先生当共勉之。庶天下后世知吾受之之诗与文，如严君平不作苟见而已。

（钱谦益《牧斋初学集》卷首，崇祯瞿式耜刻本）

新辑诗话摭议

相对于约定俗成、流传既久的传统诗话著作,近年出现一批新辑诗话。新辑诗话是辑纂者从历代(主要是宋代以后)文人的文集、笔记和其他著作采摭若干诗歌理论、诗歌观念和诗评的片段,加以辑纂成编,然后在"诗话"二字冠于作者之名(或其字号)编纂而成的诗话。新辑诗话正文之前通常有原作者小传。新辑诗话小传中原作者的生卒年、里籍,存在不少问题;生平的载述不是缺少原作者与诗歌活动相关的内容,就是较少概括原作者的诗学理论和诗学观念、或概括不准确。某些新辑诗话内容存在误植的现象;诗话作为一种文体,论诗诗不宜滥入。采摭诗话应使用好版本。新诗话的辑录,是替代某个作家编一个诗歌理论、诗歌观念和诗评的选本,而这个选本,不是文章的编选,而是从这个作家的文集、笔记和其它著作中采摭、撷取某些片段,再加以编辑而成的。新诗话的辑纂,要求辑纂者对辑纂对象有较深入的了解,最好是有研究。新诗话的辑纂过程,和其它古代文学的研究一样,存在文献基础的问题。新辑诗话,本质上是一个选本,选家的眼光对辑纂新编诗话相当重要。

《历代诗话》所收诗话,第一种是梁代钟嵘的《诗品》。由梁而历唐五代,第一部有"诗话"二字的诗话著作,是北宋时期欧阳修的《六一诗话》。宋元明清,以至晚近民国,诗话渐多,研究诗话成为专门的学问,称为诗话学。近年,《宋诗话全编》、《明诗话全编》、《全明诗话》和《民国诗话》相继问世,为研究者提供了许多便利。《全明诗话》、《民国诗话》所录,均为约定俗成的诗话著作,而《宋诗话全编》和《明诗话全编》,则有所创新,即不仅全录有"诗话"二字的诗话著作和专门谈诗的著作,而且广录诗文集论诗的片段(间或录论诗),以人立目,遂成广义的大型诗话辑本。这两种《全编》,有宋一代,五百多家;有明一代,多达七百余种,嘉惠学林,值得大加赞许。《宋诗话全编》和《明诗话全编》是当今新辑诗话的集成之作。

纵观近年新辑诗话,佳者固然有,不太完满的居多,粗劣者也间或有之。本文拟对某些新辑的诗话的原作者小传、内容的采摭及诗话文献、诗话辑者的眼光等问题发表一点浅见。为了论述方便,本文所举的例子,多为晚明诗话。

一、原作者生卒年与里籍

有别于旧诗话,《明诗话全编》新辑,每位作者都有一则小传,是一个创举。由于新辑本出自众手,水平参差,有不少辑者原本对所辑对象一无所知,接受任务后仓猝上阵,留下不少遗憾。本文首先论述原者的生卒年及里籍,然后论述原作原者的经历及诗学理论、评论等。

生卒年里籍试举数例:

徐𤊟生卒年

《徐𤊟诗话》徐𤊟生平:"徐𤊟约(1637前后在世),字惟和,闽县(今福建闽侯)人。徐𤊖之兄。万历十六年(1588)乡荐。"①

按:徐𤊟生卒年并非不可考。《徐𤊟传》:"生嘉靖四十年辛酉三月初三日寅时。"②陈价夫《徐惟和行状》:"岁己亥七月,以事之玉田,遘疾而归……至仲秋八日,疾竟不起。"③徐𤊖有《己亥除夕是岁有伯兄之丧》④。喻政《徐

---

① 《明诗话全编》第9册,江苏古籍出版社1997年版,第9091页。
② 钞本《荆山徐氏族谱·世系考》,福建师范大学图书馆藏。
③ 陈价夫:《招隐楼稿》,徐𤊖选,钞本,上海图书馆藏。
④ 《鳌峰集》卷十四,天启刻本。

炬传》:"卒年三十九。"① 综合以上数条,徐炬生于嘉靖四十年(1561)辛酉,卒于万历二十七年(1599)己亥,得年三十九②。

徐炬为徐𤊀(1570—1642)之兄,《明诗话全编》徐炬弟徐𤊀列于第 7 册,第 7133 页,而徐𤊀兄徐炬反而列在第 9 册第 9091 页。由于不明徐炬生卒年致误,前后顺序的颠倒,可能对读者产生误导。

马歘里籍与生卒年

《马歘诗话》马歘里籍与生卒年:"马歘(约 1624 年前后在世),字、里,生卒年均不详。"③ 按:马歘,字季声,森次子,怀安(今福州)人。万历中乡贡,任潮州判官。有《漱六斋集》、《广陵游草》。曹学佺选其诗入《石仓十二代诗选》之《社集》。曹学佺《题松石图为马季声寿》:"夫君生年自辛酉,阅世已过六十九……余今五旬仍踰六,著书不成生碌碌。"④ 曹学佺生于万历二年(1574),马歘长曹学佺十三岁,生于嘉靖四十一年(1561)辛酉;马六十九时,曹五十六。崇祯十年(1637)八月,曹学佺与马歘等在福州组织三山耆社,时马歘年七十七,详曹学佺《三山耆社诗敬述》⑤,与前条合。马歘活到此年或之后。

罗明祖里籍与生卒年

《罗明祖诗话》罗明祖生平:"罗明祖(1599?—1643?),字宣明,别号纹山,延平(今福建南平)人。宋儒罗从彦之后。"⑥

罗明祖里籍不确。明祖子罗艰《先子行状》:"先子讳明祖,字宣明,号昼人,别号纹山,豫章二十七代孙。自戎马播迁,卜居沙邑,先文质公挺生焉,后世避元多入碧溪、紫云间。越我明景泰年,割沙之西廿五诸都为永,永之

---

① (万历)《福州府志》卷六十二《人文志》。
② 参见笔者:《徐炬年谱》,广陵书社 2014 年版。
③ 《明诗话全编》第 7 册,第 7680 页。
④ 《赐环篇》卷下,《石仓全集》,日本内阁文库藏。
⑤ 《西峰六四草》,《石仓全集》,日本内阁文库藏。
⑥ 《明诗话全编》第 9 册,第 9534 页。

东镇为贡川,贡川之有罗氏自此始大也。"① 此则说,罗明祖之号为"昼人","纹山"则为其别号。沙邑,即福建沙县;永,即福建永安县。明祖之先世,先是卜居沙县,宋元间,避地至明永泰间立县的永安县贡川,食指日繁,遂为永安人。李世熊《罗纹山先生传》:"罗明祖,字宣明,别号纹山,闽之永安人。"② 明代沙县、永安二县均属延平,如一定要挂钩"延平",可称明延平永安人,单称延平,括注"今福建南平",不确③。

罗明祖生年误,卒年不必怀疑。罗艰《先子行状》:"先子生于万历庚子年六月十六日□时,终于崇祯癸未年四月廿□时,享年四十有四。"④ 李世熊《罗纹山先生传》:"卒,年仅四十有四。"⑤ 万历二十八年(1600)庚子生,崇祯十五年(1643)癸未卒,年四十四。如依新辑诗话,则享年四十五。

董应举生卒年

《董应举诗话》董应举生平:"董应举,约(1630前后在世),字崇相,闽县(今福建闽侯)人。万历进士。"⑥

按:董应举,字崇相,一字见龙,闽县人,家连江。董应举生卒年非不可考。董应举《先慈马太孺人墓志铭》,母马氏生于嘉靖元年(1522)壬午,马氏年三十六。嘉靖三十六年(1557),应举生,与曹学佺崇祯十年(1637)所作《三山耆社诗敬述·附记》所记"董崇相司空,年八十一"合。又,董应举《己巳寿洪汝含七十嘲其遣妾》:"君年七十我加三。"(《崇相集·诗》)崇祯二年己巳(1629),年七十三,亦与《先慈马太孺人墓志铭》所记合。曹学佺崇祯十二年(1639)年九月作《挽董司空》⑦,则董应举卒于是岁。小传董应举成进士时间亦可补,为万历二十六年(1598)。

董应举(1557—1639)生年早于徐𤊹、徐𤋳,由于不明董应举生年,《明

---

① 《罗纹山先生全集》卷首,崇祯刻本。
② 同上。
③ 永安,今属三明市。
④ 《罗纹山先生全集》卷首,崇祯刻本。
⑤ 同上。
⑥ 《明诗话全编》第 10 册,第 10881 页。
⑦ 《西峰用六篇诗》,《石仓全集》本,日本内阁文库藏。

诗话全编》列于在第 10 册,反而列于徐𤊹、徐𤊹之后,亦误导读者;考得董应举生年,董则应排于徐𤊹、徐𤊹之前。

新辑诗话生卒年问题不少,本文仅举四例而已。新辑诗话,弄清作者从生至卒的整个时段是必须的。新辑诗话推断徐𤊹约生活于崇祯十年(1637)左右,其时徐氏去世已经近四十年,由万历历泰昌、天启以至崇祯,四十年间,诗坛发生很大的变化,新辑诗话者不能不察,这个问题,下文还将涉及。

二、诗话作者小传

诗话作者小传,和常见的作家小传、诗人小传有相通的一面,如最基本的姓名、字、号、里籍、科第功名、仕途、著作或代表作、文学主张等,但也应有所不同,因为是诗话作者,小传应当简要介绍作者的诗歌活动,如结社或者在某个流派中的作用、地位(如果作者没有这方面的活动,则从略),概括作者的诗歌理论、诗歌主张、诗评,便于读者在阅读诗话文本之前,有一个大致的、或粗浅的了解。《徐𤊹诗话》条小传,"乡荐"之后介绍道:

> 十余年不第。然风流吐纳,居然名士。其诗为张献翼、王百谷所推许。著有《幔亭集》①。

这则小传没有介绍或者交代上文我们提到的某些重要内容,只是说徐𤊹有名士之风,诗为名流推许,这两个方面与徐𤊹作为一个诗话作者关切不是十分紧密,或者说对我们了解这位诗话作者帮助不大。小传提到《幔亭集》无疑是对的,但是徐𤊹还有一部重要的诗歌选集《晋安风雅》,小传没有提及,也可能小传的执笔者不知道有此集,也未读过此集。《晋安风雅》专录有明一代晋安(今福州)一郡诗:"屏居之暇,采辑遗编,搜罗逸刻,得梨枣朽坏之余,起桑梓敬恭之念,摘为一十二卷,总二百六十人有奇。上而格合汉魏六朝,下而体宗贞元、大历,调有偏长,词必兼善者,不论穷达显晦,皆因时采拾,

---

① 《明诗话全编》第 9 册,第 9091 页。

以彰吾郡文物之美。"① 这篇序对明初至万历闽中各期的诗歌有一一个纲提契领的评价,故小传不应遗漏。

陈荐夫《晋安风雅叙》:"于是录国家以来,凡吾郡作者,身无显晦,人无存殁,但取其情采适中,声调尔雅,词足千古,体成一家者,得二百余人,诗若干首,名曰《晋安风雅》。"② "情采"四句,是徐𤊹《晋安风雅》的选诗标准。综合二序论述,《明史·文苑传》以为万历中年闽中邓原岳、谢肇淛、徐𤊹、徐㶿等人有重振闽中风雅之举。明初在地有"闽中十才子",弘正间郑善夫继起,足于与中原争旗鼓,万历以来,闽中诗人辈出,人各有集,重振旗鼓,与中原争一高低,万历中正是其时。前于徐𤊹,邓原岳编选了《闽中正声》,徐𤊹认为其集视野不够广泛,选诗数量很也有限,遂潜心编选《晋安风雅》,以张声势。谢肇淛《小草斋诗话》列数嘉靖、隆庆以来闽中诗人十八位,以为此十数子"各成一家,瑕瑜不掩,然皆祢汉宗唐,间出中晚,彬彬皆正始之音也。南方精华,尽于是矣"③。此外,他还作有《读明诗二首》、《读闽诗三首》、《五子篇》(咏陈椿、赵世显、邓原岳、陈荐夫、徐𤊹),《后五子篇》(咏陈鸣鹤、陈宏己、陈价夫、徐㶿、曹学佺)。因此,在撰写徐𤊹、谢肇淛、曹学佺小传时不能离开闽中重振风雅的背景。《明诗话全编》谢肇淛、徐㶿、曹学佺小传都写得比徐𤊹小传好,尤其是谢肇淛小传,可惜以上诸传,都未能将他们置于此背景之中加以介绍。

谢肇淛、徐㶿、曹学佺小传作得比徐𤊹小传好,但也有瑕疵。小传的文字不能太多,对诗话作者诗论的介绍,应当直截了当,得其要领。曹学佺小传提到诗学观念只有一句话:"其论诗崇儒家诗教。"④ 似乎过于简单。曹学佺除了《蜀中诗话》,编选《石仓十二代诗选》千余卷,另有文集五十多卷⑤,诗学思想丰富,晚明诸家少有能与之比肩者。"崇儒家诗教",未免失之宽泛,未得要领;仍就儒教言之,曹学佺论诗主"温厚而和平,雍容而不迫"⑥,比泛

---

① 　徐𤊹:《晋安风雅序》,《晋安风雅》卷首,万历刻本。
② 　《晋安风雅》卷首,万历刻本。
③ 　《小草斋集诗话》卷三,日本天保二年(1821)据明林氏耕读斋刊本摹刻。
④ 　《明诗话全编》第 7 册,第 7612 页。按:曹学佺卒于 1646 年,小传误作 1647 年。
⑤ 　详笔者:《日本内阁文库藏〈石仓全集〉编年考证》,《文献》2013 年第 2 期。
⑥ 　《文漪道人诗序》,《西峰用六集文》,《石仓全集》,日本内阁文库藏。

泛说"崇儒家诗教"具体。笔者辑有《石仓诗话》近二百条。曹学佺论古诗、唐宋元及当代诗,颇多独到见解,例如他认为诗歌诸体,五古最难,闽中同社开口便是七律,不可取。这一见解,在晚明闽中诗人中十分独特,传中不能不表。

结社与交游。明人所结诗社,通常是松散的组织,诗社存在的时间有长有短,成员多寡不一,常有变动,且活动的时间、地点,都带有随意性。诗话作者或是诗社的组织者,或是参与者,他们有时会在结社的活动中发表这样或那样的意见,这些意见,可供新辑诗话的采撷。曹学佺一生组织或参加了不少诗社,晚岁在其乡组织洪山社(学佺,福建闽侯县洪山乡人),甲申之变后,作《序洪山社诗》,略云:"诗不能无感慨,而禅不欲有感慨。诗不能忘今昔,而禅则欲齐死生,其所以有同异处,要在精心者会之。"又云:"非禅之能益诗,乃诗之不能不归于禅也?"① 向来论禅与诗者,多限于诗歌的作法,曹学佺认为禅固然能益诗,但禅也会让人远于世事;诗讲感慨,讲切于事世,禅理固能益诗,但作诗不可归于禅。世变之后,曹学佺希望同里小诗友林崇孚能切记此点于心,厚望莫大焉。如将《序洪山社诗》此条辑入石仓诗话,曹学佺小传不妨加上"晚结洪山社"一句。每一位诗话作者肯定都有交游,小传不可能对他们的交游都作一一交代,徐𤊹仅活了三十九年,弟徐𤍑为其撰碑阴,单单福建之外的名单已经多达一百多人。《全编》徐𤊹小传曰:"其诗为张献翼、王百谷所推许。"② 交游提及张献翼和王稚登二位,或有必要,但同社的谢肇淛、曹学佺也很重要,似不当遗漏。曹学佺小传未提交游,同社的谢、徐必须提一笔,因为都是同振风雅的诗人。万历后期,钟惺、谭元春竟陵诗人掘起,闽人蔡复一、商梅、林古度与之游,诗风受其影响;曹学佺也与之游,朱彝尊曰:"能始与公安、竟陵往还唱和,而能翻然不滓,尤人所难。"③ 曹与钟、谭游,不为其气习所染,事关诗学观念,小传也当提及。

诗话作者,著作如何介绍?撰写小传时,也应当斟酌。以个人之见,诗文别集,如果只有一种的,当然没问题;有全集者举其全集,有多种别集者,则择

① 《瓻余》卷首,可闲堂汇刻本,日本浅草文库藏。
② 《明诗话全编》第9册,第9091页。
③ 《静志居诗话》卷二十一"曹学佺"条,人民文学出版社1990年版,第637页。

其要,胪列一二种。其次,是诗话作者的重要诗歌或者诗文选本。再次,诗话作者所作各种与诗歌相关的笔记著作。最后,是其它有与诗歌评论相关的各种著作。徐𤊟小传、谢肇淛小传,分别列《幔亭集》、《小草斋集》都是正确的;徐𤊟传不列《晋安风雅》则为缺失。曹学佺小传,列《夜光堂集》而不列《石仓全集》,则存小而失大。《石仓全集》,《明史·经籍志》著录一百卷,以日本内阁文库藏本最完备,内地各图书馆所藏均不全。小传所列《夜光堂集》,只是曹氏别集数十种中的一种,未必是曹氏的代表诗文集,无特别拈出的必要。至于传中提及的《易经通论》、《周易可说》等经学著作,则在可列与不必列之间,依浅见,可不列入。

三、误植与论诗诗的植入

把现成的诗话采入新辑诗话,并作为新辑诗话的主体,最为重要,但是也相对简便,如《谢肇淛诗话》录《小草斋诗话》,《曹学佺诗话》录《蜀中诗话》。然而,新辑或重辑的诗话,其难处却在于"辑纂"的部分,问题最多的也在于这一部分。

如果仅仅辑录一两条,或两三条,不能成编,如《马嶅诗话》①、《王志远诗话》都只辑得一条②,《徐𤊟诗话》辑得两条③,恐怕难于成为一部《诗话》;如果真的只有这一两条的内容,不辑纂也罢。《徐𤊟诗话》仅有两条,而且两条都有问题,第一条:

> 诗岂易言哉? 求其成一家言,良不易易,况备诸体称大家乎? 盖工近体者或弱于古风,长古风者或短于五字。即王、孟二氏,盛唐名家,一以清婉称近体,一以风骨雄古风,且各擅所长,况其它乎?(《幔亭集》卷首原序)

"原序",作者是谁? 没有交代。原序可能是作者的自序,也可能是他人之序。经核,《徐𤊟诗话》所录之"原序"为张献翼之序,而非徐𤊟自序,属张冠李

---

① 《明诗话全编》第 7 册,第 7680—7681 页。
② 《明诗话全编》第 10 册,第 10824 页。
③ 《明诗话全编》第 9 册,第 9091—9092 页。

戴。"诗岂易哉"云云,是张序序文开篇的一小段话,辑录者可能连一篇三数百字的短序都未读完,便顺手抄摘,录于徐𤊹名下。《徐𤊹诗话》所辑录之第一六、一七条,括注出自《重编红雨楼题跋》卷一所录《闽中诗选序》。《重编红雨楼集题跋》,缪荃孙先生在林佶的《红雨楼集题跋》的基础上重辑,《闽中诗选序》一文也在其中。缪氏之后,今人复辑,亦同①。《徐𤊹诗话》辑纂者将其此序文析为两条。经核,《闽中诗选序》,实为徐𤊹《晋安风雅序》,文字小异,如"王检讨辈",《晋安风雅序》作"王检讨偁、唐观察泰",唐泰,闽中十才子之一,《重编红雨楼集题跋》脱。又如"摘为八卷,总二百人有奇",《晋安风雅序》作"摘为一十二卷,总二百六十人有奇"。 是为沿前人之误而误,把徐𤊹文误作徐𤊹文植入《徐𤊹诗话》。

《徐𤊹诗话》第二条:

> 踪迹年来混酒徒,独留名姓满江湖。卜居已傍三天竺,处世犹悲五石瓠。刻石好辞传幼妇,闭门高论著潜夫。胸中莫是波斯国,寄得瑶函字字珠②。

此诗只是泛泛称道胡氏诗而已,属应酬诗之类。诗一没有评论胡氏诗之特色,二没有展现作者的诗学观念,说它是一首论诗诗,显得勉强。《幔亭集》中,《五君咏》(分咏陈椿、陈鸣鹤、陈邦注、陈价夫、陈荐夫)方可称得上论诗诗③,第二首《陈汝翔》:

> 汝翔好奇古,遯迹在柯屿。词藻何离离,才情尤楚楚。能追正始音,不作齐梁语。臭味既已同,素心自相许。暌乖劳我思,山中正延伫。

陈鸣鹤,字汝翔,家住福州水西柯屿,徐𤊹住城中,故见面不易。"能追正始音,不作齐梁语",鸣鹤诗的特点;"臭味既已同,素心自相许",徐𤊹说自己趣味与之相同。力追正始音,反对作齐梁语,也是作者的诗歌观念。类似的论诗诗,《幔亭集》还可以辑录一两首。问题是,新诗话将论诗诗也纳入辑录

① 沈文倬:《红雨楼集序跋》,福建人民出版社1993年版。
② 《得胡御长诗却寄》,《幔亭集》卷七,万历刻本。
③ 徐𤊹:《幔亭集》卷二,万历刻本。

的范畴合适不合适？《徐𤊹诗话》总共只有两条,其中论诗诗一条;《谢肇淛诗话》和《徐𤇍诗话》不录论诗诗;《曹学佺》除《蜀中诗话》,辑录六条,全是论诗诗(其中一条为诗前小引);《王志远诗话》总共只有一条,为论诗诗。这样看来,新辑诗话,有的辑录了论诗诗,有的不辑录。旧诗话与论诗诗,严格说是两种不同文体,即便旧诗话也常有引诗,它还是诗话,属于"文"的范畴;论诗诗偶有小序、小引,就其整体而言,仍然属于"诗"的范畴。

《徐𤊹诗话》、《王志远诗话》篇幅太小,似有"文太少,诗来凑"之嫌。《徐𤊹诗话》一条误植,一条是诗(还是应酬诗),如果诗不能入"话",《徐𤊹诗话》就不复存在;《王志远诗话》总共只有一条,诗不能入"话",《王志远诗话》同样不能存在了。《曹学佺诗话》有《蜀中诗话》很大的篇幅在那儿,但是曹学佺著述宏富,没有进行补辑,似乎说不过去,于是辑纂者从《崇祯八家诗选》中的《夜光堂集》辑得六条。是不是谢肇淛、徐𤇍没有论诗诗可供辑录? 当然不是。就谢肇淛而言,如上文我们提及的《读明诗二首》《读闽诗三首》《五子篇》《后五子篇》都可辑录,其中前二题,从题目看,就是很正统的论诗诗。新辑诗话的辑纂者在植入不植入论诗诗存在不同的看法。本人以为,新辑诗话还是不植入论诗诗为妥;如果一定要辑录,可以作为诗话的附录;或者,将来可以别辑一部《全明论诗诗全编》,估计部头也不至于太小。如果可以辑入,则应界定何者是论诗诗,何者不是。

四、诗话的采摭

传统的旧诗话,是诗话作者有意识地进行诗话写作,如谢肇淛的《小草斋诗话》和曹学佺的《蜀中诗话》等;新辑诗话,是辑纂者从辑纂对象的诗文别集、笔记和其它著作加以采摭而成的。而采摭的对象,最重要的是诗话作者的别集,其次是笔记和其他相关著作。采摭时应使用好版本。

《徐𤊹诗话》只有两条,一条误植,一条论诗诗,是否就可以不辑纂? 辑纂的工作还是可以做的,而且应该做,徐𤊹是闽中重振风雅的重要人物,而且有《晋安风雅》、《幔亭集》可供采摭。误作《闽中诗选序》且误植入《徐𤇍诗话》的《晋安风雅序》那两条,可以辑补入《徐𤊹诗话》。其次,据《徐烺诗话》辑纂者介绍,他们使用的徐烺《幔亭集》为文渊阁《四库全书》本。然而此本只有十五卷,有诗无文,非足本。徐烺过世后,徐𤊶所编《幔亭集》随即刊刻,由于费用不足,先刻诗,后刻文,全书共二十卷。两刻的时间间隔虽然很短,而流传于世便成了十五卷和二十卷本两种。《四库全书》馆臣很可能只看到十五卷本,也可能两种版本都看到,但弃文取诗,加以抄录①。《徐烺诗话》辑纂者使用四库本,有诗无文,无从采摭,故付其文于阙如。

二十卷本《幔亭集》,卷十六为序文,三十七篇,其中诗序约二十篇,可供采摭。《竹田世咏录序》云:

> (唐)最著者,无如李、杜、王、孟、高、岑、钱、刘诸君。然此数君者,或沦落不偶,或沉冥下僚。传于世者,不过藻缋之末,其功业不足称也。如房、杜、姚、宋、裴、韦数公,其勋业烂然于世,乃其诗不少概见。即曲江燕公有集行世,试取其诗与李、杜诸人絜长比短,不同日论矣。岂功业文章,判若枘凿,而兼之之难哉!则以名公钜卿雍容廊庙,服劳王家。竹帛旗常,昭垂万禩。即有譔述凌厉作者,然文章掩于功业,故后世徒诵其勋伐,而略其雕虫有以也。若夫骚人墨士、迁客逐臣,抒情于孤愤,著论于穷愁,只语片辞,惊心动魄。故解颐者多,而声称易噪耳。

此条讲功业勋绩与诗文的关系,唐人中诗作得好的,勋业不济;勋业突出的,诗名不甚。徐烺认为,名公巨卿的诗名多为其勋业所掩,后世徒诵其勋伐而略其雕虫;而迁客逐臣,抒情于孤愤,易打动人心。这一段文字,应当是一条很"标准"的诗话。

《沈从先诗序》云:

> 从先贫,不能为孺子设榻,但与王生共跼跌几上耳。因得卒业其所著《尊已》、《捻枝》、《闭户》诸集。乐府、古诗取材于汉,近体得格于唐。要皆抒所自得,意不必古人有,语不必古人道。苟已披之朝华,直咳唾视之,不以烦子墨也。即置之古人中,其谁能辨之?夫诗,所以言志也。从先三旬九食,捉襟见肘,而闭户弦歌,声出金石,此其趣操,列之参

---

① 文渊阁《四库全书》本《幔亭集》还篡改了原刻的一些文字。

宪,曾无异同。未有胸臆古人,而搦管操觚,反掇拾饾饤,落时人窠臼者也。诵诗论世,而其人可知矣。

沈野,字从先,吴人,与徐熥、徐㶿、曹学佺友善。此条评沈野诗。沈野贫甚,三旬九食,捉襟见肘,诗皆抒其志,语意必己出,诵其诗,论其世,可知其人其诗。此条既评沈野诗,又以沈野诗申说"诵诗论世,而其人可知"之诗论。

《缓带编序》云:

> 不必模拟于唐而自合于唐,其法在有意无意之间,所必传者也。然文章小技,壮夫不为。廷愉业已学剑,不得复事雕虫之技。况当今国家,北苦虏,南苦倭,求猛士如渴。廷愉黄须鲜卑,有河朔健兵之气,犁庭扫庐,扬旌万里,此士之一时也,安得占伴故业,而令马上辈有赋诗退虏之诮乎? 廷愉勉之矣。

颜廷愉,即颜容轩,漳州人。少攻诗,入王世贞之门,每奏一篇,世贞未尝不称善,从此名遂大噪于江淮、吴越之间。廷愉长于骑射,弃文从武于海上,驻守海坛(今福建平潭)等地,著有《缓带编》。此条结合明代嘉靖以还北苦虏、南苦倭的背景,评颜容轩军旅诗,是一则有特色的诗评。总之,从二十卷本《幔亭集》采摭诗话十条、八条当是没问题的,如果再加上书信等文,可超过十条。可见新辑诗话使用好版本的重要。

上文我们说过,《曹学佺诗话》的辑纂者未见到《石仓全集》,故除了《蜀中诗话》及几首论诗诗外一无所获。《石仓全集》文多达五十多卷,还有佚文,如采摭宽一点,可得诗话三四百条,精一点,亦可得一二百条。曹学佺交游遍天下,万历中曾主金陵社,不仅广交吴越诗友,又与公安袁氏、竟陵钟、谭,乃至缁流羽士都有来往;明清之际,曾为叶向高、王思任、钱谦益、夏完淳、王夫之诗文或其他著作写过序,论诗评诗常有独到见解,《曹学佺诗话》一概付阙,不能不说非常遗憾。

《徐㶿诗话》素材来源有二:《重编红雨楼序跋》和《徐氏笔精》,《小传》提到的《榕阴新检》、《红雨楼集》等书未进入编纂者视野,因此《徐㶿诗话》也是很不完整的诗话。《榕阴新检》卷十六《诗话》,多达七十四条,

每条都有四字（少数三字）的标题,如:《山居遗咏》、《守杭题咏》等,其中《风流太守》条云:

> 宋辛稼轩为福州守,所作词甚多,有《西江月》,云:"贪数明朝重九,不知过了中秋。人生那得许多愁。只有黄花如旧。　　万象亭中置酒,九仙阁上扶头。城鸦唤我几归休。细雨斜风时候。"时有卢国华由闽宪移漕建安,陈端仁给事同诸公饯别,稼轩为酒困卧清涂堂,三鼓方醒,乃赋《满江红》,云:"宿酒醒时,算只有,清愁而已。人正在,清涂堂上,月华如洗。纸帐梅花归梦觉,莼羹鲈鲙秋风起。问生得意几何时,吾归矣。君若问,相思事。料长在,歌声里。这情怀只是,中年如此。明月何妨千里隔,愿君与我,何如耳。向尊前,重约几时来,江山美。"稼轩,历城人,可谓风流太守矣。弃官后侨寓铅山而卒。今分水岭下有稼轩墓在焉。①

辛弃疾宦闽,其集有《七闽之什》,作于福建。此条引辛词二首,以为辛弃疾是"风流太守"。辛称"风流太守",前于徐𤊹,或后于徐𤊹,都为他人所未道,可备一说。

又《玉岑诗社》条云:

> 祝时泰,字汝亨,闽人。举嘉靖壬午乡荐,历任德府长史,弃官隐于杭州西湖,筑室以居。与光州守高应冕、承天守方九叙、宪副童汉臣、处士沈仕、王寅、刘子伯结玉岑诗社,人主一山,即景赋诗,时推祝为祭酒。一日登凤山,各赋怀古诗,祝云:"白马南来定宋京,五云长绕凤山城。星随数尽中天陨,潮让沙屯两日兵。辇路独余春草绿,行人犹说故宫名。当年多少难平恨,并作江流万古声。"众作皆弗及也。②

此条提到的嘉靖间杭州玉岑诗社及其成员、活动场景,可供近时研究诗社者参考。诸如此类,《徐𤊹诗话》未采摭《榕阴新检》一整卷的《诗话》,是辑纂的重大失误。

---

① 《榕阴新检》卷十六《诗话》引《竹窗杂录》。
② 同上。

《榕阴新检》各卷,也有不少可以归入"诗话",卷二《忠义》类《疏忭权奸》、《太学直谏》条,卷三《贞烈》类《截耳表贞》条,卷六《方技》类《雪逢草圣》条,卷七《名僧》类《诗僧百炼》条,卷八《神仙》类《剑仙再世》,卷十《录异》类《花神托梦》条,卷十二《数兆》类《金梅枯枝》条,卷十三《胜迹》类《喝水岩》、《黄檗山》、《芙蓉洞》、《宿猿洞》条,卷十四《物产》类《闽中方物》、《鼓山细茶》,卷十五《幽期》类《沙阳哭妓》、《破镜分离》、《玉主报仇》、《乌山幽会》条等都是。《榕阴新检》卷十六《诗话》各条,其内容多为诗歌批评,例如《云崩塔势》,评价谢肇淛诗,引郑琰诗为证,说明谢肇淛诗当时为人称诵。以上所举《忠义》等类各条,主旨都比较明确,一部分还有故事,属于诗话中的佚闻佚事之类。

《徐𤊾诗话》小传提到《红雨楼集》,编纂者亦未见到此集,有其客观原因,因为《红雨楼集》徐𤊾生前身后都未刻过①,稿本藏上海图书馆,《徐𤊾诗话》辑者当时欲睹此本也不是一件容易的事。2009 年,《红雨楼集·鳌峰文集》编入《上海图书馆未刊古籍稿本》,由复旦大学出版社出版。《红雨楼集·鳌峰文集》中的书信约占十之八九。徐𤊾在他的书信中发表了不少诗歌的见解。徐𤊾年稍长于锺惺、谭元春,亲历诗坛钟、谭一变,其《寄杨参和》云:"当今诗文一道,大非古人遗轨,诗自钟谭一变,海内争效法之,遂至莫解其义,从风而靡,不能挽回。台翁向所梓佳集,可称正脉,续稿定当充满奚囊矣。"②《寄蔡宣远明府》又云:"当今海内为诗,多宗楚派,全用之乎也者,入在诗内。伯敬作俑,而效法成风,只为识者唾弃。愿兄熟览古人,参阅王、李诸公,自然名世矣。"③ 不论批评是否中肯、得当,毕竟是当时的一种意见。《寄屠田叔》云:"先兄生平诗草撰述颇多,盖棺之后,某为删润,十去其四,而简帙犹为重大,即敝乡家置一部为难,况能传布海内乎? 承教严选,实获我

---

① 万历二十二年(1594),徐𤊾兄徐熥曾在金陵为其刻过《红雨楼稿》,其时徐𤊾二十五岁,是集为其少作,本人也很不满意,徐𤊾《答王元祯》云:《红雨楼稿》,是甲午岁先伯兄梓之白门。皆弱时所作,十分乳臭。门下何从得之? 子云悔少作,即此稿之谓也。"(《红雨楼集·鳌峰文集》册六,《上海图书馆未刊古籍稿本》第 43 册,复旦大学出版社 2009 年版,第 308 页)

② 《红雨楼集·鳌峰文集》册五,《上海图书馆未刊古籍稿本》第 43 册,复旦大学出版社 2009 年版,第 295 页。

③ 《红雨楼集·鳌峰文集》册七,《上海图书馆未刊古籍稿本》第 44 册,复旦大学出版社 2009 年版,第 143 页。

心。明公若不惜针砭,为选二册,尽去应酬,独存近古者,则惟和白骨可肉矣。留念,留念!"①徐𤊹《幔亭集》为徐𤊹所选,已经十去其六,刊刻之后,徐𤊹不满意,认为存留还是过多,应尽去应酬之作,再删过半,存其精华,以流布海内。徐𤊹致曹学佺书,偶也批评自己的诗,《寄曹能始大参》云:"承示新作,题目佳,而造语亦典实。弟于诗调稍僻涩,少欠情采,在杭已有定评,不知以为然否?"②此数条都可以入《诗话》。

《鳌峰集》二十八卷,有诗无文;《红雨楼集·鳌峰文集》有文无诗。《红雨楼集·鳌峰文集》之外,还有佚文,某些佚文,也可采入《诗话》,《剑津集序》略云:

> 予不敏,尝与人论诗曰:五言古,工于汉魏,莫盛于晋。七言古、五言律、绝,工于盛唐,亦莫盛于盛唐,惟七言律,至我朝而始工、始盛,足掩三唐作者,宋元无论矣。昔人评文,以昌黎为起八代之衰,至我朝亦始工、始盛。予友邵肇复先生以《易》起家,少年联弟进士,由大行铨曹晋西蜀参藩、两浙观察,輶轩所至,或故都古迹,必凭吊悲歌;乞假林居,或宴客开尊,必分题角韵。盖自释褐以来,吟草不下千首,选其粹美,皆骎骎入唐人之室,而七言极工极盛,尤号长城。③

邵捷春(?—1642),字肇复,一字见心,侯官人。万历十七年(1589)进士,历官都御史,巡抚四川,兵败下狱,仰药死。有《剑津集》、《入蜀吟》。邵捷春与徐𤊹同为闽中诗人,此序论及诗歌史上七律发展的问题,按照徐𤊹的说法,唐诗除了七律,各体都可称鼎盛;唐代韩愈文起八代之衰,而七律到了明代始工,意即明七律超迈李唐。同社中邵捷春七律尤佳,唐韦应物称"五言长城",邵捷春可称"七言长城"。盛称邵氏七律,实则是极力肯定晚明闽中诗人的七律。晚明闽中诗人作诗大多动辄七律,追求工稳妥贴,不可否认,闽

---

① 《红雨楼集·鳌峰文集》册三,《上海图书馆未刊古籍稿本》第42册,复旦大学出版社2009年版,第350—351页。

② 《红雨楼集·鳌峰文集》册六,《上海图书馆未刊古籍稿本》第43册,复旦大学出版社2009年版,第314页。

③ 《剑津集》卷首,崇祯刻本。

中不少诗人七律作得不错,邵捷春就是其中一位,但或应酬、或应景,不勉有落入熟套之嫌。同时代闽中诗人的曹学佺对此有所批评,清初周亮工入闽,也有论述。这方面的问题,我们将另文详述。"七言律,至我朝而始工、始盛"的观点固然有偏颇,但作为一家之言,辑录诗话,此条就显得比较重要了。

五、文献基础与辑纂者的眼光

新辑诗话的篇名或书名,通常以诗话作者的姓名来命名,一目了然,如上文所引《徐𤏡诗话》、《谢肇淛诗话》等,也有用作者的字号来命名,如笔者所辑《兴公诗话》,兴公是徐𤏡的字,后进学他的诗,人称"兴公诗派"。同时他又是藏书家;兴公,治明诗或治目录学者耳熟能详。新辑诗话,有一种是全部内容由辑纂者新辑,如《董应举诗话》;另一种是先录已有的诗话,后再补辑,如《谢肇淛诗话》;谢肇淛已有《小草斋诗话》。新辑诗话各条都是从原作者的诗文别集、笔记或其他著作辑出的,代古人辑纂其诗话,前人也做过类似的工作。① 新诗话的辑录,本质上是替代某个作家编一个诗论、诗歌理念和诗评的选本,而这个选本,不是文章的编选,而是从他的文集、笔记和其他著作采摭、撷取某些片段,加以编辑而成的。多数新编诗话各条都没有标题,本人所辑《兴公诗话》,由于受到兴公《榕阴新检》的启示,各条都冠有标题。严格说,新辑诗话,是辑纂者代某个作家编的一部诗话,如果这个作家还还活着,或者虽然他不在了,在他的版权归其亲属的期限内,我们编完诗话,还得征求他本人或版权所有者的意见,看看你所编的东西,作者本人或版权所有者是否同意,然后才有可能出版公诸于世。我们现在看到的新辑诗话的原作者,都早已不在人世了,可以免掉这一程序。尽管如此,辑纂也应当为原作者着想,想想你所辑纂的这个诗话,所收各条是不是原作者论诗评诗最精彩的、最能代表其本意的那些部分? 你编的这个诗话有没有误入滥入的? 是不是存在大量失收、漏收的状况? 假如原作者还活着,他看到你辑纂的诗话会不会满意? 因此,新诗话辑纂的进程也是一种研究的过程,辑纂而成的

---

① 　　如张宗柟纂辑王士禛《带经堂诗话》。

一部诗话,也是一种研究成果。

　　新诗话的辑纂,既然属于中国古代文学科学研究的范畴,就存在文献基础的问题,存在研究眼光的问题。

　　先说文献基础。新诗话的辑纂过程,和其它古代文学的研究一样,存在文献基础的问题。新诗话的辑纂表面上看似乎很简单,找一两本辑纂对象的书,能抄多少算多少。其实不然。研究对象相关文献的搜集是第一要义。巧媳妇难为无米之炊,基本文献的失缺,何来采辑?上文已经提到的《徐燉诗话》,使用《重编红雨楼题跋》及《徐氏笔精》两种,未使用《红雨楼集》、《榕阴新检》;《重编红雨楼题跋》、《红雨楼集》之外,还有不少佚文,如《剑津集序》、《还山草序》、《游鼓山诗序》等①,都可供采撷。版本的选择,也有关学问,《幔亭集》二十卷本有文可采撷,十五卷本则有诗无文;从十五卷本则辑诗话,无异于无源之水,无本之木。

　　新诗话的辑纂,要求辑纂者对辑纂对象有较深入的了解,最好是有研究。纵观新辑诗话,一部分辑纂者对辑纂对象并无太多了解,更谈不上研究,少数学人恐怕连对辑纂对象的诗文集都没有翻过,仓猝操笔,例如《徐熥诗话》,总共辑得两条,一条是误植,一条是应酬诗,小传生活年代也错得离谱。对研究对象一无所知的《诗话》,不辑也罢,辑纂成编,可能还会贻害后学。对辑纂对象有一定的研究,除了对辑纂对象的生平著作要有大致准确的了解之外,对辑纂对象的诗学理论、诗学观念、诗评也应有所掌握。如果对辑纂对象一无所知,或者知之甚少,甚至是错误的认知,这个《诗话》如何辑纂?

　　新辑诗话并不是谁都可以随便辑纂的。新诗话的辑纂,要求辑纂者对辑纂对象有较深入的了解,最好是有研究。对辑纂对象没有一定深入了解、没有一定研究者,请"慎入"。新辑诗话,本质上是一个选本,选家的眼光对辑纂新编诗话相当重要。新辑诗话是从原作者的文集、笔记和作者的其它著作辑纂而来的。辑纂不是见文便录,在"辑"之前,还有一个"选"的程序。严格说,辑纂,是选辑,是选后的辑和纂。因为是选,就有一个选家眼光的问题。这和人们经常讲的选诗、选文的道理是相同的。我们讲的诗文选本,一

____

① 详笔者:《〈红雨楼序跋〉补遗》,《文献》2009 年第 3 期。

般说来是一篇诗、一篇文的选（个别有节选）。诗话则是从一篇文中再节选出一段或几段,再进行辑纂。一个作家或诗人的选本或选集可能有多种,甚至几十种上百种,为什么选本选诗文会出现差异？因为选家的眼光不同,好尚各异,选本或选集的面貌也就千差万别。目前,新辑诗话的工作刚刚起步,不太存在一诗家有多种新辑诗话的现象,但偶尔也会出现一两种,如《明诗话全编》中有《徐𤊹诗话》、《曹学佺诗话》,笔者有《兴公诗话》和《石仓诗话》①,不是说笔者做的一定就好,其他学者做的就不那么好或不好,笔者的本意是,既然有两种以上相同的诗话辑本,就有两位以上选辑者不同的眼光。再举例说,《徐𤊹诗话》,《明诗话全编》的辑者误植一条之外,还有一条是应酬诗被当作的论诗诗辑入的,这也是辑纂者的眼光。笔者编《幔亭集编年校笺》②,暂时还没有涉及辑纂《幔亭诗话》的工作,但如果编他的诗话,当然会体现笔者的见解。《幔亭集》卷十六序文相关诗论的文章二十来篇,笔者不会每篇都加选辑,可能只选十多则;同时还会在他的《晋安风雅序》、书信等选若干则。选徐𤊹的标准之一,就是对事关重振风雅的那些文字,会有更多的关注,这就是徐𤊹的诗话,也就是《明史·文苑传》所说的重振闽中风雅的徐𤊹的诗话。

---

① 陈庆元、陈炜辑校:《鳌峰集》附录,广陵书社 2012 年版;《石仓诗话》,陈庆元辑校《石仓全集》附录,人民文学出版社,即刊。

② 陈庆元:《幔亭集编年校笺》,待刊。

参考文献

1. （明）何耀:《四诗存采稿》,明万历庚辰初刻、万历乙卯重刻本。

2. （明）谢汝韶:《天池先生存稿》,明万历刻本。

3. （明）郭造卿:《海岳山房存稿》,明万历刻本,日本内阁文库藏。

4. （明）王稚登:《南有堂诗集》,明崇祯刻本。

5. （明）周仕阶:《天宁先生诗集》,明万历刻本,日本浅草文库藏。

6. （明）屠隆著、汪超宏主编:《屠隆集》,浙江古籍出版社 2012 年版。

7. （明）何乔远:《何氏万历集》,明万历刻本。

8. （明）何乔远:《镜山全集》,明崇祯刻本,日本内阁文库藏。

9. （明）邓原岳:《西楼全集》《诗选》,明崇祯刻本。

10. （明）邓原岳编纂:《闽中正声》,钞本,据明万历刻本钞。

11. （明）郑怀魁:《葵圃存集》,明万历刻本,日本浅草文库藏。

12. （明）蒋孟育:《恬庵遗稿》,明崇祯刻本,日本内阁文库藏。

13. （明）陈鸣鹤:《泡庵诗选》,万历刻本。

14. （明）陈价夫:《招隐楼稿》,钞本,上海图书馆藏。

15. （明）陈荐夫:《水明楼集》,明万历刻本。

16. （明）徐𤊻:《幔亭集》十五卷,明万历刻本。

17. （明）徐𤊻著,陈庆元、陈炜纂:《徐𤊻集》,广陵书社 2005 年版。

18. （明）谢兆申:《谢耳伯先生初集》,明崇祯刻本 。

19.（明）谢兆申:《谢耳伯先生全集》,明崇祯刻本。

20.（明）徐𤊪:《幔亭集》二十卷,明万历刻本,缩微胶卷,美国国会图书馆藏。

21.（明）徐𤊪编:《晋安风雅》,明万历刻本。

22.（明）阮自华:《灵雾山人诗集》,明崇祯刻本,日本浅草文库藏。

23.（明）邵捷春:《剑津集》,明崇祯刻本,日本内阁文库藏。

24.（明）陈一元:《漱石山房集》,明崇祯刻本。

25.（明）谢肇淛:《小草斋集》,明天启刻本。

26.（明）谢肇淛:《小草斋集续集》,明天启刻本。

27.（明）谢肇淛:《小草斋文集》,明天启刻本。

28.（明）谢肇淛:《五杂组》,上海书店 2001 年版。

29.（明）谢肇淛:《小草斋诗话》,日本天保二年（1821）据明林氏旧藏读耕斋刊本摹刻本。

30.（明）谢肇淛:《支提寺志》,清同治刻本。

31.（明）谢肇淛著、陈庆元纂:《谢肇淛集》,江苏古籍出版社 2003 年版。

32.（明）张燮:《霏云居集》,明万历刻本。

33.（明）张燮:《霏云居续集》,明天启刻本。

34.（明）张燮:《群玉楼集》,明崇祯刻本。

35.（明）张燮:《东西洋考》,谢方点校,中华书局 2008 年版。

36.（明）徐𤊪:《鳌峰集》,明天启刻本。

37.（明）徐𤊪:《鳌峰集》,旧钞本,藏福建师范大学图书馆。

38.（明）徐𤊪著,陈庆元、陈炜点校:《鳌峰集》,广陵书社 2012 年版。

39.（明）徐𤊪:《红雨楼文集》,钞本,福建师范大学图书馆藏。

40.（明）徐𤊪著、沈文卓校点:《重编红雨楼题跋》,福建人民出版社 1993 年版。

41.（明）徐𤊪:《红雨楼集·鳌峰文集》,《上海图书馆未刊古籍稿本》,复旦大学出版社 2009 年版。

42.（明）徐𤊪:《笔精》,福建人民出版社 1997 年版。

43.（明）徐𤊪:《续笔精》,钞本,福建师范大学图书馆藏。

44.（明）徐𤊹:《榕阴新检》,明万历刻本。

45.（明）徐𤊹:《雪峰志》,清光绪刻本。

46.（明）徐𤊹:《徐氏家藏书目》,清道光刘氏经味书屋钞本。

47.（明）徐𤊹:《徐氏红雨楼书目》,古典文学出版社 1957 年版。

48.（明）曹学佺:《石仓全集》,明末递刻本,日本内阁文库藏。

49.（明）曹学佺著、曹岱华辑:《石仓诗稿》三十三卷,明乾隆刻本。

50.（明）曹学佺著、陆云龙编选:《曹能始先生小品》,明崇祯刻本。

51.（明）曹学佺选:《石仓十二代诗选》,明末递刻本,中国国家图书馆藏。

52.（明）曹学佺选:《石仓历代诗选》,文渊阁《四库全书》本。

53.（明）曹学佺选:《明诗存》,钞稿本,山东省图书馆藏。

54.（明）曹学佺选:《凤山郑氏诗选》,《四库全书存目丛书》本。

55.（明）蔡复一:《遯庵全集》,明崇祯刻本。

56.（明）蔡复一著、郭哲明校释:《遯庵蔡先生文集校释》,金门县文化局 1997 年版。

57.（明）钟惺著、李先耕等标校:《隐秀轩集》,上海古籍出版社 1992 年版。

58.（明）蔡献臣:《清白堂稿》,明崇祯刻本。

59.（明）蔡献臣:《清白堂稿》,清咸丰钞本,金门县 1999 年影印本。

60.（明）丁启浚:《平圃诗集》,明崇祯十四年刻本。

61.（明）曾异撰:《纺授堂集》,明崇祯刻本。

62.（明）吴非熊、程嘉遂著,王士禛选:《新安二布衣诗》,清康熙刻本。

63.（明）陈鸿:《秋室编》,清顺治刻本。

64.（明）林古度:《林茂之诗选》,王士禛选,清康熙刻本。

65.（明）黄克缵著、陈庆元纂:《数马集》,崇祯刻本,江苏广陵古籍刻印社 1997 年影印本。

66.（明）黄道周:《黄石斋先生诗文集》,康熙刻本。

67.（明）黄道周:《黄漳浦集》,清道光刻本。

68.（明）谭元春著、陈杏珍标校:《谭元春集》,上海古籍出版社 1998 年版。

69.（明）顾梦游:《顾与治诗》,清初书林毛恒所刻本。

70.（明）邓庆案:《闽南荔枝通谱》,明崇祯刻本。

71.（明）黄景昉:《瓯安馆诗集》,明末刻本,日本内阁文库藏。

72.（明）黄景昉:《鹿鸠咏》,旧钞本。

73.（明）徐钟震:《徐器之集》,崇祯至康熙递刻本。

74.（明）徐钟震:《雪樵文集》,钞本。

75.（明）徐存永:《尺木堂集》,钞本。

76.（明）许友:《米友堂集》,南明刻本,日本内阁文库藏。

77.（清）钱谦益:《牧斋初学集》,明崇祯刻本。

78.（清）钱谦益:《牧斋全集》,上海古籍出版社 2003 年版。

79.（清）钱谦益编纂:《列朝诗集》,中华书局 2007 年版。

80.（清）钱谦益:《列朝诗集小传》,上海古籍出版社 1983 年版。

81.（清）周亮工:《赖古堂集》,清康熙刻本。

82.（清）周亮工:《闽小记》,清康熙刻本。

83.（清）周亮工:《书影》,上海古籍出版社 1981 年版。

84.（清）周亮工等辑:《赖古堂尺牍新编》,清康熙刻本。

85.（清）谢章铤著、陈庆元等辑校:《谢章铤集》,吉林文史出版社 2009 年版。

86.（清）谢章铤:《东岚谢氏明诗略》,《赌棋山庄文又续》卷一,清光绪戊刊本。

87.（清）谢章铤:《课余续录》,清光绪庚子刻本。

88.（清）谢章铤:《围炉琐忆》,《赌棋山庄笔记合刻》本,清光绪刻本。

89.（清）谢章铤辑:《东岚谢氏明诗略》,清光绪刻本。

90.（清）谢章铤著、刘荣平校注:《赌棋山庄词话校注》,厦门大学出版社 2013 年版。

91.（明）袁表、马荧纂辑,苗健青点校:《闽中十子诗》,福建人民出版社 2005 年版。

92.（明）陈子龙:《皇明诗选》,明崇祯刻本。

93.（清）朱彝尊:《明诗综》,中华书局 2007 年版。

94.（清）王夫之纂、陈新点校：《明诗评选》,文化艺术出版社 1997 年版。

95.（清）张豫章等人编纂：《御选宋金元明四朝诗》,文渊阁《四库全书》本。

96.（清）沈德潜纂：《明诗别裁集》,上海古籍出版社 1979 年版。

97.（清）郑杰等辑：《全闽诗录》,福建人民出版社 2011 年版。

98.（清）郑杰原辑、郭柏苍编纂：《全闽明诗传》,清光绪刻本。

99.（清）郑王臣辑：《莆风清籁集》,清乾隆刻本。

100.（清）汪端纂：《明三十家诗选》,同治刻本。

101.（清）陈田纂：《明诗纪事》,上海古籍出版社 1993 年版。

102. 陈世镕纂：《福州西湖宛在堂诗龛征录》,福建人民出版社 2007 年版。

103.（清）朱彝尊：《静志居诗话》,清嘉庆刻本。

104.（清）杭世骏：《榕城诗话》,清乾隆刻本。

105.（清）徐永祚：《闽游诗话》,清乾隆刻本。

106.（清）郑方坤：《全闽诗话》,文渊阁《四库全书》本。

107.（清）郑方坤著,陈节、刘大治点校：《全闽诗话》,福建人民出版社 2006 年版。

108.（清）莫友棠：《屏麓草堂诗话》,清道光刻本。

109.（清）梁章钜：《东南峤外诗话》,道光刻本。

110.（清）林昌彝：《射鹰楼诗话》,上海古籍出版社 1988 年版。

111.（清）李家瑞：《停云阁诗话》,清咸丰刻本。

112.（清）莫友棠：《屏麓草堂诗话》,清道光刻本。

113.（民国）陈衍：《石遗室诗话》,人民文学出版社 2004 年版。

114.（清）郭柏苍：《竹间十日话》,清光绪刻本。

115.（民国）郭白阳：《竹间续话》,海风出版社 2001 年版。

116. 吴文治主编：《明诗话全编》,江苏古籍出版社 1997 年版。

117. 郭绍虞、钱仲联、王遽常编纂：《万首论诗绝句》,人民文学出版社 1981 年版。

118. 谢巍编撰：《中国历代人物年谱考录》,中华书局 1992 年版。

119.（清）张廷玉等：《明史》,中华书局 1974 年版。

120.（清）万斯同：《明史》,清钞本。

121.（明）沈德符:《万历野获编补遗》,清道光七年姚氏刻,同治八年补修本。

122. 钱海岳:《南明史》,中华书局2006年版。

123.（明）陈鸣鹤:《东越文苑传》,同治郭柏蔚增订本。

124.（清）潘介社纂辑:《明诗人小传稿》,台北:"中央图书馆"1986年印行。

125.（明）黄仲昭:《八闽通志》,福建人民出版社1989年版。

126.（明）何乔远:《闽书》,福建人民出版社1995年版。

127.（明）何乔远:《名山藏》,明崇祯刻本。

128.（民国）沈瑜庆、陈衍等著:《福建通志》,1938年刻本。

129. 陈遵统:《福建编年史》,福建人民出版社2009年版。

130.（宋）梁克家修:《三山志》,明万历刻本。

131.（明）王应山:《闽都记》,方志出版社2002年版。

132.（明）王应山:《闽大记》,中国社会科学出版社2005年版。

133.（明）喻政修,林烃、谢肇淛纂:《福州府志》,明万历刻本。

134.（清）徐景熙修,鲁曾煜、施廷枢等纂:《福州府志》,明乾隆刻本。

135. 福州市地方志编纂委员会:《福州市志》第八册,方志出版社2000年版。

136. 福州市地方志编纂委员会:《福州人名志》,海潮摄影艺术出版社2007年版。

137. 闽侯县地方志编纂委员会:《闽侯县志》,方志出版社2001年版。

138.（民国）欧阳英修、陈衍纂:《闽侯县志》,民国刊本。

139.（清）朱景星修、郑祖庚纂:《闽县乡土志》,清光绪排印本。

140.（清）胡之祯修、郑祖庚纂:《侯官县乡土志》,清光绪排印本。

141.（民国）佚名:《洪塘小志》,民国刊本。

142.（清）林春溥纂:《榕城要纂》,钞本。

143.（明）唐学仁修纂,谢肇淛、陈鸣鹤、徐㷆纂:《永福县志》,明万历刻本。

144.（清）饶安鼎、邵应龙修,林昂、李修卿纂:《福清县志》,清乾隆刻本。

145.（明）夏允彝:《长乐县志》,明崇祯刻本。

146.（明）刘曰旸修,陈荐夫、林春华纂;王继起续修,丁朝立、魏炀续纂:《古田县志》,明万历刻本。

147.（民国）邱景雍修:《连江县志》,民国刊本。

148.（明）周瑛、黄仲昭修:《兴化府志》,清同治刻本。

149.（清）黄任、郭庚武修:《泉州府志》,清乾隆刻本。

150.（清）周学曾等修纂:(道光)《晋江县志》,福建人民出版社 1990 年版。

151.（明）徐銮、张燮修纂:(万历)《漳州府志》,明万历刻本。

152.（清）清沈定均修:(光绪)《漳州府志》,宓庵手抄光绪本。

153.（明）江国栋修:《龙溪县志》,清康熙刻本。

154.（明）梁兆阳修:《海澄县志》,明崇祯刻本。

155.（清）林登虎修:《漳浦县志》,清康熙刻本。

156.（清）曾泮水修:《平和县志》,清道光刻本。

157.（清）张琦主修、邹山撰:《建宁府志》,清康熙刻本。

158.（清）李再灏、梁舆修:《建阳县志》,清道光刻本。

159.（明）郑庆云修:《延平府志》,明嘉靖刻本。

160.（明）陈让修:《邵武府志》,明嘉靖刻本。

161.（清）刘家谋:《鹤场漫志》,钞本。

162.（清）曾曰瑛修:《汀州府志》,清同治刻本。

163.（明）陈桂芳修:《清流县志》,明嘉靖刻本。

164.（清）李世熊修:《宁化县志》,清康熙刻本。

165. 郑宝谦主编:《福建旧方志综录》,福建人民出版社 2010 年版。

166.（清）黄虞稷:《千顷堂书目》,上海古籍出版社 2001 年版。

167. 崔建英辑,贾卫民、李晓亚整理:《明别集版本志》,中华书局 2006 年版。

168.（清）龚易图、杨希闵撰,（民国）龚纶校抄,王国良勘订:《乌石山房简明书目》,台北大学古典文献学研究所 2007 年版。

169. 徐永明、赵素文:《明人别集经眼叙录》,浙江古籍出版社 2013 年版。

170.（明）刘中藻：《洞山九潭志》，旧钞本。

171.（明）衷仲孺：《武夷山志》，明清之际刻本。

172.（清）董天工：《武夷山志》，乾隆刻本。

173.（明）黄天全：《九鲤湖志》，钞本。

174.（清）黄任：《鼓山志》，清乾隆刻本。

175.（清）郭柏苍：《乌山志》，清光绪刻本。

176.（民国）蔡人奇：《藤山志》，民国刊本。

177.（民国）林其蓉：《闽江金山志》，民国刊本。

178. 谢其铨、郭斌编纂：《于山志》，大众文艺出版社 2009 年版。

179.（明）陈润纂、（清）白花洲渔增修：《螺江志》，钞本。

180.（民国）何振岱：《西湖志》，民初刊本。

181.（明）邓庆寀编纂：《闽中荔枝通谱》，明崇祯刻本。

182.（清）徐日焜等纂：《荆山徐氏族谱》，福建师范大学图书馆藏，1962 年荆山徐则明介友榕城翁礼廉重抄本。

183. 金云铭：《陈一斋先生年谱》，私立福建协和大学中国文化研究会 1945 年版。

184.［日本］市原亨吉撰：《徐𤊹年谱稿略》，郑宏译，原载《入矢教授小川教授退休纪念中国文学语言论集》，1974 年；译文见《福建图书馆学刊》1991 年第 4 期。

185. 林海权：《李贽年谱考略》，福建人民出版社 1992 年版。

186. 陈广宏：《钟惺年谱》，复旦大学出版社 1993 年版。

187. 郑利华：《王世贞年谱》，复旦大学出版社 1993 年版。

188. 陈书禄：《明代前后七子研究》，江西人民出版社 1994 年版。

189. 廖可斌：《明代文学复古运动研究》，上海古籍出版社 1994 年版。

190. 侯真平：《黄道周纪年著述书画考》，厦门大学出版社 1995 年版。

191. 陈庆元：《福建文学发展史》，福建教育出版社 1996 年版。

192. 陈书录：《明代诗文的演变》，江苏教育出版社 1996 年版。

193. 郑振铎著、吴晓铃整理：《西谛书跋》，文物出版社 1998 年版。

194. 左东岭：《李贽与晚明文学思潮》，天津人民出版社 1997 年版。

195. 李圣华：《晚明诗歌研究》，人民文学出版社 2002 年版。

196. 郑利华：《王世贞研究》，学林出版社 2002 年版。

197. 何宗美：《明末文人结社研究》，南开大学出版社 2003 年版。

198. 陈庆元：《文学：地域的观照》，远东出版社、三联书店 2003 年版。

199. 黄仁生：《日本现藏稀见文集考证与提要》，岳麓书社 2004 年版。

200. 邬国平：《竟陵派与明代文学批评》，上海古籍出版社 2004 年版。

201. 黄卓越：《明中后期文学思想研究》，北京大学出版社 2005 年版。

202. 朱万曙、徐道彬编：《明代文学与地域文化研究》，黄山书社 2005 年版。

203. 蔡主宾：《蔡献臣年谱》，金门县文化局 2005 年版。

204. 方小壮：《曾鲸严用晦像长卷考评》，河北教育出版社 2005 年版。

205. 罗宗强：《明代后期士人心态研究》，南开大学出版社 2006 年版。

206. 陈广宏：《竟陵派研究》，复旦大学出版社 2006 年版。

207. 沈文凡：《排律文献研究（明代篇）》，吉林人民出版社 2007 年版。

208. 王长英、黄兴郸：《福建藏书家传略》，福建教育出版社 2007 年版。

209. 张慧剑：《明清江苏文人年表》，人民文学出版社 2008 年版。

210. 陈超：《曹学佺研究》，吉林人民出版社 2009 年版。

211. 黄启权主编：《三坊七巷志》，海潮摄影艺术出版社 2009 年版。

212. 郑丽生：《郑丽生文史丛稿》，海风出版社 2009 年版。

213. 包树棠纂：《汀州艺文志》，方志出版社 2010 年版。

214. 林怡：《榕城治学记》，岳麓书社 2010 年版。

215. 何宗美：《文人结社与明代文学的演进》，人民出版社 2011 年版。

216. 阮娟：《三山叶氏家族及其文学研究》，上海古籍出版社 2011 年版。

217. 朱则杰：《清诗考证》，人民文学出版社 2012 年版。

218. 王汉民辑校：《福建文人戏曲集》，海峡文艺出版社 2012 年版。

219. 陈庆元：《徐𤊹年谱》，广陵书社 2014 年版。

220. 杨光辉：《徐𤊹佚文五篇》，《文献》2008 年第 2 期。

221. 孙文秀：《曹学佺著述及中国大陆相关藏考述》，《云梦学刊》2011 年第 3 期。

222. 许建昆:《无情山水有情游——曹学佺的官宦与行旅》,《国文天地》2011 年第 4 期。

223. 林晓玲:《福州通贤龚氏家族文学论略》,《福州大学学报》2012 年第 2 期。

224. 于莉莉:《龙溪蒋孟育年表》,《漳州师范学院学报》2013 年第 1 期。

225. 郑珊珊:《明清侯官许氏家族文学考论》,《福州大学学报》2013 年第 4 期。

后 记

文学文献，是相对历史文献而言的。当下的学科分类，历史学一级学科之下的二级学科有历史文献学，而中国语言文学之下的二级学科则简称为文献学，这个文献学，就是文学文献学。当代的学科划分，越分越细，固有其合理的一方面，但多少也有画地为牢之嫌。文史本是一家，文学文献与历史文献原本也是一家，研究工作，不过稍稍有所侧重而已。

十多年前，我出版过一本《文学：地域的观照》（上海三联 2003 年版）。从地域的视角研究文学，是那部书的任务；本书是《文学：地域的观照》的姐妹篇，从地域的角度研究文学文献。所谓"地域的角度"，《文学：地域的观照》一书的《前言》已经略有阐发，故不再赘述。

本书分为四编。

第一编为著述考，考证四位闽海作家的著述，其中两篇是编年考证。《日本内阁文库藏曹学佺〈石仓全集〉编年考证》，费时最长，用力最著，从大陆写到台湾，又从台湾修改到大陆。这篇三万多字的长文，是重编并点校《石仓全集》、撰著《曹学佺年谱长编》的基础工作。《徐𤊹尺牍编年表》，也耗费了很长的时间和很多的精力。此表对稿本 742 通尺牍进行逐一编年。徐𤊹尺牍原稿本经过三百多年的流传，编排凌乱，通读三四遍之后，做了二三十万字的笔记，经过反复排比考证方才制得此表。《徐𤊹尺牍编年表》，则是《徐𤊹年谱长编》的基础工作，徐𤊹的《鳌峰集》所收作品止于万历四十八年（1620），天启、崇祯间的事迹，尺牍是其最重要的线索。

第二编为年表年谱，分别为晚明闽海作家何乔远等十一人撰表撰谱。其中《徐𤊶年表》之后附有《徐𤊶生卒年考证》，以与《徐𤊶年表》相发明。笔者另纂有《鳌峰集》（广陵书社 2012 年版），也可参证。年表只是一个纲，最多也是纲和目而已，详细的引述、考证，有待于详细或详尽的《年谱》或《年谱长编》。《徐𤊶年表》，更详细的引述、考证，可参看笔者 40 万字的《徐𤊶年谱》（广陵书社 2014 年版）。其他各家的年谱，如《谢肇淛年谱》《徐𤊶年谱长编》《曹学佺年谱长编》《张燮年谱》等，也在陆续完稿之中。

第三编诗文辑佚三篇。《红雨楼题跋》，受到清代林佶、郑杰、缪荃孙等着名目录学家、藏书家的青睐，近年浙江大学著名文献学家沈文倬先生又加重辑，但仍有遗漏。本人在前人的基础上再作辑补。这个工作告一段落之后，又发现一些佚文，未再补入，留待将来整理出版《徐𤊶全集》再作进一步的完善。曹学佺六十岁之后，一岁一集，崇祯十六年（1643），即明亡前一年，集名《古稀集》，此后三年的作品未结集。晚清谢章铤还能见到后人搜集的《曹忠节遗文》十篇，现在连这部遗集都已经亡佚了。我们辑得曹学佺为钱谦益、王夫之等所作的序文多篇，又从《石仓十二代诗选》辑得序跋、传记数十篇。甲申，曹学佺撰《〈钱受之先生集〉序》，此文见《牧斋初学集》（崇祯瞿式耜刻本），而后刻的《初学集》此文已被抽去。此文表达曹学佺对易代的忧患，表达自己的生死观，以此与钱氏共勉。两年之后，曹学佺殉国，而钱谦益却走向征召之路。林古度生于明万历中，卒于清康熙间，卒时年八十七，一生写下八九千首诗，晚年托附王士禛刊刻。古度卒后数十年，王氏刻其《林茂之诗选》，仅存二百多首，自古度与钟惺、谭元春订交之后所作，几乎完全刊落，《林古度诗辑佚》，辑得古度诗百首，数量约占《林茂之诗选》的 40%。我们正在点校《林古度集》，林古度佚诗佚文的辑录，是一项很重要的工作。

第四编是两部新辑诗话和一篇编纂新诗话的专论。《明诗话全编》辑有《徐𤊶诗话》和《曹学佺诗话》，读者可将本书的《徐兴公诗话》《石仓诗话》和那两部诗话做一对照。2014 年《香港浸会大学中国诗学前沿国际学术研讨会》，本人所作《新辑诗话摭议》专门讨论新辑诗话的问题。这篇论文主要的观点是：新辑诗话是相对传统诗话而言的，就是说原本作者没有这个诗话，是辑纂者从原作者的文集、笔记或其他著作辑纂出来的诗话。所以，新辑诗话是替原作者纂辑的诗话，所以你这部诗话必须比较准确地反映原作者的诗学理论、观点、观念和诗评特色。新辑诗话，严格说是一部选本，既然是选本，选家的眼光十分重要；新诗话的辑录，绝不是一项简单的抄录工作。辑录诗话的过程，是一个研究的过程；对原作者和原作没有一定的研究，请"慎入"。新诗话的辑录，必须使用原作者的诗文集和笔记全本，版本应是最好或较好的本子。

本书的研究，离不开目录、版本、辑佚、考证这些文献学的基本范畴。以时代论，则集中在晚明，以地域论，则集中在闽海。

我曾经为《清诗续考》的项目结项写鉴定，我在那份鉴定书上说："考证文字，很容易遭致'琐碎'、'繁杂'的批评。如果从孤立的一则一条而论之，我们似乎也不好反驳什么。但是本成果是一部严谨的学术著作，整部著作的结构相当严密，全书分为四辑，各辑既相对独立，又相互依托；每一辑下面又分若干则，每一则时或又分为若干条，形成一巨大的网状结构，看似松散，其实严密；看似分散，其实主题非常集中——清诗考证。"如果要讲系统性，这就是一部系统性的著作，何况作者之前已经有过一部也是超过百万字的《诗清考证》的著作，综合作者历年所作，谁能说这个研究系统性不强？《清诗续考》作者，就是浙江大学的朱则杰教授。朱则杰教授所做的，也是我的努力的方向。虽然研究对象和范畴，我和朱则杰教授不大相同，但基本方法有相通之处。二十五年前，我的研究重点，逐步转向地域文献与文学。十五年前，更把研究缩紧至明清之际的闽海文献与文学。我的基本思路是：确定明清之际的若干重要或比较重要的作家作为研究重点，搜集整理他们的全集，纂著年谱，出版研究专书。选定的主要作家是谢（肇淛）、徐（熥、𤊻）、曹（学佺）、林（古度）。着手之后，无论是整理或研究某一家，这一作家的外围数家或十数字作家，不去涉猎他，不去研究他，这一作家的研究可能就进行不下去，因此视野不得不扩大到邓原岳、何乔远、叶向高、蔡献臣、董应举、陈勋、郑怀魁、蒋孟育、陈价夫、陈荐夫、张燮、崔世召、蔡复一、陈鸿、商梅、陈衎、林崇孚以及谢肇淛叔祖谢杰、父谢汝韶，林古度之父林章，徐𤊻子徐延寿、孙徐钟震等,闽海以外的作家则有屠隆、阮自华、锺惺、谭元春、钱谦益等。整个研究计划,似乎还过于宠大,例如曹学佺,仅诗文集就有一百多卷,如果加上《五经困学》《名胜志》《石仓十二代诗选》《明文选》等著作和诗文选,以一己之力已经无法胜任。因此,在古籍整理方面,先集中在诗文集,诗文集则先注意徐𤎺、徐𤊸、曹学佺、张燮、蔡复一、林古度、陈鸿、商梅等家。其中张燮集子的整理动手在1999年,《群玉楼集》的影印本为台湾大学沈冬教授所提供,2007年,我在东吴大学任教,硕士生许永德君又为我印了部分早先影印模糊的部分;2009年,河南籍的博士生杜培响在河南图书馆为我印了台北藏本缺卷的部分。2015年,漳州市有关单位已经先期出版了张燮集的标点本。张燮集整理,我虽然没有最后完成,但是在整理集子的过程中已经完成了二十多万字的《张燮年谱》。张燮集的整理、《张燮年谱》撰著,支持了谢、徐、曹、林年谱的撰著和相关的研究;同样,谢、徐、曹、林诸集的整理和年谱的撰著作及相关研究,也有力地支持了《张燮年谱》的撰著和研究。

我时常对学生说,大事做不了,就做些小事;大题目做不了,就做些小题目。七宝楼台,炫人眼目,拆碎下来不成片断,但是如果没有这些片断,如何建造楼台? 又如何建造炫人眼目的七宝楼台? 如果这些片断,只是一些次品、残缺品,即使建造出来的楼台耀眼一时,也会很快坍塌、轰毁。

我还时常对学生说,我做研究工作,没有特别偷懒的阶段,但也没有特别勤奋的时期。不过,近一两年似乎稍稍努力一些。今年元旦一过,到台北看书,早上九点进馆,至下午五点闭馆,中间只喝水,不进餐,分秒必争。傅斯年图书馆对善本的管理甚严,不能影印,不许拍照,只能手抄或者用计算机录入,院内外读者一视同仁。规矩的制定,必有它的道理,准许我来读书,已经很感恩了。白天进馆,晚上准备第二天的功课,十二点睡觉,次日早上八点背上背包直奔北投捷运站。虽然自己做了努力,这部书稿还是拖了很长的时间,同仁交了初稿,我才交提纲;同仁书都出来了,我的书稿还没最后完成。除了努力不够,还得承认天分和才学的差距。

一本书做完了,心情还是很好的。因此想起赠送影印本《海岳山房存稿》《葵圃存集》《乌衣集》的东海大学许建昆教授,想起赠送影印本《灵雾山人诗集》《覆瓿集》的文哲所蒋秋华研究员,想起吉林大学沈文凡教授从日本为我影印《问月楼》《长梧集》等稀见文献。文学院郑家建教授、李小荣教授以及许多同仁都很关心这部书的出版。本书的责编詹素娟女士,本来只有邮件往来,不期在漳州会面,詹女士还年轻,却像一位和善的"大姐"似的,对我这本书有督促,却没有很严厉的催逼,她总是说,你什么时候做完,什么时候给我。内人温惠爱帮我做了不少文字输入的工作,校对文稿。谢谢大家!

在校看本书清样时,纠正撰写过程中的某些疏失,花了很多时间。虽然自己做了努力,肯定还有不完备之处,恳请专家读者批评指正。

本书校对完毕,接下来是校对曹学佺《石仓全集》的清样。《徐𤊹年谱长编》《曹学佺年谱长编》以及《徐𤊹集编年校笺》《林古度集》《徐兴公尺牍编年校证》等也已经基本完成,将陆续送出版社编排。其他的工作,依然按照早先的规划进行。

春回大地,太阳出来了,我也随即跟着兴奋起来。下午又可以到江边"曝背"。"野人献曝",很享受、很快乐,愿意把心得分享给大家。

陈庆元
2015 年 2 年 11 日初稿
2016 年 6 月 26 日校毕修订
2016 年 12 月二校于金门大学

责任编辑:詹素娟
封面设计:周涛勇

图书在版编目(CIP)数据

晚明闽海文献梳理/陈庆元 著. —北京:人民出版社,2017.2
ISBN 978 - 7 - 01 - 017733 - 5

Ⅰ.①晚…　Ⅱ.①陈…　Ⅲ.①台湾-地方史-地方文献-整理-明代 ②福建-
地方史-地方文献-整理-明代　Ⅳ.①K295.8 ②K295.7

中国版本图书馆 CIP 数据核字(2017)第 101707 号

晚明闽海文献梳理

WANMING MINHAI WENXIAN SHULI

陈庆元　著

人民出版社 出版发行
(100706　北京市东城区隆福寺街 99 号)

北京中科印刷有限公司印刷　新华书店经销

2017 年 2 月第 1 版　2017 年 2 月北京第 1 次印刷
开本:710 毫米×1000 毫米 1/16　印张:55
字数:850 千字

ISBN 978 - 7 - 01 - 017733 - 5　定价:129.00 元

邮购地址 100706　北京市东城区隆福寺街 99 号
人民东方图书销售中心　电话 (010)65250042　65289539